Colin Forbes

Der Janus-Mann

Deutsch von Christel Wiemken

Hoffmann und Campe

Titel der Originalausgabe: »The Janus Man«
Erschienen bei William Collins & Co. Ltd., London 1987

CIP-Kurztitelaufnahme der Deutschen Bibliothek

Forbes, Colin:
Der Janus-Mann : Roman / Colin Forbes.
Dt. von Christel Wiemken.
– 1. Aufl. – Hamburg : Hoffmann und Campe, 1987.
Engl. Orig.-Ausg. u. d. T.: Forbes, Colin:
The Janus man
ISBN 3-455-01889-0

Schutzumschlaggestaltung: Hannes Jähn
Gesetzt aus der Aldus-Antiqua
Satz: Fotosatz Otto Gutfreund, Darmstadt
Druck- und Bindearbeiten: Mohndruck, Gütersloh
Printed in Germany

Für Jane

Vorspiel

East Anglia im Juli, zwei Uhr früh. Carole Langley wanderte allein die einsame Straße entlang, die das flache Gelände um The Wash erhöht durchkreuzte, einen knappen Kilometer von dem Dorf Plimpstead entfernt.

Es war eine warme Nacht, die Luft war stickig. Der Mond, hinter einer Wolkenbank hervorgeglitten, beleuchtete die verlassenen Felder, die sich beiderseits der Straße bis zum düsteren Horizont erstreckten. Carole, achtzehn Jahre alt, attraktiv und blond, fühlte sich ein wenig unbehaglich. Die Stille der Landschaft hatte etwas Bedrohliches an sich.

»Also gut«, hatte sie ihrem Freund Rick erklärt, »wenn es das ist, worauf du aus bist, dann such dir eine andere. Nein, besten Dank, ich finde schon allein nach Hause. . . «

»Wie du willst«, hatte Rick mit von etwas zuviel Alkohol verschliffener Stimme geantwortet. »Mädchen sind wie Omnibusse. Man braucht nicht lange auf das nächste zu warten. Vielleicht finde ich sogar drinnen eines. . . «

Und damit war er in das alte Haus zurückgekehrt, in dem die Party noch in vollem Gange war. Als Carole die Einladung angenommen hatte, wußte sie nicht, daß Peggys Eltern nicht da waren, und daß die jungen Leute das Haus für sich allein haben würden. Die Wanderung in die Schlafzimmer hatte schon früh begonnen.

Und ich bin verdammt sicher, daß einige Drogen genommen hatten, sagte sie sich, als sie auf hohen Absätzen die Straße entlangwanderte. Jetzt wünschte sie sich, ihre Straßenschuhe in einem Beutel mitgenommen zu haben. Aber woher hätte sie wissen sollen, daß es so enden würde? Der Gedanke, daß Rick sie in seinem Auto nach Hause brachte, hatte ihr ganz und gar nicht zugesagt. Nicht auf diesen verlassenen Straßen, wo die Abstände zwischen Häusern – von Dörfern ganz zu schweigen – nach Kilometern gemessen wurden.

Sie sah den Wagen schon von weitem. Es war unglaublich, welche Entfernungen man in der Gegend um The Wash überblicken konnte.

Zwei nicht abgeblendete Scheinwerfer – wie die Augen eines Ungeheuers. Den Wagentyp festzustellen war unmöglich.
Wie alle Straßen in diesem Teil der Welt hatte auch diese viele Kurven. Manchmal sah sie die starken Scheinwerferstrahlen von der Seite, dann bog der Wagen um eine Kurve, und die allmählich größer werdenden Augen des Ungeheuers starrten sie direkt an. Das bleiche Licht verblaßte, als der Mond hinter einer Wolke verschwand. Die Scheinwerfer des Wagens wurden heller.
Wer mochte um diese Zeit in dieser Gegend unterwegs sein? Die meisten Leute würden im Bett liegen. Sogar da, wo ich herkomme, dachte sie wütend – und von mir aus können sie darin bleiben. Und als die Schmerzen in ihren Füßen schlimmer wurden, dachte sie: Meine Mutter wird wütend sein. Sie wird auf mich warten. Natürlich! Und wenn sie dann keinen Wagen vor dem Haus halten hört, wird sie wissen wollen, was passiert ist. Ich werde sagen, Ricks Wagen wäre nicht angesprungen. Das ist eine Idee...
Einen Augenblick lang wår ihr wohler zumute, aber nur einen Augenblick. Das näherkommende Fahrzeug begann sie zu beunruhigen. Sie wanderte langsam an einer alleinstehenden Baumgruppe vorüber und überlegte, ob sie sich verstecken sollte, bis der Wagen vorüber war.
Verdammt, ich muß doch nach Hause. Wahrscheinlich fährt er einfach an mir vorbei...
Die Scheinwerfer bogen um die letzte Kurve und kamen auf einem Stück gerader Strecke auf sie zu. Sie blieb stehen, dachte an die Baumgruppe. Meilenweit das einzige Versteck. Jetzt mußte er sie sehen können. Die verdammten Lichter schienen ihr voll ins Gesicht. Warum blendete er nicht ab?
Dann faßte sie einen Entschluß, streifte die Schuhe ab und versuchte in den Schutz der Bäume zu rennen. Der Fahrer gab Gas, stieg auf die Bremse, kam dicht vor ihr zum Stehen. Im Gleißen der Scheinwerfer konnte sie nicht sehen, was vor sich ging – aber sie hörte, wie eine Autotür geöffnet und geschlossen wurde. Wie sich Schritte stetig zielstrebig näherten.
Jetzt wartete sie nicht mehr. Sie machte kehrt und rannte auf die Bäume zu; ihre Füße flogen über den glatten Straßenbelag. Die stetigen Schritte folgten ihr. Im Laufen tastete sie in ihrer Handtasche nach der Taschenlampe, die sie immer bei sich trug. Sie war eine Art Waffe.
Sie bog von der Straße ab, mit der einen Hand die Handtasche, mit der

anderen die Taschenlampe umklammernd. Sie hielt es für richtiger, sie nicht einzuschalten – das würde demjenigen, der hinter ihr her war, die Verfolgung erleichtern. Doch gerade diese vernünftige Maßnahme wurde ihr zum Verhängnis.
Ihr linker Fuß verfing sich in einer Baumwurzel, und sie stürzte der Länge nach ins Gras. Sie wälzte sich herum, bis sie auf dem Rücken lag, schaltete die Taschenlampe ein und richtete sie nach oben. Das war der Augenblick, in dem sie zu schreien begann.
Im Licht der Taschenlampe sah sie die Klinge des gewaltigen Messers. Sah, wie es in einem kraftvollen Bogen auf ihre Brüste herabfuhr. Wie ein Irrer, der ein rituelles Opfer darbringt. Das Messer drang in ihren Körper ein, mehr schneidend als stoßend, als zerlegte ein Schlachter ein Stück Fleisch. Der Schrei erstarb zu einem Stöhnen. Dann starb Carole Langley, und eine schwere Stille legte sich auf die Nacht von Norfolk.
Das war vor zwei Jahren geschehen. Niemand begriff die Bedeutung dieses makabren Ereignisses. Das gelang erst zwei Jahre später einem Mann namens Tweed.

Erster Teil

Verdacht

EINS

Sommer in Regent's Park. Als wäre man auf dem Lande, dachte Monica. Sie ging an Tweeds Seite. Ihre Füße traten auf weiches Gras, sie hörten spielende Kinder. Alles schien in bester Ordnung. Aber das war es nicht.

Tweed hatte die Hände in den Jackentaschen und blickte durch seine Brille starr geradeaus. Sie wußte, was das bedeutete. Eine Krise. Tweed war beunruhigt. Seine ersten Worte bestätigten sie in dieser Meinung.

»Zum ersten Mal seit langem habe ich Angst, regelrechte Angst.«

»Der Mord an Ian Fergusson in Hamburg?«

»Ja, natürlich. Die Zeit zum Trauern kommt später.« Ein grimmiger Unterton in seiner gelassenen Stimme. »Aber was hinter dem Mord steckt, jagt mir eine Heidenangst ein.«

»Erklärung?«

Sie hängte sich bei ihm ein, eine Geste des Mitgefühls und der Unterstützung.

»Nur sechs Leute auf der Welt wußten, daß Fergusson nach Hamburg unterwegs war. Wir beide.« Er hielt inne. »Hugh Grey, Guy Dalby, Harry Masterson und Erich Lindemann.«

»Sie denken doch nicht etwa an einen der Sektorenchefs? Sie sind doch alle schon jahrelang bei uns...«

»Was die Sache noch ernster macht. Die größte Krise, mit der wir je zu tun hatten.«

»Irgend jemand hat die Schublade mit den Sitzungsprotokollen in der Zentralregistratur unverschlossen gelassen. Jeder, der sich im Gebäude aufhielt, hätte sich hineinschleichen und einen Blick auf die Akte mit dem Beschluß, Fergusson nach Hamburg zu schicken, werfen können...«

»Tarnung.« Tweeds Ton war bitter. »Ich habe das Protokoll dieser Sitzung selbst geschrieben – und den Beschluß nicht erwähnt. Es war nicht einmal die Rede davon, daß Fergusson irgendwohin gehen sollte...«

»Ein schwerer Verstoß gegen die Vorschriften«, neckte sie ihn; es war ein Versuch, ihn aufzuheitern.
»Und zwar mit voller Absicht – um Fergusson zu schützen...«
»Warum?«
»Ich weiß es nicht«, gestand Tweed. »Irgendein sechster Sinn. Die Tatsache bleibt bestehen. Wer immer die Akte gelesen hat – er hätte darin nicht den geringsten Hinweis auf den Hamburger Auftrag gefunden. Ganz offensichtlich hat jemand die Schublade unverschlossen gelassen, um sich in Sicherheit zu bringen. Er muß gestört worden sein – vielleicht von einer Putzfrau. Jedenfalls hatte niemand Zeit, das Protokoll zu lesen.«
»Trotzdem ist kaum zu glauben...«
»Das gilt für die tödlichsten Dinge im Leben...«
»Weshalb sind Sie so sicher, daß derjenige, der die Schublade aufschloß, gestört wurde?«
»Wenn er Zeit gehabt hätte, mein Protokoll zu lesen, hätte er sie wieder zugeschlossen – er hätte begriffen, daß sein Versuch, sich zu tarnen, erfolglos geblieben war.«
»Das ist ein verdammt unerfreulicher Gedanke – ein Feind in den eigenen Reihen. Was werden Sie tun? Weiß Howard davon?«
»Ich sagte, *sechs* Leute. Howard war in Frankreich, und gerade deshalb habe ich Fergusson zu diesem Zeitpunkt losgeschickt. Ich werde selbst nach Hamburg fahren«, schloß Tweed beiläufig.
Er zog seinen Arm aus dem ihren, nahm die Hände aus den Taschen und ging schneller. Sie wußte, daß sein Verstand sich intensiv mit dem Problem beschäftigte, es von allen Seiten betrachtete. Sie wartete ein paar Minuten, bevor sie ihre nächste Frage stellte.
»Insgeheim, meinen Sie? Ohne daß jemand davon erfährt?«
»Im Gegenteil. Ich berufe eine Konferenz aller Sektorenchefs ein, um die Tatsache zu verkünden. Der Mord an Fergusson ist eine Tragödie. Aber das kommt erst an zweiter Stelle – das Haar in der Suppe zu finden, ist wichtiger.«
Das war typisch Tweed, daß er ein so bestürzendes Problem auf ein Alltagsklischee reduzierte. Und seine Strategie erschien Monica nicht weniger bestürzend.
»Sie wollen es ihnen sagen – obwohl Sie wissen, daß einer die Nachricht, daß Sie nach Deutschland kommen, an die Gegenseite weitergeben wird?«
»Genau das ist der Zweck der Sache – nur so können wir einen Hinweis darauf finden, wer Ian Fergusson auf dem Gewissen hat.«

»Wird diese Reise nicht sehr gefährlich werden?« fragte Monica. Sie bemühte sich, die Angst aus ihrer Stimme herauszuhalten, als sie zum Park Crescent zurückwanderten. Das Grün des Parks umgab sie von allen Seiten. Keine Szenerie hätte friedlicher sein können, dachte sie, und ein größerer Kontrast zu dem Thema, über das sie redeten, war kaum denkbar.
»Das findet Mrs. Thatcher auch.« Tweed zog die Mundwinkel herab. »Danach zu urteilen, wie sie um mich herumgluckt wie um ihr Lieblingsküken, könnte man fast meinen, ich hätte Howards Job angenommen.«
»Warum haben Sie ihr Angebot abgelehnt? Sie hätten die Firma viel besser geleitet, als Howard es je können wird.«
»Weil ich in der Zeit, in der ich mit der Adam-Procane-Geschichte zu tun hatte, zu viele meiner Mitarbeiter täuschen – fast betrügen – mußte.« Er sprach schnell weiter, als wäre ihm das Thema zuwider. »Sie werden nicht glauben, welche Bedingung sie stellte, bevor sie meine Reise genehmigte...«
»Und das wäre?«
»Daß ich einen Leibwächter mitnehme. Einen Leibwächter! Und ich mußte zustimmen, um die Genehmigung zu erhalten.«
»Und wer begleitet Sie? Ich bin heilfroh, daß sie darauf bestanden hat!«
»Bob Newman. Als bekannter Zeitungskorrespondent hat er die ideale Tarnung. Er kann überall auftauchen, und die Leute vermuten, er wäre hinter irgendeiner Story her. Trotzdem verlangte Mrs. Thatcher sämtliche Hintergrunddetails, bevor sie zustimmte. Ich glaube, was den Ausschlag gab, war die Tatsache, daß er das Trainingsprogramm beim Sicherheitsdienst absolviert hat, um darüber schreiben zu können.« Tweed warf einen Blick auf die Uhr. »Er müßte jetzt gerade auf dem Rückflug von Paris nach Heathrow landen...«
»Nach der Geschichte in Helsinki war er eine ganze Weile verschwunden. Was hat er in der Zwischenzeit gemacht?«
»Gegrübelt, nehme ich an – über die Ermordung seiner Frau durch den KGB. Vielleicht hat er auch ein oder zwei Affären gehabt. Ich hoffe es, bezweifle es aber. Er ist ziemlich verbittert. Seine Stimme klang kalt und teilnahmslos, als wir miteinander telefonierten. Er hat den Job sofort angenommen. Was mich überraschte...«
»Wahrscheinlich der ideale Leibwächter...«
»Er wird bewaffnet sein, was mir gar nicht gefällt. Auch eine Idee der Dame. Die Leute in Bonn haben zugestimmt. Sie stellen ihm einen

speziellen Waffenschein aus. Kuhlmann vom Bundeskriminalamt hat das arrangiert. Er ist wegen des Mordes an Fergusson beunruhigt. Er glaubt, hinter dem Mord steckt mehr, als bisher ans Licht gekommen ist. Ich wünschte wirklich, ich könnte allein reisen. Ich hasse Aufstand.«

»Und nun?«

Sie hatten den Regent's Park verlassen und warteten darauf, die Straße überqueren zu können, um zum Park Crescent zu gelangen, dem wie ein Krummsäbel gerundeten Komplex von Gebäuden, von denen eines das Hauptquartier des SIS beherbergt.

»Und nun«, erwiderte Tweed, »berufen wir die Konferenz der Sektorenchefs ein...«

Welcher von ihnen?

Tweed saß im Konferenzraum am Kopfende des langen Tisches und musterte seine vier Kollegen – zwei an jeder Seite –, die darauf warteten, daß er die außerordentliche Sitzung eröffnete, die er einberufen hatte.

Kein Mann mit weniger als fünfzehn Jahren Dienstzeit. Dennoch hatte er das Gefühl, sie überhaupt nicht mehr zu kennen. Einer dieser Männer – in denen er bisher sowohl Kollegen als auch Freunde gesehen hatte – war für den Tod von Ian Fergusson in Hamburg verantwortlich, des loyalen Schotten, auf den er sich immer hatte verlassen können. Tweed empfand einen plötzlichen Widerwillen.

Eines der erwartungsvollen Gesichter war eine Maske. Eine sorgsam entworfene, im Laufe der Jahre aufgebaute Persönlichkeit, hinter der sich seine wahre Rolle verbarg. Sein eigentliches Lebenswerk. Verrat. Welcher von ihnen? fragte er sich abermals.

Er räusperte sich, und vier Augenpaare beobachteten ihn. »Meine Herren«, begann er, »ich fliege nach Hamburg. Ich halte es für richtig, die Nachforschungen über den Tod von Ian Fergusson selbst in die Hand zu nehmen.«

Er hielt inne, beobachtete ihre Reaktionen. Sein Ton war sachlich, der eines Mannes, der Routineangelegenheiten erörtert.

»Hinter dieser Geschichte steckt mehr, als bisher ans Licht gekommen ist...«

Er hielt wieder inne und sah einen nach dem anderen an. In ihrem Ausdruck konnte er keinerlei Hinweis entdecken – aber damit hatte er auch nicht gerechnet. Es war Hugh Grey, der zuerst reagierte, der Sektorenchef für Mitteleuropa.

»Wer vertritt Sie hier, wenn Sie im Ausland sind?« Lag ein hoffnungsvoller Ton in seiner Frage? Grey, neununddreißig, war der jüngste. Er war schlank, hatte kürzlich zum zweiten Mal geheiratet, sein Hauptwohnsitz war ein Farmhaus in Norfolk. Außerdem hatte er ein winziges *pied à terre* in Chelsea.
Er war glatt rasiert, hatte dunkles Haar und ein rosa Babygesicht. Er erweckte den Eindruck eines Leichtgewichts, eines Mannes, der sehr viel reden und dabei sehr wenig sagen kann. Sehr selbstsicher, ehrgeizig, körperlich rastlos; hinter seiner Umgänglichkeit verbarg sich ein waches Gehirn und ein skrupelloses Bedachtsein auf den eigenen Vorteil. Und er hatte eine gewisse Art, mit Frauen umzugehen, mit bestimmten Frauen. Das andere Geschlecht fand ihn entweder unwiderstehlich, oder es verabscheute ihn.
»Howard«, erwiderte Tweed. »Er kommt morgen aus Paris zurück und nimmt seine normale Arbeit wieder auf. . .«
»Reisen Sie allein nach Deutschland?« fragte Erich Lindemann.
»Ja«, log Tweed, ohne mit der Wimper zu zucken.
Es hatte also bereits angefangen. Das Geflecht der Täuschung seiner engsten Mitarbeiter. Genau wie bei der Procane-Geschichte. Aber diesmal war es anders, erinnerte sich Tweed. Diesmal fing er mit etwas an, aus dem eine lange und gefährliche Suche nach dem schwarzen Schaf werden konnte, das hier an diesem Tisch saß.
»Ist das vernünftig?« beharrte Lindemann. »Nach dem, was mit Fergusson passiert ist?«
Erich Lindemann. Achtundvierzig. Leiter des skandinavischen Sektors, zu dem Dänemark gehörte. Von den anderen – hinter seinem Rücken – Der Professor genannt. Ein schmalgesichtiger Mann, der älter aussah, als er war, und dessen dunkelgraues Haar sich lichtete. Aussehen und Verhalten wirkten trocken, und im Gegensatz zu Grey machte er nicht viel Worte.
In Kopenhagen geboren, Mutter früh verstorben, der Vater hatte dann eine Engländerin geheiratet. In England aufgewachsen, seit er zehn Jahre alt war, nicht die Spur eines dänischen Akzents. Er war, dachte Tweed, der vorsichtigste der vier Männer. Er bewegte sich erst, wenn alle Vorarbeiten erledigt waren – dann aber mit der Schnelligkeit eines Blitzes. Ein anspruchsloser Junggeselle; Howard hatte ihn einmal mit Feldmarschall Montgomery verglichen.
»Hat noch nie in seinem Leben einen anständigen Bordeaux getrunken«, hatte Howard von ihm behauptet.
»Hätte ihm das bei seiner Arbeit geholfen?« hatte Tweed gefragt.

»Sie wissen, was ich meine. Nichts als Gehirn und kalt wie ein Eiszapfen. Wie ein Schach-Großmeister, unser Erich. . . «
Harry Masterson zog die Hemdenmanschetten aus den Ärmeln seines dunkelblauen Anzugs und schwenkte beim Sprechen die Hand.
»Ich nehme an, während Sie sich um die Sache mit Fergusson kümmern, machen wir weiter wie gewöhnlich? Ich bin auf dem Sprung nach Wien, wie Sie wissen. Meine Leute werden träge, wenn ich nicht da bin, um ihnen einen Tritt in den Hintern zu versetzen.«
»Alles wie gewöhnlich«, versicherte ihm Tweed. »Sie fahren wie vorgesehen nach Wien. . . «
Masterson. Sechsundvierzig. Haare so schwarz wie Kohle, von einem Mittelscheitel aus säuberlich gebürstet. Ein großer Kopf, kraftvolle Züge, eine beeindruckende Persönlichkeit. Immer elegant gekleidet, zahlreiche Freundinnen. Von seiner Frau geschieden, nachdem er in einer Situation ertappt worden war, die an Eindeutigkeit nichts zu wünschen übrig ließ. Ein ungeduldiger Mann und unter den fünf Leuten, die am Tisch saßen, die dominierende Persönlichkeit. Chef des Balkansektors.
»Viel Erfolg in Hamburg«, wünschte er Tweed. »Erwischen Sie den Mistkerl, der den armen Ian auf dem Gewissen hat. Was Sie natürlich tun werden. . . «
»Das wird sich finden«, sagte Tweed. »Und wenn Sie keine Fragen mehr haben, schlage ich vor, daß wir diese kurze Sitzung beenden.«
Er warf einen Blick auf Monica, die an einem kleinen Tisch vor der Wand saß, mit einem Bleistift und dem Notizblock, nach dem sie später das Protokoll der Sitzung anfertigen würde. Es war eine Rolle, die sie übernahm, wenn Tweed keine Ablenkung wünschte. Aber diesmal gab es einen ganz anderen Grund für ihre Anwesenheit.
Tweed sah Guy Dalby an, der bisher noch kein Wort gesprochen hatte. Ein zurückhaltender Mann von vierundvierzig, Chef des Mittelmeersektors, massiger Körper und dunkelbraunes Haar, das ihm in einer Welle in die Stirn fiel. Jetzt sprach er, knapp und gezielt.
»Was meinen Sie – welches Motiv steckte hinter dem Mord an Fergusson?«
»Keine Ahnung. Gerade das will ich herausfinden.«
Tweed erhob sich, schob seinen Stuhl unter den Tisch und brachte seine Ankündigung in beiläufigem Ton.
»Bevor Sie zu Ihren normalen Aufgaben zurückkehren, möchte ich Sie im Laufe des Vormittags noch in meinem Büro sehen. Einzeln, bitte.«

Es war eine schwache Hoffnung, daß ihm im Gespräch unter vier Augen vielleicht etwas auffallen würde, was nicht zu stimmen schien. Eine sehr schwache Hoffnung.

ZWEI

Bob Newman kam mit Flug AF 808 von Paris nach Heathrow. Er mochte den Airbus – man hatte reichlich Platz. Die Stewardeß beobachtete ihn, als er seinen Sicherheitsgurt löste. Sie hätte nichts dagegen gehabt, den Engländer auch weiterhin zu begleiten.

Anfang Vierzig, schätzte sie. Ein umgängliches Wesen, ein kraftvolles Gesicht, doch Augen und Mund verrieten einen gewissen Sinn für Humor. Mit ihm würde es Spaß machen, da war sie ganz sicher. Er nickte ihr zu, als er das Flugzeug verließ und den schmalen Gang entlang zum Ankunftsschalter wanderte.

Ein komisches Gefühl – zum ersten Mal seit einem Jahr wieder auf englischem Boden. Die Erinnerung an seine Frau Alexis – sie war in Estland umgebracht worden – flutete zurück. Die angenehmen Seiten einer Ehe, die gescheitert war, die dicht vor dem endgültigen Auseinanderbrechen gestanden hatte, erfüllten sein Denken, als er die Paßkontrolle passierte.

Der Beamte am Schalter musterte ihn zweimal. Er war erkannt worden. Nun, daran war er gewöhnt. Man konnte nicht zu einem der erfolgreichsten Auslandskorrespondenten der Welt werden, ohne in Gott weiß wie vielen Zeitungen sein Foto zu finden, und dann noch damit rechnen, nicht erkannt zu werden – ob man Wert darauf legte oder nicht.

Im Taxi, unterwegs zu seiner Wohnung in Chasemore House in South Kensington, verschwand der entspannte Ausdruck aus Newmans Gesicht. Er blickte verdrossen aus dem Fenster. Ein Jahr seines Lebens vergeudet; er war durch ganz Europa gedriftet, niemals imstande gewesen, sich irgendwo für längere Zeit niederzulassen, hatte jeden der zahlreichen Aufträge abgelehnt, die ihm angeboten worden waren.

Und weshalb hatte er jetzt diesen verrückten Job angenommen und sich bereit erklärt, für Tweed den Leibwächter zu spielen? Weil er ihm vielleicht Gelegenheit bot, der anderen Seite zu schaden? Newman machte sich nichts vor – er hatte es getan, weil das Angebot seinem Leben wieder einen Sinn gab.

Der Gedanke, daß er eine Waffe tragen würde, gefiel ihm nicht. Er

war ein Meisterschütze – dafür hatte das Sicherheitstraining gesorgt –, aber er hatte in seinem ganzen Leben noch keinen Menschen erschossen. Noch nicht, dachte er beiläufig.
Also der Job reizte ihn. Er mochte Tweed, bewunderte ihn als wirklichen Profi. Er hatte schon des öfteren mit ihm zusammengearbeitet. Aber warum, fragte er sich, hatte Tweed sich einen Beschützer zudiktieren lassen? Es paßte nicht zu ihm. Newman wußte von dem, was vor ihm lag, nur so viel, daß sie nach Hamburg wollten. War dort bereits etwas geschehen? Nun, er würde es bald genug erfahren.

DREI

»Was hielten Sie von ihren Reaktionen, Monica?« fragte Tweed.
Sie saßen allein in seinem Büro im Hauptquartier des SIS am Park Crescent. Durch die Netzvorhänge an den Fenstern ging der Blick auf den Regent's Park. Tweed saß an seinem Schreibtisch und starrte hinaus, ohne den sonnigen Tag zur Kenntnis zu nehmen.
»Das Problem ist, daß ich keinen von ihnen gut genug kenne. Sie sind alle neu in ihrem Amt, aus der Truppe herausgeholt, um die Männer zu ersetzen, die vorher ihre Jobs innegehabt hatten. Das war ein sauberer Schnitt, den Sie da gemacht haben. Wie hat Howard das Ausbooten der Alten Garde aufgenommen?«
»Er war natürlich nicht gerade glücklich darüber. Ein paar von ihnen waren seine Saufkumpane in diesem stinkvornehmen Klub, dem er angehört. Aber Mrs. Thatcher ließ mir nur die Wahl zwischen zwei Möglichkeiten: entweder Howards Job zu übernehmen – oder jüngere Männer einzusetzen. Sie meinte, es wäre an der Zeit, daß auf der Ebene der Sektorenchefs eine jüngere Generation zum Zuge kommt. Ich habe sie selber ausgewählt. Und das Problem ist, daß ich einen von ihnen völlig falsch beurteilt habe – um es milde auszudrücken. Welchen – das ist die Kardinalfrage...«
»Ich hatte gehofft, Sie würden an Howards Stelle treten.«
»Den Grund dafür, weshalb ich das nicht tat, habe ich Ihnen bereits genannt.«
Tweeds Ton war eisig, schob ein Thema beiseite, das er nicht weiter zu erörtern gedachte.
»Womit wollen Sie in Hamburg anfangen? So weit ich sehen kann, haben Sie nichts, was Ihnen als Anhaltspunkt dienen könnte, und...«

Sie brach ab, weil das Telefon läutete. Ihr Gesicht leuchtete auf, als sie hörte, wer am Apparat war. Sie reichte Tweed den Hörer.

»Es ist Bob Newman. Ruft aus seiner Wohnung an. Er ist gerade aus Paris eingetroffen...«

»Sind Sie das, Bob?« Tweeds Ton war geschäftsmäßig. »Hören Sie, wir sollten uns nicht am Telefon unterhalten. Willkommen daheim. Können Sie herkommen? Gut. Zwölf Uhr wäre mir recht. Und passen Sie auf, wenn Sie die Straße überqueren. Schließlich sind Sie gerade vom Kontinent zurück. Immer zuerst nach rechts schauen! Bis später...«

»Er hörte sich ein bißchen fremd an«, kommentierte Monica. »Nicht so heiter und vergnügt wie sonst.«

»Hauptsache ist, daß er bereit ist, Kindermädchen zu spielen.« Tweed zog eine Grimasse. »Ein herrliches Gefühl, ein Kindermädchen zu haben...«

»Vergessen Sie nicht, was Mrs. Thatcher angeordnet hat. Sie hat gesagt, Newman dürfe nie von Ihrer Seite weichen...«

»Hören Sie auf, mich zu nerven...«

»Und Sie haben mir noch nicht gesagt, wo Sie anfangen wollen, wenn Sie in Hamburg sind.«

»Das Krankenhaus aufsuchen, in dem Fergusson starb. Anscheinend hat er ein paar Worte gesagt, die für den Arzt keinen Sinn ergaben. Vielleicht kann ich etwas mit ihnen anfangen. Und dann ein paar ruhige Worte mit Ziggy Palewski.«

»Dem polnischen Flüchtling, der sich in Hamburg niedergelassen hat? Hat Ziggy denn irgend etwas damit zu tun – wenn man von der widerwärtigen Art absieht, auf die er sein Geld verdient?«

»Genau deshalb ist Fergusson nach Hamburg geflogen – um Ziggy aufzusuchen. Er hatte uns die Nachricht zukommen lassen, er hätte uns dringend etwas Wichtiges mitzuteilen. Und nun erzählen Sie mir, was Sie über Hugh Grey wissen, bevor Sie ihn hereinrollen.«

Tweed lehnte sich in seinem Stuhl zurück, legte die Hände im Schoß übereinander und schloß die Augen hinter seinen horngefaßten Brillengläsern. Monica wußte, was das bedeutete. Ihr Chef benutzte sie als Resonanzboden, um seine eigenen Gedanken zu klären. Sie sprach, nur auf ihr phänomenales Gedächtnis gestützt, ohne ihre Personalkartei zu Rate zu ziehen.

»Hugh Grey. Hat vor sechs Monaten zum zweiten Mal geheiratet, eine attraktive Brünette namens Paula. Ungefähr um die Zeit, als er zum Sektorenchef für Mitteleuropa ernannt wurde. Nach Ihrer Reor-

ganisation umfaßt dieser Sektor Westdeutschland, Holland und Belgien. Infiltrationszonen, in denen Untergrundagenten arbeiten, sind Ostdeutschland, Polen und die Tschechoslowakei. Spricht fließend Deutsch und Französisch und kann sich auf Italienisch und Spanisch verständigen. Hauptquartier Frankfurt am Main.«
»Etwas mehr über seinen häuslichen Hintergrund bitte.«
Tweed saß reglos da, hielt die Augen nach wie vor geschlossen und konzentrierte sich völlig auf Hugh Grey.
»Paula Brent – das war ihr Mädchenname – ist neunundzwanzig. Also zehn Jahre jünger als Hugh. Sie hat sich in King's Lynn eine gutgehende Töpferei aufgebaut. Entwirft alles selbst und exportiert viel. Vor allem in die Vereinigten Staaten. Überaus intelligentes Mädchen, die Paula. Und eine wahre Augenweide. Verbringt einen großen Teil ihrer Zeit in Hughs Farmhaus draußen am Wash in Norfolk. Die Exportgeschäfte erledigt sie zum größten Teil telefonisch. Dann fliegt sie plötzlich nach Los Angeles. Um zu Hugh zurückzukehren – er ist geradezu versessen auf Geselligkeit. Wenn er auf Urlaub zu Hause ist, schmeißt er in seinem Farmhaus eine Dinnerparty nach der anderen. Reicht das?«
»Fürs erste, ja.« Dann setzte Tweed hinzu: »Ich kenne Paula. Sehr unabhängige Persönlichkeit. Eine Geschäftsfrau vom besten neuen Typ. Und würden Sie Hugh jetzt bitte sagen, daß er hereinkommen kann? Bleiben Sie an Ihrem Schreibtisch, während wir uns unterhalten. . . «

»Nur noch eine Frage«, sagte Tweed zu Grey, »dann können wir Sie gehen lassen. Hamburg gehört zu Ihrem Sektor. Fergusson wurde in Hamburg ermordet. Tut sich irgend etwas in Ihrem Teil der Welt?«
»Ich dachte mir schon, daß wir darauf kommen würden.« Grey zeigte sein Mondlächeln. Er saß aufrecht auf seinem Stuhl und strahlte Selbstsicherheit aus. »Wenn ich wüßte, warum Fergusson dorthin geschickt wurde – wie Sie sagen, gehört Hamburg zu meinem Revier –, könnte ich Ihnen vielleicht helfen. . . «
»Beantworten Sie nur meine Frage.«
»Seit Gorbatschow ans Ruder kam, hat sich alles beruhigt – man hat den Eindruck, auf Anweisung von ganz oben. Keine Zwischenfälle. . . «
»Würden Sie den Tod von Ian Fergusson als Zwischenfall bezeichnen?« fragte Tweed.
»Er hat mich außerordentlich überrascht.« Grey hielt inne, um das

Ziertaschentuch in seiner Brusttasche zurechtzurücken. »Ich wollte damit sagen, daß ich den Eindruck habe, Gorbatschow möchte im Westen nichts Neues, während er seine Position zu Hause konsolidiert. Das ist die Entwicklung, auf die wir gewartet haben – die neue Generation, die an die Macht kommt.«

»Was genau dem Evangelium entspricht, das Gorbatschow verkündet. Neue Zeiten stehen bevor. Wir werden es jedenfalls erleben. – Das wäre alles.«

Monica wartete, bis Grey den Raum verlassen hatte; das Lächeln war aus seinem Gesicht gewischt. Sie zog die Mundwinkel herab.

»Unverschämter Kerl. Sie haben ihn prächtig ausgequetscht. Er ist auf Ihren Job aus, wissen Sie...«

»Ich weiß.« Tweed runzelte die Stirn. »Das ist ein negativer Kommentar zu Grey. Geben Sie mir einen positiven.«

»Witziger Mann. Benimmt sich wie ein Playboy. Aber er hält seine Agenten mehr auf Trab als alle anderen Sektorenchefs. Keine Fehler, lautet sein Motto. Keine zweite Chance.«

»Und genau deswegen habe ich ihm den Job gegeben. Und nun Erich Lindemann. Wir können ihn gerade noch einschieben, bevor Bob Newman kommt. Resümee bitte.«

»Erich Lindemann. Hauptquartier Kopenhagen. Infiltrationszone Nordrußland. Der geborene Junggeselle. Spricht Deutsch, Schwedisch und Norwegisch. Das genaue Gegenteil von Grey. Ich war in seiner Wohnung in Chelsea. Blitzsauber. An den Wänden seines Arbeitszimmers Gott weiß wie viele Bücher. Von seinen Männern angebetet – er geht so sorgsam mit ihrem Leben um. Der verläßlichste von allen, würde ich sagen. Das war's.«

Das Gespräch mit Lindemann war kurz. Der Chef des skandinavischen Sektors trug einen Sportsakko mit Lederflecken auf den Ellenbogen, eine Sporthose und ein Freizeithemd. Er nickte Monica zu, ohne etwas zu sagen, ließ sich auf dem Besuchersessel nieder und legte die Arme auf die Lehnen.

»Wie steht's in Skandinavien?« fragte Tweed umgänglich.

»Es ist zu ruhig. Im Kreml wird irgend etwas Unerfreuliches ausgekocht, das uns dann serviert werden soll. Ich habe diese unheimliche Ruhe schon öfter erlebt.«

»Die Ruhe vor dem Sturm?«

»Ja, so könnte man es nennen. Darf ich einen Vorschlag machen?« fragte Lindemann.

»Ich höre.«

»Wenn Ihnen die Atmosphäre in Hamburg nicht zusagt, nehmen Sie das nächste Flugzeug nach Kopenhagen. Ich werde dort auf Sie warten.«

»Möchten Sie sich eingehender dazu äußern, Erich?«

»Nein, ich glaube nicht.«

»Dann werde ich es mir merken. Danke.«

Irgend etwas war merkwürdig an Lindemanns Persönlichkeit, dachte Tweed, als sich die Tür schloß. Ohne viel Worte verbreitete er eine derartige Aura von Macht und Kraft, daß es fast schien, als befände er sich noch im Zimmer. Er hatte keine Zeit, diesem Gedankengang weiter nachzuhängen. Das Telefon klingelte, und Monica sagte ihm, daß Newman unten wartete. Es war genau zwölf Uhr.

»Nach dem zu urteilen, was Sie mir erzählt haben, gefällt mir die Sache ganz und gar nicht«, erklärte Newman nachdrücklich. »Diese Reise nach Hamburg riecht nach einer Falle. Und das eigentliche Ziel könnten Sie sein – nicht Fergusson...«

»Ich weiß«, pflichtete Tweed ihm bei.

»Warum zum Teufel laufen Sie dann hinein? Schicken Sie irgend jemanden – ein paar Männer mit Rückendeckung. Sie könnten getrennt fliegen und sich dann irgendwo treffen. Am Hauptbahnhof zum Beispiel...«

»Weil ich glaube, daß Sie recht haben. Ich bin es, den sie haben wollen.«

»Sie brauchen Urlaub. Sie können nicht mehr geradeaus denken. Ich habe nicht die Erfahrung, die Sie brauchen...«

»Sie haben Ihre Sache recht gut gemacht, als Sie in Estland waren – also in der Sowjetunion. Wir fliegen nur nach Westdeutschland. Und ich habe ein Problem, das schlimmer ist als jedes, vor dem ich je gestanden habe.«

»Das kann man wohl sagen. Einer Ihrer Spitzenleute arbeitet für Lysenko – denn es ist bestimmt General Lysenko, der hinter der Sache steckt. Es sei denn, man hätte ihn nach Sibirien in die Ferien geschickt...«

»Nach meinen Informationen kontrolliert Lysenko alle anti-westlichen Aktivitäten in Europa von Leipzig aus. Er ist einer der wenigen aus der alten Garde, die Gorbatschow befördert hat. Gerüchten zufolge besteht zwischen ihnen ein sehr enges persönliches Verhältnis...«

»Na also«, sagte Newman und zündete sich eine Zigarette an. »Und nach allem, was Sie ihm letztes Jahr angetan haben, wird Lysenko nichts unversucht lassen, um Sie in Mißkredit zu bringen – mindestens. Und nun erzählen sie mir, daß er einen Verbündeten hier im Hause hat. Es ist durchaus möglich, daß er versucht, Sie umzubringen. . . «

»Ich glaube nicht, daß er so weit gehen wird. Nach allem, was ich höre, möchte Gorbatschow eine Zeitlang Ruhe haben, während er das Politbüro mit seinen Anhängern vollstopft. Wenn er mich umbrächte, würde ein Sturm losbrechen.«

Diese Annahme Tweeds hätte nicht falscher sein können.

VIER

»Setzen Sie sich, Genosse General. Wie geht Ihr Plan voran?«

Es war typisch für Michail Gorbatschow, daß er nur knappe Fragen stellte und direkt zur Sache kam. Der Herr der Sowjetunion saß in einem großen Sessel am Kopfende des langen, ovalen Tisches in seinem Büro in jenem Teil des Kreml, den Touristen nie zu sehen bekommen, einem neuen, sechsstöckigen Gebäude im Innern der alten Festung.

In einen eleganten, dunkelgrauen Zweireiher gekleidet, bewegte er sich rastlos hin und her; seine großen Hände spielten mit einem Bleistift. Von seiner ganzen Persönlichkeit ging, während er den GRU-General musterte, eine Aura körperlicher und geistiger Energie aus.

»Ich komme gerade mit den neuesten Nachrichten aus Leipzig . . . «

»Das weiß ich. Welches sind die neuesten Nachrichten?«

»Die Falle, mit der Tweed nach Westdeutschland gelockt werden sollte, ist aufgestellt. Ein enger Mitarbeiter Tweeds, Ian Fergusson, hat den Köder geschluckt. Er kam nach Hamburg, als er hörte, ein polnischer Flüchtling hätte wichtige Neuigkeiten. . . «

Lysenko, in den Sechzigern, von untersetztem Körperbau und mit einem Gesicht wie einer Steinplatte, faßte seine Erklärungen so kurz wie möglich. Der Generalsekretär hatte eine kurze Lunte, wenn man geschwätzig wurde.

»Erwin Munzel, der ostdeutsche Vollstrecker, hat ihn liquidiert. Er ließ es wie einen Unfall erscheinen. Tweed wird das nicht hinnehmen. . . «

»Sie haben etwas ausgelassen. Wo ist der polnische Flüchtling? Und

ist Fergusson mit ihm zusammengetroffen, bevor er seinen Unfall hatte?«
»Ja, das ist er. Der Flüchtling ist ein gewisser Palewski. Ein kleines Dreckstück, das davon lebt, Informationen an jeden zu liefern, der dafür bezahlt.«
»Und wo bekommt er seine Informationen her?«
»Von anderen Flüchtlingen, mit denen er befreundet ist. Wie Sie wissen, wimmelt es in Schleswig-Holstein von Flüchtlingen, die nach dem Großen Vaterländischen Krieg aus Ostpreußen und anderen Gegenden dorthin kamen...«
»Das weiß ich. Ist Fergusson bei ihm gewesen?«
»Ja. Munzel sorgte dafür, daß der Unfall passierte, kurz nachdem Fergusson Palewskis Behausung in Hamburg verlassen hatte.«
»Dieser Munzel...«
»Erwin Munzel, Generalsekretär.«
»Der Name ist mir bekannt. Sein Vater war ein Nazi, ein SS-General?«
»So ist es...« Nicht zum ersten Mal staunte Lysenko über Gorbatschows Detailkenntnis. Er wollte alles wissen – über jedermann. Kein angenehmes Gefühl – aber es war auch nicht angenehm, Gorbatschow gegenüber sitzen zu müssen. Lysenko spürte, wie seine Handflächen feucht wurden.
»Dieser Munzel hat auch etwas von einem Nazi an sich, wie ich höre.«
»Aber er ist einer von uns...«
»Kein Deutscher ist einer von uns.« Gorbatschows Ausdruck erstarrte. »Aber wenn wir sie in die andere Richtung drehen können – gegen den Westen, dann mag's angehen. Ein Fachmann für Unfälle, unser Lakai Munzel?«
»Er ist ein Könner.«
»Das sollte er auch sein, wenn er mit diesem Tweed zu tun hat. Die neue Strategie ist eine scheinbare – ich betone, *scheinbare* – Freundschaft auf Armeslänge Abstand mit den Amerikanern, solange Reagan Präsident ist. Danach werden wir es mit einem weicheren Mann zu tun haben. Während meiner Zeit wird es keinen weiteren Präsidenten geben, der so zäh und realistisch ist wie Reagan. In der Zwischenzeit darf es kein schwerwiegendes Ereignis geben, das diese Illusion zerstören könnte.«
»Auch Tweeds Tod wird aussehen wie ein Unfall«, versicherte Lysenko. »Aber er ist für unseren Plan von ausschlaggebener Bedeutung.

Nur Tweed könnte herausfinden, daß eine große Operation zur Demoralisierung Englands im Gange ist – und vielleicht sogar alle unsere Anstrengungen zunichte machen.«

»Dann muß er verschwinden...« Gorbatschow hielt inne, und Lysenko schob seinen Stuhl zurück. »Bleiben Sie sitzen. Ich bin noch nicht fertig«, sagte Gorbatschow. »Ist Balkan noch auf seinem Posten? Das würde Ihre Arbeit erleichtern – dann wüßten Sie, was Tweed vorhat, noch bevor er es selbst recht weiß.«

»Balkan ist der beste Agent, den wir je hatten. Solange er in London ist, kann nichts schiefgehen. Und in seiner anderen Funktion.« Lysenko sprühte Begeisterung. »Balkan – das ist das kühnste Manöver, das wir je abgezogen haben. Tweed würde rasen, wenn er die Wahrheit herausfände. Er würde es einfach nicht für möglich halten...«

»Zeit, daß Sie nach Leipzig zurückfliegen und die Operation überwachen. Ist Markus Wolf noch nützlich? Er sitzt jetzt schon sehr lange auf diesem Posten.«

Gorbatschow bezog sich auf den Chef des ostdeutschen Staatssicherheitsdienstes. Er beobachtete Lysenko genau, um etwaige Zweifel in seiner Stimme oder in seinem Ausdruck entdecken zu können.

»Ich arbeite sehr gut mit Wolf zusammen...«

»Sie *lenken* Wolf«, korrigierte ihn Gorbatschow. »Vergessen Sie nie, daß er auch ein Deutscher ist.« Er wartete, bis Lysenko fast die Tür erreicht hatte, bevor er seine Warnung herausbellte.

»Passen Sie auf, daß Sie sich Ihrer Sache nicht zu sicher werden, was Tweed betrifft. Ich habe gestern abend seine Akte noch einmal gelesen. Dieser Mann ist sehr tüchtig – und deshalb sehr gefährlich. Gehen Sie!«

FÜNF

»Guy Dalby« – Monica lieferte ihr Resümee wieder aus dem Gedächtnis – »Chef des Mittelmeersektors. Das größte Territorium. Zu seinem Operationsgebiet gehören Frankreich, Spanien, Italien, die Türkei, Portugal und die Schweiz.

Hauptquartier Bern. Unser bester Sprachenkenner. Er spricht Französisch, Deutsch, Spanisch, Italienisch und Arabisch. Außerdem in puncto Verwaltung der beste. Sehr methodisch. Alles bestens organisiert, sein Job ebenso wie sein Privatleben. Infiltrationszonen sind Libyen und der Mittlere Osten. Derjenige unserer Männer, der am besten über Terroristen informiert ist, sogar außerhalb seines Arbeitsbereichs. Das war's.«

»Sein Privatleben – gut organisiert, sagten Sie?« fragte Tweed. Er lehnte sich mit fest geschlossenen Augen in seinen Sessel. Er war zurück vom Lunch, den er mit Newman im ›Inigo Jones‹ eingenommen hatte, einem Restaurant, in dem die Tische so aufgestellt waren, daß man nicht befürchten mußte, daß ein vertrauliches Gespräch mitgehört wurde. Und niemand, der Tweed kannte, besuchte dieses Lokal.

»Mit einer Französin verheiratet. Lebt in Woking, Surrey. Von dort hat er die besten Zugverbindungen nach London. Außerdem kann er über Land nach Heathrow fahren, ohne durch London zu müssen – was es ihm erleichtert, unbemerkt ins Ausland zu reisen. Unter seinen Nachbarn hat er keine Freunde. Sie halten ihn für einen Bücherrevisor mit eigenem Büro. Vorzügliche Tarnung.«

»Der vollkommene Mann«, kommentierte Tweed mit einem Anflug von Ironie. »Sagen Sie ihm, ich möchte ihn jetzt sprechen...«

Dalby, in einen konventionellen grauen Anzug gekleidet, kam herein und setzte sich, ohne einen Blick auf Monica zu werfen. Er schob die Welle auf seiner Stirn etwas höher und wartete; er überließ es Tweed, das Gespräch zu beginnen. Typische Dalby-Taktik.

»Guy, warum haben Sie bei unserer Zusammenkunft heute morgen nach dem Motiv hinter dem Mord an Fergusson gefragt?«

»Hat man erst einmal das Motiv aufgespürt, ist man den Leuten, die es getan haben, schon sehr nahe. Übrigens – Howard ist einen Tag früher zurückgekommen. Ich nehme an, er wird bald bei Ihnen auftauchen...«

»Danke für die Warnung.« Monica hörte die Ironie in Tweeds Stimme. Er wußte es bereits. Newman hatte ihm beim Lunch erzählt, daß er Howard in dem Flugzeug gesehen hatte, mit dem er aus Paris gekommen war.

»Wie ist die Atmosphäre in Ihrem Sektor, Guy?« fuhr Tweed fort. »Ich nehme an, Sie fliegen bald nach Bern zurück?«

»Heute am Spätnachmittag. Nach Genf, dann mit dem Zug weiter nach Bern. Die Atmosphäre.« Dalby neigte den Kopf zur Seite – eine Geste, die an einen Vogel erinnerte und Monica bestens vertraut war. »Höchst merkwürdig. Ich wollte Sie deshalb sprechen, aber Sie sind mir zuvorgekommen. Die andere Seite hat den größten Teil ihrer Spitzenagenten hinter den Vorhang zurückgezogen. Irgend etwas braut sich zusammen...«

»Eine Konferenz mit Gorbatschow, damit er ihnen seine Strategie einpauken kann?«
»Vielleicht.« Dalby klang nicht sehr überzeugt. »Das letzte Mal, als das passierte, war es das Vorspiel zu einer größeren Operation. Es gefällt mir nicht – ich habe all meine Leute in Alarmbereitschaft versetzt. Sie setzen sich mit allen Kontaktpersonen in Verbindung, die sie kennen. Und ich werde froh sein, wenn ich wieder auf meinem Posten bin.«
»Und wie geht es Ihrer Frau?«
Monica senkte den Kopf über ihren Block – sie hatte Mühe, ernst zu bleiben. Eine Finte, typisch für Tweed, wenn ihm etwas zu schaffen machte – er wechselte völlig unvermittelt das Thema. »Fischen gehen«, nannte er das.
»Renée ist nach Paris zurückgekehrt. Wir leben getrennt. Auf Howards Schreibtisch liegt ein ausführlicher Bericht. Ich lasse sie von zwei Männern beschatten...«
»Machen Sie sich deshalb nicht zu viele Gedanken. Sie ist gründlich geprüft worden. Aber es tut mir trotzdem leid...«
»Mir nicht. Die Französinnen haben merkwürdige Gewohnheiten. Sie konnte den Blick nicht von anderen Männern abwenden. Bei Parties. In einem Restaurant. Ich habe mit ihr darüber gesprochen, und wir hatten unseren letzten großen Krach. Sie packte ihre Koffer und verschwand. Ich werde froh sein, wenn ich wieder an der Arbeit bin. War das alles? Kann ich jetzt gehen?« fragte Dalby unverblümt.
»Warum nicht?«
Monica wartete, bis sie allein waren, und als sie sprach, war ihre Stimme voller Mißbilligung.
»Das mit Renée wundert mich gar nicht. Ich nehme an, er hat es nur deshalb nicht früher gemerkt, weil er so viel unterwegs ist.«
»Und was wollen Sie mit dieser boshaften Bemerkung andeuten?«
»Daß sie von ehelicher Treue nichts hielt. Ich habe sie in London zweimal am Arm eines Mannes hängen sehen – es waren zwei verschiedene Männer. Und an der Art, wie sie ging und aussah, konnte man genau erkennen, was sie mit ihnen anfing.«
»Sie konnten es bestimmt. Aber wie Sie wissen, muß ich das Flugzeug nach Hamburg erreichen. Also machen wir lieber weiter. Masterson ist der letzte auf der Liste...«

»Harry Masterson ist ein netter Kerl«, begann Monica. Zum ersten Mal klang es, als rezitierte sie nicht Auswendiggelerntes. Sie hat

wirklich ein Faible für ihn, dachte Tweed, als sie ihren Bericht fortsetzte.
»Chef des Balkansektors. Hauptquartier Wien. Bereich umfaßt Österreich, Jugoslawien und Griechenland. Arbeitet in den gefährlichsten Infiltrationszonen – Ungarn, Rumänien, Bulgarien und Ukraine. Spricht Deutsch, Serbokroatisch, Griechisch und Russisch. Ein munterer Vogel seit seiner Scheidung – sogar schon vorher. . . «
Keine Spur von Mißbilligung für Masterson, stellte Tweed fest.
». . . hat eine Freundin nach der anderen. Alle hier im Lande, alle Engländerinnen. Achtet sehr darauf, daß er sich auf nichts einläßt, sobald er nach Wien unterwegs ist. Sehr beliebt bei seinen Agenten – ist bereit, selbst jedes Risiko auf sich zu nehmen, das er von ihnen verlangt. War siebenmal hinter dem Eisernen Vorhang, bevor Sie dem ein Ende machten. Verträgt eine Menge Alkohol. Bei einer Party habe ich einmal erlebt, wie er, als er schon tüchtig geladen hatte, mit einer ungeöffneten Flasche Champagner auf dem Kopf auf die Straße ging. Er wanderte auf dem weißen Mittelstrich entlang, mit ausgestreckten Armen wie ein Seiltänzer. Und das bloß wegen einer Wette.«
»Lassen Sie sich vielleicht von ihrer Begeisterung forttragen?«
Monica ließ sich nicht beirren und berichtete weiter: »Wohnt in einem reizenden alten Cottage in Apfield in der Nähe von Chichester. Verkehrt mit den Yacht-Leuten, denkt aber nicht daran, einen Fuß auf ein Boot zu setzen. Er haßt Boote und macht keinen Hehl daraus. Das ist ein Tribut an seine Persönlichkeit – Bootsbesitzer reagieren sonst sehr empfindlich, wenn es um ihr Hobby geht. Er schert sich nicht darum. ›Blöde Boote‹, hörte ich ihn einmal in Cowes sagen, ›bleiben nie an derselben Stelle.‹ Sie haben ihn zum Klubmitglied gewählt. Können Sie sich das vorstellen?«
»Wenn Sie es sagen, wird es wohl stimmen. Rufen Sie ihn, damit wir es hinter uns bringen. Ich habe das Gefühl, als hielte ich eine Reihe von Verhören ab.«
»Ist das denn nicht genau das, was Sie tun?« fragte sie und nahm den Telefonhörer ab.

»Die allgemeine Lage auf dem Balkan?« fragte Tweed und beobachtete Masterson durch halbgeschlossene Augen.
»Verdammt öde. Nichts tut sich. Ich verstehe das nicht. Daß die Russen derart in Deckung gehen, habe ich noch nie erlebt. Da liegt irgend etwas in der Luft, und ich werde verdammtnochmal herausfinden, was es ist. . . «

»In Deckung gehen, sagten Sie. Was meinen Sie damit?«

»Genau das, was ich sagte. Alle Agenten der Gegenseite sind in ihrem Bau verschwunden wie eine Herde verschreckter Kaninchen. Man kann den ganzen Tag die Kärtnerstraße in Wien auf und ab spazieren, ohne einem verdächtigen Typ zu begegnen. Schon das muß Argwohn erregen. Wien ist *das* Spionagezentrum östlich von Genf, und jetzt verliert es seinen ganzen Charakter. . . «

»Okay, Harry. Ich kann mir ein Bild machen. Und welche Bedeutung messen Sie dem Ganzen bei?«

»Daß sie etwas ganz Gemeines vorhaben, natürlich. Abziehen, uns so einlullen, daß wir unsere Tage in den Kneipen verbringen. Und dann – zack! – wird die Operation gestartet. Immer die gleiche Taktik. Auf dem Gleis fährt Moskau schon seit Jahren. Das habe ich Ihnen immer wieder gesagt. Und was kann ich noch tun, um Sie zu überzeugen? Eine Anzeige in der *Times* aufgeben?«

»Es könnte sein, daß die neue Führung erst einmal die Lage abschätzen will. . . «

»Abschätzen, daß ich nicht lache! Wir sollten auf alles gefaßt sein, Tweed – und Sie sollten bei Ihrem Ausflug nach Hamburg für Rükkendeckung sorgen. Nach dem, was ich gehört habe, war das letzte größere Ereignis in letzter Zeit der Mord an Ian Fergusson in Hamburg. Hamburg ist die Drehscheibe. Hugh Grey hat das noch nicht mitgekriegt. Hat zu viel damit zu tun, Howards Stuhl abzustauben, bevor er seinen breiten Hintern draufpflanzt. Gott, ich würde höchst ungern unter ihm arbeiten. Und was das betrifft, so würde ich auch nicht. . . «

»Er hat einen sehr schwierigen Job«, erklärte Tweed, sobald er ein Wort einwerfen konnte. »Er hat den Sektor, in dem man einen Deutschen nicht vom anderen unterscheiden kann – Ost oder West. . . «

»Und weshalb hat ihn dann nicht einer seiner Leute gewarnt, daß Fergusson keine Rückfahrkarte brauchen würde? Ich hätte es gewußt, wenn er zum Balkan unterwegs gewesen wäre.«

»Und das ist Ihre Art zu sagen, daß Sie beide nicht viel füreinander übrig haben.«

»Ich hasse den Kerl. Großes Maul und nichts dahinter.«

»Und mit dieser eindeutigen Aussage sollten wir unser Gespräch beenden.«

»Achten Sie auf Rückendeckung!«

Das Gesicht unter Mastersons kohlschwarzem Haar war leicht gerötet. Er schwenkte einen Finger, um seinen Worten Nachdruck zu verleihen, nickte Monica kurz zu und war verschwunden – durch die Tür, ohne sie zu öffnen, war Tweeds Eindruck.

»Jetzt glaube ich die Geschichte mit dem weißen Mittelstrich und der Champagnerflasche«, erklärte Tweed. »So, jetzt haben wir sie alle gesehen. Irgendein Hinweis darauf, welcher von ihnen Fergusson in den Tod geschickt hat?«

»Nichts, das mir aufgefallen wäre. Ist mir etwas entgangen?«

Die Tür ging auf, und Masterson kam zurück. Er schloß sie und sah Tweed beim Sprechen unverwandt an.

»Ich hoffe, Sie nehmen das ernst, was ich gesagt habe. Ich weiß, wovon ich rede. Ich bin ein geselliger Mensch – und diese Party auf Greys Farm. . . « Er brach ab. »Zum Teufel, wahrscheinlich haben Sie die Nase voll von mir.«

Monica tat, als wäre sie voll beschäftigt, nachdem Masterson den Raum zum zweiten Mal verlassen hatte. Tweed beobachtete, wie sie Akten herumschob und dann nach dem Telefonhörer griff.

»Warten Sie einen Moment«, sagte er. »Erzählen Sie mir erst, um was es geht. Irgendeine Party in Greys Farmhaus draußen am Wash. Was für eine Party?«

»Das war vor zwei Jahren. Am 14. Juli.« Sie wirkte verlegen, aber Tweed wartete und zwang sie damit, weiterzusprechen. »Grey gab eine Geburtstagsparty. Paula spielte die Gastgeberin – seine Frau hatte ihn verlassen, und er und Paula lebten zusammen.«

»Kommen Sie zur Sache. Wer war dabei?«

»Die vier Männer, die heute Sektorenchefs sind. Masterson, Dalby und Lindemann waren die Gäste. Es war Greys Geburtstag. Er hatte sie alle zum Dinner eingeladen. Zufällig hatten sie alle Urlaub, und deshalb schien es eine ideale Gelegenheit zu sein.«

Sie hielt inne und musterte Tweeds Gesicht. Er wirkte belustigt. »Sie meinen, ich wäre eines der Haupt-Gesprächsthemen gewesen?«

»Man hätte Sie ja auch einladen können. . . «

»Weshalb sollten sie? Sie waren alle weiter unten auf der Leiter – Männer, die in der vordersten Linie gearbeitet hatten und sich entspannen wollten. Ich habe es ihnen verdammt schwer gemacht, sich zwischendurch einmal gehen zu lassen. Sie brauchen etwas, um die Spannung loszuwerden, die sich in ihnen aufstaut. – Wie kommt es, daß Sie sich so genau an das Datum erinnern?«

»Der 14. Juli? Sturm auf die Bastille.«

»Natürlich. Und die ganze Zeit haben Sie nichts davon erwähnt – weil Sie dachten, ich würde empört sein?«

»Woher sollte ich wissen, wie Sie reagieren würden? Schließlich war es keine Information, die in irgendeinem Bezug zu unserer Arbeit stand. Wenn das der Fall gewesen wäre, hätte ich es Sie sofort wissen lassen.«

»Daran zweifle ich nicht. So, und nun geben Sie mir die Tickets für Hamburg, deutsches Bargeld, Travellerchecks und so weiter.« Als sie eine Mappe aus einer verschlossenen Schublade holte, schoß er die Frage auf sie ab.

»Ist Ihnen bei den Gesprächen, die ich heute führte, irgendeine Gemeinsamkeit aufgefallen?«

»Sie haben alle in der vorderen Linie gearbeitet. Keiner von ihnen gehört zu den Schreibtischtypen, die keine Ahnung davon haben, was eigentlich vorgeht...«

»Stimmt, weiter.«

»Das war's«, sagte Monica mit gerunzelten Brauen.

»Es gibt eine europäische Sprache, die sie alle fließend sprechen. Deutsch.«

»Hat das etwas zu besagen?«

»Woher soll ich wissen, ob das etwas zu besagen hat? Wir stehen erst am Anfang...«

Das Telefon läutete. Monica nahm den Hörer ab und sprach ein paar Worte, dann verzog sie das Gesicht.

»Besuch?«

»Ja. Ihr ganz spezieller Freund Howard ist auf dem Weg nach oben.«

»Ich glaube wirklich nicht, daß diese Sache in Hamburg Ihre erhabene Anwesenheit erfordert«, verkündete Howard auf seine anmaßendste Art. »Soll sich Hugh Grey doch darum kümmern – schließlich ist der Zwischenfall in seinem Sektor passiert.«

»Bei dem Zwischenfall, wie Sie es nennen, handelte es sich um den Tod eines meiner besten Männer. Eine Untersuchung aus zweiter Hand genügt da nicht.«

»Hugh kann man wohl kaum als zweite Hand bezeichnen. Das hört sich an, als sprächen Sie von einem Gebrauchtwagen.« Howard kicherte und warf Monica einen Blick zu, als erwartete er, daß sie seinen Scherz gebührend würdigte.

»Ich fliege mit Lufthansa. Es ist alles arrangiert. Und Mrs. Thatcher hat die Reise genehmigt.«

»Oh, mein Gott!« Howard schlug sich theatralisch mit der Hand auf die gewölbte Stirn. »Nicht schon wieder eine von ihren verrückten Direktiven, hoffe ich.«

»Die Hoffnung trügt.« Tweed lehnte sich in seinem Sessel zurück und sah seinen Vorgesetzten ausdruckslos an. »Und ich vermute, daß Fergusson einer großen Sache auf der Spur war – warum hätte man ihn sonst ermordet?«

»Wir sollten das Ganze nicht überdramatisieren.« Howard, einen Meter achtzig groß, in einem maßgeschneiderten Nadelstreifenanzug, pflanzte sein Hinterteil auf die Lehne eines Sessels. »Dessen können wir durchaus nicht sicher sein – nach dem, was Hugh mir gerade erzählt hat...«

»Hugh hat keine blasse Ahnung. Diesen Fall behandle ich als top secret.«

»Hugh ist ein guter Mann«, protestierte Howard. »Und in Paris hörte ich von Pierre Loriot, daß die verschwiegenen Gäßchen leer sind. Die Herren sind alle nach Hause gefahren – fraglos, um Onkel Gorbatschow zuzuhören und sich bei ihm einen Stein im Brett zu verschaffen.«

»Das hat Pierre gesagt?« Tweed lehnte sich vor, überrascht von Howards Neuigkeit. »Verschwiegene Gäßchen« war der gebräuchliche Ausdruck für die an abgelegenen Orten untergebrachten Sowjet-Botschaften. »Das war sein Bericht«, drängte Tweed. »Und was war seine Meinung?«

»Besteht da irgendein Unterschied?« Howard betrachtete mit selbstzufriedenem Gesicht seine manikürten Fingernägel.

»Bestand ein Unterschied? Das möchte ich gerade von Ihnen wissen.«

»Ja, vielleicht könnte man sagen, eine ganz leichte Spur von einem Unterschied. Pierre sagte, die schwangere Stille – seine Worte – machte ihm Sorgen. Aber das war nur seine Ansicht. Pierre fühlt sich nicht wohl, wenn er sich nicht wegen irgend etwas Sorgen machen kann. Auf die Weise kann er lange im Büro bleiben – weit fort von seiner fürchterlichen Frau in Passy. Er würde lieber das Telefonbuch lesen, als vor zehn Uhr nach Hause zu fahren...«

Und für dich gilt das gleiche, alter Freund, dachte Tweed, aber er sprach es nicht aus. Es war allgemein bekannt, daß Howards Beziehungen zu seiner Frau Cynthia nicht die allerbesten waren. »Sie gehen sich aus dem Wege«, hatte Monicas Kommentar gelautet.

»Wenn sonst nichts weiter ist...« setzte Tweed an.

»Ich glaube, das war alles.« Howard stand aufrecht da und zupfte

seine Krawatte gerade. »Tut mir leid um Fergusson. Aber mit so was muß man in dieser Gegend natürlich rechnen. . . «
»In meiner Gegend nicht«, fauchte Tweed, als Howard zur Tür schlenderte und den Raum verließ. Dann sah er Monica an. »Nächste Station Hamburg. . . «

SECHS

10. Juli 1985. Flug LH 041 traf auf die Minute pünktlich um 13. 25 Uhr in Hamburg ein. Tweed schaute von seinem Erste-Klasse-Platz aus dem Fenster, als sich die Maschine durch grauen Dunst senkte. Dann löste sich der Dunst auf, und kaum hundert Meter unter ihm breitete sich Deutschland aus.
Er betrachtete das Muster aus bestellten Feldern und Fichten- und Kiefernwäldern. Schmale Sandwege führten in die Wälder hinein. Siedlungen ragten wie Halbinseln in die Felder, dann schwappte die Großstadtflut auf das Land.
Mehr Bäume, als das Flugzeug sich weiter senkte. Er erinnerte sich an den Anflug auf Hamburg, eine der deutschen Städte, die er ganz besonders liebte. Wer sich nicht auskannte, würde nie auf den Gedanken kommen, daß er über die City flog. Newman, der hinter ihm saß, blickte nicht aus dem Fenster. Seine Augen schweiften über die anderen Passagiere, suchten nach jemandem, der sich vielleicht für Tweed interessierte. Dann landeten sie.
Tweed war der erste, der die angerollte Treppe hinunterstieg, Newman der dritte. Von Heathrow an hatten sie getan, als wären sie einander nie begegnet. Tweed stand an der Gepäckausgabe und wartete auf seine beiden Koffer, als Hauptkommissar Otto Kuhlmann vom Bundeskriminalamt zu ihm trat.
»Haben Sie Feuer?« fragte Kuhlmann auf Deutsch, eine Zigarre in der Hand.
»Ich denke, damit kann ich Ihnen dienen«, erwiderte Tweed in der gleichen Sprache. Er senkte die Stimme, als er sein Feuerzeug aufschnappen ließ und der Deutsche sich vorbeugte. »Ich habe zwei Koffer, wie Sie am Telefon vorschlugen. . . «
»Zeigen Sie mir den ersten. Den nehme ich dann.«
Als der erste Koffer erschien, lehnte sich Kuhlmann nach vorn und hob ihn vom Förderband. Dann hatte er Schwierigkeiten, seine ausgegangene Zigarre mit Tweeds Feuerzeug wieder anzuzünden. Der

zweite Koffer erschien; Tweed ergriff ihn, nahm sein Feuerzeug von Kuhlmann entgegen, und dann entfernten sie sich gemeinsam aus der Menge, die sich um die Gepäckausgabe drängte.
Jeder, der sie beobachtete, hätte annehmen müssen, daß die beiden Männer zusammen mit Flug LH 041 aus Heathrow gekommen waren. Vor der Eingangshalle führte Kuhlmann Tweed zu einem nicht als Polizeifahrzeug gekennzeichneten Audi; die Männer ließen sich auf den Rücksitzen nieder, und der Fahrer ließ den Wagen anrollen.
»Dieses kleine Manöver könnte Ihr Eintreffen getarnt haben«, erklärte Kuhlmann, während sie durch baumgesäumte Straßen fuhren. Wenn man nach Hamburg hineinfuhr, kam man sich fast vor wie auf dem Land.
»*Könnte* ist das entscheidende Wort. Wo fahren wir zuerst hin? Ich habe ein Zimmer im Vier Jahreszeiten bestellt. . . «
»So vornehm?«
»Das beste Hotel ist der Ort, an dem mich die andere Seite am wenigsten vermutet. Und ich habe einen Beschützer, der uns in einem Taxi folgt. Robert Newman, der Auslandskorrespondent.«
Tweed zog ein Foto von Newman aus der Brieftasche, aber Kuhlmann warf kaum einen Blick darauf. Er tat einen tiefen Zug an seiner Zigarre und schüttelte den Kopf.
»Ich hätte Newman auch ohne das Foto erkannt. Ich sah ihn an der Gepäckausgabe. Ich wollte schon fragen, ob Sie über seine Anwesenheit informiert sind. Und wenn es Ihnen recht ist, machen wir zuerst bei dem Krankenhaus Station, in das Fergusson gebracht wurde und in dem er starb. Vielleicht kann Ihnen der Arzt etwas sagen. Jedenfalls sind Sie jetzt sicher in Hamburg. . . «
»Sagen wir lieber nur, ich bin in Hamburg. . . «

Das Flugzeug hatte sich noch hoch in der Luft befunden, als in einem Mietshaus im Hamburger Stadtteil Altona ein Anruf aus London kam. Der Anrufer, der in einer Telefonzelle des Postamtes Leicester Square stand, sprach Deutsch.
»Tweed ist unterwegs. Flug LH 041, Abflug Heathrow 11. 20 Uhr, Ankunft Hamburg 13. 25 Uhr Ortszeit. Haben Sie das?«
»Verstanden. Er wird am Flughafen in Empfang genommen. Wir haben reichlich Zeit. Wir erwarten ihn mit einem Wagen.«
Martin Vollmer, der in dem Mietshaus in Altona wohnte, legte den Hörer auf, wartete einen Moment und wählte dann eine Nummer in Flensburg.

»Tweed kommt. . . «

Die Drähte summten weiter, durch ein vielfältiges, über ganz Norddeutschland ausgebreitetes Kommunikationssystem. Wie mit einer Buschtrommel wurde wieder und wieder die gleiche Botschaft übermittelt: »Tweed kommt. . . *Tweed kommt. . .* TWEED KOMMT. . . «

Als das Flugzeug die europäische Küste überflogen hatte und sich über dem Kontinent befand, läutete das Telefon im Zimmer von Erwin Munzel im Hotel Mövenpick in Lübeck. Der blonde Riese hatte seit mehr als einer Stunde neben dem Apparat gewartet. Er griff nach dem Hörer.

»Tweed kommt. . . «

Als das kurze Gespräch beendet war, verließ Munzel, der an der Rezeption den Namen Kurt Franck angegeben hatte, sofort das Hotel und begab sich auf die von der Trave umschlossene Insel, auf der die Innenstadt liegt. Es war ein heißer Tag, und die Sonne brannte vom Himmel, als er einen Bus nach Eichholz bestieg.

Er trug Jeans und einen leichten Pullover mit Rollkragen. Als der Bus die Insel verließ, über eine Brücke rollte und in Richtung Osten durch eine öde Vorstadt mit vierstöckigen Wohnblocks fuhr, warf er einen Blick auf die Uhr.

Knapp zehn Minuten später stieg er an der Endstation aus. Er hatte die Grenze der DDR erreicht – das Niemandsland, den Todesstreifen. Eine Busladung amerikanischer Touristen, von einem wie üblich sehr geschwätzigen Führer begleitet, starrte mit der gleichen Faszination nach Osten, mit der Gaffer eine Unfallstelle betrachten.

Munzel schob sich durch die Menge hindurch nach vorn und blickte zu dem fernen Wachtturm hinüber. Er schaute wieder auf die Uhr und wartete, bis es genau halb zwei war. Dann zog er ein rotes Taschentuch hervor und wischte sich langsam den Schweiß von der hohen Stirn. Diese Geste wiederholte er dreimal.

In dem Wachtturm beobachtete ihn einer der drei Posten durch ein starkes Fernglas. Ihm war, als brauchte er nur hinzugreifen, um Munzels Stirn zu berühren. Dann legte er das Fernglas auf den Tisch und griff nach dem Telefon.

»Das war Munzel«, erklärte er seinem Kollegen.

Jetzt begannen die Drähte in der Deutschen Demokratischen Republik zu summen. Drei Minuten später hob General Lysenko, der an einem Schreibtisch neben dem von Markus Wolf im Keller eines Gebäudes mitten in Leipzig saß, den Hörer ab. Er hörte zu, sagte mehr-

mals »da« oder »njet« und legte dann wieder auf. Es war typisch für ihn, daß er den Chef des Staatssicherheitsdienstes unaufgeklärt ließ und sich erst einmal eine Papyrossi anzündete. Lysenko ließ sich viel Zeit.
Markus Wolf, ein Mann in den Sechzigern, saß da wie ein Götzenbild; auf seiner großen Nase thronte eine Hornbrille. Wolf besaß die Geduld einer Katze, die mit einer gefangenen Maus spielt.
»Tweed kommt. . . « teilte Lysenko ihm schließlich mit.
»Also warten wir. . . «
»Er hat den Köder geschluckt. Er ist in Hamburg eingetroffen. Bald werden wir erfahren, daß er in Lübeck eingetroffen ist.«
»Nach einer gewissen Zeit, vielleicht. Ich kenne Tweed. Von allen Chefs der westlichen Spionageabwehr-Organisationen ist er der vorsichtigste. Erwarten Sie nicht zu viel. . . «
»Ich erwarte, daß Munzel ihn umbringt.«
»Vielleicht. Wir müssen Geduld haben. Wir müssen sogar noch mehr Geduld haben als Tweed. Derjenige, der dieses Duell gewinnt, wird der Mann mit der größten Ausdauer sein.«
»Sie sind ein Pessimist. . . «
»Nein, nur ein Realist.«

Martin Vollmer, der den Anruf aus der Telefonzelle im Postamt Leicester Square erhielt, auf den er in seiner Wohnung in Altona gewartet hatte, führte noch ein weiteres Gespräch, nachdem er die Nachricht nach Flensburg weitergegeben hatte. Und deshalb war ein Taxi mit ausgeschaltetem »Frei«-Zeichen dem nicht gekennzeichneten Polizeiwagen vom Flughafen zum Krankenhaus gefolgt.
Das Taxi parkte in einigem Abstand von dem Audi, als Kuhlmann ausstieg, gefolgt von Tweed. Der Fahrer beobachtete, wie sie das Krankenhaus betraten, und lehnte sich zurück, um die weitere Entwicklung abzuwarten. Er war so sehr damit beschäftigt zu beobachten, was vor seiner Windschutzscheibe geschah, daß er es unterließ, einen Blick in den Rückspiegel zu werfen.
Als Newman mit seinem Koffer das Flughafengebäude verließ, fiel ihm sofort etwas Merkwürdiges auf. Seine Erfahrungen als Auslandskorrespondent hatten ihn gelehrt, alles sofort zu registrieren, was irgendwie ungewöhnlich war. Er sah, wie der Wagen mit Tweed vom Flughafen abbog. Dann sah er sich nach einem Taxi um und bemerkte das Taxi mit ausgeschaltetem »Frei«-Zeichen.
Das Merkwürdige daran war, daß in dem Taxi niemand saß als der

Fahrer, und daß dieser sich genau in dem Moment, in dem der Audi anfuhr, dazu entschloß, den Flughafen ohne Fahrgast zu verlassen.
Er stieg ins nächste wartende Taxi und gab dem Fahrer einen Zehnmarkschein. »Das ist Ihr Trinkgeld«, sagte er auf Deutsch. »Und vielleicht kommt noch etwas dazu. Sie brauchen nichts zu tun, als dem schwarzen Audi zu folgen. Sie unterstützen die Drogenfahndung«, setzte er hinzu.
Newman behielt den Audi genau im Auge. Auf diese Weise bemerkte er automatisch auch das Taxi, das ihm zu folgen schien. Als sie vor dem Krankenhaus an den Kantstein fuhren, forderte Newman den Taxifahrer auf, sofort anzuhalten. Auf diese Weise kam sein Taxi ungefähr zehn Meter hinter dem anderen zu stehen, das gleichfalls am Kantstein parkte.
Er bezahlte den Fahrer, bückte sich, um seinen Koffer aufzuheben, und registrierte die Zulassungsnummer des wartenden Taxis. Dann ging er in das Krankenhaus hinein. Sofort drang ihm der stechende Geruch von Desinfektionsmitteln in die Nase. Newman war alles Medizinische zuwider. Aber es muß sein, sagte er sich, als er in die Eingangshalle trat; schließlich war er im Dienst.

»Ich kann diesen Taxifahrer ausfindig machen«, sagte Kuhlmann, als Newman seinen kurzen Bericht erstattet hatte. »Wir grillen ihn, bis wir alles aus ihm herausgeholt haben.«
»Wenn ich einen Vorschlag machen darf«, warf Tweed ein. »Scheuchen Sie ihn nicht auf. Lassen Sie ihn beobachten, identifizieren – wenn möglich. Aber er sollte auf gar keinen Fall aufgegriffen werden.«
»Dann sitzen Sie fest«, warnte Kuhlmann. »Dieser Fahrer ist möglicherweise unsere einzige Spur zu dem Mann, der ihn zum Flughafen schickte, um sich an ihre Fersen zu heften. Dies ist ein ernster Fall – nach all den Vorsichtsmaßnahmen, die wir ergriffen haben. Glauben Sie mir.«
Kuhlmann war untersetzt, breitschultrig, hatte einen großen Kopf und einen breiten Mund, in dem eine unangezündete Zigarre steckte, dunkle Haare und dichte Brauen; sein Gebaren und seine Sprechweise verrieten eine starke Persönlichkeit. In den Vierzigern, schätzte Newman.
»Zerbrechen wir uns deshalb nicht den Kopf«, sagte Tweed. »Machen wir's auf meine Art. In Deckung bleiben. Übrigens, normalerweise wäre dies doch ein Fall für die örtliche Polizei. Wie kommt es, daß Sie

gerufen wurden?« Tweed wandte sich an Newman. »Hauptkommissar Kuhlmann gehört zum Bundeskriminalamt in Wiesbaden.«
»Weil der Chef der hiesigen Polizei ein kluger Kopf ist«, erklärte Kuhlmann. »Der Name im Paß des Toten ließ etwas klingeln. Daraufhin gab er ihn an den Computer in Köln, und dabei stellte sich heraus, daß Fergusson einer Ihrer Leute war. Also rief ich Sie an. Und deshalb bin ich hier, und deshalb sind Sie hier. Dieser Fall könnte zu internationalen Verwicklungen führen...«
»Dann wird vielleicht auch der BND mitreden wollen.« Tweed war nicht sehr glücklich beim Gedanken an den Bundesnachrichtendienst, der seine Zentrale in Pullach bei München hatte. »In Dekkung bleiben«, wiederholte er.
»Und nun zu dem Arzt, der sich um Fergusson gekümmert hat«, sagte Kuhlmann ungeduldig. Als sie einen makellos sauberen Gang entlangwanderten, erklärte er: »Zwei Streifenbeamte entdeckten Fergusson, der an einer der Schleusen zwischen der Binnenalster und der Elbe im Wasser trieb. Sie zogen ihn mit einem Bootshaken heraus, stellten fest, daß er noch lebte, und brachten ihn auf dem schnellsten Wege hierher. Er starb eine Stunde später...«
»Wie ist er ins Wasser gekommen?« fragte Newman.
»Ein Schlag auf die Schläfe. Könnte ausgerutscht und mit dem Kopf auf die Steinmauer geschlagen sein, bevor er ins Wasser fiel, heißt es. Tod durch Unfall, hätte das Untersuchungsergebnis lauten können.« Kuhlmann kaute auf seiner Zigarre herum, unglücklich, weil er sie im Krankenhaus nicht anzünden durfte. »Tod durch Unfall«, wiederholte er. »Nur daß Ihre Leute keine Unfälle haben. Hier ist das Zimmer des Doktors. Er heißt Schnell. Spricht gut Englisch. Sie können sich die Sprache aussuchen.«
Dr. Schnell, ein kleiner Mann mit rundlichem Gesicht und weißem Kittel, erhob sich hinter seinem Schreibtisch; Kuhlmann stellte seine Begleiter kurz vor und begann dann sofort mit seiner Befragung.
»Wie ist Ian Fergusson gestorben?«
»Er hörte auf zu atmen...«
»Das ist nicht witzig. Tweed war ein guter Freund von ihm.«
»Ich hatte nicht die Absicht, die Tragödie von der humoristischen Seite zu betrachten, Mr. Tweed. Aber diese Frage kann nur der Pathologe beantworten. Fergussons Leichnam wurde ins Gerichtsmedizinische Institut gebracht.«
»Ich verstehe.« Tweed warf einen Blick auf die dunkelhaarige

Schwester, die hinter Schnell stand, ein attraktives Mädchen Ende Zwanzig. »Wer war bei ihm, bevor er starb?«
»Ich und Schwester Helga. Deshalb ist sie hier.«
»Wie ich hörte, lebte er noch, als er gebracht wurde. Hat er noch irgend etwas gesagt? So unwichtig es Ihnen auch erscheinen mag? Ich muß alles wissen – wenn er noch etwas gesagt hat.«
»Ja, das hat er.« Schnell hob einen Bleistift auf und drehte ihn langsam zwischen feingliedrigen Fingern. »Aber wir konnten beide nicht viel damit anfangen...«
»Hat er Deutsch oder Englisch gesprochen?«
Tweeds Blick umfaßte sowohl Schnell als auch Schwester Helga, die ihn genau beobachtete. Er hatte den Eindruck, als wollte das Mädchen etwas sagen, fühlte sich aber durch Dr. Schnells Anwesenheit gehemmt.
»Er hat kaum etwas gesagt. Er befand sich in einem schlimmen Zustand – der Schlag auf die Schläfe –, und war außerdem schon halb ertrunken, als ihn die beiden Polizisten herauszogen. Er war also nicht mehr ganz bei sich. Vielleicht habe ich ihn auch nicht richtig verstanden...«
»Was hat er gesagt?« drängte Tweed.
»Er hatte Mühe, die beiden Worte hervorzubringen, die er wiederholte – sofern ich sie richtig verstanden habe. Zuerst sagte er Berlin. Das hat er zweimal wiederholt. Dann kam ein Männername, Hans, den er auch wiederholte. Und das ist leider alles, was er sagte.«
»Sind Sie derselben Ansicht?« Tweed wandte sich an Schwester Helga und musterte sie eindringlich, als sie den Kopf schüttelte. »Hat er noch etwas anderes gesagt?«
Sie holte tief Luft; ihre Brust wogte unter dem weißen Kittel. »Er versuchte *vor* Berlin noch etwas zu sagen, da bin ich ganz sicher...«
»Er hatte nur Mühe, überhaupt zu sprechen«, widersprach Schnell.
»Nein!« Schwester Helga hielt Tweeds Blick stand. »Er sprach das Wort dreimal aus, und jedesmal vesuchte er, etwas vorweg zu sagen. Und auch als er Hans sagte, versuchte er, noch etwas anderes zu sagen. Nach Hans. Auch das passierte dreimal. Ich bin mir meiner Sache ganz sicher...«
»Wirklich?« Schnells Stimme klang ironisch.
»Ich weiß genau, was ich sage. Ich höre gut, und ich habe ihn genau beobachtet. Glauben Sie mir, Mr. Tweed, es stimmt.«
»Ich glaube Ihnen«, sagte Tweed.

Im Gerichtsmedizinischen Institut blickte Tweed auf das weiße Laken, das den Leichnam eines Mannes auf dem Seziertisch bedeckte. Kuhlmann hatte ihm den Pathologen Martin Kosel vorgestellt, einen asketisch wirkenden Mann in den Fünfzigern, der sich benahm, als habe er Möbel zum Verkauf anzubieten. Kosel schlug das Laken zurück, so daß Kopf und Hals sichtbar wurden.

»Das ist Ian Fergusson«, sagte Tweed. »Er kann nicht lange im Wasser gelegen haben. . . «

»Dazu kann ich mich erst äußern, wenn meine Untersuchung abgeschlossen ist«, erwiderte Kosel und bedeckte den Leichnam wieder.

»Aber Sie werden es tun«, knurrte Kuhlmann. Er zog einen Ausweis hervor und hielt ihn dem Pathologen unter die Nase. »Bundeskriminalamt. Wir brauchen eine sachkundige Vermutung. Also. Gehen wir davon aus, daß Sie sachkundig sind. . . «

»Das widerstrebt mir. . . «

»Nehmen wir zu Protokoll. Der Pathologe äußerte Widerstreben. Und nun zur Sache. Als wir seine persönliche Habe untersuchten, war der Paß kaum feucht. . . «

»Der steckte in der Innentasche seines Jacketts«, erklärte Kosel. »Und er trug einen bis zum Hals zugeknöpften Regenmantel.«

»Einen ganz leichten Regenmantel. Seine Brieftasche, die in der anderen Innentasche steckte, war nicht einmal feucht. Er schwamm noch an der Oberfläche, als die Streife ihn herauszog. Ich würde sagen, das geschah kaum fünf Minuten nachdem er in das Fleet geworfen worden war. Es fehlte nicht viel, daß sie den Mörder erwischt hätten.«

»Mörder?« protestierte Kosel. »Ich habe die Todesursache noch nicht festgestellt. . . «

»Glauben Sie etwa, er wäre ins Wasser gesprungen, um ein frühmorgendliches Bad zu nehmen? Er wurde an den Schleusentoren gefunden, keine fünf Minuten vom Anleger Jungfernstieg entfernt. Die ganze Gegend ist gut beleuchtet. . . «

»Vielleicht war er betrunken.«

»Fergusson rührte nie Alkohol an«, erwiderte Tweed.

»Das fällt also flach«, sagte Kuhlmann.

»Der Leichnam riecht aber stark nach Alkohol – Whisky, würde ich sagen.«

»Also, können wir jetzt zu den sachkundigen Vermutungen kommen?« Kuhlmann ergriff Kosels Arm und lächelte grimmig. »Der Anfang war schon recht gut. Und nun weiter. Kommen wir zu dem Schlag auf die Schläfe.«

»Mit geronnenem Blut verkrustet. Er könnte mit dem Kopf auf die Steinmauer aufgeschlagen sein, als er hineinfiel.«
»Wunderbar!« Kuhlmann schwenkte seine Zigarre wie einen Dirigentenstab. »Er überquert die Brücke an der Schleuse. Er klettert über das Geländer und macht dann einen Kopfsprung auf die Mauer. Ist das wirklich Ihre Ansicht? Und ist das technisch überhaupt möglich?«
»Es ist sehr unwahrscheinlich. . . «
Newman mischte sich in das Gespräch. »Außerdem war er ein vorzüglicher Schwimmer. Wenn er hineingefallen wäre, hätte er es auch geschafft, wieder herauszukommen.«
»Diese Information ist nützlich«, entgegnete Kosel steif.
»Ihre inoffizielle Ansicht wäre auch nützlich«, drängte Kuhlmann. »Das Leben anderer Menschen könnte auf dem Spiel stehen. Wie lange sollen wir noch hier herumstehen und warten?«
»Ich lasse mich nicht unter Druck setzen. . . «
»Vielleicht doch«, forderte Kuhlmann heraus. »Wir können Ihnen das, was da unter dem Laken liegt, nämlich jederzeit wegnehmen und an jemanden von Wiesbaden überstellen.«
»Wenn er nie trank. . . « Kosel hielt inne und runzelte die Stirn, während er Tweed ansah. »Allmählich bekommt es den Anschein, als hätte jemand dafür gesorgt, daß es wie ein Unfall aussieht. Seine Kleidung war vorn mit Alkohol getränkt. . . «
»Das wär's«, sagte Kuhlmann. »Nehmen Sie diese Karte und bewahren Sie sie gut auf. Und schicken Sie Ihren Bericht an diese Adresse, wenn Sie getan haben, was Ihre Pflicht ist.«
»Nach Wiesbaden? Der Bericht geht an die Hamburger Polizei. . .«
»Rainer Lenze, der ein guter Freund von mir ist, weiß, daß ich hier bin; er hat mich zu Ihnen geschickt. Tun Sie Ihre Arbeit so, wie Sie es für richtig halten – aber der Bericht geht nach Wiesbaden. So, und jetzt nichts wie raus hier und an die frische Luft.«

SIEBEN

»Hans!« Newman wedelte angeekelt mit der Hand. »In Deutschland muß es eine Million Männer mit diesem Vornamen geben. . . «
»Wenn es wirklich das war, was Fergusson sagte«, entgegnete Tweed. Er trat ans Fenster, blieb dort stehen und nippte an seinem Kognak. Er trank nur selten, aber der Anblick von Ian Fergusson auf dem Sektionstisch hatte ihn erschüttert.

Hotel Vier Jahreszeiten. Eines der besten in ganz Deutschland. Sie befanden sich im Zimmer 421, Tweeds Zimmer, das fast die Abmessungen eines Luxusappartements hatte. Der Blick aus dem Fenster war großartig. Die Binnenalster jenseits der unter dem Fenster vorbeiführenden Straße glitzerte im Licht der Spätnachmittagssonne. Tweed blickte über eine Reihe dichtbelaubter Bäume hinweg. Das Zimmer im vierten Stock erlaubte freie Sicht auf die Wasserfläche, auf der sich gerade ein Alsterschiff dem Anleger am Jungfernstieg näherte, ein paar Meter von der Stelle entfernt, an der Fergusson um fünf Uhr morgens im Wasser gefunden worden war.

»Was hätte er sonst gemeint haben können?« fragte Newman und leerte sein Glas. Das Aroma des Kognaks war wesentlich angenehmer als der Geruch von Krankenhäusern und all den medizinischen Einrichtungen, die ihm zuwider waren.

»Das könnte der Schlüssel zu dem ganzen Geheimnis sein«, erwiderte Tweed. »Vielleicht erfahren wir mehr, wenn wir Sankt Pauli heute abend einen Besuch abstatten.«

»Der Reeperbahn? Dort kann alles mögliche passieren, wenn es dunkel ist. Ich werde nicht von Ihrer Seite weichen. Keine Widerrede!«

»Einverstanden.« Auf Tweeds Gesicht lag ein träumerischer Ausdruck, als er beobachtete, wie sich die Alsterdampfer durchs Wasser pflügten. »Fergusson kam her, um sich mit Ziggy Palewski zu treffen. Ich glaube, er war bei ihm, bevor er ermordet wurde.«

»Weshalb glauben Sie das? Und wer ist dieser Ziggy?«

»Deshalb.« Tweed zog eine kleines schwarzes Notizbuch aus der Tasche, einen der Gegenstände, die ihm im Gerichtsmedizinischen Institut ausgehändigt worden waren. Es war in der zugeknöpften Sitztasche von Fergussons Hose gefunden worden, und die Seiten waren wellig vom Wasser. Er löste zwei Seiten voneinander und zeigte sie Newman. Die Notiz, in einer kleinen, gut lesbaren Schrift, war kurz.

ZIGGY. BERLIN. HOTEL JENSEN.

»Also Ziggy hat ihm etwas über das Hotel Jensen in Berlin erzählt. Nie davon gehört.«

»Ich auch nicht. Aber Sie fragten nach Ziggy. Sein Vater war Pole. Er heiratete ein Mädchen aus Ostpreußen – Ziggys Mutter. Beide Eltern sind tot. Gegen Ende des Krieges flüchteten sie aus Königsberg, wie die Stadt damals noch hieß, mit Ziggy, der gerade erst zehn Jahre alt war. Sie landeten in Schleswig-Holstein, dem Bundesland, das zuerst von Flüchtlingen überschwemmt wurde. Diese Tatsache hat Ziggys Leben bestimmt – nicht immer zum Besten.«

»Und das bedeutet?«

»Das Positive – von meinem Standpunkt aus – ist, daß er nie den Kontakt mit dem Untergrundnetz verloren hat, das die Flüchtlinge miteinander verbindet. Er kann eine unschätzbare Informationsquelle sein. Aber er ist sehr gerissen. Denkt nur an Geld. Er arbeitet für jeden, der zahlt – manchmal für beide Seiten gleichzeitig.«

»Das klingt wie ein Fahrschein in die Ewigen Jagdgründe...«

»O ja, er bewegt sich auf einem dünnen Seil. Bisher mit sehr viel Schlauheit und Geschick. Aber es ist durchaus möglich, daß er eines Tages herunterfällt...«

»Das könnte ein tiefer Fall werden«, bemerkte Newman.

»Und ein endgültiger, fürchte ich. Jedenfalls werde ich ihn heute abend stärker unter Druck setzen als je zuvor. Er muß etwas wissen.«

»Und das Negative?«

»Er ist in verschiedene üble Sachen verwickelt. Pornofilme. Sogar Rauschgifthandel. Er schwört zwar, es wäre nur Marihuana – aber ich habe meine Zweifel.«

»Treibgut, das an der Oberfläche schwimmt. Die Reeperbahn scheint genau der richtige Ort für ihn zu sein. Kuhlmann sagte, er hätte eine Pistole für mich, wenn wir ihn nachher treffen...«

»Ich hasse Pistolen. Ich weiß nicht, warum ich zugestimmt habe, als Kuhlmann bei seinem Anruf in London diesen Vorschlag machte. Andererseits...«

»Sie wissen nicht, worauf Sie sich einlassen. Kuhlmann weiß es vielleicht. Hat er uns wirklich alles erzählt?«

»Ich bezweifle es. Er hält gern mit etwas zurück. Genau so schlimm wie ich«, bemerkte Tweed, und Newman wußte, daß der Kognak seine Wirkung tat. Seit seiner Rückkehr aus Paris war es das erste Mal, daß Tweed etwas gesagt hatte, was einem Scherz nahekam. »Lassen Sie uns einen Spaziergang machen. Wenn ich irgendwo im Ausland bin, muß ich mich immer zwingen, mein Hotel zu verlassen. Es ist zu einfach, den Eremiten zu spielen...«

Newman hatte das Zimmer neben dem von Tweed. Als sie im Fahrstuhl hinunterfuhren, bemerkte er: »Wenn ich in einem Hotel wie diesem bin, freue ich mich immer ganz besonders über das Geld, das mir mein Buch *Kruger: The Computer That Failed* eingebracht hat.

Als Auslandskorrespondent kann man ein ganzes Leben lang arbeiten, ohne jemals solche Summen in die Hand zu bekommen. Ich habe wirklich Glück gehabt...«

In der Eingangshalle blieb Tweed stehen, um die Tapisserien an den Wänden zu betrachten, die antiken Standuhren, die den Raum schmückten, die prachtvollen Teppiche auf dem Boden. Dann traten sie hinaus auf den Neuen Jungfernstieg, die baumbestandene Straße zwischen dem Hotel und der Binnenalster.

»Das ist wirklich eine herrliche Stadt«, bemerkte Tweed. »Sehen Sie sich nur diese Kolonnaden an. Hier gehen wir über die Straße.«

»Haben wir ein bestimmtes Ziel?«

»Meine Füße scheinen sich in eine Richtung zu bewegen – zum Rathaus.«

In der angenehmen Wärme der Sonne, die vom wolkenlosen Himmel herabschien, wanderten die beiden Männer am Ufer entlang. Sie passierten den Anleger, an dem Touristen Schlange standen, um riesige Eistüten zu kaufen. Ferienatmosphäre, dachte Tweed, und Ian Fergusson liegt auf dem Seziertisch.

Sie bogen in die Alsterarkaden ein, einen Gehweg, der an einem kanalähnlichen, von der Binnenalster kommenden Wasserlauf entlangführt. Elegant gekleidete Damen blickten in die Schaufenster erstklassiger Geschäfte. Tweed betrat die Brücke, blieb in der Mitte stehen und blickte hinunter.

»So eine saubere Stadt«, bemerkte er.

»Zeigen Sie mir«, sagte eine tiefe Stimme hinter ihnen, »zeigen Sie mir, wie ein Mann hier um fünf Uhr morgens hinunterspringen und mit der Schläfe auf die Mauer aufschlagen kann. Er müßte ein Akrobat sein...«

Es war natürlich Kuhlmann. Newman hatte den Eindruck, daß sie gut daran täten, sich daran zu gewöhnen, von dem Mann vom Bundeskriminalamt überrascht zu werden. Er blickte ins Wasser; in der rechten Hand trug er eine Aktentasche.

»Diese verdammten Pathologen«, fuhr Kuhlmann fort. »Wenn sie bloß aufhören würden, den lieben Gott zu spielen, und statt dessen einmal an die frische Luft gingen und sich vielleicht sogar den Tatort ansähen. Dann würden sie vielleicht verstehen, um was es eigentlich geht. Und an der frischen Luft kann man eine Zigarre rauchen. Tweed, es war Mord. Dazu brauche ich nicht auf den Bericht von diesem Hanswurst zu warten. Das dürfte sogar Ihnen klar sein, Newman.«

»Wie sieht es hier um fünf Uhr morgens aus?« fragte der Engländer.
»Still wie ein Grab – und deshalb fand Fergusson sein Grab nur wenige Meter von der Stelle entfernt, an der Sie jetzt stehen. Ich habe mir die beiden Streifenbeamten noch einmal vorgeknöpft, die ihn herausgezogen haben, und ihr Gedächtnis ein bißchen aufgefrischt. Minuten, bevor sie hierherkamen, fuhr ein gelber BMW über die Brücke. Und, Newman, ich habe Ihre Pistole hier in der Tasche. Und ein Hüftholster. 7. 65 mm Luger. Können Sie damit umgehen?«
»Ich habe damit trainiert, ja.«
»Sie brauchen nur nahe genug an die Grenze heranzukommen, dann haben Sie vielleicht reichlich Gelegenheit, sie zu benutzen...«
»Und warum«, fragte Tweed über die Schulter hinweg, »sollten wir in die Nähe der Grenze kommen, Otto?«
»Das kann man nie wissen.« Kuhlmann zuckte die Achseln. »Im Augenblick sind Sie genau fünfzig Kilometer vom Hauptquartier einer sowjetischen Panzerdivision entfernt.«
»Und die Luger?« fragte Newman. »Habe ich einen Waffenschein?«
»Nehmen Sie dies.« Kuhlmann zog ein gefaltetes Blatt Papier aus der Jackentasche. »Wenn Sie in eine Schießerei geraten, zeigen Sie dies der Polizei. Es wird den Kollegen zwar nicht gefallen, aber sie fragen in Wiesbaden nach, und die Bestätigung wird nicht auf sich warten lassen.«
»Und das bewahrt mich vor dem Gefängnis?«
»Dafür kann ich nicht garantieren.« Kuhlmann lächelte so breit, daß seine sämtlichen Zähne zum Vorschein kamen. »Kommt darauf an, wen Sie erschießen, wo und wann.«
»Ein schwacher Trost...«
»Das wird sich finden. Ich werde wahrscheinlich in Ihrer Nähe sein. Im übrigen müssen Sie sich auf Ihr eigenes Urteilsvermögen verlassen. Ihr Ruf ist gut. Und wie sollten Sie Ihren Freund sonst beschützen können? – So, und wenn Sie damit fertig sind, ins Wasser hinabzustarren, wollen wir ins Vier Jahreszeiten zurückkehren. Waffe und Munition gebe ich Ihnen in Ihrem Hotelzimmer.«

Um zehn Uhr abends nahmen sie an einem Stand in der Nähe des Anlegers Jungfernstieg ein Taxi, das sie nach Sankt Pauli bringen sollte. Tweed hatte Newman erklärt, er wolle nicht, daß der Taxifahrer aussagen konnte, sie wären aus dem Vier Jahreszeiten gekommen.

»Und der Betrieb in Ziggys Laden geht erst nach Mitternacht richtig los. Wenn ich richtig gerechnet habe, dann ist er schon da, aber noch nicht mit seinen schmierigen Unternehmen beschäftigt. . . «
Das Taxi rollte die Reeperbahn entlang, wo die Neonreklamen der Nachtlokale ihr gespenstisches Licht in die einbrechende Nacht warfen, und bog dann rechts ab. Newman erblickte ein Schild, auf dem »Seilerstraße« stand; dann verlor er völlig die Orientierung.
Sie stiegen an einer Stelle aus, die nicht mehr war als eine breite Gasse. Tweed bezahlte das Taxi und ging mit zielstrebigen Schritten voraus. Newman hatte keine Ahnung, wie es ihm gelungen war, diesen Ort zu finden. Auf Tweeds Vorschlag war Newman am späten Nachmittag noch einmal ausgegangen und hatte sich deutsche Kleidung gekauft – Hemd, Krawatte, Sportjackett, Sporthose, Socken und Schuhe.
»Zwei Engländer könnten für Ziggy vielleicht zu viel sein«, hatte Tweed erklärt. »Wenn das passiert, was ich vermute, dann werde ich Mühe haben, ihn zum Reden zu bringen. . . «
Zu dieser – für die Reeperbahn – sehr frühen Stunde war die Gasse fast menschenleer. Ein paar Matrosen von einem spanischen Schiff in Landgangskluft schlenderten ziellos umher – auf der Suche nach Schwierigkeiten, ohne recht zu wissen, auf welche Art von Schwierigkeiten sie aus waren.
Von Newman gefolgt, stieg Tweed zwei ausgetretene Steinstufen hinauf, stieß eine uralte Holztür auf und trat in das Getöse von Louis Armstrongs Trompete – *On the Sunny Side of the Street.* Mieser Nachtschuppen, dachte Newman, und dann stellte er fest, daß er sich irrte. Er sah sich verblüfft um.
Ein starker Geruch nach Öl und Harz drang ihm in die Nase. Offenbar war er in den Laden eines Schiffsausrüsters geraten. An den Wänden des kellerähnlichen Raums war Tauwerk für alle möglichen Schiffstypen gestapelt. Petroleumlampen gaben trübes Licht, und in der Düsternis hingen Seile wie Schlangen von der rissigen Decke herab.
Die Musik, Louis Armstrongs endloses Trompetenspiel, kam aus mehreren Hi-Fi-Lautsprechern, die in schiefen Winkeln an den Wänden hingen. Ziggy Palewski saß auf einem dreibeinigen Schemel hinter einem kahlen Holztisch, dessen Oberfläche von Schmutz starrte. Er blickte auf, und sein Gesicht erstarrte, als er Tweed erkannte.
»Ian Fergusson ist tot«, sagte Tweed, als er einen wackligen Stuhl heranzog, um sich dem Polen gegenüber am Tisch niederzulassen. »Er kam her, redete mit Ihnen, ging – und wurde ermordet. Das

gefällt mir nicht, Ziggy, also vergeuden Sie bitte nicht meine Zeit. . . «
»Ich kenne keinen Ian Fergusson. « Er sah Newman an. »Und ich habe diesen Mann noch nie gesehen, Mr. Tweed. «
Ziggy Palewski war klein von Wuchs, aber was ihm an Höhe abging, machte er durch Breite wett. Sein Gesicht und sein Körperbau erinnerten Newman an einen Affen. Unmöglich, sein Alter zu schätzen. Seine Haut wirkte strapaziert und zerknittert wie die eines alten Seemanns. Sein Blick wanderte schnell von einem Besucher zum anderen. Er sprach Deutsch mit einem fürchterlichen polnischen Akzent.
»Ich verstehe. « Tweed klopfte mit den Fingern auf den Tisch. »Das wird problematisch – vielleicht gefährlich – für Sie. Es gefällt mir nicht, daß ich einen meiner besten Leute verloren habe. Es gefällt mir ganz und gar nicht. Ich dachte, Sie würden mir helfen können, indem Sie mir sagten, wie er seine letzten Stunden auf Erden verbrachte. Ich weiß, daß er Sie aufgesucht hat. Also haben Sie mich schon angelogen. Und seinen Namen haben Sie recht gut ausgesprochen – einen englischen Namen, den Sie angeblich nicht kennen. Und mein Freund hier heißt Heinz. Das Problem mit Heinz ist, daß er eine sehr kurze Lunte hat. Und deshalb frage ich Sie noch einmal – was haben Sie Fergusson gesagt, als er Sie hier besuchte. . . «
»Der Name sagt mir nichts. Ich bin Schiffsausrüster. . . «
»Und ich bin der Bundeskanzler«, warf Newman ein.
»Ein schlechter Witz. . . «
Tweed überraschte Newman durch die Schnelligkeit und Unerbittlichkeit seines Vorgehens. Wenn es darum ging, Informationen aus einem Verdächtigen herauszuholen, legte er normalerweise eine unendliche Geduld an den Tag.
»Heinz, können wir Louis Armstrong ein bißchen lauter stellen? Ein Meister auf der Trompete, dieser Armstrong. «
Newman sah sehr deutsch aus, als er mit schweren Schritten zur Hi-Fi-Anlage hinüberging. Er drehte die Lautstärke noch weiter auf. Die Petroleumflammen flackerten, die Lampen schwankten im Crescendo der Vibration, die dunklen Schatten an der Decke gerieten in Bewegung und nahmen neue Formen an. Newman zog ganz beiläufig die Luger heraus, lehnte sich an eine freie Stelle der Wand und betrachtete die Waffe, deren Lauf zur Decke zeigte. . .
»Großer Gott, Sie wollen doch nicht. . . «
Ziggy machte Anstalten, sich von seinem Schemel zu erheben. Tweed

hieb mit der Handfläche auf die kahle Tischplatte. Ein Geräusch wie ein Pistolenschuß.

»Setzen Sie sich. So ist es besser. Was wollen wir nicht? Wann ist Fergusson hierhergekommen?«

»Gegen drei Uhr morgens. Nachdem. . . « Er brach mitten im Satz ab.

»Nachdem Sie Ihren verschiedenen illegalen Geschäften nachgegangen waren«, sagte Tweed umgänglich. »Zum Beispiel ein bißchen Handel mit Rauschgift. Wer hat Ihnen gesagt, was Sie Fergusson mitteilen sollten?« Er beugte sich über den Tisch vor. »Reden Sie! Und zwar sofort!«

»Der blonde Riese. . . « Wieder brach Ziggy ab.

»Ah, ich verstehe.« Tweed warf einen Blick auf Newman. »Der blonde Riese erscheint wieder auf der Bildfläche.«

»Sie kennen den Mistkerl?« fragte Ziggy.

»Welchen Namen hat er Ihnen genannt?«

»Schmidt.«

Newman lachte drohend. »Schmidt. Natürlich.«

»Ich schwöre – so nannte er sich.« Ziggy wurde plötzlich gesprächig, die Worte strömten aus ihm heraus. »Ich hatte ihn noch nie zuvor gesehen. Ein ganz gemeiner Kerl. Er hat gedroht, wenn ich Fergusson nicht sagen würde, was er verlangte, dann. . . «

»Womit hat er gedroht? Rasch!« fuhr Tweed ihn an.

»Er würde mich verbrennen.« Er deutete auf eine Ecke. »Sehen Sie die beiden Kanister mit Benzin? Er hat sie mitgebracht. Er sagte, wenn ich nicht täte, was er sagt, würde er sie ausleeren, mich einschließen und ein brennendes Streichholz hereinwerfen. Er wußte, daß es außer der Vordertür keinen anderen Ausgang gibt. Er muß alles ausgekundschaftet haben, bevor er zu mir kam. Er ließ die Kanister stehen, damit ich nicht vergesse, was passieren würde. Er sagte, es würde wie ein Unfall aussehen. Er sagte, solche Drecklöcher brennen ständig ab. Er nannte mein Geschäft ein Dreckloch.«

»Möchte wissen, warum«, sagte Newman.

Der brüchige Hi-Fi-Sound erfüllte den Raum mit seinem Dröhnen. Tweed warf einen Blick auf die Kanister. Über ihnen bebte eine Lampe; der Glaszylinder schepperte gegen das Messinggestell. Es war ein Alptraum, den Newman erzeugt hatte. Der Tisch bebte unter seiner Hand, fast so, als befände man sich bei rauher See an Bord eines Schiffes.

»Stellen Sie leiser, um Gottes willen«, rief Tweed. Er wartete, bis er wieder mit normaler Stimme sprechen konnte. »Wann hat dieser Schmidt Sie aufgesucht?«

»Ein paar Stunden, bevor Fergusson kam. Er wußte, daß er kommen würde. Ich sollte Fergusson – nachdem ich Geld von ihm bekommen hatte – von Dr. Berlin in Lübeck erzählen. Daß er der Mann ist, der über das ostdeutsche Agentennetz in der Bundesrepublik Bescheid weiß. Daß es im Hotel Jensen in Lübeck einen Mann gibt, der ihm mehr erzählen kann. Aber daß ich den Namen des Mannes nicht weiß – nur, daß er im Hotel Jensen ist. Das war alles.« Während Tweed ihn beobachtete, kehrte etwas von Ziggys normaler Dreistigkeit zurück. »Wieviel ist das wert? Ein paar hundert Mark, würde ich sagen.«

»Wieviel hat er bezahlt?«

»Fünfhundert...« Wieder redete Ziggy nicht weiter. An die Stelle seiner normalen Blässe war eine Aschfarbe getreten. Kein Mann, der lange Spaziergänge macht, dachte Newman, die Luger nach wie vor in der Hand.

»Ich verstehe.« Tweed versuchte jede Erregung aus seiner Stimme herauszuhalten. »Für fünfhundert Mark. Weniger als zweihundert Pfund. Dafür haben Sie Ian Fergussons Leben verkauft...«

»Ich hatte keine Ahnung...«

»Natürlich nicht.« Tweed erhob sich. Er beugte sich über den Tisch zu Ziggy, der einen ölfleckigen Pullover und eine verschmutzte Cordhose trug. »Ist Ihnen klar, daß die deutsche Polizei Sie wegen Beihilfe zum Mord verhaften kann?«

»O Gott, nein.« Der Pole wich vor dem über ihm aufragenden Tweed zurück. »Ich habe Ihnen schon oft geholfen. Ich kann Ihnen wieder helfen...«

»Genau das werden Sie tun. Haben Sie immer noch diese versteckte Filmkamera in dem Schrank an der Wand – die, mit der Sie Pornofilme aufnehmen? Machen Sie mir nichts vor, Ziggy.«

»Ich habe eine Kamera. Ja.«

»Und wenn dieser Schmidt zurückkommt, könnten Sie es dann mit ein bißchen Hilfe einrichten, daß er fotografiert wird?«

»Das wage ich nicht.« Er warf einen Blick auf die großen Benzinkanister an der Wand.

»Dann können Sie wegen Beihilfe zum Mord an Ian Fergusson vor Gericht stehen...«

»Ich werde tun, was ich kann. Ich verspreche es. Kann ich ein bißchen Geld haben?«

»Ihre dreißig Silberlinge?«

Tweed stieß die Hände in die Taschen seines leichten Burberry-Mantels. Newman hatte ihn nie so grimmig gesehen. Ziggy senkte den Blick und warf mit einer Geste der Verzweiflung die dicklichen Hände hoch.

»Was hätte ich denn sonst tun sollen?«

»Sie hätten den Mund halten und nicht verraten können, daß Fergusson zu Ihnen kommt.«

»Der Blonde wollte mich verbrennen...«

»Und ich werde nicht sagen, was mit Ihnen passiert, wenn sie irgendjemandem verraten, daß ich hier war. Und nun können Sie ein bißchen Wiedergutmachung leisten. Beschreiben Sie diesen blonden Riesen. Nationalität?«

»Deutsch.« Ziggy zögerte. Tweed behielt ihn unverwandt im Auge. »Ein Sachse. Gemeines Pack, diese Sachsen. Der Tonfall ist unverkennbar. Ich glaube, er kommt aus dem Osten. Beschreiben kann ich ihn nicht...«

»Warum nicht? Schließlich stand er vor Ihnen, und so groß ist diese Lasterhöhle auch nicht.«

»Ich kann nicht!« Er warf einen Blick auf Newman, der nach wie vor mit der Luger an der Wand lehnte. »Er trug eine Wollmütze – so eine, wie Matrosen sie tragen –, tief heruntergezogen, eine riesige Sonnenbrille und einen Seidenschal, den er bis übers Kinn gezogen hatte...«

»Trotzdem sagen Sie, er wäre blond gewesen«, warf Newman ein.

»Als er ging, sah ich, daß hinten aus seiner Mütze eine blonde Haarsträhne heraushing. Er war gut einsachtzig groß, wie ein Schrank gebaut.«

»Alter?« fragte Tweed.

»Dreißig. Fünfunddreißig. Schwer zu sagen. Ich schätze nur nach seiner Art zu sprechen. Er hatte eine große Nase. Glattrasiert. Ein Killer. Da bin ich ganz sicher. Und deshalb hatte ich solche Angst...«

»Die sollten Sie auch behalten. Vor uns«, riet ihm Tweed. Dann machte er ohne ein weiteres Wort auf dem Absatz kehrt.

ACHT

Um ein Uhr in der Nacht saßen sie in Tweeds Zimmer im Vier Jahreszeiten und tranken schwarzen Kaffee, den sie beim Zimmerservice bestellt hatten. Das Zimmer war durch einen anmutigen Bogen in einen Schlafraum und eine Sitzecke unterteilt.
»Haben wir viel erfahren?« fragte Newman. »Als wir das Loch dieses Polen verließen, sah ich, daß Kuhlmann mit unangezündeter Zigarre in einem Hauseingang stand. . . «
»Ich weiß. Möchte wissen, wann er schläft. Ja, wir haben erfahren, was der arme Ian Fergusson mir mitteilen wollte. Mit Berlin ist nicht die Stadt gemeint, sondern der geheimnisvolle Dr. Berlin, der meines Wissens einen Teil des Jahres in Lübeck verbringt. Und das paßte zu Ians Hinweis auf *Hans.*«
Tweed leerte seine Tasse und füllte sie wieder. Newman vermutete, daß er ihn auf die Folter spannen wollte. Tweed liebte es, Leute in der Luft hängen zu lassen.
»Na schön«, sagte er, »dann erklären Sie mir, wie das zusammenpaßt. Ich kann da beim besten Willen keinen Zusammenhang sehen.«
»Nicht ganz einfach.« Tweed lehnte sich in seinem Sessel zurück. »Ian wollte *Hanse* sagen. Im zwölften Jahrhundert schloß sich eine Reihe von Hafenstädten zu einem Schutzbund zusammen; sie hatten erkannt, daß Gemeinsamkeit Stärke bedeutet. So entstand die Hanse, und Lübeck spielte in ihr eine führende Rolle. Hamburg übrigens auch. Ian wollte uns auf Lübeck hinweisen, insbesondere auf das Hotel Jensen.«
»Und all das waren Informationen, die von Blondie stammten und von Ziggy geliefert wurden«, gab Newman zu bedenken.
»Ja, aber das konnte Ian nicht ahnen. Und was wissen Sie über diesen Einsiedler Dr. Berlin?«
»Wahrscheinlich nicht mehr als andere Leute auch. Ich habe ihn einmal interviewt – in seinem Haus auf dem Priwall, der Travemünde vorgelagerten Halbinsel in der Lübecker Bucht. Als junger Mann von achtzehn ging er nach Afrika – nach Kenia, glaube ich. Er betreute die Eingeborenen – ein zweiter Dr. Schweitzer, bis zu einem gewissen Grade. Das ist über zwanzig Jahre her. . . «
»Und wie ist er ausgerechnet nach Lübeck gekommen?«
»Das ist eine dunkle Geschichte. Berlin wollte sich nicht weiter darüber äußern. Was ich herausbekam, war, daß er aus Kenia verschwand und die Leute dort glaubten, ein wildes Tier hätte ihn er-

wischt. Er war zu einer abgelegenen Missionsstation unterwegs. Achtzehn Monate vergingen, und jedermann glaubte, er wäre tot.« Tweed ließ die Informationen einsickern, während Newman sich Kaffee nachschenkte, die Hälfte des starken Gebräus trank und dann die Tasse absetzte.

»Hört sich interessant an«, drängte Tweed.

»Er tauchte in Leipzig wieder auf – hinter dem Eisernen Vorhang. Wie Sie bereits sagten, ist er so etwas wie ein Einsiedler, ein unzugänglicher Mann. Ich hatte Glück, das Interview zu bekommen, auch wenn es nur kurz war. Er hatte sich wegen irgendeiner seltenen Sache am Institut für Tropenkrankheiten behandeln lassen. Als er wieder gesund war, kam er in den Westen und machte sich daran, den Flüchtlingen in Schleswig-Holstein zu helfen. Seine Eltern waren auf dem Gebiet der heutigen DDR zu Hause. Nachdem er im Westen angekommen war, behauptete er, er wäre heimlich über die Grenze gekommen, aber die DDR-Leute erklärten, als international berühmter Mann hätte er gehen können, wohin er wollte. Ende der Geschichte...«

»Nicht restlos befriedigend, würde ich sagen«, stellte Tweed fest. »Wie sieht er aus?«

»Er trägt einen schwarzen Bart, den er sich schon in Kenia wachsen ließ. Ein so fanatischer Arbeiter, daß er sich nicht die Zeit nehmen wollte, sich jeden Tag zu rasieren. Und als ich in der Lübecker Gegend war, bin ich noch auf etwas gestoßen, das Sie vielleicht interessieren wird.«

»Und das wäre?«

»Im Sommer – also genau zu dieser Jahreszeit – schwimmt in Travemünde eine britische Kolonie.«

»Schwimmt? Was meinen Sie damit?«

Newman grinste. »Dachte ich mir doch, daß Sie da anbeißen würden. Sie leben auf einem Haufen Jachten und Motorbooten. Den Sommer über liegen sie im Jachthafen von Travemünde vor Anker. Und was meinen Sie, wo sie herkommen? Aus Kenia. Eine Alte Garde, Überbleibsel des britischen Empire. Wenn der Sommer kommt, segeln sie aus dem Mittelmeer in die Ostsee, um dem Touristenrummel zu entgehen. Im Herbst treten sie dann die Rückreise an – durchs Kattegat in die Nordsee und durch die Straße von Gibraltar wieder ins warme Mittelmeer. Die meisten bleiben auf den griechischen Inseln, andere ankern in Port Said, ein paar kehren durch den Suezkanal nach Mombasa in Kenia zurück.«

»Scheinen merkwürdige Leute zu sein...«

»Das sind sie. Wie von Somerset Maugham und Noel Coward erfunden. Der einzige Ort, den sie nicht mögen, ist England.« Newman veränderte seine Stimme so, daß sie wie ein affektiertes Falsett klang. »Ach, meine Liebe, dieses Land hat sich ja so verändert. Sie würden es überhaupt nicht wiedererkennen. Ganz entsetzlich. – Und dabei zahlen sie nie einen Pfennig Steuern.«

»Wie schaffen sie das? Ich glaube, ich weiß, wie man es anstellt, aber...«

»Sie achten sehr darauf, daß sie sich nie länger als ein paar Monate in einem Land aufhalten. Deshalb sagte ich, sie schwimmen herum. Sie wandern über die Ozeane – buchstäblich Schiffe in der Nacht. Ein paar von ihnen verkehren mit Dr. Berlin...«

»Das ist seltsam – bei einem solchen Einsiedler.«

»Im Grunde nicht«, erklärte Newman. »Sie haben gemeinsame Wurzeln – sofern sie überhaupt Wurzeln haben. Die alten Tage in Kenia. Das hat mir Berlin selbst erzählt.«

»Womit verdient er sich sein Geld? Wovon lebt er?«

»Schwer zu sagen. Gerüchten zufolge unterstützen gewisse amerikanische Stiftungen seine Flüchtlingshilfe.«

»Ich möchte, daß Sie sich eingehender mit diesem Dr. Berlin beschäftigen, Bob. Damit haben Sie gleichzeitig eine gute Tarnung für Ihre eigentliche Rolle.«

»Das heißt, ich müßte nach Lübeck.«

»Und das ist auch meine nächste Station.« Das Telefon läutete. »Wer kann das sein?« fragte Tweed. »Um diese Zeit?«

»Hier ist Ziggy, Mr. Tweed. Damit Sie sehen, daß ich versuche, Ihnen zu helfen. Wenn Sie schon in Hamburg sind, sollten Sie sich mit Martin Vollmer in Verbindung setzen. Er wohnt in Altona. Hier ist die Adresse...«

Tweed machte sich Notizen. Dann hörte er ein Klicken – Ziggy hatte aufgelegt. »Und das war Ziggy Palewski«, erklärte er Newman. »Ich wollte ihn gerade fragen, woher er weiß, daß ich im Vier Jahreszeiten wohne.« Er warf den Bleistift auf den Tisch. »Das ist unheimlich. Jedermann scheint zu wissen, wo ich bin und wo ich hinwill. Ein äußerst unbehagliches Gefühl.«

»Sehen Sie zu, daß Sie etwas Schlaf bekommen«, riet ihm Newman und erhob sich. »Ich bin jedenfalls ziemlich erledigt. Morgen früh sieht alles anders aus.«

Als sie am folgenden Morgen beim Frühstück saßen, erschien Hugh Grey im Speisesaal.

»Ich habe Sie nicht aufgefordert, mit mir Verbindung aufzunehmen«, sagte Tweed ruhig, als Grey sich ihnen gegenüber niederließ.

»Ich bin gestern abend mit der letzten Maschine eingetroffen. Howard hat mich gebeten, nachzusehen, wie Sie zurechtkommen und wie es Ihnen geht...«

»Ich bin schließlich kein Invalide«, erklärte Tweed kalt.

»Sie wissen schon, was ich meine.« Grey sprühte Tatkraft, und sein rosa Gesicht strahlte vor Gesundheit. »Schließlich ist dies mein Sektor, und der mindeste Dienst, den ich Ihnen erweisen kann, ist der, daß ich meine Aufwartung mache. Wie steht es mit einer Kanne Kaffee? Dampfend heiß hätte ich ihn am liebsten. Morgens brauche ich immer etwas, um den alten Motor in Gang zu setzen...«

»Der alte Motor scheint auch so schon recht gut zu laufen...« Etwas widerwillig winkte Tweed einen Kellner herbei und gab die Bestellung auf. »Und der Kaffee ist hier immer dampfend heiß. Wir befinden uns im Vier Jahreszeiten...«

»Nicht die schlechteste Absteige, das stimmt.«

O Gott, murmelte Tweed unhörbar. Dann zwang er sich zu einer Spur eines Lächelns. »Sie kennen Bob Newman?«

»Natürlich. Wir sind alte Saufkumpane...«

»Nur einmal«, erwiderte Newman. »In einer Bar in Frankfurt. Sie haben mir einen doppelten Scotch auf meinen besten Anzug geschüttet.«

»Da muß ich wohl halb weggetreten gewesen sein...«

»Sie waren ganz weggetreten.«

»Wir hatten eine lange Sitzung hinter uns.« Grey wandte sich an Tweed. »Erinnern Sie sich. Acht Stunden ununterbrochen. Eine Krisensitzung.«

»Ja, ich erinnere mich«, sagte Tweed und aß weiter.

»Das war die Nacht, in der die attraktive Blondine vergewaltigt und ermordet wurde«, bemerkte Newman. »Man fand sie am nächsten Morgen im Main. Eine grausige Sache.«

»Die zur Folge hatte, daß wir am Flughafen Frankfurt aufgehalten wurden«, sagte Tweed. »Die gründlichste Befragung, der ich je unterworfen wurde. Machte mir klar, was für ein Gefühl es ist, wenn man auf dem anderen Stuhl sitzt. Und da wir gerade von Frankfurt reden, Hugh – ich nehme an, Sie sind auf dem Weg dorthin?«

»Versuchen Sie, mich loszuwerden?« Grey lächelte breit. »Und Sie sagen, Sie kommen allein zurecht?«

»Wenn ich mir Mühe gebe, schaffe ich es vielleicht.«

»Haben Sie wegen Fergusson etwas herausgefunden? Kann ich Ihnen irgendwie behilflich sein?«
»Nein – auf beide Fragen.«
»Sackgasse?«
»Für Fergusson war es eine.«
»Sie hören sich so grimmig an heute morgen. Kein bißchen aufgekratzt...«
»Wie die Dinge liegen, habe ich kaum Veranlassung, aufgekratzt zu sein, wie Sie es ausdrücken. Und ich habe Sie nach Ihren weiteren Plänen gefragt.«
»Entschuldigung. Unter diesen Umständen – ab nach Frankfurt. Heute nachmittag. Ich habe das Gefühl, *de trop* zu sein – wie die Franzosen es so hübsch ausdrücken.«
Er hielt inne und blickte Tweed erwartungsvoll an, als rechne er mit Widerspruch. Er kam nicht.

»Ziggy Palewski wurde heute morgen um vier eingeäschert.«
Kuhlmann verkündete diese Tatsache in Tweeds Hotelzimmer, die Hände hinter dem Rücken verschränkt, die Zigarre im Mundwinkel; er musterte sowohl Tweed als auch Newman, die beide in Sesseln saßen. Der Mann aus Wiesbaden war aufgetaucht, sobald Hugh Grey den Speisesaal verlassen hatte.
Er hatte um ein ungestörtes Gespräch gebeten, und sie hatten ihn mit hinaufgenommen. Tweed starrte den Deutschen an, dessen Ausdruck nichts zu entnehmen war. Auch Newman bemühte sich um einen nichtssagenden Ausdruck und überließ Tweed das Reden.
»Was zum Teufel bedeutet das?«
»Sein Geschäft – wenn man es so nennen kann – ging in Flammen auf. Die schwere Holztür seines Ladens klemmt. Palewski kam nicht heraus und verbrannte zu einem Klumpen schwarzer Kohle. Ein Unfall, meint die Polizei...«
»Aber wie konnte das geschehen?«
»Das möchte ich von Ihnen hören. Schließlich waren Sie ein paar Stunden vorher dort. Ist Ihnen etwas leicht Brennbares aufgefallen?«
»In einer Ecke standen zwei Kanister mit Benzin«, sagte Tweed langsam. »Die ganze Bude war voll von Zeug, das leicht Feuer fangen konnte – wenn ein Brand ausgebrochen war. Aber wie sollte er ausgebrochen sein?«
»Ich dachte, das könnten Sie mir vielleicht sagen. Die Leute, die in

dieser stinkenden Gasse wohnen, sagen, daß er seine Hi-Fi-Anlage immer auf höchster Lautstärke laufen ließ. Hatte eine Vorliebe für Louis Armstrong, sagen sie. Die Aussagen der Augenzeugen ergeben eine hübsche Horrorgeschichte . . . «

»Was für eine Horrorgeschichte?« fragte Newman, weil er das Gefühl hatte, auch etwas sagen zu müssen.

»Stellen Sie sich ein feuriges Inferno vor. Flammen, die zum Himmel emporschlagen. Und aus diesem verdammten Hi-Fi immer noch das Schmettern von Armstrongs Trompete. So laut aufgedreht, wie es nur geht, sagen die Leute. Irgendein Kommentar?«

»Ich glaube nicht«, erwiderte Tweed. »Was meinen Sie?«

»Die Bude wurde mit Petroleumlampen beleuchtet. Durch die Vibrationen kippte eine der Lampen neben einem der Benzinkanister um. Es kam zu einer heftigen Explosion, als ein Kanister – vielleicht beide – in die Luft flogen. Die Leute, die nebenan arbeiten, sagen, sie wären schon wegen der Lampen beunruhigt gewesen. Manchmal saßen sie bei Ziggy, wenn er die Hi-Fi-Anlage eingeschaltet hatte, und sahen, wie die verdammten Lampen auf dem bebten, auf das er sie gerade gestellt hatte. Was mir komisch vorkommt, sind diese Benzinkanister – ein Nachbar bemerkte sie früher am Abend. Hatte noch nie Benzin bei Ziggy gesehen.«

Kuhlmann setzte sich und wartete. Er erwartete eine Reaktion – schließlich hatte er gesehen, wie sie beide am Vorabend Ziggys Geschäft verließen. Tweed grunzte und räusperte sich.

»Und was, meinen Sie, war die Ursache dieser neuen Tragödie?«

»Die Polizei spricht von einem Unfall; dabei stützt sie sich auf den Bericht der Feuerwehr. Das ist der zweite Unfall innerhalb von vierundzwanzig Stunden, der mit Ihnen in Zusammenhang steht. Erst Fergusson und nun Ziggy Palewski. Vielleicht hält sich ein Spezialist in der Stadt auf.«

»Ein Spezialist wofür?« fragte Tweed.

»Mord wie Unfall aussehen zu lassen. Ich habe diesen *modus operandi* bereits in den Computer eingegeben. Jetzt warte ich auf das Ergebnis.«

»Wie Sie sagen – wir waren früher am Abend bei ihm. Und wir haben die Benzinkanister gesehen.«

Tweed gab Kuhlmann einen kurzen Bericht über ihren Besuch, ließ aber vieles aus. Lübeck und Dr. Berlin blieben unerwähnt. Während Tweed in sachlichem Ton berichtete, wendete Kuhlmann den Blick keine Minute von ihm ab.

»Also bestand eine eindeutige Verbindung zwischen Fergusson und Palewski?« fragte der Deutsche. »Weshalb sollte Fergusson nach Hamburg fliegen, um einen solchen Mann aufzusuchen?«
»Weil er schon seit Jahren einer meiner Kontakte war. Ihnen ist hoffentlich klar, daß es für das, was ich Ihnen erzählen kann, Grenzen gibt?«
»Für Mord gibt es keine Grenzen.« Kuhlmann deutete mit der Zigarre auf Tweed. »Fergusson wurde ermordet – das steht für mich fest. Ein oder zwei Stunden bevor er im Wasser gefunden wurde, stattete Fergusson Palewski einen Besuch ab. Und jetzt ist Ziggy in Rauch aufgegangen. Wenn es je eine direkte Verbindung gegeben hat, dann ist es diese. Wer war der Mann, der mit Ihnen am Frühstückstisch saß?« fragte er plötzlich.
»Hugh Grey. Ich habe ihn weder erwartet noch herbestellt. Ein lästiger Bursche ...«
»Sein Gesicht kommt mir bekannt vor. Möchten Sie mir nicht etwas mehr über Mr. Hugh Grey verraten?«
»Eigentlich nicht.« Eine ziemlich sinnlose Antwort, denn Tweed war sich klar, daß Kuhlmann auch Hugh Grey in den Computer eingeben würde. Aber er versuchte Zeit zu gewinnen. »Da ist noch jemand, den Sie durch Ihren Computer laufen lassen könnten«, schlug er vor. »Ein blonder Riese – über einsachtzig groß. Ziggy sagte, er wäre der Mann, der die Benzinkanister anschleppte. Kein Name, ich weiß also nicht, wo Sie anfangen könnten ...«
»Mit einer eingehenderen Beschreibung ...«
»Danach habe ich Ziggy auch gefragt. Der Blonde trug eine wollene Matrosenmütze, eine große Sonnenbrille und hatte sich einen Seidenschal übers Kinn gezogen. Ach ja, er hatte eine große Nase ...«
»Eine wundervolle Beschreibung. Lassen Sie mich alles wissen, was Ziggy über diesen Blonden gesagt hat.«
Tweed tat es. Kuhlmann zog ein abgegriffenes Notizbuch hervor, schrieb ein paar Worte hinein, steckte es wieder in die Tasche und erhob sich.
»Sie bleiben in Hamburg – beide?«
»Ist das ein Ersuchen?«
»Eine Frage.«
»Wir werden fürs erste in Norddeutschland bleiben. Mehr als das kann ich Ihnen im Augenblick nicht sagen ...«
»Wenn Sie lange genug hierbleiben, könnte Ihnen auch ein höchst unerfreulicher Unfall zustoßen ...«

»Wie ist das eigentlich mit Kuhlmann?« fragte Newman, als sie wieder allein waren. »Wenn er recht hat, sind in Hamburg zwei Kapitalverbrechen verübt worden. Wäre das nicht Sache der Hamburger Polizei? Und als er ging, machte er den Eindruck, als wäre er über irgend etwas sehr erfreut.«

»Normalerweise hätte das BKA auch nicht das mindeste damit zu tun«, pflichtete Tweed bei. »Aber einer Bemerkung im Gerichtsmedizinischen Institut entnehme ich, daß der Polizeichef ein guter Freund von ihm ist. So etwas ist für die Leute vom BKA eine große Hilfe. Weiterhin vermute ich, daß er uns nicht alles gesagt hat, was er weiß. Und für den zufriedenen Ausdruck auf seinem Gesicht dürfte das Auftauchen des blonden Riesen verantwortlich sein, der Ziggy besuchte. Der war der Meinung, er röche nach DDR – und ich bin sicher, Kuhlmanns Gedanken gehen in die gleiche Richtung. Das würde Wiesbaden über Nacht ins Spiel bringen. Und Otto ist einer der besten Männer, die sie haben. Wie es heißt, hat er einen direkten Draht zum Bundeskanzler – ein Sesam-öffne-Dich überall in der Bundesrepublik...«

»Bevor Kuhlmann auftauchte, wollte ich Sie gerade fragen, ob Hugh Grey wirklich der Schwachkopf ist, der er zu sein scheint.«

»Nein. Das ist eine Pose, mit der er schon viele Leute getäuscht hat. Er findet sie nützlich. Im Ausland ist er das, was sich die Leute unter einem typischen Engländer vorstellen – und deshalb unterschätzen sie ihn. Auch zu Hause, wenn er mit Howard seine politische Schau abzieht, kommt ihm diese Taktik zugute.«

»Ein gerissener Hund, wie man zu sagen pflegt. So, und was tun wir als nächstes? Martin Vollmer in Altona einen Besuch abstatten, dem Mann, auf den Ziggy uns letzte Nacht hingewiesen hat?«

»Ich glaube, wir verzichten auf Vollmer. Ich will noch heute aus Hamburg heraus und anderswo ein bißchen herumstochern. Dies ist eine dichte Gegend...«

»Dicht?«

»Unser Ausdruck für ein Gebiet, in dem es von feindlichen Agenten wimmelt. Die Alte Garde nannte es ein volles Päckchen – sie waren versierte Kartenspieler. Und nun schlage ich vor, wir packen unsere Sachen zusammen, bezahlen unauffällig unsere Rechnung und sehen zu, daß wir den D-Zug um 11.15 nach Kopenhagen erreichen. Er bringt uns nach Lübeck.«

»Hotel Jensen?«

»Genau. Und der geheimnisvolle Dr. Berlin.«

NEUN

Die Fahrt vom Hamburger Hauptbahnhof nach Lübeck dauerte ohne Halt nur vierzig Minuten. Tweed hatte es so eingerichtet, daß sie fünfzehn Minuten vor der Einfahrt des Zuges am Bahnhof waren; er wollte die Stadt unbedingt so schnell wie möglich verlassen.

Sie kauften Fahrkarten und gingen die Treppe zum Bahnsteig hinunter. Um sich die Zeit zu vertreiben, wanderte Tweed mit Newman auf dem Bahnsteig auf und ab.

Auf der Brücke, die sich über die Geleise spannt, stand Martin Vollmer und beobachtete sie.

Vollmer, ein Mann mit schmalem Gesicht, hellen Augen und kleinen Füßen, wartete, bis sie eingestiegen waren und der Zug sich in Bewegung gesetzt hatte. Dann lief er zur nächsten Telefonzelle und wählte eine Nummer.

In seinem Zimmer im Hotel Mövenpick in Lübeck saß Erwin Munzel alias Kurt Franck wieder neben dem Telefon. Beim zweiten Läuten hob er ab.

»Hier Franck. . . «

»Martin. Aus Hamburg. Tweed kommt. Im 11. 15-Zug nach Kopenhagen. Ankunft in Lübeck 12. 05. Mit einem Begleiter. . . «

Ohne ein Wort des Dankes knallte Munzel den Hörer auf die Gabel. Bei Hoteltelefonen konnte man nicht vorsichtig genug sein – man wußte nie, ob sich das Mädchen in der Vermittlung vielleicht langweilte und mithörte.

Er war rechtzeitig nach Lübeck zurückgekehrt. Nach seinem letzten Besuch bei Ziggy Palewski hatte er einen Zug erreicht, der Hamburg um 7 Uhr morgens verließ und bis nach Oslo fuhr – über Kopenhagen und dann mit der Eisenbahnfähre von Helsingör über den Sund nach Schweden.

Mit einem Begleiter. Tweed reiste also nicht allein. Nun, das brauchte ihn nicht zu stören. Er würde am Hauptbahnhof sein und diesen Begleiter gründlich in Augenschein nehmen.

Er zog ein Bild von Tweed aus dem Innenfutter seines Aktenkoffers, ein Hochglanzfoto, das Kopf und Schultern zeigte. »Ich kenne dich, mein Freund«, sagte Munzel, steckte das Foto wieder weg und streckte sich auf dem Bett aus. Für den Weg vom Mövenpick zum Bahnhof brauchte er nicht mehr als fünf Minuten.

In der Telefonzelle wählte Vollmer eine weitere Nummer. Während er auf die Verbindung wartete, zog er die Fahrkarte nach Puttgarden heraus, knüllte sie zusammen und ließ sie fallen. Er hatte hinter Tweed am Fahrkartenschalter gestanden, um zu hören, wo er hinwollte.
»Hier bei Dr. Berlin«, sagte eine kehlige Stimme. Sie kam aus dem Haus an der Mecklenburger Landstraße auf dem Priwall.
»Hier ist Martin. Tweed kommt. . . «
»Warten Sie weitere Anweisungen ab.«
Die Verbindung war unterbrochen, bevor Vollmer noch ein Wort sagen konnte. *Großkotz*, sagte Vollmer laut und hieb den Hörer auf die Gabel. Zurück nach Altona. Weitere Anweisungen abwarten. Von Balkan. Dem Mann, den er nie zu Gesicht bekommen hatte.

Im Zug nach Kopenhagen hatten sie ein Erste-Klasse-Abteil für sich allein. Sie saßen einander auf den Fensterplätzen gegenüber. Der Expreß donnerte nordwärts, zwischen Feldern mit reifendem Korn hindurch. Das Land dehnte sich unter einem wolkenlosen Himmel. Es würde wieder ein herrlicher Sommertag werden.
»Dies dürfte die gefährlichste Sache sein, die Sie je um die Ohren hatten«, bemerkte Newman, als er sich eine Zigarette anzündete. »Einer Ihrer vier Sektorenchefs ist ein faules Ei.«
»So ist es. Und das ist das einzige, was bisher feststeht. . . «
»Irgendwelche Vermutungen? Grey, Dalby, Lindemann, Masterson?«
»Überhaupt keine. Sie sind alle auf Herz und Nieren überprüft worden. Alle waren rein wie Unschuldslämmer. Eine äußerst unerfreuliche Geschichte.«
»Und Sie glauben immer noch, daß General Wassili Lysenko dahintersteckt?«
»Ich glaube es nicht, ich weiß es. Ich spüre seine geschickte russische Hand – alles deutet auf den erstrangigen Profi. . . «
»Und wie wollen Sie weiter vorgehen – Lysenkos zahme Hyäne ausräuchern?«
»Ich schlage vor, Sie konzentrieren sich darauf, so viel wie möglich über Dr. Berlin herauszufinden. Dieser philantropische Engel der Flüchtlinge kommt mir merkwürdig vor. Die Tatsache, daß er direkt an der Grenze wohnt. Kennen Sie die Geschichte des Priwalls?«
»Nein«, sagte Newman.
»In Lübeck habe ich einmal einen britischen Panzerkommandanten getroffen, der unter Montgomery gedient hatte. Er erzählte mir eine

tolle Geschichte. Gegen Ende des Krieges befand er sich an der Spitze seiner Abteilung – in dem ersten Panzer, der Travemünde erreichte und auf den Priwall übersetzte. Er veranstaltete ein Wettrennen mit den Russen, um sich der ganzen Halbinsel zu bemächtigen, an deren Nord- und Westküste die Schiffahrtsstraße nach Lübeck verläuft. Er hatte fast den ganzen Priwall durchquert, als er aus der anderen Richtung einen sowjetischen Panzer kommen sah. Der Kommandant des Panzers der Roten Armee hob die Hand, um unseren Freund zu stoppen. Der britische Kommandant tat das gleiche – er hob die Hand, um den Vormarsch der Roten Armee aufzuhalten, die am liebsten ganz Lübeck und wenn möglich auch noch Dänemark erobert hätte. Und dort wurde die Grenze gezogen – genau an der Stelle, an der die beiden Panzerkommandanten aufeinandertrafen. . . «

»Und deshalb verläuft die Grenze quer über den Priwall, und er wird von einem sowjetischen Minenfeld durchschnitten?«

»So ist es. Zumindest kontrolliert der Westen auf diese Weise die Einfahrt nach Travemünde, und Passagierdampfer aus Schweden und Finnland können die Ostsee überqueren und hier vor Anker gehen. Der Priwall gehört zu den gespenstischsten Flecken der Erde. Und ich erinnere mich, gelesen zu haben, daß Dr. Berlin ausgerechnet dort seine Zelte aufgeschlagen hat«, bemerkte Tweed.

»Das seltsame daran ist, daß er nur zeitweise dort ist. Er ist wie ein Grashüpfer. Ich entsinne mich, daß einige der alten Kenianer diesen Ausdruck gebrauchten. Hüpft auf der ganzen Welt herum, sagten sie. Aber wo, wußte niemand. . . «

»Dann sollten Sie versuchen, es herauszufinden. Ich glaube, wir sind gleich da. Ich bin gespannt, was uns in Lübeck erwartet. «

Die Taxifahrt vom Hauptbahnhof zum Hotel Jensen dauerte nur ein paar Minuten. Sie hätten zu Fuß gehen können. Als sie sich der Brükke über die Trave näherten, über die man in die Innenstadt gelangt, passierten sie zwei seltsam schiefe mittelalterliche Türme mit kegelförmigen Spitzen.

»Das berühmte Holstentor«, bemerkte Tweed. »Das Wahrzeichen Lübecks. Holstentor und Marzipan. . . «

Der blonden Frau begegneten Sie, als sie ihre Koffer ins Jensen trugen. Anfang Vierzig, schätzte Newman. Sie war hochgewachsen und schlank und hatte ein spitzes Kinn und auffallend blaue Augen, die ihn direkt ansahen.

Sie traten beiseite, um sie vorbeizulassen, und sie lächelte, ohne den

Blick abzuwenden; dann verschwand sie nach draußen. Newman blickte ihr nach, und der Mann an der Rezeption lächelte.
»Sie kennen sie, Sir?« fragte er auf Englisch.
»Leider nicht. Wohnt sie hier?«
»Oh ja. Sie ist Stammgast, verbringt jedes Jahr den Sommer hier. Diana Chadwick. Eine Dame, die sich großer Beliebtheit erfreut...«
»Bei jedem normalen Mann, könnte ich mir vorstellen.«
»Vielleicht sollte ich das nicht sagen.« Der Mann hielt inne und lächelte wieder. »Bei den meisten Männern, ja. Bei ihrem eigenen Geschlecht dagegen hält sich die Beliebtheit in sehr engen Grenzen. Manchmal glaube ich, sie fürchten die Konkurrenz.«
»Diana Chadwick«, wiederholte Newman, während Tweed sein Anmeldeformular ausfüllte. »Mir ist, als hätte ich den Namen schon einmal gehört...«
»Sie war eine berühmte Schönheit, vor vielen Jahren in Afrika.« Er lächelte zum dritten Mal. »Vor nicht allzu vielen Jahren, um nicht unhöflich zu sein...«
»Könnte das vielleicht in Kenia gewesen sein?« fragte Newman.
»Das ist durchaus möglich. Fahren Sie nach Travemünde, erkundigen Sie sich dort bei den Jachtleuten. Sie verbringt sehr viel Zeit mit ihnen. Danke, Sir«, sagte er zu Tweed und schob Newman den Block mit den Anmeldeformularen zu.

General Lysenko hatte darauf bestanden, das Operationszentrum in den fünften Stock eines siebengeschossigen Betongebäudes in Leipzig zu verlegen. Jetzt stand er am Fenster, während Markus Wolf seine Akten sortierte, die aus dem Keller heraufgebracht worden waren.
»In diesem Keller kam ich mir vor wie ein gefangener Maulwurf«, fauchte Lysenko. »Und ich nehme an, wir müssen eine ganze Weile hier blieben.«
»Munzel kann sehr schnell arbeiten«, erwiderte Wolf mit seiner langsamen, bedächtigen Stimme. »Denken Sie daran, wie er mit Fergusson, diesem britischen Agenten, fertig geworden ist und mit diesem Häufchen Dreck Palewski. Andererseits – bei einem Mann wie Tweed wird er sich Zeit lassen. Sehr oft ist Geduld der Schlüssel zum Erfolg.«
Der Chef des Staatssicherheitsdienstes warf einen Blick auf Lysenko, um zu sehen, ob er verstanden hatte. Nein, er hatte nicht begriffen, worauf er hinauswollte. Er wurde ausführlicher.

»Erstens. Munzel hat seinen zweiten Bericht über den Wachtturm Eichholz übermittelt. Er hat signalisiert, daß Tweed im Hotel Jensen in Lübeck eingetroffen ist. Wir haben eine Schnur gespannt, der Tweed folgen sollte – und er folgt ihr. Zweitens wird Munzel sein Opfer erst kennenlernen wollen, seine Gewohnheiten, seine Art, die Dinge anzugehen. Er wird erst zuschlagen, wenn er ein vollständiges Bild von Tweed hat. Und auf jeden Fall wird Balkan bald in Lübeck eintreffen. Unsere Adler versammeln sich. . . «
»Wir stehen unter Zeitdruck.«
»Nein, General, wir stehen nicht unter Zeitdruck.« Wolfs Götzenbildgesicht wurde noch ausdrucksloser. »Von meinem Informanten im Polizeipräsidium am Berliner Tor habe ich erfahren, daß sie sowohl den Tod von Fergusson als auch den von Palewski für Unfälle halten. Das beweist, wie tüchtig Munzel ist. Es ist nur dieser Kuhlmann, dieser verdammte Kerl vom BKA in Wiesbaden, der nicht überzeugt ist. Ein schlauer Bursche, dieser Otto Kuhlmann. . . «
»Vielleicht sollte er auch liquidiert werden. . . «
»Was?« Wolf war bestürzt. »Ein Mann mit einem direkten Draht zum Bundeskanzler Kohl? Sie haben mir selbst gesagt, daß der Generalsekretär keine Zwischenfälle wünscht – nur Unfälle.«
»Und Sie«, höhnte Lysenko, während er sich vom Fenster abwandte, »haben mir gesagt, Munzel wäre ein Fachmann für Unfälle. . . «
»Bonn würde niemals glauben, daß Kuhlmann einen Unfall gehabt hätte. Außerdem würde Kuhlmann schon auf einen Kilometer Entfernung riechen, daß Munzel aus der DDR kommt. Glücklicherweise hat er noch keinen Argwohn in dieser Richtung. . . «
»Und weshalb wird Munzel der Krüppel genannt? Er ist so fit wie ein SA-Mann. Und sieht auch fast so aus.«
»Weil er sich bei der Erledigung eines Auftrags oft als Krüppel tarnt. Wer verdächtigt schon einen Blinden? Oder einen Mann in einem Selbstfahr-Rollstuhl? Irgendeiner solchen Technik wird er sich bedienen, wenn er Tweed aus dem Wege räumt. Und jetzt möchte ich, wenn es Ihnen recht ist, meine Akten weiter sortieren.«
»Ach ja, die Akten. Die müssen natürlich in Ordnung sein«, kommentierte Lysenko sarkastisch.

In den nächsten beiden Wochen kam es Newman vor, als hätte Tweed seine ganze Zielstrebigkeit verloren. Sie wanderten in Sonnenschein und glühender Hitze durch Lübeck. Die Stadt wimmelte von Urlaubern, was Newman beunruhigte. Zu viele Menschen.

Es waren überwiegend Deutsche, und sie saßen in Straßencafés, tranken und plauderten. Das Jensen war ein kleines, gut geführtes Hotel, und von Tweeds Fenster hatte man einen Blick auf die beiden Türme des Holstentors jenseits des Flusses. An der anderen Seite der vor dem Hotel entlangführenden Straße legten Dampfer an und nahmen Passagiere für Rundfahrten auf. Es war eine lässige, entspannte Atmosphäre.

Tweed verbrachte geraume Zeit im Gespräch mit dem Manager des Hotel Jensen, einem Mann, der die Engländer mochte und sich klug und kenntnisreich über die Verhältnisse beiderseits der Grenze äußerte. Newman machte die Bekanntschaft der blonden Frau, Diana Chadwick, die ihr Haar kurz trug und ihn an Fotos aus den dreißiger Jahren mit Mädchen der Vorkriegszeit erinnerte.

»Sie müssen unbedingt nach Travemünde kommen«, erklärte sie, als sie bei einem Drink vor dem Jensen auf dem Bürgersteig saßen. »Die Gesellschaft dort ist einfach himmlisch. Alles Bootsbesitzer, und es ist immer etwas los. Dort bekommen Sie eine Vorstellung davon, wie das Leben einmal war – als wir noch jeden Tag genossen. Als es noch keine von diesen widerlichen Maschinen gab – Computer oder wie die Dinger heißen... «

»Sie heißen tatsächlich Computer.«

»Und wenn man jetzt in England lebt, steckt man in einer dieser teuflischen Maschinen drin. Überhaupt kein Privatleben mehr. Wie in einem Polizeistaat, finde ich. Kreditkarten und all sowas. Die kommen natürlich aus Amerika. Alles Widerwärtige kommt aus Amerika. Ich hasse dieses Land.«

»Sie waren also schon dort?«

»Einmal. In New York. Diese fürchterlichen Canyons. Weshalb erst nach Colorado reisen, oder wo der Grand Canyon sonst sein mag? New York ist voll davon. Immerhin hatte ich eine ganz wundervolle Zeit dort. Wurde dauernd zu irgendwelchen Parties eingeladen. Aber ich kam mir vor wie ein Ausstellungsstück. ›Seht mal, wir haben hier eine echte Engländerin. Ist sie nicht seltsam? Ich höre sie gerne reden – sie ist so anders als wir.‹« Sie trank ihre Bloody Mary aus und sagte, ja, sie hätte gern noch eine. »Gott sei Dank, dachte ich. Wer möchte schon so sein wie die?« Sie lächelte und musterte Newman. »Bestimmt halten Sie mich für einen fürchterlichen Snob. Der ich natürlich bin.«

»Sie sprachen von Travemünde«, erinnerte Newman sie. »Wohnt dort nicht auch Dr. Berlin?«

»Nur zeitweise. Im Augenblick ist er nicht da. Aber er kann jederzeit auftauchen. . . «

»Und wo steckt er jetzt?«

»Das weiß der Himmel. Er verschwindet, ohne einer Menschenseele etwas zu sagen. Aber er hat seine Arbeit für die Flüchtlinge. Er ist geradezu versessen darauf. Obwohl ich das nicht verstehen kann. Ich finde, die Leute müssen lernen, allein fertig zu werden. Ich mußte es immer. . . «

»Wo wurden Sie geboren?« Newman hob sein Glas, um ihr zuzutrinken.

Diana Chadwick hatte schlanke, wohlgeformte Beine, eine schmale Taille und eine gute, nicht zu volle Figur. Sie trug ein hübsches, großgepunktetes Sommerkleid mit einer breiten Schleife am hohen Halsausschnitt. Sehr weiblich. Ihr Knochenbau war deutlich zu erkennen; eine gerade Nase über einem festen Mund deutete auf Charakter, ein Anzeichen, das durch das spitze Kinn noch unterstrichen wurde.

Das auffallendeste an ihr waren ihre saphirblauen Augen, in denen eine Spur von Bosheit lag, die auch zum Vorschein kam, als sie lächelte und Newman direkt anschaute. Er hatte das Gefühl, ihrer sanften Stimme den ganzen Abend zuhören zu können. Was ihn faszinierte, war in erster Linie ihre Aura kühler Selbstsicherheit.

»Hampstead, London«, sagte sie und ließ die Asche ihrer Zigarette in den Aschenbecher fallen. »Mein Vater war Kolonialbeamter – und deshalb waren wir mal hier und mal dort. Meine Schulbildung war, gelinde gesagt, etwas lückenhaft. Ein halbes Jahr in Kuala Lumpur, dann eines in Hongkong, dann weiter nach Nairobi in Kenia. Als ich achtzehn war, kamen meine Eltern bei einem Verkehrsunfall ums Leben. Mit neunzehn war ich verheiratet. Es war in Kenia, wo ich Dr. Berlin kennenlernte. Er war kaum älter als ich – aber schon damals eine Legende.«

»Wirklich ein Zufall – daß Sie ihn ausgerechnet hier in Lübeck wiedertrafen. . . «

»Mr. Newman. . . «

»Bob tut's.«

»Diana. Bob, wäre es möglich, daß Sie mich interviewen – für einen Artikel über die Relikte des Britischen Empire?«

»Ich käme nie auf die Idee, Sie als Relikt zu bezeichnen. . . «

»Sie weichen meiner Frage aus.« Sie schwenkte ihre Zigarette, die in einer Elfenbeinspitze steckte, und nahm ihrer Bemerkung mit einem Lächeln die Spitze.

»Nein. Ich unterhalte mich nur gern mit Ihnen. Ich habe seit über einem Jahr keinen Artikel mehr geschrieben.«
»Weshalb nicht? Hat das ganze Geld von Ihrem Bestseller Sie faul gemacht?«
»Meine Frau ist gestorben...«
»Das tut mir leid. Ich habe ein besonderes Talent dafür, die falschen Dinge zu sagen. Ich bin sicher, die Leute laden mich nur zu Parties ein, damit ich Porzellan zerschlage. Ich sage die unmöglichsten Dinge. Und das werde ich jetzt auch tun. Sind Sie auf der Suche nach einer neuen Frau?«
»Das könnte durchaus sein...«
Ihr Teint ist makellos, dachte Newman. Keine Spur von Sonnenbräune. Auf dem Stuhl neben ihr lag ein eleganter breitkrempiger Strohhut. Ein weiterer Anklang an die dreißiger Jahre. Kein Mädchen, das etwas auf sich hielt, setzte sein Gesicht den Strahlen der Sonne von Nairobi aus.
»Dann könnte es sein«, sagte sie leichthin, »daß Sie auf ein Interview mit Dr. Berlin aus sind. Sehr schwierig. Vielleicht könnte ich Ihnen helfen, wenn das der Grund dafür ist, daß Sie hier sind.«
»Danke. Ich werde mir das Angebot merken. Wie kommt es, daß Sie im Jensen wohnen, wenn Ihre Freunde draußen in Travemünde sind?«
»Um von ihnen fortzukommen natürlich!« Wieder das boshafte Lächeln. »Ich bin zwischendurch ganz gern allein.« Sie blickte an sich herunter. »Verdammt, jetzt habe ich mir den halben Drink aufs Kleid geschüttet...«
Ein etwa dreißigjähriger blonder Deutscher, der am Nebentisch saß, reichte ihr ein Glas Wasser.
»Vielen Dank«, sagte Diana. »Das ist genau das, was ich brauche.«
»Stets gern zu Diensten. Zu jeder Art von Diensten...«
»Ach ja?« Ihr Ausdruck erstarrte, und sie tupfte ihr Kleid mit einer Papierserviette ab, die sie in das Wasser getaucht hatte. Der Deutsche schob seinen Stuhl zurück, lächelte ihr noch einmal zu und wanderte davon.
»Der hat seinen Charme aber hübsch spielen lassen«, bemerkte Newman.
»Er heißt Kurt Franck. Ich sah, wie er im Mövenpick ankam und seinen Koffer hineintrug. Nein, ich kenne ihn nicht, aber ich habe von ihm gehört. Er treibt sich immer draußen in Travemünde herum, versucht, sich bei den Jachtleuten anzubiedern. Ich halte ihn für einen

ausgemachten Schwindler; wahrscheinlich lebt er von reichen Witwen. Ein Gigolo...«
Newman blickte auf, als Tweed aus dem Hotel heraustrat. »Haben Sie etwas vor?« fragte er.
»Ich dachte, ich mache einen Spaziergang durch die Stadt. Drinnen ist es heiß wie in einem Backofen.«
Newman stellte ihm Diana Chadwick vor. Tweed ergriff ihre Hand und bemerkte ihre vollendete Form, schmal mit langen Fingern. Ganz blaßrosa Nagellack, nicht dieses grauenhafte Grellrot.
»Und Sie machen gleichfalls Ferien, Mr. Tweed?«
»Ich versuche, mich zu entspannen, ein bißchen auszuruhen. Der Abwechslung halber.«
»Ich begleite Sie auf Ihrem Spaziergang«, sagte Newman und schob seinen Stuhl zurück. »Ein bißchen die Beine ausstrecken...«
»Vielleicht möchten Sie uns begleiten, Miss Chadwick?« schlug Tweed vor. »Etwas weibliche Gesellschaft würde mich erheblich aufheitern.« Er bemerkte Newmans Ausdruck. »Und auf Bob hätte sie wahrscheinlich die gleiche Wirkung.«
»Mit Vergnügen.« Sie erhob sich und setzte ihren breitkrempigen Hut auf. »Zwei Begleiter.« Sie flirtete unverhohlen mit Tweed. »Wenn das nicht ein Glückstag ist...«
Auf diese Weise ging es zehn Tage lang weiter; Tweed wanderte in der Stadt herum, betrachtete die in ihrer mittelalterlichen Herrlichkeit restaurierten Gebäude, schlenderte an Flußufern entlang, wo Bäume ihre Äste über das stille Wasser hängen ließen, während Motorschiffe und Ruderboote in der unvermindert anhaltenden Hitzewelle auf ihm dahinglitten.
»Was zum Teufel denken Sie sich eigentlich dabei?« fragte Newman, als sie eines Nachmittags in Tweeds Zimmer saßen und durch das Fenster auf die Menschenmenge hinabblickten, die sich unten vorbeischob. »Sie haben gesagt, ich sollte mich vorerst nicht nach Dr. Berlin erkundigen, Sie haben nicht das geringste unternommen, um herauszufinden, was vorgeht. In Hamburg wurden zwei Männer ermordet – oder haben Sie das vergessen?«
»Nein.« Tweeds Stimme klang barsch. »Und ich mochte Ian Fergusson sehr gern. Ihre Bemerkung war taktlos.«
»Entschuldigung, aber ich fange an, unruhig zu werden...«
»Sie können sich ja mit Diana die Zeit vertreiben...«
»Die Hälfte davon verbringt Sie mit Ihnen.«
»Die Wahl habe nicht ich getroffen, sondern sie.« Tweed war belu-

stigt. Sein Tonfall änderte sich. »Wenn *Sie* schon nervös werden – was meinen Sie, welche Wirkung das auf die andere Seite haben wird? Der römische General Fabius Maximus nannte es meisterhafte Untätigkeit . . .«
»Das ist also Taktik?«
»Ganz bewußte Taktik. Ich wurde mit Hilfe eines sorgfältig ausgespannten Seils nach Lübeck dirigiert. Ich komme her. Ich tue nichts. Stellen Sie sich den Druck vor, der sich bei der anderen Seite aufstaut. Bald müssen sie ihre Karten aufdecken.«
»Wenn es funktioniert. . . «
»Es wird funktionieren. Ich kenne meine Freunde jenseits der Grenze.«

ZEHN

»Was zum Teufel ist mit diesem Tweed los?« Lysenko wanderte in dem spartanisch eingerichteten Raum im fünften Stock des Gebäudes in Leipzig hin und her.
»Ich gebe zu, sein Verhalten. . . «
»Sein Nichtverhalten!«
»Ich wollte gerade sagen. . . « Markus Wolf, ein großer, schwergebauter Mann, der Lysenko überragte, erhob sich, stieß die Hände in die Hosentaschen und begann gleichfalls hin und her zu wandern. »Ich wollte gerade sagen«, wiederholte er, »daß mir das allmählich seltsam vorkommt. Munzel hat jeden Tag via Hamburg telefonisch Bericht erstattet. Allem Anschein nach tut Tweed nichts. Er spielt den Touristen. Er ist nicht einmal in die Nähe der Polizeidirektion Süd gekommen. Und Balkan ist jetzt an Ort und Stelle. . . «
»Wir haben Tweed auf Dr. Berlin hingewiesen – durch Palewski, aus seiner Sicht ein absolut verläßlicher Kontakt. Er ist nicht einmal nach Travemünde gefahren – das heißt, wenn man sich auf Munzel verlassen kann und er seine Arbeit tut.«
»Erwin Munzel«, sagte Wolf steif, »ist der beste Mann, den wir haben. Ich habe ihn selbst für diese Aufgabe ausgesucht. . . «
»Munzel ist ein Sadist.«
»Nun, er mag seine Eigenheiten haben. Ich gebe zu, seine Arbeit macht ihm Spaß. Aber das Entscheidende ist, daß er sie hervorragend erledigt.«

»Also, was unternehmen wir?« wütete Lysenko. »Früher oder später wird mich der Generalsekretär anrufen. Was soll ich ihm sagen? Tweed ist gekommen. Tweed macht sich ein paar schöne Ferientage. Genosse Gorbatschow wird sich freuen, das zu hören, das kann ich Ihnen versichern. . . «
»Gorbatschow ist Ihr Problem«, erklärte Wolf kurz.
»Und die Liquidierung von Tweed Ihres. Sie stehen in der vorderen Linie.«
»Das ist mir klar«, sagte Wolf ironisch. »Überlaßt die schmutzige Arbeit den Deutschen. Und wenn dann etwas schiefläuft, steht der Kreml mit sauberen Händen da. Bisher hat sich Tweed immer nur dort aufgehalten, wo viele Menschen waren – und dieser Auslandskorrespondent, Newman, ist nicht von seiner Seite gewichen. Er geht nach Einbruch der Dunkelheit nicht aus und ißt abends immer im Hotel Jensen, in dem er wohnt. Wie soll Munzel da zum Zuge kommen?«
»Das ist Ihre Sache. Für diese Seite des Unternehmens sind Sie zuständig. Sie arbeiten mit Ihren eigenen Leuten. Meine Rolle ist die eines Beobachters. Ich wiederhole, was unternehmen Sie?«
Jetzt war aus dem *Wir* ein *Sie* geworden, registrierte Wolf zynisch. Er rückte seine dicke Hornbrille zurecht, ließ sich hinter seinem Schreibtisch nieder und las noch einmal den letzten Bericht, während Lysenko wütend herumwanderte.
»Ich sagte bereits«, erklärte er schließlich, »daß Balkan an Ort und Stelle ist. . . «
»Und das war meine Idee, vor vielen Jahren«, erinnerte ihn Lysenko. »Eines der verwegensten Manöver, die meine Organisation je durchgeführt hat. Ein Mann, größer als Philby, im Zentrum von Tweeds Firma.«
»Dessen Identität ich geschützt habe«, erwiderte Wolf bissig.
»Zugegeben. Aber wir müssen vollen Gebrauch von ihm machen – notfalls sogar ein Risiko eingehen.«
»Wir werden die Sache ein bißchen beschleunigen«, entschied Wolf. »Ich lasse Munzel eine Nachricht zukommen. Aber ich schätze es gar nicht, etwas forcieren zu müssen.«
»Die Entscheidung liegt bei Ihnen«, erklärte Lysenko verschlagen.
»Und ich bin durchaus imstande, eine Entscheidung zu treffen. Wir werden dafür sorgen, daß die Dinge in den nächsten Tagen in Bewegung geraten. . . « Wolf legte die Hand auf den Telefonhörer und hob ihn ab.

»Dr. Berlin ist eingetroffen, Bob«, sagte Diana. »Er gibt eine seiner Parties, und Sie sind eingeladen... «
Spätvormittag. Sie saßen an einem der Tische vor dem Hotel Jensen bei einem Drink. Das war zu einem Teil ihrer Tagesroutine geworden. Dazusitzen und in der Wärme zu plaudern, bevor es dazu zu heiß wurde. Diana trug ihren Strohhut so geneigt, daß die Krempe ihr Gesicht beschattete. Sie blickte auf, als Tweed herauskam.
»Sie sind zu einer Party eingeladen, Tweedy... « Newman unterdrückte ein Lächeln. Seines Wissens war sie der einzige Mensch, dem er diese Anrede durchgehen ließ. Tweed setzte sich und begann mit dem Taschentuch seine Brillengläser zu putzen.
»Das ist nett. Besten Dank. Erzählen Sie mir mehr davon... «
»Mir brauchen Sie nicht zu danken. Ich habe Bob gerade erklärt, daß es Dr. Berlins Party ist.« Sie blickte Newman mit gespielter Strenge an. »Aber ich muß Sie darauf hinweisen, daß die Einladung mit gewissen Bedingungen verknüpft ist. Keine Interviews. Sie werden der einzige Reporter dort sein... «
»Wahrscheinlich wird sich einer der hiesigen Zeitungsleute einschleichen«, erwiderte Newman.
»Bestimmt nicht! An den Toren stehen Wachen. Hunde patrouillieren auf dem Gelände. Sie müssen sich ausweisen, bevor Sie eingelassen werden. Möglichst mit Ihrem Paß... «
»Hört sich an wie ein Konzentrationslager«, bemerkte Tweed umgänglich. »Ich würde gern mehr wissen, bevor ich die Einladung annehme – wenn das nicht unhöflich klingt. Wo soll die Party stattfinden, wann und an welchem Tag?«
»Übermorgen. Um drei Uhr nachmittags kreuzen wir auf. Sie können mich beide begleiten. Ort des Geschehens ist Dr. Berlins Haus auf dem Priwall, gegenüber von Travemünde. An der Mecklenburger Landstraße – das ist die Hauptstraße, die schnurgerade immer weiter läuft, bis sie auf die Grenze stößt. Da ist Endstation.«
»Ich weiß«, sagte Tweed und registrierte ihre Überraschung. »Ich habe mir die Gegend auf der Karte angesehen«, erklärte er. »Wie teilen wir Dr. Berlin mit, daß wir die Einladung annehmen?«
»Das können Sie mir überlassen.« Sie hielt inne, um ihr Glas zu leeren. »Aber ich muß Sie beide darauf hinweisen, daß Sie Ihren Gastgeber wahrscheinlich nicht kennenlernen werden. Er ist sehr schüchtern und zurückhaltend... «
»Sie meinen, wir werden ihn überhaupt nicht zu Gesicht bekommen?« fragte Tweed.

»Oh doch, er wird auf dem Rasen sein, aber wahrscheinlich von seinen engsten Freunden umgeben. Aber er erwartet nicht, daß Gäste sich ihm nähern – nicht einmal, um ihm zu danken.« Sie verzog den Mund. »Es ist ihm sogar ausgesprochen zuwider.«
»Wie lange wohnt er schon auf dem Priwall?« fragte Tweed beiläufig.
»Keine Ahnung.« Diana rückte ihren Hut zurecht. »So, wenn Sie nichts dagegen haben, verschwinde ich jetzt und lasse ihn wissen, daß Sie beide kommen. Er wird sich freuen...«
»Können Sie ihn nicht anrufen?« schlug Newman vor.
»Das schätzt er nicht. Außerdem habe ich ein kleines Geschenk, das ich ihm überreichen möchte. Das tue ich immer, wenn er auf dem Priwall auftaucht...«
»Ich begleite Sie zum Bahnhof...«
Newman erhob sich gleichzeitig mit ihr, aber sie schüttelte den Kopf und schenkte ihm ein warmes Lächeln. Sie tippte ihm mit dem geschlossenen Sonnenschirm aufs Handgelenk, dann spannte sie den leuchtendbunten Schirm auf. Sie war in einer übermütigen Stimmung und wirbelte im Kreis herum wie eine Tänzerin.
»Ich hasse diesen Bummelzug. Ich fahre mit meiner eigenen Kutsche – dem braven alten Käfer. Bis später. Wir sehen uns beim Abendessen.«
»Ein erstaunliches Mädchen«, sagte Tweed und sah ihr nach, bis sie in einer Nebenstraße verschwunden war.
»Ganz offensichtlich – sonst hätte sie es nicht geschafft, Sie in diese Safarijacke zu stecken.«
Diana hatte erklärt, Tweed wäre für das Klima nicht richtig angezogen. Sie hatte ihn überredet, ein Geschäft zu betreten und drei Safarijacken anzuprobieren. Zu Newmans Verblüffung hatte er eine der Jacken gekauft und anschließend noch einen Strohhut.
»Die Dame wickelt Sie um den Finger, Tweed.«
»Ich mag sie.« Tweed senkte die Stimme. »Aber jetzt habe ich Arbeit für Sie. Überprüfen Sie Dianas Hintergrund mit einem feinzinkigen Kamm. Ich will ihre ganze Lebensgeschichte, von dem Tag, an dem sie in Hampstead geboren wurde – vorausgestzt, sie wurde wirklich in Hampstead geboren.«

Als sie in Tweeds Zimmer angekommen waren, änderte sich sein Verhalten vollständig. Newman beobachtete, wie er den Strohhut auf das Bett warf, die Safarijacke auszog und dem Hut folgen ließ. Dann schloß er beide Fenster, und danach war es still im Zimmer; der Lärm des über die Brücke rollenden Verkehrs drang nur gedämpft herein.

»Ich wußte nicht, daß Sie wegen Diana Bedenken haben«, bemerkte Newman.

»Ich habe wegen jedermann Bedenken.« Tweed durchwanderte langsam und nachdenklich das Zimmer. »Es kann natürlich sein, daß sie sie einfach als Leitung benutzen.«

»Als Leitung?«

»Ja. Ihnen dürfte doch klar sein, was passiert ist. Ich habe ihre Geduld strapaziert und sie gezwungen, den ersten Schritt zu tun. Auf dieser Party bei Dr. Berlin wird jemand sein, der mich genau in Augenschein nehmen möchte – mindestens das. An die Arbeit, Bob. Alles, was Sie über Dr. Berlin herausbekommen können.«

»Das könnte sich als schwieriger Auftrag erweisen. Nach dem, was Diana sagt, hält er nichts davon, Leute nahe an sich herankommen zu lassen.«

»Was an sich schon interessant ist. Aber ich glaube, Sie könnten vielleicht in Travemünde etwas herausbekommen – bei diesen merkwürdigen Leuten aus den ehemaligen britischen Kolonien, die auf Booten leben und sich abwechselnd in der Ostsee und im Mittelmeer aufhalten.«

»Ist sonst noch etwas passiert? Sie wirken irgendwie tatkräftiger...«

»Ja. Die taktische Pause ist beendet, scheint mir. Ich habe Monica angewiesen, Howard wissen zu lassen, daß ich hier im Jensen wohne. Harry Masterson rief an, während Sie mit Diana bei Ihrem Drink saßen. Aus Wien. Ich muß ihn genau um zwölf von einer Telefonzelle im Hauptbahnhof aus zurückrufen. Er hat eine Information für mich und möchte nicht, daß das Gespräch über die Hotelvermittlung läuft. Es hörte sich an, als wäre es ziemlich wichtig...«

»Ich begleite Sie.«

»Wir gehen in ein paar Minuten zum Bahnhof hinüber. Außerdem hat Erich Lindemann angerufen – ein merkwürdiger Zufall. Er kommt von Kopenhagen herunter und will mich in Puttgarden treffen, am Fährbahnhof auf der Insel Fehmarn.«

»Wann?«

»Am Spätnachmittag. Einzelheiten später. Er hat gleichfalls Informationen für mich. Weigerte sich, am Telefon auch nur eine Andeutung zu machen. Ein überaus vorsichtiger Mann.«

»Also konzentriert sich alles auf die eine oder andere Art auf Lübeck. Jedenfalls zwei der vier Verdächtigen. Haben Sie noch immer keine Ahnung, wer es sein könnte? Grey, Masterson, Lindemann oder Dalby?«
»Nicht die Spur einer Ahnung.« Tweed rieb sich die Hände. »Aber wenigstens kommen die Dinge jetzt in Bewegung. Und ich habe das Gefühl, als würde sich das Tempo allmählich beschleunigen...«

»Hier Monitor«, sagte Tweed in einer Telefonzelle am Hauptbahnhof. »Wie steht das Geschäft?«
»Präfekt am Apparat. Die Einzelheiten über den Handel, den wir abschließen wollen, dürfen nicht durchsickern. Ich nehme an, Sie sind außerhalb, alter Junge?«
Unverkennbar Harry Masterson, die barsche, dröhnende Stimme, und er hatte auf die von Tweed vorgesehene Identifizierung reagiert. Sie gefiel ihm nicht, aber jeder, der mithörte und Englisch verstand, würde sie für typisch britische Kaufleute halten.
»Ich bin außerhalb«, versicherte ihm Tweed. »Wie läuft das Geschäft?«
»Ohne einen zehnprozentigen Preisnachlaß wollen sie nicht abschließen...«
»Das ist hart. Ich lasse es mir durch den Kopf gehen...«
»Ach ja, noch etwas...« Masterson sprach, als wäre es völlig unwichtig. »... ein Gentleman, über den Sie Bescheid wissen sollten, ist auf dem Weg in Ihre Gegend. Spitzname ›Der Krüppel‹. Kam in der Nähe von Gmünd herüber. Dieser Bericht ist nicht neu – ich habe aber erst jetzt davon erfahren. Er könnte also schon bei Ihnen sein. Ein nicht zu unterschätzender Konkurrent.«
»Ganz Ihrer Meinung.« Tweed spürte, wie sich seine Gesichtsmuskeln verkrampften. »Aber wir sollten jetzt Schluß machen, Wien...«
»Auf Wiedersehen.«
»Was ist los?« fragte Newman, als sie aus dem Bahnhof ins Gleißen der Mittagssonne hinaustraten. »Sie sehen aus, als hätten Sie ein Gespenst gesehen? Eine schlechte Nachricht?«
»Manche Leute würden sagen, die allerschlechteste. Haben Sie je von einem Ostdeutschen gehört, der Der Krüppel genannt wird?«
»Eben zum ersten Mal. Wer ist das?«
»Ihr professionellster Killer. Vermutlich für die Ermordung von mindestens sieben unserer Agenten verantwortlich. Seine Spezialität sind

Morde, die wie Unfälle aussehen. Wir haben weder eine Beschreibung noch ein Foto von ihm. Harry Masterson sagte, er wäre kürzlich bei Gmünd in Oberösterreich über die Grenze gekommen und Richtung Norden weitergereist. Er könnte schon hier sein. . . «

»Das ist aber ein gewaltiger Umweg nach Lübeck. Er hat halb Österreich und ganz Deutschland durchqueren müssen.«

»Ein geschickter Schachzug. Dies ist nicht der rechte Ort, um durch den Eisernen Vorhang zu kommen. Die Grenze ist zu gut bewacht. In Österreich ist das viel einfacher. Das gilt natürlich auch für Agenten, die in den Westen eingeschleust werden sollen. Es kann durchaus sein, daß ein überaus unerwünschter Gast vor unserer Türschwelle wartet.«

»Zumindest hat Masterson uns gewarnt. . . «

»Und das war auch komisch. Der Anruf sollte aus Wien kommen, aber ich hätte schwören können, daß es ein Ortsgespräch war – daß er von irgendwo ganz in der Nähe anrief. . . «

»Wahrscheinlich eine besonders gute Leitung. . . »

»Wahrscheinlich.«

Sie nahmen den Zug nach Kopenhagen, der 15. 33 in Lübeck abfuhr und mit dem sie um 17. 11 in Puttgarden eintreffen würden. Der Zug war nur schwach besetzt, und Tweed blickte auf der Fahrt nach Norden interessiert aus dem Fenster. Flaches Land, aber nur wenige Anzeichen dafür, daß es bewohnt war. Als sie Lübeck verließen, konnten sie einen flüchtigen Blick auf die Ostsee werfen, danach kamen nur ausgedehnte Felder.

»Hier könnte man sich verlaufen und nie gefunden werden«, bemerkte Newman.

»Es wird noch einsamer, wenn wir auf die Insel Fehmarn kommen«, sagte Tweed. »Der Zug fährt über eine Brücke, die den Fehmarnsund überspannt. Puttgarden, der Hafen, in dem die Fähren nach Dänemark anlegen, liegt an der äußersten Nordspitze der Insel. Ich glaube, wir sind bald da.«

Der Zug verlangsamte seine Fahrt und rumpelte über eine lange Brücke. Newman blickte auf das intensiv blaue Wasser der Ostsee hinab. Es war leicht bewegt, und die Sonne glitzerte wie Quecksilber auf den Wellenkämmen. Dann war der Zug auf der Insel, und Newman sah, was Tweed gemeint hatte.

Hohes, dichtes Gras schwankte im Wind, und so weit das Auge sehen konnte, gab es keinerlei Anzeichen für die Anwesenheit von Men-

schen. Über der Insel hing eine Atmosphäre trostloser Einsamkeit, die selbst im Sonnenschein etwas Deprimierendes hatte.
Der Zug verringerte abermals die Geschwindigkeit und kam am Bahnsteig des Bahnhofs Puttgarden zum Stehen. Keine Spur von einer Stadt oder auch nur einem Dorf, nur der endlose Bahnsteig.
Als sie ausstiegen, blickte Newman nach links, Richtung Norden. In der Ferne, hinter der Lokomotive, gähnte etwas, das einem riesigen Schuppen glich, einer dunklen Höhle, über deren Eingang eine riesige, schildähnliche Metallplatte hochgezogen war. Es war das Fährschiff, geöffnet und bereit, den Zug an Bord zu nehmen.
»Ich kann Lindemann nicht entdecken«, bemerkte Newman.
»Geduld. Wir gehen auf dem Bahnsteig auf und ab. . . «
»Wer sind diese Leute?«
Newman deutete auf eine kleine Gruppe, die den Zug verlassen hatte und nun draußen am Straßenrand stand. Ungefähr ein Dutzend Männer und Frauen, nicht mehr.
»Sie warten auf den Bus nach Burg. Das ist ein kleines Nest«, erklärte Tweed. »Nur eine Handvoll Häuser und Läden – aber die größte Ortschaft auf Fehmarn. Ah, wen haben wir denn hier?«
Newman erkannte Lindemann, der gerade aus dem Zug stieg, kaum wieder. Er trug eine lose Jacke mit Gürtel, eine Kordhose und eine Jagdmütze; auf dem Nasenrücken saß eine Brille mit halbmondförmigen Gläsern, über deren Ränder hinweg er Newman mit intelligenten grauen Augen musterte. Sein ganzes Aussehen war verändert – es entsprach genau seinem Spitznamen »Der Professor«.
»Sie sind mit demselben Zug gekommen wie wir – aus Lübeck?« fragte Newman verwirrt.
»Diesen Eindruck sollte jeder haben, der uns beobachtet.« Lindemann lächelte verschmitzt. »Sobald der Zug in den Bahnhof einlief, bin ich vorn eingestiegen und durch den Zug gewandert, bis ich Sie gefunden hatte; dann stieg ich aus. Lassen Sie uns ein bißchen herumwandern – ich fahre mit diesem Zug wieder nach Kopenhagen zurück, und er fährt 17. 25 ab. Wir haben also knapp zehn Minuten Zeit.« Er wandte sich an Tweed. »In Anbetracht der Information, die ich für Sie habe, bin ich froh, daß Newman bei Ihnen ist. Achten Sie darauf, daß er immer an Ihrer Seite bleibt. . . «
»Was für eine Information?« fragte Tweed. Er hob die Hand zu seinem Haar, das völlig zerzaust war. In der Luft lag ein frischer, salziger Geruch, und vom Meer wehte eine kräftige Brise.
»Ich habe seit Monaten versucht, die Identität des Mannes heraus-

zufinden, der das Heer feindlicher Agenten in Westdeutschland kontrolliert. Natürlich alles Leute aus der DDR. Ja«, fuhr er auf seine präzise Art fort, während sie auf dem Bahnsteig entlanggingen, »ich weiß, das ist strenggenommen Hugh Greys Job, aber unsere Reviere überschneiden sich. All die Fähren, die auf der Ostsee verkehren – von hier und Lübeck. . . «

»Was haben Sie herausgefunden?« fragte Tweed.

»Seinen Codenamen. Balkan. Ich weiß, das ist nicht viel. Aber ich habe auch gehört, daß Balkan erst kürzlich in Lübeck eingetroffen ist. Ich dachte, es wäre besser, wenn Sie gewarnt sind.«

»Woher haben Sie diese Information, Erich?«

»Ich kann natürlich den Namen meines Informanten nicht preisgeben. Sagen wir, ich bin vor kurzem rasch einmal nach Oslo geflogen. Eine interessante Stadt – und in den Bergen nördlich von ihr liegt die große NATO-Basis. . . «

»Ich verstehe. . . « Tweed verstummte für eine Weile. Er war ziemlich sicher, daß er wußte, was Lindemann meinte. Im hohen Norden, an der Barentssee, grenzte ein Zipfel von Norwegen direkt an die Sowjetunion. Es mußte schon ein brillanter Agent sein, der hier aus Rußland herüberkam – aber Lindemann war ein brillanter Sektorenchef.

»Dieser Balkan«, fuhr Tweed fort, »haben Sie irgendwelche Hinweise darauf, wo er herkommt?«

»Nicht die Spur eines Hinweises. Ich habe gehört, daß nur Lysenko selbst seine wahre Identität kennt. Das gibt Ihnen eine Vorstellung von der Macht, über die Balkan verfügt. Über Leben und Tod, meinem Informanten zufolge. Da ist noch etwas. Er hat diese Position schon sehr lange inne – wahrscheinlich viele Jahre. . . «

»Merkwürdig, daß wir noch nie von ihm gehört haben. . . «

»Nein, das ist verständlich. Noch eine Kleinigkeit.« Lindemann schritt langsam zwischen Newman und Tweed dahin. »Lysenko ändert von Zeit zu Zeit die Codenamen. Aber er wird schon seit geraumer Zeit Balkan genannt. Außerdem wurde mir gesagt, daß er sehr beweglich ist.« Er warf einen Blick auf die Uhr. »Und das war's, Tweed. Ich muß zusehen, daß ich in meinen Zug komme. . . «

»Danke, daß Sie gekommen sind. Und für die Information. Ich glaube, der Gegner fängt jetzt an, sich zu bewegen. . . «

»Vergessen Sie mein Angebot nicht«, sagte Lindemann, als er die Tür zu einem leeren Abteil öffnete. »Wenn es hier zu brenzlig wird, rufen Sie mich an, und ich hole Sie in Kopenhagen vom Zug ab. Fliegen Sie nicht. Ach ja – es ist möglich, daß Balkan sein Standquartier in Oslo hat.«

Die Tür wurde zugeschlagen, bevor Tweed etwas erwidern konnte. Sie beschlossen, einen Spaziergang auf der Landstraße zu machen; es dauerte noch eine Weile, bis sie nach Lübeck zurückfahren konnten. Newman warf einen letzten Blick auf den Zug, der noch im Bahnhof stand, dann machte die Straße eine Biegung, und er konnte ihn nicht mehr sehen.

»Ein reiner Verstandesmensch, dieser Lindemann«, bemerkte Newman, als sie die Köpfe gegen den Wind senkten.

»Und äußerst vielseitig. Sie wären nie darauf gekommen – als er ein paar Jahre jünger war, war Theaterspielen seine liebste Freizeitbeschäftigung. Ich habe gehört, er hätte sich ohne weiteres seinen Lebensunterhalt auf der Bühne verdienen können. . . «

»Als er aus dem Zug stieg, habe ich ihn nicht gleich erkannt. Er kann sein Aussehen noch immer recht gut verändern. Außerdem geben mir die paar Brocken zu denken, die er über diesen Balkan aufgeschnappt hat. Der Vergleich ist dünn, ich weiß, aber er erinnert mich an jemand, von dem wir kürzlich einiges gehört haben. . . «

»Gehen unsere Gedanken in die gleiche Richtung?« überlegte Tweed laut.

»Dr. Berlin. . . «

»Genau. Warum?«

»Lindemann sagte, Balkan hätte diesen Posten schon sehr lange inne, er wäre sehr beweglich. Diana erzählte uns, Berlin gliche einem Grashüpfer, einmal hier, einmal dort. Niemand weiß, wohin er verschwindet. Außerdem lebt er wie ein Einsiedler und läßt sich gewöhnlich nicht interviewen. Ich bekam mein Interview vor ein paar Jahren bestimmt nur, damit ihn die anderen in Ruhe ließen. Und als ich mit ihm redete, hatte ich das merkwürdige Gefühl, ihn von irgendwoher zu kennen. . . «

»Aber es gibt eine Tatsache, die eine solche Theorie durchlöchert. Diana Chadwick. Sie kannte ihn in Kenia – und das liegt mehr als zwanzig Jahre zurück. Er kann damals unmöglich Balkan gewesen sein.«

»Wahrscheinlich haben Sie recht.«

Eine Zeitlang wanderten sie schweigend weiter, beide in Gedanken versunken. Tweed warf einen Blick auf die Uhr und erklärte, es wäre Zeit für die Rückkehr zum Bahnhof. Sie saßen im Zug, in dem sie wieder ein Abteil für sich allein hatten, und rollten südwärts, während Newman die Lage zusammenfaßte.

»Tweed, wir haben über vieles nachzudenken – und viel zu tun. Ich muß mich mit dem Hintergrund von Diana Chadwick und Dr. Berlin beschäftigen. Und ganz auf einmal geraten die Dinge in Bewegung. Die Party übermorgen auf dem Priwall. Die Geschichte mit dem Auftauchen dieses mysteriösen Balkan. Und, nicht zu vergessen, die bevorstehende Ankunft des Mörders, den Masterson den Krüppel nannte. . . «

»Das sollte ausreichen, uns zu beschäftigen, wenn wir wieder in Lübeck sind«, pflichtete Tweed ihm bei.

Das war, was Tweed natürlich nicht ahnen konnte, die Untertreibung des Jahres. In Lübeck hatte sich die Lage dramatisch zugespitzt.

ELF

»In Travemünde ist der Teufel los.«

Kuhlmann, in einen unauffälligen dunkelgrauen Anzug gekleidet, stand am Fenster von Tweeds Zimmer im Hotel Jensen und sah Tweed und Newman an. Draußen brach die Dämmerung herein, ein purpurnes Leuchten hing über Lübeck, das Licht der Straßenlampen wirkte gespenstisch, traumhaft.

»Und woher wußten Sie, wo ich zu finden bin?« erkundigte sich Tweed.

»Ich ließ Sie beide bis zum Hauptbahnhof in Hamburg beschatten. Mein Mann sah, wie Sie den Zug nach Kopenhagen bestiegen. Erste Station Lübeck. Ein Telefongespräch mit der Polizeidirektion Lübeck-Süd. Ihre Hotelanmeldung liegt vor. Das Jensen. . . «

»Und was ist in Travemünde passiert?« unterbrach ihn Newman.

»Wieder ein grauenhafter Mord an einem blonden Mädchen. Förmlich geschlachtet und vergewaltigt. Wurde im Wald auf dem Priwall gefunden. Ein schwedisches Mädchen. Wieder eine Ausländerin. Das macht es zu einer Sache für das BKA.«

»Sie sagten ›wieder‹«, stellte Newman fest.

»Vor sechs Monaten wurde in Frankfurt frühmorgens ein holländisches Mädchen im Main gefunden. Der gleiche *modus operandi* – wenn man bei einer solchen Wahnsinnstat überhaupt davon sprechen kann. . . «

»Könnten Sie ein bißchen mehr ins Detail gehen?« drängte Tweed.

»Gut, daß Sie Ihr Abendessen bereits hinter sich haben. Gehen wir also ein bißchen mehr ins Detail. Erstens, beide waren blond. Dieser

Irre schlachtet sie mit einem Messer mit breiter Klinge – schneidet sie in Stücke wie ein Schlachter eine Rinderseite. Und dann macht er das Maß voll, indem er sie auch noch vergewaltigt. Draußen in Travemünde verbarrikadieren die Leute ihre Türen, auf den Jachten verriegeln sie die Luken. Panik ist gar kein Ausdruck.«
»Aber das ist doch nur eine sehr vage Vermutung«, beharrte Tweed. »Bedenken Sie doch die Entfernung zwischen Frankfurt und hier. . . «
»Ich hatte das zweifelhafte Vergnügen, beide Leichen in den Gerichtsmedizinischen Instituten zu sehen. Es ist derselbe Killer. Und deshalb überprüfen wir jetzt, wer zur Zeit der Morde in beiden Städten war. Und was stellen wir fest? Sie beide. . . «
»Das ist doch lächerlich«, erklärte Tweed sanft.
»Und das bringt mich in eine merkwürdige Lage. Die Dame an der Spitze in London hat sich direkt an Bundeskanzler Kohl gewandt und ihn gebeten, seinen besten Mann anzuweisen, ein väterliches Auge auf Sie zu haben. . . «
»Ein väterliches Auge, ausgerechnet«, protestierte Tweed.
»Ich bin noch nicht fertig.« Kuhlmann nahm die Zigarre aus dem Mund und grinste, um die Atmosphäre aufzulockern. »Und nun habe ich Sie hier auf der Liste der Verdächtigen. . . «
»Das kann doch nicht Ihr Ernst sein«, warf Newman ein.
»Es ist insofern mein Ernst, als ich überprüfe, wer zur entsprechenden Zeit an beiden Orten war. Alle Hotelanmeldungen aus Lübeck und Travemünde werden eingesammelt und nach Köln geschickt. Eine Heidenarbeit, aber es muß sein. Dann sucht der Computer in Köln die Querverbindung zu den Leuten, die vor sechs Monaten in Frankfurt waren. Auf diese Weise sollten wir eigentlich etwas herausbekommen. . . «
»Das hoffen Sie. . . « sagte Newman.
»Ich hoffe es«, pflichtete Kuhlmann ihm bei. »Und nun muß ich ins Gerichtsmedizinische Institut. Der Pathologe hier arbeitet schneller als die Schnecke, die wir in Hamburg hatten. Morgen früh bekomme ich den Bericht. . . «
»Wann wurde der Mord in Travemünde begangen?« fragte Newman.
»Die ersten Hinweise deuten auf vergangene Nacht. Ein paar Wandervögel, die mit ihren Rucksäcken durch den Wald stapften, haben sie am späten Vormittag gefunden. Sie heißt Helena Andersen. Klingelt da etwas bei Ihnen?«

»Nein. Sollte es?«
»Nur, daß sie zufällig die Tochter eines ehemaligen Ministers war. Und deshalb steht das Telefon zwischen Stockholm und Bonn nicht still. Ich lasse Sie morgen früh wissen, was der Pathologe gesagt hat. . . «

Nachdem Kuhlmann gegangen war, ließ Tweed aus der Bar Kognak heraufbringen. Er hob sein Glas, trank Newman zu und stellte es dann auf dem Tisch ab.
»Auf dieser Reise entwickle ich mich zu einem regelrechten Säufer«, bemerkte er.
»Denken Sie, was ich auch denke?«
»Sagen Sie mir, was in Ihrem skeptischen Verstand vorgeht, dann sehen wir weiter.«
»Kuhlmann bemerkte zu Recht, daß wir bei diesen beiden scheußlichen Morden an Ort und Stelle waren. Was er nicht weiß, ist, daß es noch einen dritten möglichen Verdächtigen gibt. Hugh Grey. Er war in Frankfurt – das war der Abend, an dem er Whisky über meinen besten Anzug goß. Und als er beim Frühstück im Vier Jahreszeiten auftauchte, kam das Gespräch auf den Mord in Frankfurt. Ich habe ihn selbst erwähnt.«
»Der Gedanke ist mir auch gekommen. Aber es könnte noch schlimmer sein, als Sie ahnen. Es ist natürlich recht vage. Ich war in Frankfurt, um eine Konferenz mit den vier neuernannten Sektorenchefs abzuhalten. Nicht nur Hugh war dort. Harry Masterson und Guy Dalby nahmen ebenso an der Konferenz teil wie Erich Lindemann. . . «
»Aber Sie haben doch am Mittag vom Hauptbahnhof aus mit Masterson telefoniert. Er warnte Sie, daß der Krüppel hierher unterwegs sein könnte. Und Masterson sprach von Wien aus«, erinnerte ihn Newman.
»Aber es klang nicht so. Ich sagte doch schon, es klang wie ein Ortsgespräch.«
»Dann haben wir Erich Lindemann.« Newman trank einen Schluck Kognak. »Wir haben nur sein Wort dafür, daß er in Puttgarden in den Zug eingestiegen ist. Angenommen, er wäre schon hier in Lübeck eingestiegen?«
»Weiter.«
»Und wir haben nicht gesehen, ob Lindemann im Zug saß, bevor er auf die Fähre nach Dänemark rollte. Als ich zurückschaute, stand der Zug noch im Bahnhof, und dann nahm uns die Straßenbiegung die Sicht. . . «

»Ihr Skeptizismus versteigt sich in schwindelnde Höhen. Das sind Spekulationen, Bob. Um das Thema zu wechseln – ich denke, morgen sollten wir die Gegend um Travemünde auskundschaften, bevor wir am Tag darauf zu Dr. Berlins Party gehen.«

»Das wäre ein idealer Zeitpunkt. . . «

»Ideal? Ich verstehe nicht, was Sie damit meinen.«

»Das liegt daran, daß Sie kein Zeitungsreporter sind. Denken Sie an die Atmosphäre in Travemünde. Ein brutaler, unmotivierter Mord ist begangen worden. Kuhlmann selbst erwähnt, daß die Leute auf den Booten die Luken verriegeln. Sie sind alle nervös – aber bereit, sich mit jedem zu unterhalten, der das Gespräch auf den Mord bringt. Zumindest am hellichten Tage. Das liegt in der menschlichen Natur. Ich bin ziemlich sicher, wir werden an einem Tag mehr Leute kennenlernen als normalerweise in einem Monat.«

»Sie könnten recht haben. Nun, wir werden sehen. . . « Tweed schien mit seinen Gedanken meilenweit entfernt; seine Antwort hatte etwas Automatisches.

»Was ist?« fragte Newman.

»Ihre Spekulationen. Sie sind verrückt, natürlich, aber ich finde sie trotzdem beunruhigend. Die Chancen stehen eins zu einer Million, aber wenn Sie recht haben sollten, dann sind wir auf etwas gestoßen, das noch viel grauenhafter ist als die Morde. . . «

»Es war derselbe Schweinehund – der Berserker von Frankfurt.« Das berichtete Kuhlmann Tweed und Newman am nächsten Morgen, als sie gemeinsam am Holstentor vorbei zum Bahnhof gingen. Er hatte sie getroffen, als sie gerade das Hotel Jensen verließen, um nach Travemünde zu fahren.

»Wieso sind Sie da so sicher?« fragte Newman, während er die Augen gegen das Gleißen der Sonne abschirmte.

»Zwei Dinge. Der Bericht des Frankfurter Pathologen kam über Telex, und der hiesige Pathologe verglich seinen Befund damit. Wir waren die ganze Nacht auf, und er hat sich mit dem schwedischen Mädchen beschäftigt. Sein Bericht stimmt mit dem aus Frankfurt überein. Offensichtlich wurde auch die gleiche Waffe verwendet.«

»Was für eine Waffe?« fragte Tweed.

»Waffe ist eigentlich nicht das richtige Wort, obwohl es darauf hinausläuft. Ein breites Fleischmesser von der Art, wie es Küchenchefs benutzen, nach Ansicht beider Pathologen. Die Sorte Messer, die sich in jeder gut ausgestatteten Küche findet.«

»Das ist eine große Hilfe«, meinte Tweed.
»Überhaupt keine.«
Danach sprachen sie nicht mehr, bis sie die Bahnhofshalle erreicht hatten. Tweed trat an den Schalter, um die Fahrkarten nach Travemünde zu kaufen, die beiden anderen blieben am Buchkiosk stehen.
»Was erwarten Sie sich von Travemünde?« fragte Kuhlmann.
»Das weiß ich, wenn ich es sehe. Dieser zweite Mord ist eine Komplikation, mit der wir nicht gerechnet hatten...«
»Der vierte Mord«, korrigierte Kuhlmann. »Das holländische Mädchen in Frankfurt. Ian Fergusson in Hamburg, gefolgt von Ziggy Palewski. Und nun diese Schwedin. Entschieden zu viele Leichen, Newman.«

»Erinnert mich an East Anglia, die Gegend um The Wash«, sagte Tweed, der aus dem Fenster schaute.
Sie hatten Lübeck und seine Vororte hinter sich gelassen, und der Zug fuhr jetzt durch die offene Landschaft. Newman blickte von einer Zeitung mit einem Bericht über den Mord an dem schwedischen Mädchen auf.
»Wirklich? In welcher Hinsicht?«
»Sehen Sie sich diese langen grünen Dämme hinter den Feldern dort an. Sie sehen aus wie die Deiche, die die Küste des Wash umgeben. Und dann diese ebenen Felder beiderseits der Gleise. Auch das erinnert an die Wash-Landschaft.«
Der Zug hielt, und Tweed stieg aus, auf einem hoch über dem umliegenden Gelände aufgeschütteten Bahnsteig. Newman folgte ihm, schloß die Tür, sah sich um und rief nach Tweed, der schon auf dem Weg zum Ausgang war. Außer ihnen war niemand ausgestiegen, und der Zug hatte sich schon wieder in Bewegung gesetzt.
»He! Das ist der falsche Bahnhof!«
Ein großes Schild trug die Aufschrift »Skandinavien-Kai«. Er mußte sich beeilen, um Tweed einzuholen, der bereits die Treppe zur Straße hinunterstieg. Östlich von ihnen entdeckte Newman eine ganze Reihe von Kais und dahinter ein ausgedehntes Abfertigungsgelände.
An einem der Kais hatte ein großer weißer Passagierdampfer festgemacht und nicht weit von ihm entfernt eine riesige Autofähre. Die Heckklappen standen offen – genau wie in Puttgarden –, und eine lange Schlange von Fahrzeugen wartete darauf, an Bord fahren zu können. Personenwagen, Wohnwagen, große Laster.

»Der Dampfer fährt nach Schweden«, erklärte Tweed. »Das sieht man an dem Namen am Rumpf.«
»Warum sind wir hier ausgestiegen?«
Sie gingen auf einem breiten Gehsteig am Rand der Hauptstraße; eine dichte Reihe von Bäumen nahm ihnen die Sicht auf die Hafenanlagen. Heckenrosen säumten den Gehsteig, die Sonne brannte auf sie herab, und es war sehr still.
»Der Weg in den Ort ist nicht weit«, sagte Tweed. Sein Körper war nach vorn gebeugt, seine Beine bewegten sich wie Kolben. Tweed in voller Fahrt, dachte Newman. Wochen fast völligen Nichtstuns, und dann konnte irgendeine Entwicklung ihn geradezu elektrisieren. »Ich habe mir die Karte angesehen, bevor wir losfuhren«, fuhr er fort. »Die nächste Haltestelle ist Travemünde-Hafen. Danach kommt Travemünde-Strand – mit Leuten, die herumliegen, um braun zu werden. In Wirklichkeit lassen sie sich rot brennen und können dann nächtelang nicht schlafen. Und das nennen sie dann schöne Ferien. Wenn wir uns dem Ort von hier aus nähern, bekomme ich eher ein Gefühl für die Umgebung. Sehen Sie, es ist nicht mehr weit...«
Ein einzelner Kirchturm ragte in den blauen Himmel. Dahinter kamen andere Gebäude zum Vorschein. Sie ließen das Hafengelände hinter sich. Tweed trug eine neue Drellhose und eine Safarijacke.
»Sie hoffen wohl, daß wir Diana treffen?« neckte ihn Newman.
»Diese Kleidung hilft mir, mit dem Hintergrund zu verschmelzen. Sie müssen doch zugeben – ich sehe aus wie jemand, der Ferien macht...«
»Tweed, Sie werden nie aussehen wie jemand, der Ferien macht.«
»Wenn mich jemand fragt, werde ich sagen, ich arbeitete für eine Versicherung. Nur, damit Sie Bescheid wissen.«
»Angestellter der General and Cumbria Assurance Co. – Ihre Scheinfirma am Park Crescent?«
»Nur wenn es sein muß. Und dies muß Travemünde sein.«
In einiger Entfernung vom Ufer stand eine Reihe alter, zweistöckiger Gebäude. Das übliche Sammelsurium von Cafés, Restaurants und Souvenirläden. Feriengäste, überwiegend Deutsche, schlenderten auf die ziellose Art von Menschen, die nicht wissen, was sie als nächstes tun sollen, an ihnen vorbei. Viele der Häuser wiesen die für diesen Teil der Welt typischen steilen Giebel auf.
»Wir überqueren die Straße, sobald wir können«, sagte Tweed. »Sie können den Reporter spielen, die Leute zum Reden bringen...«
»Während Sie zuhören...«

»Und beobachten.«
Der Uferbereich war ein Gewirr von Masten; Schiffe aller Art hatten an den Pollern festgemacht und lagen Rumpf an Rumpf nebeneinander. Jachten, kleinere Segelboote, hier und da ein teuer aussehender Kabinenkreuzer, der über die bescheideneren Fahrzeuge emporragte. Ganz in der Nähe erstreckten sich Anleger für die Jachten in die Fahrrinne zwischen Travemünde und einer nicht weit entfernten bewaldeten Küste. Tweed deutete auf den Wald.
»Und das dürfte der Priwall sein. . . «
»Ich weiß. Seit ich hier war, um Dr. Berlin zu interviewen. . . «
»Und die kleine Autofähre braucht nur ein paar Minuten, um von hier zum Priwall zu gelangen. . . « Tweed schien kaum etwas von dem gehört zu haben, was Newman sagte. Er glich einem Hund, der eine Fährte aufgenommen hat. »Wenn man die Fähre verläßt, steht man auf der Mecklenburger Landstraße. Rechts gibt es Häuser, darunter das von Dr. Berlin. Auf der anderen Seite ist Wald, von zahlreichen Fußwegen durchzogen – der Wald, in dem das arme schwedische Mädchen gefunden wurde, ziemlich nahe an der Küste. Wie hieß sie noch? Helena Andersen. Es heißt, der Mörder wäre offensichtlich gestört worden. Er wollte sie ins Wasser werfen – man hat eine Blutspur gefunden, wo er sie durchs Unterholz geschleift hat.«
»Woher wissen Sie das alles?« fragte Newman. »Dieses Detail können Sie kaum beim Kartenstudium aufgeschnappt haben. . . «
Er beobachtete einen schlanken weißen Dampfer, der sich von der Ostsee her näherte. Er kam in die Fahrrinne, die sehr schmal zu sein schien, nahm ihnen für kurze Zeit die Sicht auf den Priwall und machte dann an einer der Brücken fest.
»Ich habe Diana zugehört«, sagte Tweed. »Und hin und wieder eine Frage gestellt. Dann habe ich das, was sie gesagt hat, anhand der Karte überprüft. Und nun wollen wir zum Jachthafen, damit Sie Ihre Fragen stellen können.«
»Und Sie wissen anscheinend auch erheblich mehr über den Mord an Helena Andersen«, bemerkte Newman, als sie sich durch die Menge dem Jachthafen näherten.
»Kuhlmann rief an, als ich gerade beim Rasieren war. Vom hiesigen Polizeirevier aus. Er hat schon in aller Herrgottsfrühe jeden Zentimeter Boden abgesucht. Zu schlafen scheint Otto nie. – So, da wären wir. Nach Ihnen. . . «
»Verbindlichsten Dank.«
Newman ließ den Blick über den Hafen gleiten, über die Rumpf an

Rumpf liegenden Schiffe. Er wanderte auf einem der Anleger auf eine große Schaluppe zu, seiner Schätzung nach ein Achtzehnmeterboot. Eine schlanke Frau in den Sechzigern saß in einem Deckstuhl, eine randlose Brille auf der Nase, und las in einem Buch. *Vom Winde verweht.* Das mochte der rechte Ort sein, einen Anfang zu machen. Sie blickte auf, als Newman näherkam, nahm die Brille ab und ließ das Buch in den Schoß sinken.
Ihr seidiges dunkles Haar war dicht und kurz geschnitten, ihre Züge wirkten aristokratisch. Eine reizvolle Frau mit einem zynischen Zug um den Mund und einer Aura des Befehlsgewohnten, die sich noch verstärkte, als sie mit ausgeprägtem Oberklassenakzent zu sprechen begann.
»Robert Newman? Stimmt's? Ich habe Sie nach Fotos in den Zeitungen erkannt. Willkommen an Bord. Nehmen Sie Platz. Ihr Freund auch. Sie wollen sicher all die gräßlichen Details hören? Damit Sie eine wirklich grausige Geschichte schreiben können? Blut auf dem Priwall. So, die Schlagzeile habe ich Ihnen schon geliefert.«
»Vielleicht mache ich davon Gebrauch.« Newman ließ sich auf einem Deckstuhl nieder, Tweed vorsichtig auf einem anderen mit Blick aufs Ufer. »Das ist mein Freund Tweed.«
»Und ich glaube, Ihnen entgeht auch nicht viel – mit diesen Augen.« Sie musterte Tweed eindringlich, der schwach lächelte. »Wie wär's mit einer Tasse Kaffee? Ben, der angeheuerte Gehilfe, wird dafür sorgen.«
»Ben wird für Kaffee sorgen – aber er ist verdammtnochmal kein angeheuerter Gehilfe.«
Ein weißhaariger Mann mit wettergegerbtem Gesicht erschien am oberen Ende der Kajütentreppe. Er war einsachtzig groß, dünn und drahtig und ging auf eine Art gebückt, die Newman bei hochgewachsenen Seeleuten schon öfters aufgefallen war. Blaue Augen über einer großen Hakennase musterten die Neuankömmlinge.
»Kaffee für drei?« fragte Ben. »Entscheiden Sie sich. . . «
»Ja, bitte«, sagte Tweed prompt. »Ohne Milch und Zucker für beide von uns.«
»Schwarz wie die Sünde? Davon gibt es genug auf dem Priwall.«
Der Kopf verschwand, und Tweed schob eine Dramamin-Tablette in den Mund. Das verdammte Boot hielt einfach nicht still, und das Festland schien ständig in Bewegung zu sein. Das Wasser war nur leicht kabbelig, aber er wußte, daß ihm schlecht werden würde, wenn er nichts dagegen tat.

»Sünde auf dem Priwall?« fragte Tweed.
»Und dort drüben am Ufer«, stellte die aristokratische Dame fest.
Tweed hatte bereits gesehen, daß Diana Chadwick sich dem Jachthafen näherte. Der breitrandige Strohhut, die eleganten Bewegungen waren unverkennbar.
»Diana Chadwick?« drängte Tweed.
»Sie kennen Sie?« Ihre Gastgeberin schlug die Beine übereinander, und ihr cremefarbener Faltenrock paßte sich der Bewegung an. »Aber ich vergesse meine gute Erziehung. Ich bin Ann Grayle. Mein Mann war im diplomatischen Dienst. Ich habe ihn vor fünf Jahren in Nairobi begraben. Ich habe immer gesagt, wenn das passiert, nehme ich mir einen Liebhaber. Aber der richtige Mann ist nicht aufgetaucht. Bis jetzt nicht.« Sie warf einen Blick auf Newman; in ihren blaßgrauen Augen lag eine Spur von Belustigung.
»Diana Chadwick«, drängte Tweed abermals, bevor Ben mit dem Kaffee erschien.
»Eine herumhurende Dirne.«
»Schon das Substantiv allein dürfte Ihre Ansicht formulieren«, bemerkte Tweed sanft.
»Oh, wenn jemand so leben möchte – es ist nicht meine Sache, dagegen Einspruch zu erheben. Die Veteranin von hundert Betten. Besonders früher in Afrika. Ihr Ehemann war der letzte, der es erfuhr – wie üblich.«
»Hat er es erfahren?«
»Nein, darauf wollte ich gerade hinaus. Als er starb, waren seine Illusionen noch intakt. Was man von seiner Frau nicht behaupten kann. Ein Bankdirektor, eine Säule des Clubs, so beliebt, daß niemand den Mut aufbrachte, es ihm zu sagen. Er wurde von einem wildgewordenen Nashorn aufgespießt. Das gleiche ist angeblich Dr. Berlin passiert. Aber der Leichnam von Luke, Dianas Mann, wurde gefunden. Wenn Sie sie kennen, könnten Sie einiges erleben. Es heißt, sie wäre eine Expertin. Mit ihrer Erfahrung...«
»Er – Luke – ließ sie wohlversorgt zurück?« erkundigte sich Tweed.
»Ohne einen Pfennig. Oh, ich weiß – ein Bankdirektor. Man sollte annehmen, daß er über das nötige Kleingeld verfügt. Aber er hinterließ überhaupt nichts. Hatte alles ausgegeben bis auf den letzten Pfennig. Großwildjagd ist ein teures Vergnügen.«
»Und wovon lebt sie?« fragte Tweed.
»Das ist das große Geheimnis. Sie hat immer irgendwelche neuen

Fummel an. Natürlich, sie ist mit Dr. Berlin befreundet. Widerlicher alter Kerl.«
»Sie meinen, sie bekommt regelmäßig Geld von ihm?«
»Das habe ich nicht gesagt, oder?« Mrs. Grayle richtete sich in ihrem Stuhl auf. »Unwahrscheinlich, würde ich meinen. Berlin ist ein alter Geizkragen. So, da ist Ben endlich. Nicht, daß wir ihn brauchten – aber Kaffee muß sein.«
Tweed hätte von selbst darauf kommen können, daß sie die Frau eines Diplomaten war. Ihr ganzes Wesen strahlte die Autorität von jemandem aus, der es gewohnt war, anderen Leuten zu sagen, wie sie zu leben hatten. Und wehe den Frauen des jüngeren Botschaftspersonals, die sich nicht zu benehmen wußten.
»Ich hörte, wie Sie Diana schlechtmachten«, bemerkte Ben, als er den Kaffee servierte. Tweed nahm schnell einen Schluck, um sicher zu sein, daß die Tablette unten ankam.
»Wieder mal gelauscht?«
»Ihnen scheint nicht bewußt zu sein, wie weit Ihre Stimme trägt. Man hätte sie sogar in Lübeck hören können.« Ben ließ sich auf einen Stuhl sinken und wandte sich an Tweed. »Und ich bin sicher, daß Diana nicht von Dr. Berlin ausgehalten wird.«
»Ah!« Ann Grayles Augen funkelten. »Sie hat einen Verteidiger. Ich frage mich, welchen Dienst sie Ben geleistet hat, um ihn auf ihre Seite zu ziehen.«
»Sie haben eine schmutzige Phantasie«, stellte Ben gelassen fest.
»Aber nur, weil die ganze Welt schmutzig ist.«
»Sie sagten, Lukes Leichnam wurde gefunden, und deuteten an, daß das mit dem von Dr. Berlin nicht der Fall war«, bemerkte Tweed.
»So ist es. Man fand eine blutbefleckte Jacke im Busch, aber ob sie Dr. Berlin gehört hatte, konnte nie einwandfrei nachgewiesen werden. Als nächstes hörten wir von ihm, daß er in einem Institut für Tropenkrankheiten in Leipzig aufgetaucht war.« Sie runzelte die Stirn. »Und ich weiß noch, es war ungefähr um die Zeit, als dieser komische russische Attaché Nairobi einen Besuch abstattete. Löste einen hübschen Wirbel aus. Bis dahin hatten wir noch nie einen Bolschewiken zu Gesicht bekommen.«
»Sie haben ein vorzügliches Gedächtnis«, schmeichelte Tweed. »Erinnern Sie sich vielleicht an seinen Namen?«
»Er fing mit L an.«
»Lysenko?«
»Ja, so hieß er. Wir zeigten ihm alle die kalte Schulter. Kein Mensch

wußte, weshalb er gekommen war, und nach ungefähr einer Woche verschwand er wieder.«

Tweed trank seinen Kaffee aus, lehnte eine weitere Tasse ab und sagte, sie wollten Mrs. Grayle nicht länger lästig fallen. Sie erhob sich aus ihrem Stuhl.

»Und ich dachte, wir wollten uns über diesen grausigen Mord unterhalten...«

»Vielleicht darf ich bald einmal wiederkommen?« erkundigte sich Newman.

»Jederzeit. Außer zwischen zwei und vier. Da halte ich immer ein Schläfchen. Erhält mich jung. Bringen Sie Tweed mit.« Sie lächelte trocken. »Diana wartet auf Sie...«

Tweed hatte beobachtet, daß Diana an Bord einer großen weißen Motorjacht gegangen war, die an der der offenen See zugewandten Seite des Jachthafens vertäut war. Sie saß unter einem Sonnenschirm an Deck und las in einer deutschen Modezeitschrift.

»Nun«, begrüßte sie sie und legte die Zeitschrift beiseite, »hat mich die alte Katze in Stücke gerissen?«

»Mrs. Grayle?« fragte Newman.

»Wer sonst? Sie haßte mich in Nairobi. Sie verachtete mich in Cannes. Sie verabscheut mich in Lübeck. Abgesehen davon kommen wir prächtig miteinander aus. Nehmen Sie Platz. Diese Schaukelliege ist sehr bequem.«

Tweed setzte sich und dankte Gott, daß er das Dramamin geschluckt hatte. Die große Motorjacht, die *Südwind*, schwankte unerbittlich auf und ab, und die zusätzliche Bewegung der Schaukelliege gefiel ihm ganz und gar nicht.

»Mittag!« Diana war in Hochform. »Wir können einen Drink nehmen. Einen Kognak, vielleicht auch zwei...«

Newman blickte sich auf der Jacht um, während sie die Drinks servierte und »Hinein in die Luke!« sagte. Das Schiff konnte große Entfernungen zrücklegen; voll aufgetankt, war es imstande, die Nordsee zu überqueren. Er hob sein Glas und stellte die Frage.

»Die Jacht gehört Ihnen?«

»Großer Gott, nein! Ich wollte, es wäre so. Sie gehört Dr. Berlin. Er läßt mich hier schlafen, sogar hier wohnen, wenn ich will. Als Gegenleistung putze ich das Messing. Ich wische sogar das Deck, wenn ich die Energie dazu aufbringe. Schauen Sie sich um, wenn Sie mögen. Ich bleibe auf Deck und genieße mein Gift.«

Newman steuerte auf die Brücke zu und schloß die Tür hinter ihnen. Tweed betrachtete die Instrumententafel und untersuchte einzelne Anzeiger genauer. Dann fiel sein Blick auf das Funkgerät, ein überaus leistungsfähiges Instrument neuester Bauart.

»Man kann sehen, auf welche Wellenlänge Dr. Berlin geht«, erklärte er Newman. »Sehen Sie diesen Kratzer? Probieren wir es aus ...«

»Ich wußte gar nicht, daß Sie etwas von elektrischen Dingen verstehen.«

»Ich habe einmal einen Funkkurs mitgemacht. Ich stelle das Gerät leise, damit Diana es nicht hört ...« Er betätigte einen Schalter, dann stellte er die Wellenlänge ein. Erst kam ein Knattern, gefolgt von einer Stimme, die einen ständigen Strom von Worten in einer fremden Sprache von sich gab.

»Interessant«, sagte Tweed.

»Was zum Teufel ist das? Ich kenne die Sprache nicht.«

»Russisch. Ich kann gerade genug, um zu verstehen, wovon die Rede ist. Es ist die sowjetische Marinestation. Wettervorhersage für Ost- und Nordsee. Da nicht Deutsch gesprochen wird, kommt sie nicht aus der DDR. Muß aus Kaliningrad kommen. Äußerst interessant. Stellen wir das Gerät wieder ein, wie es war ...«

»Dieser Kasten könnte eine lange Strecke zurücklegen ...«

»Wie lang? Von Booten verstehen Sie mehr als ich.«

»Mehrere hundert Seemeilen.«

»Tun Sie mir einen Gefallen, Bob. Zeigen Sie mir, wie man damit umgeht. Ich bin zwar ein bißchen auf den Broads herumgeschippert, aber das ist schon sehr lange her ...«

Er hörte zu, während Newman ihm die Funktionen der verschiedenen Instrumente erklärte. Der Reporter erläuterte alles dreimal, bis er ganz sicher war, daß Tweed jede Einzelheit verstanden hatte.

»Und wenn Sie je mit einem Boot wie diesem hinausfahren sollten, gibt es etwas, woran Sie immer denken müssen, selbst wenn Sie alles andere vergessen haben.«

»Und das wäre?«

»Halten Sie die Augen unverwandt auf das gerichtet, was vor Ihnen liegt. Okay, gelegentlich können Sie auch einen Blick nach achtern werfen. Aber Ihre ganze Aufmerksamkeit muß dem gelten, was vor Ihnen liegt. Und bei Nebel ist das das Radargerät. Aber das scheinen Sie begriffen zu haben.«

»Ich glaube, ich höre Stimmen. Wir sollten zu Diana zurückkehren.«

Als sie die Tür öffneten, warnte sie ihre Stimme, in der eine Spur von Anspannung lag. Sie hatte Besuch.
»Meine Herren«, rief Diana ihnen zu. »Wir haben Gesellschaft bekommen. Darf ich Ihnen einen Bekannten vorstellen? Kurt Franck.«
Der hochgewachsene blonde Deutsche, mit einem Anorak und Jeans bekleidet, einen Ledergürtel um die Taille und Turnschuhe an den Füßen, hob zur Begrüßung eine große Hand.

ZWÖLF

»Champagner?« Franck nahm eine geöffnete Flasche vom Tisch und schwenkte sie wie eine Fahne. Diana hatte vier Sektkelche herbeigeholt. Jetzt saß sie mit übergeschlagenen Beinen; ihr Gesicht wirkte angespannt.
»Ein bißchen früh dafür«, entgegnete Newman auf Deutsch.
»Für Champagner ist es nie zu früh! Setzen Sie sich. Worauf wollen wir trinken?«
Newman spürte, daß Diana ihren unvermuteten Gast nicht mochte, den Mann, der ihr ein Glas Wasser gereicht hatte, als sie vor dem Jensen etwas von ihrem Drink auf ihr Kleid verschüttete. Mit kaum zu überbietender Selbstsicherheit hatte Franck von der Jacht Besitz ergriffen. Ohne Tweeds Reaktion abzuwarten, füllte er die vier Gläser. Tweed saß neben Diana mit dem Rücken zur Sonne, so daß er den Deutschen beobachten konnte. Franck hob sein Glas und blickte Newman erwartungsvoll an, der sich hinsetzte und nach seinem Glas griff.
»Mir ist ein Trinkspruch eingefallen.«
»Heraus damit, damit wir trinken können ...«
»Trinken wir darauf, daß der Irre, der Helen Andersen ermordet hat, schnell gefaßt wird.«
Franck erstarrte mit erhobenem Glas. Sein massiges Gesicht schien noch massiger zu werden, als er Newman mit eisblauen Augen anstarrte. Die Atmosphäre an Bord der *Südwind* war plötzlich sehr gespannt.
»Ich finde, das ist ein makabrer Trinkspruch ...«
»Es war auch ein makabrer Mord. Zum Wohl!« Newman blinzelte Diana zu. »Hinein in die Luke!«
»Darauf trinke ich«, sagte sie.

»Natürlich . . .« Franck setzte sich und streckte die kräftigen Beine aus. »Sie sind ja Reporter und verbringen Ihr Leben damit, im Schmutz herumzuwühlen . . .«

»Franck!« sagte Diana scharf.

»Schon gut«, sagte Newman gelassen. »Der Mord an diesem schwedischen Mädchen war eine ziemlich schmutzige Sache.«

»Aber haben Sie nie Gewissensbisse?« beharrte Franck. »Wenn Sie Ihre Nase in die Privatangelegenheiten anderer Leute stecken?«

»Ich hätte bestimmt keine, wenn ich mich mit Ihnen beschäftigte«, erklärte ihm Newman vergnügt. »Wovon leben Sie eigentlich? Wenn Ihnen die Frage nicht peinlich ist.«

»Warum sollte sie mir peinlich sein?« Die Stimme des Deutschen hatte einen unerfreulichen Beiklang.

»Erzählen Sie mir, was Sie tun, dann wissen wir die Antwort.«

»Ich bin Sicherheitsberater. Ich beschütze die Privatsphäre von Leuten – statt in sie einzudringen.«

»Das ist ein interessanter Job.« Newman nahm einen Schluck Champagner, runzelte die Stirn und setzte das Glas ab. »Bei welcher Firma?«

»Ich arbeite freiberuflich.«

»Er chauffiert reiche alte Damen«, sagte Diana mit dem Anflug eines trockenen Lächelns.

»Wirklich?« fragte Newman. »Scheint mir eine einträgliche Beschäftigung. Reiche Witwen schätzen es manchmal, einen gutaussehenden jungen Mann zur Verfügung zu haben . . .«

»Was wollen Sie damit sagen?« Franck ballte die Hand auf der Armlehne des Deckstuhls zur Faust, und seine Stimme klang wütend.

»Na, na.« Tweed versuchte zu vermitteln und beugte sich vor. »Übrigens habe ich Schwierigkeiten, herauszufinden, aus welcher Gegend Sie stammen.«

»Warum wollen Sie das wissen?«

»Es ist ein Hobby von mir, die verschiedenen Akzente zu bestimmen.« Er lächelte umgänglich. »Oder haben Sie etwas gegen diese Frage?«

»Jetzt werden Sie entschieden zu persönlich«, erwiderte Franck brüsk.

»Ich würde auf Sachsen tippen«, warf Newman ein.

Franck schob seinen Stuhl zurück, stand auf und baute sich vor Newman auf. Der Engländer streckte die Beine aus und schlug die Knöchel übereinander.

»Ich finde Ihr Benehmen widerwärtig«, erklärte Franck. »Und der Champagner scheint Ihnen auch nicht zu schmecken ...«
»Widerwärtig? Ich dachte, wir hätten eine freundschaftliche Unterhaltung. Und was den Champagner betrifft – er ist lauwarm und eine ziemlich billige Marke, wenn schon davon die Rede sein soll.«
»Bollinger? Eine billige Marke?«
»Wahrscheinlich sah man Sie kommen. Die Flasche mag von Bollinger sein, der Inhalt ist es bestimmt nicht. Wollten Sie gehen?«
»Wir sehen uns wieder, Newman.«
»Wann immer Sie wollen.« Newman grinste breit.
Franck machte auf dem Absatz kehrt und verließ das Boot. Die Laufplanke zitterte unter seinem Gewicht und dem schweren Tritt seiner Füße. Dann verschwand er inmitten des Gewirrs von Masten mit Kurs auf die Autofähre zum Priwall.
»Nun«, sagte Newman, »damit hat er sich um die Beantwortung der Frage nach seiner Herkunft herumgedrückt. Anscheinend habe ich etwas gesagt, das ihm nicht gefiel.«
»Mir ist er nicht geheuer«, sagte Diana. »Und ich will seinen widerlichen Champagner nicht.« Sie schleuderte die Flasche über Bord. »Vor ein paar Tagen benutzte er die Tatsache, daß er mir im Jensen das Glas Wasser gereicht hatte, als Vorwand, an Bord zu kommen. Hält sich für unwiderstehlich und glaubt, die Frauen müßten Schlange stehen, um die Nacht mit ihm zu verbringen. Ein regelrechter Ladykiller ...«
»Vielleicht sind Sie damit der Wahrheit näher, als Sie ahnen«, erklärte Newman grimmig.

»Munzel hat über Kontaktaufnahme mit Tweed berichtet«, teilte Wolf Lysenko mit, während sie eine öde, von Betonklötzen gesäumte Straße Leipzigs entlangwanderten. »Das heißt, daß er bald die nötigen Schritte unternehmen wird.«
»Wie alt ist dieser Bericht?«
»Nur ein paar Stunden. Er begegnete Tweed heute morgen im Jachthafen von Travemünde.«
»Und wie kann Munzel einen solchen Bericht sicher übermitteln?« fragte Lysenko. »Die Betonung liegt auf ›sicher‹.«
»Wir haben unser Kommunikationssystem im Laufe der Jahre bis zur Vollkommenheit ausgebaut.« Wolf war über das ständige Anzweifeln seiner Organisation verärgert. »In diesem speziellen Fall wählte Munzel in Travemünde eine Nummer in Westberlin. Sie gehört einem Anwalt, der sich auf juristische Probleme spezialisiert hat, die

zwischen Familien im Westen und ihren Angehörigen im Osten auftreten. Man vertraut ihm auch drüben.«
»Mag sein. Also die Nachricht von Munzel hat Westberlin erreicht. Was geschieht dann?«
»Die Kanzlei des Anwalts liegt nur fünf Minuten vom Checkpoint Charlie entfernt. Nach dem Anruf von Munzel begibt er sich mit der Nachricht im Kopf nach Ostberlin. Von dort benutzt er eine Leitung, die direkt zu mir nach Leipzig führt.«
»Das scheint sicher zu sein«, gab Lysenko widerwillig zu.
»Sie müssen sich schon auf mein Wort verlassen, daß es so ist. Munzel hat gesagt, er zweifle nicht daran, daß er seinen Auftrag in den nächsten Tagen ausführen kann. Bei der ersten sich bietenden Gelegenheit, wie er sich ausdrückte.«
»Also sind wir in den Händen des Krüppels ...«
»In Hamburg hat er hervorragende Arbeit geleistet. Fergusson und Palewski wurden beseitigt, und wie ich Ihnen schon sagte, gelten beide Liquidierungen als Unfälle.«
»Je früher, desto besser. Der Genosse Generalsekretär kann jede Minute anrufen und wissen wollen, welche Fortschritte wir gemacht haben. Ich spüre es in den Knochen.«
»Dann werden Sie ihm berichten können, daß die Sache erledigt ist.«

»Die Frage ist«, sagte Tweed zu Newman, als sie mit dem Abendessen im Jensen fertig waren, »wer sagt nun die Wahrheit? Ann Grayle, die behauptet, Diana schliefe mit jedem – oder Diana, die erklärt, die Dame Grayle wäre ein Biest?«
»Spielt das eine Rolle?« fragte Newman.
Es war halb elf. Das Restaurant war fast leer, und draußen war es dunkel geworden. Sie waren lange in Travemünde geblieben und mit der Fähre zum Priwall hinübergefahren. Diana hatte ihnen das Haus gezeigt, in dem Dr. Berlin wohnte. Die hohen, schmiedeeisernen Tore waren geschlossen gewesen, auf dem dahinterliegenden Gelände hatte sich nichts gerührt.
Zwei verwegen aussehende Männer hatten dicht hinter den Toren gestanden und sie eingehend gemustert, als sie vorübergingen. »Die gehören zu seiner Wache«, hatte Diana erklärt, »Dr. Berlin ist geradezu versessen auf ein ungestörtes Privatleben.«
Sie waren die Mecklenburger Landstraße entlanggewandert – schnurgerade, wie Diana gesagt hatte. Etliche Wohnhäuser auf der

rechten Seite, dazwischen hin und wieder ein Café. Zu ihrer Linken breitete sich, von zahlreichen Fußpfaden durchzogen, der Wald bis zur Küste. Es war sehr friedlich, und das ferne Tuten eines Schiffes war das einzige Geräusch. Dann stießen sie auf sechs am Waldrand geparkte Polizeifahrzeuge.

»Ist dies die Stelle?« hatte Newman gefragt.

»Ja, hier wurde Helena Andersen ermordet«, hatte Diana zitternd geantwortet.

Die Polizei hatte ein großes Gebiet mit an Pfosten befestigten Seilen abgesperrt. Zwischen den Bäumen hatte Newman eine Reihe von Polizisten entdeckt, die sich langsam durch das Unterholz voranarbeiteten.

»Das ist gräßlich. Lassen Sie uns umkehren«, hatte Diana vorgeschlagen.

Newman trank seinen Kaffee aus. »Ist bei Ihrer Erkundung auf dem Priwall irgendetwas herausgekommen?«

»Nichts, das mir weiterhilft. Warten wir ab, was bei der Party morgen passiert. Und jetzt habe ich eine Idee. Sie kennen doch die Gegend hinter dem Hotel, wo wir neulich spazierengegangen sind? Ein bißchen frische Luft ...«

»Ich begleite Sie. Ich vermute, daß Sie etwas ganz Bestimmtes vorhaben ...«

»Ich gehe allein – mache einen Spaziergang um die Kirche herum ...«

»Kommt gar nicht ...«

»Moment. Sie folgen mir unauffällig. Bleiben außer Sichtweite. Wir brauchen jemanden, den wir ausfragen – oder, falls nötig, an Kuhlmann weiterreichen können.«

»Das ist gefährlich. Die Altstadt ist ein Labyrinth.«

»Wir müssen etwas unternehmen, um sie ans Licht zu zerren. Ich gehe jetzt.«

Tweed hielt auf den Stufen inne, die vom Hotel zur Straße hinunterführten. An den Tischen saßen noch Leute, tranken, unterhielten sich, lachten. Es war eine warme Nacht, die Luft war feucht und drükkend. Er wischte sich den Schweiß von der Stirn und bog nach links in die am Fluß entlangführende Straße An der Obertrave ab.

Trotz der Hitze trug Tweed seinen schäbigen, leichten Burberry. Seine rechte Hand lag auf dem gummiummantelten Schlagstock in seiner Tasche, den ihm vor langer Zeit ein Freund vom Sonderdezernat gegeben hatte. Normalerweise wäre Tweed nie auf den Gedanken ge-

kommen, eine Waffe bei sich zu tragen, aber er hatte das Gefühl, daß dieser Spaziergang gefährlich war. Er folgte noch immer einem Seil, das man Stück für Stück für ihn ausgespannt hatte.
Er passierte die mittelalterlichen Salzhäuser am anderen Ufer, deren steile Giebel sich vor dem preußischblauen Nachthimmel abzeichneten. Dann bog er abermals nach links ab, in eine der Seitenstraßen, die zur Petrikirche führten. Lübeck steigt vom Fluß zur Stadtmitte hin an; die Straße – kaum mehr als eine breite Gasse mit Kopfsteinpflaster – war steil und fast menschenleer. Nachdem er den Fluß verlassen hatte, hatte die Stille plötzlich etwas Bedrohliches. Die Stimmen der Feriengäste waren nicht mehr zu hören. Es war, als wäre eine Tür zur Außenwelt zugeschlagen worden.
Tweed stieg langsam auf dem Kopfsteinpflaster bergauf, und einen Augenblick lang glaubte er, völlig allein zu sein. Dann hörte er das Geräusch hinter sich. Anfangs schwach, dann allmählich lauter, sich nähernd.
Tap . . . tap . . . *tap* . . .
Er blieb stehen, zog sein Taschentuch, wischte sich die Stirn und warf einen Blick über die Schulter. Es war ein Blinder. Das tappende Geräusch kam von der Spitze seines weißen Stocks, der gegen die alten Bordsteine schlug. Er passierte eine Straßenlaterne, die ihr schwaches Licht auf die Einmündung einer der von der Straße abzweigenden Gassen warf.
Eine massige Gestalt mit tief in die Stirn gezogenem Schlapphut und einer großen Brille mit dunklen Gläsern, die seine Augen und den oberen Teil seines Gesichts verdeckte. Eine massige Gestalt mit gebeugtem Gang in einem ausgebeulten alten Anzug.
Tweed setzte seinen Weg bergauf fort. Er hatte ein scharfes Gehör, und etwas beunruhigte ihn. Das tappende Geräusch des Stockes klang irgendwie falsch. Als säße am Ende des Stockes keine Gummikappe, sondern ein schweres Gewicht . . .
Nur ein Blinder! Tweed verfluchte innerlich seine eigene Dummheit. Der Mann, der ihm stetig die verlassene Straße hinauf folgte, war ein Krüppel. Also war der Krüppel endlich in Erscheinung getreten – der Mann, vor dem Harry Masterson ihn gewarnt hatte.
Tweed spürte, wie seine Handflächen feucht wurden. Er preßte die Lippen zusammen und widerstand der Versuchung, zum oberen Ende der Straße hinaufzurennen. Zumindest hatte seine Taktik gewirkt. Aber es war das erste Mal, daß er seit der Ankunft in Hamburg allein ausgegangen war. Das warf ein bestürzendes Licht darauf, wie genau

die andere Seite ihn beobachtete ... Und Lübeck lag so nah an der Grenze.
Nimm dich zusammen. Mit solchen Situationen müssen deine Agenten ständig fertigwerden. Nie frei von Angst. Schließlich hast du selbst jahrelang in der vordersten Linie gearbeitet. Was zum Teufel ist los mit dir? Zu lange hinter einem bequemen Schreibtisch am Park Crescent gesessen?
Plötzlich war ihm kalt. Der Ausdruck auf seinem Gesicht hatte sich nicht geändert, aber die Nervosität war verschwunden. Er wischte seine rechte Hand am Taschenfutter seines Burberry trocken. Dann vollführte er, ohne stehenzubleiben, ein schwieriges Manöver. Während er den größten Teil des Schlagstocks in der Hand verborgen hielt, zog er sich den Burberry von den Schultern und legte ihn sich locker über den Arm.
Er hatte das obere Ende der Straße erreicht und bog in eine ebenso dunkle Gasse ein, die Kolk hieß und direkt unter dem hinter einer senkrechten Mauer aufragenden Kirchturm entlangführte. Die Straße war nur kurz und führte in das Gewirr der Altstadt. Tweed blieb vor einem Lokal stehen, über dessen Eingang *Alt Lübeck* stand. Ein kleines, mit dunklem Holz getäfeltes Lokal, Hocker am Bartresen, schwache Beleuchtung. Er widerstand der Versuchung, drinnen Zuflucht zu suchen, und ging weiter.

Tap ... tap ... *tap!* Jetzt sehr nahe. Der blinde Mann war in den Kolk eingebogen, hatte seine Schrittlänge vergrößert, war jetzt sehr nahe herangekommen. Dann hörte das Tappen auf. Tweed fuhr herum. Die riesige Silhouette im Schatten hatte den beschwerten Stock erhoben, ließ ihn in einem weiten Bogen niedersausen.
›Er ist im Dunkeln gestolpert, am Bordstein fehlgetreten, mit dem Kopf auf das Steinpflaster aufgeschlagen und hat sich den Schädel zerschmettert. Sein Atem roch nach Alkohol ...‹
Die Formulierung des Polizeiberichts über seinen Tod schoß ihm durchs Gehirn. Er drückte sich gegen die Mauer, um seinen Rücken zu schützen, paßte den richtigen Moment ab, packte den niedersausenden Stock mit der rechten Hand und spürte einen stechenden Schmerz. Er ergriff den Stock mit beiden Händen.
Sein Angreifer ließ nicht locker, versuchte, den Stock vorwärtszuschieben, zielte auf Tweeds Bauch. Tweed setzte ihm die Kraft seiner Handgelenke entgegen, und sie rangen um die Waffe. Tweed wußte, daß er sich im Nachteil befand. Sein Angreifer hatte den Griff des Stockes fest in der Hand. Es war nur eine Sache von Sekunden, bis

Tweed ihn nicht mehr halten konnte, dann würde der zweite Angriff kommen, der tödliche Schlag auf seinen Schädel.
Newman sprang den Angreifer von hinten an wie ein Rugbyspieler, und die Wucht seines Ansturms schleuderte ihn auf das Kopfsteinpflaster. Newman fiel mit ihm. Sein Gegner beugte das rechte Bein im Knie und rammte seinen Fuß vor. Newman spürte, wie die Stahlkappe des Schuhs seinen Kiefer traf. Er war außer Gefecht gesetzt.
Der auf dem Boden liegende Newman behinderte Tweed. Er stieg gerade über ihn hinweg, als der Mörder aufsprang, wobei er sich mit einer behandschuhten Hand abstützte. Er rannte die Straße entlang und verschwand. Ein Polizeiwagen ließ seine Sirene ertönen, bog um die Ecke und bremste scharf, als das Licht seiner Scheinwerfer auf Newman fiel.
»Wo ist er hin?« schrie Kuhlmann.
Der Mann vom BKA war aus der Beifahrertür gesprungen. Er richtete die Frage an Tweed, der dastand, während Newman noch auf dem Pflaster lag.
»In die Richtung ...« deutete Tweed an. »Der Himmel weiß, wohin dann. Das ist hier der reinste Irrgarten ...«
»Beschreibung?« Kuhlmann wendete sich halb dem uniformierten Fahrer zu. »Geben Sie mir das Mikrofon.« Tweed bemerkte, daß der Streifenwagen eine sehr hohe Antenne hatte.
»Einsachtzig groß«, sagte er schnell. »Ungefähr neunzig Kilo. Tief in die Stirn gezogener Schlapphut. Schäbiger dunkler Anzug. Große Brille mit dunklen Gläsern – die er inzwischen bestimmt abgenommen hat ...«
»Und blondes Haar«, setzte Newman hinzu, während er sich langsam erhob.
»Konnten Sie sein Haar sehen? Trotz des Hutes?«
»Blondes Haar«, beharrte Newman.
Kuhlmann gab die Beschreibung rasch über das Mikrofon weiter. »Blondes Haar«, schloß er. »Vermutlich – das heißt, die Haarfarbe. Die Insel abriegeln«, fuhr er in größter Eile fort. »Alle Brücken schließen. Straßensperren. Alle Autos überprüfen ...«
»Und Motorräder«, setzte Tweed hinzu. »Mir war, als hörte ich eines anspringen.«
Kuhlmann bezog Motorräder ein, gab das Mikrofon zurück und zündete sich dann eine Zigarre an, bevor er fauchte: »Was haben Sie sich eigentlich dabei gedacht, Tweed? Spazierengehen – und noch dazu in der Nacht und ganz allein?«

»Er war nicht allein«, widersprach Newman. »Ich bin ihm gefolgt. Und wir hätten ihn fast erwischt . . .«
»Und er hätte Tweed fast erwischt . . .«
»Ist Ihnen etwas passiert?« fragte Tweed Newman.
»Ein lahmes Kinn und eine geprellte Schulter. Ich bin noch glimpflich davongekommen.« Er beugte sich nieder und hob den beschwerten Stock auf.
»Den nehme ich.« Kuhlmann streckte die Hand aus. »Und gehen Sie vorsichtig damit um. Fingerabdrücke . . .«
»Verschwenden Sie Ihre Zeit nicht«, riet Tweed. »Er hat Handschuhe getragen.«
»Das waren ein paar ganz schön harte Minuten«, sagte Newman zu Tweed, als er sich den Staub von der Jacke klopfte.
»Halb so wild. Ein bißchen Aufregung bringt das Adrenalin in Gang.« Er sah Kuhlmann an. »Wie kommt es, daß Sie in dieser Gegend sind?«
»Ich habe die Lübecker Polizei angewiesen, Sie im Auge zu behalten. Leider hat der Streifenwagen, der Sie beobachtete, auf mein Eintreffen aus dem Revier gewartet.«
»Wollen Sie wissen, wo Sie den Besitzer dieses Stocks vielleicht finden können?« fragte Newman.
»Ja?«
»Hotel Mövenpick. Name Kurt Franck. Keine Garantie, daß er unser Mann ist. Sein Gesicht konnten wir nicht richtig sehen . . .«
»Bin schon fort. Ich rufe Sie später im Jensen an . . .«

Balkan war unterwegs. Halb zwölf am Strand von Travemünde. Er starrte geradeaus wie ein Schlafwandler. Seine Füße machten ein knirschendes Geräusch, als er durch den Sand trottete. Aus der Ferne leuchteten die Lichter des vielstöckigen Hotels Maritim. Die meisten Feriengäste waren in die Hotels zurückgekehrt, nahmen in der Bar einen Drink oder saßen bei einem späten Abendessen.
Nur ein Mensch hielt sich an dem langen Strand auf. Ein blondes Mädchen in einem zweiteiligen Badeanzug, das die Stille und die letzte Wärme des Tages genoß. Iris Hansen hatte eine Verabredung mit ihrem neuen deutschen Freund. Sie wollten sich um Mitternacht am Strand treffen und dann tanzen gehen.
Iris lag, auf einen Ellenbogen gestützt, auf einem Handtuch, und das lange blonde Haar fiel wie ein Wasserfall über ihren nackten Rükken.

Sie lauschte dem sanften Plätschern der Ostseewellen am Strand. Aus weiter Ferne drang Gelächter zu ihr, der hämmernde Rhythmus von Popmusik. Die ganze Nacht. Das hatte er ihr versprochen. Sie würden die ganze Nacht tanzen.
Sie war schon seit drei Wochen in Travemünde, drei herrliche, glutheiße Wochen. Zum Teufel mit Kopenhagen. Dies war das richtige Leben, besser, als sie es sich je erhofft hatte. Sie hätte nichts dagegen gehabt, wenn es immer so weitergegangen wäre. Sie hörte das Knirschen von Füßen im Sand und blickte auf.
»Oh, du bist's schon. Hallo . . .«
Er stand über ihr, die Füße beiderseits ihres ausgestreckten Körpers. Sie hob eine Braue, dann schlug sie die Augen nieder. Warum nicht hier? Die einzigen Geräusche waren das Plätschern der Wellen, fernes Lachen und Musik. Sie blickte auf, und ihre Augen weiteten sich vor Entsetzen. Oh, Gott! Nein!
Er hielt das Messer mit der breiten Klinge in der rechten Hand. Hielt es hoch über den Kopf. Sie öffnete den Mund, um zu schreien, und er unterdrückte den Schrei, indem er ihr einen nackten Fuß auf den Mund preßte. Dann fuhr die Klinge in einem weiten Bogen herab. Sie drang unmittelbar über ihren Brüsten in sie ein. Und schlitzte sie auf. Und noch einmal. Und noch einmal . . .

»Hier spricht Kuhlmann . . .«
Tweed, der den Hörer in seinem Schlafzimmer abgenommen hatte, hörte Enttäuschung aus seiner Stimme heraus. Er setzte sich und nannte seinen Namen.
»Ihr Kurt Franck war nicht im Mövenpick«, teilte ihm Kuhlmann mit. »Ja, er ist dort gemeldet. Kam auf einen schnellen Drink in die Bar, kurz bevor er ging. Zeit 22 Uhr. Eine halbe Stunde, bevor Sie aus dem Jensen herausspazierten. Fällt also flach . . .«
»Warum?« fragte Tweed.
»Er sagte dem Barmann, er ginge aus, um eine neue Freundin zu treffen. Ich habe mich nach seiner Kleidung erkundigt. Er trug Jeans und einen weißen Rollkragenpullover. Keinen schäbigen zweiteiligen Anzug. Dann habe ich den Parkplatz überprüft. Er hat kein Motorrad. Fährt einen gemieteten BMW. Einen gelben.«
»Sagten Sie gelb?«
»Ja. Warum?«
»Nichts. Ich hatte Sie zuerst nur nicht richtig verstanden.«
»Es sieht also aus, als hätte er die Stadt verlassen – vielleicht für die

ganze Nacht. Nicht unser Freund, würde ich sagen. Zumindest geht der Tag ruhig zu Ende. Ich melde mich wieder. Wenn sich irgendetwas tut . . .«

DREIZEHN

Das Telefon in Tweeds Schlafzimmer begann zu läuten. Er stand mit eingeseiftem Gesicht im Bad, fluchte, legte den altmodischen Rasierapparat, den er seit Jahren benutzte, beiseite, griff nach einem Handtuch und eilte ins Schlafzimmer. Immer, wenn er sich rasierte! Das verdammte Telefon. Er nahm den Hörer ab.

»Hugh Grey hier. Doch wohl nicht zu früh für Sie? Ich bin sicher, Sie sind schon munter wie die sprichwörtliche Lerche, oder?«

Grey klang fürchterlich aufgekratzt, und Tweed konnte sich das rundliche Gesicht, die leicht gerötete Haut, die vor Eifer funkelnden Augen gut vorstellen. Es war ein bißchen viel, so früh am Morgen.

»Was kann ich für Sie tun?« fragte Tweed und wischte sich die Rasierseife vom Gesicht.

»Ich habe von gestern abend gehört. Ein unerfreuliches Erlebnis für Sie. Nicht das, was Sie gewohnt sind . . .« Eine Anspielung darauf, daß Tweed gewöhnlich am Schreibtisch saß. »Soll ich die Truppe ins Feld schicken?« erkundigte sich Grey. »Ich würde Ihnen gern zur Seite stehen. Ein bißchen Rückendeckung. Okay?«

»Nein«, sagte Tweed. »Besten Dank, aber nein«, erklärte er nachdrücklich. »Und hier ist alles in bester Ordnung. Lassen wir alles so, wie es ist. Haben Sie etwas zu berichten?«

»Nicht am Telefon. Die Geschäfte laufen sehr gut. Erwarte in Kürze Ergebnisse. Ich halte London auf dem Laufenden. Und nicht vergessen – wenn Sie etwas brauchen, rufen Sie die Firma in Frankfurt an. Halten Sie die Ohren steif. Und damit auf Wiedersehen – meine drei Minuten sind fast um . . .«

Tweed legte den Hörer auf und seufzte. Dieser Jargon fiel ihm auf die Nerven. *Soll ich die Truppe ins Feld schicken?* Wofür hielt dieser Grey sich eigentlich? Für einen Feldmarschall, der eine Armee kommandierte? Er kehrte ins Badezimmer zurück, um sich fertig zu rasieren.

Er wußte, welchen Zweck dieser Anruf eigentlich hatte – Tweed wissen zu lassen, daß er am Ball war. Grey mußte einen Informanten in Lübeck haben – vielleicht sogar in der Polizeidirektion Lübeck-Süd. Er

hatte verdammt rasch von dem Zwischenfall auf dem Kolk erfahren. Aber Lübeck lag dicht an der Grenze – ein Ort, in dem besondere Wachsamkeit angebracht war.
Er berichtete Newman von dem Anruf, als sie an einem abseits stehenden Tisch beim Frühstück saßen. »Woher wußte Grey, daß Sie hier sind?« fragte Newman.
»Oh, das wissen alle. Mir wäre es lieber gewesen, wenn wir beide uns allein mit diesem Problem hätten beschäftigen können – aber ich mußte Howard wissen lassen, wo ich zu erreichen bin. Neue Leute, erst seit sechs Monaten Sektorenchefs – ich muß verfügbar sein, wenn die Lage irgendwo brenzlig wird. Hugh Grey ist nur so fürchterlich ungestüm ...«
»Aber Sie müssen zugeben, daß er tüchtig ist. Dies ist sein Sektor. Die Tatsache, daß er so schnell erfahren hat, was passiert ist, spricht für seine Organisation ...«
»Damit haben Sie natürlich recht. Nun, auf alle Fälle haben wir heute nachmittag etwas Wichtiges vor. Dr. Berlins Party. Diana scheint sich verspätet zu haben.«
»Sie erzählte mir gestern abend, daß sie auf der *Südwind* schlafen würde. Das erspart ihr das Hin- und Herfahren. Wir machen uns ein bißchen früher auf den Weg und holen sie vom Schiff ab, bevor wir zum Priwall übersetzen. Sie wird uns mit einigen Gästen auf dieser berühmten Party bekanntmachen. Wenn es Ihnen recht ist, möchte ich eigentlich schon wesentlich früher nach Travemünde hinüberfahren«, fuhr Newman fort. »Ich möchte mich eingehender mit Ann Grayle unterhalten. Diese Dame redet ...«
»Unaufhörlich. Und wir bekommen Gesellschaft. Kuhlmann ist gerade erschienen. Ich habe das Gefühl, daß wir einen ausgefüllten Tag vor uns haben ...«

Der Frühstücksraum des Jensen lag im hinteren Teil des Hotels. Man bediente sich selbst an einem Buffet. Kuhlmann nahm einen Teller, packte vier Brötchen, ein großes Stück Butter und drei Portionen Marmelade darauf und setzte sich zu ihnen.
»War die ganze Nacht auf«, erklärte er. Dann trat eine Pause ein, während er ein Brötchen aufschnitt, es mit Butter und Marmelade bestrich, es hastig hinunterschlang und dann Kaffee bestellte. »Einen ganzen Liter ...« Er wirkte frisch und hellwach, sein dichtes schwarzes Haar war ordentlich gekämmt, aber sein Kinn war mit schwarzen Stoppeln bedeckt. Er erinnerte Tweed an Harry Masterson, dessen

Kinn schon mittags bläulich schimmerte – der »verfrühte Fünf-Uhr-Schatten«, wie Masterson es nannte. »Ich sollte mir einen Bart stehen lassen«, scherzte er oft, »aber dann würde mich jeder schon aus einem Kilometer Entfernung erkennen . . .«

Kuhlmann verzehrte das nächste Brötchen, leerte seine Tasse mit einem großen Schluck und füllte sie abermals. Newman zündete sich eine Zigarette an und musterte den Deutschen. Sein sechster Sinn verriet ihm, daß Kuhlmann Neuigkeiten zu berichten hatte.

»Weshalb waren Sie die ganze Nacht auf?« fragte er. »Hat sich mit Franck etwas getan?«

»Vergessen Sie Franck. Es ist wieder ein blondes Mädchen zerstückelt und vergewaltigt worden. Irgendwann um Mitternacht . . .«

»Wieder auf dem Priwall?« erkundigte sich Tweed.

»Nein. Am Strand von Travemünde. Unglaublich. Eine derartige Metzelei an einem offenen Strand, ohne daß ihn jemand beobachtet hat . . .«

»Wer war das Opfer?«

»Eine Iris Hansen. Ein dänisches Mädchen aus Kopenhagen. Sekretärin eines hohen Beamten. Und nun laufen die Drähte zwischen Bonn und Kopenhagen heiß – und es kommen immer noch Anrufe aus Stockholm wegen Helena Andersen. Der arme Teufel von Pathologe war gerade damit fertig, die Überreste der Andersen wieder zusammenzuflicken, als wir ihm einen neuen Klumpen Fleisch auf den Tisch legten. Die Formulierung stammt von ihm. Er hat die ganze Nacht durchgearbeitet. Draußen in Travemünde hat die Panik ihren Höhepunkt erreicht. Die Männer gehen los und kaufen Jagdmesser, Nudelhölzer, überhaupt alles, was sich irgendwie als Waffe verwenden läßt.«

»Zwei Morde«, meinte Newman. »Beides Blondinen . . .«

»Drei«, korrigierte Kuhlmann. »Das holländische Mädchen vor sechs Monaten in Frankfurt. Es ist derselbe Killer. Alle Opfer auf dieselbe Weise hingeschlachtet. Aber verlangen Sie nicht, daß ich in die Details gehe, bevor ich mein Frühstück sicher im Magen habe. Sie hätten das Hansen-Mädchen am Strand liegen sehen sollen. Sie muß recht hübsch gewesen sein . . .«

»Muß gewesen sein? Vergangenheit?« erkundigte sich Tweed.

»Er zerschlitzt ihnen die Gesichter, schneidet Ihnen . . . Lassen wir das. Sie können sie ja selbst in Augenschein nehmen, wenn Sie der Sache auf den Grund gehen wollen. Soll ich Ihnen einen entsprechenden Schein ausschreiben?«

»Vorläufig nicht. Trotzdem vielen Dank. Besteht irgendein Zusammenhang zwischen den drei Morden?«
»Der Zusammenhang, den ich brauche, ist der, daß vor sechs Monaten jemand in Frankfurt war, der jetzt hier ist.« Er sah Tweed an. »Die einzigen Namen, die der Computer bis jetzt ausgespuckt hat, sind die von Ihnen und Newman.«
»Und von uns wissen Sie, daß wir um 22.45 Uhr mitten in Lübeck waren. Sie sagten doch, Iris Hansen wäre gegen Mitternacht ermordet worden.«
»Das sagte ich. Wir trennten uns gegen elf. Um diese Zeit braucht man nicht lange nach Travemünde. Kein Verkehr. In zwanzig Minuten sind Sie am Strand.«
»Also gehören wir beide zu den Verdächtigen?«
»Ich muß alle Tatsachen nach Wiesbaden weitergeben.« Kuhlmann verspeiste in aller Ruhe sein letztes Brötchen, dann verzog sich sein breiter Mund zu einem zynischen Lächeln. »Aber als ich heute morgen hereinkam, hat mir der Nachtportier gesagt, daß Sie beide um 23.10 Uhr in Ihre Zimmer gegangen sind. Er hat zufällig auf die Uhr geschaut. Und niemand kann das Haus verlassen, ohne an der Rezeption vorbeizugehen. Sie haben also beide ein wasserdichtes Alibi.«
»Was für ein Glück«, entgegnete Tweed kühl. »Und nun, nachdem Sie Ihren Spaß gehabt haben, möchte ich Sie um einen Gefallen bitten. Ich muß ein paar Anrufe erledigen und brauche dazu ein vollkommen sicheres Telefon.«
»Polizeidirektion Lübeck-Süd«, sagte Kuhlmann prompt. »Außerhalb der Stadt. Dort gibt es einen Raum mit einem Scrambler-Telefon. Ich fahre Sie gleich hin. Sie haben so einen merkwürdigen Ausdruck im Gesicht.«
»Was für ein Ausdruck soll das sein?«
»Der eines sehr besorgten Mannes. Irgend etwas beunruhigt Sie.«

Lübeck-Süd. Durchaus nicht das, was Newman erwartet hatte. Ein riesiger neuer, vierzehn Stockwerke hoher Komplex aus miteinander verbundenen Gebäuden und einem schwarzen Turm im Zentrum. Alle auf dem Gipfel einer kleinen Anhöhe zusammengeschart, umgeben von gepflegtem Rasen mit Rosenbeeten.
Kuhlmann bog von der Hauptstraße ab, passierte ein Schild mit der Aufschrift POLIZEI und parkte den Wagen. Dann führte er sie in die Eingangshalle und zeigte einem Polizeibeamten, der in Hemdsärmeln in einer Glaskabine saß, seinen Ausweis. Die beiden Männer wechsel-

ten ein paar Worte, dann reichte der Beamte Kuhlmann einen Schlüssel. Sie fuhren mit dem Fahrstuhl in den zehnten Stock und gingen dann einen langen Korridor entlang. Vor einer geschlossenen Tür, die im Gegensatz zu allen anderen keine Nummer trug, händigte Kuhlmann Tweed den Schlüssel aus.
»Newman und ich werden in der Kantine am Ende des Korridors eine Tasse Kaffee trinken. Kommen Sie nach, wenn Sie fertig sind. Das Telefon da drinnen ist eines der sichersten in der ganzen Bundesrepublik. Es wird vom BND benutzt.«
Tweed betrat einen kleinen Raum mit stählernen Aktenschränken an den Wänden, einem Tisch und zwei Stühlen. Auf dem Tisch stand ein weißes Telefon. Er rückte einen der Stühle zurecht, ließ sich darauf nieder und wählte aus dem Gedächtnis eine Nummer in Frankfurt. Sofort meldete sich eine weibliche Stimme, wiederholte die Nummer, die er gewählt hatte, und fügte die Ziffer neun hinzu.
»Hier ist Hadrian«, sagte Tweed. »Firma Hadrian. Ich hätte gern Mr. Grey gesprochen.«
In diesem Monat benutzten sie die Namen römischer Kaiser als Erkennungszeichen – was natürlich Howards Idee gewesen war.
»Es tut mir leid, er ist für ein paar Tage geschäftlich unterwegs«, erwiderte das Mädchen.
»Wann kann ich ihn erreichen?«
»Er hat nicht gesagt, wann er zurück sein wird. Vermutlich wußte er es selbst nicht.«
»Vielen Dank...« Tweed unterbrach die Verbindung. Grey konnte von jedem beliebigen Ort der Bundesrepublik aus angerufen haben – aus München, Stuttgart, Köln. Und es war ein schwerer Verstoß gegen die Vorschriften, nach einer Kontaktnummer zu fragen. Diese Anweisung hatte Tweed selbst gegeben, als er vor sechs Monaten die Sicherheitsvorkehrungen verschärft hatte.
Als nächstes wählte er die Nummer von Harry Masterson in Wien. Die gleiche Antwort. Masterson war nicht erreichbar. Nein, man hatte keine Ahnung, wann er wiederkommen würde. Geduldig machte Tweed weiter. Er versuchte, Guy Dalby in Bern zu erreichen. Wieder negativ. Er seufzte. Der letzte Versuch – Kopenhagen.
Das Mädchen antwortete in perfektem Englisch – zum Glück, da Tweed nicht Dänisch sprach.
»Er ist zur Zeit nicht hier. Möchten Sie eine Nachricht hinterlassen?«
»Nein, danke.«

Tweed starrte auf das Telefon. Von vieren keiner erreichbar. Daran war nichts ungewöhnlich. Er hatte alle vier persönlich geschult, sie angewiesen, aus ihren Büros herauszugehen, engen persönlichen Kontakt zu ihren Agenten zu halten. In gewisser Hinsicht war es ein gutes Zeichen. Aber warum war er dann so nervös?

Er fand Kuhlmann und Newman an einem Tisch in der leeren Kantine. Kuhlmann fragte, ob er auch einen Kaffee wollte, und Tweed schüttelte den Kopf und setzte sich, während Kuhlmann mit dem fortfuhr, was er Newman gerade berichtete.

». . . und deshalb sind einige Psychiater von Wiesbaden hierher unterwegs. Ich könnte gut auf diese Herren verzichten. Die meisten von ihnen sind selbst nicht ganz dicht. Ihre Berichte – wenn man Sie überhaupt verstehen kann – lesen sich wie das Gestammel von Irren. Was uns nicht weiterhilft – zumal wir nach jemandem suchen, der selbst völlig von Sinnen ist . . .«

»Oder ein Sadist«, sagte Tweed

»Was auf dasselbe hinausläuft. Sie zeichnen ein Profil – ein Bild von der Persönlichkeit des Mörders . . .«

»Ich fange an, mir mein eigenes Bild von ihm zu machen«, bemerkte Tweed. »Wie kommen wir von hier aus am einfachsten nach Travemünde?«

»Indem Sie mich als Chauffeur benutzen. Ich muß selbst dorthin.«

»Oh, Gott sei Dank, daß Sie da sind, Tweedy. Ich habe im Jensen angerufen, aber dort sagte man mir, Sie wären ausgegangen. Ist das nicht grauenhaft . . . schon wieder ein Mädchen . . . wieder eine Blonde . . . und ich bin auch blond . . .«

Diana Chadwick zitterte, als Tweed an Bord der *Südwind* eintraf. Sobald er die Laufplanke betreten hatte, stürzte sie auf ihn zu, schlang die Arme um ihn und ließ den Kopf an seine Brust sinken. Er klopfte ihr leicht auf den Rücken, drückte sie an sich und spürte zum erstenmal, wie schlank sie war. Sie weinte ein wenig. Tränen der Erleichterung. Dann löste sie sich von ihm, tupfte sich die Augen mit einem winzigen Spitzentaschentuch ab und richtete sich auf.

»Ich bin völlig durcheinander. Bitte, entschuldigen Sie. Lassen Sie uns etwas trinken. Kaffee? Oder etwas Stärkeres?«

»Warum keinen Kaffee? Unter den gegebenen Umständen?«

»Sie haben völlig recht. Alkohol würde mich nur wieder umwerfen. Kommen Sie mit hinunter in die Kombüse, während ich den Kaffee mache. Ich möchte im Augenblick keine Sekunde allein sein . . .«

Er folgte ihr den Niedergang hinunter in die Kombüse, ließ sich auf einer schmalen Lederbank nieder und sah sich um, während sie die Kaffeemaschine in Gang setzte.

»Ich war auf Deck, als das Mädchen umgebracht wurde«, sagte sie.

»Woher wissen Sie das? Haben Sie etwas gehört?«

»Oh, nichts Gräßliches – Schreie oder so. Aber es hat sich überall herumgesprochen, daß sie gegen Mitternacht ermordet worden ist. Ich saß da, schaute auf die Lichter und wartete darauf, daß ich schläfrig würde.« Sie lehnte sich mit dem Gesicht zu ihm an den Tresen, während sie darauf wartete, daß der Kaffee fertig wurde. Ihr Gesicht sah weißer aus als je zuvor.

»Aber gegen viertel nach zwölf habe ich tatsächlich etwas gehört, Tweedy. Allerdings habe ich mir nichts dabei gedacht ...«

»Und was haben Sie gehört?«

»Ein Schlauchboot, das vom Strand zum Priwall hinüberfuhr.«

»Diana ...« Tweed beugte sich vor und musterte sie eindringlich; seine Augen hinter den Brillengläsern waren hellwach. »Was genau wollen Sie damit sagen? Ein Schlauchboot macht doch kein Geräusch.«

»Ich bin ein wenig durcheinander.« Sie strich sich eine Haarsträhne aus der feingeformten Stirn. »Ich meine ein Schlauchboot mit einem Außenbordmotor. Ich sah sogar seine Spur – ein ganzes Stück vom Jachthafen entfernt. Es verschwand hinter einem Vorsprung des Priwall. Ich dachte noch, daß da jemand mächtig spät nach Hause kommt, und dann vergaß ich es – bis ich heute morgen von dem Mord erfuhr.«

»Haben Sie es der Polizei berichtet?«

»Um Gottes willen, nein. Dann nimmt die Fragerei kein Ende.« Sie lehnte sich zurück, und die Rundung ihrer Hüfte zeichnete sich deutlich unter ihrem enganliegenden weißen Kleid ab. »Der Kaffee ist fertig«, sagte sie und füllte zwei Tassen. Dann kehrten sie auf das Deck zurück.

»Unten in der Kombüse ist es so eng«, sagte sie.

Tweed kannte die Symptome. Sie hielt es nicht lange an einem Ort aus. Die Symptome eines Schocks. Sie saßen auf den Deckstühlen, die Sonne schien, und sie hatte nichts unternommen, um ihr Gesicht zu schützen. Schwer erschüttert, dachte Tweed. Verständlich. Aber warum in diesem Ausmaß?

»Ob Dr. Berlin seine Party heute nachmittag absagen wird?« überlegte Tweed laut. »In Anbetracht dessen, was passiert ist?«

»Oh, nein. Das tut er bestimmt nicht. Er ist ein wunderbarer Mann, aber von dem, was außerhalb seiner eigenen Welt vor sich geht, hat er kaum eine Ahnung. Das ist mir schon in Kenia aufgefallen.«
»Wie haben Sie ihn kennengelernt?«
»Ich war damals gerade knapp achtzehn. Alle verehrten ihn – die Arbeit, die er tat, um den Eingeborenen zu helfen. Er hatte ein Hospital im Busch. Heute hält ihn jedermann für einen zweiten Dr. Schweitzer. Nach allem, was ich über ihn erfahren habe, war er reichlich weltfremd. Ich fuhr einen Lastwagen mit Nachschub für sein Hospital im Busch. Damals war ich sehr idealistisch.«
»Und heute?«
»Vermutlich habe ich die Männer inzwischen zu gut kennengelernt, um noch idealistisch zu sein. Blondes Haar zu haben, kann ein Fluch sein. Alle denken . . . nun, Sie wissen schon. Aber Dr. Berlin ist nicht so. Ihn interessiert nur seine Arbeit, jetzt die Arbeit für die Flüchtlinge . . .«
»Aber die Flüchtlinge, die nach dem Krieg aus Ostpreußen und anderen Gegenden im Osten kamen, sind doch bestimmt längst etabliert und können für sich selbst sorgen.«
»An der Oberfläche, gewiß. Aber darunter können sie große Probleme haben. Getrennte Familien beiderseits der Grenze. Er verhandelt gelegentlich mit der DDR. Man akzeptiert ihn als neutralen Vermittler, vielleicht weil seine Eltern in Leipzig ansässig waren.« Sie füllte seine Tasse wieder.
»So viel über mich – und Dr. Berlin. Was macht Bob Newman da drüben bei Ann Grayle? Ich sah ihn auf ihrem Anleger . . .«
»Sie kennen doch diese Reporter. Sie lieben es, sich mit Leuten zu unterhalten – in der Hoffnung, auf etwas zu stoßen, das sie in einer Story verwenden können . . .«

»Ich habe den Morgen damit verbracht, Mr. Newman, in meinen Koffern nach meiner Pistole zu suchen«, sagte Ann Grayle, als sie mit einem Ginfizz auf dem Deck der Schaluppe saßen.
»Und haben Sie ihn gefunden?«
»Hier.« Sie griff nach ihrer Handtasche, öffnete sie, holte etwas heraus und streckte Newman die Hand entgegen, dabei beugte sie sich vor, so daß er einen ganz schwachen Hauch ihres Parfums roch. Wirklich eine überaus reizvolle Frau, dachte er.
Auf seiner offenen Handfläche lag ein Browning Automatik, Kaliber 32. Er kannte die Waffe. Hergestellt in Herstal, Belgien.

»Vorsicht, sie ist geladen«, warnte sie.
»Können Sie damit umgehen?«
»In den alten Tagen in Nairobi war ich ein Meisterschütze. Eine Frau, die allein im Haus war, während ihr Mann arbeitete, brauchte Schutz. Man konnte nie wissen, was die Eingeborenen im Schilde führten.«
»Und wenn jemand nach Einbruch der Dunkelheit auf Ihr Boot geschlichen käme?«
»Würde ich ihn auf der Stelle erschießen.«
Ihre Stimme klang so entschieden, daß Newman keinen Augenblick daran zweifelte, daß sie genau das tun würde. Er gab ihr den Browning zurück. Sie steckte ihn wieder in ihre Handtasche, schlug die wohlgeformten Beine übereinander und musterte ihn, während sie sprach.
»Wie ich sehe, läßt sich ihr Freund Tweed von der Dame mit den goldenen Beinen bewirten. Er sollte sich lieber vorsehen.«
»Goldene Beine?«
»Das ist vielleicht ein bißchen kraß – aber sie sind ihr größtes Kapital, und sie weiß es zu nutzen . . .«
»Ich kann mir nicht vorstellen, daß sich Dr. Berlin sonderlich für Frauen interessiert«, sagte Newman, um das Thema zu wechseln.
»Damit liegen Sie möglicherweise völlig schief. Ich weiß, er posiert als die große Vaterfigur, der zweite Albert Schweitzer. Aber Sie können mir glauben – er weiß attraktive Mädchen zu schätzen. Einige davon werden Sie heute nachmittag bei seiner Party sehen. Er läßt sie auf Herz und Nieren überprüfen, bevor sie seinen erhabenen Anblick genießen dürfen.«
»Überprüfen? Sie scherzen . . .«
»Ich bin nicht gewohnt, daß man mir widerspricht. Ich sagte überprüfen. Bevor irgendein Mädchen in die Nähe von Dr. Berlin gelassen wird, beschäftigt sich Danny Warning, sein Assistent, eingehend mit ihrem Hintergrund. Auf diese Weise wollen sie vermeiden, daß sich irgendwelche Reporter einschleichen. Ich kann mir einfach nicht vorstellen, warum Sie eingeladen wurden . . .«
»Vielleicht weil ich ihn früher schon einmal interviewt habe. Sie haben Ihre Freundschaft mit Dr. Berlin seit jenen weit zurückliegenden Tagen in Kenia aufrechterhalten?«
»Seit Nairobi habe ich kein Wort mehr mit ihm gewechselt – und die anderen von der Alten Garde auch nicht. Er hält uns aus seinem neuen Leben vollständig heraus.«
»Warum?«

»Keine Ahnung. Er war schon in Kenia nicht sehr gesellig. Aber damals widmete er natürlich den größten Teil seiner Zeit diesem Hospital im Busch.«
»Sie sagten, niemand von der Alten Garde steht mit ihm in Verbindung. Was ist mit Diana Chadwick?«
»Sie ist die einzige Ausnahme. Sie hat ihm vor langer Zeit in seinem Hospital geholfen. Ich vermute, das hat zu einem Verhältnis geführt, das die Zeit überdauert hat. Aber für den Fall, daß Sie mich für ein gemeines Biest halten – ich bin sicher, daß ihre Freundschaft mit Dr. Berlin rein platonisch ist, wie man früher zu sagen pflegte.« Sie erhob sich. »Und jetzt scheuche ich Sie von Bord. Ich muß mir die Haare waschen – diese gemeine Scheußlichkeit letzte Nacht hat mich aufgeregt. Und außerdem sehe ich, daß Tweed sich von Diana losgerissen hat und herüberkommt. Viel Spaß auf der Party. Sie dürfte sehr aufschlußreich werden ...«

VIERZEHN

Die Fähre zum Priwall glich einem Schleppkahn mit Stahlwänden und schrägen Rampen an Bug und Heck. Sie war mit Passagieren und einem halben Dutzend Personenwagen voll besetzt. Ein Mann von der Besatzung unterhielt sich mit Tweed, während Newman und Diana am Bug standen.
»Das hohe Gebäude da drüben ist das Hotel Maritim«, erklärte der Mann Tweed. »Nach Einbruch der Dunkelheit markiert ein Blinklicht auf dem Dach die Einfahrt in die Fahrrinne. Den alten Leuchtturm können Sie da hinten sehen.«
Tweed schätzte die Höhe des Hotels auf mehr als zwanzig Stockwerke – es war das bei weitem höchste Gebäude in ganz Lübeck und Travemünde. Das Wasser war leicht kabbelig unter der strahlenden Sonne, aber die Überfahrt dauerte keine fünf Minuten.
»Sieht aus, als liefe hier ein Irrer frei herum«, fuhr der Mann von der Besatzung fort. »In weniger als vierundzwanzig Stunden zwei Mädchen umgebracht und vergewaltigt. Das könnte sich schlimm auf die Saison auswirken. Ich habe gehört, daß etliche Feriengäste schon ihre Rechnung bezahlt haben und abgereist sind.«
»Woher wissen Sie, daß sie vergewaltigt wurden?« fragte Tweed.
»Es hat die Runde durch die ganze Stadt gemacht. Die Leute reden von nichts anderem. Aber jetzt muß ich gehen ...«

Die Fähre wurde langsamer, stieß gegen das Ufer, die vordere Rampe wurde herabgelassen, die Autos rollten herunter, und die Passagiere gingen von Bord. Tweed war im Begriff, ihnen zu folgen, als er angesprochen wurde.

»Interessant, daß sich Dr. Berlin durch nichts in seinen Plänen stören läßt. Zwei ermordete Mädchen«, sagte Kuhlmann, »ein unbedeutender Zwischenfall.«

»Gehen Sie auch zu der Party?« fragte Tweed, als sie die Fähre verließen und die Mecklenburger Landstraße entlanggingen. Wieder fielen ihm die zahlreichen Bäume auf und die Stille, die auf der Insel herrschte.

»Vielleicht trete ich später in Erscheinung. Achten Sie auf die Sicherheitsvorkehrungen. Götter wissen sich zu schützen. Viel Spaß...«

Es begann gleich am Eingang zum Grundstück. Tweed beobachtete fassungslos, wie Newman die Arme hochstreckte, während ihn zwei Wachen abtasteten, vermutlich um festzustellen, ob er eine Waffe bei sich trug. Ein anderer Wachtposten durchstöberte Dianas Handtasche. Tweed schloß sich den Schlangestehenden an und hörte Newmans Protest laut und deutlich.

»Was für ein Blödsinn! Glauben sie etwa, wir gehen an Bord eines Flugzeugs? Wo sind die Metalldetektoren? Wenn der Präsident der Vereinigten Staaten hier wäre, dann wären Ihre Sicherheitsvorkehrungen lausig. Wo sind die Hunde?«

Die Leute in der Schlange erstarrten. Die Wachtposten waren verwirrt. Ein kleiner, untersetzter Mann mit kahlem Kopf, der in der Sonne schimmerte, kam herbeigeeilt und wandte sich an Newman.

»Ich bin Danny Warning und für die Sicherheit hier verantwortlich. Wer sind Sie?«

»Newman. Robert Newman. Ich wurde zu diesem Zuchthaus-Zirkus eingeladen, den Sie hier veranstalten...«

»Sie sagten etwas über Hunde«, sagte Warning mit einem häßlichen Unterton in der Stimme.

»Die uns nach Sprengstoff abschnüffeln. Tun Sie Ihre Arbeit gründlich oder überhaupt nicht«, fuhr Newman sarkastisch fort.

Warning wendete sich einem der Wachtposten zu, der Klemmtafel und Stift in den Händen hielt. »Robert Newman«, fauchte er.

»Ja. Steht auf der Liste...«

»Können Sie sich ausweisen?« fragte Warning, nachdem er sich wieder zu Newman umgewendet hatte. »Führerschein? Paß?«

»Nein, das kann ich nicht.«
Ein hochgewachsener, dünner Mann kam über die weite Rasenfläche gelaufen. Tweed vermutete, daß Newmans Stimme bis zu dem vor weiteren Bäumen aufragenden Haus gedrungen sein mußte. Der dünne Mann ergriff Warnings Arm.
»Schon gut. Ich kenne ihn. Keinen Aufstand.«
»Ich muß meine Arbeit tun«, fauchte Warning wieder.
»Dr. Berlin hat mich geschickt. Er wünscht keinen Aufstand.«
»Sie können passieren«, sagte Warning.
Newman blickte über die Schulter auf Diana, die ihn mit einem belustigten Lächeln musterte. Er winkte sie heran und rief mit höchster Lautstärke:
»Kommen Sie! Keine Bange – wenn dieser Typ versucht, Sie zu durchsuchen, schlage ich ihm die Zähne ein...«
Was zum Teufel denkt er sich eigentlich dabei? dachte Tweed am Ende der Schlange der auf Einlaß wartenden Gäste. Er beobachtete, wie Diana vortrat, Newman ihr den Arm bot und sie über den Rasen führte. Als Tweed das Tor erreicht hatte, blieb er stehen und wartete darauf, von den Wachen abgetastet zu werden. Jetzt erst bemerkte er, daß der dünne Mann ein Walkie-Talkie trug. Als Warning vortrat, legte ihm der dünne Mann abermals seine Hand auf den Arm.
»Lassen Sie Mr. Tweed durch. Er ist Ehrengast.«
»Danke«, sagte Tweed.
Warning musterte Tweed mit dunklen, ausdruckslosen Augen, dann schnippte er mit den Fingern. Einer von dem Dutzend Kellnern, die mit Tabletts voller Gläser auf dem Rasen die Runde machten, kam auf ihn zu.
»Möchten Sie Champagner?« Er deutete auf eine Reihe von Gläsern. »Oder lieber Chablis oder Beaujolais...«
»Ich glaube, ich nehme Champagner. Danke«, sagte Tweed abermals und wanderte auf das große Haus zu, das auf einer flachen Anhöhe stand. Vermutlich vor dem Ersten Weltkrieg gebaut. Auf dem gepflegten Rasen standen Gruppen plaudernder Gäste. Newman und Diana kamen herbeigeschlendert.
»Was haben Sie sich dabei gedacht, Bob?« fragte Tweed kalt. »Wir sind nicht hergekommen, um Aufsehen zu erregen.«
»Ein Test. Erstens paßt es mir nicht, von Dr. Berlins schweren Jungs betatzt zu werden. Aber vor allem wollte ich herausfinden, wieviel er sich gefallen läßt. Wie sehr ihm daran liegt, uns bei dieser Fete dabeizuhaben...«

»Sie sind klüger, als ich dachte«, gab Tweed zu. »Und mir scheint, dort oben sitzt Seine Hoheit ...«
Sie konnten den ersten Blick auf Dr. Berlin werfen.

Über die ganze Breite des dreistöckigen Hauses zog sich eine erhöht angelegte Terrasse, zu der eine Flucht breiter Steinstufen vom Rasen hinaufführte. Am Fuß der Treppenflucht standen ein paar Männer, ganz offensichtlich Wachtposten, und versperrten den Weg.

Genau in der Mitte der Terrasse stand ein langer, weißgedeckter Tisch, an dem ein Dutzend Leute saßen, neun Männer und drei attraktive Mädchen, zwei Brünette und ein Rotschopf. Hinter dem Tisch, genau in der Mitte, saß eine massige Gestalt mit schwarzem Bart.

Der Mann saß sehr still. Auf dem Kopf trug er eine graue Baskenmütze, und trotz der glühenden Hitze war er von Kopf bis Fuß in einen Mantel von der gleichen Farbe gehüllt. Dabei lag die Terrasse im Schatten des hoch aufragenden Hauses.

Dr. Berlin trug eine große Sonnenbrille und hielt ein Fernglas in den Händen, das auf das Eingangstor gerichtet war. Tweed nippte an seinem Champagner, während er seinen Gastgeber aus einer Entfernung von etwa fünfzig Metern musterte. Newman lächelte zynisch, bevor er sprach.

»Eins muß man ihm lassen – seine Organisation funktioniert ...«

»Wie kommen Sie darauf?« fragte Diana.

»Die plötzliche Veränderung im Verhalten dieses Danny Warning gab mir zu denken. Jetzt ist mir klar, was geschehen ist. Von seiner erhöhten Position aus hat Dr. Berlin mit seinem Fernglas einen ungehinderten Blick auf das Tor. Er erkannte mich. Und links neben ihm liegt ein Walkie-Talkie auf dem Tisch, mit dem er jedem Posten auf dem Gelände Anweisungen geben kann. Wie ist es Ihnen ergangen, Tweed?«

»Ich wurde als Ehrengast empfangen ...«

»Jetzt wissen Sie, wieso. Er hat Sie durch sein Fernglas gesehen. Ich finde das ganze Arrangement äußerst befremdlich.«

»Ich weiß jetzt, wieso«, sagte Tweed langsam. »Ich weiß nur nicht, warum – warum ihm so daran gelegen ist, mich hier zu haben, damit er mich sehen kann ...«

»Oder damit Sie *ihn* sehen können«, warf Diana ein.

»Und näher kommen wir nicht an ihn heran«, bemerkte Newman.

An eingerammten Pfosten war quer über den Rasen ein dickes Tau gespannt. Dahinter gab es keine Gäste mehr; Wachen patrouillierten an dem Tau entlang.

»Ich glaube, ich weiß, wonach sie mich absuchten«, sagte Newman zu Diana, als sie in die Menge zurückschlenderten. »Eine Kamera. Sie sagten, er schätzt es nicht, fotografiert zu werden. Warum eigentlich nicht?«

»Er ist von Natur aus schüchtern. Haßt jede Art von Publicity. Es gibt überhaupt nur sehr wenige Fotos von ihm. Er hat nicht einmal zugelassen, daß ich eine Aufnahme von ihm mache. – Wir haben Tweed verloren«, sagte sie plötzlich.

Tweed stand immer noch da, wo sie ihn verlassen hatten; er nippte hin und wieder höflich an seinem Glas, während er scheinbar das Haus bewunderte. In Wirklichkeit beobachtete er Dr. Berlin. Sein Gastgeber schwenkte das Fernglas und richtete es direkt auf Tweed. Obwohl er wußte, daß er gemustert wurde, blieb Tweed stehen und wendete den Blick nicht ab.

Abgesehen vom Hantieren mit dem Fernglas bewegte sich der Mann fast überhaupt nicht. Die anderen Leute an seinem Tisch plauderten miteinander, tranken und füllten ihre Gläser nach, bedienten sich von Platten mit Eßbarem und schienen die Party zu genießen. Dr. Berlin legte das Fernglas auf den Tisch und musterte Tweed durch die gefärbten Gläser seiner Sonnenbrille; seine Hände waren hinter zwei großen Kaffeekannen verborgen.

Auf diese Entfernung sein Gesicht zu erkennen war schwierig, und der Bart machte es noch schwieriger. Die völlige Reglosigkeit des Mannes faszinierte Tweed, der ebenso still dastand. Es war niemand in seiner Nähe, als er so dastand, eine Hand in der Tasche seiner Safarijacke, in der anderen das Glas, den Blick unverwandt auf die Terrasse gerichtet.

Er spürte, wie eine weiche Hand seinen Unterarm faßte; ohne sich umzusehen, wußte er, daß es Diana war. Sie zog sanft, drängte ihn, mit ihr zu kommen. Er wartete noch einen Augenblick, schaute weiterhin auf die Terrasse. Dann berührte ihn ihre Schläfe, und er spürte die sanfte Berührung ihrer Brust an seinem Oberarm. »Kommen Sie, Tweedy«, flüsterte sie.

Er ließ sich von ihr fortführen, in die Menge hinein, wo sie sich ihren Weg bahnten, bis sie Newman erreicht hatten, der mit grimmigem Ausdruck allein dastand. Er schaute erleichtert drein, als sie herankamen.

»So«, sagte Diana. »Ich habe ihn gerettet. Jetzt ist er in Sicherheit.«

»In Sicherheit? Was soll das bedeuten?«

Newman beantwortete seine Frage. »Ist Ihnen eigentlich klar, daß Sie ein ideales Ziel abgegeben haben, als Sie da so mutterseelenallein mitten auf dem Rasen standen?«
»Was für ein Unsinn . . .«
Der heiße, stickige Nachmittag ging dahin. Kellner erschienen unaufhörlich mit Tabletts voller Speisen und Getränke. Tweed musterte die anderen Gäste. Elegant gekleidete Damen und Herren. Mittelstand. Aber schließlich gehörte in der Bundesrepublik heutzutage fast jedermann zum Mittelstand. Händler und Kaufleute mit ihren Frauen. Einige Gesichter erkannte er von seinen Spaziergängen in der Umgebung des Jachthafens wieder, aber von den alten Kenianern war niemand zu sehen.
»Mir gefällt es hier«, sagte Diana. »Ich liebe Parties . . .«
»Muß ihn eine ganz schöne Stange Geld kosten«, erwiderte Tweed. »Woher bekommt Dr. Berlin sein Geld eigentlich?«
»Von verschiedenen Organisationen, die seine Arbeit für die Flüchtlinge unterstützen. Wahrscheinlich haben die meisten der hier anwesenden Gäste etwas für die eine oder andere Organisation gespendet. Sie haben das Gefühl, gut dazustehen, also helfen sie anderen, die weniger glücklich sind . . .«
»Ich frage mich, ob jemand seine Bücher prüft.«
»Zyniker!«
Genau um achtzehn Uhr brach auf der Party plötzlich heillose Verwirrung aus.

Sie standen alle drei in der Nähe der Eingangstore – die geschlossen worden waren –, als eine Kette von Fahrzeugen am Bordstein hielt. Kuhlmann selbst stieß das Tor auf, gefolgt von einem Trupp Polizisten in Zivil.
Danny Warning versuchte, ihn aufzuhalten. Kuhlmann hielt dem untersetzten Sicherheitschef einen Ausweis unter die Nase, schob ihn grob beiseite und gab seinen Leuten Anweisungen.
»Dies ist ein Privatgrundstück«, protestierte Warning.
»Und dies . . .« Kuhlmann hielt ihm ein Blatt Papier hin, »ist ein Durchsuchungsbefehl, der uns ermächtigt, das Grundstück und das Haus zu betreten. Gehen Sie aus dem Weg, sonst lasse ich Sie festnehmen . . .«
Unter den Gästen herrschte plötzlich Stille. Zahllose Gesichter wendeten sich Kuhlmann zu, als er über den Rasen auf das Haus zuging. Mit einer Handbewegung forderte er Tweed, Newman und Diana auf,

ihm zu folgen. Seine Begleiter verteilten sich über das Gelände und notierten die Namen der Gäste.

Sie drängten sich durch die Menge, und Tweed blieb stehen, als Kuhlmann mit einem Ruck einen der Pfähle herausriß, die das Tau hielten. Tweed packte Newmans und Dianas Arm, während Kuhlmann seinen Weg über den Rasen fortsetzte.

»Achtung«, sagte Tweed. »Die Terrasse . . .«

Dr. Berlins Vorzugsgäste saßen nach wie vor an dem langen Tisch; alle Blicke waren auf Kuhlmann gerichtet. Aber in der Mitte klaffte eine Lücke. Dr. Berlins Stuhl war leer.

»Diana«, sagte Tweed eindringlich, »führt hier noch ein anderer Weg heraus?«

»Nur die Einfahrt neben dem Rasen . . .«

Noch während sie sprach, hörte Tweed das Motorengeräusch eines Wagens, der auf der hinter Bäumen verborgenen Einfahrt auf die Mecklenburger Landstraße zufuhr. Er machte kehrt und begann, auf das Tor zuzulaufen. Diana war verblüfft, wie schnell er sich bewegen konnte. Newman lief hinter ihm her, Diana folgte.

Gerade als Tweed das Tor erreichte, bog ein schwarzer Mercedes mit getönten Scheiben aus der Einfahrt auf die Straße und fuhr durch das Tor und auf die Fähre zu. Er rannte hinter dem Wagen her, froh darüber, daß er die Safarijacke trug, zu deren Kauf Diana ihn überredet hatte. Er lief weiter und sah von weitem, daß die Fähre in Kürze ablegen würde. Er spurtete stetig weiter.

Er kam noch rechtzeitig, um zu sehen, wie der Mercedes, dessen Heckscheibe gleichfalls getönt war, auf die Fähre rollte. Er lief weiter. Die Silhouette eines Mannes auf dem Rücksitz drehte sich um und blickte heraus. Tweed sah für einen Augenblick eine Baskenmütze und einen schwarzen Bart. Dr. Berlin hob die Hand, winkte ihm zu, dann hob sich die Rampe, und die Fähre machte sich auf die Fahrt nach Travemünde.

Tweed blieb stehen und fluchte laut; als Newman und Diana ihn eingeholt hatten, keuchte er noch, um wieder zu Atem zu kommen.

»Er ist entwischt«, sagte Tweed und wischte sich den Schweiß von der Stirn.

»Sie sehen so wütend aus«, sagte Diana. »Warum?«

»Der Kerl hat mir zugewinkt. Aber das ist es nicht. Ich kenne den Mann. Ich habe ihn schon gesehen. Mit ihm geredet. Da bin ich ganz sicher.«

»Das ist unmöglich«, widersprach Newman.

»Ich kenne ihn«, wiederholte Tweed. »Dieses Winken ... Irgendwann werde ich mich erinnern ...«

FÜNFZEHN

Als die Fähre zurückkehrte, gingen sie an Bord. Diana wanderte zum Bug und blickte mit verschränkten Armen hinüber nach Travemünde. Tweed blieb mit Newman mittschiffs.

»Lassen wir sie allein«, riet er. »Irgendetwas hat sie aufgeregt. Wenn wir angelegt haben, begleite ich sie zur *Südwind*. Sie hat vorhin etwas Wichtiges gesagt, aber ich weiß einfach nicht mehr, was es war. Vielleicht fällt es mir wieder ein, wenn ich mich mit ihr unterhalte ...«

»Auf jeden Fall mögen Sie sie«, bemerkte Newman trocken.

»Und was haben Sie vor?« konterte Tweed.

»Ich muß Ann Grayle von der Party berichten. Das habe ich ihr versprochen.«

»Dann tun Sie Ihre Pflicht«, erwiderte Tweed mit nichtssagendem Ausdruck.

Ihm war aufgefallen, daß sich Newmans Einstellung zu Frauen verändert hatte, seit er aus Frankreich nach London zurückgekehrt war. In diesem Jahr, hatte er Tweed erzählt, war er allein durch Frankreich gestreift und hatte versucht, über die brutale Ermordung seiner Frau in Estland hinwegzukommen. Von Frauen hatte er nichts wissen wollen. Jetzt kehrte er allmählich zum Normalzustand zurück. Das bewies sein Interesse an Ann Grayle.

»Was meinen Sie – warum hat Kuhlmann diesen Überfall auf Dr. Berlin organisiert?« fragte Newman

»Keine Ahnung. Aber eines steht fest. Mit dieser Operation hat sich Kuhlmann von seiner besten und gnadenlosesten Seite gezeigt. Er hat das Überraschungsmoment voll ausgenutzt. Der Zeitpunkt hätte gar nicht besser gewählt sein können.«

»Ich verstehe nicht recht ...«

»Um sechs Uhr. Auf den Glockenschlag. Er ließ die Party erst eine Weile laufen. Die Stimmung aller Anwesenden – einschließlich der Wachen – war entspannt. Kuhlmann schlug zu, als sie am wenigsten damit rechneten, die Gäste nicht ausgenommen.«

Tweed schwieg, bis die Fähre ihre Fahrt vor dem Anlegen verlangsamte. Dann äußerte er seine Bitte in Form einer beiläufigen Bemerkung.

»Sie könnten etwas für mich tun. Finden Sie heraus, wo Diana ihr Geld herbekommt. Eine erkennbare Einkommensquelle hat sie offenbar nicht.«
»Dafür hat Ann Grayle eine ziemlich bissige Erklärung...«
»Versuchen Sie es mit dem Mann, der bei ihr an Bord ist. Ich muß jetzt los. Wir sehen uns später im Jensen...«
Diana wartete unmittelbar hinter der herabgelassenen Rampe auf ihn. Sie hängte sich bei ihm ein. Ihr Gesicht unter dem breitkrempigen Hut war noch blasser als gewöhnlich, und er spürte ihre Nervosität. Es war die heißeste Stunde des Tages. Die Sonne strahlte auf Travemünde herab, von der Erde stieg die Hitze auf, die sie im Laufe des Tages absorbiert hatte, und die Luft war stickig.
»Kommen Sie mit aufs Boot, Tweedy?«
»Natürlich. Wir können uns ein bißchen unterhalten. Das war ein reichlich plötzliches Ende der Party...«
»Daran bin ich schuld. Warten Sie, bis wir auf dem Boot sind, dann erkläre ich es Ihnen.«
»Wie wär's mit Champagner?« fragte sie, als sie über die Laufplanke gingen.
»Großartige Idee. Daran herrscht bei Ihnen kein Mangel.«

Tweed gab sich ganz locker. »Lassen Sie mich die Flasche aufmachen. Dann fließt nicht die Hälfte aufs Deck, statt in uns hinein.«
Er folgte ihr den Niedergang hinab, und sie öffnete den Kühlschrank, nahm eine Flasche heraus und hielt sie zur Begutachtung hoch. »Dom Perignon? Einverstanden?«
Tweed nahm die Flasche und begann, die Folie abzulösen. Sie stellte zwei Gläser auf die Arbeitsplatte und trat dann zu der lederbezogenen Bank, auf der sie sich mit untergeschlagenen Beinen niederließ.
»Sehen Sie mal«, sagte sie, »dort steht ein Brief am Schrank. Seien Sie so nett und öffnen Sie ihn für mich. Später...«
Tweed hatte den Umschlag bereits bemerkt. Teures Papier. Der Name war in Großbuchstaben getippt. DIANA CHADWICK. Er öffnete die Flasche, füllte die beiden Sektkelche, die sie bereitgestellt hatte, und trug sie zur Bank hinüber. Sie machte ihm Platz.
»Setzen Sie sich zu mir. Ich bin ein bißchen kribbelig...«
»Trinken Sie einen Schluck. Dann geht es Ihnen gleich besser. Zum Wohl!«
»Zum Wohl!« Sie leerte das Glas auf einen Zug, füllte es wieder und trank die Hälfte vom Inhalt des zweiten Glases. Das Funkeln kehrte in

ihre dunkelblauen Augen zurück. »So, jetzt kann ich es Ihnen erzählen. Heute in aller Frühe kam ein Polizist an Bord. Er war sehr grimmig, aber er gefiel mir. Ein Mann namens Kuhlmann. Wie ein menschliches Kraftwerk. Könnte ich noch einen Tropfen haben?«

»Dazu ist das Zeug da.«

»Er ist sehr geschickt, dieser Kuhlmann. Niemand sonst hätte mich dazu bringen können, zu erzählen, was ich ihm erzählt habe.«

»Und was haben Sie ihm erzählt?«

»Von dem Schlauchboot mit Außenbordmotor, das ich nach Mitternacht vom Strand zum Priwall fahren hörte...«

»Ich sagte Ihnen ja, das müßte die Polizei erfahren...«

»Ich weiß.« Sie spielte mit ihrem Spitzentaschentuch. Plötzlich blickte sie auf und sah Tweed an. »Außerdem habe ich ihm erzählt, daß Dr. Berlin so ein Schlauchboot hat, und daß das Kielwasser, von dem ich schon sprach, auf den Anleger zuführte, an dem sein Boot gewöhnlich liegt. Und ich bin sicher, daß die Polizei aus diesem Grund bei der Party aufkreuzte. Jetzt ist mir sehr unbehaglich zumute.«

»Vermutlich haben viele Leute solche Schlauchboote...«

»Vermutlich...« Sie trank wieder einen Schluck Champagner und versank in Gedanken.

»Schauen wir einmal nach, was in dem Brief steht«, sagte Tweed betont munter.

Er wendete ihr den Rücken zu, damit sie nicht sehen konnte, was er tat. Er hob den Umschlag auf, ohne ihn mit den Fingerspitzen zu berühren. Glücklicherweise war die Klappe nur flüchtig zugeklebt und ließ sich leicht öffnen. Er zog den zusammengefalteten Zettel heraus, öffnete ihn und las die kurze Nachricht, die offensichtlich in aller Eile getippt worden war. Sogar die Unterschrift war getippt. Er las laut vor, was auf dem Zettel stand.

»›Werde eine Weile weg sein. Kümmern Sie sich um die *Südwind*. Geld für Spesen auf der Bank. Berlin.‹« Dann sagte er über die Schulter hinweg: »Kann ich das eine Weile behalten?«

»Warum nicht?«

Er schob den zusammengefalteten Zettel wieder in den Umschlag und steckte den Umschlag in die Brusttasche. Als er sich umdrehte, hatte sie sich zurückgelehnt; ihr Kopf ruhte auf einem Kissen, ihr Blick ging zur Kabinendecke. Er ließ sich wieder neben ihr nieder.

»Diana, das verstehe ich nicht recht. Diesen Brief muß er doch schon früher am Nachmittag getippt und hergeschickt haben – was bedeutet, daß er wußte, daß er verschwinden würde...«

»Nicht unbedingt. In seinem großen Mercedes gibt es alles mögliche – darunter eine Platte mit einer kleinen Reiseschreibmaschine. Er kann das ohne weiteres während der Überfahrt auf der Fähre getippt haben. Dann hat er den Brief vielleicht einem seiner Leute gegeben, der ihn gleich nach dem Anlegen hierherbrachte, während wir darauf warteten, daß die Fähre zurückkam ...«

»Er tippt selbst?«

»Ja. Er tippt ständig irgendwelche Zettel mit Anweisungen.« Ihre Augen wirkten schläfrig. »Er hat so viele Talente, von denen die Leute keine Ahnung haben. Er spielt gut Klavier. Sein Lieblingskomponist ist Chopin. Bleiben Sie die Nacht über hier, Tweedy?«

»Darauf wollte ich gerade kommen.« Sein Ton war geschäftsmäßig. »Nach zwei Morden ganz in der Nähe – und wie diese armen Mädchen sind Sie auch blond – verbringen Sie keine einzige Nacht mehr hier an Bord. Sie kommen mit ins Jensen und schlafen dort in Ihrem Zimmer. Ist das klar?«

»Es ist nett, jemanden zu haben, der sich Sorgen macht. Ja, es ist klar. Ich verspreche es.«

»Dann sollten wir sehen, wo Newman steckt, und nach Lübeck zurückfahren ...«

»Wenn die Flasche leer ist.«

Sie streckte das rechte Bein aus und legte es auf seinen Schoß. Er tätschelte ihren Knöchel mit seiner freien Hand, aber als sie sich erhob und näher an ihn heranrückte, schüttelte er den Kopf.

»Ich mag Sie sehr gern, Diana, aber im Augenblick bin ich mit einer Sache, die ich erledigen muß, vollauf beschäftigt. Und ich habe eine Frau ...«

»Bob hat mir erzählt, daß Sie von ihr getrennt leben – schon seit langer Zeit ...«

»Newman redet zu viel. Wir trinken aus, und dann gehen wir ...«

»Eine Versicherungssache? Sie helfen Leuten, die entführt worden sind – oder entführt werden könnten. Reichen Leuten ...«

»So ist es. Ich kann nicht darüber sprechen. Trinken Sie aus ...«

Sie holten Newman von Ann Grayles Schaluppe ab. Diana wartete am Ende des Anlegers – in sicherer Entfernung von »dieser Person«.

Der Weg zum Bahnhof Travemünde-Hafen war nicht weit. In dem fast leeren Zug suchte Diana sich einen Platz im hinteren Teil des Wagens und schaute aus dem Fenster.

»Sie ist irgendwie aus dem Gleichgewicht«, erklärte Tweed Newman

und erzählte ihm von dem Brief, von dem Schlauchboot, dessen Fahrt zum Priwall sie beobachtet hatte, von ihrer Unterhaltung mit Kuhlmann.
»Es dürfte viele Leute geben, die solche Schlauchboote haben«, wandte Newman ein. »Ich selbst habe mindestens ein Dutzend gesehen.«
»Das habe ich ihr auch gesagt. Aber es muß noch etwas geben, das sie mir nicht erzählt hat, wohl aber Kuhlmann. Deshalb die Durchsuchung. Ich glaube, Dr. Berlin ist uns für einige Zeit entwischt, vielleicht für immer. Und mir ist wieder eingefallen, was Diana sagte und was mir so wichtig erschien – aber nicht, wann sie es sagte.«
»Und was war das?«
»Später ...«
Tweed hatte bemerkt, daß Diana ihren Platz verlassen hatte und in ihren Teil des Wagens herüberkam. Sie wirkte völlig verändert, ihre Stimmung war gelöst, ihr Schritt leicht. Sie ließ sich Tweed gegenüber nieder.
»Entschuldigung«, sagte sie.
»Wofür?«
»Für meine schlechten Manieren – dafür, daß ich einfach weggegangen bin. Mir saß ein schwarzer Hund auf der Schulter – hat das nicht Churchill immer gesagt? Ich habe es einmal gelesen. Ich mußte zu einem Entschluß kommen ...«
»Dafür brauchen Sie sich nicht zu entschuldigen«, versicherte ihr Tweed. »Wollen Sie uns von Ihrem Entschluß erzählen?«
»Ja. Ich habe Kuhlmann, diesem Mann vom BKA, mehr berichtet als Ihnen. Deshalb sagte ich, ich wäre an seinem Erscheinen schuld. Ich glaube, Sie sollten wissen, was ich ihm erzählt habe. Besonders, weil sich Dr. Berlin, nachdem die Polizei erschienen war, in aller Eile aus dem Staub gemacht hat.«
»Er wollte ganz offensichtlich mit der Polizei nichts zu tun haben«, bemerkte Tweed
»Ich sagte Ihnen schon, daß Kuhlmann ein Mann ist, der andere überreden kann. Ich erzählte ihm, daß ich kurz vor Mitternacht bei Dr. Berlin angerufen habe. Er geht nie vor zwei Uhr zu Bett. Schon in den alten Tagen in Kenia blieb er immer die halbe Nacht auf.«
Sie zögerte, senkte den Blick, und Tweed runzelte die Stirn, um Newman davon abzuhalten, etwas zu sagen. Diana bat Newman um eine Zigarette, zündete sie an und tat einen tiefen Zug. Dann blickte sie Tweed direkt an.

»Es meldete sich niemand. Ich hatte seine Privatnummer gewählt, die direkte Verbindung mit seinem Arbeitszimmer . . .«

»Vielleicht hielt er sich in einem anderen Teil des Gebäudes auf – es ist ein großes Haus.«

»Genau das sagte Kuhlmann auch. Dann wählte ich die Hausnummer, und Danny Warning meldete sich. Als ich nach Dr. Berlin fragte, erklärte er, er wäre in seinem Arbeitszimmer und wollte nicht gestört werden. O Gott, ich muß mich irren.«

»Dann gibt es nur eine Folgerung«, sagte Tweed. »Ihre Anrufe beweisen, daß Dr. Berlin um die Zeit, als Iris Hansen am Strand ermordet wurde, nicht zu Hause war.«

SECHZEHN

»Ich fliege nach London zurück«, verkündete Tweed. »Unter strikter Geheimhaltung. Daß ich am Park Crescent eingetroffen bin, wird man erst wissen, wenn ich durch die Tür komme.«

Er durchquerte sein Zimmer im Jensen mit langsamen, bedächtigen Schritten. Er hielt sich sehr aufrecht, und in seiner Stimme lag eine Härte, die Newman überraschte.

»Was ist passiert?« fragte er. »Ich begleite Sie . . .«

»Das tun Sie nicht. Sie bleiben hier und passen auf Diana auf. Ich fahre morgen früh nach Hamburg, fahre vom Hauptbahnhof direkt zum Flughafen, kaufe ein Ticket und gehe an Bord der nächsten Maschine.«

»Ich muß noch einmal fragen. Warum diese plötzliche Kehrtwendung? Ich weiß, daß Sie hierherkamen, weil Sie eine Falle vermuteten – und weil Sie diese Falle selbst zuschnappen lassen wollten . . .«

»Seither habe ich einiges erfahren, das mir klargemacht hat, daß es sich um etwas noch viel Schlimmeres handeln kann, als ich vermutete – die größte Krise, vor der Park Crescent je gestanden hat, seit ich dort arbeite. Wenn ich recht habe – und ich hoffe zu Gott, daß das nicht der Fall ist –, dann sehe ich keine Möglichkeit, die Sache zu bereinigen, ohne daß es einen entsetzlichen Skandal gibt. Stellen Sie mir keine Fragen. Ich könnte mich irren.«

»Sie wollten mir erzählen«, sagte Newman ruhig, »was Diana Wichtiges gesagt hat.«

»Sie sagte, und ich zitiere sie wörtlich ›oder damit Sie ihn sehen können‹. Das sagte sie, als ich meiner Verwunderung darüber Ausdruck gab, warum Dr. Berlin Wert darauf legen sollte, mich zu sehen. Sie drehte es andersherum.«

»Sie sprechen in Rätseln ...«

»Und was mich beschäftigt, ist ein wirklich gigantisches Rätsel.« Tweed setzte sich, und sein ganzes Wesen veränderte sich. »Nun, Bob, haben Sie etwas darüber erfahren, wovon Diana lebt – woher sie ihr Einkommen bezieht?«

»Ann Grayle fing wieder mit den goldenen Beinen an, aber dem habe ich einen Riegel vorgeschoben. Da hörte sie auf, biestig zu sein. Sie erzählte mir, es wären Gerüchte im Umlauf, daß Dr. Berlin ihr ein Taschengeld zahlt – ein sehr großzügig bemessenes Taschengeld. Mehr, als sie zum Leben braucht. Sie kümmert sich um die *Südwind* – und um seinen anderen Kabinenkreuzer, die *Nordsee*, die in der Nähe der Fähre am Priwall vor Anker liegt. Ann hat ihren Liegeplatz auf der Karte hier eingezeichnet.« Er reichte Tweed ein zusammengefaltetes Stück Papier.

»Noch ein Kreuzer? Wie groß ist diese *Nordsee?* Hat sie das erwähnt?«

»Sehr groß. Ein Schwesterschiff der *Südwind*. Kann weite Strecken zurücklegen – auch bei rauher See. Berlin bemannt jeweils das Boot, mit dem er fahren will. Er ist häufig für längere Zeit abwesend. Niemand weiß, wo er sich aufhält. Ein Freund von Ann hat geschworen, er hätte die *Südwind* einmal in Oslo gesehen.«

»Was tut er auf diesen weiten Reisen?«

»Nimmt Verbindung mit verschiedenen Organisationen auf, die Geld für seine Flüchtlingsarbeit spenden. Von denen gibt es in Skandinavien etliche – das weiß ich von meinen eigenen Reisen ...«

»Und wer bezahlt das alles? Das Haus auf dem Priwall, die beiden großen Kajütkreuzer? Diese Dinger verschlingen Geld – selbst wenn sie vor Anker liegen«, bemerkte Tweed.

»Die wohltätigen Organisationen, die ich eben erwähnte. Ann Grayles Worten war zu entnehmen, daß er auf die Spendenfreude der Leute eine geradezu hypnotische Wirkung ausübt. Sein Einfluß reicht bis in die Vereinigten Staaten. Er stellt etwas dar.«

Tweed blickte unglücklich drein. »Alles, was Sie mir da erzählen, deutet darauf hin, daß ich mit meiner bizarren Theorie recht haben könnte. Aber ich wünschte, daß ich mich irre. Sie dürfen Diana keinesfalls aus den Augen lassen, während ich fort bin. Denken Sie daran, sie ist blond – wie die anderen Opfer ...«

»Und wie lange werden Sie fort sein?«

»Ein paar Tage, nehme ich an. Niemand darf wissen, wo ich mich aufhalte. Wenn man Ihnen zusetzt, sagen Sie ›Kopenhagen‹. Und ein Mann darf es auf gar keinen Fall erfahren. Otto Kuhlmann.«
»Warum Kuhlmann?«
»Weil es noch jemanden gibt, der in Frankfurt war, als dieses holländische Mädchen ermordet wurde, und der sich hier befand, als Helena Andersen und Iris Hansen in Stücke gehackt wurden.«
»Wer ist das?«
»Otto Kuhlmann.«

»Das Telefongespräch war negativ«, erklärte Markus Wolf General Lysenko in seinem Leipziger Büro im fünften Stock.
»In welcher Hinsicht? Kommen Sie zur Sache.«
»Munzel hat einen ersten Angriff auf Tweed ausgeführt. Das tut er manchmal – um sein Opfer besser abschätzen zu können. Der Angriff war nicht endgültig, da der britische Auslandskorrespondent Robert Newman eingriff ...«
»Tweed befindet sich wohl und ist am Leben? Ist es das, was Sie mir auf Ihre umschweifige Art mitteilen wollen?« fragte Lysenko.
»Tweed lebt noch, ja. Fürs erste. Nennen wir es einen Probelauf. Seine Liquidierung wird wie vorgesehen erfolgen ...«
»Verdammter Mist!« Lysenko machte aus seiner Wut keinen Hehl. »Und ich muß nach Moskau und dem Generalsekretär Bericht erstatten. Er wird überaus erfreut sein, das ist sicher.«
»Übermitteln Sie dem Genossen Gorbatschow meine herzlichsten Grüße.«
»Das macht ihn bestimmt zum glücklichsten Mann der Sowjetunion. Mir scheint, wir müssen Munzel durch jemanden ersetzen, der sein Handwerk besser versteht ...«
Wolf nahm seine Hornbrille ab und musterte Lysenko. Die Nachricht und Lysenkos Ausbruch schienen ihn nicht im mindesten zu beunruhigen. Er kaute auf einem der Bügel seiner Brille.
»Munzel ist der beste – wie der Generalsekretär weiß. Ich werde mit dem nächsten Stadium der Operation fortfahren, wenn Sie in Moskau sind ...«
»Ich bleibe nicht lange fort«, erklärte Lysenko heftig. »Also was gedenken Sie währenddessen zu erreichen? Und noch etwas macht mir große Sorgen. Ich sagte Ihnen, Munzel ist ein Sadist. Und wer könnte die brutalen Morde an diesen beiden blonden Mädchen in Travemünde begangen haben?«

»Ich bin nicht gewillt, derart skandalöse Mutmaßungen über meine Leute hinzunehmen ...«
»Mutmaßungen – daß ich nicht lache! Wenn es Munzel war, wenn Tweed den Spieß umkehrte und es bewiese – und seine Idendität bloßlegte – großer Gott! Können Sie sich vorstellen, was er daraus machen könnte?«
»Das wird nicht geschehen ...«
»Ich finde diese Behauptung überaus beruhigend.« Lysenkos Stimme triefte vor Sarkasmus. »Aber ich gedenke nicht, es dabei zu belassen.«
»Was wollen Sie damit sagen?«
Wolf erhob sich, setzte seine Brille wieder auf und starrte den Russen an. Es fehlte nicht viel an einer heftigen Auseinandersetzung. Lysenko weigerte sich, auch nur einen Zentimeter nachzugeben. Er schlug mit der geballten Faust auf den Tisch.
»Balkan ist in der Gegend. Nehmen Sie Verbindung mit ihm auf. Er soll sich dahinterklemmen und herausfinden, wer diese Morde begangen hat. Und Sie berichten mir über jede Entwicklung nach Moskau. Verstanden?«
»Wenn Sie darauf bestehen ...«
»Ich bestehe nicht darauf. Ich befehle es.«
»Und gestatten Sie, daß ich Sie über meinen nächsten Schritt informiere?«
»Aber schnell.« Lysenko warf einen Blick auf die Uhr. »Sonst erreiche ich mein Flugzeug nach Moskau nicht mehr.«
»Ich habe die Anweisung schon an Munzel weitergeleitet, der für eine Weile untergetaucht ist ...«
»Welche Anweisung? Ich sagte es bereits, ich bin in Eile.«
»Er soll Newman töten, Tweeds Beschützer. Und dann Tweed. Beide auf einmal, wenn möglich. In beiden Fällen soll es wie ein Unfall aussehen. Ein gemeinsamer Unfall ...«
»Sorgen Sie dafür, daß sich Balkan um diese Maßnahmen kümmert«, sagte Lysenko und verließ den Raum.

Das Taxi mit Tweed und Newman stoppte vor der Polizeidirektion Lübeck-Süd. Tweed hatte Kuhlmann angerufen, bevor sie das Jensen verließen; der Mann vom BKA erwartete sie in der Eingangshalle.
»Das Scrambler-Telefon steht Ihnen zur Verfügung«, sagte Kuhlmann, als sie im Fahrstuhl hinauffuhren. »Newman und ich, wir warten wieder in der Kantine.«

Tweed betrat den kahlen Raum, verschloß die Tür und ließ sich am Tisch nieder. Er überlegte einen Moment, dann hob er den Hörer ab und wählte Monicas Nummer am Park Crescent. Sie meldete sich sofort.

»Hier ist Hadrian, Monica. Irgend etwas Neues? Dies ist ein sicheres Telefon – sofern heutzutage überhaupt noch eines sicher ist.«

»Nichts Berichtenswertes, abgesehen davon, daß niemand angerufen hat. Das kommt mir seltsam vor, ein wenig aufreibend. Es tut gut, Ihre Stimme zu hören.«

»Ich gebe zu, daß das ungewöhnlich ist. Aber es könnte zu einer Theorie passen, die mir im Kopf herumgeht. Sie brauchen sich deshalb keine Sorgen zu machen«, versicherte er ihr.

»Irgendwelche Instruktionen?«

»Ja. Ich komme zurück – aber niemand darf es wissen. Und setzen Sie sich mit allen vier Sektorenchefs in Verbindung. Sie sollen nach London kommen. Das hat absolute Priorität. Sie müssen übermorgen früh um neun auf der Matte stehen ...«

»Alle vier? Das könnte Probleme geben ...«

»Ich sagte, absolute Priorität. Sie müssen gefunden werden, sie müssen erscheinen.«

»Das werden sie. Seien Sie vorsichtig ...«

Er legte den Hörer auf. Bevor er den Raum verließ, atmete er einmal tief durch, um den grimmigen Ausdruck verschwinden zu lassen, den er auf seinem Gesicht vermutete. Er wanderte zur Kantine und setzte sich zu Newman und Kuhlmann, die sich bei einer Tasse Kaffee unterhielten.

»Zufriedenstellend?« fragte Kuhlmann.

»Bis zu einem gewissen Grade. Und jetzt sollten wir uns auf den Weg machen. Danke, daß ich das Telefon benutzen durfte.«

»Kuhlmann hat Ihnen etwas mitzuteilen«, warf Newman ein.

»Ja?«

»Dr. Berlin ist in sein Haus zurückgekehrt, sobald die Durchsuchung abgeschlossen war und wir alle das Gelände verlassen hatten. Das hat mir das zuständige Revier in Travemünde mitgeteilt.«

»Haben Sie vor, ihn zu vernehmen?«

»Dazu bin ich nicht ermächtigt. Ich kann nicht wieder hinfahren. Ich hatte einen Durchsuchungsbefehl, der es mir erlaubte, das Grundstück und das Haus in Augenschein zu nehmen und die Namen aller Gäste zu notieren. Aber etwas Interessantes haben wir gefunden. Ein überaus leistungsfähiges Funkgerät, hinter einem Bücherschrank in

der Bibliothek versteckt. Die Reichweite würde für Kontakte mit Kaliningrad ausreichen – einer der wichtigsten sowjetischen Funkzentralen.«
»Illegal? Sie sagten, es wäre versteckt«, bemerkte Tweed.
»Keineswegs. Danny Warning, diese Kröte von einem Sicherheitschef, erklärte, es wäre ein teures Instrument, und deshalb müßte es vor Einbrechern versteckt werden.« Er zündete sich eine Zigarre an. »Dieser Warning gefällt mir nicht. Aber leider kann ich nichts mehr unternehmen.«
»Können Sie wegen Kurt Franck etwas tun?« fragte Tweed.
»Selbst wenn ich ihn finden könnte – und das kann ich nicht – nein. Sie konnten ihn beide nicht eindeutig identifizieren. Er hat das Mövenpick verlassen und ist mit seinem gemieteten BMW davongefahren. Spurlos verschwunden. Bis demnächst.«
Als sie draußen in der warmen und feuchten Nacht auf ihr Taxi warteten, starrte Tweed in die Dunkelheit. Plötzlich sagte er:
»Passen Sie gut auf Diana auf, Bob. Sie könnte der Schlüssel zu dieser mysteriösen Geschichte sein – den Morden an Fergusson und Palewski in Hamburg, dem Geheimnis um Dr. Berlin. Und zu etwas noch viel Größerem.«
»Würden Sie mir vielleicht sagen, warum es so wichtig ist, daß ich sie beschütze?«
»Sie könnte eine Zeugin sein«, sagte Tweed. »*Die* Zeugin ...«

Nachdem Tweed am folgenden Morgen seinen Koffer gepackt hatte, rief er Kuhlmann in Lübeck-Süd an. Als Kuhlmann sich meldete, klang seine Stimme ungeduldig.
»Ich veranlasse gerade eine Schleppnetzfahndung in Norddeutschland – nach Franck. Was gibt's?«
»Ich wollte mich nur erkundigen, ob es in Sachen Dr. Berlin etwas Neues gibt?«
»Sind Sie Hellseher? Er ist wieder verschwunden. Ganz früh heute morgen. Er wurde bis zum Lübecker Flugplatz beschattet – der liegt dicht an der Grenze. Er ist mit einer Sportmaschine abgeflogen – laut Flugplan Richtung Hamburg und Hannover ...«
»Danke. Ich will Sie nicht länger aufhalten.«
Tweed legte den Hörer auf, sah Newman an, der auf einem der Stühle in seinem Zimmer saß, und klatschte in die Hände.
»Sie sehen aus, als wären Sie mit sich zufrieden«, bemerkte Newman.

»Nicht so ganz. Ich habe eben von Kuhlmann erfahren, daß Dr. Berlin abgeflogen ist – von dem Flugplatz, den ich auf der Karte entdeckt habe. Dort müssen wir uns umsehen, wenn ich wieder hier bin. Was haben Sie heute vor?«
»Diana ist nervös, ruhelos. Sie möchte, daß wir nach Travemünde fahren. Was mir recht ist. Ich möchte mich ein bißchen mit diesem Typ unterhalten – Ben, Ann Grayles Freund –, und zwar allein.«
»Und nicht vergessen – niemand darf erfahren, daß ich Deutschland verlassen habe.«
»Ihre Safarijacke ist ziemlich auffällig. Ich begleite Sie zum Bahnhof. Diana wird warten, bis ich zurückkomme. Also werden Sie nicht gleich nervös.«
Am Hauptbahnhof stellte sich Tweed in einer kleinen Schlange am Fahrkartenschalter an. Ein untersetzter Mann trat hinter ihn und stellte sich gleichfalls an. Newman tat, als läse er in einem Taschenbuch, und versuchte sich zu erinnern, wo er den Mann schon einmal gesehen hatte.
Tweed kaufte eine Fahrkarte Erster Klasse nach Bonn und eilte auf den Bahnsteig. Er trug einen weißen Koffer. Newman beobachtete, wie der untersetzte Mann gleichfalls eine Fahrkarte kaufte und dann eine Telefonzelle betrat.
Dort wählte er die Nummer von Martin Vollmer in Altona. Vollmer meldete sich sofort.
»Hier Gustav«, sagte der untersetzte Mann mit kehliger Stimme. »Tweed verläßt Lübeck mit dem Zug. Hat eine Fahrkarte nach Bonn gekauft.« Er beschrieb Tweeds Kleidung.
»Ich informiere Balkan. Außerdem werde ich in Hamburg aufpassen. Für alle Fälle ...«
Newman folgte dem untersetzten Mann, der seine Fahrkarte in die Tasche steckte. Er verließ den Hauptbahnhof, setzte sich ans Steuer eines geparkten BMW und fuhr davon. Jetzt erinnerte sich Newman, wo er den Mann gesehen hatte. Er gehörte zu Danny Warnings Leuten, die bei der Party das Grundstück bewacht hatten.
Wieder begannen die Telefonleitungen zu summen.
»Tweed fährt nach Bonn ... nach Bonn ... *Bonn* ...«

Der Zug nach Hamburg war nur schwach besetzt, und Tweed fand ein leeres Abteil. Er nahm den großen weißen Koffer, den er am Vortag in Lübeck gekauft hatte, betrat die Toilette und verriegelte die Tür. Dann öffnete er den weißen Koffer, holte einen kleineren blauen heraus,

öffnete ihn gleichfalls und vollbrachte das Kunststück, sich auf dem beengten Raum umzuziehen und in einen dunkelblauen Anzug zu schlüpfen. Danach stopfte er die Safarijacke und die Drellhose in den weißen Koffer und schloß ihn.
Er öffnete die Tür, warf einen Blick auf den menschenleeren Gang, trat ans Fenster der Wagentür, öffnete es und wartete, bis der Zug an einer Böschung entlangfuhr, an deren unterem Ende hohes Unkraut wucherte; dahinter erstreckten sich Felder. Er hob den weißen Koffer auf die Fensterbrüstung und stieß ihn so kraftvoll hinaus, daß er mitten im Unkraut landete. Er schloß das Fenster, holte den blauen Koffer aus der Toilette und kehrte in sein Abteil zurück.

Hamburg Hauptbahnhof. Martin Vollmer stand wieder auf der Brükke oberhalb der Bahnsteige, auf der er einige Wochen zuvor beobachtet hatte, wie Tweed und Newman in den Zug nach Kopenhagen einstiegen. Seine Lippen bewegten sich, während er memorierte.
»Safarijacke, Drellhose, weißer Koffer . . .«
Als der Zug aus Lübeck einfuhr, ließ er den Bahnsteig nicht aus den Augen. Eine Handvoll Passagiere verließ den Zug und wanderte der Treppe entgegen. Als sich der Zug wieder in Bewegung setzte, schüttelte Vollmer den Kopf, dann betrat er die nächste Telefonzelle und wählte eine Nummer.
»Hier Martin. Tweed sitzt noch im Zug nach Bonn . . .«

Tweed stieg in Hamburg als erster aus. Er ging schneller als gewöhnlich, und er hatte seine Brille abgenommen. Er eilte die Treppe hinauf zum Taxistand.
»Zum Flughafen«, wies er den Fahrer an und machte es sich auf dem Rücksitz bequem. Auf der Fahrt zum Flughafen blickte er zweimal durchs Heckfenster. Keinerlei Anzeichen dafür, daß ihm jemand folgte.
Tweed spürte, daß er genau beobachtet wurde. Wahrscheinlich benutzten sie Markus Wolfs Lieblingstechnik – die Bocksprungmethode. Leute, die an der bekannten Route des Beschatteten die Bahnhöfe überwachten. Eine Art der Beschattung, die praktisch nicht auszumachen war, aber voraussetzte, daß der Beschattete den Leuten den Gefallen tat, tatsächlich auf der erwarteten Route zu reisen.
Am Flughafen kaufte er ein Erster-Klasse-Ticket nach Heathrow für den Lufthansa-Flug 042, Abflug 13.40, Ankunft 14.05 Ortszeit. Damit würde er vierundzwanzig Stunden früher als erwartet in London

eintreffen. Aber vor der für den nächsten Morgen anberaumten Sitzung mit den Sektorenchefs hatte er noch viel zu tun. Und besonders wichtig war eine Verabredung, die er zu treffen hoffte.

SIEBZEHN

»Großer Gott, Mann, wo kommen Sie denn her? Wir haben Sie erst morgen früh erwartet.«

Er mußte natürlich ausgerechnet auf Howard stoßen, als er das Haus am Park Crescent betrat. Tweed fluchte innerlich, als Howard ihm die Steintreppe hinauf in sein Büro folgte. Monica blickte fassungslos von ihrem Schreibtisch hoch. Tweed hängte seinen Burberry auf einen Bügel und ließ sich hinter seinem Schreibtisch nieder, während Howard die Tür schloß und die rechte Hälfte seines Hinterteils auf den Schreibtisch pflanzte. Er verschränkte die Arme und funkelte Tweed an.

»Und was, frage ich, soll dieser Unsinn, alle vier Sektorenchefs aus Europa zu einer Sitzung herzubeordern?«

»Ein wichtiger Bestandteil meiner Strategie, das schwarze Schaf zu finden...«

»Äußerst aufschlußreich. Und natürlich«, fuhr Howard auf seine überhebliche Art fort, »waren Sie es, der den Mann ausgesucht hat, den Sie jetzt als schwarzes Schaf bezeichnen...«

»Deshalb bin ich auch dafür verantwortlich, daß ihm das Handwerk gelegt wird...«

»Eine hübsche Untertreibung«, bemerkte Howard. »Ich würde eher sagen, Ihr Kopf liegt auf dem Block...«

»Das reicht.« Tweed erhob sich hinter seinem Schreibtisch und erklärte laut: »Ich wiederhole es: ich trage die volle Verantwortung, aber ich denke nicht daran, mir von Ihnen Vorträge halten zu lassen. Für den Fall, daß Sie es vergessen haben sollten – Sie haben die Berichte über die Leute gleichfalls überprüft.«

»Haben Sie in Deutschland irgendwelche Fortschritte gemacht?« Howard war vom Schreibtisch heruntergeglitten und stand nun steif da. »Und darf ich Sie daran erinnern, daß wir nicht allein sind?« fauchte er.

»Monica ist schon länger hier als Sie. Und was die Fortschritte betrifft – einige wenige. Wir befinden uns noch im Anfangsstadium. Das Tempo bestimme ich. Und ich habe wenig Zeit.«

Howard betupfte seine Römernase mit einem seidenen Taschentuch, stopfte es wieder unter seine Manschette; dann gab er sich umgänglicher – offenbar bedauerte er seinen Ausbruch.

»Ist Ihnen auch wirklich nichts passiert? Ich hörte, daß Sie in Lübeck attackiert wurden?«

Woher zum Teufel wußte er das? Dann erinnerte sich Tweed, daß Lübeck in Greys Sektor lag. Natürlich. Grey würde jede Kleinigkeit berichten, um sich bei Howard beliebt zu machen.

»Nur ein kleiner Zwischenfall, der wahrscheinlich nichts zu bedeuten hatte. Und jetzt würde ich gern an die Arbeit gehen, wenn es Ihnen recht ist...«

»Bin schon unterwegs. Auf meinem Schreibtisch türmen sich die Akten. Fraglich, ob ich heute abend überhaupt in den Klub gehen kann...«

Monica wartete, bis er die Tür hinter sich geschlossen hatte. »Dieser Bastard!« brach es aus ihr heraus. »Ihr Kopf auf dem Block! Was denkt er eigentlich, wo wir hier sind? Im Tower vielleicht?«

»Ich brauche jede Minute«, erklärte ihr Tweed. »Wenn es geht, würde ich gern diesen Psychiater sprechen, den wir schon einmal konsultiert haben. Ich meine nicht den Schwachkopf, zu dem Howard seine Leute schickt, sondern diesen vernünftigen Mann aus der Harley Street. Irgendein ausländisch klingender Name...«

»Dr. Roger Generoso.«

»Richtig, so heißt er. Nein, warten Sie noch einen Moment. Außerdem will ich nach Norfolk. Da müßte ich heute abend hinfahren. Ich möchte mich mit Hugh Greys Frau Paula unterhalten. Wir haben uns recht gut verstanden, als wir uns das letzte Mal trafen. Machen Sie erst einen Termin mit Dr. Generoso ab, dann rufen Sie Paula an. Soweit ich weiß, hält sie sich fast immer in dem Farmhaus auf.«

»Sie hatten Glück, Mr. Tweed. Jemand hat eine Vereinbarung abgesagt. Wieder Probleme mit der General-and-Cumbria-Versicherung?«

Dr. Roger Generoso war mittelgroß, gut gebaut, ein Mann in mittleren Jahren mit rundlichem Kopf und schütterem Haar. Sein Wesen war sachlich. Er hörte Tweed zehn Minuten zu und machte sich dabei Notizen.

»Das wär's so ungefähr«, sagte Tweed. »Was halten Sie davon?«

»Ein Mann, der ein Doppelleben führt«, sagte Generoso nachdenklich. »Ein Leben hier, ein zweites auf dem Kontinent. Hält beide strikt voneinander getrennt. Steht jetzt unter starkem Druck – und Sie haben die Absicht, diesen Druck zu verstärken, um ihn als Kopf einer Entführerbande zu entlarven. Ich glaube, damit wagen Sie sich auf sehr dünnes Eis.«

»Warum?«

»Kommt darauf an, ob Sie ihn zerbrechen. Um es ganz einfach auszudrücken. Wir haben einen Mann, dessen Kopf aus zwei Teilen besteht, je einem für jede Seite seines Lebens. Die Gefahr ist, daß er schizophren wird. Es ist ungefähr so, als hätte er in seinem Gehirn einen Damm errichtet. Auf der einen Seite sein normales Leben, auf der anderen seine geheime Existenz. Wenn dieser Damm bricht, überflutet die eine Seite die andere. Dann kann alles mögliche passieren.«

»Ich habe einmal ein Buch über Kim Philby gelesen«, bemerkte Tweed. »Er trank wie ein Loch; trotzdem hat er sich nie verraten.«

»Ein gutes Beispiel. Der Alkohol hat ihn gerettet. Baute die ungeheure Spannung ab, mit der er fertig werden mußte.«

»Also könnte übermäßiger Alkoholkonsum ein Anzeichen sein?«

»Durchaus.«

»Dieser Fall könnte sehr schwerwiegend sein«, sagte Tweed vorsichtig. »Wenn der Druck sehr stark ist – könnte es dann sein, daß er darauf verfällt, Frauen zu ermorden – auf ganz bestialische Weise?«

Generoso musterte Tweed eindringlich. »Mir war nicht klar, daß Sie von einem so extremen Fall sprechen. Es gibt Fälle wie den, den Sie beschreiben. Sehr schwer aufzudecken. Der Mörder kann die meiste Zeit einen völlig normalen Eindruck machen – weshalb einige meiner weniger aufmerksamen Kollegen schon Leute aus den Gefängnissen herausgelassen haben, die auf Lebenszeit hätten drinbleiben müssen.«

»Angenommen, er hätte den unwiderstehlichen Drang, blonde Mädchen zu ermorden und zu verstümmeln?«

»Sie scheinen wirklich vor einem schwerwiegenden Problem zu stehen. Ja, ganz offensichtlich Schizophrenie. Sollte die Polizei nicht informiert werden?«

»Einer der fähigsten Männer auf dem Kontinent ist mit der Untersuchung des Falls betraut. Wie die Dinge liegen, überschneiden sich seine und meine Nachforschungen. Das heißt, sie könnten sich überschneiden. In dieser Sache gibt es nichts, dessen ich mir sicher bin. Gibt es irgendwelche anderen Anzeichen oder Gewohnheiten, an denen man einen solchen Mann erkennen kann? Die ihn verraten?«

»Eine überaus schwierige Frage.« Generoso lehnte sich in seinem Sessel zurück und fuhr sich mit einer Hand über den Kopf, als versuchte er, dort einen Anhaltspunkt zu entdecken. »Wahrscheinlich ist er auf irgendeine Art besessen.«

»Auf welche zum Beispiel?«

»Er könnte übertrieben ordentlich sein. Großen Wert auf Kleinigkeiten legen. Können Sie den Mann beschreiben, den Sie verdächtigen?«

»Davon gibt es mehrere.«

»Das hilft mir nicht weiter. Ich arbeite im dunkeln.«

»Ich auch«, gab Tweed zu. »Wie steht es mit charakterlichen Anzeichen?«

»Da befinden wir uns auf etwas sichererem Grund. Schizophrene legen manchmal eine anmaßende Selbstsicherheit an den Tag, die an Arroganz grenzt. Nehmen wir wieder das Beispiel Philby. Ich bin sicher, er fing als Kreuzritter an. Später war es das Spiel, das ihn in seinen Bann schlug – das Vergnügen, Leute zum Narren zu halten.«

»Und wenn er das Gefühl hätte, das Netz um ihn zöge sich zusammen – er wäre in Gefahr, identifiziert und bloßgestellt zu werden? Würde er dann in Panik geraten?«

»Unwahrscheinlich. Diese Leute können teuflisch gerissen sein. Er würde keine Minute daran zweifeln, daß er seine Gegner überlisten kann – weil er so viel intelligenter ist als sie. Es könnte ihn veranlassen, auf die Herausforderung zu reagieren . . .«

»Und mehr Mädchen zu töten?«

»Das fürchte ich.«

»Und würde er sich«, fragte Tweed weiter, »von Frauen fernhalten?«

»Nicht unbedingt. Er könnte genau das Gegenteil tun – um den Verdacht abzulenken. Für einen Laien ist es überaus schwierig zu begreifen, wie teuflisch gerissen eine gespaltene Persönlichkeit sein kann. Ein solcher Mann hat viel Ähnlichkeit mit einem Schauspieler, der zwei Rollen spielt. Ein anderes Anzeichen, das ich bei ihm vermuten würde, ist unerträgliche Einbildung, das Gefühl, allen anderen Menschen turmhoch überlegen zu sein. Aber das ist möglicherweise nicht zu erkennen«, warnte er.

»Und wenn ich Druck auf ihn ausübe – ihn zerbreche?«

»Dann befinden Sie sich auf sehr gefährlichem Gelände. Gehen wir davon aus, daß wir von einem Extremfall sprechen – von jemandem, der herumwandert und von Zeit zu Zeit blonde Mädchen ermordet.

Wenn der Druck steigt, steigt auch seine Mordgier. Seine Methode, Spannung abzubauen, sich von dem Druck zu befreien. Und das, Tweed, ist leider alles, was ich Ihnen dazu sagen kann ...«
»Wenn Sie der General and Cumbria Ihre Liquidation schicken, adressieren Sie sie bitte an mich persönlich.«
Generoso begleitete ihn zur Tür seines Sprechzimmers. Als er sie öffnete, bemerkte er noch: »Seien Sie vorsichtig. Wenn Ihre Vermutungen stimmen, könnten Sie sich in größter Gefahr befinden ...«

»Paula Grey ist zu Hause«, verkündete Monica, als Tweed die Tür zu seinem Büro geschlossen hatte. »Sie schien sich sogar auf Ihren Besuch zu freuen.«
»Das verstehe ich nicht. Die paar Male, die wir uns getroffen haben, sind wir recht gut miteinander ausgekommen; aber was Sie eben sagten, hört sich an, als wäre sie erleichtert ...«
»Das könnte durchaus sein. Sie hat ihr eigenes Geschäft, wie Sie ja wissen. Eine Töpferei in King's Lynn, wo ein paar Mädchen für sie arbeiten. Es scheint recht gut zu laufen ...«
»Sie haben ausführlicher mit ihr gesprochen?«
»Sie schien froh, sich mit jemandem aus der Außenwelt unterhalten zu können. Wollen Sie gleich los?«
»Ich fahre in ein paar Minuten ab. Sind alle vier Sektorenchefs bei der Sitzung morgen früh zur Stelle?«
»Ich habe die Anweisung weitergegeben. Das Mädchen in Bern sagte, es könnte schwierig sein, Guy Dalby ausfindig zu machen. Ich erklärte ihr, er müßte hier erscheinen, auf Biegen oder Brechen. Wie war es bei Dr. Generoso?«
»Beunruhigend«, erwiderte Tweed. Dabei beließ er es.

Es war am frühen Abend, als Tweed mit seinem (gebraucht gekauften) Ford Cortina die Außenbezirke von King's Lynn erreichte und auf die von der Stadt wegführende A 17 einbog. Danach fuhr er westwärts auf die einsame Flachlandschaft um The Wash zu.
Tweed saß gern am Steuer. Das bot ihm Gelegenheit, nachzudenken, die Informationen zu verarbeiten, die sich während seines Aufenthaltes in Deutschland in seinem Gehirn angesammelt hatten. Er pfiff sogar leise vor sich hin, als er die Straße entlangfuhr, auf der nur sehr geringer Verkehr herrschte.
Für Routen hatte er ein fotografisches Gedächtnis. Er brauchte nur einmal irgendwohin zu fahren, und so abgelegen sein Bestimmungs-

ort und so kompliziert die Route auch sein mochte – er erinnerte sich stets, wann und wo er abbiegen mußte. Jetzt bog er von der Hauptstraße nach Boston rechts ab und gelangte auf eine einsame Landstraße.

Die Straße erhob sich über die umliegende, völlig menschenleere Landschaft, und er konnte meilenweit sehen. Hugh Greys Farmhaus lag ein Stück hinter dem Dorf Gedney Drove End, etwa fünfhundert Meter von der ausgedehnten Wasserfläche von The Wash entfernt.

Er passierte ein verschlafenes Dorf; abseits der wenigen Häuser stand eine alte, vernachlässigt wirkende Kirche mit einem Turm über dem Portal. Dann sah er den Deich, eine hohe Böschung, die im Abendlicht die Farbe von dunklem Purpur hatte. Gedney Marsh lag links hinter ihm. Nur der Deich hielt die anbrandende See zurück. Er erinnerte sich an die Landschaft, die er bei seinen Fahrten von Lübeck nach Travemünde mit Newman gesehen hatte. Dann hielt er vor einem einstöckigen Farmhaus, einem L-förmigen Gebäude mit einem Ziegeldach.

Als er die Gartenpforte aufstieß, hörte er durch die offenen Fenster Musik von einem Plattenspieler. Strawinskys *Sacre du Printemps*. Er läutete und schaute sich um. Der Garten sah vernachlässigt aus, die Beete voller Unkraut, der Rasen wochenlang nicht gemäht. Er läutete abermals, wartete vielleicht fünfzehn Sekunden, dann wurde die schwere Holztür geöffnet. Paula Grey stand in einer makellosen cremefarbenen Hose und einer plissierten blauen Bluse mit Stehkragen vor ihm.

»Ich hatte Sie noch gar nicht erwartet. Entschuldigung, das klingt fürchterlich – kommen Sie herein. Kaffee? Oder etwas Stärkeres?«

»Kaffee wäre mir recht. Wie geht es Ihnen?« fragte er, als sie ihn in ein längliches Wohnzimmer mit Chintzsesseln, zwei Couches und Chintzvorhängen führte.

»Ich freue mich sehr, daß Sie gekommen sind . . .«

Sie küßte ihn auf die Wange und schüttelte die Kissen auf einem Sessel auf. Der Raum war typisch für Hugh Grey, dachte er, als er sich niederließ. »Mein Häuschen auf dem Lande«, wie er es zu nennen pflegte. Überall Chintz und Jagdstiche an den Wänden.

»Ich mache Kaffee. Dauert nur eine Minute. Den Strawinsky stelle ich ab . . .«

»Ich mag ihn . . .«

»Dann drehe ich ihn ein bißchen leiser.«

Sie tat es, ging dann zu einem Schreibtisch hinüber, ergriff ein in

Leder gebundenes Notizbuch, legte es in eine Schublade, drehte schnell den Schlüssel um und steckte ihn in die Tasche; dabei wandte sie ihm den Rücken zu. Dann lächelte sie und verschwand durch eine Tür, wobei Tweed einen flüchtigen Blick auf eine moderne Küche erhaschen konnte.
Er stand auf und durchquerte leise den Raum; wie er vermutet hatte, war das Schloß der Schublade nicht richtig eingeschnappt. Er öffnete sie, zog das Notizbuch heraus und blätterte es durch. Ein Tagebuch mit Eintragungen in einer säuberlichen Handschrift. Ihr Federhalter lag noch auf der Schreibtischplatte.
H. sagt, er fährt ins Ausland ... Portman folgte ihm nach Heathrow. Bestieg Flugzeug nach Frankfurt ... Kehrte heute unvermutet zurück ... Wohnung in Chelsea von Portman die ganze Nacht überwacht ... noch keinerlei Hinweise auf eine andere Frau ... Portman Gebühren und Spesen in bar ausbezahlt ... H. sagt, er fährt wieder ins Ausland ...
Tweed klappte das Tagebuch zu. Paula konnte jeden Augenblick hereinkommen. Er legte das Buch wieder in die Schublade und schob sie fast zu. Dann holte er eine Zehnpence-Münze aus der Tasche und schloß mit ihrer Hilfe die Schublade so, daß der Riegel des Schlosses in die Falle schnappte. Als Paula mit dem Tablett zurückkehrte, saß er wieder auf dem Sessel und blickte durch das rückwärtige Fenster über Felder mit reifendem Weizen hinweg auf den hoch aufragenden Deich.
»Ich bin so froh, daß Sie mich besuchen«, sagte Paula. Dann hielt sie einen Moment inne. »Aber Sie haben doch hoffentlich keine schlechten Nachrichten ...«
»Nein, Hugh geht es bestens«, sagte Tweed rasch. »Ich dachte, Monica hätte Ihnen das gesagt, als sie mit Ihnen telefonierte.«
»Sie war ein bißchen vage, aber ich weiß, daß bei der Art Versicherung, mit der Sie zu tun haben, Geheimhaltung das oberste Gebot ist. Sahne?«
»Ja – ich werde ausnahmsweise einmal leichtsinnig sein. Kein Zucker. Das hieße den Leichtsinn auf die Spitze treiben. Hugh kommt morgen nach London zurück – aber das wissen Sie vielleicht schon.«
»Nein. Er ist sehr verschlossen. Über seine Arbeit spricht er nie.«
Paula war ungefähr einssiebzig groß und schlank und hatte eine gute Figur; ihr dunkelbraunes Haar war so geschnitten, daß es im Nacken dicht anlag. Mit ihren neunundzwanzig Jahren war sie genau zehn Jahre jünger als ihr Mann. Sie hatte ein längliches Gesicht mit fein

geschnittenen Zügen und wirkte sehr unabhängig. Sie setzte sich und schlug die wohlgeformten Beine übereinander.

»Also werde ich meinen herumvagabundierenden Mann zu Gesicht bekommen? Oder ist es wieder einmal nur eine Stippvisite?«

»Ich werde ihm eine Woche Urlaub geben. Aber das weiß er noch nicht. Sie können ihn morgen nachmittag im Büro anrufen. Am Vormittag haben wir eine Besprechung.«

»Das ist schön. Die Woche Urlaub, meine ich. Sofern er nicht vorhat, halb England zum Dinner bei uns einzuladen. Sie können sich nicht vorstellen, wie sehr er Geselligkeit liebt. Ihm fehlt direkt etwas, wenn er nicht von Freunden umgeben ist. Und die meisten davon kann ich nicht ausstehen.«

»Freunde aus alten Zeiten?« fragte Tweed, während er ihren hervorragenden Kaffee trank. Sie saß auf der Kante eines Stuhls und musterte ihn mit ihren wachen grauen Augen. Ihre Bewegungen waren flink und anmutig zugleich. Tweed zweifelte nicht daran, daß sie eine ausgezeichnete Reiterin war. Intelligent, aber unverdorben, und sehr schnell von Begriff. Er würde sich vorsehen müssen.

»So ist es, Tweed«, erwiderte sie; sie sprach, als wären sie gute Bekannte. »Das übliche Problem einer zweiten Frau, nehme ich an – und wahrscheinlich überwiegend meine Schuld. Erzählen Sie mir – wenn Sie können –, was Hugh tut, seit Sie ihn vor sechs Monaten befördert haben? Ich wäre schon für eine Andeutung dankbar.«

»Das ist eigentlich vertraulich ...« Tweed zögerte. »Er hat jetzt eine leitende Stellung inne und ist für einige ziemlich bedeutende Versicherungspolicen zuständig. Die Versicherten sind überwiegend Einzelpersonen – und einige davon tragen berühmte Namen, mit denen Sie sofort etwas anzufangen wüßten, wenn ich sie nennen würde – was ich nicht kann ...«

»Versicherungen gegen Entführung?«

»So etwas Ähnliches. Außerdem muß er unter gewissen Umständen schwierige Verhandlungen führen ...«

»Mit Entführerbanden, wenn sie jemanden in ihre Gewalt gebracht haben? Ist das nicht ziemlich gefährlich?«

»Das habe ich nicht gesagt.« Er lächelte, um seine Antwort harmloser klingen zu lassen. »Wir haben eine Menge Erfahrung, und Hugh ist einer meiner besten Leute.«

»Sie wissen, daß er sehr ehrgeizig ist ...«

»Und er muß laufen lernen, bevor er rennen kann. Irgend etwas beunruhigt Sie, Paula.«

»Nicht der Rede wert.« Sie verschränkte ihre wohlgeformten Hände und streckte sie ihm entgegen. »Im Grunde bin ich glücklich. Ich lebe auf dem Lande und fühle mich wohl.«
»Und was macht die Töpferei?«
»Bringt Töpfe voller Geld ein.« Sie lächelte verschmitzt. »Entschuldigen Sie den Kalauer. Ich stelle weitere Leute ein. Muß Hugh abends oft lange arbeiten – wenn er im Lande ist, meine ich?«
»Wenn Not am Mann ist, müssen wir das alle.« Tweed stellte fest, daß er es genoß, mit Paula zu fechten. Ich weiß, was in deinem schlauen Köpfchen vorgeht, dachte er, und ihre nächsten Worte bestätigten seine Vermutung.
»Treffen Sie oft in seiner Wohnung am Cheyne Walk mit ihm zusammen? Seinem sogenannten *pied à terre?*«
»Ein guter Ort, um vertrauliche Dinge zu erörtern – nach Büroschluß, wenn am Park Crescent die Putzfrauen herumwirtschaften.«
»Bleiben Sie zum Essen, Tweed? Ich bin eine gute Köchin. Und ich habe eine Flasche exzellenten Chablis«, lockte sie. Ihre Augen waren eine Herausforderung.
»Ich täte es liebend gern, aber ich muß zurück nach London.« Er warf einen Blick auf das Klavier in der Ecke. »Spielt Hugh darauf?«
»Wir spielen beide ...«
»Wer ist sein Lieblingskomponist?«
»Grieg. Er spielt immer nur Grieg. Möchten Sie das Haus sehen? Kommen Sie. Währenddessen können Sie noch einmal über meine Einladung zum Abendessen nachdenken ...«
Die Küche war in dem neuen Stil eingerichtet, den Tweed so langweilig fand. Rustikal. Schränke und Arbeitsplatten in Kiefer. Aber sie war gut durchdacht. Sein Blick fiel auf eine Reihe von Messern, die hinter einem an der Wand befestigten Lederriemen steckten. Kein Messer mit breiter Klinge, wie es Küchenchefs benutzen – die Art von Messern, mit der Helena Andersen und Iris Hansen in Travemünde hingeschlachtet worden waren.
Er hörte, wie sie hinter seinem Rücken den Kühlschrank öffnete. Als er sich umdrehte, entkorkte sie eine Flasche Chablis. Sie füllte zwei Gläser und reichte ihm eines davon. »Ich fühle mich heute abend einsam. Trinken Sie ein Glas mit mir – ich trinke nie allein. Auf daß Sie Ihr gegenwärtiges Problem erfolgreich lösen.«
Sie stießen an, und er beobachtete sie über den Rand seines Glases hinweg. Sie erwiderte den Blick, dann setzte sie ihr Glas ab.

»Warum haben Sie die weite Fahrt gemacht, um mich zu besuchen?«
»Wir haben ein Haus in Wisbech, das wir für Sitzungen verwenden. Ich war ohnehin in der Gegend, und da dachte ich, ich könnte Ihnen guten Tag sagen«, log er.
»So ist das. Kommen Sie, ich zeige Ihnen den Rest des Hauses ...«
Es waren noch drei Räume. Im größten davon stand ein Doppelbett. Paula blickte durch das hintere Fenster auf den Deich hinaus. Die Nacht brach herein, und ein dunkler Schatten rollte wie eine Welle über die flache Landschaft zwischen dem Deich und dem Farmhaus.
»Im Winter kann es hier unheimlich sein«, bemerkte sie. »Wenn vom Meer her Nebel aufzieht.« Ihre Stimme hatte einen schwermütigen Beiklang, der jedoch rasch wieder verschwand. »Gehen wir weiter.«
Sie blickten in Paulas Atelier und in ein weiteres Schlafzimmer, das Hugh als Büro benutzte. In einer Ecke stand ein großer, moderner Safe. Paula deutete auf ihn.
»Darin schließt er all seine Papiere und Policen ein. Er achtet sehr darauf, daß nie etwas herumliegt. Wenn er hier arbeitet, darf ich nicht hereinkommen. So, und jetzt noch das Eßzimmer – dann sind wir durch. Hier am Tisch haben acht Leute Platz«, erklärte sie. »Wie geht es Harry Masterson?« fragte sie plötzlich.
Sie hatte so eine Art, Fragen hinzuwerfen – als hoffte sie, einen Augenblick zu erwischen, in dem er nicht auf der Hut war. Warum dieses Interesse für Masterson?
»Energiegeladen wie eh und je. Läßt sich durch nichts unterkriegen ...«
»Harry ist ein netter Kerl. Als wir vor zwei Jahren hier eine Dinnerparty gaben – Hugh und ich waren noch nicht verheiratet –, war Harry die Seele vom Ganzen. Er ist unwiderstehlich.«
»Wann fand diese Party statt?«
»Gott, jetzt bin ich ins Fettnäpfchen getreten. Sie waren ja nicht eingeladen. Ich habe Hugh bekniet, aber er sagte, Sie steckten bis über beide Ohren in Arbeit und könnten nicht kommen ...«
»Lassen Sie sich deshalb keine grauen Haare wachsen«, sagte Tweed leichthin. »Wer war sonst noch da?«
»Außer Harry noch Guy Dalby und Erich Lindemann. Von Lindemann war ich nicht begeistert. Ein ziemlich trockener Typ – außerdem schien ihm etwas im Kopf herumzugehen. Recht höflich, aber ziemlich schweigsam. Guy war in Ordnung, besonders nachdem er

zum Kaffee drei Kognaks getrunken hatte.« Sie brach ab und hielt die Hand vor den Mund. »Ich rede zu viel. Das tue ich immer. Aber ich dachte, womöglich wird er auf der Heimfahrt von der Polizei angehalten. Ach ja, Sie fragten, wann die Party stattfand. Am 14. Juli. Hughs Geburtstag. Müssen Sie wirklich fort?«
»Ja, leider. Aber vielleicht darf ich einmal wiederkommen . . .«
»Jederzeit. Lassen Sie Monica vorher anrufen – ich könnte in der Töpferei sein. Manchmal verliere ich alles Zeitgefühl und bleibe die halbe Nacht dort. Es ist pechschwarz«, sagte sie, als sie die Haustür öffnete. »Stört es Sie nicht, im Dunkeln zu fahren?«
»Im Gegenteil, ich finde es erholsam. Geben Sie auf sich acht. Und Hugh wird bald bei Ihnen sein.«
Er küßte sie auf die Wange, und sie erwiderte den Kuß. Als er abfuhr, stand sie auf der Schwelle und winkte ihm nach.

Für die Rückfahrt wählte Tweed eine andere Route; er fuhr auf der Straße weiter, die ihn schließlich nach King's Lynn zurückbringen würde. Der Zweck seines Besuches bei Paula war gewesen, einen Eindruck von Greys Zuhause zu erhalten. Die Umgebung verriet mehr über einen Mann als ein Gespräch, das man mit ihm führte.
Und Hugh Grey war einer der vier Männer, die in Frage kamen, dachte er grimmig. Sein Haus wirkte behaglich, machte einen bewohnten Eindruck. Keine kalte Formalität. Im Wohnzimmer lagen Zeitschriften herum, auf den Nachttischen im Schlafzimmer türmten sich Taschenbücher. Seine Scheinwerfer, die eine weite Strecke überstrichen, fielen auf einen Wegweiser am Straßenrand. Er hielt kurz an.
Fußweg. Das Schild deutete auf einen schmalen Pfad, der auf den Deich zuführte. Er war ungefähr fünfhundert Meter von Greys Farmhaus entfernt. Er fuhr weiter und hielt erst wieder an, als er den Parkplatz hinter dem Hotel The Duke's Head in King's Lynn erreicht hatte. Er nahm seine Reisetasche, ging zum Seiteneingang, nahm ein Doppelzimmer und brachte seine Tasche hinauf.
Dann stieg er die Treppe zur Rezeption hinunter, bestellte ein spätes Abendessen und kehrte in sein Zimmer zurück. Im Telefonbuch fand er die Nummer der Ortspolizei. Er führte ein kurzes Gespräch und ließ sich erklären, wie man am besten zu Fuß zum Revier kam.
Er verließ das Hotel und wanderte über den Parkplatz. Zehn Minuten später betrat er das Polizeirevier an der Ecke St. James' Street und St. James' Road. Inspektor Cresswell erwartete ihn in seinem Büro. Er bot ihm einen Stuhl und Kaffee an, den Tweed dankbar akzeptierte.

Cresswell war ein stämmiger Mann von etwa Fünfzig mit dunklem Haar und gelassenem Wesen, ein Polizist, der die Dinge an sich herankommen läßt, für den keine der Absonderlichkeiten der menschlichen Natur, denen er bei seiner Arbeit begegnet, eine Überraschung bedeutet. Tweed zeigte ihm seinen falschen Sonderdezernats-Ausweis.
»Sie sollten in London sein«, bemerkte er. »Dort brauchen wir Leute wie Sie.«
»Man hat es mir angeboten.« Cresswell schüttelte seinen kantigen Kopf. »Ich habe dreimal abgelehnt. Natürlich würde das Beförderung bedeuten und wesentlich mehr Geld. Aber ich bin in Norfolk zu Hause. Ich kenne die Leute hier, und ich fühle mich wohl. Warum sollte ich das Risiko eines Wechsels nach London eingehen?«
»Ein vernünftiger Standpunkt. Ich untersuche einen schwerwiegenden Fall. Leider kann ich Ihnen keine Einzelheiten mitteilen . . .«
»Schon recht, Sir. Wie kann ich Ihnen helfen?«
»Ich muß wissen, ob es in Ihrer Gegend in den letzten paar Jahren irgendwelche scheinbar unmotivierten Morde an Mädchen gegeben hat. Insbesondere Morde an blonden Mädchen mit anschließender Vergewaltigung, bei denen das Opfer brutal mit einem Messer hingeschlachtet wurde.«
Cresswell lehnte sich auf seinem Stuhl zurück, verschränkte die Arme und schürzte die Lippen. Tweed wartete geduldig. In diesem Teil der Welt wurde nichts übereilt – eine sehr vernünftige Art, die Dinge anzugehen.
»Darf ich fragen, ob es mehrere solcher Morde gegeben hat?« erkundigte er sich auf seine bedächtige Art.
»Ja. Und ich vermute, daß Sie mir etwas erzählen können.«
»Ein Mädchens namens Carole Langley. Vor zwei Jahren. Sie war töricht, aber ein so entsetzliches Ende hatte sie nicht verdient. Sie ging zu Fuß von einer Party nach Hause – draußen in der Nähe von The Wash. Hatte mit dem Freund, der sie mitgenommen hatte, Streit gehabt. Also zog sie allein los, und das wurde ihr zum Verhängnis. Ihre Leiche wurde von einem Streifenwagen gefunden, der in der Nacht nach ihr suchte – nachdem ihre Eltern angerufen hatten, die sich Sorgen machten, weil sie nicht nach Hause gekommen war. Ich hatte in dieser Nacht Dienst, genau wie heute. Ich fuhr hinaus an den Tatort. Was ich da im Licht meiner Taschenlampe sah, werde ich nie vergessen. Hingeschlachtet war der Ausdruck, den Sie benutzten. Carole Langley war in Stücke zerfetzt und dann vergewaltigt worden.«

»Haben Sie den Mörder gefaßt?«
»Nein. Die Akte ist noch offen. Ich glaube nicht, daß wir diesen Fall je lösen werden – es sei denn, der Täter schlägt noch einmal zu, was Gott verhüten möge.«
»Und sie war blond?«
»Ja. Ein sehr reizvolles Mädchen. Sie nahm einmal an einem Polizeifest teil. Ein Typ, den man nicht gleich wieder vergißt. Ein munteres Ding. Und so ein gräßliches Ende...«
»Irgendwelche Verdächtigen?«
»Anfangs schien es so. Ihr Freund stand ganz oben auf der Liste. Aber es gab ein Dutzend Zeugen dafür, daß er bis um sechs Uhr morgens in dem Haus geblieben war, in dem die Party stattfand. Wir kriegten sie wegen Drogen ran – Marijuana. Deshalb war Carole Langley gegangen.« Cresswell lächelte trocken. »Und da sagt man, die Tugend trägt ihren Lohn in sich. Es gibt keine Gerechtigkeit auf der Welt.«
»Und der Täter? Was meinen Sie?«
»Es könnte jemand gewesen sein, der meilenweit entfernt wohnt. Die A 17 von Boston verläuft ganz in der Nähe. Vielleicht ein Handlungsreisender. Irgendwer.«
»Können Sie das genaue Datum nachschlagen?«
»Das brauche ich nicht. 14. Juli. Vor zwei Jahren, wie gesagt.«
»Sie haben ein gutes Gedächtnis.«
»Sturm auf die Bastille. Geschichte ist mein Steckenpferd.« Cresswells Augen musterten Tweed eindringlich. »Sie tauchen aus heiterem Himmel hier in Norfolk auf. Stellen mir einen Haufen Fragen. Und die Art von Mord, die ich in meinen Akten habe, hat etwas mit dem zu tun, mit dem Sie sich beschäftigen. Haben Sie hier oben irgend etwas gefunden?«
»Um welche Zeit fand der Langley-Mord statt?«
»Zwischen zwei und vier Uhr morgens – genauer wollte sich der Arzt nicht festlegen. Das dürfte stimmen – es fällt in die Zeit zwischen ihrem Verlassen der Party und dem Anruf der Eltern bei uns.«
»Danke für Ihre Hilfe.« Tweed erhob sich und zog seinen Burberry über. »Wenn Sie nichts dagegen haben – ich habe seit Stunden nichts gegessen, und in The Duke's Head wird ein Abendessen für mich warmgehalten.«
»Gutes Hotel.« Cresswell erhob sich gleichfalls und begleitete seinen Besucher zur Tür. »Aber Sie haben meine Frage nicht beantwortet. Haben Sie hier oben irgend etwas gefunden?«
»Leider nicht. Nicht den geringsten Hinweis...«

Tweed hatte veranlaßt, daß er um halb sechs geweckt wurde. Um sechs war er schon unterwegs, auf der Fahrt nach Südwesten – zuerst durch die flache Landschaft und dann durch eine hügelige, baumbestandene Gegend, doch er sah nichts als die Straße, die vor ihm lag. Der Ausdruck auf seinem Gesicht war grimmig. Er stand vor einer Situation, die wesentlich katastrophaler war, als er je vermutet hatte, wesentlich katastrophaler als alles, was er seit seinem Eintritt in den Geheimdienst erlebt hatte. Ein entsetzlicher Alptraum.

ACHTZEHN

Es war genau acht Uhr, als Tweed sein Büro am Park Crescent betrat. Monica blickte überrascht von ihrem Schreibtisch auf, als er seinen Burberry auszog, ihn aufhängte und rasch auf seinen eigenen Schreibtisch zuging.
»Sie sind früh dran. Ich hatte Sie erst kurz vor neun erwartet ...«
»Ist schon einer von den vieren eingetroffen?«
»Nein. George wird mich unauffällig informieren, wenn sie erscheinen. Wie geht es Paula?«
»Sie ist in einer merkwürdigen Stimmung. Irgend etwas scheint sie zu beunruhigen. Ich wollte, ich wüßte, was ...«
Er berichtete ihr kurz von seinem Besuch im Farmhaus und seinem Gespräch mit Inspektor Cresswell von der Polizei in King's Lynn. Sie saß völlig still und hörte gespannt zu.
»Begreifen Sie, was das bedeutet?« schloß er. »In Verbindung mit dem, was in Travemünde passiert ist?«
»Zwischen diesen entsetzlichen Morden kann doch kein Zusammenhang bestehen. Bei dem Mord in Norfolk muß es sich um eine zufällige Übereinstimmung handeln ...«
»Wie weit kann man den Zufall strapazieren? Alle vier – Lindemann, Grey, Masterson und Dalby – waren bei der Sitzung, die ich vor sechs Monaten in Frankfurt abgehalten habe. Zu einer Zeit, zu der sie eigentlich zu Bett gegangen sein sollten, wurde ein holländisches Mädchen in Stücke gehackt und vergewaltigt. Vor zwei Jahren, in der Nacht des 14. Juli, befanden sich dieselben vier Männer bei einer Dinnerparty in Hugh Greys Farmhaus in Norfolk. Offenbar wurde es sehr spät ...«
»Wie spät?«

»Das weiß ich nicht. Ich konnte Paula nicht allzuviele Fragen stellen. Das ist etwas, was wir noch herausfinden müssen. In derselben Nacht – oder in den frühen Morgenstunden – wurde dieses arme Mädchen, Carole Langley, in Stücke gehackt und vergewaltigt. Und nun passiert das gleiche in Travemünde. Und ich befinde mich in einer äußerst schwierigen Lage – nach meinem Gespräch mit Dr. Generoso.«
»Warum?«
»Muß ich es Ihnen mit einsilbigen Worten erklären?« fauchte Tweed. »Um das schwarze Schaf bloßzustellen, muß ich auf alle vier unerbittlichen Druck ausüben – in der Hoffnung, daß das faule Ei platzt. Aber Generoso hat mich gewarnt. Verstärkter Druck kann einen Schizophrenen dazu veranlassen, noch aktiver zu werden – weitere Morde zu begehen.«
»Sie machen einen gereizten Eindruck«, bemerkte Monica. »Haben Sie gefrühstückt?«
»Nur einen Kaffee aus der Thermosflasche, die Sie mir mitgegeben haben – das Hotel hat sie gefüllt. Ich habe auch Sandwiches bekommen, aber ich kann nicht gleichzeitig fahren und essen ...«
Monica griff nach dem Telefon, gab dem Pförtner eine kurze Anweisung und legte den Hörer wieder auf. »Sie bekommen frische Sandwiches aus dem Restaurant um die Ecke. Bevor Sie in die Sitzung gehen, werden Sie etwas essen ...«
»Dazu habe ich keine Zeit ...«
»Ich verschiebe die Sitzung auf 9.15. Vorher wird gegessen.«
»Das wäre vielleicht ein guter Gedanke«, überlegte Tweed etwas ruhiger. »Wenn sie warten und Däumchen drehen müssen, machen sie sich Gedanken über das, was ihnen bevorsteht ...«
»Soll ich zusammenfassen?« fragte Monica. »Wie üblich halte ich mich an die Tatsachen. Die Tatsachen sind, daß Ian Fergusson nach Hamburg fuhr, um Ziggy Palewski zu treffen. Nur die vier Sektorenchefs waren über diese Reise und seinen Bestimmungsort informiert. Also muß einer von ihnen die andere Seite informiert haben. Auch das ist eine Tatsache. Der Rest ist Spekulation. Wie hätte einer der vier Sektorenchefs rechtzeitig nach Travemünde gelangen können, um dort diese beiden Morde zu begehen? Warum in aller Welt sollten sie diese Scheußlichkeiten gerade dort verrichten – wo sie doch wußten, daß Sie sich dort aufhielten?«
»Dafür könnte es einen Grund geben, über den ich mich noch nicht äußern möchte – ich könnte mich irren. Meine Theorie ist

ziemlich absurd. Aber auf dem Rückflug von Hamburg studierte ich eine Straßenkarte, die ich mir am Flughafen gekauft hatte. Jeder von ihnen hätte nach Lübeck fahren können. Das bedeutet, daß sie für ihr jeweiliges Hauptquartier nicht erreichbar gewesen wären.«

»Sogar Harry Masterson? Den weiten Weg von Wien?«

»Ja. Über die Autobahn. Es gibt eine, die von Salzburg über München nach Norden führt. Und Harry fährt wie Niki Lauda.«

»Weshalb diese Festlegung auf das Autofahren? Es gibt doch Flugverbindungen . . .«

»Auf Flughäfen kann man gesehen werden. Eine unglückliche Zufallsbegegnung mit jemandem, der einen kennt. Nein, der Betreffende muß die Straßen benutzt haben . . .«

Dann erschien George mit einem Päckchen Sandwiches und einer Kanne Kaffee auf einem Tablett. Monica holte einen Teller, stellte ihn mit Schinkensandwiches und einer Papierserviette vor ihn hin und goß ihm Kaffee ein. Sie ließ nicht zu, daß er weitersprach, bevor er gegessen hatte.

»Jetzt ist mir wesentlich wohler«, gab er zu.

»Mit leerem Magen sind Sie unausstehlich. So, und was ist noch zu tun, bevor Sie die Sitzung eröffnen?«

»Zuerst rufen Sie in allen vier Hauptquartieren an – in Frankfurt, Kopenhagen, Bern und Wien – und finden heraus, wo sich die Sektorenchefs in den letzten vierzehn Tagen aufgehalten haben. Nach der Sitzung«, fuhr er wesentlich munterer fort, »gebe ich allen vieren eine Woche Urlaub.«

»Nicht im Interesse ihrer Gesundheit, nehme ich an . . .«

»Ich will sie zu Hause aufsuchen, mir ihre Umgebung ansehen. Bei Hugh Grey habe ich das gerade getan – allerdings muß ich auch seine Wohnung am Cheyne Walk sehen. Die einzige Möglichkeit, überhaupt einen Hinweis zu finden, ist der psychologische Aspekt.«

»Und das bedeutet?«

»Daß ich das Material benutze, das mir Dr. Generoso an die Hand gegeben hat. Ich muß herausfinden, wer meine vier Jünger wirklich sind. Ich habe sie noch nie in ihrer häuslichen Umgebung gesehen. Das war ein Fehler. Wir prüfen sie auf Herz und Nieren, legen Akten über sie an. Aber ich muß sie als Menschen kennenlernen, sie zum Reden bringen. Nur dann besteht die Möglichkeit, daß einem von ihnen etwas herausrutscht.«

»Zeit für Ihre Sitzung. Fühlen Sie sich ihr jetzt besser gewachsen?«
»Dies wird eine sehr schwierige Sitzung – für mich. Ich darf meinen Verdacht nicht einmal andeutungsweise laut werden lassen.« Tweed erhob sich und zog seine Krawatte gerade. »Aber ich kann mit ihnen umgehen. Das ist schließlich mein Job.«
Seine Stimme klang frisch, er wirkte fast unternehmungslustig. Monica lächelte – die vier Männer, die im Konferenzzimmer auf ihn warteten, würden durch die Wäschemangel gedreht werden. Tweed, hochtourig.

»Meine Herren«, eröffnete Tweed von seinem Stuhl am Kopf des Tisches aus die Sitzung, »ich bin mit Ihren Leistungen nicht zufrieden. Ihre Berichte sind äußerst dürftig und vermitteln keinen rechten Eindruck von der Atmosphäre in Ihren Sektoren . . .«
»Mein Bericht tat es«, warf Grey selbstsicher ein; sein Mondgesicht war rosa überhaucht. »Im Westen nichts Neues . . .«
»Bitte unterbrechen Sie mich nicht und warten Sie die Zeit ab.« Tweed starrte Grey einen Moment an, dann fuhr er auf geschäftsmäßige Art fort. »Ich sagte Ihnen bereits, daß die Atmosphäre – das, was die Deutschen Fingerspitzengefühl nennen – angesichts dessen, was die Russen vorhaben, von ausschlaggebender Bedeutung ist. Ich erwarte, daß Sie alle Ihre Nachlässigkeit nach dieser Sitzung wiedergutmachen. Sie zuerst, Guy.«
Dalby, der Chef des Mittelmeersektors, dem das Haar wie üblich in einer Welle in die Stirn hing – sein Markenzeichen? überlegte Tweed –, schlug eine Akte auf. Er sprach schnell, und seine dunklen Augen wanderten rasch um den Tisch herum.
»Meine Leute stehen vor einem Rätsel. Alle normalen Kontakte – unsere Informanten – sind ausgetrocknet. Einige sind aus ihren üblichen Schlupfwinkeln verschwunden. Ich habe Anweisungen für eine gründliche Suche nach dem Verbleib der Agenten der Gegenseite gegeben. Sie sind gleichfalls verschwunden. Die Atmosphäre? Ich habe den Eindruck, als stünden wir vor einem Nebelschleier. Ich möchte den Nebel durchbrechen und herausfinden, was dahinter vor sich geht. Das ist mein Bericht.«
»Lassen Sie die Fakten einen Moment beiseite«, sagte Tweed. »Was geht Ihrem *Gefühl* nach vor?«
»Vorbereitungen für irgendeine größere Operation. Wir müssen aufpassen, ständig auf der Hut sein.«
»Haben Sie inzwischen eine Idee – bei der letzten Sitzung sagten Sie,

Sie würden darüber nachdenken –, warum Fergusson ermordet wurde?«
»Eine Falle. Um Sie nach Hamburg zu locken. Man wird versuchen, Sie umzubringen.«
Bestürztes Schweigen breitete sich am Tisch aus. Dalby legte seine Worte nie auf die Goldwaage, redete nie um die Sache herum wie Hugh Grey. Tweed warf einen Blick nach links auf Lindemann, der neben Hugh Grey saß. Vor ihm lagen wie üblich vier verschiedenfarbige Stifte, und jetzt machte er sich mit dem blauen Notizen. Dalby war also vermutlich blau. Eine merkwürdige Angewohnheit.
»Erich«, sagte Tweed. »Ihre Eindrücke, bitte.«
»Was wir brauchen, sind harte Tatsachen. Ich habe ein paar. Balkan ist im Westen eingetroffen. Sein Hauptquartier liegt wahrscheinlich in Greys Sektor. Ist über Oslo gekommen. Wenn sich etwas tut, dann im Norden.«
Harry Masterson, der ihm gegenübersaß, beugte sich vor und fragte barsch und selbstsicher: »Und wer zum Teufel ist Balkan?«
»Codename für ihren Koordinierer im Westen«, erwiderte Lindemann.
»Sie scheinen ja eine Menge zu wissen – von ihrem abgelegenem Sektor ...«
»Skandinavien ist *nicht* abgelegen.« Lindemann sprach präzise und ohne eine Spur von Erbitterung. »Es ist das Gebiet, in dem die NATO die erste Offensive der Russen erwartet, falls sie je angreifen sollten. Deshalb liegt das große Nervenzentrum der NATO in den Bergen nördlich von Oslo. Meine Informanten sind zuverlässig. Balkan ist sehr gefährlich. Er muß ausfindig gemacht und enttarnt werden.«
»Ich muß mich doch wundern«, empörte sich Masterson. »Er wartet bis zu dieser Sitzung, um uns von dem Mann zu erzählen, den er für ihren gefährlichsten Agenten hält. Arbeiten wir eigentlich als Team oder nicht?«
Tweed schwieg und beobachtete die beiden Männer, die sich noch nie gemocht hatten. Er versuchte, sich jeden der vier am Tisch sitzenden Männer mit einer Baskenmütze vorzustellen. Lindemann ließ sich von Mastersons Attacke nicht aus der Ruhe bringen.
»Das Material über Balkan ist zu geheim, um telefonisch übermittelt werden zu können. Tweed hat diese Information erhalten.«
»Ach, wirklich?« Masterson starrte seinen Vorgesetzten fast aggressiv an. »Ist das nicht etwas, das wir alle hätten erfahren sollen, sobald Sie es wußten?«

»Lindemann hat die Erklärung bereits geliefert. Ich teile sein Mißtrauen gegenüber den normalen Kommunikationssystemen. Was meinen Sie, weshalb ich Sie unbedingt hierhaben wollte?« erwiderte Tweed kurzangebunden.
»Ich möchte in aller Form protestieren«, meldete sich Grey zu Wort. »Und ich möchte, daß dieser Protest im Protokoll dieser Sitzung festgehalten wird. Und wer, wenn ich fragen darf, führt bei dieser Sitzung Protokoll?«
»Niemand«, teilte Tweed ihm mit.
»Dann möchte ich einen weiteren Protest einlegen. Es ist üblich, daß von jeder Sitzung ein Protokoll angefertigt wird ...«
»Dieses Verfahren wurde außer Geltung gesetzt – für diese spezielle Sitzung«, erklärte Tweed. »Keine schriftlichen Hinweise auf Balkan. Nicht ohne meine ausdrückliche Genehmigung. Verstanden?«
»Ich denke schon – wenn Sie darauf bestehen ...«
»Wie bitte?« Tweeds Ton war eisig.
»Ich ziehe die Bemerkung zurück. Vorbehaltlos.«
»Würden Sie dann vielleicht jetzt Ihren Beitrag liefern?«
»Im Westen nichts Neues«, wiederholte Grey. Er schien die Formulierung zu lieben. Auf seinem Gesicht lag ein selbstzufriedenes Strahlen. »Mit wichtigen Einschränkungen«, fuhr er nach einer angemessenen Pause fort. »Meine Kontakte zu den Flüchtlingsorganisationen in Schleswig-Holstein deuten darauf hin, daß eine Aktion des Gegners unmittelbar bevorsteht. Der Charakter dieser Aktion ist noch unbekannt.« Er warf einen Blick auf Lindemann. »Und ich habe keinerlei Informationen über diesen sogenannten Balkan ...«
»Er ist der Mann an der Spitze – schwer ausfindig zu machen«, erwiderte Lindemann, ohne aufzublicken. Jetzt machte er sich mit dem roten Stift Notizen. Rot, vermutete Tweed, stand für Grey.
»Gehört diese Person zu Ihren Flüchtlings-Informanten?« fragte Tweed, nachdem er einen Namen auf ein Blatt aus seinem Notizbuch geschrieben, das Blatt gefaltet und es Grey gereicht hatte. Der Name, den er geschrieben hatte, war Ziggy Palewski.
Grey warf einen Blick darauf, faltete den Zettel wieder zusammen und gab ihn Tweed zurück. »Ich habe den Namen nie gehört.«
Das war geschickt, dachte Tweed. Grey hatte den anderen keinen Hinweis auf das Geschlecht des Informanten geliefert. Tweed wendete sich an Masterson, der einen Bleistift in seinen großen Händen rotieren ließ. Ein energiegeladener Mann, dieser Harry Masterson, und im Gegensatz zu Grey kein Freund von Sitzungen.

»Harry, wie sieht es auf dem Balkan aus?«
»Verdammt enttäuschend. Alle bekannten Ostagenten und ihre Hyänen sind in Deckung gegangen. Ich habe ein paar Männer über die Grenzen in die Infiltrationszonen geschickt. Ich hoffe, daß sie etwas in Erfahrung bringen. Der Vorhang ist heruntergerasselt – aber, wie gesagt, ich habe Leute auf der anderen Seite. Irgend etwas braut sich zusammen. Ich gebe Ihnen mein Wort darauf. Ich kann es kaum abwarten, wieder auf meinen Posten zurückzukehren ...«
»Das werden Sie leider müssen«, sagte Tweed, der sich die Gelegenheit zunutze machte, »weil ich Ihnen allen eine Woche Urlaub gebe. Im Lande. Keine Stippvisiten in Monte Carlo.« Dabei warf er einen raschen Blick auf Harry Masterson. Dann stand er auf.
»Geben Sie Ihren Stellvertretern Anweisung, die Geschäfte in Ihrer Abwesenheit weiterzuführen.«
»Aber wir sind doch erst sechs Monate im Amt«, protestierte Grey. »Wir brauchen mehr Zeit zur Einarbeitung. Dann bekommen Sie vielleicht eingehendere Berichte ...«
»Eine Woche Urlaub. Im Lande«, wiederholte Tweed, »und bevor Sie Ihren Urlaub antreten, möchte ich mit jedem von Ihnen noch kurz unter vier Augen sprechen.«

Monica wartete das Ende des Tages ab, bevor sie Tweed zur Rede stellte. Er hatte den Nachmittag mit kurzen Unterhaltungen mit jedem der vier Sektorenchefs verbracht, bei denen Monica nicht anwesend war. »Ich will sie ganz gelöst«, hatte er erklärt. »Sie könnten denken, Sie hielten unser Gespräch fest.«
Um fünf hatte er Newman im Hotel Jensen angerufen. Wie er gehofft hatte, war Newman gerade mit Diana aus Travemünde zurückgekehrt. Das Gespräch war kurz. Er bat Newman, zum Hauptbahnhof zu gehen und ihn von einer der öffentlichen Telefonzellen aus anzurufen. Zehn Minuten später läutete das Telefon auf seinem Schreibtisch.
»Hier Newman. Machen Sie sich Dianas wegen keine Sorgen – ich kann sie von hier aus sehen. Ich habe sie mitgebracht. Was gibt's?«
»Wissen Sie, ob Dr. Berlin in sein Haus auf dem Priwall zurückgekehrt ist?«
»Sie haben Glück. Ich traf Kuhlmann, der immer noch in Travemünde herumstreicht und Leute verhört, vor allem auf den Jachten. Er erzählte mir, daß Dr. Berlin nach wie vor verschwunden ist. Er läßt sein Haus Tag und Nacht bewachen ...«

»Danke. Das ist sehr interessant. Rufen Sie mich an, falls er zurückkehren sollte. Aber ich glaube nicht, daß das geschehen wird. Sonst alles in Ordnung?«
»Etwas wäre vielleicht erwähnenswert. Diana hat sich entschlossen, einen Sekretärinnenkurs mitzumachen. Schreibmaschine und Stenografie. Nein, regen Sie sich nicht auf. Ich begleite sie zu der Schule und warte dann auf sie.«
»Hat sie gesagt, warum sie das tut?«
»Eine plötzliche Laune. Ich war selbst überrascht...«
»Schreibmaschine und Steno? Auf Deutsch?«
»In der Schule, ja. Aber sie hat auch ein paar alte Lehrbücher für englische Stenografie ausgegraben und lernt daraus. Sie hat sich eine kleine Schreibmaschine gekauft, die sie in einem Schrank auf der *Südwind* versteckt hält. Davon abgesehen, gibt es nichts Neues...«
»Ich werde in ungefähr einer Woche wieder bei Ihnen sein. Seien Sie vorsichtig. Irgend etwas tut sich in diesem Teil der Welt.«
»Dafür gibt es bisher kaum Anzeichen.«
»Was ist mit Kurt Franck?«
»Hat sich in Luft aufgelöst...«
»Seien Sie vor Krüppeln auf der Hut«, sagte Tweed und legte den Hörer auf.
»So!« Monica saß steif aufgerichtet auf ihrem Stuhl. »Haben Sie fünf Minuten Zeit? Gut. Was soll das Ganze? Sie haben Europa völlig entblößt – kein Sektorenchef befindet sich auf seinem Posten. Die Stellvertreter haben die Dinge nicht richtig im Griff – und Sie wissen das.«
»Strategie«, sagte Tweed. »Europa entblößt, wie Sie sagen. Und ich wette, daß Lysenko es binnen weniger Stunden erfahren wird. Es wird ihn zu einem Schritt ermutigen. Ich lehne mich zurück und beobachte, welchen Schritt er tut. Er wird glauben, freie Bahn zu haben – ich führe ihn in Versuchung, von dieser Tatsache Gebrauch zu machen. Wenn er etwas unternimmt, werde ich wissen, was er vorhat. Die Zwischenzeit benutze ich dazu, Masterson in seinem Cottage drunten in Apfield bei Chichester zu besuchen, Lindemann in seiner Wohnung hier in der Stadt und Dalby, der – wie ich vermute – in Woking allein lebt, nachdem seine Frau ihn verlassen hat und nach Frankreich zurückgekehrt ist.«
»Sie scheinen sich von den Besuchen in ihrer häuslichen Umgebung viel zu versprechen...«
»Sie werden lockerer sein. Jemand wird vielleicht einen Fehler ma-

chen, mir den Hinweis geben, nach dem ich suche. Und warum, glauben Sie, besucht jemand wie Diana Chadwick plötzlich einen Sekretärinnenkurs?«

»Weil sie damit rechnet, sich bald ihren Lebensunterhalt verdienen zu müssen.«

Tweed schaute fassungslos drein. Er stand auf und durchwanderte mit hinter dem Rücken verschränkten Händen den Raum. Dann blieb er stehen und blickte auf Monica herab.

»Was täte ich ohne Sie?«

»Habe ich etwas gesagt?«

»Oh, nichts Welterschütterndes. Sie haben mir nur einen weiteren Hinweis darauf geliefert, daß eine völlig absurde Theorie, die ernsthaft zu erwägen mir immer noch schwerfällt, doch der Schlüssel zu dem Problem Balkan sein könnte.«

NEUNZEHN

»Diana Chadwick wird an Bord des Fluges B 373 sein, Abflug Hamburg 18.20, Ankunft Heathrow 18.50 Ortszeit. Bitte lassen Sie sie abholen.«

Newmans Stimme klang kurzangebunden, fast barsch. Tweed faßte den Hörer fester und holte tief Luft.

»Bob, das können Sie doch nicht...«

»Diana ist einverstanden. Ich bringe sie selbst zum Flughafen. Heute. Die ständige Bewachung schränkt meine Bewegungsfreiheit zu sehr ein...«

»Was zum Teufel haben Sie vor?« fragte Tweed.

»Keine Diskussion. Ich habe einen Job, den ich erledigen muß. Und zwar allein. Ich wiederhole – Diana wird an Bord dieser Maschine sein.«

»Das gefällt mir nicht...«

»Darauf kommt es nicht an. Sie lassen sie abholen?«

»Ich tue es selbst – wenn es sein muß...«

»Es muß sein.«

Die Verbindung wurde unterbrochen, bevor Tweed noch etwas sagen konnte. Er lehnte sich in seinem Sessel zurück und starrte Monica an. Sie hob die Brauen und neigte den Kopf zur Seite wie ein Vogel.

»Newman hat wieder einmal irgend etwas vor«, fauchte Tweed. »Um 18.50 muß ich Diana Chadwick in Empfang nehmen. Sie kommt mit

der Maschine aus Hamburg. Er hat sie einfach an Bord befördert wie ein Paket ...«
»Hoffen wir, daß sie nicht im Frachtraum reisen muß.«
»Es hörte sich fast so an. Er will die Verantwortung für sie los sein, damit er auf eigene Faust etwas unternehmen kann. Gott weiß, was er diesmal vorhat – Sie wissen ja, wie er ist, wenn er sich etwas in den Kopf gesetzt hat.«
»Höchst effektiv.«
»Für meinen Geschmack geht er entschieden zu viele Risiken ein.« Tweed erhob sich und trat ans Fenster; seine Hände steckten in den Jackentaschen. »Auf der anderen Seite – wenn Diana in England ist, liefert sie mir vielleicht genau den Schlüssel, den ich brauche, um das Geheimnis von Balkans Identität zu lösen ...«

Am Tag vor Newmans Anruf bei Tweed war Peter Toll, ein Beamter des Bundesnachrichtendienstes, aus der Zentrale in Pullach bei München in Lübeck eingetroffen.
Toll, ein alter Freund Newmans, betrat das Hotel Jensen, stellte fest, daß Newman in seinem Zimmer war, und schickte seine Karte in einem verschlossenen Umschlag hinauf. Der Reporter saß mit Diana bei einem Glas Wein, als der Portier den Umschlag brachte. Er öffnete ihn, dann sah er Diana an.
»Würden Sie mich ein paar Minuten entschuldigen? Ich sehe zu, daß ich diesen Kerl möglichst schnell wieder loswerde. Er ist lästig.«
»Wer ist es?«
»Ein Informant, den ich früher öfters benutzt habe. Er ist unzuverlässig geworden. Sie bleiben hier, bis ich zurückkomme? Öffnen Sie niemandem die Tür – außer mir. Ich werde so klopfen ...«
Er trommelte auf den Tisch, verließ den Raum, wartete vor der Tür, bis er hörte, daß sie den Schlüssel umdrehte, und fuhr dann mit dem Fahrstuhl hinunter in die Halle. Peter Toll war hochgewachsen und schlank, glattrasiert, in den Dreißigern, überaus umgänglich und einer der intelligentesten Männer, denen Newman je begegnet war. Er trug eine randlose Brille und bewegte sich flink. Sie schüttelten sich die Hände.
»Wie wär's mit einem Spaziergang am Fluß?« schlug Toll vor.
»Warum nicht?« Newman wartete, bis sie draußen waren und die vollbesetzten Tische auf dem Gehsteig hinter sich gelassen hatten. »Woher wußten Sie, daß ich hier bin? Wo Sie mich finden würden?«

Toll schob seine Brille auf der langen Nase hoch, eine Geste, an die sich Newman erinnerte. »Es gehört zu meinen Aufgaben, den Aufenthaltsort von verdächtigen Ausländern in der Bundesrepublik zu kennen«, scherzte er.
»Keine langen Vorreden. Sie wollen doch etwas von mir, Peter. Sie haben nicht die weite Reise von Pullach hierher gemacht, nur um mir guten Tag zu sagen.«
»Was sind Sie doch für ein Zyniker«, erwiderte Toll. »Ich könnte hier sein, um etwas zu klären, und auf den Gedanken gekommen sein, bei einem alten Freund hereinzuschauen...«
»Kommen Sie zur Sache. Ich möchte nicht allzulange vom Hotel fortbleiben...«
»Natürlich nicht. Mrs. Chadwick ist eine faszinierende Frau, habe ich mir sagen lassen.«
»Woher wußten Sie, daß ich hier bin?« wiederholte Newman.
»Durch Bonn...«
»Meinen Sie nicht eher Wiesbaden?«
»Kuhlmann würde mich nie über Ihre Anwesenheit informieren – jedenfalls nicht ohne Anweisung des Bundeskanzlers. Kuhlmanns einziger Job ist die Aufklärung der gräßlichen Morde an diesen ausländischen Mädchen. Er gehört schließlich zum BKA.«
»Jetzt kommen wir der Sache schon näher. Was hat Kuhlmann veranlaßt, in Pullach anzurufen?«
»Ihr anhaltendes Interesse an Dr. Berlin. Dazu das Eintreffen von Tweed.«
»Und welches Interesse haben Sie an Dr. Berlin?«
Sie hatten eine Stelle außerhalb der Altstadt erreicht, an der eine gewölbte Fußgängerbrücke den Fluß überspannt. Sie überquerten die Brücke und bogen in einen Fußweg ein, der zwischen Bäumen an einem Bootshaus vorüberführte.
»Ich wollte, ich wüßte es. Lassen Sie uns jetzt Deutsch sprechen.«
»Mit derart vagen Antworten können Sie mich nicht abspeisen«, erwiderte Newman. »Was stimmt nicht mit Dr. Berlin?«
»Oberflächlich gesehen ist alles in Ordnung. Er steht weltweit im Ruf eines Heiligen, eines Mannes, der sein ganzes Leben der Fürsorge für die Benachteiligten gewidmet hat. Aber er verschwindet immer wieder für längere Zeit. Unsere besten Leute haben versucht, ihm auf der Spur zu bleiben. Er ist der reinste Zauberer – und zwar einer, der sich selbst unsichtbar macht. Und er lebt ganz nahe an der Grenze – die liegt am Ende der Mecklenburger Landstraße, an der er wohnt...«

»Ich weiß. Aber Sie müssen noch etwas Greifbareres haben als nur das.«
»Leipzig. Vor zwanzig Jahren vollführte er das gleiche Zauberkunststück in Afrika. Eines Morgens ist er in Kenia, am nächsten Morgen ist er spurlos verschwunden. Angeblich im Dschungel ums Leben gekommen. Dann taucht er in Leipzig wieder auf. Wird dort wegen irgendeiner obskuren Tropenkrankheit behandelt. Und dann – achtzehn Monate später wieder das Zauberkunststück. Er trifft in der Bundesrepublik ein. Manchmal sieht man ihn, manchmal nicht. Solche Leute fallen in Pullach auf.«
»Immer noch ziemlich vage. Was wollen Sie von mir?«
»Ihr Deutsch ist sehr gut.«
Sie hatten den Fußweg verlassen und waren auf der Straße angelangt, die zur Polizeidirektion Lübeck-Süd führte. Newman zündete sich eine Zigarette an und musterte Toll, der den Blick mit einem überaus unschuldigen Lächeln erwiderte.
»Weiter«, drängte Newman.
»Sie könnten als Deutscher durchgehen. In der richtigen Kleidung.«
»Also mein Deutsch ist brauchbar. Wohin führt uns das?«
»In Pullach sind Berichte eingegangen, die besagen, daß Markus Wolf eine größere Operation ankurbelt – von Leipzig aus.«
»Welche Art von Operation?« fragte Newman.
»Gerade das müsen wir herausfinden. Wolf ist nur eine Marionette der Russen.«
»Das versteht sich von selbst. Und was soll ich tun?«
»Hinter den Eisernen Vorhang gehen . . .«

Newman schwieg mehrere Minuten, während sie gemeinsam die Straße entlangwanderten. In der Ferne ragte der Komplex der Polizeidirektion Lübeck-Süd auf, hinter ihnen reckten sich die grünen Türme der Lübecker Kirchen in den Himmel.
»Warum gerade ich?« fragte Newman schließlich.
»Weil Sie . . .« – Toll sprach sehr schnell – ». . . wie ich bereits sagte, als Deutscher durchgehen können. Weil Wolf mit einem Handstreich eine ganze Reihe unserer Agenten verhaftet hat. Unsere Verbindungen zu den Leuten jenseits der Grenze sind größtenteils abgeschnitten. Und ich glaube, das erklärt die seltsame Inaktivität der östlichen Agenten hier im Westen. Einige sind in Deckung gegangen, andere wurden vorübergehend zurückbeordert. Die Information über die

Männer, die wir verloren haben, schien aus London zu kommen. Ich werde Tweed davon unterrichten, wenn ich ihn erreichen kann ...«

»Ich weiß nicht, wo Tweed ist«, sagte Newman gelassen, »aber wenn Sie wieder in Pullach sind, können Sie in London anrufen. Sie kennen Monica? Gut. Sie kann vielleicht eine Nachricht an ihn weiterleiten. Und nun, noch einmal – warum gerade ich?«

»Ich habe eine Untergrundgruppe in der DDR, von der Wolf nichts weiß. Ihre Anführer sind ein sehr beachtlicher Mann und ein Mädchen. *Sie* sind drüben unbekannt. Es wird gefährlich sein, aber ich glaube, Sie könnten es schaffen.«

»Was schaffen?«

»Mit dieser Gruppe Kontakt aufnehmen, herausfinden, was sich tut. Ich wage nicht, einen meiner eigenen Männer einzusetzen – er könnte identifiziert werden. Und außerdem sind wir gerade dabei, unser Kommunikationssystem zu revidieren. Das alte ist aufgeflogen.«

»Das hört sich an, als wäre es ganz einfach. Wie zum Teufel soll ich über die Grenze kommen?«

»Das läßt sich arrangieren ...«

»Und mit welcher Erfolgschance?«

»Garantiert. Die Details kann ich Ihnen erst liefern, wenn Sie ja gesagt haben.«

»Falls ich ja sagen sollte. Ich muß erst darüber schlafen.«

»Schlafen Sie nicht zu lange ...«

»Und drängen Sie mich nicht. Ich glaube, wir sollten umkehren – ich möchte ins Jensen zurück.«

»Aber gewiß doch.« Toll war umgänglicher denn je und sprach dann so beiläufig weiter, als unterhielten sie sich über einen Ferienaufenthalt. »Wir wissen, daß Ihr alter Freund General Lysenko in Leipzig ist und Wolf über die Schulter schaut ...«

»Sind Sie sicher, daß Lysenko im Spiel ist?« Newmans Stimme klang plötzlich scharf.

»Ganz sicher. Er ist der Mann, der Ihr eigentlicher Gegner ist. Schließlich ist es nur fair, alle Karten auf den Tisch zu legen. Sie kennen mich ...«

»Ich kenne Sie. Sie füttern den Hund mit den Brocken, die ihm schmecken, um ihn in gute Laune zu versetzen, und halten die zurück, die ihm im Hals stecken bleiben könnten.«

»Aber Bob, wann hätte ich dergleichen je getan?«

Ein verletzter Ton in Tolls Stimme und ein empörter und ungläubiger

Ausdruck in seinem Gesicht. Ein guter Schauspieler, dieser Peter Toll.

»Gerade eben«, sagte Newman, als sie sich wieder der Trave zuwandten und von ferne Leute lachen und reden hörten. Wieder ein herrlicher Sommertag. Durch die Bäume sahen sie zahlreiche Boote, die auf dem Fluß entlangglitten.

»Ich verstehe nicht, was Sie meinen«, erklärte Toll.

»Ich werde über Ihren Vorschlag nicht einmal nachdenken, solange Sie mir nicht genau erklärt haben, wie ich über die Grenze komme. Wo und wie.«

»Diese Information ist ganz geheim.« Toll hielt inne und schob wieder die Brille auf der Nase hoch. »Sie durchqueren das Minenfeld seitlich von einem ganz bestimmten Wachtturm weiter im Süden. Die Wachen in diesem Turm sind bestochen worden. Ich habe sie in der Hand.«

»Ach, wirklich? Zufällig weiß ich einiges über die Einrichtungen an der Grenze. In jedem Wachtturm sitzen drei Männer. *Drei* – nicht zwei. Man hat sich schon vor langer Zeit ausgerechnet, daß Sie vielleicht zwei bestechen können, aber der dritte Mann ist immer ein unberechenbarer Faktor. Er könnte scheinbar zustimmen und dann seinen Vorgesetzten Meldung über die anderen beiden machen, um befördert zu werden.«

»Stimmt«, pflichtete Toll ihm bei. »Setzen wir uns dort ins Gras. Da kann niemand zuhören.« Er wartete, bis sie sich nebeneinander niedergelassen hatten. »Alle drei sind bestochen worden – mit Gold. Gold hat etwas an sich, das bei solchen Leuten die Habgier zum Vorschein kommen läßt. Sie haben ein Drittel der vereinbarten Menge erhalten. Den Rest bekommen sie, wenn sie dafür gesorgt haben, daß Sie sicher hinüber- und wieder zurückkommen.«

»Und was ist mit den Wachttürmen rechts und links?«

»Sie sind ein ganzes Stück entfernt, aber darum haben wir uns auch gekümmert. Einer der bestochenen Wachtposten wird einen Kurzschluß verursachen. Keiner von ihnen wird einen Suchscheinwerfer einsetzen können ...«

»Und was ist mit dem Minenfeld – soll ich da einfach hindurchwandern?«

»Neben dem Wachtturm, den wir ausgewählt haben, gibt es einen Abschnitt des Minenfelds, in dem nur Attrappen liegen. Diese Route benutzt Wolf, um seine Agenten einzuschleusen. Wir wissen es, aber er weiß nicht, daß wir es wissen. Wir sind das Risiko eingegangen, seine Leute durchzulassen, ohne sie abzufangen. Und was noch wichtiger ist – wir haben seine Agenten nicht einmal verfolgt, wenn sie herüberkamen, damit sie keinen Argwohn schöpften und darüber Bericht erstatteten. Ein beträchtliches Opfer, das wir da gebracht haben.«

»Sie sind kühner, als ich gedacht hätte. Wie viele Leute wissen in Pullach von dieser offenen Route?«

»In Pullach nur zwei. Ich selbst und mein Chef. Wir haben niemandem getraut. Ich würde Sie selbst zu der Stelle bringen. In der Nacht natürlich ...«

»Und angenommen, ich käme durch? Wie weit müßte ich reisen, um zu dieser Untergrundorganisation zu stoßen?«

»Gruppe Fünf nennen wir sie.« Toll schob die Hände zwischen seine aufgestellten Knie. »Ihr Anführer, ein sehr beachtlicher Mann, wie ich schon sagte, wird Sie unmittelbar hinter dem Minenfeld erwarten. Er wird ein Fahrrad für Sie bei sich haben. Ein Rad macht keinen Lärm, wenn Sie nachts durchs Land fahren – außerdem hören Sie ein Auto schon von weitem und haben dann ausreichend Zeit, in Deckung zu gehen. Und damit habe ich Ihnen alles gesagt, was Sie wissen dürfen, solange Sie sich nicht entschieden haben – wesentlich mehr, als ich eigentlich wollte ...«

»Außerdem habe ich nach dem Wo gefragt. Ich muß wissen, wo ich über die Grenze gehen soll.«

»Ach, mein Gott! Das hat man davon, wenn man sich mit einem Reporter einläßt. Die wollen alles immer ganz genau wissen. Aber dies alles ist vertraulich. Tweed darf kein Wort davon erfahren. Wir arbeiten nach dem Zellensystem ...«

»Was meinen Sie damit?«

»In einer Gruppe kennen nie mehr als drei Leute die Identität der anderen. Die Übergangsstelle liegt in der Nähe von Goslar. Und Gruppe Fünf hat möglicherweise Informationen über Dr. Berlin. Sind Sie jetzt zufrieden?«

»Goslar? Das liegt im Harz ...«

»Einer Gegend, die von der Volkspolizei nur schwer zu kontrollieren ist. Also, was sagen Sie? Übrigens, ich wohne im Hotel Mövenpick. Unter dem Namen Heinz Seeger. Was sagen Sie?«

»Was ich schon sagte. Ich werde darüber schlafen.«

Newman schlief nicht darüber. Er lag fast die ganze Nacht wach. Zumindest hatte er die Gewißheit, daß Diana in ihrem Zimmer auf dem

gleichen Flur gut aufgehoben war. Aber das war auch die einzige Gewißheit, die er hatte.
Peter Toll hatte seinen Köder überaus geschickt ausgelegt. Der Aufenthalt in der DDR würde möglicherweise wichtiges Material über Dr. Berlin liefern. Das paßte genau zu dem, was Tweed zu entdecken hoffte – die Rolle, die der schwer greifbare Engel der Flüchtlinge wirklich spielte. Der Hinweis auf Lysenko war eine weitere Versuchung.
Das Unternehmen bot ihm vielleicht die Chance, dem Mann, der im vergangenen Jahr hinter dem Mord an seiner Frau Alexis in Estland gestanden hatte, einen schweren Schlag zu versetzen. Wenn er eine große Operation plante und die dann scheiterte, konnte das das Ende von General Wassili Lysenko bedeuten. Gorbatschow stand nicht im Ruf eines Mannes, der mit Untergebenen, die versagten, nachsichtig umging.
Newman fühlte sich hin- und hergerissen. Der Gedanke, etwas zu unternehmen, reizte ihn – er fing an, ungeduldig zu werden. Aber konnte er Peter Toll trauen? *Garantiert.* Das war das Wort, das er im Zusammenhang mit dem Grenzübertritt gebraucht hatte. Und das hatte seine sichere Rückkehr eingeschlossen. Unsinn! Niemand konnte dafür garantieren, daß er sicher in die DDR hineinkam – geschweige denn unentdeckt wieder heraus.
Die Selbstverständlichkeit, mit der Toll die Sache anging, beunruhigte Newman. Er brauchte jemanden, der mit Gruppe Fünf Kontakt aufnahm. Aber Newman war dem sowjetischen Geheimdienst bekannt; sie hatten ihn in ihrem verdammten Computer. Die ganze Nacht wälzte er sich ruhelos im Bett, schweißgebadet von der feuchtwarmen Luft. Oder war es der Gedanke, ein vorgeblich harmloses Minenfeld durchqueren zu müssen, der ihn zum Schwitzen brachte? War es immer noch eine Attrappe? Wolf hatte die Angewohnheit, immer wieder Änderungen vorzunehmen, niemals die gleiche Taktik zu lange beizubehalten. Ein schlauer Fuchs, dieser Markus Wolf.
Gegen halb vier fiel er in einen unruhigen Schlaf. Das Licht der Morgendämmerung, das durch die Fenster hereinfiel, deren Vorhänge er nicht zugezogen hatte, weckte ihn wieder auf. Er erhob sich, badete, rasierte sich, zog sich an, zündete sich eine Zigarette an und starrte hinaus auf die menschenleeren Straßen von Lübeck. Die schiefen Türme des Holstentors schienen ihn anzugrinsen. Er würde sich nach dem Frühstück entscheiden.

»Sie sind unterwegs nach Heathrow. Mit Flug BA 737. Sie tragen einen karierten Anzug, der dem, den Sie jetzt anhaben, sehr ähnlich ist ...«

Newman war am Hamburger Hauptbahnhof in ein leeres Abteil des Zuges nach Lübeck eingestiegen, nachdem er Diana zum Flughafen gebracht hatte. Flug BA 737. Er hatte ihr beim Einchecken ihres Koffers geholfen und sie bis zum Eingang der Abflughalle begleitet. Dann war er zum Bahnhof zurückgekehrt, war in den Zug eingestiegen, der Hamburg jetzt bereits hinter sich gelassen hatte, und da war Peter Toll aufgetaucht und hatte seine Bemerkung gemacht, während er sich in seinem Abteil niederließ.

»Was zum Teufel soll das heißen?« fragte Newman.

»Einer meiner Leute, der Ihnen sehr ähnlich sieht«, erklärte Toll lächelnd. »Er hat einen Paß auf Ihren Namen. Offiziell sind Sie jetzt zehntausend Meter hoch in der Luft und nähern sich London. Auf diese Weise geraten Sie bei der anderen Seite in Vergessenheit. Sie wurden von einem Mann beschattet, aber den haben wir festgenommen. Wir halten ihn unter Verschluß, bis Sie sicher aus dem Osten zurück sind. Wenn sie ihn vermissen – und das wird bald der Fall sein, weil sie keinen Bericht über Ihre Bewegungen erhalten –, werden sie bei ihrem Kontaktmann im Hamburger Flughafen nachfragen. Der wird sich die Passagierlisten ansehen. Und aus der geht hervor, daß Sie Deutschland verlassen haben.«

»Würde es Ihnen sehr viel ausmachen«, sagte Newman sarkastisch, »mir zu verraten, wie lange Sie diese Sache schon planen?«

»Seit etlichen Wochen.« Toll lächelte und machte eine beschwichtigende Handbewegung. »Ein Unternehmen wie dieses schustern wir nicht über Nacht zusammen. Wir arbeiten daran, seit ich erfahren habe, daß Sie mit Tweed nach Lübeck gekommen sind.«

»Einfach auf die tolldreiste Vermutung hin, ich würde bei Ihrem Plan mitmachen?«

»Ich habe lediglich gehofft, daß Sie es tun würden ...«

»Den Eindruck habe ich auch. Gibt es sonst noch etwas, das ich wissen muß?«

»Eine Menge. Ein fahrender Zug ist der beste Ort für vertrauliche Informationen. Und wenn wir in Lübeck sind, brauche ich ein paar Zeilen von Ihnen, die mich ermächtigen, Ihre Sachen abzuholen. Ich kann sie einpacken ...«

»Sie sind bereits gepackt. Ein Koffer«, sagte Newman knapp.

»Gut. Das spart mir Zeit. Sie setzen diese Sonnenbrille auf und diesen

Hut ...« er zog einen Tirolerhut mit einer winzigen roten Feder am Band aus einer Plastiktüte »... und lassen sich im Mövenpick den Schlüssel für Zimmer 104 geben. Sie sind dort als Thor Nickel gemeldet. Es ist ein geschäftiges Hotel, und Sie wohnen seit zwei Tagen dort. Der Mann, der Ihnen ähnlich sieht, hatte dieses Zimmer. Sobald ich Ihren Koffer aus dem Jensen geholt und Ihre Rechnung bezahlt habe, hängen keine losen Fäden mehr herum. Hier ist ein Block – darauf können Sie Ihre Vollmacht schreiben. In Lübeck verlassen wir den Zug getrennt. Sie können zu Fuß zum Mövenpick gehen. Warten Sie in Zimmer 104 auf mich. Ich glaube, ich habe so ziemlich an alles gedacht.«

»Gut für Sie.«

»Das müssen Sie verstehen, Bob. Wir haben es mit Profis zu tun. Sie müssen sich in Luft auflösen, bevor Sie über die Grenze gehen ...«

»Haben Sie wirklich an alles gedacht? Was ist, wenn sie sich im Jensen erkundigen, nachdem Sie dort klar Schiff gemacht haben? Sie könnten erfahren, daß ein anderer mein Gepäck abgeholt hat. Weshalb sollte ich nach London fliegen und meinen Koffer dalassen?«

»Ich unterhalte mich mit dem Manager, während ich Ihre Rechnung bezahle. Lasse ihn wissen, daß die Dame, die Sie zum Flughafen begleitet haben, sich vor dem Einchecken plötzlich sehr elend fühlte und Sie sich deshalb entschlossen, sie zu begleiten. Und nun haben Sie mich gebeten, Ihren Koffer abzuholen. Okay?«

»Klingt einigermaßen überzeugend«, gab Newman zu. »Noch etwas. Ich nehme keine Waffe mit hinüber ...«

»Einverstanden.« Toll warf einen Blick auf Newmans Hände. »Sie verfügen über zwei tödliche Waffen an den Enden Ihrer Arme. Dafür hat Ihre Ausbildung beim Sicherheitsdienst gesorgt.«

»Wenn alles gut geht, sollte ich eigentlich niemandem wehtun müssen ...«

»Das entspricht voll und ganz unserer Planung. Drei Tage in der DDR, mündlich überlieferte Informationen, die Sie in Ihrem Kopf wieder herausbringen. Überhaupt kein Problem.«

»Das sagen die Leute immer, bevor die große Katastrophe hereinbricht.«

»Lampenfieber?« scherzte Toll. »Das kribbelige Gefühl, bevor der Vorhang zur Premiere aufgeht?«

»Nur Zynismus.«

Kurz darauf verließ Toll das Abteil mit ein paar Zeilen, die Newman

an den Manager des Jensen geschrieben hatte. In Lübeck würden sie aus verschiedenen Wagen des Zuges aussteigen.
Newman probierte den Tirolerhut auf und warf einen Blick in den Spiegel. Er paßte genau. Und das war ihm unheimlich – die Akte des BND über ihn mußte bis in die kleinsten Details gehen. Nachdem er die dunkle Brille aufgesetzt hatte, wirkte er völlig verändert – gleichgültig, fast finster.
Toll verstand sein Geschäft, dachte Newman, als er sich wieder hinsetzte. Bei der augenblicklichen Hitzewelle trug fast jedermann eine Sonnenbrille. In Lübeck stieg er aus und sah Toll mit eiligen Schritten davoneilen. Als Newman den Bahnhof verließ, war er bereits fort.
Er ging die kurze Strecke bis zum Mövenpick; hinter dem Hotel ragten die Türme des Holstentors. Jetzt wirkten sie wesentlich normaler als am frühen Morgen, als er nach seiner fast schlaflosen Nacht aus dem Fenster gesehen hatte.
Er bog nach links ab, überquerte den freien Platz vor dem Hotel und betrat die Halle. Er war gerade auf dem Weg zum Empfangsschalter, um als Thor Nickel den Schlüssel für Zimmer 104 in Empfang zu nehmen, und der erste Mensch, den er sah, war Kurt Franck.

ZWANZIG

Tweed wartete in Heathrow, als Diana Chadwick mit ihrem Koffer aus dem Zollausgang kam. Sie entdeckte ihn sofort, eilte auf ihn zu, ließ ihren Koffer fallen und schlang die Arme um ihn.
»Oh, wie ich mich freue, Sie wiederzusehen. Nein, hören Sie mir erst zu«, fuhr sie fort, als er sie freigab, bevor er etwas sagen konnte. »Mit demselben Flugzeug ist ein Mann gekommen, der fast so aussieht wie Bob Newman. Er trägt sogar einen ähnlichen Anzug – aber es ist nicht Newman. Hier kommt er.«
Tweed warf einen Blick auf den Ausgang. Sie hatte recht – die Ähnlichkeit war erstaunlich, aber es war nicht Newman. Tweed stand neben Diana, beobachtete, wie der Neuankömmling stehenblieb, sich umschaute. Er schien es nicht eilig zu haben. Er setzte seinen Koffer ab, tastete in seiner Brusttasche herum und zog den Prospekt einer Fluggesellschaft heraus, den er studierte. Dann warf er einen Blick auf die Uhr und steckte den Prospekt wieder in die Tasche.
»Warten Sie hier«, sagte Tweed. »Es dauert nur einen Augenblick, höchstens ein paar Minuten. Aber warten Sie hier«, wiederholte er.

Diana war eine jener bemerkenswerten Frauen, die einen nie mit Fragen nach dem Warum aufhielten. Tweed schob sich durch die Menge, gelangte hinter den Doppelgänger und stieß ihn an.

»Entschuldigung«, sagte Tweed rasch auf Deutsch. »Ich habe nicht aufgepaßt ...«

»Macht nichts«, erwiderte der Mann in der gleichen Sprache.

Tweed bewegte sich schnell. Er trat an den Schalter von British Airways, suchte sich ein reizvolles Mädchen aus und schaffte es, einem anderen Mann zuvorzukommen, der auf den Schalter zusteuerte.

»Dürfte ich bitte Ihr Telefon benutzen? Es ist dringend.« Er zeigte ihr seinen Sonderdezernats-Ausweis, ein im Keller am Park Crescent sorgfältig gefälschtes Dokument. Sie schob ihm das Telefon hin und wendete ihre Aufmerksamkeit dem wartenden Mann zu. Tweed wählte, dann sprach er mit gedämpfter Stimme.

»Sicherheitsdienst? Kann ich Jim Corcoran sprechen? Oh, Sie sind es selbst, Jim. Tweed hier. Da ist ein Mann, von dem ich möchte, daß er befragt und festgehalten wird. Er ist gerade aus Hamburg gekommen, wartet am Ausgang. Halten Sie ihn fest, bis ich jemanden vom Park Crescent geschickt habe. Verdacht auf Rauschgifthandel? Ja, das ist eine gute Idee.«

Tweed eilte zum Ausgang zurück. Diana stand neben ihrem Koffer und blickte immer wieder auf die Uhr, als wartete sie darauf, von jemandem abgeholt zu werden. Sie wäre eine nützliche Bereicherung meines Personals, dachte Tweed, hielt sich aber bewußt von ihr fern.

Der Mann, der aussah wie Newman, stand noch immer an derselben Stelle. Tweed bemerkte Corcoran, einen hochgewachsenen, schwergebauten Mann mit sandfarbenem Haar, der schnell herbeikam. Zwei andere Männer bemühten sich, mit ihm Schritt zu halten.

Ein weiterer Schub Passagiere von einem anderen Flug strömte durch den Ausgang. Tweed stellte sich so hin, daß ihn der wartende Mann nicht sehen konnte. Corcoran kam direkt auf ihn zu, seine beiden Begleiter hielten diskret ein paar Meter Abstand.

»Der Mann in dem karierten Anzug«, sagte Tweed. »Sehen Sie, welchen ich meine? Er hat sich gerade ein Zigarillo angezündet. Ich will wissen, wer er ist, warum er hier ist, woher er kommt ...«

»Wir übernehmen ihn«, sagte Corcoran und bewegte sich auf den Mann zu. Tweed wartete so lange, bis er sah, daß Corcoran und seine beiden Männer den Mann umringten und Corcoran auf ihn einredete. Dann ging er schnell zu Diana hinüber und ergriff ihren Koffer.

»Ich habe einen Wagen draußen. Dieser Bursche kann Ihnen nicht mehr folgen. Ich hoffe, Sie sind einverstanden«, sagte er, als sie ins Freie getreten waren, »aber ich habe kein Vertrauen zu Hotels. In Newmans Wohnung in South Kensington sind Sie besser aufgehoben. Sie ist recht hübsch.«

»Ob Bob das recht ist?« fragte Diana, als sie in der Diele von Newmans Wohnung standen und Tweed ihren Koffer auf einer Kommode im Schlafzimmer abgesetzt hatte. »Daß ich hier wohne?«
»Was sollte er dagegen haben?«
Und wenn es ihm nicht recht ist, dann schert mich das auch nicht, dachte Tweed. Er hat mir Diana aufgehalst, ohne auch nur zu fragen, ob es mir recht ist. Tweed hatte sich von Monica den Wohnungsschlüssel geben lassen, bevor er zum Flughafen fuhr; sie hatte versprochen, ein Auge auf die Wohnung zu haben, solange Newman in Hamburg war.
Er zeigte ihr das Badezimmer, das große Wohnzimmer mit Erkerfenstern, die auf die Straße hinausgingen, die Küche, die sich wie eine Schiffskombüse in einem Alkoven befand, zu dem vom Wohnzimmer zwei Stufen hinaufführten.
Diana betrat das Wohnzimmer und blieb dicht an der Tür stehen. Sie blickte zu der hohen Decke hinauf, die noch immer mit den ursprünglichen Stuckornamenten aus Weintrauben und Blätterranken verziert war.
»Was für ein herrlich geräumiges Zimmer. Es erinnert mich an das England, wie ich es als Kind kannte.«
»Ein altes viktorianisches Haus, das in Wohnungen unterteilt wurde«, erklärte Tweed. »Der Wert dieser Wohnung ist beträchtlich gestiegen, seit Newman sie vor zwei oder drei Jahren gekauft hat. Besonders in diesem Jahr ist er wie eine Rakete in die Höhe geschossen. Sind Sie hier gut aufgehoben?«
»Es ist wunderschön hier. Ich gehe nur eben ins Schlafzimmer und packe meinen Koffer aus ...«
Tweed nutzte die Gelegenheit des Alleinseins für einen Anruf am Park Crescent. Er wählte seine eigene Nummer, und Monica meldete sich sofort.
»Haben Sie das Päckchen in Empfang genommen?«
»Ja. Gut, daß ich selbst erschienen bin. Da ist noch ein anderes Päckchen, das dringend in Augenschein genommen werden muß. Es liegt bei Corcoran vom Flughafen-Sicherheitsdienst. Schicken Sie so

schnell wie möglich jemanden hin. Harry Butler oder Pete Nield ...«

»Harry ist gerade hier. Ich schicke ihn gleich los. Möchten Sie ihn sprechen?«

»Wir wollen keine Zeit vergeuden. Ich möchte wissen, wo das Päckchen herkommt, wo es abgeschickt wurde. Von wem. Das war's. Ich bin in ungefähr einer Stunde dort.«

Er legte den Hörer auf, ging in die Küche und öffnete Schränke. Es war Zeit für ein paar Worte mit Diana bei einer Tasse Tee. Sie würden sich zwar mit Milchpulver begnügen müssen, aber er wollte ihr sagen, wo sie einkaufen konnte, daß er später zurückkehren würde, um mit ihr zum Essen zu gehen und dafür zu sorgen, daß sie sich hier zu Hause fühlte. Beim Dinner würde er ihr dann erklären, wie sie ihm helfen konnte.

»Harry Butler hat Bericht erstattet«, meldete Monica, als Tweed sein Büro betrat.

»Das ging aber schnell.« Tweed setzte sich auf den Drehstuhl hinter seinem Schreibtisch und spürte, wie seine Anspannung nachließ. Er hatte mit der Möglichkeit gerechnet, daß Diana nicht an Bord des Flugzeugs sein würde. Jetzt war er überrascht, wieviel Sorgen er sich um sie gemacht hatte.

»Was hat er herausbekommen?«

»Harry hat Newmans Doppelgänger das Staatsgeheimnis-Gesetz unter die Nase gehalten und ihm mit Gott weiß was gedroht. Er ist Deutscher. Einer von unseren Leuten. Walter Pröhl. Fest angestellt beim BND in Pullach ...«

»O Gott!« Tweed kritzelte einen Bundesadler auf seinen Notizblock. »Damit habe ich nicht gerechnet. Ich dachte, er gehörte zur Gegenseite ...«

»Die Nachricht ist also gut ...«

»Nein, sie könnte gar nicht schlimmer sein. Wie kommt der BND ins Spiel?«

»Pröhl weiß nicht sonderlich viel. Er bekam den Auftrag, sich für Newman auszugeben, von Hamburg nach Heathrow zu fliegen und dann mit der nächsten Maschine zurückzukehren. Er ist echt – hatte Papiere bei sich, die ihn als Angehörigen des BND identifizieren. Aber er reiste mit einem gefälschten Paß auf den Namen Robert Newman, was bedeutet, daß der auf der Passagierliste steht.«

»Der Gedanke ist mir auch schon gekommen. Das gefällt mir ganz und gar nicht. Hat Pröhl irgend etwas darüber verlauten lassen, weshalb er diesen Auftrag erhielt?«

»Nicht das mindeste. Harry ist überzeugt, daß er es nicht weiß. Er erhielt seine Anweisungen von Peter Toll...«

»Das wird ja immer schlimmer.« Tweed nahm die Brille ab und putzte sie, während er fortfuhr: »Toll ist der jüngste Mann, der je in eine führende Position im BND aufgestiegen ist. Was detaillierte Planung betrifft, halte ich ihn für einen erstklassigen Mann, aber er ist ehrgeizig, und das macht ihn tollkühn. Er spielt mit hohen Einsätzen.«

»Nicht die Sorte Mann, die Sie zum Sektorenchef machen würden?«

»Erst nachdem er noch einmal in die Schule gegangen ist und gelernt hat, daß er Befehlen gehorchen muß...«

»Und auf irgendeine Weise ist er mit Newman in Verbindung getreten?«

»Das fürchte ich. Das würde auch erklären...« Tweed brach ab. »Aber lassen wir das. Was haben Sie über diesen mysteriösen Portman herausgebracht, den Paula Grey in ihrem Tagebuch erwähnt?«

»Das hätten Sie nicht tun dürfen«, warf ihm Monica vor, »ihr Tagebuch lesen...«

»Moralische Skrupel sind nicht angebracht, wenn Menschenleben auf dem Spiel stehen – wenn vier Mädchen auf grauenhafte Weise ermordet wurden. Ganz zu schweigen vom Aufspüren des schwarzen Schafs, das an der Sitzung heute morgen teilgenommen hat...«

»Glauben Sie wirklich, daß da ein Zusammenhang besteht?«

»Was ist mit Portman?« wiederholte Tweed gereizt.

»Samuel Portman, nehme ich an. Portman Privatdetektei. Er hat ein kleines Büro in der Dean Street in Soho. Er ist offenbar der einzige Portman in dieser Branche. Ich habe mich beim Verband vergewissert. Diskret, durch einen Bekannten. Adresse und Telefonnummer stehen auf dem zusammengefalteten Zettel unter Ihrem Löscher.«

Tweed warf einen Blick auf den Zettel, faltete ihn wieder zusammen und steckte ihn in seine Brieftasche. »Ich werde Mr. Samuel Portman demnächst einen Besuch abstatten müssen.«

»An dem, was Paula beunruhigt, dürfte doch kaum ein Zweifel bestehen«, protestierte Monica. »Sie glaubt, daß Hugh mit einer anderen Frau herumtändelt. Vielleicht will sie nur Gewißheit haben – manche Frauen sind nun einmal so...«

»Meinen Sie wirklich, das sähe Hugh Grey ähnlich?«

»Eigentlich nicht. Ja...« Ihr Ausdruck wurde träumerisch. »Wenn es

um Harry Masterson ginge, würde ich alles glauben. Er ist imstande, mit dreien gleichzeitig anzubändeln – und vor jeder die Existenz der anderen geheimzuhalten. Aber schließlich ist ihm seine Frau davongelaufen ...«
»Wobei mir einfällt – wo stecken sie jetzt alle? Haben sich alle für die Urlaubswoche in ihrem Bau verkrochen?«
»Harry ist in seinem Cottage in der Nähe von Apfield, unten in Sussex. Ich glaube nicht, daß jemand bei ihm ist – er malt. In Öl. Und hört klassische Musik.« Sie hielt mit einem verschmitzten Ausdruck inne, wartete auf Tweeds Frage, woher sie das wußte. Tweed schwieg beharrlich. »Das weiß ich«, erklärte sie eine Spur pikiert, »weil ich ihn angerufen habe – unter dem Vorwand, mich vergewissern zu müssen, daß er da ist. Ich nahm an, Sie wollten wissen, wo sich alle aufhielten.«
»Ich höre.«
»Guy Dalby ist in Woking in diesem georgianischen Gutshaus, in dem er mit Renée lebte, bevor sie nach Frankreich verschwand. Er malt auch – die Wände seines Hauses. Von vieren sind das schon zwei, deren Frauen auf und davon gingen«, überlegte sie. »Die Scheidungsrate steigt. Im Durchschnitt der Bevölkerung geht eine von drei Ehen in die Brüche, bei uns eine von zweien ...« Sie wurde plötzlich rot. Sie hatte laut gedacht. Großer Gott! Einen Augenblick lang hatte sie völlig vergessen, daß auch Tweed allein lebte, daß seine Frau sich mit einem griechischen Millionär in Rio herumtrieb. Sofern sie nicht inzwischen weitergezogen war. Sie redete rasch weiter.
»Erich Lindemann ist in seiner Wohnung in Chelsea. Keine Ahnung, was er dort tut. Er ist nicht sehr mitteilsam. Ist Ihnen aufgefallen, daß er sich beim Rasieren geschnitten hat? Auf seinem Gesicht klebte ein Pflaster – gar nicht seine Art, unvorsichtig zu sein. Der letzte auf der Liste, Hugh Grey. Er ist in seiner Wohnung am Cheyne Walk ...«
»Ich hatte angenommen, er würde gleich in sein Farmhaus in Norfolk fahren. Paula ist fast ständig dort – schon wegen ihrer Töpferei ...«
»Er sagte, er würde in ein paar Tagen hinauffahren. Er müßte erst einiges aufarbeiten. Wenn er nicht arbeitet, fühlt er sich nicht wohl. Wie kommt Diana Chadwick zurecht?« fragte sie unvermittelt. »Sie mögen sie, nicht wahr?«
»Sie ist einer der Steine auf einem großen Brett. Versuchen Sie, Peter Toll in Pullach ans Telefon zu bekommen.«
Während Monica wählte, wurde ihr klar, daß Tweed ein geistiges Kunststück vollbracht hatte, zu dem nur die wenigsten Menschen im-

stande waren. Er hatte sich mit ihr über ein Thema unterhalten, während sein Verstand mit einem ganz anderen beschäftigt war. Sie sprach ein paar Worte auf Deutsch, dann legte sie den Hörer nieder.

»Peter Toll ist nicht in Pullach. Man weiß nicht, wann er zurückkehren wird. Überhaupt nichts.«

»Und das«, sagte Tweed grimmig, »könnte, was Newman betrifft, eine sehr schlechte Nachricht sein.«

EINUNDZWANZIG

Zehn Minuten nach Newmans Anruf traf Kuhlmann in Zimmer 104 des Hotels Mövenpick ein. Er war gerade im Begriff gewesen, die Polizeidirektion Lübeck-Süd zu verlassen, und war wie der Teufel gefahren.

Newman ließ den Mann vom BKA ein und hängte das Schild *Bitte nicht stören* an die Türklinke. Er wollte nicht, daß Peter Toll erschien, während er sich mit Kuhlmann unterhielt. Außerdem hatte er die Sonnenbrille und den Tirolerhut versteckt.

»Warum sind Sie aus dem Jensen hierher umgezogen?« fragte Kuhlmann, als er sich setzte.

»Mir war, als würde ich beschattet. Außerdem ist die Sache noch etwas komplizierter. Diana Chadwick ist nicht mehr in Lübeck. Sie befindet sich an einem sicheren Ort.«

»Sagen Sie mir nicht, wo.« Kuhlmann hob abwehrend die Hand. »Es freut mich, das zu hören. Ich wünschte bei Gott, ich könnte alle attraktiven Blondinen aus dieser Gegend fortschaffen ...«

»Und Kurt Franck?«

»Ich habe ein paar Männer mitgebracht. Sie suchen das Hotel ab. Glauben Sie, daß er Sie erkannt hat? Es ist jedenfalls anzunehmen.«

»Ich bin nicht sicher«, erwiderte Newman freimütig, ohne seine Verkleidung zu erwähnen. »Er schaute in eine andere Richtung.«

»Nun, wir werden es bald wissen.« Kuhlmann steckte eine Zigarre zwischen seine dicken Lippen, ohne sie anzuzünden. Er kaute einen Moment darauf herum. »Wo ist Tweed? In einem anderen Zimmer hier?«

»Nein, er hat Lübeck vorübergehend verlassen, um etwas zu überprüfen ...«

»Wenn er noch in Deutschland ist, muß ich es wissen. Ich habe strikte Anweisung aus Bonn, ihn im Auge zu behalten.«

»Er hält sich außerhalb der Bundesrepublik auf, aber ich bin sicher, daß er zurückkehren wird . . .«

Er brach ab, als das Telefon klingelte. Kuhlmann sagte, der Anruf wäre vermutlich für ihn; er hörte zu und sagte mehrere Male »Ja« und »Nein«. Als er den Hörer aufgelegt hatte, streckte er die Hände aus.

»Der Vogel ist ausgeflogen. Hat vor ungefähr zehn Minuten seine Rechnung bezahlt. Er muß Sie erkannt haben. Ist mit einem Motorrad weggefahren. Wir stellen Straßensperren auf, aber dies ist ein schwieriges Gebiet. Ich fürchte, er ist uns wieder durch die Lappen gegangen.«

»Zumindest hat er sich davongemacht.«

Die Nachricht bestürzte Newman. Wenn es Kuhlmann nicht gelang, Kurt Franck zu fassen, würde der blonde Deutsche die Begegnung mit ihm bestimmt in die DDR melden – das heißt, wenn er, wie zu vermuten stand, einer ihrer Leute war.

»Sie sagten«, bemerkte Kuhlmann und stand auf, »daß Tweed zurückkehren wird. Ich bin sicher, daß nach seinem neuerlichen Auftauchen hier der Teufel los sein wird.«

»Wie kommen Sie darauf?«

»Ich kenne Tweed. Nach außen hin sanft und vorsichtig. Aber diesmal habe ich in ihm noch etwas anderes gespürt. Eine stählerne Entschlossenheit . . .«

»Sie gehen heute nacht über die Grenze«, sagte Toll, als Newman ihn in sein Zimmer eingelassen hatte. »Weshalb haben Sie das Schild *Bitte nicht stören* herausgehängt? Ich war zweimal da, bevor Sie es abgenommen hatten.«

»Kuhlmann war hier . . .«

»Himmel! Wie hat er Sie gefunden?«

»Ich habe ihn angerufen . . .«

Newman erklärte, was sich seit seinem Eintreffen im Mövenpick abgespielt hatte. Toll hörte schweigend zu, schob seine Brille auf der Nase hoch und verschränkte dann die Hände.

»Beschreiben Sie diesen Kurt Franck«, sagte er schließlich.

Er hörte abermals zu, während Newman eine eingehende Beschreibung lieferte. Als Newman geendet hatte, zeigte er keinerlei Reaktion. Nach kurzem Nachdenken schüttelte er den Kopf.

»Das sagt mir nichts.«
»Wenn es so ist, fällt der Grenzübertritt flach.«
Newmans Stimme war hart und entschlossen. Er stand auf, zündete sich eine Zigarette an, trat ans Fenster und schaute hinaus. Hinter ihm beugte Toll mehrmals seine langen Finger und runzelte die Stirn, bevor er sprach.
»Was ist denn schiefgelaufen, Bob?«
»Sie.« Newman fuhr herum und sah dem BND-Mann ins Gesicht. »Ich bin Reporter. Gott weiß, wie viele Leute ich schon interviewt habe, aber eines habe ich dabei gelernt – ich merke, wenn jemand lügt. Und Sie lügen mir die Hucke voll, wenn Sie behaupten, meine Beschreibung von Franck sagte Ihnen nichts ...«
»Ich bin nicht sicher ...«
»Dann seien Sie sicher – oder verschwinden Sie durch diese Tür und kommen Sie nie zurück.«
»Es könnte Erwin Munzel sein.«
»Wer ist das?«
»Markus Wolfs bester Killer. Darauf spezialisiert, Morde wie Unfälle erscheinen zu lassen.«
»Reizend. Und überaus ermutigend.«
»Ich sagte doch, ich bin nicht sicher«, protestierte Toll. »Was meinen Sie, wie viele über einsachtzig große blonde Deutsche es gibt?«
»Gewicht, Größe, Alter – ich habe Ihnen alles beschrieben, dazu Aussehen und Wesen. Das Wesen ist es, das die Identität eines Mannes ausmacht. Seine unverschämte Arroganz Frauen gegenüber. Paßt das zu Munzel?«
»Ja, das tut es«, gab Toll zu. »Meinen Sie, daß er Sie unten in der Halle erkannt hat?«
»Es scheint so. Warum wäre er sonst abgehauen? Was glauben Sie – wie lange wird es dauern, bis er Wolf über mein wundersames Wiederauftauchen informiert hat?«
»Mehrere Stunden.« Toll war sich seiner Sache sehr sicher. »Zur Zeit verzichten sie auf geheime Funkkontakte. Wir haben das ganze Gebiet mit Peilgeräten abgetastet, und wir sind ziemlich sicher, daß die Kommunikation durch Weitergabe von Informationen über verschiedene Telefonnummern von hieraus erfolgt. Dann ruft jemand einen Kontaktmann in Westberlin an. Der Kontaktmann geht durch einen der Kontrollpunkte in den östlichen Teil der Stadt und gibt die Nachricht mündlich weiter. Diesen Westberliner Kontaktmann kennen wir nicht. Noch nicht.«

»Mehrere Stunden?«
Das brachte Newman auf eine Idee. Er sagte, er müsse sich die Sache mit dem Grenzübertritt noch einmal überlegen. Ob ihn Toll freundlicherweise alleinlassen würde, während er das tat? Der Deutsche stimmte widerstrebend zu, setzte aber eine Frist bis neun Uhr abends. Bis dahin mußte sich Newman entschieden haben.
»Um neun komme ich wieder«, sagte er und ging.
Newman öffnete die Tür, um sich zu vergewissern, daß Toll verschwunden war. Der Gang war menschenleer. Er schloß und verriegelte die Tür. Dann wählte er die Nummer von Lübeck-Süd. Wieder hatte er Glück – Kuhlmann war im Hause.
»Otto, könnten Sie mir einen Gefallen tun? Ohne Fragen zu stellen?«
»Welchen?«
»Wäre es möglich, unseren gemeinsamen Freund Franck so unter Druck zu setzen, daß es ihm nicht gelingt, eine öffentliche Telefonzelle zu benutzen?«
»Ich werde es versuchen.« Kuhlmann hielt einen Augenblick inne. »Und passen Sie auf, daß Sie sich nicht überarbeiten.«
Anschließend wählte Kuhlmann die Nummer eines Hausanschlusses. Seine Anweisungen waren simpel und nachdrücklich. »Karl, ich möchte, daß die Jagd intensiviert wird. Setzen Sie jeden verfügbaren Mann ein. Überschwemmen Sie Lübeck und Travemünde mit Polizisten zu Fuß und in Streifenwagen. Sorgen Sie dafür, daß ihre Anwesenheit so auffällig ist wie nur irgend möglich. Überprüfen Sie alle blonden Männer, ob die Beschreibung auf sie zutrifft oder nicht. Besonderer Schwerpunkt: öffentliche Telefonzellen. Vergessen Sie die Bahnhöfe nicht. Im ganzen Bezirk muß auffallen, daß eine Großfahndung im Gange ist. Wie? Das irritiert die Touristen? Was schert uns das?«

Nach dem Verlassen des Mövenpick fuhr Kurt Franck mit seinem Motorrad in Richtung Travemünde. Nach außen hin glich er einem typischen Feriengast, der seinen Urlaub genießt. Aber innerlich war er aufgewühlt.
Insbesondere drei Dinge machten ihm Sorgen. Die Polizei hielt möglicherweise wieder nach ihm Ausschau. Nach dem gescheiterten Versuch, Tweed auf dem Kolk umzubringen, war er untergetaucht. Das in solchen Fällen übliche Vorgehen. Er war in Lübeck in einen Zug nach Kopenhagen gestiegen und hatte ihn in Puttgarden wieder ver-

lassen. Von dort war er mit einem Bus in das Städtchen Burg gefahren und hatte sich ein paar Tage in einem kleinen Haus aufgehalten, das Martin Vollmer gehörte.
Nach Lübeck zurückgekehrt, hatte er sich wieder ein Zimmer im Hotel Mövenpick genommen, weil er davon ausging, daß man ihn dort am wenigsten vermuten würde. Auch das gehörte zur Routine. Wenn die Hunde einmal einen Fuchsbau ausgeschnüffelt haben, kehren sie nur selten zu ihm zurück.
Er fuhr schnell die Landstraße entlang, hielt sich aber unter der vorgeschriebenen Geschwindigkeitsgrenze. Die Vororte von Lübeck blieben hinter ihm zurück; er befand sich jetzt in einer unbewohnten Gegend. Seine zweite Sorge betraf Robert Newman. War er es wirklich gewesen, der die Halle des Mövenpick betrat? Franck war sich seiner Sache nicht sicher.
Er konzentrierte sich auf die vor ihm liegende Straße, suchte nach der Stelle, wo er auf einen zum Fluß führenden Pfad abbiegen konnte. Das dritte, was ihm Sorgen machte, war, daß er die mögliche Begegnung mit Newman nach Leipzig melden mußte. Er mußte eine Telefonzelle finden und Vollmer anrufen.
Er fuhr langsamer, vergewisserte sich mit einem Blick in den Rückspiegel, daß die Straße hinter ihm leer war, und bog auf einen von Feldern gesäumten Schlackenpfad ein, der mit Unkraut überwachsen war. Er wurde nicht mehr benutzt, seit ein Stück weiter eine Schotterstraße angelegt worden war.
Er schaltete den Motor aus und schob die Maschine die letzten paar Meter bis zum Ufer. Es war mit hohem Schilf bewachsen; kein Mensch war zu sehen. Er blieb stehen und lauschte. Kein Geräusch außer hin und wieder der Schrei eines Seevogels und die ferne Sirene eines Schiffes, das am Skandinavienkai eintraf oder von ihm ablegte. Er schob die Maschine an den Rand der von der Sonne ausgetrockneten Schlammbank, packte die Griffe fest mit beiden Händen und stieß das Motorrad mit seiner ganzen Kraft vorwärts. Es klatschte aufs Wasser und versank. Er wartete, bis von der versenkten Maschine keine Luftblasen mehr aufstiegen, dann wanderte er am Ufer entlang, in der Hand den Koffer, den er gleich nach dem Ausschalten des Motors vom Gepäckträger des Motorrads abgeschnallt hatte.
Franck hatte im Westen überlebt, indem er sich immer so verhalten hatte, wie es ihm beigebracht worden war; er war nie ein Risiko eingegangen. In einer kritischen Situation immer vom Schlimmsten ausgehen – das war eine der Lieblingsmaximen seines russischen Ausbil-

ders gewesen. Er mußte sein Aussehen verändern, bevor er sich wieder in zivilisierte Gegenden wagte.
Er erreichte das kleine Motorboot, das an einem einsamen Anleger festgemacht war, und ging an Bord. In der winzigen Kabine öffnete er seinen Koffer und packte den Inhalt in einen Rucksack, den er in einem der Schränke vorfand. Den Koffer loszuwerden war kein Problem. Er steckte ein Stück einer schweren Kette hinein, schloß ihn und warf ihn über Bord. Dann startete er den Motor.

Eine halbe Stunde später machte er an einem anderen abgelegenen Anleger fest, hob den Rucksack auf seine breiten Schultern und wanderte auf die nahegelegene Landstraße zu. Zehn Minuten später hatte er die Außenbezirke von Travemünde erreicht, nicht weit von der Stelle entfernt, an der die Fähre zum Priwall abging. Er war auf der Suche nach einer Telefonzelle. Plötzlich blieb er stehen und mischte sich unter die Menge der Feriengäste, die ihren Abendspaziergang machten.
Zwei uniformierte Polizisten hatten einen Mann mit blondem Haar angehalten und wollten offensichtlich seinen Ausweis sehen. Das beunruhigte ihn. Der Mann war mindestens fünfzehn Jahre älter als er – aber er war blond.
Ein Streifenwagen rollte langsam die Straße entlang, die beiden Insassen musterten die Gesichter der Passanten. Franck zwang sich, langsam auf den Uferbereich zuzugehen. Auf der anderen Straßenseite stand eine leere Telefonzelle. Von ihr aus würde er Vollmer anrufen.
Er stand am Rande des Gehsteigs und wartete auf eine Lücke im Verkehr, um die Straße überqueren zu können, als er ein paar Meter neben der Telefonzelle den uniformierten Polizisten entdeckte. Ein dunkelhaariger junger Mann in Jeans und T-Shirt betrat die Telefonzelle. Der Polizist wendete den Kopf, musterte den Mann und schaute wieder weg.
Franck fluchte unhörbar. Travemünde wimmelte von Polizisten. Und irgendwie sah es so aus, als wüßten sie, daß er vorhatte, ein öffentliches Telefon zu benutzen. Das gefiel ihm ganz und gar nicht. Hatte die Polizei oder vielleicht sogar der BND herausgefunden, daß sich Wolf bei der Nachrichtenübermittlung eines Kontaktmannes in Westberlin bediente?
Franck hatte keine Ahnung, wie das System funktionierte, wenn ein Agent in Westberlin anrief. Markus Wolf hatte sich nur durch äußer-

ste Vorsicht so lange auf seinem Posten halten können. Franck machte kehrt und wäre fast mit einer eleganten Dame in den Sechzigern zusammengestoßen. Er murmelte eine Entschuldigung und ging weiter.

Ann Grayle runzelte die Stirn und starrte auf seinen Rücken. Trotz der schwülen Hitze war sie makellos gekleidet – sie trug einen weißen Faltenrock, eine hochgeschlossene blaßblaue Bluse und eine Kamee am Hals.

Als Witwe eines Diplomaten hatte sie Augen, die wie die Linse einer Kamera funktionierten. Sie brauchte ein Gesicht nur einmal zu sehen, und schon war es für immer in ihrem Gedächtnis gespeichert. Wo war ihr dieser blonde Riese, der einen so unerfreulichen Eindruck machte, schon einmal begegnet? Dann fiel es ihr ein. Vor ein paar Tagen war er an Bord der *Südwind* gekommen, als die Dame Chadwick sich gerade mit Tweed und Robert Newman, diesem gutaussehenden Auslandskorrespondenten, unterhielt. Sie setzte ihren Abendspaziergang fort.

Als er an der Uferpromenade entlangwanderte, stellte Franck fest, daß er schwitzte – aber nicht wegen der Hitze. Er hatte das Gefühl, in eine Falle gegangen zu sein. Ihm war, als hätte er die Frau schon einmal gesehen. Und er war hier recht bekannt. Er mußte so schnell wie möglich aus Travemünde heraus – aber zuerst mußte er einige Vorsichtsmaßnahmen ergreifen.

In einem Geschäft auf der anderen Straßenseite erstand er einen Strohhut, in einem nahegelegenen Laden eine Pfeife, Tabak und Streichhölzer. Dort blieb er in Deckung, bis er die Pfeife mit Tabak gefüllt und angezündet hatte. Franck rauchte sonst nie Pfeife – er war Zigarettenraucher.

Mit dem Strohhut auf dem Kopf und der Pfeife zwischen den Zähnen verließ er den Laden und ging durch Nebenstraßen zum Bahnhof Travemünde-Hafen. Er saß auf dem Bahnsteig, wartete auf den nächsten Zug nach Lübeck und fühlte sich gejagt.

Er riß ein paar Streichhölzer an, um die ausgegangene Pfeife wieder in Brand zu setzen. Ihm war aufgefallen, daß Pfeifenraucher ständig damit beschäftigt sind, ihre Pfeife wieder anzuzünden – wozu sie sich die Mühe machten, war ihm unbegreiflich. Als er im Zug saß, beschloß er, seinen Anruf vom Lübecker Hauptbahnhof aus zu machen. Zumindest hatte er seine Spur verwischt.

Am Hauptbahnhof näherte er sich der Telefonzelle vorsichtig und war froh, daß er es getan hatte. Ganz in der Nähe stand wieder so ein

verdammter Polizist. Das gab den Ausschlag. Er kaufte eine Fahrkarte für den nächsten Zug nach Kopenhagen. Er würde in Puttgarden aussteigen, bevor der Zug auf die Fähre nach Dänemark fuhr.
In Puttgarden würde er eine Rückfahrkarte nach Hamburg nehmen. Immer eine Kehrtwendung vollführen. Auch das war eine der Maximen, die ihm sein russischer Ausbilder eingehämmert hatte. Gott wußte, wann er Hamburg erreichen und ein sicheres Telefon für sein Gespräch mit Vollmer in Altona finden würde. Es konnte Mitternacht werden. Aber nachdem er im Bahnhofsrestaurant etwas gegessen und einen Kaffee getrunken hatte, war ihm etwas wohler. Als der Zug in Richtung Fehmarn durch die flache Landschaft rollte, schlief er ein.

Im fünften Stock des Betongebäudes in der Leipziger Innenstadt verspürte auch jemand Hunger. Lysenko stand auf und erklärte, er ginge jetzt zum Essen.
»Ich bleibe hier an meinem Schreibtisch«, erwiderte Wolf. Ihm lag nicht das mindeste daran, mehr Zeit in Gesellschaft des Russen zu verbringen, als unbedingt nötig war. »Ich lasse mir etwas heraufschicken. Es könnte ein Bericht von Munzel eingehen.«
»Tolle Leistung, die dieser Munzel vollbracht hat«, knurrte Lysenko. »Und nun wissen wir von unserem Kontaktmann am Flughafen Hamburg, daß sowohl Tweed als auch Newman nach London zurückgeflogen sind. Also hat Munzel seine Gelegenheit, Tweed umzubringen, verpaßt. Überaus befriedigend. Sie können stolz auf sich sein«, fügte er sarkastisch hinzu.
Wolf, ein schwergebauter Mann, fuhr hinter seinem Schreibtisch auf, ohne daß sich der Ausdruck auf seinem starren Gesicht änderte. Er stand völlig still da, während Lysenko sich der Tür näherte.
»General, darf ich Sie daran erinnern, daß ich in Moskau ein paar Freunde in hohen Positionen habe? Außerdem bin ich in diesem Spiel kein Neuling. Ich habe Tweed studiert. Er wird zurückkommen. Er gibt niemals auf. Wenn er zurückkommt, wird das für ihn die letzte Konfrontation mit mir werden. Und nun gehen Sie zum Essen und bleiben Sie, solange Sie mögen. Ich habe es nicht eilig, Sie wiederzusehen.«
Er setzte sich, schlug eine Akte auf und las darin, als wäre er allein. Lysenko schäumte vor Wut. Niemand redete so mit ihm. Er öffnete den Mund, um eine vernichtende Erwiderung loszulassen; dann schloß er ihn wieder, ohne ein Wort geäußert zu haben. Was Wolf gesagt hatte, war nur zu wahr – er hatte einflußreiche Freunde in

Moskau. Als er hinausging, schloß Lysenko die Tür fast unhörbar. Wolf preßte die Lippen zusammen. Lysenkos Reaktion war beunruhigend.

»Der Anführer von Gruppe Fünf heißt Josef Falken«, sagte Peter Toll, während er mit Newman auf dem Beifahrersitz den BMW durch die einbrechende Dämmerung südwärts steuerte. »Er wird Sie erwarten, wenn Sie heute nacht über die Grenze gegangen sind.«
»Heute nacht noch? Es ist schon fast halb elf. Sie haben es aber mächtig eilig?«
»Ich habe den Termin vorgezogen. Ihre Begegnung mit Erwin Munzel – wenn er es war – in der Halle des Mövenpick zwingt uns zu schnellem Handeln.«
»In der Hoffnung, daß seine Nachricht nicht in Leipzig eintrifft, bevor ich drüben bin?«
»Nicht nur das.« Tolls Stimme klang eine Spur zu sicher. »Falken kann sich nicht zu lange in der Nähe der Grenze aufhalten. Bisher hatte ich Erfolg, indem ich Wolf zuvorgekommen bin...«
»Bisher? Diese Einschränkung ist überaus ermutigend. Wie sieht dieser Josef Falken aus?«
»Einsachtzig groß, schmales Gesicht mit großer Hakennase, kräftiges Kinn, blaue Augen, die regelrecht durch einen hindurchblicken. Zweiundvierzig Jahre alt. Offizieller Beruf: Leiter der Vogelschutzbehörde. Das erlaubt ihm, fast überall herumzureisen und Schutzgebiete zu besuchen, die Sperrbezirke an der Grenze und an der Ostsee ausgenommen. Einmal verheiratet. Die Ehe hat nicht gehalten. Er war zu selten zu Hause. Parteimitglied. Das ist alles, was Sie zu wissen brauchen. Wollen wir die Einzelheiten des Grenzübertritts noch einmal durchgehen?«
»Himmel, nein. Dreimal reicht...«
»Also rekapitulieren wir Ihre Identität noch einmal. Bis Goslar ist es nicht mehr weit...«
»Das wundert mich nicht bei Ihrer Fahrweise...«
»Ihre Identität«, wiederholte Toll.
»Albert Thorn. Major der Wasserschutzpolizei in Zivil. Sicherheits-Sonderabteilung. Hauptoperationsgebiet Elbe. 1945 in Karl-Marx-Stadt geboren, das damals noch Chemnitz hieß. Zur Zeit mit dem Spezialauftrag, einen des Heroinschmuggels verdächtigen Ring von Rauschgifthändlern aufzuspüren. Soll ich weitermachen?«
»Nein. Als Reporter haben Sie ein fotografisches Gedächtnis. Mich

hat beeindruckt, wie Sie schon beim ersten Mal alle relevanten Details im Kopf behalten haben. Sie haben die erforderlichen Papiere. Und wie Falken haben Sie einen Job, der viel Herumreisen verlangt. Aber, wie bei Falken, nicht in den Sperrbezirken.« Toll schaltete kurz die Innenbeleuchtung ein und warf einen Blick auf Newman. »Sie sehen erstaunlich verändert aus.«

»Wo haben Sie gelernt, Haar zu tönen?«

Newman war verblüfft gewesen von der Geschicklichkeit, die Toll in einem abgelegenen Bauernhaus südlich von Lübeck an den Tag gelegt hatte. Er hatte Newmans Haar mit einer Spülung dunkler getönt, hatte seine dichten Brauen mit einer kleinen Bürste bearbeitet. Das hatte die größte Veränderung bewirkt. Newmans Brauen wirkten jetzt noch dichter und verliehen ihm ein grimmiges, finsteres Aussehen. Er hatte Toll gefragt, warum er keine Farbe benutzte.

»Färben dauert zu lange und sieht leicht künstlich aus. Tönen ist wirksamer, wirkt echter. Sie dürfen ihr Haar nur nicht waschen«, hatte Toll erklärt. »Und wenn es regnet, behalten Sie den Hut auf. Wie steht es mit den Augen?«

In dem Bauernhaus hatte Toll einen mit grünem Filz ausgeschlagenen Holzkasten hervorgeholt, der vielfach unterteilt war und zahlreiche getönte Kontaktlinsen enthielt. Nach längerem Suchen hatte Newman ein Paar gefunden, das halbwegs bequem saß. Seine normalerweise blauen Augen waren jetzt braun. Auch das trug zu dem Eindruck von Aggressivität bei, der von ihm ausging.

»Es geht. Aber allzulange möchte ich sie nicht tragen.«

»Drei Tage, dann sind Sie sie wieder los. Übrigens war das ein Teil der Zusatzausbildung, auf der ich in Pullach bestanden habe, zusammen mit anderen Dingen. Daß ich lerne, wie man Haare tönt. So weiß niemand außer mir, wie Sie aussehen – es gibt keine Techniker, die das Wissen mit mir teilen.«

Das war eine Seite von Toll, die Newman beruhigend fand. Seine einzelgängerische Art, sein Bestehen darauf, eine Operation ganz allein zu leiten. Das verringerte das Risiko undichter Stellen.

»Jetzt sind wir in Goslar«, bemerkte Toll.

Eine alte Stadt, die in der Nacht einen dramatischen Eindruck machte. Im Licht der Straßenlaternen zeichneten sich die Silhouetten der Fachwerkhäuser ab. Eine Stadt wie aus einem Märchen der Brüder Grimm, romantisch und unheildrohend zugleich. Die Straßen waren menschenleer, und in der Ferne konnte Newman dunkle Wälder erkennen, hoch aufragende dunkle Tannen. Vor ihnen lag der Harz.

»Jetzt ist es nicht mehr weit«, sagte Toll, der es offenbar für erforderlich hielt, die Unterhaltung nicht abbrechen zu lassen. »Um Mitternacht gehen Sie hinüber. Wie steht es mit der Kleidung?«
In dem Bauernhaus hatte sich Newman von Kopf bis Fuß umgekleidet, einschließlich der Unterwäsche. Er konnte seine Wahl zwischen Kleidungsstücken in allen Größen treffen, die sämtlich aus der DDR stammten. Über seinem Anzug trug er einen leichten Regenmantel. In seiner Brieftasche – gleichfalls aus der DDR – steckte eine große Summe DDR-Geld.
»Bequem«, sagte Newman, als sie Goslar hinter sich gelassen hatten und der Wagen bergauf fuhr. »Der neueste Wetterbericht?«
»Ein beträchtlicher Temperaturabfall im Harz. Möglicherweise Nebel. Der wird uns helfen – vorausgesetzt, er kommt erst auf, nachdem Sie mit Falken Verbindung aufgenommen haben.«
»Und wenn er früher kommt?«
»Das ist unwahrscheinlich.«
Was heißt, interpretierte Newman, daß er inständig hofft, daß es nicht der Fall sein wird. Sie hatten alle Anzeichen menschlicher Anwesenheit hinter sich gelassen und fuhren jetzt zwischen dunklen Mauern aus dichtem Tannenwald stetig bergauf. Dann konnte er durch die Fenster hindurch Kieferndult riechen, und das Licht der Scheinwerfer fiel auf eine große Gruppe von Kiefern. Toll schaltete die Scheinwerfer aus und verlangsamte, nur mit Standlicht fahrend, die Fahrt.
»Wir sind jetzt ganz nahe an der Grenze«, sagte er. »Vergessen Sie nicht die Fotos von Ihnen – sie stecken in Ihrer Schuhsohle.«
»Ich habe Sie schon einmal gefragt – wozu brauche ich die?«
»Und ich habe Ihnen erklärt«, fauchte Toll, »daß ich es nicht weiß. Falken hat sie verlangt. Fragen Sie ihn doch selbst, wenn Sie ihn treffen.«
Es wurde kälter. Die Windschutzscheibe beschlug, und Toll schaltete die Scheibenwischer ein. Außer dem Schnurren des Motors, dem Gleiten der Scheibenwischer war nichts zu hören. Seit mehr als einer halben Stunde war ihnen kein anderes Fahrzeug begegnet, obwohl sie keine Nebenstraße benutzt hatten.
»Wie sind Sie an meine Fotos gekommen?« fragte Newman. »Wie Paßbilder, aber reichlich unscharf...«
»Heimlich von mir aufgenommen, als Sie an einem der Tische vor dem Jensen saßen. Ich sah selbst ein wenig anders aus, als ich Sie fotografierte. Daß sie unscharf sind, war Absicht. Sie wurden aufge-

nommen, bevor wir Ihr Aussehen veränderten. Wenn sie zu deutlich gewesen wären, hätte es Probleme geben können. Ich habe sie selbst entwickelt. Gehört auch zu der Extraausbildung, die ich in Pullach verlangt habe. Die meisten der Idioten dort sind blutige Amateure. Leute in maßgeblicher Stellung sollten können, was ich kann.«

Das war nicht arrogant gemeint, stellte Newman fest. Es war lediglich eine Feststellung, die seiner Überzeugung Ausdruck gab. Wieder stieg Toll in seiner Achtung. Sein einziger schwacher Punkt schien sein Ungestüm zu sein. Diese hastige Fahrt zur Grenze. Aber vielleicht hatte auch das seine Vorteile. So wenig Zeit wie möglich für einen Fehler, eine undichte Stelle, eine Warnung an die Leute im Osten.

»Das letzte Stück gehen wir zu Fuß«, sagte Toll. »Macht es Ihnen etwas aus? Es muß nicht sein.«

Newman spürte Tolls unterdrückte Anspannung, als er den Wagen zum Stehen brachte und ausstieg. Er verschloß die Türen, dann gingen sie zu Fuß bergauf weiter. Eine schwere, bedrückende Stille lastete auf ihnen, der Wald umgab sie von allen Seiten. Die Gummisohlen ihrer Schuhe machten auf der Straße nicht das geringste Geräusch. Sie bewegten sich wie Gespenster durch die Nacht. Newman warf einen Blick auf die Uhr. Die Leuchtzeiger wiesen auf fünf Minuten vor zwölf.

Im leeren Abteil des Zuges, der langsam in den Hamburger Hauptbahnhof einfuhr, blickte auch Kurt Franck auf die Uhr. Fast Mitternacht. Er betastete sein linkes Hosenbein. Das Jagdmesser mit der breiten Klinge steckte sicher in der an sein Bein geschnallten Scheide. Es war die einzige Waffe, die er immer bei sich trug.

Der Zug kam zum Stehen, und er sprang heraus, stieg eilig die Treppe hinauf und warf dabei einen Blick über die Schulter. Dann rannte er fast zur nächsten Telefonzelle, riß die Tür auf, vergeudete eine halbe Minute damit, den Rucksack abzunehmen, um die Tür richtig schließen zu können. Dann wählte er Martin Vollmers Nummer. Sein Bericht würde auf dem schnellsten Wege zu Markus Wolf weitergeleitet werden. Einschließlich seiner Begegnung mit Robert Newman im Mövenpick.

ZWEIUNDZWANZIG

In seinem Lieblingsrestaurant an der Walton Street in South Kensington saß Tweed Diana gegenüber. Man wurde schnell und unaufdringlich bedient, die Atmosphäre war intim, das Essen gehörte zum besten in London.

Tweed hatte den Besitzer einmal sagen hören: »Ich wollte einen Ort schaffen, an dem anspruchsvolle Gäste gutes Essen zu bescheidenen Preisen zu würdigen wissen.« Ein bißchen hochtrabend, aber er hatte sein Ziel erreicht.

»Wer sind diese Leute, die wir besuchen wollen?« fragte Diana. »Und dieser Fasan ist köstlich.«

»Eine Spezialität des Hauses. Wen wir besuchen wollen? Vier Männer, von denen einer in einen schwerwiegenden Entführungsfall verwickelt sein könnte. Ich sagte Ihnen schon, auf welche Art von Fällen die General and Cumbria spezialisiert ist.«

»Aber warum wollen Sie mich dabeihaben?«

»Weil ich an weibliche Intuition glaube. Ich kenne diese Männer gut. Sie werden sie mit frischen Augen sehen. Ich möchte wissen, welchen Eindruck sie auf Sie machen.«

»Das klingt ja aufregend ...«

»Wir müssen vorsichtig sein«, warnte Tweed.

»Ich werde ganz besonders vorsichtig sein. Ich glaube, mit Männern kenne ich mich mittlerweile recht gut aus«, sagte sie nachdenklich und trank einen Schluck von ihrem Chablis. »Für was soll ich mich ausgeben?«

Eine kluge Frage, dachte Tweed. »Darauf wollte ich gerade kommen«, sagte er. »Sie sind eine alte Bekannte, auf Besuch aus New York. Können Sie das vortäuschen? Keiner der vier Männer ist je in den Vereinigten Staaten gewesen. Sie wickeln ihre Geschäfte in Europa ab.«

»Ich war einmal in New York, aber das ist schon lange her. Ob ich das vortäuschen kann? Gewiß doch. Ich plappere einfach darauf los, rede viel und sage nichts. Ist Ihnen noch nicht aufgefallen, daß die meisten Leute genau das tun? Kommt mir vor wie ein Spiel – ich glaube, es wird mir Spaß machen. Wen besuchen wir zuerst?«

»Morgen fahren wir aufs Land zu Harry Masterson.« Er blickte von seinem Fasan auf, um ihre Reaktion zu beobachten. Sie schaute ihn über den Rand ihres Glases hinweg an; der Blick ihrer blaßblauen Augen unter den langen Wimpern hielt dem seinen stand. »Er wohnt in Sussex in einem dieser typischen reetgedeckten Cottages.«

»Ist er verheiratet?« fragte sie.
»Geschieden. Er mag Frauen und ist sehr lebhaft. Sagt die unmöglichsten Dinge, nur um zu sehen, wie sie reagieren ...«
»Klingt amüsant. Ich werde ihm Avancen machen. Vielleicht redet er dann über sich selbst. Das tun Männer dieses Typs oft. Ihr Lieblingsthema.«
»Sie sind eine Zynikerin«, spottete er.
»Nur Realistin. Ich sage Ihnen hinterher, was ich von ihm halte. Was Sie sagen, klingt nicht, als wäre er der Schurke.«
»Dieser Schurke ist gefährlich, weil er seinen wahren Charakter so geschickt zu tarnen versteht.«
»Ich werde ihm auf den Zahn fühlen«, sagte sie zuversichtlich. »Ich freue mich darauf, mit Ihnen zu reisen, Tweed. Die Leute im Jachthafen von Travemünde können tödlich langweilig sein.« Sie hob ihr Glas wieder. »Auf das Aufspüren des schwarzen Schafes.«

Tweed begleitete Diana zu Newmans Wohnung, lehnte ihre Einladung auf ein Glas vor dem Schlafengehen ab und fuhr mit dem Taxi weiter zum Park Crescent. Als er sein Büro betrat, wartete Monica auf ihn.
»Ich habe weiter versucht, Peter Toll zu erreichen, wie Sie vorgeschlagen hatten«, informierte sie ihn. »Dreimal in genau bemessenen Abständen, um den Druck aufrechtzuerhalten. Er ist immer noch fort.«
»Das gefällt mir nicht.« Tweed trat an die Wandkarte, die er früher am Tag aufgehängt hatte. Sie zeigte Ost- und Westdeutschland, die Ostsee und Skandinavien.
»Harry Butler ist noch in Heathrow bei diesem Deutschen, Walter Pröhl, dem Mann vom BND, der wie Bob Newman aussieht«, erinnerte sie ihn. »Harry hat Bericht erstattet. Zuerst ließ er Pröhl hungern und gab ihm nur starken schwarzen Kaffee zu trinken, was ihn nervös machte. Keine neuen Informationen. Dann ließ Harry Essen auffahren. Pröhl stürzte sich darauf und wischte sogar die Sauce mit dem Brot auf. Das hätte ihn umgänglicher machen müssen. Trotzdem nichts Neues. Harry sagt, es hätte den Anschein, als wüßte er nicht mehr. Was, glauben Sie, führt Toll im Schilde?«
»Irgend etwas hat er jedenfalls vor.« Tweed studierte die Grenze zwischen der Bundesrepublik und der DDR. »Er schickt einen Mann nach Heathrow, der aussieht wie Newman – was bedeutet, daß Newman in das verwickelt ist, was er vorhat. Pröhl hat ein Rückflugticket und

wartet auf die nächste Maschine nach Hamburg. Toll hat also versucht, jemanden davon zu überzeugen, daß Newman die Bundesrepublik verlassen hat. Und dieser jemand, da bin ich ganz sicher, ist Markus Wolf, der vermutlich einen Mann am Hamburger Flughafen hat – jemanden, der die Passagierlisten einsehen kann.«
»Ich habe außerdem Samuel Portman angerufen, Paula Greys Privatdetektiv. Sie haben morgen eine Verabredung mit ihm. Um zehn in seinem Büro. Er hält Sie für einen potentiellen Klienten. Ist daran, daß Paula ihren Mann überwachen läßt, irgend etwas merkwürdig?«
»Gerade das«, erklärte Tweed, »will ich herausfinden. Gott, wie spät ist es eigentlich?«
»Fast Mitternacht«, antwortete Monica nach einem Blick auf ihre Armbanduhr.

Kein Wind, kein Geräusch, kein Licht. Die Stille, der schwarze Wald, der dunkle Himmel wirkten bedrückend. Noch Sekunden zuvor war der Grenzbereich vor Newman und Toll in grelles Licht getaucht gewesen; die Lichtkegel der Scheinwerfer von den verschiedenen Wachttürmen waren wie bedrohliche, forschende Finger langsam über das verbotene Gelände geglitten. Toll hatte Newman ein Nachtglas gereicht, das er nun auf den unmittelbar vor ihnen liegenden Wachtturm richtete, der am Ende einer mit Gras und Sträuchern bewachsenen Schneise im Wald deutlich zu sehen war.
Der Wachtturm war eine Säule aus Beton, auf der eine runde Kabine saß, eine Kabine mit großen Fenstern und einem flachen Dach. Die Linsen des Fernglases brachten sie so nahe heran, daß Newman das Gefühl hatte, er brauchte nur den Arm auszustrecken, um die Hand durch das offene Fenster stecken zu können.
Drei Männer waren drinnen. Einer stand an einem drehbar montierten Maschinengewehr. Ein zweiter bediente einen Scheinwerfer. Der dritte hantierte an etwas, das wie eine Schalttafel aussah. Ein Scheinwerferstrahl wanderte langsam über den hohen Drahtzaun, ungefähr zehn Meter von ihrem Standort entfernt. An dieser Stelle gab es eine Pforte im Zaun.
»Sie gehen durch diese Pforte«, flüsterte Toll.
»Ich weiß.«
Die Hände, mit denen Newman das Fernglas hielt, waren feucht. Er betrachtete das Gelände hinter der Pforte. Grasbüschel. Verkrüppelte Ginstersträucher. Nicht so erbarmungslos gerodet, wie er es an ande-

ren Stellen des mehr als tausend Kilometer langen Eisernen Vorhangs von der Ostsee bis nach Ungarn gesehen hatte.
Er hörte ein metallisches Klicken. Toll hatte ein Bund Dietriche aus der Tasche gezogen. Wie lange würde er brauchen, um die Pforte aufzubekommen? Der Stromausfall, für den die Besatzung des Wachtturms, den er mit seinem Glas beobachtete, sorgen wollte, war für die Dauer von fünf Minuten vorgesehen. Ein Stromausfall, hervorgerufen durch einen absichtlich herbeigeführten Kurzschluß.
»Eine geradezu ideale Nacht«, zischte Toll. »Kein Mond. Dicht bedeckter Himmel. Kein Wind. Sie können kilometerweit hören, was sich tut.«
»Sie sagten es bereits«, flüsterte Newman zurück.
Toll wiederholte sich. Ein Zeichen von Nervosität. Und dazu hatte er allen Grund. Gott allein wußte, gegen wie viele Vorschriften er verstieß – als leitender BND-Beamter, in unmittelbarer Nähe der Grenze. Newman hatte das Gefühl, ihm dankbar sein zu müssen, aber alles, woran er denken konnte, war der Weg, den er jenseits dieser Pforte einschlagen mußte, nachdem das Licht erloschen war. Mit einigem Glück würde das verdammte Licht nicht erlöschen. Dann fiel das Unternehmen ins Wasser.
»Nervös?« fragte Toll.
»Konzentriere mich nur auf meinen Job.«
Newman gab ihm das Glas zurück, und seine Stimme war eiskalt. Das beunruhigte Toll. Wenn sie nervös waren, waren all ihre Sinne hellwach. Waren sie zu zuversichtlich, dann gingen sie Risiken ein. Aber auf beides hatte er keinen Einfluß. Toll unterdrückte seine Unruhe.
Newman spürte, wie die Kälte in ihn eindrang. Sie standen im Schatten einer Baumgruppe und lugten hinter dem dicken Stamm einer riesigen Tanne hervor. Keine Spur von Nebel. Das war etwas, wofür er dankbar sein konnte. Kein Nebel, bitte. Nicht, bis ich drüben bin – jenseits der Minenfeld-Attrappe. *Wenn* es noch eine Attrappe war. Markus Wolf hatte die Angewohnheit, solche Dinge ohne jede Vorwarnung zu ändern.
»Es kann jeden Augenblick so weit sein«, sagte Toll.
»Sie haben sich verspätet.«
Newman hatte einen Blick auf seine Uhr geworfen. Fünf Minuten nach Mitternacht. Was war schiefgegangen? Seine rechte Hand tastete nach dem Rasierzeug in der Tasche seines Regenmantels. Nur das Allernotwendigste. Ein ganz gewöhnlicher Rasierer, ein Päck-

chen Klingen, wie der Rasierer in der DDR hergestellt. Ein kleiner Pinsel, ein Stück Rasierseife. Gleichfalls Produkte der DDR ...
Das Licht ging aus.

Newman hatte den Fehler gemacht, die Scheinwerfer zu lange zu beobachten, und nun war er vorübergehend nachtblind. Toll streckte eine Hand aus und ergriff seinen Arm. Er sprach so leise, daß Newman ihn kaum hören konnte.
»Halten Sie sich an meinem Gürtel fest ...«
Sie schlichen auf die Pforte zu, vorsichtig einen Fuß vor den anderen setzend, um nicht über Grasbüschel zu stolpern. Newman blinzelte mehrmals; sein Sehvermögen kehrte zurück. Sie hatten die Pforte erreicht. Toll drückte auf die Klinke, bevor er den ersten Schlüssel ausprobierte. Die Pforte ging auf, schwang auf gut geölten Angeln lautlos einwärts. Toll war verblüfft. Er behielt die Klinke in der Hand, lauschte und flüsterte dann: »Unverschlossen. Da stimmt etwas nicht ...«
»Aus dem Weg. Ich gehe hinüber.«
Es war mehr als vier Jahre her. Sein Training beim Sicherheitsdienst. Bis zu diesem Augenblick hatte er nie wieder daran gedacht. Jetzt kam alles schlagartig zurück, erfüllte sein Denken. Der Sergeant, der ihn erbarmungslos gedrillt hatte.
»Manchmal haben Sie Glück. Dann packen Sie es mit beiden Händen. Das Glück. Sie haben nur eine einzige Chance. Nicht zögern. Keine Sekunde. Los, Mann ...«
Seinen Namen hatte Newman nie erfahren. Dem Tonfall nach zu urteilen, stammte er aus der Gegend von Manchester. Es war ein fürchterlicher Alptraum gewesen. Aber ein verdammt gründlicher Alptraum. »Nennen Sie mich einfach Sergeant ...«
»Sie sehen ihn nicht kommen. Den glücklichen Zufall. Wenn er kommt, müssen Sie ihn erkennen. Ihn packen. Los, Mann ...«
Newman passierte die Pforte und ging, tief geduckt, geradeaus weiter. Hinter ihm machte Toll die Pforte zu, entschied sich dagegen, sie zu verschließen, und begab sich dann auf den Rückweg zu seinem Wagen; seine langen Beine bewegten sich schnell bergab. Wenn ein Mann einmal drüben war, mußte man ihn sich selbst überlassen. Zusehen, daß man so schnell wie möglich von der Grenze fortkam – und hoffen und beten. Wenn Newman nur nicht so verdammt selbstsicher wäre, dachte Toll; dann zuckte er die Achseln.
Jenseits der Pforte war Newman vor Angst fast gelähmt.

Der Turm ragte in die Nacht empor wie ein Marsungeheuer. Er war sein Anhaltspunkt. Geradeaus gehen, rechts an dem Turm vorbei, nicht aufsehen, stetig weitergehen. So viel hatte Toll gewußt.
Noch immer geduckt einen Fuß vor den anderen setzend, glaubte er, einen Schatten auf sich zukommen zu sehen. Er blinzelte. Diese verdammten Kontaktlinsen. Dann fiel ihm der Sergeant wieder ein. »Gefahr. Schon das geringste Anzeichen von Gefahr. Sehen. Riechen. Hören. Hinwerfen. Nicht überlegen. Sofort hinwerfen!«
Newman warf sich hin, fing den Aufprall mit den Unterarmen ab, ging hinter einem niedrigen Ginsterstrauch in Deckung, vergrub den Kopf zwischen den Armen, drehte ihn zur Seite. Dann erst begann er sich Sorgen zu machen. Hatte er richtig gehandelt? Fünf Minuten Stromausfall, hatte Toll gesagt. Er vergeudete kostbare Zeit...
Er hörte ein leises Knistern, wie von einem Fuß, der einen Zweig zerbrach. Er lag reglos da, lauschte. Der Schatten war ein Mann, der auf ihn zukam. Newman bewegte die Finger. Würde er töten müssen, noch bevor er das Minenfeld überquert hatte?
Wieder ein Knistern, diesmal näher. War er gesehen worden? War es ein bewaffneter Posten auf Kontrollgang? Er stellte sich die kalte Mündung einer Pistole an seiner Schläfe vor. Zumindest lag er richtig. Die vorsichtigen Schritte – jetzt waren es eindeutig Schritte – waren viel näher. Der verdammte Kerl würde womöglich auf ihn treten...
Newman blinzelte. Er starrte auf die Seite eines Wanderstiefels mit Profilsohle. Der Stiefel bewegte sich nicht. Er wußte, daß der Unbekannte lauschte, genau wie er. Newman machte sich bereit, blitzschnell aufzuspringen.
Dann fiel ihm etwas ein, das Toll gesagt hatte. *Dieser Übergang wird auch vom Osten benutzt. Hier schicken sie ihre Agenten in den Westen. Wir lassen sie immer durch, folgen ihnen nie.* Etwas in diesem Sinne.
Er starrte auf den Stiefel eines Agenten auf dem Weg nach Westen. Deshalb die unverschlossene Pforte, die Toll beunruhigt hatte. Ein geradezu unglaublicher Zufall wollte es, daß Agenten von beiden Seiten gleichzeitig den Übergang benutzten. Zufall. Ihm fiel noch etwas ein, was Toll gesagt hatte. Erst vor ein paar Minuten.
»Eine geradezu ideale Nacht. Kein Mond. Dicht bedeckter Himmel. Kein Wind...«
Das erklärte das Auftauchen des Stiefelmannes. Der Stiefel setzte sich wieder in Bewegung. Newman erstarrte. Die Schritte wurden leiser,

näherten sich der Pforte. Er durfte keine Sekunde mehr verlieren. Ganz langsam erhob sich Newman, warf einen Blick über die Schulter. Die undeutliche Silhouette des Mannes war fast völlig in der Dunkelheit verschwunden. Newman ging weiter, auf das Fundament des Wachtturms zu.
Er blieb einen Moment neben der Betonsäule stehen, blickte hoch und sah die Kabine an ihrem oberen Ende undeutlich wie einen riesigen Schirm. Von hier aus mußte er geradewegs auf den elektronischen Zaun zugehen, an dem Falken auf ihn wartete. Er setzte sich geduckt wieder in Bewegung.
Plötzlich blieb er stehen. Schweiß strömte aus seinen Achselhöhlen. Er blickte zu Boden, ohne den Fuß zu bewegen. Er stand auf einem kleinen Erdbuckel, der einem Ameisenhügel glich. Aber es war kein Ameisenhügel. Unter der Sohle seines Schuhs lag unnachgiebiges Metall. Eine Tretmine.
Diese verdammten Dinger detonierten unter dem Druck seines Fußes. War es eine Attrappe? Toll hatte von Attrappen geredet. Oder hatte der Agent, der auf dem Weg nach Westen gewesen war, gewußt, welche Minen scharf waren? Er holte tief Atem. Es gab nur eine Möglichkeit, es herauszufinden. Den Fuß heben, ganz vorsichtig.
Er benutzte den noch auf dem Boden ruhenden Absatz als Drehpunkt und hob die Sohle, als wäre etwas Lebendiges unter ihr. Nichts passierte. Er ging weiter. Gib acht, wo du deine verdammten Füße hinsetzt. So viel, worauf man achtgeben mußte. Der Turm. Was hinter seinem Rücken geschah. Was vor ihm liegen mochte.
Am östlichen Ende säumten dichte Tannenwälder das Minenfeld. Er suchte sich langsam seinen Weg zwischen Grasbüscheln und verkrüppelten Ginstersträuchern hindurch, hielt ständig nach einem dieser kaum erkennbaren Erdbuckel Ausschau. Er blickte auf die Uhr. Sieben Minuten. Er hatte sich verspätet. Der Stromausfall sollte nur fünf Minuten dauern.
Er ging weiter. Jeden Augenblick konnte das ganze Gebiet in grelles Licht getaucht sein, die verdammten Scheinwerfer das Gelände überstreichen, und eines dieser drehbar montierten Maschinengewehre konnte ihn wie einen Pappkameraden abschießen. Er sah eine undeutliche Barriere, niedriger als der Drahtzaun, den er hinter sich gelassen hatte. Er hatte den elektrischen Zaun erreicht. *Nicht berühren!*
Wo war die verdammte Pforte? Angeblich sollten die beiden Pforten einander genau gegenüberliegen. Er hatte sich bemüht, geradeaus zu gehen, aber in der Dunkelheit kam man nur allzuleicht vom Kurs ab.

Er erreichte den Zaun. Keine Pforte. Nach links – oder nach rechts. Er mußte sich gleich beim ersten Mal richtig entscheiden.
Newman warf einen Blick zurück. Er konnte den Turm gerade noch erkennen. Er lag ein Stückchen links. Er wandte sich nach rechts und ging in etwa einem Meter Abstand vom Zaun ein paar Schritte weiter. Er wäre fast an der Pforte vorbeigelaufen, die aus dem gleichen Material bestand wie der Zaun. Er warf wieder einen Blick auf die Uhr. Zehn Minuten!
Die Pforte ging wie von selbst auf. Erschrocken blieb er stehen. Eine hochgewachsene Gestalt auf der anderen Seite des Zauns hielt die Pforte offen. Newman versteifte seine rechte Hand, bereitete sich auf einen Handkantenschlag vor. Der hochgewachsene Mann rief ihm leise ein Wort zu.
»Bismarck ...«
»Rheinfall«, erwiderte Newman und vervollständigte damit die Parole, die Toll ihm genannt hatte.
»Schnell!« flüsterte die Stimme wieder.
Newman schlüpfte durch die Pforte. Der hochgewachsene Mann schloß sie, ergriff Newmans Arm, zog ihn vom Zaun fort. Er mußte einen sechsten Sinn haben. Fast im gleichen Augenblick, in dem sie in den Wald zurückwichen, überflutete grelles Licht das Minenfeld hinter ihnen. Scheinwerferstrahlen überstrichen das Gelände, suchten, immer schneller werdend, das gesamte Sperrgebiet ab. Er hatte es geschafft – mit knapp dreißig Sekunden Vorsprung.

Fünfzehn Minuten nach zwölf blickte Wolf überrascht von seinem Schreibtisch auf, aber seinem Gesicht war die Überraschung nicht anzumerken. Lysenko hatte das Zimmer betreten, und Wolf spürte, daß er noch immer schlecht gelaunt war.
»Warum sind Sie zurückgekommen?« fragte er.
»Konnte nicht schlafen«, knurrte der General. »Gibt es etwas Neues?«
»Ja. Widersprüchliche Berichte. Die Widersprüche gefallen mir nicht. Das Telefon hat dauernd geläutet.«
»Was ist passiert?« Lysenko zündete sich eine Zigarette an und blieb mitten im Zimmer stehen.
»Sie wissen, daß wir erfahren haben, daß der englische Reporter Robert Newman nach England geflogen ist?«
»Natürlich weiß ich das ...«
»Munzel hat eben mitgeteilt, daß er Newman heute nachmittag im

Hotel Mövenpick in Lübeck gesehen hat. Er war verkleidet – trug eine Sonnenbrille und einen Tirolerhut. Das heißt, gestern nachmittag.«

»Munzel kann sich irren.«

»Munzel irrt sich nie. Er ist einer meiner verläßlichsten Leute. Also haben wir jetzt zwei Newmans – einen in London, einen in Deutschland. Und ich frage mich, welches der richtige ist.«

»Was, glauben Sie, geht da vor?«

»Eben ist noch ein weiterer Bericht hereingekommen«, fuhr Wolf mit unverändert monotoner Stimme fort. »Aus dem Harz. In der elektrischen Anlage der Wachttürme hat es einen Kurzschluß gegeben. Genau zehn Minuten lang haben die Scheinwerfer nicht funktioniert.«

»Ein Stromausfall?«

»Mit einem Notaggregat, das sich automatisch einschaltet? Ziemlich unwahrscheinlich.«

Wolf starrte Lysenko ohne eine Spur von Freundlichkeit an, und der Russe musterte die Augen hinter der Hornbrille. Lysenko mußte oft an ein Foto von Mount Rushmore in den Vereinigten Staaten denken, das er einmal gesehen hatte, einer großen Klippe, wo man die Köpfe von vier amerikanischen Präsidenten aus dem Fels herausgehauen hatte. Wolfs Gesicht erinnerte ihn immer an diese reglosen steinernen Köpfe.

»Die Sache ist ziemlich kompliziert«, fuhr Wolf fort. »Einer unserer Agenten ging an dieser Stelle in den Westen. Für Mitternacht war Dunkelheit vereinbart ...«

»Das erklärt die Sache doch«, unterbrach ihn Lysenko.

»Würden Sie mich freundlicherweise ausreden lassen? Die Scheinwerfer sollten vor Mitternacht bis genau 0.05 außer Betrieb sein. Sekunden, bevor mein Mann den entsprechenden Schalter umlegte, wurde das gesamte System – einschließlich des Notaggregats – kurzgeschlossen. Die Scheinwerfer waren zehn Minuten außer Betrieb, nicht fünf wie geplant. Als mein Mann die Anlage wieder einschalten wollte, funktionierte sie nicht. Fünf Minuten später gingen die Scheinwerfer wie von selbst wieder an.«

»Vermutlich eine technische Panne«, beharrte Lysenko.

»Das glaube ich nicht. Die fehlenden fünf Minuten geben mir zu denken.«

O Gott, dachte Lysenko, der Verstand dieser verdammten Deutschen funktioniert wie eine Schweizer Uhr. Das ist wahrscheinlich der

Grund dafür, daß sie uns im Großen Vaterländischen Krieg fast geschlagen hätten. Sie sind keine Menschen – sie sind Maschinen. Er war zurückgekehrt, um seinen Frieden mit Wolf zu machen, und nun standen sie sich schon wieder mit gezückten Klingen gegenüber. Er beschloß, in die Offensive zu gehen.
»Nun, wenn Sie das so beunruhigt – was gedenken Sie zu unternehmen?«
»Ich habe bereits etwas unternommen. Die drei Männer in dem Wachtturm an der Pforte wurden verhaftet. Im Augenblick werden sie verhört. Auf jeden Fall werden sie nicht in diesen Turm zurückkehren.«
»Wolf, was ist Ihrer Meinung nach wirklich passiert?«
»Woher soll ich das wissen? Die beiden Berichte – der eine von Munzel, der andere von der Grenzkontrolle – sind erst vor ein paar Minuten eingegangen.«
»Aber Sie scheinen sie miteinander in Verbindung zu bringen. Diesen Kurzschluß und das Geheimnis um Newman.«
»Kurz bevor Sie hereinkamen, habe ich auf der Sonderleitung mit Moskau gesprochen. Ich habe gewartet, während sie den Computer wegen Newman befragten.« Wolf hielt einen Augenblick inne. »Er spricht fließend Deutsch. Ich habe gerade eine Großfahndung eingeleitet. Fotos von ihm werden am Morgen hier sein.«

DREIUNDZWANZIG

Das verschwommene Scheinwerferlicht der Wachttürme drang gerade so weit in die Dunkelheit des Tannenwaldes ein, daß Newman einen Blick auf Josef Falken werfen konnte, bevor sie sich ins Pechschwarze zurückzogen. Er war hochgewachsen und schlank, das lange Gesicht endete in einem spitz zulaufenden Kinn. Die Winkel seines festen Mundes, die blaßblauen Augen ließen eine Spur von Humor erkennen. Er sprach so leichthin, als stünden sie im Begriff, einen Sonntagsausflug in einer friedlichen Gegend zu unternehmen.
»Toll hat mich wissen lassen, daß Sie radfahren können.«
»Ja, das kann ich. Und nach drei Tagen kehre ich auf demselben Weg wieder zurück?«
»Toll plant immer voraus. Bis zu den Rädern müssen wir noch knapp einen Kilometer laufen. Ihr Deutsch ist sehr gut. Sie können als Deutscher durchgehen. Was Sie wahrscheinlich auch müssen.«

Wieder diese Gelassenheit, das scheinbare Fehlen jeder Anspannung. Newman fand, daß er Falken mochte. Dann blieb er stehen, packte Falkens Arm und deutete in den Wald zur Linken des schmalen Pfades, dem sie folgten.
»Da . . . da drüben bewegt sich etwas . . .«
»Ja, mein Flankenschutz. Gerda paßt immer auf uns auf. Sie brauchen nicht mehr zu wissen als ihren Vornamen. Sie hat eine automatische Waffe – und sie kann damit umgehen. Erste Lektion für Sie, mein Freund«, fuhr Falken fort, als sie auf dem gewundenen Pfad durch den Wald weiter bergauf gingen. »Erste Lektion«, wiederholte er. »Wir befinden uns im Krieg. Wir kämpfen im Untergrund gegen ein feindliches Regime. Wir leben in einem von den Sowjets besetzten Gebiet.«
Ein paar Minuten herrschte Schweigen, während Newman das verdaute und sie noch höher stiegen. Und jetzt begriff er, warum das Scheinwerferlicht verschwommen gewesen war – Nebel zog auf, Schwaden von weißem Dunst glitten zwischen die Bäume.
Links von ihnen war Gerda nur ein fahler Schatten, der auf einem Kurs parallel zu dem ihren lautlos durch den Wald eilte. Das war durchaus nicht, was Newman erwartet hatte. Er kam sich vor wie bei einer Guerillagruppe, und er zitterte, als die feuchte Nebelkälte seinen Regenmantel durchdrang.
Falken trug einen dreiviertellangen Ledermantel mit breiten Aufschlägen, die dem Kleidungsstück ein militärisches Aussehen gaben. Die Beine seiner Cordhose steckten in kniehohen Lederstiefeln mit Gummisohlen. Kein Geräusch durchbrach die Stille des in Nebel gehüllten Waldes, nicht einmal ihre Schritte auf dem moosbedeckten Boden waren zu hören.
»Hier sind die Fahrräder«, sagte Falken, bog von dem Pfad ab und griff unter einen Haufen Farnkraut. »Man hat mir Ihre Größe angegeben. Dieses müßte für Sie richtig sein.«
Wieder Tolls Gründlichkeit, dachte Newman, als er das Fahrrad aufrichtete und sich auf den Sattel schwang. Er hatte genau die richtige Höhe. Falken zog ein größeres Rad heraus und sah Newman an.
»Achten Sie darauf, daß Sie nie ohne Licht fahren. Auch das Rücklicht muß funktionieren. Das ist Vorschrift.«
»Was ist mit Gerda?«
»Für sie liegt ein drittes Rad da – mit einem Korb für ihre Waffe. Sie folgt uns in einigem Abstand. Falls es Schwierigkeiten gibt, habe ich gern eine unvermutete Nachhut . . .«

Der Pfad war in eine asphaltierte Straße eingemündet, und sie fuhren nebeneinander weiter bergauf. Falken trat langsam in die Pedale, bis er sicher war, daß Newman mit seinem Rad umgehen konnte, dann wurde er schneller.

Falken hielt beim Fahren den Kopf gesenkt. Newman begriff, daß er sorgfältig lauschte. Er vermutete, daß der Deutsche ein vorzügliches Gehör hatte – ein Mann, der beim Vogelschutz arbeitete, mußte darauf eingestellt sein, Geräusche wahrzunehmen, die anderen Menschen vielleicht entgingen. Sie hatten die Kuppe des Berges erreicht und fuhren jetzt einen ebenen Straßenabschnitt entlang. Das Licht ihrer Lampen drang nur wenige Meter weit durch den Nebel. Plötzlich flammten die Scheinwerfer eines am Straßenrand geparkten Autos auf und schienen ihnen voll ins Gesicht. Dann ertönte ein Ruf.

»Halt! Grenztruppen der DDR. Stehenbleiben! Wir haben unsere Waffen auf Sie gerichtet ...«

Tweed arbeitete noch am Park Crescent. Er war eine Nachteule, und zu vorgerückter Stunde war sein Verstand besonders rege. Er schloß die letzte der vier Akten und schob den Stapel von sich.

»Soll ich Peter Toll noch einmal anrufen?« fragte Monica. »Bis jetzt habe ich es viermal versucht.«

Tweed warf einen Blick auf die Uhr. »Es ist eins, in München also zwei Uhr. Lassen Sie es bis zum Morgen ...«

»Haben Sie in den Akten etwas gefunden?«

»Nichts. Grey, Masterson, Lindemann und Dalby. Nicht das mindeste.« Er lehnte sich in seinem Stuhl zurück und begann, laut zu denken. »Wie hat alles angefangen? Ian Fergusson wurde ermordet. Das war der Köder, der mich nach Deutschland locken sollte. Dann wurde Ziggy Palewski umgebracht. Eine zweite Leiche, um mein Interesse wachzuhalten. Lübeck. Ich werde angegriffen, wahrscheinlich von Kurt Franck. Fehlschlag, dank Newman. Und die Tatsache, die im Mittelpunkt all dieser Ereignisse steht, ist die, daß nur meine vier Sektorenchefs wußten, daß Fergusson nach Hamburg reiste. Nennen wir das schwarze Schaf Janus ...«

»Warum Janus?«

»Janus, der römische Gott mit den zwei Gesichtern – der Mann, der nach Osten und Westen zugleich blickt. Fraglos Wolfs – und damit Lysenkos – Agentenchef im Westen ...«

»Aber anscheinend gibt es doch zwei Agentenchefs. Was ist mit Balkan?«

»Balkan hält sich jeweils für kürzere oder längere Zeit irgendwo in Deutschland auf. Wahrscheinlich kontrolliert er Wolfs Agentennetz in Westdeutschland. Und in Lübeck haben wir den geheimnisvollen Dr. Berlin. Und Dianas scharfsinnige Bemerkung – *vielleicht möchte er, daß Sie ihn sehen.* Warum sollte ihm daran liegen?«
»Offenbar ein ziemlich eingebildeter Kerl«, bemerkte Monica.
»Und wieder Lübeck. Zwei grauenhafte Morde an attraktiven blonden Mädchen. Drei, wenn Sie den in Frankfurt vor sechs Monaten hinzunehmen – von dem in Norfolk vor zwei Jahren ganz zu schweigen.«
»Hier fehlt ein Bindeglied – vielleicht mehrere.«
»Das Gefühl habe ich auch. Mir ist, als betrachtete ich die verschiedenen Teile eines riesigen Puzzles. Ich kriege es nicht zusammen, weil mir zuviel Teile fehlen.«
»Vielleicht ist Newman losgezogen, um einige der fehlenden Teile zu finden. Wir wissen durch meinen Anruf, daß er aus dem Jensen ausgezogen ist.«
»Ich hoffe bei Gott, daß er nicht über die Grenze gegangen ist.« Tweeds Blick wanderte zu der Wandkarte. »Peter Toll ist ein brillanter Mann, aber entschieden zu draufgängerisch.«
»Warum sollte er Newman benutzen? Er hat seine eigenen Leute ...«
»Vielleicht brauchte er jemanden, der neu ist. Alle vier Sektorenchefs berichten von einer gespenstischen Ruhe auf Seiten des Gegners. Das wird auch Toll nicht entgangen sein. Deshalb schickt er einen neuen Mann vor. Beten wir, daß ich mich irre.«
»Und warum, wenn ich fragen darf«, wagte sich Monica vor, »lassen Sie sich von Diana Chadwick begleiten, wenn Sie die Großen Vier in ihren Behausungen besuchen?«
»Nur um ihren Eindruck zu erfahren.«
»Ach, wirklich? Ich glaube, Ihre Offenheit läßt zu wünschen übrig. Sie haben noch ein anderes Motiv ...«
Tweed erhob sich, reckte die Arme hoch, unterdrückte ein Gähnen. »Sie gehen jetzt nach Hause. Und ich auch. Ich besorge Ihnen ein Taxi. Morgen – nein, heute – muß ich zu diesem Detektiv Portman.«
Monica zog die Haube über ihre Schreibmaschine. »Und was ist mit Harry Butler und diesem Deutschen, den er in Heathrow verhört?«
»Wir lassen sie dort, bis ich Toll erreicht habe. Harry kann unwahrscheinlich lange durchhalten. Der Deutsche vielleicht nicht.«

»Morgen früh versuche ich noch einmal, Toll zu erreichen.«
»Tun Sie das.« Tweed half ihr in den Mantel. »Ich muß wissen, was mit Newman los ist.«

Newman bremste und stellte sich mit je einem Fuß zu beiden Seiten seines Fahrrades hin. Die Krise war da. Er war eiskalt. Auch Falken hatte gebremst. Newman hob eine Hand, um seine Augen vor dem grellen Scheinwerferlicht zu schützen; mit der anderen hielt er das Fahrrad.
»Grenztruppen der DDR!« rief die arrogante Stimme wieder. »Papiere! Ihre Papiere!«
Es waren zwei, beide in grauen Militärmänteln und Pelzmützen mit einem länglichen Abzeichen. Sie waren ins Licht getreten; einer von ihnen hielt einen Karabiner in der Rechten.
»Legen Sie Ihre Räder auf die Erde!«
Newman gehorchte und richtete sich dann langsam sehr gerade auf. Mit der Linken griff er ebenso langsam in seine Brusttasche. Der Soldat mit dem Karabiner hob die Waffe und zielte damit auf Newmans Brust.
»Was machen Sie da?« brüllte der andere.
»Ich hole meine Papiere heraus. Sie wollten sie sehen. Vielleicht werfen Sie einmal einen Blick auf diesen Ausweis.« Newmans Stimme war täuschend gelassen. »Und sagen Sie diesem Flegel, er soll sein Gewehr herunternehmen ...«
»Flegel?« Der Mann, der bisher gesprochen hatte, trat vor und hob eine geballte Faust.
»Wenn Sie mich schlagen, sorge ich dafür, daß Sie den Rest Ihres Lebens hinter Gittern verbringen!« donnerte Newman. »Wasserschutzpolizei, Sonderabteilung. Schauen Sie sich das an, Sie Schwachkopf!«
Ohne ihn aus der Hand zu geben, hielt er dem Mann den aufgeschlagenen Ausweis so unter die Nase, daß das Scheinwerferlicht des Wagens darauf fiel. Der Mann senkte die Faust und wich einen Schritt zurück. Newman trat einen Schritt vor.
»Ihr blöden Hammel!« wütete er. »Ich bin Major – und habe den Auftrag, einen Ring von Drogenschmugglern aufzuspüren. Sie haben womöglich das ganze Unternehmen zum Scheitern gebracht. Machen Sie diese verdammten Scheinwerfer aus. Geben Sie mir eine Taschenlampe. Los, Mann, bewegen Sie sich!«
Einschüchterung war nicht das einzige Motiv, das ihn veranlaßte, laut

zu werden. Irgendwo dicht hinter ihnen radelte Gerda als Nachhut die Straße entlang. Er wollte sie warnen.
»Geh und schalte die Scheinwerfer aus«, wies der Mann seinen Kollegen mit dem Karabiner an. »Ich habe eine Taschenlampe«, fuhr er fort und zog sie aus der geräumigen Tasche seines Mantels. Newman riß sie ihm aus der Hand, schaltete sie ein und richtete den Lichtstrahl auf das Gesicht des Mannes. Jetzt konnte er das Abzeichen an der Mütze deutlich erkennen; Toll hatte es ihm gezeigt, als er Newman die Unterschiede zwischen den verschiedenen Polizei- und Sicherheitsorganen der DDR erklärte.
»Jetzt wissen Sie, wie das ist«, raunzte Newman weiter, »wenn einem ein Licht direkt in die Augen scheint. Wenn diese Bande, hinter der ich her bin, nicht auf Ihre Scheinwerfer aufmerksam geworden ist, dann haben wir das nur dem Nebel zu verdanken. Haben Sie Kinder?« fragte er. »Und wie heißen Sie?«
»Karl Schneider«, sagte der Mann mißmutig. »Und ich habe einen Jungen und ein Mädchen . . .«
»Wollen Sie, daß Ihr Junge heroinsüchtig wird? An der Nadel hängt? Genau das ist es nämlich, womit diese Schweine handeln.« Seine Stimme wurde leiser, fast seidenweich. »Und nun zeigen Sie mir *Ihren* Ausweis. Vielleicht muß ich melden, daß die Operation fehlgeschlagen ist – wegen Ihrer blödsinnigen Einmischung . . .«
»Wir tun doch auch nur unsere Pflicht.«
Die Worte klangen unterwürfig und keineswegs selbstsicher. Schneider gab Newman seinen Ausweis. Der Engländer betrachtete ihn im Licht der Taschenlampe und wiederholte die Nummer dreimal, als wollte er sie sich einprägen. Dann gab er ihn zurück.
»Ihre Pflicht«, höhnte er. »Ihre Unfähigkeit, meinen Sie wohl?«
»Unfähigkeit?« Schneider war empört. »Und wer ist dieser Mann?«
»Josef Falken, Vogelschutzbehörde«, schnarrte Newman. »Zu meiner Unterstützung abgestellt. Er kann sich bewegen wie eine Katze – was man von Ihnen nicht behaupten kann.« Er hob die Stimme. »Ich sagte Unfähigkeit. Anstatt still bei Ihrem Wagen zu warten und uns dann mit der Taschenlampe heranzuwinken und leise nach unseren Papieren zu fragen, setzen Sie den halben Harz unter Flutlicht. Und für den Fall, daß wir die Flucht ergriffen hätten, steht Ihr Wagen falsch – Sie hätten ihn wenden müssen, bevor Sie uns hätten verfolgen können. Inzwischen wären wir längst im Nebel verschwunden gewesen. Vielleicht«, fuhr er sarkastisch fort, »möchten Sie noch mehr Zeit vergeu-

den, indem Sie sich die Papiere meines Begleiters ansehen? Das wird sich in dem Bericht, den ich abfassen muß, sehr gut machen. Besonders, wenn uns die Bande, hinter der wir her sind, durch die Lappen geht.«
»Das wird nicht nötig sein«, erwiderte Schneider. »Bitte, fahren Sie weiter. Und wenn Sie eine Möglichkeit sehen, diesen unglücklichen Zwischenfall unerwähnt zu lassen . . .«
»Ich werde es mir überlegen. Kommen Sie, Falken, wir haben schon genug Zeit verloren . . .«
Sie fuhren an dem geparkten Wagen vorbei, dessen Scheinwerfer jetzt ausgeschaltet waren, und radelten ein paar Minuten schweigend durch die neblige Dunkelheit.
»Was ist mit Gerda?« fragte Newman schließlich.
»Sie wird Ihre Stimme gehört haben. Daraufhin hat sie ihr Fahrrad um die Grenzer herum durch den Wald geschoben. Dann ist sie auf die Straße zurückgekehrt, um uns wieder einzuholen. Deshalb fahren wir so langsam. Ich muß schon sagen, mein Freund . . .« Falken brach ab, als suchte er nach den rechten Worten, ». . . das war wirklich eine beachtliche Vorstellung, die Sie da gegeben haben. Sie sind der geborene Schauspieler. Ich habe geschwiegen, um Ihnen nicht ins Handwerk zu pfuschen. Willkommen bei Gruppe Fünf.«
»Ich kenne den Typ«, sagte Newman kalt. »Er ist mir schon öfter begegnet. Sie treten nach allem, was unter ihnen steht, und ihren Vorgesetzten kriechen sie in den Arsch. Widerliches Pack.«
»Glauben Sie, daß Schneider den Zwischenfall melden wird?«
»Schwer zu sagen«, gab Newman zu. »Wenn er glaubt, daß ich ihn in meinem Bericht nicht erwähne, hält er den Mund. Wenn er meint, damit rechnen zu müssen, daß ich ihn erwähne, wird er versuchen, mir zuvorzukommen. Aber ich wette, daß er erst darüber schlafen wird. Vielleicht findet er dann, daß es für eine Meldung zu spät ist. Wir können nur hoffen.«
»Genauso beurteile ich es.«
»Darf ich fragen, wo wir hinwollen? Welche Informationen Sie mir zukommen lassen, damit ich sie zurückbringe?«
»Warum nicht?« Falken lächelte. »Wir werden bald auf ein anderes Verkehrsmittel umsteigen. Wir haben einen langen Weg vor uns, und mit den Rädern kommen wir nicht schnell genug voran – aber in der Nähe der Grenze gibt es nichts Besseres. Aber mich wundert, woher Sie wissen, daß wir in der DDR vor einem wachsenden Drogenproblem stehen.«

»Ich fragte Toll, welche Art von Sonderauftrag ich als Angehöriger der Wasserschutzpolizei haben könnte. Er erzählte mir von dem Heroin.«

»In mancher Hinsicht hat dieser Mann keine Ahnung, unter welchen Bedingungen wir hier arbeiten. Deshalb treffen wir unsere Entscheidungen selbst. Zu anderen Zeiten überrascht er mich. Er ist erst kürzlich befördert worden – deshalb möchte ich natürlich so genau wie möglich wissen, wozu er imstande ist. Ich bin für das Leben der Männer und Frauen verantwortlich, die mit mir zusammenarbeiten. Sie werden vielleicht lachen, aber sie sehen in mir eine Art Vaterfigur.«

»Ich lache nicht. Da wir gerade von Vaterfiguren reden – was wissen Sie über Dr. Berlin?«

»Großer Gott!« Falken kicherte, ohne die Fahrt zu verlangsamen. »Sind Sie Hellseher?«

»Wieso?«

»Ich hatte Toll gebeten, einen verläßlichen Mann zu schicken, damit ich das, was ich über den großen und allseits verehrten Dr. Berlin erfahren habe, mündlich weitergeben kann ...«

»Das klingt ironisch.«

»Das soll es auch. Ihr Dr. Berlin ist ein Schwindler.«

»Das können Sie beweisen?«

»Ganz eindeutig. Natürlich, wenn Sie die Unterlagen in dem Leipziger Krankenhaus einsehen könnten, das er aufsuchte, als er vor vielen Jahren aus Afrika zurückkehrte, dann würden Sie nur feststellen, daß er an einer seltenen Tropenkrankheit litt.«

»Und wie sieht Ihr Beweis aus?«

»Das sollen Sie selbst hören. Wir werden bald in einen Wagen umsteigen. Müssen Sie vorher nochmal pinkeln?«

»Ja. Ich habe gut gegessen, bevor ich über die Grenze kam ...«

Sie stiegen ab, und Falken schob sein Rad ein paar Meter von der Straße weg, blieb ihr aber so nahe, daß er es hören würde, wenn Gerda kam. »Ihr Hinterrad quietscht«, erklärte Falken, während sie sich erleichterten. »Ich habe ihr gesagt, sie soll es nicht reparieren. Sie wird Ihnen gefallen – aber sie ist ein harter Brocken. Frauen können unerbittlicher sein als Männer ...«

Sie wollten gerade wieder aufsteigen, als Newman hörte, daß sich das quietschende Hinterrad im Nebel näherte. Falken bewunderte sein scharfes Gehör, holte eine kleine Taschenlampe hervor und schwenkte sie langsam von einer Seite zur anderen und wieder zurück. Eine schlanke Silhouette tauchte aus dem Nebel auf und bremste.

Gerda mußte Ende Zwanzig sein, soweit Newman sehen konnte. Ihr Haar war unter einem Kopftuch verborgen, und sie hatte eine kräftige Nase und ein ausgeprägtes Kinn. Als sie sich die Hand reichten, musterte sie Newman.
»Ich habe gehört, wie Sie mit den Grenzern umsprangen«, bemerkte sie. »Haben Sie viel Erfahrung mit dieser Art von Arbeit?«
»Eigentlich nicht. Betrachten Sie mich als Rekruten.«
»Gerda«, unterbrach Falken, »hat eine Uzi-Maschinenpistole unter dem Anorak in ihrem Fahrradkorb. Können Sie mit dieser Waffe umgehen?«
»Ja, ich bin daran ausgebildet worden«, erklärte Newman und beließ es dabei. »Also, wo fahren wir hin, wenn wir das Auto erreicht haben?«
»Dorthin, wo Sie jemanden über den wirklichen Dr. Berlin interviewen können. Sie werden jemanden treffen ...« Er brach ab, als sich Newman in die Richtung umdrehte, aus der sie gekommen waren. »Was ist?«
»Ich höre einen Wagen, der sich langsam nähert. Könnte sich um Schneider und seinen Kumpan handeln ...«
Gerda schob ihr Fahrrad blitzschnell von der Straße und verschwand im Wald. Newman bemerkte, daß sie sofort ihr Licht ausgeschaltet hatte. Falken kicherte, um seiner Erwiderung die Spitze zu nehmen.
»Nicht nervös werden, Albert Thorn. Wahrscheinlich fahren sie in ihre Kaserne in Wernigerode zurück. Ich gebe zu, bei diesem Spiel kommt einem alles und jedes verdächtig vor. Aber denken Sie daran, daß Sie auch vielen Leuten begegnen werden, die nur ihrer täglichen Arbeit nachgehen.«
Die Scheinwerfer des langsam fahrenden Wagen trafen sie von hinten und wurden dann abgeblendet. Als er an ihnen vorbeifuhr, lehnte sich Schneider aus dem Fenster und rief mit heiserer Stimme:
»Weidmannsheil, Herr Thorn ...«
Der Wagen beschleunigte und fuhr davon; sein Motorengeräusch wurde sofort vom Nebel gedämpft. Gerda kehrte zu ihnen zurück, schwang sich auf den Sattel und radelte hinter ihnen her.
»Mir war, als hätte in Schneiders Worten eine Spur von Ironie gelegen«, bemerkte Falken. »Und er wollte Sie offenbar wissen lassen, daß er sich Ihren Namen gemerkt hat ...«
»Wer wird hier nervös?«
Falken schüttelte sich vor Lachen, und einen Augenblick schwankte

sein Fahrrad. Dann wurden sie von Gerda überholt. Sie fuhr ihnen ein Stück voraus, dann forderte sie sie mit einer Handbewegung zum Halten auf, sprang flink vom Rad und schob es einen schmalen, rechts von der Straße abbiegenden Weg hinauf.

»Wir sind beim Auto«, erklärte Falken, während sie ihr folgten. »Es ist ein Tschaika, ein russischer Wagen. Verleiht dem, der darinsitzt, eine gewisse Autorität. Und wenn Sie meinen, Ihre bisherigen Erlebnisse wären ein bißchen haarig gewesen – das war noch gar nichts.«

»Was haben wir vor?« fragte Newman.

Sie legten die Räder auf den Boden und halfen Gerda, die bereits begonnen hatte, mit ihren behandschuhten Händen große Büschel losen Gestrüpps beiseite zu räumen und den versteckten Tschaika freizulegen; auf seiner Kühlerhaube lag zum Schutz des Motors vor der Kälte eine unauffällige Decke.

Als nächstes versteckten sie die drei Fahrräder sorgfältig unter dem Gestrüpp. Gerda wanderte mit kritischem Blick um die Stelle herum, an der sie die Räder verborgen hatten, bevor sie die Arbeit guthieß. Den Anorak mit der kurzläufigen Uzi hielt sie unter den Arm geklemmt.

Falken setzte sich ans Steuer des Tschaika und zog die Knie hoch. Auf seine Aufforderung hin setzte sich Newman neben ihn, Gerda zwängte sich hinter ihm auf den Rücksitz. Der Motor sprang beim sechsten Versuch an.

»Was haben wir vor?« wiederholte Newman. »Wo wollen wir hin?«

»Die Person treffen, mit der Sie sich unterhalten sollen. Über den sanften und schüchternen Dr. Berlin, der es nicht schätzt, fotografiert zu werden. Unser Ziel, mein Freund? Die Stadtmitte von Leipzig – nur einen Steinwurf von dem Gebäude entfernt, in dem sich Markus Wolfs Hauptquartier befindet. Zur Zeit hat er dort einen Gast, Wassili Lysenko, einen General vom sowjetischen Geheimdienst. Er muß irgendeine größere Operation planen. So, und jetzt los!«

Er lenkte den Tschaika auf den Pfad, bog auf die Straße ein und fuhr in die Richtung, in der Schneider verschwunden war. Newman hatte das Gefühl, als wäre die Nacht plötzlich viel kälter geworden.

VIERUNDZWANZIG

Londons Soho hatte sich nicht zu seinem Vorteil verändert, dachte Tweed, als er die Straße entlangging. Doch zumindest fühlte er sich jetzt sicher. Es bestand keine Veranlassung mehr, nach Krüppeln Ausschau zu halten, bei denen es sich um professionelle Mörder handeln konnte. Es tat gut, wieder daheim im friedlichen England zu sein.
Aber bald, dachte er, würde er wieder unruhig werden – darauf brennen, an die vordere Front, nach Deutschland, zurückzukehren. Der menschliche Geist war ein seltsames Instrument – immer verlangte er nach etwas Neuem, dem Reiz der Abwechslung. *Detektei Portman* stand auf dem verchromten Schild neben der offenen Haustür. *Erster Stock.*
Es überraschte ihn, daß das Schild sauber war und glänzte. Er trat ein und stieg die alte, kahle Holztreppe hinauf. Die Hand, die er auf den Handlauf des Geländers gelegt hatte, zog er schnell wieder zurück – er fühlte sich schmierig an.
Das Gegenstück zu dem verchromten Schild unten – ohne den Verweis auf das Stockwerk – war neben einer geschlossenen Tür angebracht. Er klopfte an, dreimal kurz hintereinander. Die Tür wurde sofort geöffnet, und Tweed erlebte eine weitere Überraschung. Er hatte erwartet, einem etwas schmierigen und verschlagenen Typ gegenüberzustehen.
»Mr. Portman?«
»Mr. Tweed? Sie sind pünktlich – im Gegensatz zu den meisten meiner Klienten. Kommen Sie herein, nehmen Sie Platz. Wie kann ich Ihnen auf den verschlungenen Lebenspfaden in diesem irdischen Jammertal behilflich sein?«
Ein kleiner, rundgesichtiger, vergnügt wirkender Mann Mitte Vierzig. Ein rundlicher Körper wie der eines gutgenährten Fasans. Tweed fragte sich, wie er auf diesen Vergleich kam, dann fiel ihm sein Essen mit Diana am Vorabend ein. Portmans blauer Nadelstreifenanzug stammte nicht aus der Savile Row, aber er war sauber und frisch gebügelt. Tweed zog seinen Ausweis aus der Tasche und zeigte ihn Portman.
»Sonderdezernat ...«
»Ach, wirklich? Davon hat die Dame, die die Verabredung traf, nichts gesagt.«
»Wir halten nichts von dem Spruch, daß Werbung sich auszahlt.« Tweed verstaute den Ausweis wieder in der Tasche. Dann kam er zur

Sache. »Paula Grey. Eine Ihrer Klientinnen. Hawkswood Farm, Norfolk. Weshalb hat sie Sie engagiert?«

»Diese Frage kann ich auf gar keinen Fall beantworten. Unsere Untersuchungen sind streng vertraulich. Das Fundament unserer Beziehungen ...«

»Sie haben versucht, die richtigen Geräusche von sich zu geben, nun hören Sie auf, meine Zeit zu vergeuden.« Tweeds Ton war härter geworden. »Ich kann Sie jederzeit in die Zentrale mitnehmen. Der Fall, den ich zu untersuchen habe, ist schwerwiegend, möglicherweise sind Terroristen darin verwickelt. Machen Sie sich wegen Paula keine Gedanken, da gibt es keinen Zusammenhang. Also, noch einmal von vorn. Wann haben Sie damit begonnen, Hugh Grey zu beschatten?«

»Gut, wenn Sie zum Sonderdezernat gehören, muß ich wohl eine Ausnahme machen. Aber es ist mir zuwider, es ist mir wirklich zuwider ...«

»Und uns sind Terroristen zuwider. Heraus mit der Sprache.«

»Vor ziemlich genau zwei Jahren kam sie zu mir. Es war im August, an einem sehr heißen Tag. Ich konnte einfach nicht begreifen, warum sie das tat. Sehen Sie ...« – Portman zögerte – »... sie waren damals noch nicht einmal verheiratet.«

»Das weiß ich. Kommen Sie zur Sache.«

»Sie bat mich, Hugh Grey zu beschatten, ihr über sein Tun Bericht zu erstatten. Sie sagte, sie vermute, daß es eine andere Frau gäbe. Es ist mir nicht gelungen, auch nur eine Spur von ihr zu finden. Er fährt oft ins Ausland. Ich weiß nicht, wie oft ich ihm nach Heathrow gefolgt bin. Er fliegt immer nach Deutschland. Dorthin konnte ich ihm nicht folgen. Die Spesen, verstehen Sie.«

»Und jedesmal«, fragte Tweed beiläufig, »war es leicht, Hugh Grey zu folgen?«

»Nein.« Der kleine Mann gestand es widerstrebend ein. »Paula Brent – das war ihr Mädchenname – rief mich immer einen Tag vor seiner geplanten Abreise von Hawkswood an. Ich fuhr dann hinaus und wartete außer Sichtweite in der Nähe einer Straßenkreuzung, dann hängte ich mich hinter ihn. Er wußte, daß ich ihm folgte. Gewöhnlich wartete er, bis er eine Ampel in der Nähe von Much Hadham erreicht hatte, fuhr langsamer und schoß dann bei Gelb über die Kreuzung. Ich konnte es nicht riskieren, ihm bei Rot zu folgen. Das hätte mich meine Lizenz kosten können. Wir sind bei der Polizei nicht sehr beliebt. Und einmal verfolgte er *mich* – bis hierher nach Soho.«

»Erzählen Sie.«
»Er entwischte mir. Wieder in Much Hadham. Dann fuhr ich durch London und entdeckte ihn in meinem Rückspiegel. Ich konnte es einfach nicht glauben. Wo hat er das gelernt? Er hat irgendetwas mit einer Versicherung zu tun. Als ich nach Soho kam, war er immer noch hinter mir.«
»Er weiß also, wer und was Sie sind?«
»Höchst unwahrscheinlich«, erkärte Portman selbstbewußt. »Ich parkte meinen Wagen und ging dann ins Büro eines Anwalts, mit dem ich befreundet bin.«
»Er hat doch bestimmt auf Sie gewartet?«
»Nein. Sehen Sie, ich habe mit diesem Anwalt eine Vereinbarung getroffen. Er braucht mich von Zeit zu Zeit. Ich ahnte, daß dieses Problem eines Tages auf mich zukommen könnte. Auf dem Schild vor dem Anwaltsbüro steht – die anderen Namen sind erfunden – Blenkinsop, Mahoney und Portman. Er mußte denken, ich wäre Anwalt. Das muß ihn verblüfft haben.«
»Wie können Sie dessen so sicher sein?«
»Der Bursche kam herein und erkundigte sich bei dem Mädchen in der Rezeption. Behauptete, er gehörte zum Sonderdezernat.« Portman musterte Tweed, um zu sehen, wie er darauf reagierte.
»Unverschämtheit«, erwiderte Tweed sofort und zeigte genau das richtige Maß von Entrüstung. »Welchen Eindruck haben Sie von Hugh Grey?«
»Mächtig selbstsicher. Aber das müssen diese Versicherungsleute ja sein – bei der Ware, die sie verkaufen sollen. Ich habe mich gefragt, ob er irgendwie in Drogenschmuggel verwickelt ist und ob seine Freundin, seine spätere Frau, einen ähnlichen Verdacht hegte.«
»Warum?«
»Die häufigen Auslandsreisen. Die Tatsache, daß er manchmal wußte, daß ich ihm folgte, die Art, auf die er mich abhängte, seine Erkundigungen nach mir hier in Soho. Seine Gerissenheit«, erklärte Portman, »das ist es, was ich nicht verstehe. Und seine Dreistigkeit. Irgendwie paßt das nicht zum Versicherungsgeschäft.«
»Es muß seine Frau ein Vermögen gekostet haben, Sie zu engagieren. Zwei Jahre sind eine lange Zeit.« Tweed tastete, suchte, ohne zu wissen wonach. Portman verschränkte die Hände hinter dem Kopf, eine Geste, die Tweed an Guy Dalby erinnerte.
»Ich habe nur gelegentlich für sie gearbeitet«, erklärte er. »Nur wenn er von Norfolk aus irgendwohin abreiste. Oft ist er mir entwischt, wie

ich bereits erwähnte. Gewöhnlich fuhr ich dann direkt nach Heathrow in der Hoffnung, ihn dort zu entdecken, aber oft tauchte er überhaupt nicht am Terminal Two auf – oder ich verfehlte ihn.«

»Sind Sie ihm irgendwann einmal woandershin gefolgt? Vielleicht zu einem anderen Ort hier im Lande?« fragte Tweed beiläufig.

»Nein, niemals. Immer nach Heathrow – wenn er mir nicht unterwegs entwischte.«

Das bedeutete, daß Grey Portman bemerkt und ihn jedesmal abgehängt hatte, wenn er zum Park Crescent unterwegs war – oder vielleicht zu seinem *pied à terre* in Chelsea. Kein Zweifel – Grey verstand sein Geschäft.

»Wie werden Sie von Paula Grey bezahlt?« erkundigte sich Tweed.

»Immer in bar – ganz gleich, wie hoch die Summe ist. Das ist normal in solchen Fällen. Schecks können zurückverfolgt werden. Soweit ich weiß, hat sie selbst irgendein Geschäft. Aber schließlich sind rund ein Drittel der Einwohner von Norfolk Schwarzarbeiter ...« Er schlug eine Hand vor den Mund. »Das hätte ich nicht sagen sollen.« Portman runzelte die Stirn. »Aber Sie haben so eine Art, die einen veranlaßt, nicht auf der Hut zu sein.«

»An solchen Dingen bin ich nicht interessiert. Letzte Frage. Was denkt Paula Grey jetzt?«

»Sie ist nach wie vor beunruhigt. Können wir es dabei belassen?«

»Weshalb nicht?« Tweed stand auf. Bisher war Portman von seinem ungewohnten Besucher fasziniert, aber es konnte durchaus sein, daß er sich bald Gedanken über Tweed zu machen begann. »Noch etwas«, sagte Tweed, als Portman ihn zur Tür begleitete. »Ich bin nie hier gewesen. Unsere Unterhaltung hat nie stattgefunden.«

»Geheimhaltungsvorschriften?«

»Nun ...« – Tweed lächelte – »... vorgelesen habe ich sie Ihnen nicht.«

»Haben Sie bei Portman etwas herausgefunden?« frage Monica interessiert, als Tweed die Bürotür hinter sich schloß.

»Ich bin nicht sicher. Nur das Fehlen von etwas.«

»So ist's richtig. Spielen Sie den Geheimnisvollen. Das bedeutet, Sie haben eine eindeutige Spur, wollen sich aber nicht dazu äußern. Soll ich Ihren Mantel aufhängen?«

»Nein, danke. Ich muß gleich wieder los und Diana aus Newmans Wohnung abholen, dann fahren wir zu Harry Masterson. Er ist in seinem Cottage?«

»Ja. Ich habe ihn angerufen, wie Sie es mir aufgetragen hatten, und

gesagt, daß Sie ihn möglicherweise am Telefon sprechen wollten. Er sagte, er wäre den ganzen Tag zu Hause – er malt eines seiner Porträts. Was machen Sie da?«
Tweed hatte einen Stechzirkel aus einer Schublade geholt und stand vor der Wandkarte. Er setzte eine Spitze auf Wien und maß die Entfernung bis Lübeck. Ebenso verfuhr er mit Bern, Frankfurt und Kopenhagen. Dann trat er von der Karte zurück und legte den Zirkel auf einen Tisch.
»Jeder von ihnen hätte es mit einem schnellen Wagen schaffen können«, sagte er.
»Ich verstehe nicht.«
»Als das zweite blonde Mädchen, Iris Hansen, am Strand von Travemünde ermordet worden war, habe ich die Sektorenchefs angerufen. Keiner von ihnen war in seinem Büro. Niemand wußte, wo sie sich aufhielten.«
»Das ist doch ganz normal, wenn die Sicherheitsvorkehrungen beachtet werden – und die neuen Leute, die Sie ausgewählt haben, pflegen sie zu beachten.«
»So ist es. Und nun muß ich los ...«
»Wollen Sie damit andeuten, daß einer von ihnen ein geistesgestörter Mörder sein könnte? Das wäre ja entsetzlich für die Firma.«
»Für die Mädchen, die ermordet wurden, war es nicht minder entsetzlich«, erwiderte Tweed und verließ den Raum.

»Was für ein hübsches Cottage! Und die Clematis ist grandios.«
Diana näherte sich mit Tweed auf dem Feldweg der Pforte von Harry Mastersons Cottage in der Nähe von Apfield. Die Sonne strahlte hell von einem klaren, blauen Himmel herab. In den Bäumen sangen die Vögel. Tweed hatte die Hand auf die Pforte gelegt und ließ seinen Blick über den Garten schweifen, der völlig vernachlässigt war – der Rasen war ungemäht, die Rosenbeete voller Unkraut –, als ihm plötzlich klar wurde, daß sie stehengeblieben war und dastand wie eine Statue.
Er blickte auf. Harry Masterson war an der Tür erschienen; seine massige Gestalt füllte sie fast aus. Tweed warf einen Blick auf Diana. Ihr Gesicht kam ihm noch blasser vor als gewöhnlich.
»Was ist?« fragte er.
»Von hier aus sieht es genau so aus wie das Haus meiner Mutter in Devon. Sie war erst zweiundvierzig, als sie starb. Wahrscheinlich hat mir die Ähnlichkeit einen Schlag versetzt.« Dann kehrte ihr normaler

Überschwang zurück. »Kommen Sie, Tweedy, wir dürfen ihn nicht warten lassen ...«
Masterson, dessen dichtes schwarzes Haar in der Sonne glänzte, kam ihnen auf dem ungepflegten Pfad entgegen. Er trug eine cremefarbene Hose und ein offenes weißes Hemd und hielt einen Pinsel in der Rechten, den er nun in die andere Hand nahm.
»Willkommen in Paradise Cottage, Tweed. Und wer ist die reizende Dame, die Sie mitgebracht haben? Jetzt ist der Tag vollkommen ...«
Er reichte ihr die Hand, und Tweed stellte sie vor. Er hatte sie auf das vorbereitet, was er sagen wollte.
»Das ist Diana Chadwick, die Nichte eines alten Bekannten. Sie ist zu Besuch in London.«
»Nichte, soso.« Masterson versetzte Tweed einen leichten Rippenstoß. »Sie hätten sich eigentlich etwas Besseres einfallen lassen können, Tweed.« Er sah sie an und lächelte. »Wenn wir ihn beim Wort nehmen, besteht für mich noch Hoffnung. Kommen Sie herein, alle beide. Wie wär's mit einem Drink? Und wo zum Teufel haben Sie Ihren Wagen gelassen? Sie sind doch bestimmt nicht zu Fuß gekommen.«
»Ich habe ihn ein Stück den Weg hinauf geparkt. Ich war nicht sicher, ob wir auf der richtigen Straße waren«, log Tweed. Es sollte ein Überraschungsbesuch sein. Masterson ergriff Dianas Arm und führte sie ins Haus. Er vergeudet keine Zeit, dachte Tweed belustigt. Beim Eintreten blickte er zu der Kaskade purpurner Clematisblüten empor, die sich zu beiden Seiten der Haustür ergoß. Masterson bemerkte seinen Blick – ihm entging nichts.
»Genau das Richtige für mich, diese Clematis. Wächst und wächst, und man braucht überhaupt nichts daran zu tun. Ich hasse Gartenarbeit ...«
»Das merkt man«, stellte Tweed trocken fest.
»Ich zeige Diana das Häuschen«, fuhr Masterson aufgekratzt fort. »Sie kennen es ja, Tweed. Machen Sie es sich im Wohnzimmer bequem. Nehmen Sie sich einen Drink. Wir sind bald zurück ...«
Er zwinkerte Tweed zu, als Diana ihre Handtasche auf einer Couch in dem unaufgeräumten Wohnzimmer ablegte; die Polstermöbel waren alle mit gemustertem Chintz bezogen. Überall lagen Kissen herum, einige sogar auf dem Fußboden.
Tweed wartete, bis sie die knarrende Wendeltreppe hinaufgestiegen waren. Er würde rechtzeitig gewarnt werden, wenn sie zurückkamen.

Seine gelenkigen Finger griffen nach Dianas Handtasche, öffneten sie, untersuchten rasch ihren Inhalt. Keine Reiseschecks, nur ein Pakken zusammengefalteter Geldscheine. Er zählte sie. 250 Pfund. Fast ausschließlich Zwanziger. Als er sie in Heathrow abholte, hatte sie ihn gebeten, sie ein paar Minuten zu entschuldigen, während sie zum Schalter der Midland Bank ging. Er steckte die Scheine genau so in das mit einem Reißverschluß verschlossene Fach zurück, wie er sie vorgefunden hatte, und legte die Tasche wieder auf die Couch.
Dann steckte er beide Hände in die Taschen seines Sportjacketts und wanderte zu den Bücherregalen hinüber. Ihr Inhalt überraschte ihn. Werke von Jung und Freud, Thriller von beliebten Autoren, eine große Kollektion von Reisebüchern über Osteuropa – vermutlich Arbeitsmaterial.
Dann bückte er sich und inspizierte Mastersons Schallplattensammlung. Es waren lauter Langspielplatten, und auch sie verrieten einen breitgefächerten Geschmack. Strawinsky, Beethoven, Chopin, Schubert und Musik zum Tanzen, vorwiegend Tangos. Das in Augenhöhe in den Bücherschrank eingebaute Hi-Fi-Deck war teuer. Als er sie am oberen Ende der Treppe hörte, griff er sich ein Reisebuch und saß damit in einem Sessel, als sie plaudernd und scherzend zurückkehrten. Diana ließ sich neben ihrer Handtasche auf der Couch nieder. Masterson verschwand in der Küche. Tweed hörte das Klappen der Kühlschranktür, und dann kam ihr Gastgeber ins Zimmer getänzelt und schwenkte eine Flasche.
»Champagner für die ganze Truppe! Kommen Sie mit in die Küche und beobachten Sie einen Fachmann bei der Arbeit!«
Er streifte die Folie ab, während sie ihm folgten. Tweed nahm die ganze Einrichtung mit einem Blick in sich auf. Kunststoffschränke und dunkelblaue Arbeitsplatten. Keine Spur von der gewollt rustikalen Ausstattung, die Hugh Grey bevorzugte, der sich immer an das hielt, was gerade Mode war.
In einem hölzernen Besteckkasten neben dem Ausguß lag ein Sortiment von Küchenmessern. Soweit Tweed sehen konnte, war keines von dem gesuchten Typ darunter. Über dem Ausguß hing, wie ein mittelalterlicher Schild mit einem Buckel in der Mitte, eine Messingplatte, die das Putzen nötig hatte.
»Ich werde einen Volltreffer genau auf der Mitte dieser Platte landen«, scherzte Masterson, während er den Korken lockerte. Er zielte mit der Flasche wie mit einem Gewehr auf die Platte, der Korken schoß heraus und prallte auf den Buckel.

»Volltreffer!«
Er hielt die Flasche über einen Aluminiumkrug, der neben drei Sektkelchen stand. Der überschäumende Champagner lief in den Krug. Masterson war überaus geschickt.
»Eine Extraration für mich«, erklärte er, füllte die Gläser und reichte sie seinen Gästen.
»Ein Toast! Wir brauchen einen Toast!«
»Nun, worauf wollen wir trinken?« fragte Tweed.
»Zur Hölle mit unseren Feinden!«
»Ein merkwürdiger Toast«, sagte Diana, nachdem sie einen Schluck getrunken hatte. »Was Feinde betrifft, so fällt mir nur einer ein ...«
»Und wer ist das?« fragte Masterson; er legte ihr einen Arm um die Taille und führte sie ins Wohnzimmer zurück.
»Eine Frau namens Ann Grayle. Die Witwe eines Diplomaten«, sagte sie, während sie sich auf der Couch niederließ. Masterson setzte sich dicht neben ihr auf die Lehne. »Ich habe sie in Afrika kennengelernt – in Kenia, vor mehr als zwanzig Jahren.«
»In Kenia?« Mastersons Stimme klang interessiert. »Vor zwanzig Jahren war Kenia gerade unabhängig geworden.«
»Ja, 1963. Ich war schon vorher dort – in der guten alten Zeit, wie Ann sie nennt. Und es war eine gute Zeit. Massenhaft Parties, zu jeder Tages- und Nachtzeit. Wir sahen, wie der Morgen über dem Busch heraufdämmerte. Kennen Sie Kenia, Mr. Masterson?«
»Harry. Darf ich Sie Diana nennen? Ich tue es einfach. Und ich bin in meinem ganzen Leben nie auch nur in die Nähe von Kenia gekommen. Aber wahrscheinlich hätte es mir dort gefallen – vor mehr als zwanzig Jahren. Meinen Sie nicht, Tweed?«
»Sie hätten sich an jede verfügbare Dame herangemacht, Harry.« Tweeds Stimme klang etwas bissig. Er lehnte sich in seinem Sessel zurück und musterte die beiden. Mastersons Kinn schimmerte bläulich. Offensichtlich hatte er sich am Morgen rasiert, aber jetzt hatte er bereits einen Fünf-Uhr-Schatten. Diana saß mit übergeschlagenen Beinen da, und er legte eine Hand auf ihr wohlgeformtes Knie.
»Wie wär's, wenn Sie einen Tag auf dem Land verbrächten? Ich kann Eßbares zutage fördern. Und später könnten wir zu einem guten Lokal ganz in der Nähe fahren. Die Forellen dort sind erstklassig.«
»Ich glaube, wir müssen nach London zurück«, sagte Diana, hob die Hand von ihrem Knie und legte sie auf Mastersons eigenes Bein zurück. »Ist es nicht so, Tweed?«

»Ja, leider. Aber trotzdem vielen Dank für die Einladung.«
Masterson sprang auf, griff nach der Flasche und füllte ihre Gläser wieder. Dann sah er Tweed an.
»Wissen Sie was, ich bereite Ihnen einen Genuß ganz eigener Art – zeige Ihnen ein paar von meinen Bildern. Mein Atelier ist dort drüben. Mit Licht von Norden und allem, was dazugehört. Ich zeige sie nicht vielen Leuten«, fuhr er fort, während er ihnen vorausging.
Das Atelier war mit Ölbildern übersät; einige lagen mit der bemalten Seite nach oben auf dem Boden. Tweed folgte Diana, sein Glas in der Hand, behutsam über die Bilder hinwegsteigend. Eine große, altmodische Staffelei stand in einem Winkel zum Fenster, und das Bild, an dem Masterson gerade arbeitete, war mit einem Tuch verhängt.
»Setzen Sie sich«, forderte Masterson sie auf.
»Wohin?« fragte Tweed.
»Entschuldigung. Eine Sekunde ...«
Er räumte Stapel von Skizzenbüchern von zwei Stühlen mit Sitzen aus Binsengeflecht. Als sie sich setzten, dachte Tweed, daß es sich bei dem gesamten Mobiliar in Mastersons Cottage wahrscheinlich um Stücke handelte, die er von Verwandten geerbt oder auf einem Trödelmarkt erstanden hatte. Masterson gehörte zu den Leuten, die sich um ihre Umgebung kaum Gedanken machten.
Wie ein Matador ergriff er das Tuch, hielt einen Moment inne und zog es dann so schwungvoll herunter, daß es durch die Luft wirbelte. Tweed blickte fassungslos auf das zum Vorschein gekommene Porträt. Ein Kopf mit starrenden Augen hing im Raum – kein Hals, keine Schultern, nur der Kopf, seltsam lebendig. Die Augen starrten Tweed mit unwahrscheinlicher Intensität, mit bestürzender Kälte an. Hinter dem Kopf türmte sich eine riesige Welle mit schaumgekröntem Kamm, kurz vor dem Überkippen. Es war ein Porträt von Hugh Grey.
»Klein, aber mein«, scherzte Masterson.
»Ich finde es bemerkenswert«, stellte Tweed mit gedämpfter Stimme fest.
»Und nun das nächste ...«
Er hob die ungerahmte Leinwand von der Staffelei, lehnte sie gegen eine Wand und stellte ein anderes, gleichfalls mit einem Tuch verhängtes Bild auf. Er richtete es sorgfältig aus und nahm dann das Tuch mit dem Rücken zu ihnen ab, so daß sie das Bild nicht sehen konnten. Dann trat er beiseite.
Diesmal war Tweed vorbereitet und saß mit entspannt im Schoß lie-

genden Händen da. Guy Dalby. Wieder nur der Kopf, der im Nebel schwebte, diesmal im Dreiviertelprofil. Mehr ein Gespenst als ein Mann, aber dennoch ein unverwechselbares Porträt. Ein teuflisch geschicktes Porträt, aber stark übertrieben, wodurch es noch lebensechter wirkte.

Das Haar war in die Stirn geklebt, und der Ausdruck war düster. Selbstzufriedenheit strahlte aus jeder Pore. *Teuflisch.* Das war das Wort, das sich aufdrängte. Und das einzige Auge, das zu sehen war, das linke, blickte durch Tweed hindurch.

»Sehen Sie Ihre Kollegen wirklich so?« fragte Tweed.

Masterson zuckte die Achseln. »Ich bin kein Gauguin, das müßte Ihnen bereits klargeworden sein. Es macht mir einfach Spaß. Und nun das nächste.«

Er vollführte dasselbe Kunststück – wandte ihnen wieder den Rücken zu, nachdem er Dalbys Porträt durch ein drittes Bild ersetzt hatte, und trat dann beiseite. Er griff nach seinem Champagnerglas und leerte es.

Tweed hörte, wie Diana ein Keuchen unterdrückte. Wieder ein Kopf, der im Raum hing – wenn das Wort »Kopf« überhaupt angebracht war. Ein grinsender Schädel starrte Tweed an, mit eisblauen, tief in den Höhlen liegenden Augen. Vor dem Hintergrund eines wolkenlosen Himmels mit unwahrscheinlich klarem Licht. Es war Erich Lindemann, entblößt bis auf die Knochen.

»Ein kalter Fisch«, kommentierte Masterson.

»Porträtmaler«, sagte Tweed, »malen immer ein Selbstbildnis. Das würde ich gern sehen.«

»Es ist noch unfertig.« Die Worte klangen barsch und auf eine für Masterson untypische Art abweisend.

»Ich würde es trotzdem gern sehen«, beharrte Tweed. Er deutete auf eine an der Wand lehnende Leinwand.

»Ihnen entgeht wohl nie etwas. Wenn es sein muß ...«

»Es muß sein.«

Masterson tauschte die Bilder aus wie zuvor, aber hastiger. Er verdeckte das neue Bild, bis es auf der Staffelei stand, dann trat er beiseite.

Ein vierter Kopf, im Dreiviertelprofil wie Dalbys Porträt, vor dem Hintergrund einer riesigen, durch die Wolken brechenden gelben Sonne. Das eine sichtbare Auge war zynisch, voller Mißtrauen gegenüber der Welt. Den Mund unter der kraftvollen Nase umspielte ein sinnliches Lächeln.

Tweed mußte an einen Satyr denken. Was ihn am stärksten beeindruckte, war die brutale Kraft, die von dem Gemälde ausging und von der Sonne, die eine unwahrscheinliche Hitze und Energie ausstrahlte, noch verstärkt wurde.

»Ganz schön häßlich«, kommentierte Masterson.

»Kein Hinweis auf das Meer«, stellte Tweed fest.

»Das haben Sie bemerkt? Die Welle hinter Hugh Grey – ein Hintergrund aus Küstennebel für Guy Dalby. Die haben etwas für Boote übrig. Sei ihnen gegönnt.«

»Und Sie reizt es nicht, mit einem Boot umzugehen?« fragte Tweed.

»Großer Gott, nein! Wasser hält keine Sekunde still. Ich ziehe das trockene Land vor. Noch einen Schluck?«

»Nein, danke. Wir müssen bald gehen.«

Er warf einen Blick auf Diana, die sich in dem unordentlichen Atelier umsah. Sie runzelte die Stirn und schüttelte leicht den Kopf. Masterson bemerkte es und lächelte.

»Ziemlicher Saustall, nicht wahr?«

»Sie brauchten eine gute Frau, die sich um Sie kümmert«, erklärte sie ihm.

»Ich würde eine schlechte vorziehen.« Er lächelte wieder, diesmal boshaft. »Kämen Sie in Frage?«

»Wohl kaum. Ich bin eine miserable Hausfrau«, wehrte sie ab. Dann nahm sie ihre Handtasche und machte von seinem Angebot Gebrauch, die Toilette zu benutzen, so daß Tweed und Masterson zum erstenmal allein waren. Masterson setzte sich auf einen Stuhl dicht neben Tweed und versetzte ihm einen leichten Rippenstoß. »Sie ist genau das, was man braucht, um sich das Leben angenehmer zu machen. Eine schlechte Frau. Wie nach Maß gemacht.«

»Sie steht ziemlich weit oben auf der Leiter, Harry.«

»Umso besser.« Masterson lächelte zynisch. »Eine Nichte, sagten Sie. Sie ist zu alt, und Sie sind zu jung. Sie gäben ein gutes Gespann ab. Denken Sie darüber nach . . .«

Als Diana zurückkehrte, sagte Tweed, daß er auch gern die Toilette benutzen würde. Er ließ sie ein paar Minuten allein und dachte über das nach, was er gesehen hatte. Als er zurückkehrte, rauchte Diana eine Zigarette in einer langen Elfenbeinspitze und wanderte langsam umher, während Masterson auf der Couch saß.

»Vergessen Sie nicht, was ich Ihnen gesagt habe«, erinnerte er Tweed, als er sie zur Gartenpforte begleitete und sie für sie öffnete.

Dort stand er noch, als Tweed ein paar Minuten später langsam an dem Cottage vorüberfuhr.
»Falscher Weg nach London«, rief er.
»Will Diana die Küste zeigen«, rief Tweed zurück. »Bis später ...«
Diana warf einen Blick über die Schulter durch das Heckfenster des Cortina und winkte. Dann streifte sie die Asche von ihrer Zigarette ab und konzentrierte sich auf die Landschaft, die vor ihnen lag.
»Das war merkwürdig«, stellte sie fest.
»Was?«
»Als ich zurückschaute, wirkte er wütend, regelrecht grimmig. Er hat einen Annäherungsversuch gemacht, während Sie draußen waren. Ich habe ihm gesagt, er sollte endlich erwachsen werden.«
»Das sieht Harry ähnlich«, erwiderte Tweed und fuhr langsam weiter. Ein paar Minuten später fuhr er noch langsamer. Sie waren dicht bei Bosham, und durch die Bäume hindurch sah man einen Wald von Masten. Er bog nach rechts auf einen breiten Pfad ab, der zu einem Anleger an der offenen See führte. Ein großer Kajütkreuzer vom Typ des *Südwind* war an der Seite des Anlegers vertäut. Kein Mensch in Sicht. Tweed blickte auf die Uhr. Genau sieben Minuten von Mastersons Cottage.
»Ist er verheiratet?« erkundigte sich Diana.
»Er war es. Jetzt hat er einen Harem. Eine Schönheit aus der besseren Gesellschaft, die Besitzerin einer Kette von Friseursalons, eine von den Sloane Rangers – eine Aristokratie ganz eigener Art ...«
»Ich habe von ihnen gehört. Mädchen, die das Leben von der besten Seite zu nehmen wissen. Das macht Harry zu einer gewissen Herausforderung.«
Zu seiner Überraschung empfand Tweed einen Stich von Eifersucht. Sie mußte seinem Gesicht abzulesen gewesen sein, denn Diana ergriff seinen Arm.
»Ich habe nur Spaß gemacht. Das ist der Champagner – er bringt immer meine schlechteste Seite zum Vorschein.«
Tweed stieg aus, übersprang geschickt den Spalt zwischen dem Anleger und dem Boot und wanderte darauf herum. Er warf einen Blick ins Ruderhaus. Das Ruder machte einen brandneuen Eindruck. Er gab einen undefinierbaren Laut von sich und kehrte zu seinem Wagen zurück. Am Rumpf des Bootes stand sein Name. *Nocturne.*
Er setzte auf dem Pfad zurück, bis sie die Hauptstraße wieder erreicht hatten, dann schlug er die Mastersons Cottage entgegengesetzte Richtung ein, um auf einer anderen Route nach London zurückzu-

kehren. Durch die Bäume konnten sie die Sonne auf dem blauen Wasser funkeln sehen.
»Welchen Eindruck hatten Sie von Masterson?«
»Ah, jetzt muß ich etwas tun für mein Geld. Ein Frauenheld, wie Sie bereits sagten. Aber ich hatte das Gefühl, daß hinter dem äußerlichen Blendwerk eine unerbittliche Persönlichkeit steht. Ein Mann, der nicht zuläßt, daß ihm etwas im Wege steht, wenn er etwas erreichen will. Und das ist wahrscheinlich genau das, worauf seine Freundinnen fliegen. Seine Bilder fand ich grauenhaft. Wie die Arbeiten eines Irren...«
»Sie zeigten die anderen Männer, die Sie kennenlernen werden...«
»Auf die Begegnung mit einem von ihnen freue ich mich ganz und gar nicht.«
Mit welchem, sagte sie nicht.

FÜNFUNDZWANZIG

Bevor Kuhlmann die Laufplanke von Ann Grayles Schaluppe betrat, warf er seine Zigarre ins Wasser. Das hätte er für niemanden sonst getan, aber er hatte den Eindruck, daß die strenge Engländerin seine Zigarren nicht mochte.
Sie saß in ihrem Segeltuchstuhl auf Deck neben Ben Tolliver, dem Besitzer eines kleineren Bootes, der ihr auf der Schaluppe zur Hand ging. Er war ein Mann in den Sechzigern, schlank und sehnig, mit lederartiger Haut und buschigen weißen Brauen. Kuhlmann kam an Bord, eine schmale Dokumentenmappe unter dem Arm.
»Kaffee, Mr. Kuhlmann?« erkundigte sich Ann Grayle mit ihrer kultivierten Stimme. »Schwarz? Ohne Zucker?«
»Ja, gern«, erwiderte er auf Englisch.
»Ben, seien Sie so freundlich.«
Tolliver stemmte sich von seinem Stuhl hoch und stieg den Niedergang zu den Kajüten hinab. Ann Grayle deutete auf den freigewordenen Stuhl. Kuhlmann setzte sich und warf einen raschen Blick auf ihre übereinandergeschlagenen Beine. Eine reizvolle Frau. War Tolliver, ein ehemaliger Plantagenbesitzer, ihr Liebhaber? Er bezweifelte es. Sie hätte sich unschwer etwas Besseres zulegen können.
»Sie sind sicher, daß dieser hochgewachsene blonde Mann, den Sie auf Miss Chadwicks Boot sahen...«

»Dr. Berlins Boot«, korrigierte sie.
»Ja, richtig. Handelte es sich bei diesem blonden Mann und dem Tramper mit dem Rucksack, den Sie später hier in Travemünde sahen, um ein und dieselbe Person?«
»Da bin ich ganz sicher.« Ihre Stimme klang fast schneidend. »Ich irre mich nie, weil ich gelernt habe, mich an die Gesichter und Namen von Leuten zu erinnern. Im diplomatischen Dienst kann man es sich nicht leisten, dergleichen zu vergessen. Da kommt man mit den widerwärtigsten Leuten zusammen, und die sind immer zugleich die empfindlichsten. Haben Sie nach der Beschreibung, die ich Ihrem Zeichner auf dem Polizeirevier lieferte, ein Phantombild anfertigen lassen?«
Kuhlmann zog ein gedrucktes Plakat aus seiner Mappe und reichte es ihr. Sie betrachtete es genau und las den Text: *Kurt Franck. Gesucht zur Vernehmung im Mordfall Iris Hansen.*
»Es ist besser als die Skizze des Zeichners«, erklärte sie.
»Kann man Franck danach erkennen? Dieses Plakat hängt jetzt vor jedem Polizeirevier in ganz Norddeutschland. Das hiesige an der Ekke Vorderreihe und Sankt-Lorenz-Straße nicht ausgenommen.«
»Ein treffendes Porträt.« Sie gab Kuhlmann das Plakat zurück, als Tolliver mit einem Tablett erschien, auf dem eine Kaffeekanne, drei Tassen und Untertassen, Milchkännchen und Zuckerdose standen. Meißener Porzellan. Für Ann Grayle war das Beste gerade gut genug. Tolliver schenkte ein.
»Merkwürdig ist nur«, bemerkte Kuhlmann, während Tolliver einen weiteren Stuhl heranzog und sich neben ihnen niederließ, »daß keine weiteren Morde begangen wurden ...«
»Was darauf schließen läßt, daß der Mörder abwesend ist«, erklärte sie. »Stellen Sie fest, wer zur Zeit der Morde hier war und jetzt verschwunden ist. Machen Sie eine Liste. Vielleicht steht der Mörder darauf.«
»Eine gute Idee, aber ein mühseliges Unterfangen. Irgendwelche Kandidaten für die Liste?«
»Wollen Sie, daß ich zu raten anfange?«
»Sie kennen die Leute in dieser Gegend wesentlich besser, als es mir je möglich sein wird«, schmeichelte Kuhlmann. »Und Sie sind eine gute Beobachterin. Ihnen entgeht nicht viel.«
»Sahne für die Katze? Und muß es jemand sein, der sich nur vorübergehend hier aufgehalten hat? Einer von den Feriengästen?«
»Aber Sie werden darüber nachdenken?«

»Sie hat Ihnen doch gerade gesagt, daß sie es nicht weiß«, bellte Tolliver.
»Vielleicht fällt Ihnen noch etwas ein«, sagte Kuhlmann, ohne auf Tolliver einzugehen, der ihm mißfiel. Man konnte sich gut vorstellen, wie er früher in Kenia die Eingeborenen herumkommandiert hatte. Die Art, wie ihn Ann Grayle dazu brachte, ihren Anweisungen widerspruchslos Folge zu leisten, amüsierte ihn. Geschah dem alten Griesgram recht.
»Ben!« Ann Grayles Stimme klang herrisch. »Holen Sie mir etwas von dieser guten Wurst zum Lunch. Sie wissen, welche ich am liebsten mag. Und kommen Sie nicht auf die Idee, eine andere mitzubringen.«
»Sie meinen, jetzt gleich?«
»Natürlich. Oder wissen Sie nicht mehr, daß ich gern zeitig esse?« Tolliver stemmte sich hoch, warf einen Blick in seine Brieftasche, um sich zu vergewissern, daß er genügend Geld bei sich hatte, und ging.
»Er hätte nicht so unhöflich sein sollen. Blöder alter Esel.«
»Er gehört zu Ihrer Besatzung – wenn Sie ins Mittelmeer zurückkehren?«
»Nein. Er hat einen eigenen Kasten – mit einer Maschine, die nur noch von Packdraht und Kaugummi zusammengehalten wird. Er hat zwei Söhne. Sie fahren mit mir. Es wird Sie überraschen, Mr. Kuhlmann, aber ich kann dieses Boot praktisch allein segeln. Nur gelegentlich brauche ich ein wenig Hilfe für die Takelage. Und jetzt habe ich Ben fortgeschickt, damit wir ungestört reden können.«
»Was mir gerade einfällt – wenn wir diesen Kurt Franck erwischen, wären Sie dann bereit, ihn zu identifizieren?«
»Selbstverständlich. Er jagt mir keine Angst ein. Ich kenne den Typ. Lebt wahrscheinlich von Frauen. Das, was wir früher einen Gigolo nannten.«
»Und ich vermute, es gibt etwas, das Sie mir sagen wollten?«
»Ja. Sie wiesen darauf hin, daß es keine Morde mehr gegeben hat, und ich sagte, das ließe darauf schließen, daß der Mörder abwesend ist. Dr. Berlin ist wieder verschwunden.«
»Und?«
»Ein bösartiger Typ. Und arrogant obendrein. Alles andere als der Menschenfreund, für den er sich so gern ausgibt. Ich wartete einmal an einer Kreuzung, um die Straße zu überqueren. Die Ampel war im Begriff, für die Autos auf Grün umzuspringen. Sein Mercedes war an

die Kreuzung herangefahren. Die Fenster an den hinteren Türen waren heruntergekurbelt, und ich sah seine Augen, die mich durch seine dunklen Gläser hindurch anstarrten. Ich hörte ganz deutlich, wie er zu seinem Chauffeur sagte: ›Fahr zu.‹ Das Schwein hätte mich fast umgefahren.«

»Interessant.« Kuhlmann erhob sich. »Danke für den Kaffee. Ich muß weiter.«

Er hatte die Laufplanke erreicht und wollte sie gerade überqueren, als sie ihm nachrief: »Mr. Kuhlmann, wenn Sie das nächste Mal kommen, können Sie gern eine Zigarre rauchen.«

»Warum sagen Sie das? Ich dachte, Zigarren sind Ihnen zuwider.«

»Weil Sie ein Gentleman sind. Und die sind heutzutage selten geworden.«

Kuhlmann setzte seinen Weg auf dem Anleger fort. Er würde die Engländer nie verstehen. Vielleicht lag es daran, daß ihr Land von so viel Wasser umgeben war.

»Einer der drei Männer in dem Wachtturm hat gesungen«, teilte Wolf Lysenko mit. »Hoffte, auf diese Weise glimpflicher davonzukommen als seine beiden Mitverschwörer. Darauf hatten es meine Leute beim Verhör angelegt.«

»Und?«

»Sie wurden bestochen. Mit Gold. Keine Beschreibung des feindlichen Agenten, der es tat. Er trug einen Motorradhelm. Hochgewachsen und schlank. Sie haben einen Agenten des BND durchgelassen. Könnte Newman gewesen sein – sein Foto ist nachgedruckt und verteilt worden.«

»Also haben wir alles getan, was getan werden kann?«

»Ich nicht.« Wolf war energiegeladen wie ein Spürhund, der eine Fährte entdeckt hat. »Ich habe meine Verhörspezialisten auf die Leute von der Grenztruppe angesetzt, die in der Nacht in dem fraglichen Gebiet Dienst taten. Sie werden sich jeden einzelnen Mann gründlich vorknöpfen.«

Karl Schneider von der in Wernigerode stationierten Abteilung der Grenztruppe war wütend, und zwar auf seine Frau Alma. Sie hackte ununterbrochen auf ihm herum. Er setzte sich in seinem Bett in der winzigen Wohnung in einem riesigen Betonkasten auf.

»Warum weckst du mich? Ich habe die ganze Nacht Dienst gehabt, du alte Kuh.«

»Sag nicht alte Kuh zu mir. Du solltest den Kontakt mit diesen beiden Männern im Wald sofort melden. Sofort! Hast du gehört?«
»Leider. Deine Stimme dringt bis ans andere Ende des Blocks. Und jetzt kann ich nicht wieder einschlafen.«
Er stieg aus dem Bett, tastete über die Stoppeln an seinem unrasierten Kinn und wollte auf die Toilette gehen. Sie versperrte ihm den Weg, eine Frau in den Vierzigern mit knochigem Gesicht und klauenartigen Händen. Er blieb stehen und starrte sie an.
»Du gehst erst auf die Toilette, wenn du angerufen und gemeldet hast, was passiert ist.«
»Meine Blase platzt gleich.«
»Soll sie platzen. Zuerst gibst du deinen Bericht durch. Vielleicht hat jemand anders sie schon geschnappt.«
»Wieso sollte sie jemand schnappen? Er gehörte zur Wasserschutzpolizei. Er hat mir seinen Ausweis gezeigt ...«
»Wasserschutzpolizei? Wo gibt es denn in dieser Gegend einen Fluß oder einen See? Denkst du überhaupt jemals nach? Du wirst deine Pension verlieren. Und wie stehe ich dann da, wenn du mit Schimpf und Schande davongejagt wirst? Ohne einen Pfennig? An mich denkst du nie. Immer nur an dich selber. Entweder du erstattest Meldung über diese beiden Männer, oder du machst dir dein Frühstück allein. Und dein Mittagessen. Und dein Abendbrot ...«
»Na schön. Geh mir aus dem Weg, Alte.«
Karl Schneider faßte zwei Entschlüsse, während er im Pyjama in den vollgestopften Raum schlurfte, der als Wohn- und Eßzimmer und Küche gleichzeitig diente. Er würde seinem Vorgesetzten von dem Zwischenfall Mitteilung machen, damit Alma den Mund hielt – und bei der nächstbesten Gelegenheit auf das Interesse zurückkommen, das die vollbusige Stenotypistin im Kasernenbüro für ihn zeigte.

»Bald. Noch nicht, aber bald ...«
Erwin Munzel alias Kurt Franck sprach die Worte laut aus, obwohl er auf dem Heuboden der Scheune auf der Insel Fehmarn ganz allein war. Er betrachtete sich in einem Handspiegel. Der blonde Bart, den er sich hatte wachsen lassen, bedeckte seine Oberlippe, umrahmte seine Mundwinkel und maskierte seinen Unterkiefer.
Auch das Haar war ihm bis in den Nacken gewachsen. Er sah fast aus wie ein Hippie, aber nur fast. Wie ein Hippie auszusehen, empfahl sich nicht – die deutsche Polizei hatte ein scharfes Auge auf diese Typen.

Die Scheune stand zwischen Feldern, einen halben Kilometer außerhalb von Burg, der größten Siedlung auf der einsamen Ostseeinsel. Er war nicht einmal in die Nähe des Häuschens in Burg gekommen, in dem er bei seinem früheren Aufenthalt auf Fehmarn gewohnt hatte. Der kleine Bauernhof, zu dem die alte Scheune gehörte und dessen Besitzer gleichfalls Martin Vollmer war, war wesentlich isolierter. Selbst die Einwohner von Burg kamen nie in diese Gegend.
Während der beiden Wochen, in denen Munzel darauf gewartet hatte, daß ihm Haar und Bart wuchsen, hatte er ganz primitiv gelebt; er hatte sich von Konserven ernährt und Kaffee getrunken, den er auf einem Spirituskocher auf dem Heuboden zubereitete. Auf dem Boden lag eine dicke Schicht Stroh, er hatte einen Schlafsack, und eine Leiter, die er gleich nach dem Hinaufsteigen hinter sich hochgezogen hatte, bildete den einzigen Zugang.
Munzel hatte sich in dieses Versteck zurückgezogen, nachdem er von Hamburg aus Vollmer in Altona angerufen hatte. Dabei hatte er sich wieder an die Anweisung seines Ausbilders gehalten. *Immer eine Kehrtwendung vollführen.* Die Polizei würde nie auf den Gedanken kommen, daß er mit dem Zug nach Lübeck zurück und dann weiter nach Puttgarden gefahren war.
Munzel war sich keineswegs sicher, ob die Polizei über eine Beschreibung von ihm verfügte. Alles hing davon ab, ob Newman oder Tweed ihn bei seinem mißlungenen Mordversuch an Tweed auf dem Kolk erkannt hatten. *Nie das Risiko eingehen, wiedererkannt zu werden.* Er betrachtete sich unter verschiedenen Winkeln im Spiegel. Noch ein paar Tage, dann war er nicht wiederzuerkennen. Dann konnte er sich wieder hinauswagen, sich bei Vollmer nach dem neuesten Stand der Dinge erkundigen.
Als er Vollmer von Hamburg aus anrief, war ihm eine Nachricht von Wolf übermittelt worden. »Der Hauptmann wird zurückkehren. Dann können Sie das Ihre tun . . .«
»Der Hauptmann« war das Codewort für Tweed. Gott allein wußte, wieso Wolf so sicher war, daß Tweed zurückkehren würde. Aber Munzel wußte, daß sich Wolf eingehend mit dem Engländer beschäftigt und eine dicke Akte angelegt hatte, in der sein Aussehen, seine Gewohnheiten, seine Vorlieben und Abneigungen in allen Details verzeichnet waren. Einige der Angaben hatten Munzel überrascht, als Wolf ihm vor seiner Abreise in den Westen die Akte zeigte. Es war fast, als verfügte Wolf über jemanden, der Tweed in London häufig sah . . .

Munzel verdrängte den Gedanken rasch wieder. Es war zu gefährlich, darüber auch nur nachzudenken. Er legte den Spiegel beiseite, hob eine Hand und strich über das lange Haar in seinem Nacken. Nur noch ein paar Tage ...

»Wir rechnen wie immer mit dem Schlimmsten«, verkündete Falken.

»Warum sagen Sie das gerade jetzt?« fragte Newman.

Um vor der Weiterfahrt nach Leipzig noch einmal zu rasten, war Falken mit ihm und Gerda zu einem überaus seltsamen Ort gefahren. Sie hatten mit dem Tschaika eine lange Strecke zurückgelegt, zum Teil am hellichten Tage. Dann war Falken von einer erhöht angelegten Hauptverkehrsstraße heruntergefahren und in einen Pfad eingebogen, der an einem schmalen Kanal entlangführte. Vor einem Schleusenwärterhäuschen, einem häßlichen, eingeschossigen Ziegelsteinkasten neben einer uralten Schleuse, hatten sie haltgemacht.

Falken öffnete die alte, schwere Holztür mit einem großen Schlüssel, und Newman schlug ein muffig-feuchter Geruch entgegen. Sie traten in ein Wohnzimmer, das mit billigen Sitzgelegenheiten, einem Holztisch in der Mitte und gerahmten Bildern von verschiedenen Kanälen an den Wänden bescheiden eingerichtet war.

»Wir müssen den Wagen sofort verstecken«, sagte Gerda. »Bleiben Sie hier, Herr Thorn«, sagte sie zu Newman. »Das erledigen Josef und ich. Vielleicht machen Sie inzwischen Feuer?«

Dann waren sie fort, und er hörte, wie der Motor ansprang. Newman fand eine Leipziger Zeitung, die auf einem Sofa lag, aus dem an einem Ende die Polsterung herausquoll. Eine Woche alt, stellte er fest, als er ein paar Seiten abriß, sie locker zusammenknüllte und in einem rußgeschwärzten Kamin unter einen Haufen Scheite und Äste schob. Er benutzte das plumpe, in seinem angeblichen Geburtsort Karl-Marx-Stadt hergestellte Feuerzeug, um das Papier in Brand zu setzen. Er mußte mit einem Schüreisen nachhelfen, bis die dünnen Äste Feuer fingen und um die Scheite herumloderten. Dann ging er auf eine schnelle Erkundungstour.

Die von Hand zu bedienenden Schleusentore vor dem Fenster waren geschlossen. Das dunkle Wasser stagnierte nicht – auf seiner Oberfläche zeigte sich keine Spur von Schaum. Hinter dem Wohnzimmer lag eine altmodische Küche mit einem alten Eisenherd; moderne Küchengeräte gab es nicht.

Durch das teilweise beschlagene Küchenfenster konnte er über bestellte Felder auf die ein ganzes Stück entfernte, hochgelegene Hauptverkehrsstraße blicken. Eine weitere Tür führte in ein Schlafzimmer, in dem ein großes Doppelbett mit einem Kopfbrett aus dunkler Eiche stand. Ein bedrückendes Haus, aber er stellte fest, daß sich hier erst kürzlich jemand aufgehalten hatte – in einem schmutzigen Aschenbecher lag der ausgedrückte Rest einer Zigarre.

Er kehrte ins Wohnzimmer zurück. Gerda nahm ihr Kopftuch ab, während Falken im Feuer herumstocherte. Ihr Haar war rötlichbraun und weich, ihre blauen Augen musterten ihn mit einer Spur von Herausforderung. Sie trug kein Make-up, war aber attraktiver, als er bisher angenommen hatte. Beide bewegten sich fast lautlos – er hatte nicht gehört, wie sie zurückkamen.

»Wollen Sie sehen, wie wir den Wagen versteckt haben, Herr Thorn? Kommen Sie an die Tür ...«

Am Ende des Pfades, ein paar hundert Meter von dem Häuschen entfernt, erhob sich ein großer, mit einer riesigen Plane abgedeckter Bukkel. An der der Straße zugewandten Seite schaute das Vorderteil eines Traktors heraus.

»Der Tschaika steht hinter dem Traktor«, erklärte Gerda. »Jeder, der von der Straße herüberschaut, wird das Ding für einen großen Traktor halten.«

»Geschickt gemacht.«

»Wir müssen auf jede Kleinigkeit achten – vom Aufwachen bis zum Schlafengehen. Und es schläft jeweils nur einer – der andere bleibt auf und hält Wache. Wir dürfen keine Minute unachtsam sein. Für diese Art Arbeit muß man stark sein. Hier oben.«

Sie tippte an ihre wohlgeformte Stirn, und sie kehrten in das Häuschen zurück. Unter dem Arm trug sie ihren Anorak. Newman deutete darauf.

»Sie haben die Uzi bei sich.«

»Ja. Hier.«

Sie schlug den zusammengefalteten Anorak auseinander und hielt die Waffe so, daß der Lauf zur Wand zeigte. Newman griff danach, und Gerda zögerte.

»Können Sie mit der Uzi umgehen? Sie hat eine gewaltige Feuergeschwindigkeit, und man braucht viel Fingerspitzengefühl, wenn man auf den Abzug drückt.«

»Ich wurde daran ausgebildet.«

Er balancierte die Waffe auf den Händen, und sie holte drei metallische Gegenstände aus den Taschen ihres Anoraks. Ersatzmagazine. Er entlud die Waffe, schob dann das Magazin wieder ein, hob die Uzi und richtete sie auf die Wand.

»Ja«, stellte sie fest, »Sie können damit umgehen. Das ist gut. Es könnte sein, daß Sie sie gebrauchen müssen. Aber nur, wenn es unbedingt sein muß. Uns geht es in erster Linie darum, im stillen zu operieren, uns im Land zu bewegen, ohne daß die Vopos überhaupt merken, daß es uns gibt ...«

»Kommen Sie hierher, mein Freund«, rief Falken, der sich an den Tisch gesetzt hatte. »Wir haben viel zu tun.«

»Ich mache uns Kaffee und etwas zu essen«, sagte Gerda und legte die wieder in den Anorak eingewickelte Uzi auf den Fußboden. Dann nahm sie ein altes Kissen von der Couch und legte es neben den Anorak.

»Ist das nicht gefährlich – das Ding auf dem Fußboden liegenzulassen?« fragte Newman.

»Im Notfall«, erklärte sie ihm, »wird ein Eindringling eine Waffe dort am wenigsten vermuten.« Sie holte mehrere Päckchen aus den geräumigen Taschen ihrer grünen Cordjacke. »Kaffee«, wiederholte sie, »aber nur mit Milchpulver. Flüssigkeiten sind riskant – sie können auslaufen.«

»Hier«, sagte Falken und reichte ihr das Fernglas, das er an einer Schnur um den Hals getragen hatte. »Beobachte die Straße, während du für unser leibliches Wohl sorgst.«

»Erregt ein Fernglas keinen Argwohn, wenn Sie angehalten werden?« erkundigte sich Newman, als er sich neben Falken am Tisch niederließ.

»Wieso? Ich gehöre zur Vogelschutzbehörde. Und was ist mein wichtigstes Werkzeug? Ein Fernglas, damit ich Vögel auch von weitem beobachten kann.«

»Natürlich.«

»Ich sagte bereits, daß wir mit dem Schlimmsten rechnen müssen. Haben Sie die Extrafotos, die Toll von Ihnen anfertigen wollte?«

»In der Sohle meines rechten Schuhs ...«

»Geben Sie ihn mir.«

»Und was ist das Schlimmste, womit wir rechnen?« fragte Newman, als er ihm den Schuh reichte.

»Daß Schneider über die Begegnung mit uns letzte Nacht Meldung gemacht hat. Vielleicht hat er es nicht getan, aber wir können kein Risiko eingehen. Wenn er es getan hat, sucht man nach Albert Thorn von der Wasserschutzpolizei. Also betätige ich mich als Zauberer« –

er lächelte verschmitzt – »und verwandle Sie in Emil Clasen. Von der Grenztruppe.«
»Von der Grenztruppe?« Newmans Stimme klang ungläubig.
»Ein doppelter Bluff. Wenn Sie kontrolliert werden, wird man alles mögliche erwarten – aber bestimmt nicht, daß Sie zur Grenztruppe gehören. Und es gibt noch einen weiteren Grund, den ich Ihnen später sagen werde.«
Falken hatte einen Wildlederbeutel geöffnet und eine Kollektion zierlicher Metallinstrumente ans Licht gebracht. In der einen Hand hielt er eine Pinzette, in der anderen den Schuh, den er ans Licht hob. »Ich glaube, ich sehe sie. Sehr fachmännisch versteckt.«
Er schob die Pinzette behutsam in einen Schlitz in der dicken Sohle von Newmans Schuh. Als er sie wieder herauszog, hatte er damit die Ränder von drei kleinen Fotos gefaßt. Er betrachtete sie.
»Wozu ist die Pinzette da?«
»Brauche ich auch bei meiner Arbeit. Gehört zu meiner Ausrüstung – wie das Fernglas. Ich benutze sie, um zum Beispiel einen Dorn aus dem Fuß eines Vogels herauszuziehen. Das letzte Mal habe ich sie bei einer seltenen Gans verwendet.«
»Und wem gehört dieses Haus hier?«
»Dem Schleusenwärter. Nennen wir ihn Norbert. Ein alter Mann, fast siebzig. Während des Krieges war er gegen die Nazis. Später war er gegen die Kommunisten. Sagt, zwischen ihnen wäre kein Unterschied. Beide haben eine Geheimpolizei. Beide unterziehen die Kinder einer Gehirnwäsche, setzen den Prozeß in Jugendorganisationen fort. Beide haben Konzentrationslager für Gegner des Regimes. Bei den Russen heißen sie Gulag. Es gibt Männer, für die diese Welt nie in Ordnung ist. Zu ihnen gehört Norbert, der sich um die Schleuse kümmert.«
»Wo ist er jetzt?«
»Wahrscheinlich in seiner Wohnung in einem dieser gräßlichen Betonkästen. Der Kanal hier wird noch gelegentlich für den Transport von Kohle auf kleinen Kähnen benutzt. Er hat einen festen Plan. An zwei Tagen in der Woche ist er hier, um die Schleuse zu bedienen. Wir haben achtundvierzig Stunden Zeit, dann müssen wir verschwunden sein – bevor Norbert wiederkommt. Ich habe eine Vereinbarung mit ihm ...«
»Dieser Norbert – raucht er Zigarren?«
»Sie haben einen scharfen Blick. Ja, das tut er. So, und nun die Fotos. Sie wurden aufgenommen, bevor Ihr Aussehen verändert wurde?«

»Ja ...«
»Erzählen Sie mir nicht, wie es verändert wurde. Für den Fall, daß ich gefaßt und verhört werde, nachdem Sie uns verlassen haben und bevor Sie wieder in Sicherheit sind.« Er warf einen Blick auf Newman und dann wieder auf die Fotos. »Es spielt keine Rolle. Sie sind unscharf – absichtlich, vermute ich. Aber sie erfüllen ihren Zweck. Ein zu scharfes Bild ist immer etwas, das unnötige Aufmerksamkeit erregt.«
»Wozu brauchen Sie sie?«
»Hierfür.« Falken zog ein Papier aus der Tasche. »Ein Ausweis der Grenztruppe. Und ich habe den richtigen Leim bei mir – den Leim, der bei der Ausstellung dieser Ausweise verwendet wird.« Er stellte eine kleine Flasche auf den Tisch.
»Wo zum Teufel haben Sie den her? Und den Ausweis?«
»Sagen wir, ich habe Freunde, die Freunde in einer gewissen Behörde haben.«
Er hatte eines der Fotos auf ein gerastertes Feld auf dem Ausweis gelegt, zeichnete die richtige Größe auf der Rückseite mit einem Bleistift an und benutzte eine kleine, sehr scharfe Schere, die gleichfalls in dem Lederbeutel gewesen war, um seine Kanten zu beschneiden.
»Ich stelle zu viele Fragen«, meinte Newman.
»Ja.« Falken lächelte wieder, ohne seine Arbeit zu unterbrechen. »Und Ihnen dürfte aufgefallen sein, daß ich nicht sonderlich viele davon beantworte. Aber eines werde ich Ihnen sagen. Übermorgen fahren wir nach Leipzig. Stellen Sie sich darauf ein.«

»Wir kommen weiter«, sagte Wolf zu Lysenko, der ihm am Schreibtisch gegenübersaß. »Jetzt brauche ich diesen Stuhl. Lassen Sie sich drüben am Tisch meiner Sekretärin nieder, hinter der Schreibmaschine.«
»Warum zum Teufel sollte ich das tun?«
»Versuchen Sie auszusehen, als gehörten Sie zu meinem Personal«, fuhr Wolf fort. »Ich habe gerade am Telefon gehört, daß wir Besuch bekommen. Einen gewissen Karl Schneider von der Grenztruppe. Auf meinen Befehl hin gerade eingeflogen.«
»Und?«
»Ihr Deutsch wird von Tag zu Tag besser. Schneider hat seinem Vorgesetzten gemeldet, daß er im Wald nahe der Stelle, an der ein Agent aus dem Westen die Grenze überquerte, zwei Männer getroffen hat.«

»Das könnte Zufall sein . . .«
»In der Nacht, in der der Grenzübertritt erfolgte? Und Schneider begegnete den beiden Männern gegen ein Uhr nachts. Die Zeit stimmt also auch. Wir werden sehen, was er zu sagen hat. Ich gehe jeder Spur nach, und mag sie noch so schwach sein. So, und jetzt auf den Stuhl . . .«
Ein schüchternes Klopfen an der Tür. Lysenko sprang auf, eilte zu dem Stuhl der Sekretärin und setzte sich. Er schlug einen Notizblock auf, der auf dem Schreibmaschinentisch lag, und war froh, daß er Zivil trug. »Herein«, rief Wolf. Er musterte den Besucher, der die Uniform der Grenztruppe trug und seine Mütze unter den Arm geklemmt hatte.
»Bitte, setzen Sie sich«, sagte Wolf umgänglich und deutete auf den leeren Stuhl.
Er beobachtete Schneider, der nervös zu dem Stuhl ging und sich niederließ. Er legte die Mütze auf den Schoß und fingerte daran herum. Listige Augen, stellte Wolf fest. Vermutlich ein ehrgeiziger Mann. Eine Spur über dem Durchschnitt, aber schließlich wurden die Leute für die Grenztruppe sorgfältig ausgewählt. Wolf nickte ermutigend und sprach sanft.
»Erzählen Sie mir, was vorgefallen ist. Bitte lassen Sie sich Zeit. Jede Einzelheit könnte wichtig sein. Ich höre zu, Sie erzählen. Sie werden feststellen, daß ich gut zuhören kann. Fangen Sie ganz von vorne an und lassen Sie nichts aus. Sie brauchen nicht nervös zu sein – ich möchte hören, was Sie zu berichten haben . . .«
Schneider saß einen Moment schweigend da und versuchte, seine Gedanken zu ordnen. Während des Fluges war ihm beim Gedanken an das, was ihm bevorstehen mochte, der Schweiß ausgebrochen. Und jetzt war alles ganz anders. Wolf wartete geduldig. Lysenko war fasziniert. Dies war eine Seite von Wolfs Charakter, die ihm noch unbekannt war. Wolf behandelte den Mann wie ein wohlwollender Verwandter, ein Lieblingsonkel.
Schneider begann zu reden, und Wolf hörte zu, ohne ihn zu unterbrechen. Ein stabil gebauter Mann, dachte er, aber schließlich war die Grenztruppe eine paramilitärische Einheit, und die Leute mußten sich einer militärischen Disziplin unterordnen. Er wartete, bis Schneider fertig war, bevor er eine Frage stellte.
»Der andere Mann, der nicht sprach. Wie hieß er?«
»Er hat es mir gesagt, Genosse, aber ich habe den Namen vergessen . . .«

»Macht nichts. Dieser Albert Thorn.« Wolf holte eines der Plakate, die in der ganzen DDR verteilt worden waren, aus einer Schreibtischschublade. »Ist das der Mann?«
Schneider betrachtete das Plakat mit dem Bild Newmans, runzelte die Stirn, schürzte die dicken Lippen. Er wußte, daß von dem, was er jetzt sagte, der Ausgang dieses ganzen merkwürdigen Verhörs, vielleicht sogar seine weitere Laufbahn abhängen konnte.
»Ich bin nicht sicher«, sagte er schließlich. »Er könnte es gewesen sein.«
»Welche Farbe hatten seine Augen?«
»Braun«, erwiderte Schneider prompt.
Wolf schlug die Akte über Newman auf, die mit dem Flugzeug aus Moskau gekommen war. *Augen: blau.*
»Schneider, kommen Sie her und zeigen Sie mir auf der Karte, wo Sie die beiden Männer mit den Fahrrädern angehalten haben.«
Die Karte der DDR war auf einem großen Tisch ausgebreitet. Schneider beugte sich darüber, nahm den Bleistift, den Wolf ihm hinhielt und markierte die Stelle mit einem Kreuz. Das Telefon läutete. Wolf entschuldigte sich, nahm den Hörer ab und führte ein kurzes Gespräch. Dann drehte er sich um und wandte sich an Schneider, ohne Lysenko irgendwelche Beachtung zu schenken.
»Ein Bericht von der Tagesschicht, die den Wald in jener Gegend absucht. Unter Gestrüpp verborgen sind drei Fahrräder entdeckt worden. Nicht weit von der Stelle entfernt, an der Sie die Leute angehalten haben ...«
»Es waren nur zwei.«
»Macht nichts. Ich habe gehört, Sie waren früher Bauer?«
»Fünf Jahre lang.«
»Also sind Sie ein guter Beobachter. Bauern arbeiten allein auf ihren Feldern und lernen, sich nichts entgehen zu lassen.« Wolf kehrte zu der Karte zurück. »Angenommen, ich bäte Sie, in dieser Gegend herumzufahren – in Zivil – und nach diesen beiden Männern zu suchen. Normalerweise würde ich Ihnen einen Begleiter mitgeben – aber allein fallen Sie weniger auf. Wären Sie bereit, das zu tun?«
»Ja. Aber in welcher Gegend?«
»Hier.« Wolf zeichnete mit dem Bleistift eine Route auf der Karte ein. »Von Wernigerode – wo Sie stationiert sind – nach Aschersleben und dann weiter nach Eisleben und Halle ...«
»Ich kenne die Gegend.«
»Wir stellen Ihnen einen Lastwagen – mit einem Funkgerät – zur Ver-

fügung und die richtige Kleidung. Eine Pistole haben Sie. Sie patrouillieren auf dieser Route und achten darauf, ob Ihnen irgend etwas Ungewöhnliches auffällt. Einverstanden?«
»Natürlich.«
»Gehen Sie ein Stockwerk tiefer, Zimmer 78. Ich sage Bescheid, daß Sie kommen.« Wolf reichte ihm die Hand. »Viel Glück, Genosse Schneider. Vielleicht bringt Ihnen das eine Beförderung ein.«

»O Gott, kommt schnell«, rief Gerda aus der Küche.
Falken sprang auf und rannte, gefolgt von Newman, in die Küche. Gerda stand am Fenster und deutete auf die Straße. Ein Panzerspähwagen war gerade von ihr abgebogen und rollte langsam den zu dem Schleusenwärterhäuschen führenden Weg herunter.
»Zwei Mann Besatzung, vielleicht auch drei«, sagte Falken angespannt. »Alle bewaffnet. Und dazu das Maschinengewehr. Wir haben ein Problem.«

SECHSUNDZWANZIG

»Haben Sie Peter Toll erreicht?« fragte Tweed, nachdem er die Tür seines Büros hinter sich geschlossen hatte. »Ich habe nicht viel Zeit. Wir sind gerade von Masterson zurückgekommen. Ich habe Diana in Newmans Wohnung gelassen. Wir wollen zu Erich Lindemann.«
»Ich habe ihn erreicht«, sagte Monica gelassen. »Ich denke, Sie sollten selbst mit ihm reden. Soll ich Sie verbinden?«
»Ja, bitte tun Sie das.«
Er behielt den zusammengefalteten Burberry auf dem Arm, wanderte hinüber zu der Wandkarte und betrachtete abermals das Gebiet an der Grenze. Monicas Stimme klang vielsagend.
»Ich habe ihn am Apparat«, erklärte sie.
»Hier Tweed. Ist dort Peter Toll? Endlich. Ich möchte wissen, wo der Mann steckt, der mich nach Deutschland begleitet hatte. Keine Namen. Ja, ich weiß, wir sprechen über Scrambler ...«
»Ich habe keine Ahnung ...«
»Toll.« Tweed gab sich ganz formell. »Machen Sie mir nichts vor. Ich habe Walter Pröhl hinter Schloß und Riegel.«
»Ich habe mich schon gefragt ...«
»Sie haben sich gefragt, was mit ihm passiert sein könnte. Warum er nicht nach München zurückgekehrt ist. Jetzt wissen Sie es. Und Sie

wissen, was ich weiß. Vielleicht könnten wir einen Austausch vereinbaren«, fuhr er sarkastisch fort. »Mein Mann gegen Ihren ...«
»Das ist doch lächerlich. Schließlich arbeiten wir zusammen.«
»Eine feine Zusammenarbeit, bei der Sie gehandelt haben, ohne mir ein Wort davon zu sagen. Ich will ihn zurückhaben. Und zwar schnell.«
»Zwei Wochen ...«
»Kommt nicht in Frage. Vier Tage. Machen Sie ihn ausfindig. Beim nächsten Mal rufe ich Ihren Chef an.«
»Die Situation ist ziemlich heikel. Eine Woche ...«
»Vier Tage«, wiederholte Tweed. »Wenn sich bis dahin nichts getan hat, spreche ich mit Ihrem Chef.«
»Es besteht wirklich kein Anlaß zur Übereilung ...« Tolls Stimme klang beunruhigt.
»Ich habe in dieser Angelegenheit mein letztes Wort gesprochen. Wenn irgend etwas schiefgehen sollte, fliege ich selbst nach München. Sie arbeiten auf Probe.«
»Das zu sagen ist nicht Ihre Sache ...«
»Ich habe es aber gesagt. Und es ist mir ernst damit. Das war alles.«
»Was ist mit Walter Pröhl?«
»Er bleibt hier, bis ich meinen Mann zurückhabe.«
Tweed hieb mit grimmigem Gesicht den Hörer auf die Gabel. Wieder wanderte sein Blick zur Wandkarte. Dann schüttelte er den Kopf und faltete den Burberry auf seinem Arm ordentlicher zusammen.
»Sie sind ziemlich grob gewesen«, bemerkte Monica. »Und ich nehme an, es ging um Newmans Verschwinden.«
»Ja, zu beiden Feststellungen. Ich weiß jetzt, daß er Newman in die DDR geschickt hat – ohne Wissen seines Chefs. Ich mache mir große Sorgen. Das Problem ist, daß Toll alles allein machen, seine Fähigkeiten unter Beweis stellen möchte – weil ich weiß, daß er seinen neuen Job erst auf Probe angetreten hat.«
»Das tun Sie selbst gelegentlich auch«, erinnerte sie ihn sanft. »Unternehmen etwas, ohne es Howard wissen zu lassen. Ist Ihnen klar, warum Sie so wütend sind?«
»Ich vermute, Sie werden es mir sagen.«
»Peter Toll ist eine jüngere Version von Ihnen.«
Tweed blieb einen Moment an der Tür stehen. »Sie könnten recht haben.«
»Und was ist mit Newman? Wird er durchkommen?«
»Ich hoffe es bei Gott. Er spricht fließend Deutsch. Er wird durch-

kommen, wenn er einen klaren Kopf behält. So, und jetzt ist es Zeit für eine freundschaftliche Unterhaltung mit Lindemann.«
»Wie lautet das Urteil über Harry Masterson?«
»Nichts Eindeutiges.«

»Wir haben Glück«, sagte Tweed und fuhr den Cortina auf einen freien Parkplatz. »Dort wohnt Lindemann«, fuhr er fort und zeigte Diana, die neben ihm saß, ein altes eingeschossiges Haus; es gehörte zu einer Reihe umgebauter Stallungen südlich der Fulham Road.
»Sieht behaglich aus. Und er kümmert sich ganz offensichtlich darum«, bemerkte sie beim Aussteigen.
Das stimmt, dachte Tweed und steckte eine Münze in die Parkuhr. Das Haus hatte weiß verputzte Mauern, die ebenso wie die Fenster frisch gestrichen waren. Seinen unteren Teil verdeckte eine beschnittene Ligusterhecke. Hinter der schmiedeeisernen Pforte lag ein winziger Vorgarten, kaum einen Meter breit, fast vollständig mit Ziegelsteinen gepflastert. Das Pflaster wurde nur von zwei runden Rosenbeeten unterbrochen; die verwelkten Blüten waren sorgfältig entfernt worden. Einen größeren Kontrast zu Harry Mastersons ungepflegter Wildnis konnte man sich kaum vorstellen.
Tweed hob den glänzenden Messingklopfer und ließ ihn dreimal an die Tür schlagen. In die Tür war ein Spion eingebaut, und als sie geöffnet wurde, stand Erich Lindemann hinter ihr auf dem winzigen Flur; er trug eine Flanellhose, ein Samtjackett und eine gepunktete Fliege.
»Sie brauchen nicht an der Tür stehenzubleiben. Kommen Sie herein.«
Da war Erichs Art – keine Umschweife. Tweed stellte Diana als mögliche Anwärterin auf einen Posten bei der General and Cumbria-Versicherung vor. Sie reichte ihm die Hand, steif und ohne Lächeln. Tweed fragte sich, ob sie vielleicht ebenso geschockt war wie er selber.
Diese verdammten Gemälde von Harry Masterson. Sie verzerrten das Bild, das man sich von einem Menschen gemacht hatte. Lindemanns Kopf hatte tatsächlich eine gewisse Ähnlichkeit mit einem nackten Schädel. Sie gingen hinein, und Tweed registrierte den schwachen Geruch eines parfümierten Desinfektionsmittels.
»Tee oder Kaffee?« fragte Lindemann, nachdem er sie in ein kleines Wohnzimmer mit Sprossenfenstern geführt hatte, die auf die Gasse hinausgingen.
»Für mich bitte Kaffee«, erwiderte Diana.

»Für mich auch«, sagte Tweed.
Sie setzten sich nebeneinander auf eine türkisfarbene Couch, auf der kleine Kissen lagen. Der Raum war sparsam möbliert. An der gegenüberliegenden Wand stand ein Eßtisch mit der Längsseite zur Wand und glänzender Platte. Jetzt konnte Tweed Möbelpolitur riechen. In einer Ecke stand ein noch an eine Steckdose angeschlossener Staubsauger. Lindemann war durch eine Schwingtür verschwunden – vermutlich in die Küche.
Sparsam, aber makellos. Tweed erhob sich, wanderte zu einem hohen Schrank hinüber. Im oberen Teil hinter Glas Borde voller Bücher; das Unterteil mit einer Klappe verschlossen, der Schlüssel im Schloß. Er drehte den Schlüssel behutsam um. Kein Geräusch – das Schloß war gut geölt. Er ließ die Klappe herunter und blickte hinein.
Mindestens ein Dutzend Flaschen Whisky, aufgereiht wie Soldaten in Habtachtstellung. Lindemann war Abstinenzler – seines Wissens trank er nicht einmal ein Glas Wein. Eine Flasche war halb leer. Hinter ihr stand ein halb gefülltes Glas. Tweed roch daran. Whisky. Er schloß die Klappe, drehte den Schlüssel im Schloß, kehrte zur Couch zurück. Diana beugte sich zu ihm und kam ihm dabei so nahe, daß er über dem Geruch nach Möbelpolitur einen Hauch ihres Parfums wahrnahm.
»Ziemlich neugierig, nicht wahr?«
Er brachte sie schnell zum Schweigen. Die Schwingtür öffnete sich, und Lindemann forderte Tweed mit einer Handbewegung zum Mitkommen auf. »In dem Schrank neben Ihnen liegen ein paar Nummern vom *Economist*«, informierte er Diana mit seiner trockenen Stimme.
»Wer ist das?« fragte er Tweed, sobald sie in der Küche waren. In einer Maschine blubberte Kaffee, daneben stand eine Platte mit Gebäck.
»Diana Chadwick, wie ich bereits sagte. Aus guter Familie. Spricht fließend Deutsch. Ich bin mir noch nicht sicher ...«
Die Küche war kaum mehr als eine Kombüse. Sie erinnerte Tweed an die Kombüse auf der *Südwind*. Er stand dicht neben Lindemann, und ein neues Aroma drang ihm in die Nase, der Geruch nach Pfefferminzbonbons. Sein Gastgeber lutschte eines.
»War es klug, diese Chadwick mitzubringen?« fragte Lindemann.
»Was veranlaßt Sie zu dieser Frage?«
»Sie weiß nichts über Park Crescent?«
»Nein, natürlich nicht. Worauf wollen Sie hinaus, Erich?«
»Ich habe sie schon einmal gesehen. In Oslo.«

»Wann und wo?« Tweed sprach sehr leise.
»Ich kann mich nicht entsinnen. Aber ich bin ganz sicher, daß sie es war. Und daß es in Oslo war. Mögen Sie den Kaffee stark? Und wie steht es mit Miss Chadwick?«
»Sie auch.«
Lindemann hatte sich abgewandt, um aus einem Schrank an der anderen Seite der Küche Teller herauszuholen. Tweed hob ein Tuch an, das auf der Arbeitsplatte lag. Irgendwie wirkte es in dieser aufgeräumten Küche fehl am Platze. Unter dem Tuch lag ein geöffnetes Röhrchen mit Pfefferminzbonbons. Er ließ das Tuch wieder darüberfallen. Warum versteckte er sie?
»So, ich bin fertig.«
Lindemann hatte alles auf ein Tablett gestellt – Tassen, Untertassen, auf Hochglanz polierte Löffel, Teller, Gebäck. Tweed warf rasch noch einen Blick auf die Reihe von Messern, die an einer Magnetleiste über den Ausguß hingen. Kein Küchenchefmesser.
»Kopenhagener«, sagte Lindemann und hielt Diana die Platte hin. »Sehr schlecht für die schlanke Linie.«
Tweed war überrascht. Er hatte noch nie erlebt, daß Lindemann mit einer attraktiven Frau scherzte. Seine hohe Gestalt beugte sich über Diana, fast ehrerbietig. Sie blickte auf und dankte ihm mit ihrem wärmsten Lächeln. Tweed wollte sich gerade wieder neben sie setzen, als Lindemann ihm zuvorkam.
»Das Vorrecht des Gastgebers«, erklärte er Tweed. »Ich bin sicher, Sie werden in dem Sessel dort auch sehr bequem sitzen.«
»Dieses Gebäck ist köstlich«, schwärmte Diana. Sie wendete sich mit halbgeschlossenen Augen an ihren Gastgeber. »Bekommen Sie es in einer Bäckerei hier in der Nachbarschaft?«
»Ich habe es selbst gebacken.« Lindemann schien erfreut. »Aber wenn man sie in Kopenhagen kauft, sind sie noch viel besser. Waren Sie schon einmal dort, Miss Chadwick?«
»Diana, bitte. Nein, bisher nicht. Aber ich würde gern einmal hinfahren. Sie sind wirklich ein hervorragender Koch ...«
»Wenn man allein lebt, lernt man, für sich zu sorgen ...«
Tweed schwieg, während sie plauderten. Als das Gebäck aufgegessen war, fragte Diana, ob sie seine Küche sehen könnte. Lindemann sprang auf.
»Natürlich.« Er wandte sich an Tweed. »Machen Sie es sich in meinem Arbeitszimmer bequem. Sie wissen ja, wo es ist.«
Sobald sie in der Küche verschwunden waren, trat Tweed an den Bü-

cherschrank und las die Titel. Geschichte der skandinavischen Länder. Die isländischen Sagas. Biographien. Napoleon. Bismarck. Bernadotte, Napoleons General, der König von Schweden wurde. Laurence Olivier. Amateurtheater.
Er verließ den Bücherschrank, durchquerte den Raum, öffnete die Tür zum Badezimmer und verschloß sie hinter sich. Eine altmodische Wanne. Über dem Waschbecken ein Holzschrank. Er öffnete ihn, zwei Borde. Rasierzeug auf dem oberen, Flaschen auf dem unteren. Er hob eine hoch, die halb leer war, und warf einen Blick auf das Etikett.
Haarfärbemittel. Schwarz. Er stellte die Flasche wieder genau an die Stelle, an der er sie vorgefunden hatte, betätigte die Spülung, schloß die Tür auf und trat heraus, als Diana mit ihrer Handtasche unter dem Arm aus der Küche kam, gefolgt von Lindemann.
»Ich glaube, wir müssen uns jetzt verabschieden«, sagte Tweed. »Wir wollten nur einmal hereinschauen und uns vergewissern, ob Sie Ihren Urlaub genießen.«
»Ich möchte möglichst schnell wieder an die Arbeit. Da sind ein Dutzend Policen, um die ich mich persönlich kümmern müßte.«
»Entschuldigen Sie mich einen Augenblick«, sagte Tweed plötzlich. »Ich glaube, ich habe meinen Kugelschreiber in Ihrem Arbeitszimmer liegengelassen.«
Er öffnete die Tür und zog sie hinter sich halb zu. Der winzige Raum war leer. Auf dem Schreibtisch lag unter einem Briefbeschwerer ein umgedrehter Block, auf dem sich Lindemann offenbar Notizen gemacht hatte. Tweed hob den Briefbeschwerer hoch, drehte den Block um. Zahlen in Lindemanns kleiner Schrift, die aussahen, als handelte es sich um Gehaltsberechnungen für seine Mitarbeiter in Kopenhagen. Er legte den Block wieder hin, setzte den Briefbeschwerer darauf und kehrte ins Wohnzimmer zurück. Außer ihnen war niemand im Haus. Er hatte fast damit gerechnet, auf einen versteckten Besucher zu stoßen.
Lindemann bot Diana den Arm und geleitete sie zur Haustür. Sie dankte ihm für seine Gastfreundschaft, dann gingen sie. Als sie in den Wagen stiegen, hörte Tweed, wie die Tür geschlossen wurde.
»Und was halten Sie von ihm?« fragte Tweed, als Diana ihren Rock geradezog.
»Umwerfend komisch.«
»Was bedeutet, daß Sie ihn nicht mögen? Er steht im Ruf, sich für Frauen nicht zu interessieren ...«
»Diese Ansicht sollten Sie ändern.«

»Wirklich? Warum?«
Er hatte den Motor angelassen, hielt jetzt aber überrascht inne. Sie holte ihre Elfenbeinspitze hervor und steckte eine Zigarette hinein.
»Er mag Blondinen. Soviel ist sicher. Eine Frau spürt das. Ich würde sogar sagen, er ist an allen attraktiven Frauen interessiert. Lassen Sie sich da nicht täuschen ...«
»Ich dachte, es läge nur an Ihnen ...«
»Ich schmeichle mir nie, Tweedy. Eine Frau spürt das. Er ist am anderen Geschlecht interessiert. Punktum. Haben Sie etwas herausgefunden?«
»Vielleicht.«

»Sie trauen nicht einmal Diana, stimmt's?« fragte Monica, als sich Tweed hinter seinem Schreibtisch niedergelassen hatte.
»Wie kommen Sie darauf?«
»Das liegt auf der Hand. Sie lassen sie von Pete Nield beschatten. Wo ist sie jetzt? Wieder in Newmans Wohnung?«
»Auf dem Rückweg von Lindemann habe ich sie dort abgesetzt. Sie sagte, sie wollte einen Schaufensterbummel bei Harrods machen. Als wir bei Lindemanns Haus ankamen, gelang es Nield, einen Parkplatz ganz in der Nähe zu finden. Und der Hauptgrund dafür, daß ich sie nie allein lasse, ist der, sie zu *beschützen*. Sie könnte eine überaus wichtige Zeugin sein.«
»Wofür?«
»Da bin ich mir noch nicht sicher ...«
»Na schön, spielen Sie den Geheimnisvollen. Hugh Grey wird morgen in seinem Farmhaus sein. Er fährt heute abend von seiner Wohnung am Cheyne Walk aus hinüber. Und Guy Dalby ist in Woking zu erreichen.«
»Dann fahre ich morgen mit Diana nach Norfolk. Ich will wissen, welchen Eindruck sie von Grey hat.«
»Ist das wirklich der einzige Grund, warum Sie die Sektorenchefs mit ihr zusammen besuchen?«
»Welchen anderen Grund sollte es sonst geben?« fragte Tweed. »Wir müssen bei der Sache bleiben.« Er stand auf und begann, im Büro umherzuwandern. »Es sind im wesentlichen zwei Fäden, die sich durch diese unerfreuliche Geschichte hindurchziehen. Wer ist der Janusmann – der Mann, der für den Mord an Fergusson verantwortlich ist? Nur vier Leute wußten, daß er nach Hamburg unterwegs war. Die vier Sektorenchefs. Einer von ihnen muß Janus sein.«

»Und der andere Faden?«
»Wer ist Dr. Berlin?«
»Offenbar sind alle gleichzeitig nicht in Europa«, bemerkte Monica. »Ich habe versucht, Kuhlmann in Lübeck-Süd zu erreichen. Beim vierten Anruf ist es mir gelungen. Er hat erklärt, daß Dr. Berlin noch nicht wieder zum Priwall zurückgekehrt ist. Was ist?«
»Etwas, was Sie eben gesagt haben ...«
Tweed stand regungslos da, starrte durch die dichten Netzvorhänge hinaus auf die Bäume im Regent's Park. Die Sonne strahlte aus einem wolkenlosen Himmel auf das dichte Laub, aber Tweed sah es nicht. Sein Blick ging ins Leere, wie der eines Mannes, der unter Schock steht. Dann wirbelte er herum.
»Lesen Sie mir den Bericht vor, den ich Ihnen nach meinem Besuch bei Dr. Generoso, dem Psychiater, diktiert habe ...«
»Ich habe ihn abgeschrieben. Sie können ihn selbst lesen.«
»Lesen Sie ihn vor, Mädchen. Ich möchte ihn *hören*.«
Sie holte einen Aktendeckel aus einer Schublade, nahm ein Blatt Papier heraus und begann vorzulesen. Langsam. Das hatte sie schon öfter getan. Ihm entging weniger, wenn er zuhörte.
»›Ein Mann, der ein Doppelleben führt ... ein Leben hier, ein zweites auf dem Kontinent ... steht jetzt unter starkem Druck – und Sie haben die Absicht, diesen Druck zu verstärken ... damit wagen Sie sich auf sehr dünnes Eis ... Kim Philby trank wie ein Fisch ... ein gutes Beispiel. Der Alkohol hat ihn gerettet. Baute die ungeheure Spannung ab, mit der er fertig werden mußte ... könnte es sein, daß er darauf verfällt, Frauen zu ermorden ... sehr schwer aufzudecken. Der Mörder kann die meiste Zeit einen völlig normalen Eindruck machen ... wahrscheinlich ist er auf irgendeine Art besessen ... er könnte übertrieben ordentlich sein; auf Kleinigkeiten großen Wert legen ... eine anmaßende Selbstsicherheit, die an Arroganz grenzt ... das Vergnügen, Leute zum Narren zu halten ... hat viel Ähnlichkeit mit einem Schauspieler, der zwei Rollen spielt ... unerträgliche Einbildung, ein Gefühl, allen anderen Menschen turmhoch überlegen zu sein ... wenn der Druck steigt, steigt auch seine Mordgier.‹ Das war's in etwa«, schloß Monica.
»Und ich habe den falschen Baum angebellt!« Tweed schnippte erregt mit den Fingern. »Und etwas, was Diana sagte und was ich Ihnen gegenüber wiederholt habe, könnte ein weiterer Fingerzeig sein.«
»Wirklich? In welche Richtung?«
»Auf Dr. Berlin natürlich!«

Durch sein Fernglas beobachtete Falken, wie sich der von der Hauptstraße abgebogene Panzerspähwagen auf dem Feldweg näherte. Er hielt das Glas nur ein paar Sekunden vor die Augen, dann ließ er es wieder sinken.

»Seine Räder schleudern auf dem Weg die Schlacke hoch«, bemerkte er. »Er rutscht hin und her.«

»Wenn sie es für nötig halten, werden sie den ganzen Abhang bis zu uns herunterrutschen«, warnte Gerda.

Sie rannte aus der Küche, gefolgt von Falken. Newman blieb am Fenster stehen und schaute durch einen nicht beschlagenen Flecken hinaus. Er glaubte nicht, daß sie einem Armeefahrzeug gewachsen waren. Und die Flucht durch die Hintertür des Häuschens würde über Felder mit reifendem Roggen führen. Man würde sie sofort entdekken.

Er beobachtete, wie sich das häßliche Gefährt auf dem Schlackenweg voranquälte. Wie bei der Begegnung mit Schneiders Patrouille im Wald war er auch jetzt wieder eiskalt. Dann versteifte er sich, und seine Augen zogen sich zu schmalen Schlitzen zusammen. Er wartete noch einen Augenblick länger. Um ganz sicher zu sein . . .

»Kommt zurück!« rief er.

Gerda glitt in die Küche, die Uzi im Arm. Hinter ihr tauchte Falken auf, eine automatische Walther-Pistole in der Rechten. Newman wies sie mit einer Handbewegung an, vom Fenster wegzubleiben.

»Was ist?« fragte Falken mit angespannter Stimme.

»Er fährt wieder weg. Sie haben den Weg nur benutzt, um zu wenden, damit sie in der gleichen Richtung zurückfahren können, aus der sie gekommen sind. Sie müssen sich verfahren haben . . .«

»Ich glaube, Sie haben recht«, erwiderte Falken nach einem vorsichtigen Blick aus dem Fenster. »Das Wenden auf der Straße ist verboten. Sie hatten Angst, ein Stabswagen könnte vorbeikommen und sie dabei erwischen.«

Newman sah dem Wagen nach, der Richtung Osten auf der Straße davonfuhr. Gerda stand neben ihm, und er hörte, wie sie laut ausatmete. Newman zeigte ihr seine feuchten Handflächen und wischte sie dann an seiner Hose trocken.

»Fühlen Sie, wie mein Herz klopft, Herr Thorn«, sagte sie. »Fühlen Sie nur.«

Er zögerte, dann legte er die Hand auf ihre linke Brust. Er ließ sie dort

liegen, und sie lächelte zu ihm empor, ein Mona-Lisa-Lächeln. Falken lächelte gleichfalls und schob die Walther wieder in die Tasche.
»Es klopft wie ein Schmiedehammer«, sagte sie. »Fühlen Sie es?«
»Ich fühle es ...«
Sie hatte den Raum wieder verlassen, und Newman warf einen Blick auf Falken, auf dessen Gesicht noch immer ein Lächeln lag. Er trat dicht an Newman heran und senkte seine Stimme zu einem Flüstern.
»Sie mag sie. Wenn mir etwas passiert, tun Sie, was sie sagt. Gehorchen Sie ihr. Dann sind Sie sicher.«
»Ihnen wird nichts passieren.«
»Bei diesem Spiel teilt das Schicksal sehr unterschiedliche Karten aus. Gerade eben haben wir eine gute gehabt. Beim nächsten Mal ...« Er brach ab, als Gerda zurückkehrte und sagte, das Essen wäre fertig. Newman deckte im Wohnzimmer den Tisch. Ihm fiel auf, daß Gerda den Anorak wieder auf den Fußboden gelegt hatte; darunter war vermutlich die Uzi versteckt. Aus der Segeltuchtasche, die sie aus dem Tschaika mitgebracht hatte, holte sie nun Schwarzbrot, Käse und einige Äpfel heraus. Er verließ das Haus durch die Hintertür, um ein wenig frische Luft zu schöpfen.
Nachdem sie ihre einfache Mahlzeit genossen und schwarzen Kaffee getrunken hatten, holte Falken den Grenztruppen-Ausweis und das zugeschnittene Foto von Newman aus der Schublade, in der er alles hatte verschwinden lassen.
»Wie ich schon sagte, rechnen wir immer mit dem Schlimmsten. Wir gehen davon aus, daß Schneider die Begegnung mit uns gemeldet hat. Also suchen sie nach jemandem mit einem Ausweis der Wasserschutzpolizei ...« Er nahm das Fläschchen mit Klebstoff aus der Schublade und drückte ein wenig davon mitten auf die Rückseite des beschnittenen Fotos. Mit den Fingerspitzen verteilte er den Klebstoff gleichmäßig und entfernte den Überschuß von den Rändern. Dann hob er das Foto behutsam hoch, drehte es um und plazierte es genau auf das gerasterte Rechteck des neuen Ausweises.
»Jetzt warten wir, bis der Klebstoff getrocknet ist, dann machen wir es amtlich.« Aus seiner Tasche kamen ein Stempel und ein Stempelkissen zum Vorschein.
»Sobald ich den amtlichen Stempel auf das Foto gedrückt habe, sind Sie im Dienst. Grenztruppe«, wiederholte er. »Wieder in Zivil, wieder mit einem Sonderauftrag ...«
»Wieder hinter Rauschgifthändlern her?«

»Eine gute Idee. In letzter Zeit sind Gerüchte im Umlauf – nicht nur in der DDR, sondern auch jenseits der Grenze im Osten. Unsere Mittelsmänner berichten vom Transport einer Riesenmenge Heroin. Das dürfen Sie aber nicht erwähnen.«
»Sie rechnen damit, daß wir angehalten werden, wenn wir wieder unterwegs sind?«
»Auf jeden Fall. Es gibt überall Kontrollstellen. Und ständig sind Streifen unterwegs. Aber – ich glaube, ich sagte es schon – ich bin ein Zauberer. Sie sind nicht mehr Albert Thorn. Sie sind Emil Clasen geworden. Vergessen Sie das nicht. Gerda weiß Bescheid.«
»Was ist mit meinem Wasserschutzpolizei-Ausweis?«
»Den vernichte ich. Lasse ihn in dem Feuer dort zu Asche verbrennen.«
»Das Feuer beunruhigt mich«, erklärte Newman, »wenn ich mir die Bemerkung erlauben darf. Der Rauch aus dem Schornstein läßt erkennen, daß sich jemand hier aufhält. Das fiel mir ein, als ich den Panzerspähwagen beobachtete.«
Falken beugte sich vor und drückte Newmans Arm. »Sie könnte ich in Gruppe Fünf gebrauchen. Aber wir haben nur die Wahl, zu erfrieren oder das Feuer zu riskieren. Schließlich macht Norbert immer Feuer, wenn er hier ist. Am Kanal ist es kalt und feucht. Und niemand weiß, wann Norbert sich wo aufhält – hier oder in seiner Wohnung.«
»Sie scheinen an alles gedacht zu haben.«
»Und woran habe ich nicht gedacht? Das ist die Frage, die mir keine Minute Ruhe läßt.«

Karl Schneider fuhr langsam auf der Straße zurück und ließ seine Augen abwechselnd nach rechts und nach links wandern. Er trug Bauernkleidung und eine schäbige Mütze, und in seiner linken Achselhöhle spürte er die in einem Schulterholster steckende 9-mm-Walther.
Schneider fuhr einen Lastwagen mit einer Ladung Heu auf der offenen Ladefläche. Er war bereits seit zwei Stunden unterwegs, und die Sonne stand hoch am klarblauen Himmel. Beiderseits der Straße dehnten sich Felder; er fühlte sich in alte Zeiten zurückversetzt. Es waren gute Zeiten gewesen. Oft hatte es ein Mädchen gegeben, mit dem man hinter einer Hecke verschwinden konnte. Sie hatten ihm noch etwas beibringen können, diese Bauernmädchen. Das war, bevor er Alma begegnet war.
Beim Gedanken an Alma verzog sich sein Gesicht. Sie war es gewe-

sen, die ihn gedrängt hatte, sich bei der Grenztruppe zu bewerben. »Du mußt sehen, daß du vorankommst, daß du dem Staat dienst . . .« Der Staat war ihr scheißegal. Ehrgeizig war sie. Sie selbst wollte vorankommen. Nörgelnde Kuh.
Er verdrängte sie aus seinen Gedanken – er mußte sich auf seinen Auftrag konzentrieren. Der Hinweis auf eine mögliche Beförderung stand im Vordergrund seines Denkens. Wenn er mehr Geld bekam, würde er sich eine Freundin zulegen. Eine nette, bereitwillige Freundin, die ihn Alma vergessen ließ. Er würde ihr schon zeigen, wohin Ehrgeiz führt. An einen verschwiegenen Ort.
Er war schon einmal die hochgelegene Hauptverkehrsstraße entlanggefahren, ohne das Schleusenwärterhaus zu bemerken – ein Motorradfahrer, der ihn überholte, hatte seine Aufmerksamkeit abgelenkt. Das heißt, nicht der Motorradfahrer selbst, sondern das Mädchen, das auf dem Soziussitz saß und mit ihrem Rock zu tun hatte, der hochflog und ein Paar schlanke Beine entblößte. Blöde Ziege – mit einem Rock aufs Motorrad. Wenn er der Fahrer gewesen wäre, hätte er ihr gezeigt, wie blöd sie war.
Er gelangte an den Punkt, an dem seine Strecke endete, und wendete. Als er sich diesmal dem hochgelegenen Straßenabschnitt näherte, befand er sich auf der dem Schleusenwärterhaus zugewandten Seite. Er bemerkte, daß aus dem Schornstein Rauch aufstieg. Reichlich warm für ein Feuer. Doch dann erinnerte er sich an den Kanal neben dem baufälligen Gebäude. Dort mußte es immer feucht sein.
Sein Blick wanderte über das Haus, registrierte den kleinen Schuppen, der dahinter stand. Das war wahrscheinlich die Toilette. Mitten in einem Kornfeld erhob sich ein gewaltiger, mit einer Plane abgedeckter Buckel. Er trat auf die Bremse und schaute genauer hin. An einem Ende der riesigen Plane ragte das Vorderteil eines Traktors heraus.
Er runzelte die Stirn und fuhr noch langsamer. Es gab keinen Traktor, der so groß war wie dieser – so *lang* wie dieser.
Er fuhr vorsichtshalber weiter, bis er das Haus ein gutes Stück hinter sich gelassen hatte und an eine Stelle kam, an der ein Schlackenweg in eine Senke hinabführte. Am hinteren Ende der Senke lag ein Heuhaufen. Er warf einen Blick in den Rückspiegel, stellte fest, daß die Straße leer war, fuhr in die Senke hinein und brachte seinen Laster zum Stehen. Ob er Leipzig benachrichtigen sollte? Nein. Er würde erst das Haus überprüfen; wenn er die Flüchtlinge dort antraf, war es allein sein Verdienst.

Schneider näherte sich auf Umwegen dem hinteren Ende des abgedeckten Traktors, indem er auf dem abschüssigen Gelände außer Sichtweite des Hauses einen großen Bogen schlug. Ungefähr hundert Meter von dem Buckel entfernt ließ er sich auf die Knie fallen und kroch langsam durch den Roggen, der so hoch stand, daß er ihn völlig verdeckte.

Als er das Ende des Buckels erreicht hatte, lauschte er erst mehrere Minuten, bevor er sich aufrichtete. Er hob die Plane an und starrte auf das Heck eines Tschaika. Etwas, was der Mann mit der Brille in Leipzig gesagt hatte, fiel ihm wieder ein. Drei Fahrräder, die unter Gestrüpp versteckt gefunden worden waren.

Sein Verstand arbeitete langsam. Sie mußten auf ein anderes Fahrzeug umgestiegen sein. Sie waren bestimmt nicht den langen Weg zum nächsten Dorf zu Fuß gegangen. Sie mußten irgendwo einen Wagen gehabt haben. Vielleicht einen Tschaika?

Schneiders Bauernschläue, sein listiges Wesen, das Wolf sofort aufgefallen war, sagten ihm, daß er auf etwas gestoßen war. Er würde das Haus beobachten, bevor er etwas unternahm. In seiner Jacke steckte das starke Fernglas, das man ihm in Zimmer 78 gegeben hatte.

Er fand einen Hügel mitten im Roggen, legte sich darauf und richtete sein Fernglas auf den Toilettenschuppen. Wer immer im Haus sein mochte, mußte irgendwann herauskommen, um die Toilette zu benutzen. Es war erst früher Nachmittag. Reichlich Zeit, bevor es dunkel wurde.

Eine Stunde später verließ ein Mann das Haus und ging auf den Schuppen zu. Schneider beobachtete ihn genau. Thorn! Albert Thorn! Dieser Schweinehund von der Wasserschutzpolizei. Und durch das Glas betrachtet sah er dem Mann, den er auf dem Plakat in Leipzig gesehen hatte, ziemlich ähnlich.

Noch immer im Roggen ausgestreckt, legte Schneider das Glas auf den Boden. Thorn war im Schuppen verschwunden, hatte die Tür geschlossen. Schneider wollte den Kolben der Walther greifen, aber seine schweißnasse Hand rutschte ab. Fluchend zog er ein Taschentuch aus der Tasche und wischte beide Hände trocken.

Er griff abermals nach der Pistole und zog sie aus dem Holster, hielt sie in der rechten Hand und legte mit dem linken Daumen den Sicherheitsbügel um. Die Waffe war schußbereit. Er legte sie neben das Fernglas, das er wieder an die Augen hob.

Zehn Minuten später beobachtete er, wie ein zweiter, größerer Mann erschien und gleichfalls zum Schuppen ging. Sah aus wie das

Schwein, das bei Thorn gewesen war, der Mann, der kein Wort gesprochen hatte. Er war ganz sicher, daß er es war. Schneider schwitzte wieder, aber diesmal vor Aufregung. Er würde warten, bis es dämmrig wurde. Dann würde er sie überraschen.

Newman und Falken saßen im Wohnzimmer am Tisch. Gerda war in der Küche – sie war an der Reihe, die Straße zu beobachten. Sie hatte mehr Kaffee gemacht, und die beiden Männer tranken ihn und unterhielten sich.

»Der Zeuge, von dem Sie sprachen«, sagte Newman. »Können Sie mir mehr über ihn erzählen?«

»Es ist eine Frau. Sie war loyal, bis ihr Sohn über die Stränge schlug. Wie es scheint, war er betrunken und hat einen Volkspolizisten beleidigt. Sie haben ihn in eine Arbeitskompanie gesteckt. Seither haßt sie das Regime. Sie ist in den Sechzigern. Ich möchte, daß Sie die Geschichte von ihren eigenen Lippen hören.«

»Über Dr. Berlin?«

»Ja, über Berlin.«

»Und danach gehe ich bei dem Wachtturm wieder über die Grenze?«

»Sie gehen wieder über die Grenze, ja.« Falken warf einen Blick auf die Uhr. »Es wird dämmrig. Jetzt sollten Sie Gerda ablösen. Wenn man zu lange Wache hält, läßt die Konzentration nach. Wie bei den Leuten auf den Flughäfen, die das Gepäck durchleuchten. Nehmen Sie Ihren Kaffee mit.«

Newman ging in die Küche und stellte seine Tasse auf den Herd. Gerda stand am Fenster und unterdrückte ein Gähnen. In der engen Küche war es fast schon dunkel.

»Ablösung?« fragte sie mit einem warmen Lächeln und reichte ihm das Fernglas.

»Schlechtes Licht«, sagte er, als er ans Fenster trat. »Man bildet sich ein, alles mögliche zu sehen.«

»Bleiben Sie wach und lassen Sie Ihre Gedanken nicht schweifen.« Sie versetzte ihm einen freundschaftlichen Stoß gegen den Arm und verschwand im Wohnzimmer. Er hörte, wie sie sagte, sie ginge auf die Toilette. Die schwere Haustür fiel ins Schloß. Dann plötzlich Stille.

In der blauen Dämmerung konnte er die Scheinwerfer der auf der Hauptstraße entlangfahrenden Wagen sehen. Leute, die von der Arbeit nach Hause zurückkehrten. Der Verkehr war wesentlich dichter als zur Zeit ihrer Ankunft. Im Westen war die Sonne hinter einer

Anhöhe des fernen Harzes verschwunden, und hinter der messerscharfen Kontur dieser Anhöhe schien die Welt in Flammen zu stehen.
Er hob das Glas an die Augen und ließ den Blick langsam über die Felder zwischen der Straße und dem Haus wandern. Der Roggen stand völlig still im windlosen Abend. Die Lichtpunkte auf der Straße bewegten sich fast alle ostwärts, auf Halle zu. Es waren weniger geworden; die Stoßzeit schien fast vorüber zu sein.
»Emil«, rief Falken aus dem Nebenzimmer; er benutzte Newmans neuen Namen. »Ist alles ruhig?«
»Nichts zu sehen – außer den Autos auf der Straße . . .«
»Dann kommen Sie einen Moment her. Da ist noch etwas, was Sie wissen müssen.«
Als Newman eintrat, saß Falken am Tisch und betrachtete den neuen Ausweis. Den Ausweis der Wasserschutzpolizei hatte er bereits verbrannt. Albert Thorn existierte nicht mehr, er war in Flammen aufgegangen. Newman setzte sich. Hinter sich hörte er, wie Gerda, von der Toilette zurück, die Tür aufschloß.
»Hände auf den Tisch! Keine Bewegung, sonst jage ich euch eine Kugel in den Kopf . . .«
Newman fuhr herum und starrte auf die offene Tür, an der Gerda stand, den Schlüssel in der linken Hand, mit bleichem und erschrokkenem Gesicht. Hinter ihr stand ein Mann in Bauernkleidung und mit einer tief in die Stirn gezogenen Mütze. Einen Augenblick fiel es ihm schwer, Karl Schneider wiederzuerkennen. Der Deutsche hatte keinerlei Schwierigkeiten.
»Ah! Herr Albert Thorn! Von der Wasserschutzpolizei? Und Herr Wie-heißt-er-noch? Flossen flach auf den Tisch! Alle beide! Und vorbeugen! Oder wollt ihr eine Kugel in den Bauch?«
Gerda stand immer noch da, als wäre sie vor Angst erstarrt. Schneider benutzte die Linke, um ihr einen heftigen Stoß in den Rücken zu versetzen. Sie wäre fast gestürzt, konnte sich aber im letzten Moment noch halten und drehte sich zu ihm um. Seine Pistole war nach wie vor auf Newman und Falken gerichtet.
»Eine falsche Bewegung, und ich schieße«, erklärte er ihr. »Und die dritte Kugel ist für dich, Süße . . .«
Er trat zurück, benutzte den linken Ellenbogen, um die Tür zuzustoßen, dann trat er wieder vor. Schneider war mit sich zufrieden – das triumphierende Hohnlächeln auf seinem teigigen Gesicht ließ keinen Zweifel daran aufkommen. Er war geduldig durch den Roggen gekro-

chen, bis er die Rückseite des Schuppens erreicht hatte, in dem sich die Toilette befand. Inzwischen wußte er, daß sie nur zu dritt waren. Das Mädchen zählte nicht. Also zwei Männer. Er hatte gewartet, bis sie den Schuppen verlassen hatte, die paar Schritte zur Haustür gegangen war, den Schlüssel ins Schloß gesteckt und sie geöffnet hatte. Dann war er vorgestürmt. In Leipzig würde man stolz auf ihn sein. Er würde befördert werden. Er konnte den Landesverrat in diesem Bau förmlich riechen.
Schneider bewegte die Finger der linken Hand, die steif geworden waren. Draußen war es kalt gewesen, hier drinnen war es warm. Er spürte, wie sein erstarrtes Gesicht auf die Wärme reagierte, seine beiden Hände. Sie hatten vergessen, ihm Handschuhe mitzugeben. Aber diese Situation, die lange Wache auf dem Hügel, hatten sie kaum vorhersehen können.
»Los, setz dich an den Tisch, du dumme Kuh«, befahl er Gerda. »Gepißt hast du ja gerade«, setzte er roh hinzu.
Sie ließ den Schlüssel los. Er klirrte auf den Steinfußboden. Seine Augen folgten ihm, dann blickte er schnell wieder auf. »Dachtest wohl, du könntest mich ablenken, du Hure? Ich nehme an, du hast es mit beiden getrieben?«
Auf seinem Gesicht erschien ein lüsterner Ausdruck, dann fiel sein Blick auf den aufgeschlagenen Ausweis, der vor Falken auf dem Tisch lag. Newman seufzte innerlich. Wenn Schneider noch einen Beweis für ihre Schuld brauchte . . . Sie hätten vielleicht eine Chance gehabt, sich aus der Falle herauszureden, aber der Ausweis verdarb sie gründlich. Gerda, die noch immer stand, sprach mit spöttischer Stimme.
»Wollen Sie uns weismachen, daß Sie das ganz allein geschafft haben? Wo sind die anderen von Ihrer Streife?«
»Allein? Jawohl! Niemand sonst. Nur ich. Ich habe euch gefunden! Indem ich die Straße entlangfuhr und die Augen offenhielt. Meint ihr etwa, ein Bauer fällt auf einen Traktor herein, der aussieht, als wäre er so groß wie ein russischer Panzer?«
»Das ist doch nicht zu fassen«, höhnte Gerda. »So eine mickrige halbe Portion? Ein Bauer . . .«
Mit der Rechten hielt Schneider die Pistole auf die Mitte zwischen Newman und Falken gerichtet, während er die Linke zur Faust ballte und Gerda einen heftigen Schlag ins Gesicht versetzte. Im letzten Augenblick bewegte sie den Kopf etwas zur Seite, dann stürzte sie unter der Wucht des Schlages und lag schluchzend am Boden.
Etwas klickte. Falken hatte den Ausweis zugeklappt. Schneider be-

äugte den Ausweis. »Schlag ihn wieder auf, aber dalli«, befahl Schneider. »Ich will ihn sehen – das Foto sehen ...«
Ein Feuerstoß widerhallte in dem engen Raum. Von Schneiders Brustbein abwärts schien eine Reihe leuchtendroter Medaillons hervorzusprießen, als wären sie auf seine dünne Drillichjacke geheftet. Schneider flog wie von einer riesigen Hand gestoßen rückwärts gegen die Tür. Seine Augen traten vor Verblüffung aus den Höhlen. Die roten Flecken vereinigten sich zu einer Linie, als er an der Tür heruntergiltt und dann mit ausgestreckten Beinen auf dem Boden saß.
Als Falken aufsprang, warf Newman einen Blick auf Gerda. Sie lag auf einen Ellenbogen gestützt, die Uzi in der Rechten; an der Stelle, an der sie die Waffe ergriffen hatte, war das Futter ihres Anoraks zu sehen.
Falken bückte sich, tastete nach Schneiders Puls. »Er lebt noch. Erstaunlich. Gib mir das Ding ...«
Er nahm die Uzi von Gerda entgegen, kehrte zu Schneider zurück, stellte die Waffe auf Einzelfeuer ein und hielt den Lauf an die Schläfe des Deutschen. Er gab einen Schuß ab. Der Kopf ruckte, fiel zur Seite. Falken fühlte abermals den Puls. »Jetzt ist er tot.«
»Das Blut!« Gerda sprang auf. »Es darf kein Blut auf den Fußboden kommen ...«
Sie öffnete einen Schrank und zog zwei graue Decken heraus. Mit Falkens Hilfe breitete sie die Decken auf dem Boden aus, hob den Leichnam darauf, wickelte ihn ein wie ein Paket, schlug die Kanten der Decken um Kopf und Füße.
Falken hob den Schlüssel vom Boden auf, öffnete die Haustür, warf einen Blick in die Dunkelheit, dann verschwand er, um gleich darauf mit einem Seil zurückzukehren. »Damit werden die Kähne vertäut«, erklärte er Newman. »Gehen Sie in die Küche und werfen Sie einen Blick aus dem Fenster ...«
Newman eilte ins Nebenzimmer, das im Dunkeln lag, ertastete sich seinen Weg um die wenigen Möbelstücke herum und schaute durchs Fenster hinaus. Unterstützt von den Scheinwerfern zweier Wagen, die auf der Straße entlangfuhren, stellten sich seine Augen rasch auf die Dunkelheit ein. Keinerlei Anzeichen für irgendwelche Bewegungen auf den Feldern.
»Ich kann nichts entdecken«, berichtete er, als er ins Wohnzimmer zurückkehrte. »Ich sehe lieber draußen nach ...«
»Er muß von hinten über die Felder gekommen sein – er hat den Tschaika gefunden«, sagte Gerda, über das Deckenbündel gebeugt.

»Können Sie mit der Walther umgehen?« fragte Falken. »Gut. Nehmen Sie sie mit.«
Newman entsicherte die Pistole, öffnete die Haustür, trat schnell hinaus und schloß die Tür hinter sich. Nach der Wärme im Haus traf ihn die Kälte der Nacht wie ein Schlag. Er hielt die Walther in beiden vor dem Körper ausgestreckten Händen und erkundete die Umgebung des Hauses bis hinunter zum Treidelpfad am Ufer des Kanals.
Dann schlug er die schwierige Route zu der Stelle ein, an der Traktor und Tschaika unter der Plane standen, wobei er immer wieder stehenblieb und lauschte. Auf der Nacht lastete eine schwere Stille, die Art von Stille, die es nur nach Einbruch der Dunkelheit auf dem Lande gibt. Er setzte seinen Weg fort, näherte sich dem wahrscheinlichsten Versteck anderer Männer der Streife. Hinter den abgedeckten Fahrzeugen.
Er war fast überzeugt, daß Schneider die Wahrheit gesagt hatte, als er behauptete, er wäre allein gewesen. Aber das mußte überprüft werden. *Immer mit dem Schlimmsten rechnen.* Eine vortreffliche Maxime. Hinter dem Segeltuchbuckel war niemand. Aber als er niederkniete und den Boden sorgfältig abtastete, entdeckte er niedergedrückten Roggen. Hier mußte Schneider gewartet und sie beobachtet haben. Gott weiß wie lange. Aber er hatte die Geduld eines Bauern.
Newman kehrte in das Schleusenwärterhaus zurück. Der Leichnam lag auf dem Steinfußboden, in zwei graue Armeedecken und eine Segeltuchplane eingehüllt. An zwei Stellen – um die Brust und um die Knie – war das Paket mit zwei schweren, rostigen Ketten verschnürt.
Falken, der die Tür geöffnet hatte, kehrte an den Tisch zurück, an dem Gerda saß, zitternd, die kleinen Hände um einen Becher mit dampfendheißem Kaffee gelegt.
»Niemand draußen«, berichtete Newman. »Er war tatsächlich allein.«
»Ich wußte es«, sagte Gerda mit kalter Stimme, »er hat sich damit aufgespielt. Aber es war richtig, daß Sie nachgesehen haben. In der Kanne ist noch Kaffee.«
Newman sank Falken gegenüber auf einen Stuhl. Plötzlich fühlte er sich unvorstellbar erschöpft, völlig kraftlos. Er trank einen Schluck von dem Kaffee, den Falken ihm eingeschenkt hatte, dann blickte er wieder auf das Bündel.
»Woher haben Sie die Ketten?«
»Schneeketten. Für Norberts Wagen im Winter. Wir meinen, das Bündel muß beschwert werden. Damit es versinkt.«

»Im Kanal?«
»Ausgeschlossen.« Falkens Stimme klang gepreßt. »Er könnte gefunden werden, und dann käme der alte Norbert in größte Schwierigkeiten. Das können wir nicht riskieren.«
»Dann vergraben wir ihn eben«, schlug Newman vor. »In der Nacht.«
»Unmöglich. Der Boden ist zu hart. Wir müssen uns etwas anderes einfallen lassen.«
»Zum Beispiel?«
»Ich habe keine Ahnung«, erklärte Falken gereizt. »Lassen Sie mich um Gottes willen nachdenken.«
»Das war der erste Mensch, den ich umgebracht habe«, bemerkte Gerda plötzlich mit erstickter Stimme.
Newman legte eine Hand auf ihre. »Versuchen Sie, nicht daran zu denken. Wenn Sie nicht geschossen hätten, wären wir jetzt vermutlich alle tot. Ich verstehe, wie Ihnen zumute sein muß...«
»Lassen Sie sie in Ruhe«, unterbrach ihn Falken hart. »Er war ein Feind.«
»Deshalb brauchen Sie nicht grob zu werden«, fauchte Newman ihn an.
Gerda ergriff seine Hand und drückte sie. »Sie haben es gut gemeint, aber er hat recht. Mitgefühl kann die Entschlossenheit untergraben. Wir müssen hart sein, wenn wir überleben wollen...«
»Und Sie«, erklärte Falken Newman, »werden vielleicht auch hart sein müssen, bevor Sie wieder auf der anderen Seite der Grenze sind. Ich bin zu dem Entschluß gekommen, daß wir früher als geplant hier wegmüssen. Noch heute nacht. Die Leute, die Schneider ausgeschickt haben, werden vielleicht nach ihm suchen. Unser Zeitplan wird beschleunigt...«
»Und was machen wir mit der Leiche?« fragte Newman.
»Das ist ein Problem, das ich noch zu lösen versuche...«
Für Newman war es ein neues Problem. Bis jetzt war ihm noch nie bewußt geworden, wie schwierig es ist, einen Leichnam so loszuwerden, daß er nicht entdeckt wird.

»Ja, was kann ich für Sie tun, Mr. Ted Smith?« fragte Kuhlmann auf Englisch. »Habe ich den Namen richtig verstanden?«
Er saß im Vernehmungszimmer im zehnten Stock der Polizeidirektion Lübeck-Süd. Draußen wurde es bereits dämmrig. Er war von dem diensttuenden Beamten in der Eingangshalle angerufen worden. Ein Engländer, ein Tourist, war erschienen und wollte jemanden wegen des Fahndungsfotos von Kurt Franck sprechen, das er am Polizeirevier in Travemünde gesehen hatte.
Ted Smith war Ende Zwanzig und trug Shorts, ein offenes Hemd und Turnschuhe; er sah aus, als betreibe er seine Urlaubsreisen vorwiegend per Anhalter. Ein zweifelhaftes Vergnügen, ging es Kuhlmann durch den Kopf.
Kuhlmann spürte, daß der junge Mann nervös war. Er versuchte, ihn zu beruhigen, indem er mit seinem Feuerzeug hantierte und tat, als hätte er Mühe, seine Zigarre in Brand zu setzen.
»Ja, das haben Sie«, erwiderte Smith. »Aber vielleicht störe ich Sie ganz umsonst . . .«
»Erzählen Sie. Wir sind an jeder Art von Information interessiert. Sie sind auf Urlaub?«
»Ja. Teils per Anhalter, teils per Bahn. Vor drei Tagen bin ich aus Hamburg gekommen. Jetzt will ich eine Weile hierbleiben. Habe mir ein Zimmer im Mövenpick genommen.«
»Gutes Hotel.« Das Feuerzeug flammte auf. »So, jetzt brennt sie endlich.« Kuhlmann paffte an der Zigarre. »Rauchen Sie?«
»Hin und wieder eine Zigarette. Vier am Tag. Ich versuche, es aufzugeben. Stört es Sie, wenn ich auch rauche?«
»Durchaus nicht.« Kuhlmann gab Smith Feuer. »So, und was ist mit diesem Kurt Franck?«
»Wir . . . das heißt, ich habe ihn gesehen. Das muß vor ungefähr drei Wochen gewesen sein. Ich war schon einmal hier, bin dann mit dem Zug nach Kopenhagen gefahren. Dann fuhr ich nach Hamburg, und nun bin ich wieder hier. Lübeck gefällt mir.«
»Sie sahen Franck vor etwa drei Wochen. Wo genau?«
»Am Ufer eines Flusses an der Strecke nach Travemünde. Er schob ein Motorrad in den Fluß. Wir . . . ich fand das sehr merkwürdig.«
»Sie haben zweimal ›wir‹ gesagt. Ist es ein Mädchen? In Deutschland ist es nicht verboten, eine Freundin zu haben.«
»Ja, ein amerikanisches Mädchen. Suzanne Templeton.«

»Wo ist sie jetzt?«
»Sie wartet in dem Volkswagen, den ich gemietet habe – draußen vor dem Gebäude. Sehen Sie, wir sahen dieses Plakat in Travemünde und überlegten, ob wir etwas unternehmen sollten. Dann fuhren wir hier vorbei und sahen das Schild mit der Aufschrift *Polizei*. Sue sagte, ich sollte hier halten.«
»Vernünftiges Mädchen. Wir sollten sie heraufholen. Es ist Ihnen doch recht? Vier Augen sind immer besser als zwei. Sie waren zusammen, als Sie Franck sahen?«
»Ja, das waren wir.« Smith zögerte. Ganz offensichtlich war es seine amerikanische Freundin, die ihn gedrängt hatte, über das, was sie gesehen hatten, Bericht zu erstatten. Kuhlmann rief bei der Eingangswache an und bat, das Mädchen herein zu lassen. Dann saß er da und rauchte seine Zigarre, bis eine Polizistin die Tür öffnete und ein hochgewachsenes, schlankes Mädchen in das Zimmer brachte. Kuhlmanns Augen verengten sich. Sie war blond.

Eine halbe Stunde später fuhr Kuhlmann mit seinem Wagen auf der nicht weit von der Trave entfernten Straße nach Travemünde. Sue Templeton, die neben ihm saß, war wesentlich freimütiger und selbstsicherer gewesen als Ted Smith. Ja, sie hatten zusammen im tiefen Gras am Ufer gelegen, als sie auf ihrer Seite des Flusses jemanden kommen hörten.
»Er hatte dieses Motorrad«, hatte sie im Vernehmungszimmer erklärt. »Ich richtete mich so weit auf, daß ich gerade über das Gras hinwegschauen konnte, und hoffte, daß er uns nicht sehen würde. Eine Suzuki, hat Ted gesagt. Er schaltete den Motor aus und schob sie die letzten paar Meter. Hinten war ein Koffer aufgeschnallt. Den nahm er ab, und dann stieß er die Maschine in den Fluß. Wir zogen uns schnell an ...«
»Sehen Sie, das kam uns merkwürdig vor«, mischte sich Ted ins Gespräch. Ihm schien nicht recht wohl bei der Sache, und Kuhlmann hatte das Gefühl, daß er so schnell wie möglich von der Episode im Gras hinwegkommen wollte. »Dann ging er auf dem Uferweg entlang ...«
Sue unterbrach ihn. »Er trug den Koffer bei sich. Das könnte wichtig sein – wegen dem, was später geschah.«
»Und was war das?« fragte Kuhlmann.
»Er wanderte ungefähr zwei Kilometer auf dem Fußweg. Wir folgten ihm in einigem Abstand – der Weg ist ziemlich gewunden, was es

einfacher machte, und das hohe Gras verdeckte uns, bis er dieses kleine Motorboot erreicht hatte und an Bord ging.«
»Sie haben nicht zufällig den Namen des Bootes festgestellt?«
»Es hieß *Moorburg*«, antwortete sie prompt.
»Bitte, beschreiben Sie ihn noch einmal.«
»Einsachtzig groß. Mindestens. Blond. Anfang Dreißig und kräftig gebaut. Ein zäher Typ...«
Daraufhin fragte Kuhlmann, ob sie mit ihm fahren und versuchen würden, die Stelle zu finden, an der er das Motorrad ins Wasser gestoßen hatte. Ted Smith hatte gezögert, aber Sue hatte erklärt, es wäre ihre Bürgerpflicht, wie sie sich ausdrückte.
Kuhlmann fuhr langsam, damit sie Gelegenheit hatten, den Pfad wiederzufinden, den sie entlanggegangen waren, um einen ungestörten Ort zu finden. Sue war sicher, daß sie ihn finden würde – sogar im Dunkeln. Hinter Kuhlmanns Wagen fuhr ein Polizeifahrzeug mit der Mannschaft, die er zusammentelefoniert hatte, bevor sie abfuhren.
Die junge Amerikanerin beugte sich auf ihrem Sitz vor und starrte auf die vom Licht der Scheinwerfer erhellte Straße. Sie war sehr attraktiv und verfügte über die Sicherheit und das Selbstvertrauen, das Kuhlmann schon bei vielen Mädchen aus den Vereinigten Staaten aufgefallen war.
»Langsam! Ja, hier war es. Dieser Weg!«
Kuhlmann riß das Steuer herum und kroch den Weg entlang. Im Scheinwerferlicht sah er die Spur, die das Motorrad im Schlackenbelag hinterlassen hatte. Ein Stück vor dem Flußufer brachte er den Wagen zum Stehen, holte eine Taschenlampe aus dem Handschuhfach und stieg aus. Als der zweite Wagen hinter seinem haltmachte, stand er gebückt da und untersuchte die Radspur. Für ein Fahrrad zu breit, aber für ein Motorrad genau richtig. Dann ging er ans Ufer, gefolgt von zwei Männern in Taucheranzügen.
»Also, Sue, den Spuren nach zu urteilen, scheint dies die Stelle zu sein. Was meinen Sie?« fragte Kuhlmann.
»Ja, das ist sie.«
Sie kehrten zum Wagen zurück und warteten. Kaum fünf Minuten später kamen die Taucher wieder zum Vorschein und zerrten eine Suzuki ins Scheinwerferlicht. Kuhlmann rief über Funk Verstärkung herbei, ließ einen Mann als Wache bei der Maschine zurück und folgte dann dem anderen Fahrzeug, das auf die Straße zurücksetzte.
»Wenn an der Stelle, an der die *Moorburg* festgemacht hatte, ein Anleger war«, bemerkte er, als sie in Richtung Travemünde weiterfuh-

ren, »muß es einen Weg geben, der zu ihm führt. Vielleicht finden wir ihn. Gibt es irgendetwas, woran Sie den Anleger wiedererkennen würden, an dem er den Koffer ins Wasser warf, bevor er in Richtung Travemünde ablegte?«

»Ja«, erwiderte sie ebenso prompt wie zuvor, »er war ziemlich alt. Die Seite, an der das Boot lag, war abgesackt – das Ende lag unter Wasser...«

Gott gebe mir mehr Zeugen wie dieses Mädchen, dachte Kuhlmann, während er weiterfuhr. Sue identifizierte den ersten Weg, in den sie einbogen, und den Anleger an seinem Ende. Kuhlmann wies einen der Taucher aus dem anderen Fahrzeug an, wieder ins Wasser zu steigen. Diesmal dauerte es etwa zehn Minuten, bis der Taucher mit einem Koffer in beiden Händen wieder zum Vorschein kam. Kuhlmann brach den durchweichten Koffer auf und starrte auf ein Stück Kette.

»Ende der Spur«, sagte er, erhob sich und wies einen der Männer an, den Koffer mitzunehmen.

»Nein«, sagte Sue. »Wir haben ihn später noch einmal gesehen...«

»Das war er nicht«, widersprach Ted.

»Und ich sage dir, er war es! Du hast nicht hingeschaut, als er aus dem Laden herauskam.«

»Aus welchem Laden?« fragte Kuhlmann.

»Nachdem das Boot abgelegt hatte, glaubten wir, wir hätten ihn aus den Augen verloren. Wir kehrten zur Straße zurück und fuhren per Anhalter nach Travemünde. Wir gingen die Uferpromenade entlang und suchten nach einem Lokal, in dem wir essen konnten, als ich ihn sah. Ich bin sicher, daß er es war«, wiederholte sie. »Ich studiere Jura – da lernt man, genau zu beobachten.«

»Bis jetzt konnte ich Ihre Beobachtungsgabe nur bewundern. Erzählen Sie weiter.«

»Er kam aus einem Laden heraus und setzte einen Strohhut auf. Bevor er das tat, sah ich sein blondes Haar. Einen von diesen breitkrempigen Hüten. Ted suchte nach einer Toilette, und währenddessen folgte ich dem Blonden. Er betrat einen anderen Laden ganz in der Nähe und kam mit einer Pfeife im Mund wieder heraus. Einer von diesen gebogenen. Es war derselbe Mann, da bin ich ganz sicher. Und er war jetzt anders gekleidet.«

»Wir wollen wieder einsteigen. Sonst bekommen Sie noch eine Gänsehaut...«

Der Nachthimmel über ihnen war klar und mit glitzernden Sternen übersät, aber die Wärme des Abends war verflogen, und ein kalter Hauch hatte sich über die Felder gelegt. Kuhlmann wartete, bis sie wieder in den Wagen eingestiegen waren und Sue neben ihm saß.

»Anders gekleidet, sagten Sie?«

»Als wir ihn zuerst sahen, als er die Maschine in den Fluß schob, hatte er einen dunkelblauen Anorak an und eine Hose von derselben Farbe, in Lederstiefel gestopft. Als er in Travemünde aus dem Laden kam, trug er ein hellgrünes T-Shirt, eine khakifarbene Hose, weiße Turnschuhe und einen großen Rucksack mit verchromtem Gestell. Er hatte sich in einen Tramper verwandelt.«

Kuhlmann kaute auf seiner unangezündeten Zigarre. Sue Templetons Beschreibung von Franck entsprach genau der von Ann Grayle, die auf dem Polizeirevier in Travemünde erschienen war und nach ihm gefragt hatte.

An Bord ihrer Schaluppe hatte sie ihm dann berichtet, daß sie während eines Spaziergangs fast mit Franck zusammengestoßen wäre. Das war fast drei Wochen her. Damals hatte sich Kuhlmann gefragt, ob Ann Grayle sich vielleicht geirrt hatte. Er warf über den Innenspiegel einen Blick auf Ted Smith.

»Bleiben Sie noch eine Weile im Mövenpick?«

»Solange das Geld reicht. Sue gefällt es in Lübeck.«

»Mach dir wegen dem Geld keine Sorgen«, warf Sue ein. »Ich habe tonnenweise Reiseschecks. Und wir haben hier so eine schöne Zeit. Ich genieße das.«

Die Bemerkung versetzte Kuhlmann einen Schlag. Sie erinnerte ihn an Diana Chadwick – genau das hätte sie auch sagen können. Wo mochte sie jetzt sein?

»Geld ist kein Problem«, fuhr Sue fort. »Mein Vater ist Senator.«

Das versetzte Kuhlmann einen zweiten Schlag. Er sah sie an, betrachtete ihr glänzendes blondes Haar. In gewisser Hinsicht wünschte er sich, sie würden Deutschland sofort verlassen. Dann warf er wieder einen Blick auf Ted.

»Ich muß Sie warnen – für den Fall, daß Sie den deutschen Text auf diesem Plakat nicht lesen konnten ...«

»Nein, das konnten wir nicht«, erklärte Sue.

»Dann muß ich Ihnen sagen, Mr. Smith, daß der Mann, den Sie sahen, möglicherweise ein Massenmörder ist, der es auf blonde Mädchen abgesehen hat. Drei sind bereits auf grauenhafte Weise ermordet worden. Weichen Sie nicht von Sues Seite – keine Minute.«

»Das tue ich, und ich kaufe eine Waffe.« Smith wirkte plötzlich älter und ernster.
»Eine Waffe?« erkundigte sich Kuhlmann.
»Einen schweren Spazierstock. Ich habe in den Läden welche gesehen . . .«
»Ein guter Gedanke. Und ich lade Sie beide zum Essen ins Maritim ein. Aber erst muß ich meinen Bericht durchgeben.«
Er griff nach dem Mikrofon, rief Lübeck-Süd und gab die neue Beschreibung von Kurt Franck durch. Die einzigen beiden Punkte, die Ann Grayle nicht erwähnt hatte, waren der Strohhut und die Pfeife. Er mußte kurz nach dem Zusammentreffen mit ihr in die Läden gegangen sein.
»Lübeck-Süd? Hier Kuhlmann. Kurt Franck. Neue Beschreibung . . . als Tramper ausstaffiert . . .«

Auf dem Heuboden der Scheune in der Nähe von Burg auf Fehmarn war er jetzt so weit, daß er sich wieder hervorwagte. Zum dritten Mal überprüfte Munzel sein Aussehen im Handspiegel. Ein blonder Schnurr- und Backenbart, blondes Haar, das ihm in den Nacken herabhing. Nicht wiederzuerkennen.
In ein hellgrünes T-Shirt, khakifarbene Hose und weiße Turnschuhe gekleidet, versteckte er den Spiegel zusammen mit dem Spirituskocher unter einem Haufen Stroh. Dann wuchtete er den Rucksack auf seine Schultern. Er war zentnerschwer, aber daran würde er sich schnell gewöhnen.
Er ließ den Blick über den Heuboden schweifen, suchte nach Anzeichen dafür, daß er ihn als Versteck benutzt hatte. Es gab keine. Er hatte sorgfältig aufgeräumt. Er bückte sich nach dem Strohhut und setzte ihn auf, dann holte er die gebogene Pfeife aus der Tasche und klemmte sie zwischen die Zähne.
Langsam stieg er die Leiter hinab, kam unten an, eilte mit schweren Schritten zur offenen Scheunentür und blickte vorsichtig hinaus. Nichts Lebendiges in Sicht. Er kehrte zur Leiter zurück – dem einzigen Hinweis darauf, daß es einen Heuboden gab – und zog sie herunter, bis er sie parallel zu dem mit Stroh bestreuten Scheunenboden hielt.
Seine Armmuskeln spürten das Gewicht, als er sie nach draußen und um die Scheune herumtrug. Ganz langsam senkte er sie in den unkrautüberwucherten Graben, der sich an der Rückseite zur Scheune entlangzog. Er verbrachte mehrere Minuten damit, das Unkraut wie-

der aufzurichten, bis die Leiter völlig unsichtbar war, dann schlug er den Pfad ein, der zur Landstraße führte.
Eine Stunde später hatte er mit dem Bus aus Burg den Bahnhof Puttgarden erreicht und saß auf dem Bahnsteig. Während er auf den Zug nach Lübeck wartete, zündete er Streichhölzer an und tat, als versuchte er, seine Pfeife in Brand zu setzen.
Franck war zuversichtlicher Stimmung. Mit seinem veränderten Aussehen würde er in Lübeck sicher sein. Er würde in dem Hotel gegenüber dem Hauptbahnhof absteigen – dem International, soweit er sich erinnerte. Von dort aus würde er Martin Vollmer in Altona anrufen, um zu erfahren, was es über Tweed Neues gab.
Zuversichtlich, weil die Suche der Polizei nach ihm der Vergangenheit angehören würde. Oder schlimmstenfalls eine Sache von untergeordneter Bedeutung war. In der Zeit, die er auf Fehmarn verbracht hatte, würden andere Verbrechen begangen worden sein. Die Polizei war wie die Presse. Kurt Franck war nicht mehr aktuell.

NEUNUNDZWANZIG

Newman lenkte den Tschaika den Schlackenweg hinauf, und dann beschrieben die Scheinwerfer einen weiten Kreis, als er in Richtung Osten auf die Straße einbog. Das Schleusenwärterhaus hinter ihnen lag im Dunkeln. Falken saß neben ihm, und Gerda hatte das schlechteste Los gezogen – sie hatte sich auf den Rücksitz gezwängt, und neben ihr lehnte das in eine Plane eingehüllte Bündel, das den Leichnam von Karl Schneider enthielt.
»Der See . . . «
Es war Gerda gewesen, die auf den Ort gekommen war, an dem sie ihren reglosen Passagier loswerden konnten. Sie war mit ihrem Vorschlag aus der Küche gekommen. Zuerst hatte Falken den Kopf geschüttelt.
»Das ist ein gewaltiger Umweg.«
»Aber du hast gesagt, wir wollten noch heute abend von hier weg«, beharrte sie. »Wir können die Nacht hindurch fahren, bis wir auf Radoms Hof angekommen sind. Dann sind wir am Morgen nicht mehr weit von Leipzig entfernt. Du kannst sie anrufen und ihr sagen, daß wir schon früher kommen . . . «
»Ich glaube, das könnte gehen . . . «
»Ich weiß, daß es geht. Hältst du mir nicht immer Vorträge darüber,

daß wir in unseren Plänen flexibel sein müssen, ständig bereit, sie von einer Minute auf die andere zu ändern, wenn die Umstände es erfordern?«

»Es ist gefährlich...« Falken hatte einen Blick auf das kettenumwickelte Bündel auf dem Fußboden geworfen. »Nachts sind immer Streifen unterwegs.«

»Möglicherweise ist es noch viel gefährlicher, hierzubleiben. Du hast gesagt, sie würden wahrscheinlich Leute ausschicken, die nach ihm suchen – die herausfinden sollen, warum er sich nicht gemeldet hat.«

»Also dann zum See...«

Die Sorgfalt, mit der sie sich bemüht hatten, alle Spuren ihrer Anwesenheit in dem Haus zu tilgen, hatte Newman beeindruckt. Gerda hatte einen Handfeger und eine Kehrschaufel dazu benutzt, alle Brotkrumen vom Fußboden aufzufegen, dann hatte sie die glimmenden Überreste des Feuers aus dem Kamin gefegt und alles in den Kanal gekippt.

Falken hatte alle Räume noch einmal genau inspiziert. Als sie über die Felder gingen, um den Tschaika zu holen, ließen sie sämtliche Fenster und die Tür offenstehen, damit die Wärme und der Geruch des Feuers abziehen konnten.

Nachdem sie den Wagen zurückgesetzt hatten, deckten sie den Traktor so wieder zu, wie sie ihn vorgefunden hatten. Als sie ins Haus zurückkehrten, war es drinnen kalt und geruchlos. Sie verriegelten die Fenster, verschlossen die Tür und legten den Schlüssel wieder unter die Steinplatte, wo Falken ihn gefunden hatte.

»Ich fahre«, hatte Newman gesagt. »Ihr habt beide Gott weiß wie lange keinen Schlaf gehabt.«

»Sie auch nicht, mein Freund«, bemerkte Falken.

»Keine Widerrede. Ich bin Emil Clasen – von der Grenztruppe. Wenn wir angehalten werden, habe ich größere Chancen als Sie.«

»Ich soll der Anführer dieser Gruppe sein, und dabei erklärt mir jeder, was ich zu tun habe«, sagte Falken gutmütig.

»Niemand kommandiert Sie herum«, sagte Newman, als er sich hinter das Steuer setzte. »Sie brauchen nur zu tun, was ich sage, dann gibt es keine Probleme.«

Von dem Augenblick an, in dem sie auf die Hauptstraße einbogen, hatte Newman das Gefühl, ein Gejagter zu sein. Es hatte Nerven gekostet, das Bündel in den Tschaika zu wuchten. Einen Moment lang hatte es den Anschein gehabt, als bewegte sich der Leichnam in seiner

Mumienhülle. Gerda war zusammengefahren. Newman hatte ihr erklärt, daß beim Hereinhieven in den Wagen nur die Ketten verrutscht waren.
Keiner von ihnen bemerkte Schneiders Lastwagen, der nach wie vor in der zum Heulagern bestimmten Senke stand. Newman achtete darauf, daß er unter der vorgeschriebenen Höchstgeschwindigkeit blieb. Plötzlich wurde ihm klar, daß er beide Hände um das Steuer gekrampft hatte. Schlechter Fahrstil. Er zwang sich dazu, sich zu entspannen, das Steuer lockerer zu umfassen.
Ein Streifenwagen der Polizei kam mit eingeschaltetem Blinklicht auf sie zu. Falken wies ihn darauf hin, und Newman fauchte ihn an: »Wer fährt diese verdammte Kiste, Sie oder ich? Entschuldigung«, setzte er einen Augenblick später hinzu. Als sie näherkamen, wurde der Streifenwagen langsamer.
Newman behielt seine Geschwindigkeit unverändert bei, und der Streifenwagen fuhr an ihnen vorüber. Im Rückspiegel sah er, wie er rasch wieder schneller wurde.
»Warum haben sie das getan?« fragte Newman.
»Ein Test. Hätten Sie die Geschwindigkeit verändert oder irgendwie nervös gewirkt, hätten sie uns möglicherweise angehalten. Die haben so ihre kleinen Tricks.«
»Mistbande.«
Nach diesem eindeutigen Kommentar sprach lange Zeit niemand ein Wort. Newman war sich der unterdrückten Spannung bewußt, die im Wagen herrschte – kein Wunder bei der Fracht, die sie mitführten. Sie waren alle drei nervös und gereizt. Dann kamen sie an eine Nebenstraße.
»Biegen Sie hier ab«, sagte Gerda. »Wir sind nahe beim See.«

Lysenko gähnte und zeigte dabei eine metallische Zahnfüllung. Er trat ans Fenster und blickte hinaus. Es war zwei Uhr nachts; die Leuchtstoffröhren der Straßenlaternen warfen ein gespenstisches Licht auf die menschenleeren Straßen. Er tastete nach den Stoppeln in seinem Gesicht, dann drehte er sich um und musterte den Deutschen.
Markus Wolf saß unbeweglich wie ein Buddha hinter seinem Schreibtisch und studierte eine Akte. Der Mann schien über unerschöpfliche Reserven zu verfügen. Er hörte nie auf zu arbeiten. Die Lampe mit dem grünen Schirm, den er tief heruntergezogen hatte, erhellte seine leidenschaftslosen Züge. Er schaute auf.

»Es ist Zeit, daß ich Streifen auf die Suche nach Schneider schicke. Er hätte sich schon vor Stunden melden müssen. Irgend etwas muß mit ihm passiert sein.«
»Was können Sie dabei tun?« fauchte Lysenko.
»Was ich bereits sagte. Bewaffnete Streifen aussenden. Ihnen eine Beschreibung des Lastwagens geben, den Schneider benutzt hat. Er kann sich nicht in Luft aufgelöst haben. Und wir wissen genau, welche Strecke Schneider abfahren sollte. Ich schicke mehrere Streifen los – alle in Funkverbindung miteinander. Sie sollen alle Wagen anhalten, die um diese Zeit noch unterwegs sind. Außerdem hängen überall in der DDR Plakate mit dem Bild von Newman ...«
»Wenn es Newman war. Sie sagten, Sie hätten Berichte von Ihren Leuten am Hamburger Flughafen erhalten. Nichts deutet darauf hin, daß der Mann, der unter seinem Namen reiste, zurückgekehrt ist. Er könnte in London sein.«
»Er könnte.« Wolfs Stimme klang nicht überzeugt. »Aber Tweed ist ein einfallsreicher Mann.«
Er griff nach dem Telefon und erteilte mit monotoner Stimme eine Flut von Befehlen.

Es war eine stille Nacht; kein Geräusch war zu hören, und die Luft war drückend. Der See hinter dem mannshohen Uferbewuchs aus Schilf und Binsen war nichts als eine große und leere schwarze Fläche, einem riesigen, geteerten Exerzierplatz vergleichbar.
Sie waren mit dem Tschaika so nahe wie möglich ans Ufer herangefahren. Jetzt hoben Newman und Falken den in die Plane eingehüllten Leichnam heraus. Er schien schwerer geworden, bereits aufgequollen zu sein. Gerda hielt hundert Meter hinter ihnen Wache, die Uzi in den Händen, den Kopf lauschend zur Seite geneigt.
»Scheißarbeit«, sagte Newman. »Ich nehme den Kopf, Sie die Füße.«
Das Bündel lag auf der harten Erde neben dem Wagen. Als sie es hochhoben, sackte es in der Mitte durch. Gerda hatte gesagt, an dieser Stelle sei der See schon am Ufer dreißig Meter tief.
Sie taumelten unter ihrer Last. Eines der Kettenglieder verrutschte und verursachte ein schnarrendes Geräusch. Sie fuhren erschrocken zusammen.
»Weiter«, keuchte Newman. Er wollte das Ding so schnell wie möglich loswerden, in den Wagen zurückkehren. Sie erreichten den Rand des schwarzen Wassers, und Falken stieß ein warnendes Wort aus. Unter ihren Füßen war glitschiger Schlamm. Sie blieben stehen,

senkten das Bündel auf die Erde und ruhten einen Moment aus. Sie mußten ihn so weit wie möglich hinauswerfen. Falken mißtraute Gerdas Behauptung, daß das Ufer an dieser Stelle steil abfiele.
»Können wir?« fragte Newman.
Auf ihrem Lauschposten runzelte Gerda die Stirn. Von der fernen Hauptstraße drang Motorengeräusch herüber. Ein Fahrzeug. Pause. Dann noch eins. Wieder Pause. Dann ein drittes. Eine ungewöhnliche Zeit für Verkehr. Die meisten Leute gingen früh zu Bett. Es gab nichts, was man in der DDR in den frühen Morgenstunden hätte unternehmen können.
Newman und Falken begannen, das Bündel vor und zurück schwingen zu lassen wie eine Schaukel, die immer höher geht. Ihre Augen hatten sich inzwischen an die Dunkelheit gewöhnt, und sie beobachteten sich gegenseitig. Newman nickte. Wenn sie es jetzt nicht taten, würden sie es fallen lassen. Sie ließen los.
Der tote Karl Schneider flog über den See, klatschte schwer aufs Wasser und blieb dann da, nur zur Hälfte versunken. Etwas kam aus dem Schilf geflogen, prallte gegen Falken, hätte ihn fast umgeworfen. Ein schnatterndes Geräusch. Newman erstarrte, aber Falkens Arme bewegten sich blitzschnell. Großer Gott, was war das?
Falken kam näher. Sein rechter Arm hielt den Hals einer großen Gans umschlungen, seine Finger umfaßten ihr Genick. Ein paar Schritte von Newman entfernt blieb er stehen. Sie hatte einen rosa Schnabel, rosa Schwimmhäute an den Füßen und schnatterte wie verrückt. Der Lärm reichte aus, die ganze Gegend aufzuwecken, dachte Newman. Falken gab seltsame Laute von sich, und Newman begriff, daß er mit dem Tier redete, es zu beruhigen versuchte.
»Eine Graugans«, erklärte ihm Falken. »Sehen Sie den Ring an ihrem Bein? Sie ist aus einem der Schutzgebiete entflogen.«
»Was zum Teufel ist hier los?« Gerda kam angerannt. »Was ist das?«
Falken wiederholte seine Erklärung.
»Wir behalten sie«, sagte er. »Wenn ich sie so halte, besteht keine Gefahr, daß sie unterwegs auf Sie einhackt«, versicherte er Newman.
»Warum nehmen wir sie mit?« fragte Gerda.
»Tarnung. Für den Fall, daß wir angehalten werden. Ich gehöre zur Vogelschutzbehörde. Außerdem möchte ich sie auf jeden Fall retten. Einer ihrer Flügel ist leicht verletzt. Sie braucht Pflege.«
»Und warum hängen wir dann noch hier herum?« fragte Gerda mit ungewohnt hoher Stimme.

»Deswegen«, erwiderte Newman und deutete auf den See.
Die Gans hatte sich beruhigt. Auf der Wasseroberfläche schwamm nach wie vor das Bündel, nur halb eingetaucht. Gerda starrte entsetzt darauf. Großer Gott, würde es etwa so liegenbleiben? Dasselbe dachten die beiden Männer. Alle drei standen sie da und starrten auf das schwimmende Bündel.
Plötzlich war es entsetzlich still. Die Gans auf Falkens Arm bewegte sich nicht. Dann drehte sich das Bündel auf die Seite, glitt langsam unter die Oberfläche. Ein leichtes Kräuseln – nicht mehr – markierte die Stelle, an der es in der Tiefe versunken war. Dann verschwand auch das Kräuseln, und das schwarze Wasser war wieder so glatt wie eine Öllache.
Gerda stieß erleichtert die Luft aus. »Und nun los. Schnell. Machen wir, daß wir hier wegkommen ...«

»Bald haben wir Radoms Hof erreicht«, rief ihnen Gerda vom Rücksitz aus zu. »Und mir fällt gerade ein – sie haben Gänse. Wird es da Probleme mit unserem Fahrgast geben?«
Newman saß wieder hinter dem Steuer, als sie auf der einsamen Straße durch die Nacht fuhren. Falken, auf dem Beifahrersitz, hielt die Gans mit festem Griff so, daß ihr Schnabel Newman abgewandt war. Sie schien sich bei ihm recht wohl zu fühlen und hatte kein einziges Mal geschnattert, seit sie wieder in den Wagen gestiegen waren.

Newman steuerte den Wagen um eine lange Kurve. Vor ihnen lag ein gerader Straßenabschnitt. Ungefähr einen halben Kilometer entfernt zuckten blaue Blinklichter auf. Er verringerte die Geschwindigkeit, starrte auf die Lichter. Drei Wagen standen, Kühler an Stoßstange, quer über die Straße aufgereiht.
»Schwierigkeiten«, sagte Newman, als sie sich den Blinklichtern näherten.
»Eine Straßensperre«, erklärte Falken. »Ich frage mich nur, nach wem sie suchen.«

Munzel war mit sich zufrieden. Er hatte sich eine gute Tarnung verschafft. Einfach indem er die Augen offenhielt, indem er die Gelegenheit ergriff, als sie sich ihm bot. Jetzt fühlte er sich sicher. In Lübeck. In Travemünde. Er dachte an die Polizei. Scheißkerle.

Nachdem er in Puttgarden in den Zug gestiegen war, war er langsam den Gang entlanggewandert und hatte nach einem leeren Abteil gesucht. Der Gedanke war ihm gekommen, als er eines passierte, in dem nur ein Mädchen saß. Ihrer Kleidung nach war sie Deutsche. Und brünett – nicht blond.

Als er hineinblickte, schaute sie auf. Sie hatte nicht nur aufgeschaut, sondern seinen Blick erwidert und die Augen dann langsam abgewandt. Eine Reisetasche auf der Ablage über ihrem hübschen Kopf. Er kehrte zurück, öffnete die Tür.

»Haben Sie etwas dagegen, wenn ich mich zu Ihnen setze?« hatte er überaus höflich und mit gewinnendem Lächeln gefragt.

»Durchaus nicht. Ich fahre nur bis Lübeck. Dann haben Sie das Abteil für sich allein.«

»Aber ich fahre auch nach Lübeck . . .«

Er hievte seinen Rucksack auf einen der Sitze am Gang und ließ sich ihr gegenüber nieder. Er legte es darauf an, amüsant zu sein, sie zum Lachen zu bringen. Er gefiel ihr, das spürte er.

»Ich bin Lehrling in einem Hotel in Hamburg«, erzählte sie ihm. »Ich komme gerade aus Kopenhagen. Es hat mir gut gefallen – aber die letzte Urlaubswoche will ich hier verbringen.«

Sie war zierlich und schlank, hatte eine gute Figur und reizvolle Beine und trug einen kurzen Rock und eine geblümte Bluse. Auf dem Sitz neben ihr lag ein roter Anorak.

Zehn Minuten bevor sie Lübeck erreichten, hatte er sie dazu überredet, sich ihm anzuschließen. Sie hatte Bedingungen gestellt. Ein eigenes Zimmer. Natürlich, hatte er zugestimmt. Sein Verstand arbeitete auf Hochtouren. Das stellte ihn bei der Anmeldung in einem Hotel vor ein Problem. Er wollte die bestmögliche Tarnung bei seiner Rückkehr nach Lübeck. Dann kam ihm eine Idee.

Nachdem sie am Hauptbahnhof ausgestiegen waren, bat er Lydia Fischer, auf seinen Rucksack aufzupassen, während er seine Eltern anrief. In der Bahnhofshalle war kein Polizist zu sehen. Er betrat eine Telefonzelle und wählte Martin Vollmers Nummer. Vollmer fragte sofort, wo er gewesen war. »Ich habe Urlaub gemacht«, fauchte Munzel. Das war das Codewort für Untertauchen. »Irgend etwas Neues über Tweed?« fuhrt er fort. »Ich bin wieder in Lübeck.« Vollmer hatte nein gesagt und Munzel angewiesen, ihn jeden Tag um zwölf Uhr anzurufen.

Munzel entschied sich für das nächstliegende Hotel, das dem Bahnhof gegenüberliegende International. In der Halle ließ er Lydia mit seinem Rucksack auf einem Stuhl zurück und ging zur Rezeption hinüber. Der Portier machte einen gelangweilten Eindruck.

Er trug sie als Herr und Frau Kramer ein, erklärte, er hätte eine leichte Grippe, mit der er seine Frau nicht anstecken wollte, und nahm zwei Zimmer – ein Doppelzimmer für sich, ein Einzelzimmer für seine Frau. Wenn er die Grippe überstanden hätte, würden sie nur noch das Doppelzimmer brauchen. Der Portier legte keinerlei Interesse für seine Erklärung an den Tag und griff nach zwei Schlüsseln.

Sie hatten im Hotel zu Abend gegessen. Es war nicht gerade billig, aber Munzels Brieftasche war prall gefüllt, überwiegend mit Hundertmarkscheinen. Keine Reiseschecks. Nach dem Essen hatte Lydia erklärt, sie wäre müde, und war gleich zu Bett gegangen. Munzel hatte sich in der Bar noch einen Drink genehmigt und war dann gleichfalls in sein Zimmer gegangen.

Nun lag er im Bett, aber er konnte nicht schlafen. Er fühlte sich aufgekratzt, empfand eine geradezu arrogante Genugtuung über seine eigene Tüchtigkeit. Vor drei Wochen hatte ein glattrasierter Kurt Franck – mit kurzgeschnittenem Haar – allein im Mövenpick gewohnt. Wer würde den bärtigen Mann mit den blonden Locken und der Tramper-Aufmachung mit Franck in Verbindung bringen, zumal aus ihm ein Ehemann geworden war? Herr und Frau Kramer, im International, nur ein paar hundert Meter vom Möwenpick entfernt? Ein hervorragender Bluff, beglückwünschte er sich selbst. Jetzt brauchte er nur noch jeden Mittag bei Vollmer anzurufen. Vollmer hatte ihm gesagt, es gäbe keinen Zweifel daran, daß Tweed wiederkäme.

Er streckte seine langen, kräftigen Beine unter der Steppdecke aus, dann setzte er sich auf, schwang die Füße aus dem Bett und löste die Scheide mit dem breiten Messer von seinem Bein. Das war es, was ihn wachgehalten hatte. Er schob das Messer unter sein Kopfkissen, streckte sich wieder aus und war fünf Minuten später eingeschlafen.

In ihrem gemeinsamen Zimmer im Mövenpick stand Sue Templeton nackt unter der Dusche und wusch ihr blondes Haar. Sie duschte täg-

lich und genoß das heiße Wasser, das auf ihre Haut prasselte. Es erregte sie.
»Ted!« rief sie. »Bring mir ein Handtuch. Ich habe es vergessen ...«
»Eines Tages wirst du noch deinen Kopf vergessen.« Er reichte ihr das Handtuch, spürte, wie sie seinen Unterarm packte, und hatte gerade noch Zeit, aus seinem Bademantel zu schlüpfen, bevor sie ihn zu sich hineinzog. »Alberne Gans«, sagte er. »Aber ich könnte Geschmack daran finden ...«
»Und wer wollte den Mörder nicht bei der Polizei anzeigen?« spottete sie.
»Ob er ein Mörder ist, steht noch nicht fest. Sie wollen ihn nur vernehmen. Aber ich wette, du würdest ihn nicht erkennen, wenn er dir noch einmal begegnen sollte.«
»Doch, das würde ich. Sogar wenn er sich einen falschen Schnurrbart angeklebt hätte.«
»Alberne Gans. Weshalb sollte er einen falschen Schnurrbart tragen?«
»Ich weiß nicht. Männer tun die komischsten Dinge. Genau wie du jetzt.«
»Geschieht dir ganz recht. Schließlich hast du mich hier hereingezerrt.«

»Vopos. Volkspolizei«, sagte Falken, als Newman den Wagen zum Stehen brachte.
Bis zum Hals zugeknöpfte Jacken, in Lederstiefeln steckende Breeches, Koppel mit Schulterriemen, von denen Schlagstöcke herabbaumelten, Holster mit automatischen Pistolen, stellte Newman fest. Ihm war kalt bis auf die Knochen – und daran war nicht die Nachtluft schuld. Ein fetter Polizist kam auf sie zu, sah die Gans, die Falken im Arm hielt, und starrte verblüfft drein.
Falken kurbelte das Fenster mit der linken Hand herunter. Der Polizist trat dicht heran und schaute in den Wagen. Falken lockerte seinen Griff um den Hals der Gans.
»Papiere!« fauchte der Polizist.
Er streckte eine dickliche Hand aus. Der Hals der Gans schoß aus dem Fenster, und sie hackte kräftig mit dem Schnabel. Der Polizist brachte seine Hand in Sicherheit und trat zwei Schritte zurück. Falken legte den Arm wieder um den Hals der Gans und zog ihn in den Wagen. Er lächelte.

»Nehmen Sie sie aus meiner linken Brusttasche«, forderte er den Polizisten auf. »Wie Sie sehen, kann ich es nicht riskieren, sie selbst herauszuholen.«
»Was zum Teufel hat das zu bedeuten? Wieso schleppen Sie mitten in der Nacht dieses Vieh herum?«
»Vogelschutzbehörde. Das ist eine seltene Graugans. Aus einem der Schutzgebiete entflogen. Sehen Sie den Ring an ihrem Bein? Der Minister war sehr betroffen, als er hörte, daß sie verschwunden war. Ich glaubte zu wissen, wo ich sie vielleicht finden konnte. Ich hatte Glück. Also bitte – meine linke Brusttasche ...«
Der Polizist ging um den Kühler des Wagens herum. Einige seiner Kollegen hinter seinem Rücken grinsten; einer kicherte laut. Der fette Polizist fuhr herum, warf ihnen einen wütenden Blick zu, zog sein Koppel hoch und knöpfte sein Holster auf. Er trat an Newmans Fenster.
»Papiere«, fauchte er wieder.
»Grenztruppe. Sonderabteilung. Und wir sind in Eile.« Er hielt den Ausweis im Wageninnern in der rechten Hand, und der Volkspolizist streckte vorsichtig die Linke aus. Der Hals der Gans peitschte wie eine Kobra an Newman vorbei, und der Schnabel hackte in die Hand des Polizisten. Er schrie auf, starrte auf die Hand und steckte sie in die rechte Achselhöhle. Sein aufgeschwemmtes Gesicht war rot vor Wut. Seine rechte Hand fuhr zum Holster, packte den Kolben der Pistole.
»Ich schieß den verdammten Vogel ab ...«
Falkens Wesen änderte sich schlagartig, während er den Arm wieder um den Hals der Gans legte. Seine Stimme klang befehlend, einschüchternd. »Wenn Sie das tun, können Sie Ihre Pension gleich abschreiben. Sie kann der Minister jederzeit ersetzen – aber bei einer Graugans sieht die Sache ganz anders aus. Ich sagte es bereits – diese Tiere sind sehr selten geworden. Und ich habe Sie gewarnt. Übrigens sollten Sie Ihre Hand versorgen lassen – sie könnte sonst eitern.«
»Außerdem«, ergriff Newman das Wort, »halten Sie mich auf.« Er warf einen Blick auf die Uhr. »Bereits seit fünf Minuten. Meinen Sie etwa, wir wären um diese Zeit unterwegs, wenn ich nicht einen dringenden Auftrag hätte? Wenn das noch länger dauert, notiere ich mir Ihren Namen und mache Meldung. Schließlich haben Sie meinen Ausweis gesehen, Sie hirnverbrannter Klotz!«
Die anderen Polizisten standen mit verschränkten Armen nahebei und grinsten. Der fette Vopo zögerte. Newman startete den Motor

und wartete mit unbewegtem Gesicht. Er schaute wieder auf die Uhr, starrte den Volkspolizisten an.
»Diese Leute haben mir geholfen«, raunzte er weiter. »Sie kennen die Gegend. Also habe ich ihnen geholfen. Was mich aufgehalten hat. Und wenn ich noch länger aufgehalten werde, verpasse ich das Treffen ...«
Der Polizist fluchte leise, hörte das Gelächter hinter sich, fuhr wütend herum. »Laßt sie durch. Ich will nichts mehr mit ihnen zu tun haben.«
Der Fahrer des mittleren Wagens fuhr zur Seite und verschaffte ihnen damit freie Bahn durch die Straßensperre. Newman brauste durch die Lücke und schaute dabei in den Rückspiegel. Einer der Männer kam auf den fetten Polizisten zu. Er trug etwas bei sich – vermutlich einen Erste-Hilfe-Kasten. Seine Hände auf dem Steuer waren schweißnaß, und er wischte erst die eine und dann die andere Hand an seiner Hose ab.
»Gott sei Dank«, sagte Gerda. »Ich zittere am ganzen Körper. Ein wahrer Segen, diese Gans.«
»Tarnung, wie ich bereits sagte«, erwiderte Falken. »Wie weit ist es noch bis zu Radoms Hof?«
»Ungefähr zehn Kilometer. Dann müssen wir rechts abbiegen. Ich sage rechtzeitig Bescheid.«
»Fahren Sie zu«, wies Falken Newman an. »Ohne Rücksicht auf die Geschwindigkeitsbegrenzung. Wir müssen es riskieren. Wenn sie es sich anders überlegen und uns verfolgen, sind wir von dieser Straße herunter. Bei Radom können wir ein paar Stunden schlafen. Und am Morgen geht's weiter nach Leipzig. Und da müssen wir vorsichtig sein.«
»Und was zum Teufel sind wir bis jetzt gewesen?« erwiderte Newman und gab Gas.

Die Straßensperre, die sie hinter sich gelassen hatten, war wieder geschlossen worden – die drei Wagen verbarrikadierten abermals die Straße. Einer der Männer hatte die verletzte Hand des fetten Polizisten desinfiziert und verbunden.
»So, Gustav, jetzt brauchst du keine Infektion mehr zu befürchten.«
»Danke«, knurrte Gustav. »Und nun wieder auf eure Posten.«
Gustav schäumte vor Wut. Seine linke Hand sah aus, als trüge er einen kleinen weißen Boxhandschuh. Und er wußte, daß er bei seinen

Leuten unbeliebt war, daß sie sich insgeheim über ihn lustig machten.

Er stand neben dem Funkwagen, überlegte, ob er den Zwischenfall melden sollte. Er hatte gar keine Lust dazu. Diese verdammte Gans! Er konnte sich gut vorstellen, wie seine Kollegen im Hauptquartier reagieren würden, wenn sie von seinem Mißgeschick erfuhren. Sie würden sich wochenlang halb totlachen.

Und außerdem hatte er die Schnauze voll. Wie seine Männer war er für diese blöde Streife aus dem Bett geholt worden. Sie waren ebenso wie er noch halb verschlafen, müde und lustlos. Die Geschichte mit der Gans hatte sie ein bißchen aufgemuntert. Vor Dienstschluß mußte er sie noch auffordern, den Mund zu halten – andernfalls könnten sie sich auf reichlich Nachtdienst gefaßt machen. Er entfernte sich vom Funkwagen. Nein, er würde keine Meldung durchgeben.

»Gustav, da kommt wieder ein Wagen«, rief der Mann, der seine Hand verbunden hatte.

Aus der gleichen Richtung wie das Gänseauto. Gustav steckte die rechte Hand in die Tasche, und seine Finger schlossen sich um ein Bündel Falschgeld, das er einem Ladenbesitzer abgenommen hatte. Er beobachtete, wie die Scheinwerfer näherkamen und der Wagen die Fahrt verlangsamte. Wenn es nicht jemand Wichtiges war, würde er ihm das Falschgeld zustecken, es »finden« und den Fahrer verhaften. *Das* würde er dann melden – und seine Leute würden nicht mehr an die Geschichte mit dem Gänseauto denken. Er ließ die Geldscheine los, zog die Hand aus der Tasche und rückte seine Mütze zurecht. Gustav, Angehöriger der Volkspolizei, Beschützer des Proletariats, wußte seine Interessen zu wahren.

Der Tschaika hielt auf einer Nebenstraße. Newman und Falken warteten im Wagen, während Gerda zum Hof wanderte, um Radom wissen zu lassen, daß sie da waren. Sie näherte sich dem schweren, fünffach verriegelten Tor.

Im Osten begann es zu dämmern, Strahlen der noch unsichtbaren Sonne erschienen am Himmel. Trotz ihres leichten Schrittes setzte das Geschnatter ein, noch bevor sie das Tor erreicht hatte. Immer mehr Geschnatter, ein wahrer Gänsechor zerriß die Stille. Sie blieb vor dem Tor stehen. Eine gebückte, breitschultrige Gestalt mit einem Gewehr tauchte dahinter auf.

»Ulrich«, rief sie, »hier ist Gerda. Bist du das?«

»Wer sonst?« erwiderte Radom mit tiefer Stimme. »Komm rein. Die Gänse sind eingesperrt.«
»Falken wartet draußen auf der Straße. Mit einem Freund. Einem Freund, der keinen Namen hat. Wir haben einen Wagen, einen Tschaika.«
»Lausige Russenkiste. Bringt sie rein. Fahrt den Wagen auf den Hof dicht beim Haus. Hildegard ist auf. Braucht ihr etwas zu essen?«
»Ich denke schon. Ich hole sie ...«
Das Tor stand offen, als Newman mit dem Wagen darauf zufuhr. Eine gebückte, im Dunkeln nur undeutlich zu erkennende Gestalt schloß es wieder, sobald er auf den Hof gefahren war. Gerda dirigierte ihn zu einem alten, eingeschossigen Bauernhaus mit einem Dach, das wie eine Skischanze abfiel. Radom trat an den Wagen und redete so schnell auf Gerda ein, daß Newman kein Wort verstand.
»Folgen Sie ihm. Sie müssen hinten herum fahren.«
Newman fuhr langsam hinter der gebeugten Gestalt her, die mit erstaunlichem Tempo ausschritt. Er passierte einen uralten, riesigen Traktor mit hohem Sitz. Radom geleitete ihn zur Rückseite des langgestreckten Hauses, auf einen Weg, der durch ein Feld führte, und in eine von Bäumen umstandene Senke.
»Hier lassen wir ihn«, flüsterte Gerda.
Es war die Dunkelheit, die sie veranlaßte, so leise zu sprechen. Das Geschnatter der Gänse hörte in dem Augenblick auf, in dem er den Motor abschaltete. Die Graugans auf Falkens Arm war wach und auf der Hut, ihr rosa Schnabel ruckte von einer Seite zur anderen.
»Sie spürt die anderen Gänse«, sagte Falken beim Aussteigen. »Wir schlafen hier bis zum späten Vormittag«, erklärte er Newman. »Wenn wir nach Leipzig kommen, müssen wir so frisch und wach wie möglich sein.«
Unter dem niedrigen Dach des Bauernhauses brannte helles Licht. Newman blinzelte. Zu seinem Erstaunen bemerkte er, daß Radom mindestens achtzig Jahre alt sein mußte, ein kraftvoll gebauter Mann mit grauem Bart und scharfen Augen. Eine etwas jüngere Frau in einer Kittelschürze mit dichtem grauem Haar und einer Habichtsnase stand an einem altmodischen Herd und kochte etwas, das nach Käse roch. Gerda stellte sie als Hildegard vor; Radom verschwand auf dem Hof. Ein paar Minuten später hörten sie ein lautes Gedröhn.
»Was zum Teufel ist das?« fragte Newman, nachdem sich Falken mit der Graugans in einem Korbsessel niedergelassen hatte.
»Radom hat den Traktor angelassen. Er fährt damit über alle Radspu-

ren, die der Tschaika vielleicht hinterlassen hat. Sie werden verschwinden. Für den Fall, daß die Vopos hier nach uns suchen sollten. Dieser widerlich fette Kerl hat vielleicht Meldung gemacht. Er hatte einen Funkwagen.«

Der rechteckige Raum war sehr lang, und in der Mitte stand ein großer Holztisch, an dem leicht zwanzig Personen Platz gefunden hätten, ein Tisch mit makellos sauber gescheuerter Platte. Sie saßen nebeneinander vor einem offenen Kamin, in dem Birkenscheite knisterten. Hildegard kochte ihr Käsegericht am anderen Ende des Raums, außer Hörweite.

»Das gefällt mir nicht«, erklärte Newman Falken entschlossen. »Das gefällt mir ganz und gar nicht.«

»Was gefällt Ihnen nicht, mein Freund?«

»Daß wir hier bleiben, und sei es auch nur kurze Zeit – das Leben dieser alten Leute in Gefahr bringen. Das dürfen wir nicht. Wir müssen weiter. Sofort!«

»Wir haben viele Stunden lang keinen Schlaf gehabt, nichts zu essen und zu trinken. Das müssen wir haben«, fauchte Falken. »Schlafen, nachdem wir gegessen und getrunken haben . . .«

»Ihnen ist das wohl völlig egal? Wenn sie jünger wären, lägen die Dinge anders. Jemand muß die Untergrundarbeit tun, das ist mir klar. Aber«, fuhr Newman empört fort, »ich weigere mich, diese alten Leute in Gefahr zu bringen. Ich will von hier fort. Und zwar auf der Stelle!«

»Sie verstehen überhaupt nichts . . .«

»Erklären Sie es mir – wenn Sie können.«

»Wir sind alle drei erschöpft . . .«

»Bleiben Sie beim Thema«, raunzte Newman, ohne die Stimme zu erheben.

»Von allen Leuten, mit denen ich zusammenarbeite, ist Ulrich Radom der verläßlichste, der geschickteste. Das merken Sie schon daran, wie er jetzt mit dem Traktor arbeitet . . .«

»Zugegeben, er ist sehr vorsichtig. Gut für ihn. Aber *Sie* müssen auch vorsichtig sein. Lassen Sie uns von hier verschwinden . . .«

»Wenn Sie einen Augenblick den Mund halten, damit ich mit meiner Erklärung fertig werde, sehen Sie die Sache vielleicht anders . . .«

»Dann liefern Sie Ihre Erklärung. Und zwar schnell.«

Falkens Lippen preßten sich zusammen, in seinen Augen funkelte Wut. Er öffnete den Mund, um zu einer heftigen Erwiderung anzusetzen, als sich Gerda vorbeugte und eine Hand auf sein Knie legte.

»Emil«, sagte sie ruhig, »hat ein Recht auf diese Erklärung. Beruhige dich. Gib sie ihm.«
»Und noch etwas«, warf Newman dazwischen. »Angenommen, die Vopos tauchen hier auf. Dann können wir nicht weg.«
»Doch, das können wir«, widersprach Falken. »Was meinen Sie, warum wir den Wagen da hinten in der Senke geparkt haben? Weil es noch eine zweite Möglichkeit gibt, vom Hof zu verschwinden – über einen tiefliegenden Feldweg, der zu einer anderen Nebenstraße führt. Von ihr aus gelangen wir wieder auf die Hauptstraße.«
»Und Sie glauben, die Vopos würden nicht hören, wie wir mit dem Tschaika davonfahren?«
Zum erstenmal, seit sie sich kennengelernt hatten, zweifelte Newman an Falkens Fähigkeiten. Der Deutsche war am Ende seiner Erfindungsgabe angelangt. Er verlor seinen Sinn für das Machbare.
»Die Vopos werden den Tschaika nicht hören«, sagte Falken. »Warum, werden Sie erleben, wenn sie kommen – und ich hoffe, daß es nicht der Fall sein wird. Und wenn wir schlafen, dann in unseren Kleidern und Schuhen, damit wir notfalls schnell verschwinden können.«
»Wunderbar! Großartig!« Newmans Stimme triefte vor Sarkasmus. »Und was hindert die Vopos, hereinzustürmen, bevor wir Zeit haben, den Tschaika zu erreichen? Können Sie mir das verraten?«
»Die Gänse«, sagte Falken.
»Es könnte auch jemand anderes kommen. Keine Vopos. Vielleicht einer seiner Nachbarn.«
»Er hat keine. Keine Nachbarn. Keine Freunde. Er hat es ganz bewußt darauf angelegt, als Mann zu gelten, der jedermann haßt und mißtraut. Wenn Leute ihn besuchen wollten, empfing er sie mit einem Gewehr. Daraufhin ließen sie es schnell bleiben. Wenn die Gänse schnattern, dann kommen die Vopos. Und sie hören sie schon von weitem kommen, so daß wir Zeit haben, uns aus dem Staub zu machen. So, und wie wäre es, wenn Sie Ihren Mund jetzt dazu benutzen würden, die vorzügliche Mahlzeit zu verzehren, die Hildegard aufgetischt hat?«
Newman ließ sich am Tisch nieder, immer noch nicht restlos überzeugt. Radom hatte seine Arbeit mit dem Traktor beendet und sich zu ihnen gesetzt. Seine Frau schaute von einem Korbsessel aus zu; ihre Hände ruhten gelassen in ihrem Schoß.
»Käsesuppe«, sagte Gerda.
»Schmeckt herrlich«, erwiderte Newman und löffelte die heiße Flüs-

sigkeit in sich hinein. Sein Magen reagierte auf die Wärme, die Anspannung ließ allmählich nach. Gerda beobachtete ihn.
»Probieren Sie mal, was in Ihrem Glas ist«, schlug sie mit mutwilligem Lächeln vor.
»Was ist es?«
»Probieren Sie.«
Er hob sein Glas, tat einen großen Schluck und rang dann halb erstickt nach Atem. Er hatte das Gefühl, als stünden sein Mund, seine Kehle, sein Magen in Flammen. Gerda goß ihm Wasser ein. Er trank hastig und setzte dann das zweite Glas ab.
»Was ist das für ein Teufelszeug?«
Sie kicherte. Er tat, als wollte er ihr einen Rippenstoß versetzen. Sie kicherte abermals. Er trank ganz vorsichtig einen weiteren Schluck. Es war vorzüglich, und er spürte, wie es ihm half, sich noch mehr zu entspannen, sobald es in seinem Magen angekommen war.
»Schierker Feuerstein«, sagte sie. »Eine Spezialität aus dem Harz. Wie die Käsesuppe. Die Radoms stammen aus dem Harz. Ist das Zeug gut? Ja oder nein?«
»Feuerstein ist das richtige Wort dafür.«
»Nach dieser Mahlzeit werden Sie sich wie neugeboren fühlen. Und sich wünschen, Sie hätten ein williges Mädchen ...«
»Gerda!« Falken runzelte die Stirn und deutete mit den Augen auf Hildegard.
»Es ist gut, daß wir jetzt alle wieder umgänglicher geworden sind«, bemerkte Gerda. »Emil wird schlafen wie ein Murmeltier – sofern er es schafft, sein Glas leerzutrinken.«
»Ich schlafe jetzt schon beinahe ein«, sagte Newman und schob den Teller von sich. »Nein, danke«, sagte er zu Hildegard. »Mehr schaffe ich beim besten Willen nicht. Die Suppe war wunderbar.«
Sie war an den Tisch geeilt, um die Teller wieder zu füllen; jetzt steckte sie die Kelle in die Terrine und legte den Deckel darauf. Vor dem Essen hatte Radom Falken die Graugans abgenommen und hinausgetragen.
»Er steckt sie in einen eigenen Verschlag, von seinen Gänsen getrennt«, hatte Falken erklärt. »Ich hole sie irgendwann ab. Nie zweimal dieselbe Taktik anwenden. Es ist möglich, daß der fette Vopo gemeldet hat, es wäre eine Gans im Wagen gewesen. So, und jetzt ins Bett. Morgen vormittag müssen wir wieder weiter.«

Newman teilte ein kleines Zimmer mit zwei Einzelbetten mit Falken. Zuerst rasierten sie sich, damit sie anständig aussahen. »Später haben wir vielleicht keine Zeit dazu«, erklärte Falken. »Und ziehen Sie nichts aus, nicht einmal die Schuhe.«

Newman lag in dem dunklen, nach Westen gehenden Zimmer unter der Steppdecke und lauschte den gleichmäßigen Atemzügen Falkens in dem anderen Bett. Newman wälzte sich ruhelos herum; er fühlte sich unbehaglich in seinen Kleidern und Schuhen. Er hätte Gott weiß was für ein Bad gegeben. Nur in seinem Magen herrschte ein wohliges Gefühl – die Riesenportion Suppe, die er verzehrt hatte, hatte die Kälte aus seinen Knochen vertrieben.

Er versank in einen unruhigen Schlummer, empfand jetzt den ganzen Druck des Gefühls, ein Gejagter zu sein, ein Mann, tief im Innern der DDR und wer weiß wie weit von der Grenze zum Westen entfernt. Bilder fluteten in seinen Kopf.

Das Durchqueren des Minenfeldes ... die Begegnung mit dem aus der entgegengesetzten Richtung kommenden ostdeutschen Agenten ... der Nebel, der nach dem Zusammentreffen mit Falken durch den dunklen Wald driftete ... gleißende Scheinwerfer ... die erste Begegnung mit Schneider ... das feuchte Schleusenwärterhaus ... der lähmende Anblick, als Schneider hinter Gerda auftauchte und die Walther auf sie richtete ... die Schüsse auf den Deutschen ... die Leiche, die sich hartnäckig weigerte, in dem dunklen, stillen See zu versinken ... das Schnattern von Gänsen.

»Aufstehen, Emil! Schnell! Die Vopos kommen.«

Falken rüttelte grob an seiner Schulter. Newman blinzelte. Das Schnattern der Gänse war Wirklichkeit. Helles Tageslicht flutete zum Fenster herein. Wir stecken in der Falle, war seine erste Reaktion ...

Drei Stunden früher war zu Wolfs Überraschung Lysenko in seinem Büro erschienen. Frisch rasiert, die Augen unter den buschigen Brauen hellwach, der Schritt elastisch, als er seinen Mantel auf einen Stuhl legte. Er starrte auf das an einer Wand stehende Feldbett mit den säuberlich gefalteten Decken.

»Was hat das zu bedeuten?« fragte er.

»Ich habe mich eine Weile hingelegt. Wenn Not am Mann ist, schlafe ich im Büro.« Auf Wolfs Gesicht erschien die Andeutung eines Lächelns. »Seltsamerweise tut das auch Tweed in London in Krisenzeiten. Ich kenne die Gewohnheiten dieses Mannes so gut wie meine eigenen.«

»Irgend etwas Neues? Ich sehe, Sie haben eine Karte aufgehängt.«
»Ja. Kommen Sie, werfen Sie einen Blick darauf...«
Es war eine Karte, die in großem Maßstab ganz Ost- und Westdeutschland zeigte. Darin steckten Nadeln mit roten Plastikköpfen, und ein bestimmtes Gebiet war rot eingekreist.
»Wozu die Nadeln?« fragte Lysenko interessiert und kratzte sich dabei am Kinn.
»Sie kennzeichnen die Stellen, von denen Zwischenfälle gemeldet wurden, seit die Verräter in dem Wachtturm den Strom kurzgeschlossen haben. Diese Nadel ist der Wachtturm, dies die Stelle, an der Schneider zwei Männer auf Fahrrädern stoppte. Hier hat eine Streife Schneiders Lastwagen in einer Senke neben der Straße gefunden.«
»Wann haben Sie das erfahren?«
»Die Meldung kam vor gut zwei Stunden. Ein Muster zeichnet sich ab, eine Route...«
»Und der rote Kreis?«
»Das Gebiet, das ich von frischen Leuten absuchen lasse – jede Hütte, jedes Bauernhaus, freistehende Scheunen. Alles, wo die Flüchtigen die Nacht verbringen könnten. Ich habe nicht lange im Bett gelegen«, fuhr er fort. »Auch von Munzel ist eine Meldung eingegangen. Er ist wieder aufgetaucht. In Lübeck. Er wartet darauf, daß Tweed zurückkommt.«
»Sie sind offenbar sicher, daß er zurückkommen wird...«
»Ich kenne Tweed. Er gibt niemals auf. Sobald er sich auf den Weg gemacht hat, erfahren wir es. Von Balkan am Park Crescent.«
»Und die Route, die die Flüchtigen Ihrer Meinung nach verfolgen? Wohin führt sie?«
»Hierher. Nach Leipzig. Da bin ich ganz sicher. Sehen Sie sich die Nadeln an. Sie müssen Schneider erledigt haben – sonst hätte er sich schon längst gemeldet. Das ist der eindeutigste Beweis, den wir haben. Und ich habe Leipzig mit Streifen vollgepackt, viele davon in Zivil. Wir werden diese Leute vor unserer eigenen Schwelle abfangen!«

Das Schnattern der Gänse war ein ohrenbetäubender Chor, der nicht aufhörte. Newman folgte Falken ins Wohnzimmer, während Hildegard an ihnen vorbei ins Schlafzimmer eilte. »Sie macht unsere Betten«, sagte Falken.
Newman schaute sich in dem großen Wohnzimmer nach Hinweisen auf ihren Besuch um. Auf der metallenen Arbeitsplatte neben dem

altmodischen Steingutausguß standen zwei schmutzige Suppenteller und zwei Gläser. *Zwei*, nicht drei. Anscheinend das Geschirr vom Frühstück der Radoms. Hildegard hatte Gerdas Teller und Glas abgewaschen. Auch die drei Gläser, aus denen sie den Schierker Feuerstein getrunken hatten, waren verschwunden.

»Schnell«, rief Falken, als Gerda erschien. »Hinten raus ...«

Sie folgten Falken, der sie durch eine Pforte am hinteren Ende des Hofes führte. Dann liefen sie den Weg entlang, den Newman mit dem Tschaika befahren hatte. Gerda war dicht hinter ihnen, die in ihren Anorak eingehüllte Uzi unter dem Arm.

Der Himmel war wolkenlos, die Sonne schien hell, die Augusthitze staute sich auf. Newman stellte fest, daß er schwitzte, aber er wußte nicht, ob von der Anstrengung des Laufens oder vor Angst. Sie erreichten den Tschaika in der Senke, und Falken setzte sich hinters Steuer, Gerda glitt auf den Rücksitz, und Newman ließ sich neben Falken nieder, der keinerlei Anstalten machte, den Motor zu starten. Das Geschnatter der Gänse klang immer empörter.

»Worauf zum Teufel warten Sie noch?« fragte Newman.

»Auf Radoms Ablenkungsmanöver.«

»Was hat er vor?«

»Das werden Sie gleich hören ...«

Er hatte kaum ausgesprochen, als von der entgegengesetzten Seite des Bauernhauses ein Dröhnen ertönte, das explosive Geknatter eines Auspuffs, das Röhren eines Motors, das sich anhörte, als wäre er nahe daran, auseinanderzufallen. Falken lächelte, startete seinen eigenen Motor und fuhr die sanfte Steigung der Senke hinauf und an der anderen Seite wieder hinunter in einen tiefliegenden Feldweg.

Auf dem Hof vor dem Haus hockte Radom auf dem hohen Sitz seines Monstrums von einem Traktor, wechselte die Gänge und ließ den Motor aufheulen, als drei Wagen erschienen. Der erste preschte durch das geschlossene Tor und schleuderte es auf den Hof, gefolgt von den anderen beiden. Die Fahrzeuge stoppten, Türen wurden aufgerissen, Volkspolizisten sprangen auf den Hof, ein paar eilten auf eine alte Scheune zu, andere liefen ins Haus.

Der Anführer der Streife kam auf den Traktor zu, rief etwas zu Radom hinauf, der mit einer Hand Hilflosigkeit andeutete. Das Motorengedröhn wurde noch lauter, als er den Gang wechselte. Der Traktor ruckte rückwärts. Der Polizist schwenkte die Hand, deutete hinter den Traktor, der sich im Rückwärtsgang sehr schnell einem der geparkten Wagen näherte. Radom betätigte weitere Hebel, und der Traktor kam

mit einem gewaltigen Ruck nur Zentimeter von dem Wagen entfernt zum Stehen, dann schoß er vorwärts. Der Mann fluchte und brachte sich mit einem Sprung in Sicherheit.
»Kaputt! Funktioniert nicht. Kann nicht anhalten«, rief Radom dem Polizisten zu.
Dieser bewegte sich zum hinteren Ende des Traktors, suchte nach einer Möglichkeit, hinaufzusteigen. Der Auspuff spie ihm eine Ladung Abgase ins Gesicht. Er wich zurück, würgend und mit tränenden Augen, und tastete nach seinem Taschentuch, während der Traktor einen Kreis zu beschreiben begann und Radom wieder seine Hebel betätigte. Das entsetzliche Dröhnen und Knattern übertönte sogar das Schnattern der Gänse.
Falken hatte den Tschaika bis fast ans Ende des tiefliegenden Feldweges gefahren. Er bog nach rechts auf die einsame Nebenstraße ab, die sie zur Hauptstraße zurückbrachte. Dort beschleunigte er und ging nur in den Kurven mit der Geschwindigkeit herunter.
»Verstehen Sie jetzt«, sagte er zu Newman, »warum ich behauptet habe, daß Radom einer meiner verläßlichsten Verbündeten ist? Bei dem Lärm, den er veranstaltet, können die Vopos unmöglich das Abfahren unseres Wagens gehört haben. Und ich kann Ihnen noch etwas erzählen. Radom und seine Frau werden dafür sorgen, daß die Vopos nichts zu lachen haben. Sie werden froh sein, wieder verschwinden zu können.«
»Wie das? Abgesehen von dem ohrenbetäubenden Lärm?«
»Sie werden wahrscheinlich sehr durstig sein – es ist ein heißer Tag. Sie bekommen nichts zu trinken. Dafür sorgt Hildegard.«
»Nochmals – wie das?«
»Sobald sie die drei Betten gemacht hat – wozu sie nur ein paar Minuten braucht –, dreht sie den Hauptwasserhahn zu. Und der ist sehr schwer zu finden. Sie wird ihnen erzählen, an der Wasserleitung wäre etwas nicht in Ordnung. Keine Milch. Die Kühe sind noch nicht gemolken worden – und was da war, haben sie zum Frühstück getrunken. Kein Schierker Feuerstein. Der steckt in einem unauffindbaren Schrank. Überhaupt nichts ...«
»Aber etwas für uns«, sagte Gerda. »Gott segne die gute alte Seele.«
»Was denn?« fragte Newman über die Schulter hinweg.
»Ein Korb mit einem Tuch darüber. Schwarzbrot, Konserven und Obst. Eine Thermosflasche mit Kaffee. Sie muß den Korb schon gepackt und hergebracht haben, während wir noch schliefen. Damit

kommen wir wieder einen Tag weiter, ohne irgendwo einkaufen zu müssen. Da ist sogar eine große Flasche Mineralwasser und Pappbecher.«
»Ein beachtliches Paar«, sagte Newman. »Aber ich mache mir trotzdem Sorgen. Wenn sie die Vopos zu sehr ärgern, könnten sie grob werden, alles kurz und klein schlagen.«
»Dann würden sie eine böse Überraschung erleben«, bemerkte Falken. »Radom wird nichts davon verlauten lassen, aber er hat einen Draht zu einer hochgestellten Persönlichkeit. Sein Hof sollte schon vor langer Zeit in einem Kollektiv aufgehen. Sein Beschützer hat das verhindert.«
»Und wer ist dieser Wohltäter?«
»Ein Mann namens Markus Wolf.« Falken kicherte. »Wolf hat eine schwache Stelle – seinen Bauch. Er liebt gutes Essen vom Lande – frische Eier, Butter, Geflügel. Radom beliefert ihn. Diese Vopos brauchen nur einen falschen Schritt zu tun, dann landen sie in einer Arbeitskompanie.«
»Halten Sie an«, sagte Newman plötzlich. »Ist das nicht die Hauptstraße?«
»Ja.« Falken hatte den Wagen zum Stehen gebracht. »Warum?«
»Weil ich das Steuer jetzt wieder übernehme. Ich bin Grenzer. Und Sie riskieren beide Ihren Hals für mich. Aber bevor wir die Plätze tauschen, muß ich wissen, was mich erwartet. Diese Zeugin – wer ist das?«
»Wir sind jetzt so nahe, daß ich es Ihnen sagen kann. Sie hat als Stationsschwester in dem Institut für Tropenkrankheiten gearbeitet, in dem Dr. Berlin vor mehr als zwanzig Jahren nach seiner Rückkehr aus Afrika behandelt wurde – weil er angeblich unter einer seltenen Tropenkrankheit litt.«
»Weiter.«
»Karen Piper – das ist ihr Name – arbeitete in der Privatstation, in der Dr. Berlin lag. Später wurde sie Oberschwester. Was sie Ihnen zu erzählen hat, dürfte Ihnen einen schweren Schlag versetzen. So, und jetzt tauschen wir die Plätze, wenn Sie darauf bestehen.«
Sie waren auf die breite Hauptstraße eingebogen, als Falken seine Bemerkung machte. »Ich habe so das Gefühl, als würden wir in Leipzig Glück haben.«
»Und warum«, fragte Gerda, »sagt mir meine weibliche Intuition dann, daß wir auf eine schlimme Gefahr zusteuern?«

Es gab keine Möglichkeit, sich Hawkswood Farm ungesehen zu nähern, den Cortina in einiger Entfernung zu parken und die letzten paar hundert Meter zu Fuß zu gehen, wie sie es bei Mastersons Cottage getan hatten. Das Farmhaus war von der für die Gegend um The Wash typischen flachen Landschaft umgeben.
»Wo ist die See?« fragte Diana, als Tweed den Wagen vor dem Staketentor zum Stehen brachte.
»Dort drüben, hinter dem Deich.«
Es war zehn Uhr morgens, und der große Wall flimmerte in der Hitze. Die Sonne stand hoch an einer wolkenlosen blauen Himmelskuppel. Der Tag würde wieder sehr heiß werden, aber die Luft war frisch und trug von der unsichtbaren Bucht einen leichten Salzgeruch herüber. Der Schornstein und die Aufbauten eines kleinen Frachters schienen auf dem Kamm des Deiches entlangzugleiten.
»Der fährt nach King's Lynn«, sagte Tweed, als er die Wagentür öffnete und ausstieg. Im gleichen Augenblick tauchte Hugh Grey an der Seite des Hauses auf, gefolgt von einem Labradorhund mit hechelnder Zunge. Er trug ein makelloses kariertes Sportjackett, eine taubenblaue Hose, ein gestreiftes Hemd und eine zur Hose passende einfarbig taubenblaue Krawatte und sah aus, als wäre er in Hochform.
»Willkommen am Ende der Welt«, rief er Tweed zu; Diana wurde interessiert betrachtet.
Tweed war noch dabei, sie miteinander bekannt zu machen, als Paula die Haustür öffnete und wie erstarrt stehenblieb. Grey ergriff Dianas Arm, als könnte sie stolpern, und Tweed sah, wie sich Paulas Mund zusammenpreßte. Sie reichte Diana mit ausdruckslosem Gesicht die Hand und ging ihnen ins Haus voran. O Gott, dachte Tweed, sie ist schon jetzt gegen sie eingenommen. Grey gab sich nicht die geringste Mühe zu verheimlichen, daß seine Gefühle genau gegensätzlicher Natur waren.
»Ich wollte gerade einen Spaziergang mit Charles machen«, verkündete er; sein rosa Gesicht erinnerte an das eines Cherubs. »Wie wär's mit etwas frischer Luft, Diana? Wir können Kaffee trinken, wenn wir zurück sind ...«
»Ja, gern.« Diana klemmte ihre Handtasche unter den Arm und lächelte.
»Wir erwarten euch in ein paar Stunden«, bemerkte Paula mit immer noch ausdruckslosem Gesicht.

»Oh, so lange bleiben wir nicht fort, Darling. Charles soll sich nur ein bißchen auslaufen.«
Er konnte gar nicht anders heißen als Charles, dachte Tweed, als er sich in demselben Sessel niederließ, in dem er auch bei seinem letzten Besuch gesessen hatte. Der Name gehörte irgendwie zu jedem Hund, den Hugh Grey besaß.
»Dann erwarten wir euch, wenn wir euch sehen«, erwiderte Paula. Sie schenkte Kaffee aus einer braunen Steingutkanne ein. Die Haustür fiel ins Schloß, als sie fortfuhr: »Der Kaffee ist ganz frisch, Mr. Tweed. Ich war gerade dabei, ihn zu machen, als Sie kamen.«
»Er duftet wunderbar ...«
»Und wer ist die *femme fatale*, die Sie diesmal mitgebracht haben?«
Die Tasse klapperte auf der Untertasse, als sie Tweed den Kaffee reichte. Sie hätte fast etwas verschüttet, aber er nahm ihr die Tasse rechtzeitig ab. Sie zitterte – er war sich nicht klar, ob vor Angst oder vor Zorn. Waren sie gerade in einen ausgewachsenen Ehekrach hineingeplatzt?
Er glaubte es nicht. Grey konnte zwar seine Gefühle gut verbergen, aber er hatte einen völlig normalen Eindruck gemacht, als sie ankamen. Keines der kleinen Anzeichen, die Tweed nicht entgangen wären, wenn sie Streit gehabt hätten. Verwundert nippte Tweed an seinem Kaffee und dachte sich eine Antwort aus. Die Geschichte, daß Diana vielleicht für sie arbeiten sollte, schien ihm angesichts der Abneigung, die Paula auf den ersten Blick gegen sie gefaßt hatte, wenig taktvoll.
»Sie ist die Schwester eines Bekannten«, sagte er. »Sie hat gerade Urlaub und kennt diesen Teil der Welt noch nicht. Sie mögen Jagdstiche, wie ich sehe.« Er blickte auf die gerahmten Bilder an den Wänden.
»Ich hasse die verdammten Dinger. Sie erinnern mich immer an ein Wirtshaus. Aber Hugh sagt, sie gehörten nur einmal zu einer Farm, geben ihr die Atmosphäre, die ein Besucher erwartet.«
Sie sprach, als hätte Hugh das ganze Farmhaus wie ein Bühnenbild eingerichtet und mit den richtigen Requisiten ausstaffiert. Tweed erinnerte sich, daß er auch mit seiner ersten Frau hier gewohnt hatte. Vielleicht hatte Paula versucht, einiges zu ändern, und er hatte sich ihren Vorschlägen widersetzt. Die Theorie erschien ihm wenig überzeugend, aber sie bot ihm einen Ansatzpunkt, nach dem er gesucht hatte.

»Irgend jemand – ich weiß im Augenblick nicht mehr, wer es war – erwähnte diese Party, die Sie vor ungefähr zwei Jahren hier gegeben haben. Das Datum, der 14. Juli, ist mir in Erinnerung geblieben ...«
Ihr Gesicht erstarrte über dem Rand ihrer Tasse. Sie sah ihn unverwandt an; ihre Augen bewegten sich kaum. »Sie haben ein gutes Gedächtnis, Tweed. Aber das brauchen Sie vermutlich bei Ihrer Arbeit. Es war Hughs Geburtstag. Einige seiner Kollegen waren hier. Harry Masterson, Guy Dalby und der Professor – Erich Lindemann. Es war ein Abend, den man nicht so leicht vergißt. Er endete mit Streit. Sie hatten viel zu viel getrunken. Und alle fuhren hinterher nach Hause. Sie hatten Glück, daß sie nicht von der Polizei gestoppt wurden. Ausgenommen Lindemann natürlich.«
»Wieso Lindemann?«
»Wußten Sie das nicht? Er ist Abstinenzler. Trinkt nie etwas anderes als Fruchtsaft und Kaffee. Ein etwas fader Bursche. Trinkt nicht, raucht nicht. Interessiert sich nicht für Frauen.«
»Sie sprachen von einem Streit«, drängte Tweed sanft.
»Ach, ja. Damit Sie sich ein Bild machen können – Harry Masterson trank eine halbe Flasche Whisky und ging dann zu Wein und Kognak über. Guy Dalby saß still da und konsumierte eine Unmenge Weißwein. Und auch Hugh war ziemlich hinüber. Sie gingen sehr spät – wir haben keine Gästezimmer. Ich hatte ihnen vorgeschlagen, hier im Wohnzimmer zu schlafen, aber das wollten sie nicht. Als wir fast mit dem Essen fertig waren, begann Hugh – Sie wissen, daß er sehr ehrgeizig ist – seine Gäste zu fragen, was sie vom Leben erwarteten. Offenbar war er auf Informationen aus. Wir waren damals noch nicht verheiratet, sondern lebten nur zusammen. Harry wurde sehr aggressiv. Guy war streitsüchtig. Ich ging zu Bett und ließ sie es allein ausfechten.«
»Wann sind sie dann gegangen?«
»Zwischen eins und zwei. Jeder für sich. Sie scheinen sehr interessiert an einer Party, die zwei Jahre zurückliegt ...«
»Es ist der Streit, der mich fasziniert.«
Sie sprang auf. »Himmel, ich habe die Kekse vergessen. Eine feine Gastgeberin bin ich. Nein, Sie müssen sie probieren. Bitte! Ich habe sie selbst gebacken und möchte Ihre Meinung hören. Ein neues Rezept ...«
Sie verschwand in der Küche, und er blieb mit der Tasse in der Hand sitzen. Wie hatte das Mädchen geheißen? Dieses Mädchen, von des-

sen brutaler Ermordung Inspektor Cresswell von der Polizei in King's Lynn ihm erzählt hatte? In den frühen Morgenstunden des 14. Juli. Carole Langley. So hieß sie.
Er blickte auf, als Paula mit einem Teller voll Makronen zurückkehrte und sie ihm anbot. Aus Höflichkeit nahm er eine, und sie setzte sich wieder.
»Wie Sie sehen, sind es keine Kekse, sondern Makronen. Ich bin heute morgen nicht ganz bei mir. Beim Backen hätte ich mich fast verbrannt ...«
»Ausgezeichnet. Ich mag Makronen. Ach ja, Sie nannten meine Begleiterin eine *femme fatale* ...«
»Was sehr unhöflich war. Aber die Sache ist die: ich war gestern nachmittag in London, um mich mit Hugh zu treffen. Gegen vier waren wir in Knightsbridge und sahen dort jemanden, der ihr sehr ähnlich sah. Hugh sagte: ›Ich glaube, das ist Diana Chadwick‹. Als ich ihn fragte, wer das wäre, sagte er, sie wäre die Freundin von einem seiner Mitarbeiter in Frankfurt.«
Und du hast ihm nicht geglaubt, dachte Tweed. Und das Anheuern von Portman, damit er deinem Mann nachforscht, gehört auch in dieses Schema. Jetzt verstand er Paulas Feindseligkeit. *Bringt diese Frau in mein Haus und zieht mit ihr los, sobald sie ihren Fuß über die Schwelle gesetzt hat.*
Sie bot ihm abermals Makronen an, und er nahm eine.
»Sie sind wirklich köstlich. Bleiben Sie bei dem neuen Rezept. Wir sprachen von Ihrer Party. Ich vermute, Sie haben in dieser Nacht nicht viel Schlaf bekommen.«
»Ja, das stimmt. Ich lag im Bett, wälzte mich von einer Seite auf die andere, hörte zu, wie sie sich immer heftiger in die Haare kriegten. Wieder mit Ausnahme von Lindemann. Er sagte kein Wort ...«
»Und wie endete es dann? Sie sagten, jeder wäre für sich allein abgefahren?«
»Harry Masterson muß gegen eins gegangen sein, soweit ich mich erinnern kann. Kurz darauf verschwand Lindemann. Ich war aufgestanden, um ins Badezimmer zu gehen, und sah ihn vom Fenster aus. Nur, weil ich nicht schlafen konnte. Dalby fuhr halb zwei ab. Das weiß ich, weil ich auf die Uhr sah. Dann warf ich mich ins Bett und schlief und schlief.« Sie blickte zur Haustür, machte eine warnende Geste. »Pst! Sie kommen zurück ...«
Tweed war überrascht. Ihr Gehör war offenbar noch feiner als sein eigenes. Wahrscheinlich das vertraute Knarren einer Pforte. Die Tür

ging auf, Diana kam herein, und Tweed spürte sofort, daß etwas nicht stimmte. Auf ihrem normalerweise blassen Gesicht lag leichte Zornröte. Grey lächelte, gelassen und selbstsicher wie immer. Tweed erhob sich.

»Hugh, könnten Sie noch ein bißchen mehr frische Luft vertragen? Ich habe seit dem Aufstehen noch keine Bewegung gehabt.«

»Tun Sie, als wären sie mein Gast.« Er lächelte. »Was Sie ja auch sind, wenn man's recht bedenkt.«

Charles ließ sich hechelnd auf einem Teppich nieder. Er kam nicht mit, als Grey die Pforte öffnete und sich dann nach links wendete.

»Wie wär's mit einem Spaziergang zum Deich und einem Blick auf The Wash?«

»Einverstanden. Hugh, da ist etwas, worüber ich mit Ihnen reden möchte ...«

»Das dachte ich mir. Sie denken wohl nie an etwas anderes als die Arbeit? Sie sollten lernen, sich zu entspannen, ein bißchen Spaß am Leben zu haben.« Er warf Tweed einen Seitenblick zu. »Aber vielleicht haben Sie den jetzt endlich – mit Diana. Eine attraktive Frau. Genau das, was Ihnen der Arzt verschrieben hat ...«

»Haben Sie mich beschatten lassen, als ich in Deutschland war, oder nicht?« Tweed ließ sich nicht von seinem Thema abbringen.

»Ja, das habe ich. Von zweien meiner Männer. Ich fand, Sie brauchten ein bißchen Schutz. Daß Newman Sie begleitete, wußte ich nicht. Sie folgten Ihnen nach Lübeck und Travemünde. Schließlich«, rechtfertigte er sich, »hielten Sie sich in meinem Sektor auf. Ich fühlte mich verantwortlich. Und Sie waren in der Nähe von Dr. Berlin. Die Leute vom BND machen sich seinetwegen Gedanken.«

»Warum?«

Sie wanderten auf der glatten Teerstraße entlang, die etwas höher lag als die Felder zu beiden Seiten. Grey überlegte sich seine Antwort. Sie erreichten einen schmalen Weg, bogen nach links ab und gingen auf den fernen Deich zu.

»Sie beobachten ihn, weil er aus Leipzig gekommen ist. Sonst liegt nichts gegen ihn vor. Die Hälfte der Zeit wissen sie nicht, wo er steckt. Er löst sich einfach in Luft auf. Meine Männer waren an Bord der Fähre, als Sie auf den Priwall übersetzten, um seine Party zu besuchen. Sie kamen nur bis ans Tor. Sie hatten keine Einladungen.«

»Sie waren ganz schön geschäftig ...«

»Wie ich schon sagte – Sie waren in meinem Sektor. Wenn es Howard gewesen wäre, hätte ich genauso gehandelt. Schließlich waren Sie dort ziemlich dicht an der Grenze.«

»Ich weiß.«

Tweed schwieg, während sie unter der glutheißen Sonne dahinwanderten. Sie erreichten das Ende des Weges. Zu ihrer Rechten stand ein einsames Farmhaus, kleiner als das von Grey. Kein Anzeichen, daß es bewohnt war. Grey führte sie eine Anhöhe hinauf und auf der anderen Seite wieder hinunter. Sie gelangten auf einen unebenen, mit Grasbüscheln überwachsenen Pfad.

Der Deich war jetzt nicht mehr fern. Sie gingen hintereinander, Grey voran, weil der Pfad sehr schmal war und an beiden Seiten in einen Graben abfiel. Plötzlich setzte sich Grey in Trab und erklomm die steile, dem Land zugewandte Flanke des Deiches. Dann stand er auf dem Kamm, sein Haar flatterte in der von der See hereinwehenden Brise. Tweed folgte ihm in gemächlicherem Tempo.

»Die meisten Leute bekommen das nie zu Gesicht.« Grey breitete überschwenglich die Arme aus. »Dieser Friede hier hat etwas Grandioses. Das Ende der Welt ...«

Vor ihnen führte ein steiler Pfad in ein Gebiet mit Schlammflächen und Prielen hinab, die sich kreuz und quer durch die Marsch zogen. Ein alter Anleger war mit frischem Holz verstärkt worden. Dahinter erstreckte sich die riesige Fläche des Wash bis zum Horizont, eine blaue See, die erst dort endete, wo sie an den Kontinent stieß.

Sie war sehr still, das Wasser kaum gekräuselt. Auch die Brise hatte sich gelegt. Kein Schiff in Sicht. Die Wasseroberfläche war so glatt wie eine Öllache. Sie sah aus, als könnte man ohne weiteres darüber hinweglaufen. Grey holte tief Atem, breitete wieder die Arme aus.

»Die frischeste Luft auf dem ganzen Planeten.«

»Hugh«, sagte Tweed ruhig.

»Ja?«

»Wenn ich nach Hamburg zurückkehren sollte, werden Sie auf keinen Fall irgendwen von Ihren Leuten auf mich ansetzen.«

Grey ließ die Arme sinken, versteifte sich empört. Dann hob er die Hände zu einer theatralischen Geste der Resignation.

»Wenn Sie es so wollen.«

»Ich will es so. Und nun sollten wir uns auf den Rückweg machen.«

Grey lief die Flanke des Deiches hinunter. Bevor er ihm folgte, warf Tweed noch einen Blick zurück. An den Rändern der Priele gab es

dunkle Stellen aus weichem, mit Sand untermischtem Schlamm, aus denen Büschel grüner Segge hervorsprossen. Schwimmsand.
Auf dem ganzen Weg zurück zum Farmhaus sprach keiner der beiden Männer ein Wort. Greys Gesicht war noch stärker gerötet als gewöhnlich; offensichtlich war er wegen Tweeds Maßregelung verärgert.

Diana und Paula führten eine der übertrieben höflichen Unterhaltungen, wie sie zwischen zwei Frauen üblich sind, die sich nicht ausstehen können. Tweed schnappte ein paar Worte auf, als sie das Haus betraten, und Grey sagte, er müsse hinauf ins Badezimmer und wäre in einer Minute zurück.
»Und das England von heute gefällt Ihnen nicht?« sagte Paula gerade. »Darf ich fragen, warum?«
»Ich habe einmal einen Artikel gelesen, ich glaube, er war von Jimmy Goldsmith, und er faßte es in wenigen Worten zusammen. Das Problem im England von heute ist der Zusammenbruch des Kastensystems. Niemand weiß mehr, wo er hingehört.«
»Und das gab es damals in Kenia?« erkundigte sich Paula liebenswürdig. »Ein hübsches, behagliches Kastensystem? Bei dem die Eingeborenen genau wußten, wo sie hingehörten?«
»Vor 1963 wußten sie es. Dann kam die Unabhängigkeit, und das war der Anfang vom Ende . . .«
»Wie unerfreulich«, bemerkte Paula und trank einen Schluck Kaffee.
»So ist es.« Diana bedachte sie mit einem strahlenden Lächeln. »Massaker allerorten. Mugabe in Rhodesien. Idi Amin in Uganda. Wo man auch hinschaute.« Sie blickte auf. »Haben Sie Ihren Spaziergang genossen?«
»Ich weiß nicht recht.« Tweed brach die im Zimmer hängende Spannung mit einem kläglichen Lächeln und ließ sich in einen Sessel sinken. Dann hob er in gespieltem Entsetzen die Hände. »Frische Luft. Riecht ganz merkwürdig. Aber ich denke, wir müssen bald aufbrechen.«
»Kommt gar nicht in Frage!« Hugh kehrte vergnügt und überschwenglich aus dem Bad zurück. »Sie bleiben zum Lunch. Paula kann etwas zu essen auf den Tisch bringen. Das kannst du doch, nicht wahr, Darling?«
»Ich finde es herrlich, wie die Männer immer davon reden, daß man etwas auf den Tisch bringen soll«, sagte Diana munter. »Als brauch-

ten wir nur mit den Fingern zu schnippen, und schon erscheint eine Mahlzeit.«
»Sie können gern bleiben«, erklärte Paula ohne große Begeisterung. »Und da heute mein Einkaufstag ist, kann Hugh uns zum Duke's Head nach King's Lynn fahren. Was hältst du davon, Hugh?«
Tweed erhob sich und schüttelte den Kopf. »Das ist sehr nett, aber wir haben eine Verabredung in London. Trotzdem vielen Dank. Und die Makronen waren ein Genuß.«
»Dann bringe ich Sie zur Tür«, erklärte Grey. »Und wenn Sie wiederkommen, veranstalten wir ein Festmahl.« Tweed fiel auf, daß er beim Hinausgehen nicht nach Dianas Arm griff und keinen Versuch machte, sie zu berühren, nachdem sie sich von Paula verabschiedet hatten.
Sie nahmen ihre Plätze im Wagen ein, während Hugh und Paula noch an der Pforte standen. Als Tweed anfuhr, sah er im Rückspiegel, daß Hugh noch immer dastand und beide Hände zu einem Boxergruß über dem Kopf verschränkt hatte. Der Inbegriff der Selbstsicherheit, bis zur letzten Minute. Paula war bereits ins Haus zurückgekehrt.

»Waren Sie gestern nachmittag in der Gegend um Knightsbridge?« fragte Tweed, als sie in Richtung King's Lynn fuhren.
»Ja. Ich sagte Ihnen doch, daß ich zu Harrods wollte ...«
»Um welche Zeit war das?«
»Gegen vier. Warum?«
»Hugh und Paula haben Sie gesehen. Das heißt, Hugh sah Sie und wies Paula auf Sie hin.«
»Aber woher könnte er denn wissen, wer ich bin?«
»Von einem Foto. Und nun seien Sie ein braves Mädchen und stellen Sie keine weiteren Fragen.«
Sie verzog schmollend den Mund, fragte, ob sie das Radio einschalten dürfte, und tat es, nachdem Tweed genickt hatte. Sie verfiel in ein für sie, wie Tweed fand, höchst ungewöhnliches Schweigen. Er konnte sich vorstellen, was geschehen war. Die beiden Männer, die Grey auf ihn angesetzt hatte – er hatte sie auf der Fähre zum Priwall bemerkt –, hatten insgeheim Fotos gemacht. Darunter welche von Diana. Das war üblich, wenn jemand – in diesem Fall er selbst – beschattet wurde.
Außerdem war ihm klar, warum Grey so gehandelt hatte. Um ihn zu schützen! Unfug! Grey war ehrgeizig, er wollte so viel Lorbeeren wie möglich einheimsen, wenn Tweed irgendeinen Coup landete. Monica

hatte recht – Hugh Grey war auf seinen Job aus. Zumindest war er tüchtig. Und er hatte zugegeben, daß er Tweed hatte beschatten lassen. Das sprach für ihn. Gefährlich war nur der Sektorenchef, der sein Spiel zu gewinnen versuchte, indem er seinen Vorgesetzten Informationen verheimlichte.

Allerdings hatte Grey nichts von den Fotos verlauten lassen, nachdem Tweed ihn auf dem Deich zurechtgewiesen hatte. Aber auch das war verständlich. Warum sollte er Tweed einen weiteren Anlaß geben, ihn zu tadeln? Tweed fiel auf, daß Diana lange Zeit kein Wort gesprochen hatte. Er brachte den Wagen zum Stehen. »Wollen Sie noch einen letzten Blick hinauswerfen, bevor wir in die sogenannte Zivilisation zurückkehren?«

Er kurbelte das Fenster herunter, und eine frische Brise wehte salzige Luft ins Auto. Er ließ den Blick über das weite, flache Land schweifen, über die vereinzelten, meilenweit voneinander entfernten Gebäude am Rande der Straßen. Der gewaltige Deich begrenzte den Horizont. Nachdem er den Motor abgeschaltet hatte, war nichts zu hören außer dem Rascheln des vom Wind bewegten Grases.

»Sie sind sehr still«, stellte er fest.

Sie hatte gespürt, in welcher Stimmung er war, daß er die Atmosphäre in sich aufnehmen wollte, und deshalb das Radio ausgeschaltet, als er anhielt. Es hatte Tangos gespielt.

»Hugh Grey hat einen Annäherungsversuch unternommen, als wir spazierengingen. Er führte mich in eine der zum Deich hin verlaufenden Rinnen hinein. Ich sagte ihm, er sollte sich zum Teufel scheren. Das hat ihm gar nicht gefallen.«

»Deshalb Ihr wütendes Gesicht, als Sie zurückkamen?«

»Ich habe versucht, mir nichts anmerken zu lassen – wegen seiner Frau. Wir mögen uns nicht, Paula und ich. Und jetzt glaube ich zu wissen, warum. Er ist ein Schürzenjäger, und sie weiß es. Während Sie mit Grey spazierengingen, waren wir wie zwei Katzen, die umeinander herumschleichen.«

»Das tut mir leid. Beides. Ich hatte gehofft, Sie würden den Ausflug genießen.«

»Kein Grund zur Aufregung.« Sie legte ihm eine Hand auf den Arm. »Die Landschaft habe ich genossen.«

»Was hielten Sie von Grey? Wenn Sie in der Lage sind, seine Unverschämtheit zu vergessen?«

»Von seiner eigenen Wichtigkeit restlos überzeugt, aber das ist vielleicht nur eine boshafte Bemerkung. Vermutlich sehr tüchtig, was

seine Arbeit betrifft. Imstande, selbständig zu handeln und die Verantwortung dafür zu übernehmen. Vielleicht ein wenig zu impulsiv – er neigt dazu, sich zu viel vorzunehmen. Ehrgeizig. In ein paar Jahren wird er vielleicht ruhiger werden. Auf dem ganzen Rückweg hat er mich immer wieder um Entschuldigung gebeten. Ich glaube, er hatte Angst, ich könnte seiner Frau erzählen, was er im Sinne hatte. Wann essen wir?«
»Sobald wir können. Irgendwo auf der Rückfahrt.« Er startete den Motor und fuhr los. »Schalten Sie das Radio wieder ein.«
Sie tat es, und es erklang ein weiterer Tango. Diana lehnte den Kopf an die Stütze und summte mit halbgeschlossenen Augen leise die Melodie mit. Tweed erreichte das Ende der gewundenen Landstraße und bog nach links auf die nach King's Lynn führende A 17 ein. Er wollte dort noch etwas erledigen.
»Was ist das für Musik?« fragte er.
»*Jealousy*. Ein Tango aus den zwanziger Jahren, soviel ich weiß. Wir haben in der alten Zeit in Kenia oft danach getanzt. Kümmern Sie sich nicht um mich. Ich schwelge in nostalgischen Erinnerungen. Und Sie machen einen sehr nachdenklichen Eindruck.«
»Paula hat etwas gesagt, das sehr wichtig war. Eine beiläufige Bemerkung; ich weiß nicht mehr, was es war. Würde es Ihnen etwas ausmachen, in King's Lynn im Wagen auf mich zu warten?«
»Natürlich nicht. Wollen Sie sich umsehen, wo wir essen können?«
»Nein. Ich muß zum Polizeirevier und von dort das Büro in London anrufen.«

»Jederzeit zu Diensten«, sagte Inspektor Cresswell mit einem leicht ironischen Lächeln, als sich Tweed ihm gegenüber niedergelassen hatte. »Bei Ihrem letzten Besuch hatte ich Nachtdienst. Was kann ich heute für Sie tun?«
Der untersetzte, dunkelhaarige Inspektor schien sich nicht bewegt zu haben, seit Tweed ihn zum letzten Mal gesehen hatte. Der einzige Unterschied war, daß er jetzt eine Bruyèrepfeife rauchte; sie paßte zu seiner gelassenen, bedächtigen Persönlichkeit.
»Sind Sie mit Ihren Ermittlungen im Mordfall Carole Langley irgendwie weitergekommen?«
»Sie haben ein gutes Namensgedächtnis, aber das brauchen Sie wohl bei Ihrer Arbeit. Nein, nichts Neues. Die Akte setzt weiter Staub an. Wie steht es bei Ihnen?«
»Die gleiche Antwort. Keine neuen Morde, Gott sei Dank. Übrigens,

als Sie den Fall damals untersuchten – haben Sie da auch einen Freund von mir vernommen? Einen Mann namens Hugh Grey? Er lebt auf Hawkswood Farm in der Nähe von Gedney Drove End.«
»Ich kenne die Gegend.« Cresswell tat einen Zug aus seiner Pfeife. »Ja, das habe ich. Ich war selbst bei ihm. Er lebte mit einem Mädchen zusammen. Später haben sie geheiratet. Aber das wissen Sie ja wohl.«
»Natürlich. Ist irgend etwas herausgekommen?«
»Nicht das mindeste. Sie waren früh zu Bett gegangen.« Er lachte, aber es war kein schmutziges Lachen. »Das soll bei einer jungen Liebe öfter vorkommen. Keiner von beiden hat etwas gehört. Keine Wagen, die in den frühen Morgenstunden vorbeigefahren sind. Aber das ist nur natürlich, wenn sie um diese Zeit schliefen ...«
»Also keinerlei Hinweise von ihnen?«
»Noch von irgendjemand sonst.« Cresswell musterte Tweed über seine Pfeife hinweg. »Ist das nicht ein bißchen weit hergeholt – einen Mord in East Anglia mit anderen auf dem Kontinent in Verbindung zu bringen?«
»Es ist sogar sehr weit hergeholt«, pflichtete ihm Tweed bei und erhob sich. »So, und jetzt muß ich weiter. Ich wollte nur hereinschauen, weil ich gerade in der Gegend zu tun hatte.«
»Nett von Ihnen. Vielleicht sehen wir Sie bald wieder.«
»Das ist durchaus möglich. Vielen Dank. Leben Sie wohl – bis zum nächsten Mal.«
Tweed war erleichtert, als er das Revier verließ und sich wieder hinters Steuer seines Wagens setzte. Trotz seiner überschwenglichen Art konnte Grey sehr verschwiegen sein. Ganz offensichtlich hatte er Cresswell gegenüber die Party und die Identität seiner Gäste mit keinem Wort erwähnt – und Paula veranlaßt, sich ebenso zu verhalten. Das war wichtig. Eine Morduntersuchung, die in die Zentrale am Park Crescent führte, wäre peinlich, wenn nicht sogar gefährlich gewesen.
»Ich habe einen Passanten gefragt«, sagte Diana, »wo man hier gut essen kann. Er schlug The Duke's Head vor.«
»Der Inspektor sagte mir, das Essen dort wäre ungenießbar«, log Tweed. Er mußte damit rechnen, daß sich jemand vom Personal an ihn erinnerte, und er wollte seinen letzten Besuch bei Paula geheimhalten.
»Auf unserer Rückfahrt gibt es ein Lokal in der Nähe von Woburn Abbey«, sagte er, als er den Motor startete. »Und wenn wir es schaf-

fen, statten wir heute abend Master Guy Dalby einen Besuch ab.« Während er sich seinen Weg durch das Gewirr der Einbahnstraßen der Stadt suchte, runzelte er die Stirn. »Ich wollte, ich wüßte noch, was Paula gesagt hat. Es war irgendwie merkwürdig . . .«

ZWEIUNDDREISSIG

Tweed hatte Diana für ein paar Stunden in Newmans Wohnung zurückgelassen und war zum Park Crescent weitergefahren. Er betrat sein Büro, schloß die Tür hinter sich und blieb wie angewurzelt stehen. Monica saß, über eine Akte gebeugt, an ihrem Schreibtisch. In Tweeds Lieblingssessel hatte sich Howard niedergelassen; eines seiner Beine lag auf der Lehne.

»Ich habe auf Sie gewartet«, erklärte er – eine höchst überflüssige Bemerkung, wie Tweed fand.

Howard war wie immer makellos gekleidet. Er trug einen neuen marineblauen Nadelstreifenanzug, unfehlbar Marke Chester Barrie von Harrods. Die blaue Klubkrawatte unterteilte sein blütenweißes Hemd, dessen Manschetten in genau der richtigen Breite aus den Ärmeln herausragten und in denen ziselierte goldene Knöpfe in der Form schlanker Fässer steckten. Der schwarze Schuh am Ende des auf der Lehne liegenden und sanft schwingenden Beines funkelte, als wäre er aus Glas.

»Gibt es ein Problem?« fragte Tweed, nachdem er sich hinter seinem Schreibtisch niedergelassen hatte.

»Oh, nichts Besonderes. Wenn man davon absieht, daß einer der vier europäischen Sektorenchefs ein faules Ei sein muß. Wahrscheinlich seit Jahren in Moskaus Diensten. Ein Mann, den Sie befördert haben. Ein Mann, den ich irgendwann eingestellt habe.«

Tweed Erstaunen über dieses Eingeständnis der Mitverantwortlichkeit war an seinem Gesicht nicht abzulesen. Monicas Kopf fuhr hoch, weil sie ihren Ohren nicht traute, dann beugte sie sich wieder über die Akte.

»Haben Sie vor, nach Deutschland zurückzukehren?« fragte Howard.

»Vielleicht. Kommt darauf an, wie sich die Dinge entwickeln.«

»Ich bin gekommen, um Sie um einen Gefallen zu bitten, Tweed. Ihnen ein Versprechen abzunehmen.«

»Welches Versprechen?«

»Daß Sie Rückendeckung mitnehmen, wenn Sie zurückkehren.« Howard zupfte das einfarbig marineblaue Ziertaschentuch in seiner Brusttasche zurecht, schwang sein Bein auf den Boden und beugte sich vor. »Ich schlage Harry Butler und Pete Nield vor. Beide sprechen Deutsch. Und beide sind gut zu gebrauchen, wenn es brenzlig wird.« Er machte eine weitausholende Geste mit seiner großen, rötlichen Hand. »Wie Sie es anstellen, ist mir gleich. Nehmen Sie sie mit. Oder lassen Sie mich vorausfahren. Das liegt bei Ihnen. Tun Sie mir den Gefallen«, wiederholte er. »Schließlich stecken wir ziemlich tief in der Scheiße.« Er warf einen Blick auf Monica. »Entschuldigen Sie das harte Wort.«

»Ja, ich würde sagen, das trifft ungefähr den Kern der Sache«, pflichtete Tweed ihm bei. Er suchte nach einem Haken, fand keinen.

»Die Lage ist die. Korrigieren Sie mich, wenn ich etwas falsch sehe. Fergusson fuhr nach Hamburg. Ich befand mich auf wohlverdientem Urlaub in Frankreich.« Er lächelte, wie um sich zu entschuldigen. »Nur fünf Leute wußten von Fergussons Reise. Grey, Masterson, Lindemann, Dalby – und Sie selbst. Kurz nach seiner Ankunft erwischt es Fergusson. Einen unserer erfahrensten und umsichtigsten Männer. Also müssen sie gewußt haben, daß er kommen würde. Was uns wieder auf die Großen Vier zurückbringt, jedenfalls auf einen von Ihnen. So ist es doch?«

»So ist es.«

»Natürlich könnte es sein, daß jemand das Protokoll dieser Sitzung gelesen hat ...«

»Ich habe bewußt jeden Hinweis auf Fergussons Auftrag aus dem Protokoll herausgehalten ...«

»Sehr vorschriftswidrig.« Howard lächelte dünn. »Aber die Tatsache, daß nichts im Protokoll steht, ist ein eindeutiger Beweis für jemandes Schuld. Der Jammer ist nur, daß wir nicht wissen, wer dieser Jemand ist. Ach, übrigens, wenn es Ihnen nichts ausmacht, darüber zu sprechen ...« Howards Stimme klang matt, und er hielt inne, weil er offenbar einen Einwand Tweeds erwartete. Als keiner kam, hob er die dichten Brauen und fuhr fort: »Soweit ich informiert bin, haben Sie bisher Masterson, Lindemann und Grey in ihren eigenen vier Wänden aufgesucht. Ist dabei etwas herausgekommen?«

»Das läßt sich noch nicht sagen.« Tweed bemerkte den Ausdruck von Resignation auf Howards Gesicht, deshalb erklärte er: »Wenn man in kaum mehr als vierundzwanzig Stunden drei Männer besucht – in ihren eigenen vier Wänden, wie Sie sagten –, dann empfängt man eine ungeheure Fülle von Eindrücken. Erst wenn man später darüber nachdenkt, die Spreu vom Weizen sondert, wird einem klar, ob man etwas von Bedeutung gehört – oder gesehen – hat. Ich brauche mehr Zeit«, endete er mit Entschiedenheit.

»Verständlich.« Howard erhob sich, wischte ein Stäubchen von seinem Ärmel, rückte seine Krawatte gerade. An der Tür blieb er stehen, bevor er sie öffnete. »Und Butler und Nield sind mit von der Partie?«

»Einverstanden.«

Monica wartete, bis sie allein waren, dann warf sie ihren Bleistift so heftig hin, daß die Spitze abbrach. Sie saß sehr aufrecht da und stopfte ihre Bluse in den Rock.

»Solange ich hier bin, habe ich ihn so noch nicht erlebt.«

»Er macht sich Sorgen.«

»Natürlich macht er sich Sorgen! Er weiß, daß Mrs. Thatcher ihn absägen möchte. Sie haben sich nach der Procane-Sache geweigert, seinen Posten zu übernehmen. Wenn diese Geschichte herauskommt – wenn *Sie* herausfinden, wer es ist –, dann kann er seinen Hut nehmen ...«

Sie brach ab, als die Tür abermals geöffnet wurde. Howard kam wieder herein, schloß die Tür hinter sich. Er wirkte fast unterwürfig.

»Wenn Sie die Nadel im Heuhaufen finden – gibt es dann eine Möglichkeit, die Sache vor der Presse geheimzuhalten?«

»Warten wir erst einmal ab, wie es weitergeht«, sagte Tweed so beruhigend wie möglich.

»Ich überlasse alles Ihnen. Lassen Sie es mich wissen, wenn ich helfen kann.«

»Da haben wir's!« rief Monica, als sie wieder allein waren. »Was habe ich gesagt? Er zittert um seinen Posten. Und warum haben Sie sich bereit erklärt, Butler und Nield mitzunehmen, wenn Sie auf den Kontinent zurückkehren?«

»Weil es sein kann, daß ich sie wirklich brauche. Diese Sache nimmt immer größere Ausmaße an. Und Bob Newman müssen wir vielleicht ganz abschreiben.«

»Wenn er hinter dem Eisernen Vorhang ist ...«

»Er ist bestimmt dort«, sagte Tweed grimmig. »So, und jetzt muß ich los und Diana abholen. Es ist Zeit, Dalby in seinem Bau aufzustöbern.«

»Halten Sie es für vernünftig, Diana Chadwick überallhin mitzunehmen?«

»Ich nehme sie mit, weil ich Vertrauen zu ihr habe . . .«
»Wenn Sie einer Frau vertrauen, könnten sie in größte Schwierigkeiten geraten. Ich weiß, wie Frauen sind.«
»Der Gedanke ist mir auch schon gekommen«, erwiderte Tweed und verließ das Büro.

Diana kam aus dem Schlafzimmer von Newmans Wohnung ins Wohnzimmer, wo Tweed die Stenografiehefte betrachtete, die auf dem Eßtisch lagen.
»Ich sehe, Sie lernen nicht nur deutsche, sondern auch englische Kurzschrift«, bemerkte er.
»Ja, es geht recht gut. Ich nehme Rundfunksendungen auf. Da habe ich kaum Probleme. Nur das Maschineschreiben ist lästig – ich habe eine gemietete Reiseschreibmaschine im Schlafzimmer. Ich schaffe dreißig Worte in der Minute – beim Tippen. Beim Stenografieren bin ich jetzt bei neunzig.«
»Ausgezeichnet. So, und jetzt sollten wir uns auf den Weg machen. Wenn wir Dalby einen Besuch abgestattet haben, kommen wir hierher zurück, und dann essen wir zusammen.«
»Wie sehe ich aus?«
Er betrachtete sie. Sie trug ein taubenblaues Kleid mit betonter Taille und spitzem Ausschnitt, dazu blaßblaue Strümpfe und Goldschuhe. Er blinzelte. Sie drehte sich, damit er sie von allen Seiten betrachten konnte.
»Nicht von dieser Welt«, sagte er.
Sie kam ihm so nahe, daß er einen Hauch ihres Parfums roch. »Können wir zum Essen wieder in dasselbe Restaurant gehen? Wo wir neulich waren, in der Nähe der Walton Street? Ich würde gern noch einmal Fasan essen.«
»Wir werden sehen. Wenn wir uns gleich auf den Weg machen, kommen wir nach Surrey, bevor die Autos die Straßen verstopfen.«

»In dieser Gegend wohnen aber viele Leute«, bemerkte Diana und schwenkte ihre elfenbeinerne Zigarettenspitze.
»Ja, massenweise«, sagte Tweed. »Und alle wandern Tag für Tag zum Bahnhof Woking. Von hier aus hat man die besten Verbindungen nach London.«
Die Hauptstraße von West Byfleet war von Bäumen gesäumt. Nebenstraßen gingen von ihr ab, und Unmengen neu aussehender Häuser erstreckten sich in die Ferne. Alle im gleichen Stil. Neugeorgia-

nisch. Sie hatten durchbrochene Fassaden, Vorgärten, die bis an den Gehsteig heranreichten. Sie fuhren weiter.
»Da ist Dalby.« Tweed streckte einen Finger aus, als er in die Nebenstraße einbog. Es war das erste Haus. Eine große, auf zwei Säulen ruhende Veranda. »Bahnhof King's Cross«, erklärte er und lenkte den Wagen an den Bordstein.
In der Mitte einer gepflegten Rasenfläche schob Dalby einen Motor-Rasenmäher vor sich her. Den Rasen schmückten Ziersträucher, Rhododendron und Koniferen, die zum Teil für sich allein standen und die Aufmerksamkeit auf sich lenkten wie Ausrufezeichen. Dalby schaltete kurz den Motor aus, um ihnen ein paar Worte zuzurufen.
»Willkommen in Cornerways.« Er deutete auf die Haustür. »Gehen Sie hinein – das Wohnzimmer ist gleich hinter der Diele. Ich komme in einer Minute nach. Die Toilette ist unten, wenn Sie sie brauchen. Muß eben dieses Stück hier fertig machen ...«
Sein Haar war glatt gebürstet, und die Welle fiel ihm wie üblich in die Stirn. Seine Gartenkleidung bestand aus einer grauen Flanellhose mit messerscharfen Bügelfalten, einem gestreiften Hemd und einer feuerroten Krawatte. Der Motor dröhnte auf, als er den Rasenmäher wieder einschaltete und kraftvoll über den Rasen schob.
Als Tweed und Diana den mit Steinplatten gepflasterten Weg entlanggingen, erfüllte der Duft nach frischgemähtem Gras die milde Abendluft. Man kam sich vor wie in Hampton Court, dachte Tweed. Beiderseits der Haustür standen zwei teuer aussehende Kübel, und in jedem blühte eine Hortensie. Die Pflanzen waren kürzlich gegossen worden.
»Ich weiß nicht, wie er das schafft, alles so in Ordnung zu halten – wenn seine Frau ihn verlassen hat«, flüsterte Diana, als sie in der Diele standen.
Der Fußboden war Parkett, auf Hochglanz gebohnert, und darauf lagen genau parallel zu den Wänden ausgerichtete Brücken. Tweed ging voraus ins Wohnzimmer, das sich über die ganze Breite des Hauses erstreckte. Durch eine Terrassentür fiel der Blick auf noch mehr Hampton Court – eine Anlage, die es verdient hätte, in *Better Homes and Gardens* abgebildet zu werden.
Diana ließ sich auf einem blauen Sessel neben einem Kamin im Stil von Adams nieder und schlug die Beine übereinander. Tweed trat an ein nach vorn gehendes Fenster und beobachtete, wie Dalby den Mäher abstellte. Er trug eine dunkle Sonnenbrille. Mit den Bewegungen eines Marathonläufers kam er hereingeeilt.

Tweed stellte ihm Diana vor, und Dalby reichte ihr die Hand. Anders als Masterson und Grey warf er keinen Blick auf ihre Beine. Er bot ihnen Drinks an, und beide entschieden sich für ein Glas Weißwein.
»Wunderbar! Ich habe eine Flasche 83er Chablis im Kühlschrank. Rauchen Sie?« fragte er Diana. »Sie können sich gern eine anstecken. Bin in einer Minute wieder da ...«
Er kehrte mit einem Silbertablett zurück, auf dem drei elegante Gläser standen. Er ließ sich Tweed gegenüber nieder und musterte ihn durch seine dunkle Brille. Tweed hatte das merkwürdige Gefühl, diese Szene schon einmal erlebt zu haben.
»Zum Wohl!« Dalby trank einen Schluck, stellte sein Glas beiseite und nahm die Brille ab. »Das Licht draußen ist unwahrscheinlich stark. Wo kommen Sie her, Miss Chadwick?«
»Diana ...«
»Sie ist die Schwester eines Freundes«, unterbrach sie Tweed und hielt sich damit an die Geschichte, die er in Hawkswood Farm erzählt hatte. »Auf Urlaub von einem Job im Ausland. Wie kommen Sie so allein zurecht, Guy – wenn ich fragen darf?«
»Natürlich dürfen Sie.« Er wendete sich an Diana. »Meine Frau, Renée, ist nach Frankreich zurückgekehrt. In England gefiel es ihr nicht. Und mir gefiel ihre Kocherei nicht. Knoblauch. Zu allem und jedem. Drehte mir den Magen um.« Er beklopfte seinen Bauch. »Jetzt fühlen wir uns viel wohler.«
»Sie haben – eine Hilfe?« erkundigte sich Diana.
»Die Doukhobor-Lady. Ein wahrer Schatz. Kommt jeden Tag, und wenn ich hier bin, macht sie nicht nur sauber, sondern kocht auch. Ohne Knoblauch.«
»Es muß trotzdem ein traumatisches Erlebnis gewesen sein«, meinte Diana mit Mitgefühl in der Stimme. »Es tut mir so leid ...«
»Das braucht Ihnen nicht leid zu tun.« Dalby hob sein Glas und schaute hindurch. »Kleine Probleme dieser Art tauchen eben auf. Es ist, wie wenn man einen Mitarbeiter verliert. Man muß umorganisieren. Zum Wohl!«
Er redete, als führte ein Laden die Cornflakes nicht mehr, die er zum Frühstück gewohnt gewesen war. Man wechselte einfach auf eine andere Marke.
»Ihr Garten sieht wunderbar aus«, erklärte Diana und schaute durch die Terrassentür hinaus.
»Kommen Sie, sehen Sie ihn sich an.« Dalby sprang auf. »Und wenn Sie auch nur ein Unkraut finden, bekommen Sie eine Flasche Cham-

pagner. Tweed, ich weiß, Sie interessieren sich nicht für Gärten. Da drüben liegt ein Stapel *Country Life*. Sehen Sie sich das Haus an, wenn Sie mögen. Es ist ziemlich groß – vier Schlaf- und drei Wohnzimmer, mein Arbeitszimmer, zwei Bäder. Auf bald!«
Diana folgte ihm in die Diele, die Handtasche unter dem Arm. Tweed konnte ihre Unterhaltung in der Diele hören.
»Was ist eine Doukhobor-Lady?«
»Mein Spitzname für sie. Sehr dick. Arme wie Baumstämme. Trägt immer ein Kopftuch. Sieht aus wie ein Doukhobor – eine russische Sekte, die vor dem Zweiten Weltkrieg in Gegenden wie Kanada geflüchtet ist, um religiöser Verfolgung zu entgehen . . .«
Die Stimmen verklangen. Tweed erhob sich, trat in die Diele. Er warf einen Blick ins Eßzimmer, das auf den Hintergarten hinausging, wanderte weiter. Dalbys Arbeitszimmer lag neben dem Hauseingang. Er ließ die angelehnte Tür aufschwingen.
Ein kleiner, quadratischer Raum mit nur einem Fenster, das auf die Terrasse hinausging und mit einer dichten Netzgardine verhängt war. Tweed warf einen Blick auf die Stapel Papiere und Akten, alle säuberlich geordnet. Versicherungspolicen und Broschüren mit der Aufschrift General and Cumbria Assurance Co. Ltd. Vorzügliche Tarnung.
Er wendete sich dem an der Innenwand stehenden Bücherschrank zu. Historische Reisebücher – Schweiz, Italien, Spanien. Dalbys Sektor. Aber keines über Libyen und den Mittleren Osten – die Infiltrationszonen. Weiter Bücher über Skandinavien, Kanada und die Vereinigten Staaten, die mit seinem Sektor nichts zu tun hatten. Noch mehr Tarnung.
Er verließ das Arbeitszimmer, lehnte die Tür wieder an und trat in eine große, rechteckige, auf den Hintergarten hinausgehende Küche. Modern eingerichtet – dunkelblaue Kunststoffschränke und Arbeitsplatten. Elektroherd in Augenhöhe.
Auf der Arbeitsfläche neben dem Ausguß lag ein Hackbrett und unter einem Drahtnetz ein Häufchen säuberlich geschnitzelter grüner Bohnen. Über dem Ausguß war eine Magnetleiste mit einer Reihe verschiedenartiger Messer angebracht. Ein Küchenchefmesser fehlte.
Durch die Fenster sah er Diana im Gespräch mit Dalby zwischen zwei hohen Koniferen. Dalby trug jetzt ein elegantes, zu seiner Hose passendes Jackett. Tweed kehrte ins Wohnzimmer zurück. Verglichen mit Masterson, Lindemann und Grey war Dalby zu Hause genau derselbe wie Dalby bei der Arbeit. Normal war das Wort, das sich ihm

aufdrängte, nachdem er eine Nummer von *Country Life* zur Hand genommen hatte. Völlig normal.
»Darf ich nachgießen?«
Dalby trat ins Zimmer, gefolgt von Diana, in deren Ausschnitt jetzt eine einzelne Rose steckte. Auf ihrem Gesicht lag ein träumerischer Ausdruck, als sie sich in ihren Sessel sinken ließ.
»Nicht für mich, danke. Ich muß fahren«, erwiderte Tweed. »Haben Sie ein Unkraut gefunden?« erkundigte er sich, während Dalby Diana nachschenkte.
»Kein einziges. Und ich habe genau hingeschaut!«
»Also kein Champagner«, erklärte Dalby vergnügt. »Ich wußte doch, daß ich kein Risiko einging.« Er füllte sein eigenes Glas auf, setzte sich und wies dann auf die Terrassentür. »Wir hätten hier hinausgehen können, aber es hätte eine Stunde gedauert, bis ich mit den Sicherheitsschlössern fertiggeworden wäre.«
»Kommt Ihre Doukhobor-Lady wieder?« erkundigte sich Tweed. »Ich sah in der Küche Essensvorbereitungen.«
»Das war ich. Sie hat heute ihren freien Tag. Leider. Ich hasse die Kocherei.« Er lächelte kurz. »Man soll nie im Leben etwas tun, das jemand anderes für einen erledigen kann. Der Weg zum Erfolg. Und darf ich fragen, wann wir alle in unsere langweiligen Büros zurückkehren und uns wieder an die Arbeit machen können?«
Er war von den vieren der einzige, der diese Frage gestellt hatte. Ein Anzeichen für seine Ungeduld. Wie bei Dalby nicht anders zu erwarten.
»Bald«, erwiderte Tweed. »Ich melde mich.«
»Sind die Eingeborenen in dieser Gegend nett?« erkundigte sich Diana.
»Ich versuche, Ihnen aus dem Weg zu gehen. Ein Haufen Roboter. Möchte wissen, wozu die Japaner überhaupt noch mechanische Versionen erfinden müssen. Ich bin von ihnen umgeben.«
»Roboter? Ich fürchte, ich verstehe nicht, was Sie meinen«, sagte Diana.
»Sie brauchen diese Gesundheitsapostel nur jeden Werktag hier am Fenster vorbeiwandern zu sehen. Und es ist ein ganz hübscher Marsch bis zum Bahnhof Woking. Alle gleich gekleidet. Einheitsuniform. Aktenkoffer in der Hand. Leitende Angestellte nennen sie sich. Arbeiten für irgendeine der großen Firmen in der Stadt. Viele in der Ölbranche, heißt es. Bei einer Party reden sie sogar alle gleich, benutzen die gleichen Ausdrücke. Wie eine Geheimsprache, die nur die

Eingeweihten verstehen. Roboter. Vielleicht werden sie in irgendeiner geheimen Fabrik auf einem riesigen Fließband angefertigt.«
»Eine überaus anschauliche Beschreibung. Aber Sie müssen sich einsam fühlen«, meinte sie.
»Ich bin nur selten hier. Die Doukhobor-Lady hat einen Schlüssel. Hält den Bau in Ordnung, während ich die Welt gegen imaginäre Gefahren versichere.«
»Imaginäre?«
»Guy ist ein Zyniker«, erklärte Tweed. »Aber ich glaube, wir müssen uns jetzt auf die Heimfahrt machen. Wir haben eine Verabredung zum Dinner. Mit ein paar Fasanen.«
»Dann bin ich bereit!« Diana sprang aus ihrem Sessel auf. »Sie müssen mein Benehmen entschuldigen«, sagte sie zu Dalby und lächelte mit halbgeschlossenen Augen. »Aber ich liebe Fasan.«
»Dann dürfen Sie den Herrn nicht warten lassen.« Dalby erhob sich gleichfalls. »Toilette, bevor Sie gehen?«
»Ja, bitte. Nein. Sie brauchen sie mir nicht zu zeigen. Ich habe sie gesehen – in der Diele neben der Haustür . . .«
Die beiden Männer schwiegen, während sie warteten. Dalby trat an die Terrassentür, die rechte Hand so in der Jackentasche, daß der Daumen herausragte. Tweed mußte an Fotos von Hitler denken, die er gesehen hatte. Das in die Stirn fallende Haar verstärkte den Eindruck.
»Ich werde froh sein, wenn ich wieder in Bern bin«, sagte Dalby schließlich leise. Er drehte sich plötzlich um, keuchte vor Schmerz und faßte nach seiner rechten Kniescheibe. Dann richtete er sich wieder auf und schüttelte den Kopf.
»Ein bißchen Arthritis. Kommt immer dann, wenn man es am wenigsten erwartet. Ah, hier ist unsere Dame . . .«
Er begleitete sie zum Wagen, reichte Diana formell die Hand und öffnete die Tür. Er sagte »Auf Wiedersehen« und beließ es dabei, als sie ihre Beine hereinschwenkte und sich vergewisserte, daß ihr Kleid nicht eingeklemmt werden konnte. Tweed nickte, setzte sich hinter das Steuer, bog in die zu einer Doppelgarage führende Einfahrt ein und setzte rückwärts auf die Straße zurück.
Dalby stand völlig still, dann machte er auf dem Absatz kehrt, ging ins Haus zurück und schloß die Tür hinter sich, als Tweed davonfuhr. Sie hatten West Byfleet schon hinter sich gelassen und befanden sich auf der Rückfahrt nach London, als Diana ihre Bemerkung äußerte.
»Er war sehr still, als wir gingen.«

»Das ist Dalby. Er hatte ›Auf Wiedersehen‹ gesagt, getan, was die Höflichkeit verlangte, und damit war der Fall erledigt. Er geht mit Worten sehr sparsam um, unser Guy. Was halten Sie von ihm?«
»Sehr ausgeglichen, sehr normal... Was ist?«
Tweed war auf einem leeren Straßenabschnitt leicht ins Schleudern geraten. *Normal.* Genau das Wort, was ihm zu Dalby selbst eingefallen war. Er warf einen Blick auf die Rose in ihrem Ausschnitt.
»Nichts. Sprechen Sie weiter.«
»Ach, es ist die Rose!« Sie war belustigt. »Die hat nicht das mindeste zu bedeuten. Ich bewunderte seine Rosen. Er fragte mich auf seine knappe Art, ob ich gern eine mitnehmen würde. Ich sagte ja. Daraufhin ging er in einen Schuppen am Ende des Gartens und kam mit einem Paar Gartenhandschuhen und einer Rosenschere wieder zum Vorschein. Er schnitt eine Rose ab, brach mit den behandschuhten Händen die Dornen ab und reichte sie mir. Dann kehrte er in den Schuppen zurück und deponierte dort Handschuhe und Schere. Er hätte nicht sachlicher sein können.«
»Wie ist seine Einstellung zu Frauen?«
»Gleichgültig. Er ist höflich, liebenswürdig, aber sein Hauptinteresse gilt seiner Arbeit. Frauen spielen eine höchst untergeordnete Rolle. Ich glaube, das ist alles, was ich über ihn sagen kann. Es gab Augenblicke, in denen ich das Gefühl hatte, er spielte eine Rolle – die Rolle eines Mannes mit Selbstdisziplin. Ausgesprochen normal. Normaler geht's nicht.«
Sie kamen an einen Straßenkreisel. Tweed bog in die zweite Abfahrt ein. »Ich glaube, diesmal machen wir einen Bogen um Weybridge und fahren eine andere Strecke. Auf der Portsmouth-Straße. Ich hoffe, Sie werden nicht seekrank.«
»Warum?«
»Vor uns liegt eine Gegend, die Seven Hills genannt wird. Eine regelrechte Berg- und Talbahn.«
»Können wir vor dem Essen noch kurz in der Wohnung Station machen? Ich möchte etwas Verheerendes anziehen...«
»Da bin ich aber gespannt...«

In dem großen Wohnzimmer in Newmans Wohnung summte Tweed leise eine Melodie vor sich hin. Diana zog sich im Schlafzimmer um. Was für eine Melodie war das bloß, überlegte er, als er nach ihrer auf der Couch liegenden Handtasche griff. Dieser verdammte Tango. *Jealousy.*

Er durchsuchte die Handtasche rasch mit geübten Fingern und achtete darauf, daß er nichts in Unordnung brachte. Unter ihrer wildledernen Kosmetiktasche fand er ein dickes Bündel Zwanzigpfundnoten. Er zählte sie schnell. Sechshundertfünfzig Pfund. Seit er das vorige Mal nachgesehen hatte, war sie irgendwie zu weiteren vierhundert Pfund gekommen. Er schloß die Handtasche und legte sie wieder genau so auf die Couch, wie er sie vorgefunden hatte. Dreißig Sekunden später trat sie ins Zimmer.
»Ist meine Handtasche hier irgendwo? Ja, da liegt sie.« Sie trug einen leichten Morgenmantel. Sie klemmte die Tasche unter den Arm und sagte: »Geben Sie mir noch fünf Minuten, dann verheere ich Sie.«

DREIUNDDREISSIG

Sie aßen wieder in Tweeds Lieblingsrestaurant, wieder am gleichen Tisch für vier Personen, einander gegenüber mit dem Rücken zur Wand. Diana schaute sich um, während sie an ihrem Aperitif, einem Cinzano, nippte. Tweed hatte sich mit einem Glas des weißen Hausweins begnügt.
»Mir gefällt es hier«, schwärmte Diana. »Nicht nur das Essen, sondern die ganze Atmosphäre. Ich weiß nicht, wie sie die zustande gebracht haben.«
»Die rosa Tischdecken und Servietten, die intime Aufteilung, die aufmerksame Bedienung«, erläuterte Tweed. »Haben Sie bei Harrods ein Vermögen ausgegeben?« erkundigte er sich dann scherzhaft.
»Keinen Penny. Ich spare.« Sie lächelte. »Und das ist gar nicht so leicht.«
»Wie steht es mit Geld? Haben Sie noch Reisechecks?«
»Die benutze ich nicht.« Sie trank den Rest ihres Cinzanos. »Sie werden mich für unvernünftig halten, aber ich habe nur Bargeld. Deshalb trage ich immer meine Handtasche mit mir herum. Nein, ich habe kein Bankkonto in London. Schließlich bin ich seit Jahren nicht mehr hier gewesen. Oh! Da kommt der Fasan. Sie verwöhnen mich, Tweedy.«
Sie wartete, bis sie bedient worden waren, bevor sie ihre Frage stellte.
»Wann fliegen wir nach Deutschland zurück? Sie haben sich etwas unbestimmt ausgedrückt, als Dalby fragte. Hingebungsvoller Mann.

Kann es offenbar kaum abwarten, nach Bern zurückzukehren. Und Sie fliegen mit zurück, nicht wahr?«

»Essen Sie Ihren Fasan, bevor er kalt wird.«

»Ich rede zu viel, ja? Das liegt nur daran, daß ich mich hier so wohl fühle.«

»Erste Antwort. Wir fliegen bald nach Hamburg zurück. Ich werde versuchen, Sie zu begleiten, aber ich kann es nicht versprechen. Und ja, hingebungsvoll ist das richtige Wort für Dalby. Wie ich sehe, tragen Sie die Rose nicht mehr, die er Ihnen gegeben hat.«

»Sie steht in einer Vase in meinem Schlafzimmer.« Tweed hatte eine Flasche Montrachet bestellt. Sie musterte ihn über ihr Glas hinweg. »Ich hätte sie vielleicht getragen, wenn Sie sie mir gegeben hätten.«

»Essen Sie. Die Desserts sind hier gut ...«

Er fuhr sie zu Newmans Wohnung zurück, sie lud ihn zu einem Drink vor dem Schlafengehen ein, er lehnte ab, erklärte, er müßte sich noch Notizen machen, versprach, sie am Morgen anzurufen, und fuhr weiter zum Park Crescent. Monica, die er angerufen hatte, während Diana sich zum Essen umzog, wartete hinter ihrem Schreibtisch auf ihn. Er seufzte, während er seinen Regenmantel auf einen Bügel hängte und sich dann hinter seinem Schreibtisch niederließ.

»Ich weiß wirklich nicht, warum Sie für mich arbeiten. Bei den unmöglichen Zeiten, zu denen ich Sie brauche. Jede vernünftige Frau hätte mir schon vor Jahren den Krempel vor die Füße geworfen.«

»Und wie hätte ich dann meine Tage in meiner Wohnung in Pimlico verbracht? Mich mit meinem Kater Jonathan unterhalten? Sein Vokabular ist ziemlich begrenzt. Kann ich jetzt über das berichten, was Sie mir aufgetragen haben?«

»Ich bin ganz Ohr.«

Um halb zwölf Uhr nachts war es sehr ruhig im Gebäude. Bis auf die Wache an der Eingangstür waren alle nach Hause gegangen. Die Vorhänge an den Fenstern waren zugezogen, keinerlei Verkehrsgeräusche drangen ins Zimmer. Eine Nachtstunde, die Tweed liebte, in der sein Verstand auf Hochtouren lief.

»Ich habe Peter Toll in Pullach angerufen. Er war sehr defensiv. Kein Wort über Newman. Er bat um zwei weitere Tage Aufschub ...«

»Und mehr bekommt er auf keinen Fall.« Tweeds Ausdruck war grimmig. »Dann lasse ich die Katze aus dem Sack, informiere den Chef. Bob ist irgendwo hinter dem Eisernen Vorhang.« Er warf einen Blick auf die Wandkarte. »Ich spüre es in den Knochen. Und woran erinnert mich das? An irgend etwas, das Dalby sagte. Spielt keine Rolle. Weiter.«

»Harry Butler hält immer noch Walter Pröhl, Tolls Mann, in Heathrow fest. Der Sicherheitschef wurde nervös, deshalb hat Harry von den Geheimhaltungsvorschriften Gebrauch gemacht. Soll Pröhl weiter festgehalten werden?«

»Auf jeden Fall, aber lassen Sie ihn von Heathrow nach Wisbech bringen.«

»Um den Druck auf Toll aufrechtzuerhalten?«

»Nein. Es ist ein Versuch, Newman zu schützen. Markus Wolf ist bestimmt berichtet worden, daß ein Mann, der wie Newman aussieht – und unter seinem Namen reiste –, aus Deutschland abgeflogen ist. Vielleicht läßt sich mein alter Widersacher dadurch verwirren. Was noch?«

»Ich habe mit Kuhlmann gesprochen. Dr. Berlin ist noch nicht in sein Haus auf dem Priwall zurückgekehrt. Sie suchen ihn, haben aber nicht die blasseste Ahnung, wo er stecken könnte.«

»Eine schlechte Nachricht. Es sieht immer mehr so aus, als könnte ich recht haben. Stellen Sie mir bitte keine Fragen. Ich hoffe bei Gott, daß ich mich nicht irre. Weitere Morde an blonden Mädchen?«

»Nein.«

»Auch das paßt in das Bild, das ich mir zu machen beginne. Ziemlich grauenhaft – für uns.«

»Spielen Sie ruhig den Geheimnisvollen. Und nachdem Sie und Diana alle vier Sektorenchefs in ihren eigenen vier Wänden besucht haben – ist dabei irgendetwas herausgekommen?«

»Ja und nein.« Tweed lehnte sich in seinem Drehstuhl vor. »Und ich möchte morgen eine andere Karte haben. Eine von ganz Westeuropa – einschließlich Großbritannien und Skandinavien. Das Gebiet, mit dem wir es zu tun haben, ist viel größer, als ich ursprünglich vermutet hatte.«

»Wobei mir einfällt – kennen Sie einen Chefinspektor Bernard Carson? Scotland Yard. Drogenfahndung.«

»Ja, aus der Zeit, als er zum CID gehörte. Zäher Bursche. Warum?«

»Er möchte Sie morgen dringend sprechen. Ich habe eine vorläufige Verabredung getroffen und abgemacht, daß ich sie gegebenenfalls morgen früh bestätigen würde. Um zehn Uhr.«

»Bestätigen Sie.« Tweed runzelte die Stirn. »Möchte wissen, was er von mir will.«

»Das erfahren Sie, wenn er kommt. Soll ich mich dünn machen?«

»Warten Sie, bis er da ist. War's das?«
»Nein. Sie wollten mir von Ihren Hausbesuchen mit der bezaubernden Diana erzählen ...«
»Bezaubernd? Wie kommen Sie darauf? Sie haben sie ja noch nicht einmal gesehen.«
»Es ist die Art, wie Sie über sie sprechen.« Monica lächelte zynisch.
»Nun, zuerst einmal hat sie bei einem dieser Besuche vierhundert Pfund bekommen. In bar. Zwanzigpfundnoten. Ich sagte Ihnen ja, daß ich einen Blick in ihre Handtasche geworfen habe ...«
»Sie haben doch nicht etwa wieder spioniert?«
»Doch. Heute abend in Newmans Wohnung, nachdem wir von unserem Besuch bei Dalby zurückgekehrt waren. Beim Essen bestätigte sie, daß sie kein Bankkonto hat und daß sie keine Reisechecks benutzt. Als ich zum ersten Mal nachsah, hatte sie zweihundertfünfzig Pfund. Und jetzt sind aus heiterem Himmel weitere vierhundert dazugekommen. Wer hat sie ihr gegeben?«
»Ich finde, das gehört sich einfach nicht. Die Handtasche einer Frau ist tabu ...«
»Nichts ist tabu, wenn ich versuche, einen Verräter, vielleicht sogar einen Massenmörder aufzuspüren.«
»Also gut. Die Besuche sind Ihnen noch ganz frisch in Erinnerung. Sie hatte immer ihre Handtasche dabei? Gut. Hat sie sie bei jedem Besuch ständig mit sich herumgetragen? Wer von den vieren hatte Gelegenheit, ihr das Geld zuzustecken?«
Sie wartete, das Ende eines Bleistifts zwischen den Zähnen. Tweed schloß die Augen und konzentrierte sich. Sein visuelles Gedächtnis war phänomenal. Dann begann er mit nach wie vor geschlossenen Augen zu sprechen.
»Zuerst waren wir bei Harry Masterson in seinem Cottage. Er nahm sie mit, um ihr die oberen Räume zu zeigen, aber sie ließ ihre Handtasche auf einer Couch liegen. Bei der Gelegenheit habe ich zum ersten Mal nachgesehen, wieviel Geld sie hatte. Sie hatte die Tasche zu keiner Zeit bei sich, während sie mit Harry allein war.«
»Was nichts beweist. Frauen haben Möglichkeiten, zwanzig Banknoten an ihrem Körper zu verstecken. Zum Beispiel in der Strumpfhose.«
»Der nächste, den wir besuchten, war Lindemann«, sagte Tweed und sah sie in Gedanken das Häuschen an der Ecke der einstigen Stallungsgasse betreten. »Ich glaube, dort ist nichts gewesen ...«
»Außer staubigen Wälzern«, bemerkte Monica sarkastisch.

»Warten Sie! Sagen Sie nichts. Da war etwas. Ich erinnere mich, daß Diana die Küche sehen wollte. Sie gingen zusammen hinein und waren mehrere Minuten allein. Als Diana wieder herauskam, hatte sie die Handtasche unter dem Arm. Da hätte sie das Geld in Empfang nehmen können.«
»Wie steht es mit Hugh Grey?«
Mit immer noch geschlossenen Augen begab sich Tweed in Gedanken nach Hawkswood Farm. Hugh, der ihnen auf dem verunkrauteten Gartenweg entgegeneilte, Paula, die an der Haustür stehenblieb. Das große Wohnzimmer, der in der Ferne aufragende Deich.
»Grey nahm sie auf einen Spaziergang mit. Sie waren eine ganze Weile fort, während ich mich mit Paula unterhielt. Er hätte ihr das Päckchen ohne weiteres zustecken können, als sie unterwegs waren.«
»Dann bleibt nur noch Dalby ...«
»Der ihr seinen Garten zeigte, während ich im Haus blieb. Eine weitere Gelegenheit.«
»Also hätte jeder von ihnen ihr die Moneten zustecken können. Zurück auf Feld eins. Welchen Eindruck hatte Diana von ihnen? Mögen Sie eine Tasse Kaffee? Ich hatte gerade welchen gemacht, bevor Sie hereinkamen. Er ist in der Thermosflasche.«
»Ja, bitte.«
Er redete weiter, während Monica die oberste Schublade eines der stählernen Aktenschränke öffnete und zwei braune Becher, die Thermosflasche und eine Packung Milch herausholte.
»Harry gefiel ihr, sie fand ihn lustig ...«
»Sie hat einen guten Geschmack.«
»Sie mochte sogar Lindemann, was mich überraschte. Von Hugh Grey hielt sie gar nichts. Der Idiot unternahm einen Annäherungsversuch, als sie zusammen spazierengingen ...«
»Das wäre eigentlich Harrys Sache gewesen.« Sie legte eine Papierserviette auf Tweeds Schreibtisch und stellte den Becher darauf. »Bitte sehr. Schwarz wie die Sünde. Und was hielt sie von Dalby?«
»Sie bewunderte ihn. Sagte, er wäre seiner Arbeit hingegeben. Was seine Einstellung zu Frauen betrifft, hielt sie ihn für ziemlich gleichgültig. An erster Stelle steht die Arbeit.«
»Sie ist eine kluge Person und eine Männerverschlingerin obendrein. Irgendwie gefällt mir das nicht.«
»Warum eine Männerverschlingerin?«
»Nach dem, was Sie erzählten, hat sie sie alle um den Finger gewik-

kelt. Eine Frau für die Männer. Andere Frauen können sie vermutlich nicht ausstehen. Was bedeutet, daß sie sich wünschten, sie hätten ihre Macht über Männer. Warum ist sie so wichtig? Seit sie angekommen ist, haben Sie sie wie eine Glucke bewacht . . . «

»Weil sie eine Zeugin ist.« Tweed sprang plötzlich auf. »Gott! Was war ich doch für ein Idiot. Ich habe sie allen vieren gezeigt – und einer von ihnen ist Janus. Sie muß rund um die Uhr beschützt werden. Rufen Sie Pete Nield an . . . «

»Um diese Zeit? Er liegt bestimmt in seiner Wohnung in Highgate im Bett . . . «

»Ich sagte, rufen Sie ihn an. Sagen Sie ihm, er solle sich sofort anziehen und herkommen. Ich warte auf ihn.«

»Wie Sie wünschen. Sie muß schon eine beachtliche Person sein, diese Diana . . . «

Tweed war erregt. Monica beobachtete ihn, während sie Nield anrief. Er wanderte rastlos im Büro herum, zog die Klappen aus seinen Jakkentaschen und glättete sie, schlug sich mit den Handflächen auf den Rücken, fingerte an seiner Krawatte herum. Er konnte nicht stillhalten.

Sie beendete das kurze Gespräch, legte den Hörer und und versuchte ihn zu beruhigen, indem sie redete.

»Nield kommt. Hofft, in einer halben Stunde hier zu sein. Um diese Zeit ist kaum Verkehr auf den Straßen. So, und ist Ihnen bei Ihren Besuchen irgend etwas von Bedeutung aufgefallen?«

»Ja. Ein Anleger, der in The Wash hineinragt. Kürzlich mit neuem Holz verstärkt. Dann Mastersons Cottage. Er haßt die See. Ich ging auf die Toilette, öffnete das Fenster. An einem Schuppen lehnte neben anderen Abfällen das Steuerruder von einem Schiff. Keine zehn Fahrminuten entfernt entdeckte ich einen großen Kabinenkreuzer mit dem Namen *Nocturne*. Chopin komponierte Nocturnes . . . «

»Das ist mir bekannt . . . «

»Es war niemand in der Nähe. Ich ging an Bord, warf einen Blick ins Ruderhaus. Das Ruder machte einen brandneuen Eindruck. In Lindemanns Badezimmer sah ich in ein Wandschränkchen. Es enthielt eine Flasche mit schwarzem Haarfärbemittel. Er trinkt nicht. In einem Schrank in seinem Wohnzimmer stand ein halbvolles Glas Scotch. Bei Dalby habe ich nichts gefunden . . . «

»Gott sei Dank. Mir dreht sich schon der Kopf . . . «

»Außer in der Küche. Dalby hatte grüne Bohnen geschnitzelt. Keine Spur von dem Messer. Das war's.«

»Sie sind ja mächtig tüchtig gewesen. Darf ich fragen, wie all diese verschiedenen Dinge zusammenhängen?«

»Ich habe keine Ahnung ...«

»Also darf ich nicht fragen. Trinken Sie Ihren Kaffee. Nield dürfte bald hier sein.«

»Sie haben gefragt, wie diese Dinge zusammenhängen. Das ist der springende Punkt. Ich bin überzeugt, daß irgendein Bindeglied fehlt.«

»Wäre es nicht seltsam, wenn Bob Newman das fehlende Bindeglied liefern würde?«

Zweiter Teil

Die Fracht

VIERUNDDREISSIG

Es war ein Uhr nachts, Moskauer Zeit. In einem großen Büro im Kreml stand General Wassili Lysenko Michail Gorbatschow gegenüber. Gorbatschow trug einen grauen Maßanzug, ein weißes Hemd und eine rote Krawatte. Seine Hände ruhten auf dem Konferenztisch, der ihn von seinem stocksteif dastehenden Besucher trennte. In der Ferne schlug eine Uhr einmal.

»Ich habe Sie aus Leipzig kommen lassen«, erklärte Gorbatschow, »weil die für England bestimmte Sendung jetzt Leningrad erreicht hat und verschifft werden kann. Die größte Menge Heroin, die je zusammengekommen ist, wie ich höre. Fünfhundert Kilogramm.«

»Das ist enorm ...«

»Und Sie sind dafür verantwortlich, daß es seinen Bestimmungsort erreicht. Sie wissen, wie wichtig Ihre Aufgabe ist?«

»Ja, Genosse Generalsekretär.«

»Die Engländer sind sich der Gefahr vollauf bewußt. Jeder Versuch, es über die normalen Kanäle ins Land zu schleusen, wäre von vornherein zum Scheitern verurteilt. Sie überwachen die Flughäfen und die Seehäfen. Deshalb bedienen wir uns einer völlig neuen Route, die Sie vorgeschlagen haben.«

»Balkan wird uns nicht im Stich lassen ...«

»Er täte gut daran, *Sie* nicht im Stich zu lassen«, korrigierte Gorbatschow.

Er schlug mit der geballten Faust auf die polierte Tischplatte; dann begann er, im Zimmer umherzuwandern und seine Worte mit abgehackten Bewegungen seiner rechten Hand zu unterstreichen. Lysenko hörte mit einer Mischung aus Angst und Ehrfurcht zu.

»Während ich von Frieden rede, muß alles unternommen werden, um den Westen zu demoralisieren. Heroin ist die Hauptwaffe, England das Hauptziel.« Gorbatschow vollführte eine halbe Drehung und sah seinem Gesprächspartner plötzlich ins Gesicht. Dann überraschte er seinen Besucher mit einem breiten Lächeln. »Selbstverständlich haben Sie mein volles Vertrauen, Genosse Lysenko.«

»Danke.«
»Wir wissen natürlich, daß sich die Londoner Drogenfahndung gegenwärtig auf Holland konzentriert, von wo aus der größte Teil der aus Südamerika kommenden Drogen nach England verschifft wird.«
»So ist es.«
Wieder war Lysenko erstaunt über Gorbatschows Detailkenntnisse. Bald nachdem die neue Sonne über dem Kreml aufgegangen war, hatte Lysenko begriffen, daß es bei ihm keinen anderen Weg gab, als die Wahrheit zu sagen. Diese Erkenntnis war es, die ihn auf seinem Posten als General des sowjetischen Militär-Geheimdienstes gehalten hatte, während viele seiner alten Kollegen im Mülleimer der Geschichte gelandet waren.
»Also«, fuhr Gorbatschow mit grimmigem Ausdruck fort, »werden sie nicht damit rechnen, daß die Ware auf einer neuen Route eintrifft. Und kein Wort darüber zu Markus Wolf.«
»Wirklich? Er könnte es übelnehmen, wenn man ihn ausschließt ...«
»Schließen Sie ihn aus. Wolf ist nur noch ein Denkmal. Fast dreißig Jahre auf seinem jetzigen Posten als Stellvertretender Minister für Staatssicherheit in der DDR. Wen kümmert das? Ein Denkmal«, wiederholte er. »Ich bin überall auf solche Typen gestoßen – Leute, die schlaff und bequem geworden waren, die sich für unentbehrlich hielten. Ich habe ihnen gezeigt, daß ich sie entbehren kann.«
»Ich verstehe.« Lysenko stand sehr steif da.
»Keine Angst, Genosse. Ich habe nicht vor, Sie zu fressen. Nur eins macht mir Sorgen. *Tweed.* Ich sagte Ihnen, daß ich seine Akte gelesen habe. Er ist der einzige Mann, der diesem Unternehmen auf die Spur kommen könnte.«
»Er ist nach wie vor in London. Balkan hat es bestätigt. Er sagt, er wäre sicher, daß Tweed nach Deutschland zurückkehren würde. Tweed gibt nie auf ...«
»Und genau deshalb mache ich mir Sorgen. Sie wissen, welche Anstrengungen wir unternommen haben, um die Ladung insgeheim nach Leningrad zu transportieren. Munzel hat einmal versagt. Normalerweise würde er keine zweite Chance bekommen. Die hat er nur, weil Sie sagten, er wäre der Beste. Und es muß von einem Deutschen erledigt werden. Wir können nicht riskieren, damit in Verbindung gebracht zu werden.«
»Wolf weiß über die andere Ladung Bescheid, die auf den Weg ge-

bracht werden soll – die für Nicaragua bestimmten Waffen aus der Tschechoslowakei, die von der DDR aus nach Kuba gehen.«
»Das macht nichts. Im Vergleich zu unserer Ware ist das ein kleiner Fisch. Das Weitere liegt bei Ihnen, Lysenko. Sorgen Sie dafür, daß die Ladung sicher nach England gelangt. Das wäre alles.«
Gorbatschows Augen unter den dichten Brauen musterten Lysenko. Er wartete, bis sein Besucher die Tür erreicht hatte, bevor er seine letzte Anweisung erteilte.
»Lysenko! Keinerlei Hinweise auf unser Projekt über die üblichen Kanäle – Telefon, Fernschreiber oder Computer. Die Amerikaner haben Mittel und Wege gefunden, unser Kommunikationssystem anzuzapfen, und es ist uns noch nicht gelungen, das Problem zu lösen. Wenn Sie mit mir Verbindung aufnehmen müssen, benutzen Sie das Telefon – aber sprechen Sie nur von der ›Fracht‹. Nur dieses Wort und nichts sonst. Ihr Flugzeug wartet. Zurück nach Leipzig...«

Auf dem Flug nach Leipzig ging Lysenko vieles im Kopf herum. In Moskau war er unter Umgehung der normalen Paß- und Sicherheitskontrollen als erster an Bord der Tupolew 134 gegangen. Er hatte eine Kabine des Flugzeugs für sich allein, unmittelbar hinter dem Cockpit, vom Rest des Passagierraums durch einen Vorhang abgetrennt.
Er war immer erleichtert, wenn er Gorbatschow verlassen hatte, ohne seinen Rang eingebüßt zu haben. Der Generalsekretär stellte die Sowjetunion auf den Kopf. Niemand war sicher, der seinen Ansprüchen nicht genügte – einerlei, welche Position er einnahm oder was er einmal geleistet hatte.
Die Morgendämmerung war ein blasser Streifen am fernen Horizont, aber Lysenko bemerkte es nicht – er dachte über das nach, was er zu hören bekommen hatte. Bemerkenswert war, daß Gorbatschow für das Heroin nicht einmal ein Codewort ausgegeben hatte. Nur »die Fracht«. Eine zusätzliche Vorsichtsmaßnahme. Codewörter konnten durchsickern, die Leute konnten sich Gedanken machen, was sie zu bedeuten hatten.
»Die Fracht« war ein Projekt, an dem Gorbatschow sehr viel lag. Der bisherige Transport war in der Tat ein mühseliges Unterfangen gewesen. Zuerst die endlose Kamelkarawane, die sie aus Pakistan herausgetragen hatte, der Beginn einer langen Reise vor vielen Wochen.
Die Route war gefährlich gewesen. Auf einer kurzen Strecke hatte

sie die »Zunge« im Osten von Afghanistan durchquert, die an Pakistan, die Ostspitze Chinas und im Norden an die Sowjetunion grenzte. Sie hatten einen jungen General damit beauftragt, in diesem Teil Afghanistans gegen die Rebellen vorzugehen.
Sein Befehl hatte gelautet, die Rebellen zu vernichten, die »Zunge« zu besetzen. Das sowjetische Oberkommando, das ihn erteilt hatte, wußte, daß das unmöglich war. Es war ein Ablenkungsmanöver – die Rebellen sollten vollauf beschäftigt sein, während die Kamelkarawane weiterzog, auf einem Paß den Pamir überquerte und schließlich ins Tiefland von Turan gelangte.
In Kokand war die Fracht in einen aus sechs Waggons bestehenden gepanzerten Zug verladen worden. Für das Heroin war nur ein Teil eines Waggons erforderlich gewesen. Eine weitere Vorsichtsmaßnahme. Auch in Rußland war Rauschgift ein wachsendes Problem. Man hatte das Gerücht ausgestreut, der Zug befördere Waffen.
Er hatte die lange Strecke nach Moskau zurückgelegt. Dort war der Waggon mit dem Heroin abgekoppelt und mitten in der Nacht an einen Expreß nach Leningrad gehängt worden. Und jetzt sollte die Fracht über See an ihren endgültigen Bestimmungsort gebracht werden. Auf einer völlig unvermuteten Route. Mit Balkans Hilfe.

Chefinspektor Bernard Carson von der Drogenfahndung war ein hochgewachsener, schlanker Endfünfziger mit lockigem braunem Haar. Er gab sich immer gelassen, sogar lässig, so schwerwiegend die Krise auch sein mochte, der er gegenüberstand. Jetzt saß er in Tweeds Sessel, während Tweed am Fenster stand. Auf seine Bitte hin hatte Monica sie allein gelassen.
»Im Grunde betrifft Sie das, um dessentwillen ich gekommen bin, überhaupt nicht«, erklärte Carson. »Aber ich bin ein bißchen beunruhigt.«
»Sie?« Tweed war überrascht. Er konnte sich nicht erinnern, daß Carson je zugegeben hätte, daß ihn etwas aus der Ruhe brachte.
»Auf der Straße laufen Gerüchte um, daß die größte Ladung Heroin, die je transportiert wurde, hierher unterwegs ist.«
»Darf ich fragen, welches Ihre Informationsquellen sind?«
»Oh, wir haben ein ganzes Untergrundnetz von Dealern und Pushern, die uns – gegen entsprechende Belohnung – einiges verraten. Sie sind alle darauf eingestellt, eine riesige Lieferung rasch zu verteilen. Darin liegt der Schlüssel zu ihrem Erfolg. Nie auf dem Zeug sitzenbleiben. Es loswerden. Schnell! An ein ganzes Heer von

Pushern weitergeben. Hier in London. In den Midlands. Das Gift wird über das ganze Land verteilt. Und ich habe keinen Zweifel, daß die Gerüchte wahr sind.«

»Weshalb kommen Sie damit zu mir?« fragte Tweed.

»Weil Sie Ihr eigenes Netz in ganz Europa haben. Ich hatte gehofft, Sie hätten vielleicht etwas gehört. Es ist die *Route*, über die ich Bescheid wissen muß...«

Carson sprach mit ungewohntem Nachdruck. Er trank einen Schluck von dem Kaffee, den Monica vor ihrem Gespräch hereingebracht hatte.

»Im Augenblick ist das Holland, nicht wahr?«

»Das ist zumindest die Ansicht meiner sämtlichen Kollegen. Ihre Augen – und die der Leute vom Zoll – starren wie gebannt auf Holland.«

»Und Ihre Ansicht?«

Carson zuckte die Achseln. »Ich habe in diesem Fall ein merkwürdiges Gefühl – etwas ist anders. Eine derartige Aktivität, so viel Erwartung habe ich auf den Straßen noch nie erlebt. Den Kerlen läuft praktisch das Wasser im Mund zusammen. Es ist durchaus möglich, daß es sich um eine noch nie dagewesene Menge handelt – vielleicht sogar hundert Kilo. Sie spekulieren darauf, mit einem Schlag den großen Fisch an Land zu ziehen. Aber ich weiß bei Gott nicht, wie das vor sich gehen soll.«

»Bernard«, sagte Tweed unvermittelt, »ich kann Ihnen nicht helfen.«

»Warum nicht?« Carson war bestürzt.

»Weil ich überzeugt bin, daß Sie noch etwas wissen, das Sie mir nicht erzählt haben. Sie haben mir nichts Konkretes in die Hand gegeben. Also lassen wir das.«

Carson bewegte sich unbehaglich. »Ich hätte wissen müssen, daß Sie das spüren. Okay. Aber das ist ganz vertraulich...«

»Erzählen Sie. Wenn Sie wollen.«

»Wir hatten einen Mann in Pakistan, einen sehr guten Mann. Er war in Peshawar stationiert, dem Ort, von dem aus die Amerikaner die afghanischen Rebellen mit Waffen und Munition versorgen...«

»Ich weiß, wo Peshawar liegt.«

»Dies ist die wirkliche vertrauliche Information. Unser Mann hatte einen Kontakt zur sowjetischen Botschaft in Islamabad. Gekauft und bezahlt. Unser Mann berichtete über Gerüchte, denen zufolge eine für den Westen bestimmte große Ladung Heroin unterwegs war. Un-

ser Mann muß den Sowjets in die Hände gefallen sein. Sie haben ihn von Pathanen in Stücke schneiden lassen . . .«
»Wie grauenhaft.«
»Damit muß man in der Gegend rechnen. Unser Mann wußte das. Aber einige unserer Leute kamen dazu und erwischten die Pathanen auf frischer Tat.«
»Was ist mit ihnen passiert?«
Carson formte die rechte Hand wie ein Pistole, machte die Bewegung des Abdrückens. »Für Mitgefühl ist in unserem Geschäft kein Platz. Unser Mann war noch am Leben – gerade eben. Er sprach ein Wort, bevor es aus war. Klang wie *Hanse*.«
»Sind Sie sicher, daß es Hanse war?« drängte Tweed.
»Das jedenfalls haben unsere Leute herausgehört.« Carson unterdrückte ein Gähnen. »Entschuldigung. Ich bin seit vierundzwanzig Stunden auf den Beinen. Ich weiß damit nicht das mindeste anzufangen.«
»Hanse«, wiederholte Tweed. »Ein Zusammenschluß der wichtigsten Handelsstädte zum Schutz ihrer Interessen. Die Anfänge gehen bis ins zwölfte Jahrhundert zurück. Zu den Gründungsmitgliedern gehörten Hamburg und Lübeck. Die Hanse stellte auch eine militärische Macht dar. Es gab bewaffnete Einheiten, die die Warentransporte auf ihrem Weg durch Europa begleiteten und vor See- und Straßenräubern schützten.«
»In Geschichte war ich nie gut«, sagte Carson. »Aber ich sehe den Zusammenhang nicht . . .«
»Ich auch nicht. Noch nicht.«
Tweed trat an die neue Karte von Westeuropa, die Monica inzwischen aufgehängt hatte. Er holte einen Zeigestock aus der Schublade, um die höher gelegenen Punkte erreichen zu können. Beim Sprechen deutete er auf die jeweiligen Orte.
»Reval in Estland, Stralsund und Rostock in der heutigen DDR, dann Lübeck, Hamburg und Bremen – um nur ein paar zu nennen. Auf dem Höhepunkt ihrer Macht gehörten der Hanse rund neunzig Städte an.« Er drehte sich wieder zu Carson um. »Und das merkwürdige ist, daß einer meiner Männer das gleiche Wort benutzte – Hanse.«
Carson löste die übereinandergeschlagenen Knöchel voneinander, richtete sich, plötzlich hellwach, kerzengerade auf. »Also kann Ihr Mann uns vielleicht weiterhelfen?«
»Er ist auch tot. In Hamburg ermordet.«
»Dann sieht es so aus, als wäre ich doch an der richtigen Stelle. Sollte

das ein Zufall sein? Mein Mann wird in Peshawar ermordet, Ihrer in Hamburg – und in beiden Fällen ist das letzte Wort, das sie von sich geben, Hanse. Kaum vorstellbar...«

»Es ist vorstellbar.« Tweed verstaute den Zeigestock wieder in der Schublade, stieß sie zu. »Bernard, ich möchte, daß Sie mir etwas versprechen. Kein Wort über diese Sache außerhalb dieses Zimmers. Sie sagten, sie wäre vertraulich. Jetzt nehme ich Sie beim Wort. Ich möchte Ihr festes Versprechen.«

»Also gut, wenn auch ungern. Aber ich könnte die Akten überprüfen...«

»Nein! Unternehmen Sie gar nichts. Ich halte es für möglich, daß ich den Mann, der in Hamburg starb, unterschätzt habe. Übrigens – wenn Ihnen eine Ladung in der Größenordnung von hundert Kilo in die Hände fällt, was unternehmen Sie dann?«

»Alle erdenklichen Vorsichtsmaßnahmen. Aber das funktioniert nicht immer. Bei dem Profit, den eine solche Menge einbringen könnte, kann man niemandem trauen. Unter uns gesagt, nicht einmal den Leuten von der Drogenfahndung.«

»Wie lange ist es her, seit Ihr Mann in Peshawar ermordet wurde?«

»Auf den Tag genau acht Wochen. Vor ungefähr vier Wochen erhielten wir die ersten Berichte über die Erwartung, die auf den Straßen herrscht...«

»Also haben wir möglicherweise nicht mehr viel Zeit. Und ich muß mich auf einen mir unbekannten Stichtag einstellen.«

FÜNFUNDDREISSIG

»Es ist besser, wenn die Schwester, die Dr. Berlin gepflegt hat, Sie für einen deutschen Zeitungsreporter hält«, sagte Falken, als sie in Richtung Leipzig fuhren. »Wissen Sie ihren Namen noch?«

»Karen Piper.«

»Gut. Sie sind noch auf Draht...«

»Warum sollte ich das nicht sein?«

»Mein Freund, Sie sind nicht der einzige Außenstehende, den ich durch die DDR begleitet habe. Pullach hat schon früher Leute – Kuriere – geschickt, die noch nie zuvor hier gewesen waren. Schon in den ersten vierundzwanzig Stunden mußten wir feststellen, daß sie die Nerven verloren, weil sie dem Druck eines Aufenthalts auf feindlichem Territorium nicht gewachsen waren. Sie wurden zu einer Gefahr für Gruppe Fünf.«

»Und wie haben Sie darauf reagiert?«

»Sie so schnell wie möglich wieder über die Grenze gebracht. Wenn es sich machen ließ.«

»Und wenn es sich nicht machen ließ?«

»Unser Leben stand auf dem Spiel. Wir hatten keine Alternative. Lassen wir es dabei bewenden.«

Großer Gott, dachte Newman, sie mußten sie erschießen, irgendwo begraben. Er spürte, wie sich sein Magen verkrampfte. Leichte Übelkeit. Er konzentrierte sich auf das, was vor ihnen lag.

Die Autobahn zog sich durch offenes Gelände. Links und rechts lagen Felder und Wald. Die Sonne brannte von einem fast klaren Himmel herab, aber in einiger Entfernung vor ihnen türmten sich dunkle Gewitterwolken auf. Die Luft war feucht und drückend.

Der Verkehr war stärker, als Falken erwartet hatte. Riesige Diesellaster dröhnten an ihnen vorüber, stießen Qualmwolken aus. Falken fuhr relativ langsam – er schien es nicht eilig zu haben. Die erlaubte Höchstgeschwindigkeit betrug hundert Stundenkilometer; Falken fuhr nicht mehr als sechzig. Deshalb wurden sie von den schweren Lastern überholt.

»Sie gehen kein Risiko ein«, bemerkte Newman und deutete mit einem Blick auf den Geschwindigkeitsanzeiger. Es war das einzige Zeichen seiner Anspannung.

»Wir sind etwas zu früh dran für unsere Verabredung mit Karen Piper. Aber ich werde auf alle Fälle etwas früher da sein, damit ich mir die Umgebung genau ansehen kann.«

»Wer übernimmt das Reden, wenn wir angehalten werden?«

»Darauf wollte ich gerade kommen. Sie tun es. Sie sind ein Grenzer. Das verleiht Ihnen Autorität. Und Sie wissen davon Gebrauch zu machen.«

»Aber wir sind hier weit von der Grenze entfernt ...«

»Sie können sich nicht vorstellen, welche Macht Ihnen das Dokument in Ihrer Tasche verleiht. Ein Mann mit einem Sonderauftrag. In Zivil. Sie können sich praktisch überall in der DDR aufhalten. Und Sie brauchen keine Erklärungen abzugeben. Es sei denn, wir werden vom Staatssicherheitsdienst angehalten. Von Wolfs Leuten. Dann kann alles mögliche passieren.«

»Ich werde versuchen, sie zu bluffen. Und wenn mir das nicht gelingt?«

»Dann schießen wir uns den Weg frei. Ohne mit der Wimper zu zukken. Und hier verlasse ich die Autobahn und mache einen Umweg über Landstraßen, bevor ich näher an Leizpig wieder auf die Autobahn zurückkehre.«
Er warf einen Blick in den Rückspiegel. Er war ein vorzüglicher Fahrer. Newman war aufgefallen, daß er für Sekundenbruchteile immer wieder einen Blick in den Spiegel geworfen hatte. Er betätigte den Blinker und bog auf eine gewundene, von Hecken gesäumte Landstraße ein.
Newman spürte, wie sich nun, nachdem sie die Autobahn verlassen hatten, seine Magenmuskeln entkrampften. Er war nervös gewesen, hatte ständig im Außenspiegel nach einem Streifenwagen Ausschau gehalten. Man konnte nicht damit rechnen, daß es jedesmal gelang, sich durch Bluffen freie Bahn durch eine Straßensperre, an einem Streifenwagen der Volkspolizei vorbei zu verschaffen. Falken sprach auf seine stille, gelassene Art weiter.
»Wir treffen die Piper in einem Wohnmobil unter einem großen Straßenkreuz. Wir nennen es das Zickzack. Eine kleinere Version von Spaghetti Junction in Los Angeles, die man öfter im Fernsehen sieht.«
»So etwas sehen Sie im Fernsehen?«
»Sie würden sich wundern, wie viele Leute einen Farbfernseher haben – und am liebsten sehen sie die Programme aus dem Westen. Das ist unerwünscht, aber darum kümmert sich niemand.«
»Scheint mir ein bißchen öffentlich – dieses Treffen in einem Wohnmobil ...«
»Wir haben den Ort mit Bedacht gewählt. Er bietet mehrere Fluchtmöglichkeiten. Stellen Sie sich vor, wir hätten uns für diese Gegend hier entschieden – wohin würden Sie dann flüchten, wenn die Marsmenschen kommen? Die Piper war einverstanden – aus den gleichen Gründen. Sie werden es ja sehen.«
»Und wie geht es weiter, nachdem ich mit ihr gesprochen habe?«
»Auf dem kürzesten Weg in die Freiheit. Mit Gerdas Hilfe. Wir haben darüber bereits gesprochen. Ich werde nicht dabei sein – ich muß mich dringend um eine andere Sache kümmern. Außerdem fallen ein einzelner Mann und ein Mädchen weniger auf.« Sie fuhren eine steile Anhöhe hinauf, deren Kamm ihnen die Aussicht versperrte. »Wenn wir angehalten werden«, fuhr Falken fort, »sollten Sie wissen, daß Gerda mit Papieren auf den Namen Gerda Nowak reist. Sie ist Sekretärin in Markus Wolfs Hauptquartier in Leipzig. Normalerweise sitzt

er in Ostberlin, aber er hält sich schon seit geraumer Zeit hier auf. Ich werde es Ihnen überlassen, sich eine Geschichte über sie auszudenken – falls es erforderlich werden sollte. Eine spontane Erklärung ist oft überzeugender.«

Sie fuhren über den Kamm. Die Straße fiel an der anderen Seite ebenso steil ab. Ein grüner Wagen mit zwei Männern auf den vorderen Sitzen kam ihnen entgegen, stoppte auf der ebenen Strecke am Fuße des Hügels, sperrte die Straße ...

»Anscheinend bin ich Hellseher«, bemerkte Falken mit ausdruckslosem Gesicht. »Wir haben mal wieder ein Problem ...«

»Staatssicherheitsdienst der DDR.«

Der größere der beiden Männer in Zivil hielt einen Ausweis an das Fenster, das Newman heruntergekurbelt hatte. Newman nickte, öffnete die Tür und stieg aus; der hochgewachsene Grenzer trat einen Schritt zurück. Beide Männer waren in den Vierzigern, trugen leichte graue Regenmäntel, aber keine Hüte. Ihre Gesichter waren undurchdringlich.

Newman ließ die Wagentür weit offen und machte mehrere Schritte zur Seite, um das Schußfeld für Gerdas Maschinenpistole nicht zu behindern. Er zog seine Hose hoch und warf einen Blick über eine auf ein Feld führende Pforte. Ungefähr einen halben Kilometer entfernt bemerkte er einen aufgegebenen Steinbruch, in dem zwischen einem Haufen Geröll ein vor sich hinrostender Bulldozer stand. Ein guter Platz, um Leichen zu verstecken. Gott, er war schon fast so hart wie Falken. Ein paar Wochen in der DDR, und er würde sogar noch härter sein als er. Er sprach ganz gelassen, während er nach seinem Ausweis griff, redete wie mit Gleichgestellten.

»Grenztruppe. Und dürfte ich Ihren Ausweis noch einmal sehen? Einmal hätte ich von einem angeblichen Staatssicherheitsmann beinahe eins über den Kopf bekommen. Danke ...«

Sie sahen aus wie hartgesottene Geschäftsleute, die auf den letzten Pfennig aus waren. Von der rechten Augenbraue des größeren zog sich eine Narbe herab. Der kleinere scharrte ungeduldig mit den Füßen; offenbar bekleidete er einen niedrigeren Rang und überließ seinem Vorgesetzten das Reden.

»Scheint in Ordnung zu sein«, sagte Newman und gab den Ausweis zurück. Dann warf er einen Blick auf seine Uhr, stahlplattiert, in der DDR hergestellt. »Ich bin in Eile. Sonderauftrag. Drogen ...«

»Drogen? Sagten Sie Drogen?«

»Heroin.«
Er bemerkte, daß die beiden Männer einen raschen Blick wechselten. Ich habe das Falsche gesagt, dachte er. Er stand ganz still da, als er den Ausweis wieder in Empfang nahm, und entschied sich, es noch etwas weiter zu treiben.
»Ich habe eine Verabredung. Mein Informant wird nicht warten.«
»Wer ist das Mädchen?« fragte der Hochgewachsene mit nichtssagendem Ausdruck.
»Gerda. Das muß als Identifikation genügen. Sie ist die Vermittlerin. Sie kennt den Informanten. Ich nicht. Der Mann hinter dem Steuer ist der schnellste Fahrer in der DDR. Den brauche ich. Außerdem muß ich die verlorene Zeit wieder aufholen.«
»Martin, mach die Straße frei für Herrn Clasen«, befahl der Hochgewachsene.
»Noch etwas«, rief Newman, nachdem er wieder in den Tschaika eingestiegen war und die Tür geschlossen hatte. »Wenn Sie einen blauen Lada sehen, der von einem Mann mit einer russischen Pelzmütze gefahren wird, halten Sie ihn nicht an.«
»Einer Pelzmütze? Bei dem Wetter?«
»Ein Statussymbol, nehme ich an.«
»Die Russkies sind Angeber«, kommentierte der Hochgewachsene verächtlich.
Falken fuhr weiter. Newman winkte den beiden Männern weder zu, noch warf er einen Blick auf sie, sondern behielt die ruhige, selbstsichere Haltung bei, die er im Gespräch mit ihnen eingenommen hatte. Sie umrundeten eine Kurve, und Falken sprach mit einer Spur von Belustigung in der Stimme.
»Das war aber eine ganz andere Vorstellung als die, die Sie für den dahingeschiedenen Herrn Schneider gegeben haben.«
»Den Staatssicherheitsdienst schreit man nicht an. Aber etwas war merkwürdig. Offenbar habe ich genau das Richtige gesagt. Drogen scheinen eine Art Parole zu sein.«
»Solange die da hinten nicht darüber nachdenken und auf die Idee kommen, an uns wäre etwas merkwürdig gewesen.«

»Siehst du, Martin«, sagte der hochgewachsene Mann vom Staatssicherheitsdienst zu seinem Fahrer, als sie sich der Autobahn näherten, »es ist doch etwas dran an dem Gerücht, daß eine große Menge Heroin unterwegs ist. Dieser Grenzer hat irgendetwas damit zu tun, da bin ich ganz sicher.«

»Vielleicht wäre es besser für uns, wenn wir vergäßen, daß wir ihm begegnet sind?«
»Sind wir jemandem begegnet?«
Im Hauptquartier des Staatssicherheitsdienstes in Leipzig grassierten Gerüchte. Die höheren Offiziere erörterten sie flüsternd hinter geschlossenen Türen. Gorbatschow hatte etwas außer acht gelassen. Die Operation hatte keinen Codenamen. Das hatte Neugier erregt. Auch Markus Wolf wußte, daß die Russen etwas vorhatten, das sie vor ihm geheimhielten.
Er behielt seine Meinung für sich. Stellte keine einzige Frage. Er vermutete, daß dies der eigentliche Zweck von Lysenkos Aufenthalt in Leipzig war. Sollten sie doch zusehen, wie sie zurechtkamen. Sie würden die Sache verpfuschen, und dann würden sie zu ihm kommen, damit er ihren Karren aus dem Dreck zog. Das war schließlich schon öfter passiert.

Sie waren wieder auf der Autobahn, im Dröhnen und in den Auspuffgasen der großen Laster. Falken blieb knapp unter der Geschwindigkeitsbegrenzung, und als sie sich dem Straßenkreuz näherten, hielt er nach allen Seiten Ausschau. Keine Streifenwagen in Sicht. Er bog auf eine Abfahrt ein, lenkte den Wagen auf einen Parkplatz und schaltete den Motor aus.
Der Verkehr donnerte über sie hinweg. Sie parkten an einer Stelle, an der sich zwei massive Betonbrücken schnitten, und waren umgeben von den Betonpfeilern, die das ganze Bauwerk stützten. Newman schloß das Fenster, und der Verkehrslärm verringerte sich um einige Dezibel.
»Dort ist das Wohnmobil«, sagte Falken und deutete nach rechts.
»Ziemlich auffällig«, bemerkte Newman.
Das große Fahrzeug mit seinem hohen Chassis machte einen leeren Eindruck. Vor den Fenstern hingen Gardinen. Hinten eine zweiflüglige Tür. Ein Tritt, der das Einsteigen erleichterte. Auf nackter, festgetretener Erde geparkt. Über ihm senkte sich eine der Brücken herab; der Abstand zum Dach betrug kaum drei Meter.
»Es ist erlaubt«, sagte Falken. »Und Campingurlaub ist in der DDR sehr beliebt. Außerdem ist dafür die richtige Jahreszeit. So, und jetzt ein paar Instruktionen für Sie. Bitte hören Sie genau zu. Wie ich bereits sagte, lasse ich Sie irgendwann mit Gerda allein. Solange Sie nicht wieder sicher im Westen sind, rühren Sie keinen Alkohol an. Die Gesetze über Alkohol am Steuer sind hier überaus streng. Sie

werden beim Verlassen einer Bar beobachtet; ob Sie etwas getrunken haben oder nicht, die Vopos sehen Sie, und Sie können verhaftet werden. Günstigstenfalls kommen Sie mit einer Geldstrafe davon. Nehmen Sie nie eine Flasche in einem Wagen mit, in dem Sie fahren. Sie braucht nicht einmal geöffnet zu sein. Aber wenn sie gefunden wird, werden Sie auch verhaftet. Und vor allem – tun Sie, was Gerda sagt.«

»Um Gottes willen«, rief Gerda vom Rücksitz, »hör auf, ihm Vorträge zu halten. Er hat uns zweimal gerettet. Erst, als wir dicht an der Grenze im Nebel auf Schneider stießen. Und vorhin mit den Leuten vom Staatssicherheitsdienst. Er weiß, was er tut . . .«

»Du hast recht«, gab Falken zu. Er lächelte Newman an. »Ich habe mich schon öfter gefragt, wer hier eigentlich das Sagen hat. Aber ich muß zugeben, daß mich das Warten nervös macht.«

»Wie lange noch?«

»Die Piper sollte um zwölf hier sein. Wir gestehen ihr acht Minuten Verspätung zu, dann verschwinden wir . . .«

»Ohne daß ich mit ihr gesprochen habe? Nachdem ich die weite Reise gemacht habe?«

»Es gibt Sicherheitsregeln, gegen die wir nie verstoßen.«

»Und wir warten hier?«

»Noch eine kurze Weile, ja.«

Newman preßte die Lippen zusammen, beschloß, vorerst den Mund zu halten. Falken stand offensichtlich unter starker Anspannung. Kein Wunder. Er warf wieder einen Blick auf das Wohnmobil. Es war frisch gestrichen, die Vorhänge waren sauber, der Chrom funkelte. Es war der Ort, der so deprimierend wirkte.

Hochgeschossenes Unkraut umgab das Fahrzeug, Büschel von etwas, das aussah wie Sauerampfer. Dahinter zog sich ein mit Gras überwachsener Pfad schnurgerade durch eine tief zwischen den umliegenden Feldern verlaufende Schlucht. Er fragte Falken, was das wäre.

»Einer unserer Fluchtwege. Eine alte Eisenbahnstrecke, seit Jahren außer Betrieb. Die Schienen wurden entfernt, und die Schwellen sind zu Staub zerfallen. Wenn wir mit dem Wohnmobil durch diese Schlucht fahren, sind wir von den Feldern oben nicht zu sehen. So, und jetzt werden wir die Gegend inspizieren. Ich gehe zuerst, Sie warten hier. Rutschen Sie hinters Steuer. Nur für den Notfall.«

»Für welchen Notfall?«

»Daß jemand in dem Wohnmobil auf uns wartet. Wenn ich winke, kommen Sie.«

Er öffnete die Tür, und wieder drang der Verkehrslärm in voller Stärke in den Wagen und dröhnte gegen Newmans Trommelfelle. Er konnte sich nicht vorstellen, wie er unter diesen Umständen auch nur ein Wort von dem verstehen sollte, das Karen Piper sagte. Er glitt hinters Steuer. Ohne sich umzudrehen, spürte er Gerdas Anspannung; gemeinsam beobachteten sie, wie Falken sich ganz beiläufig dem Wohnmobil näherte.

Er wanderte um das ganze Fahrzeug herum, klopfte an die Scheibe der Fahrerkabine, wartete, die Hände auf den Hüften. Im Tschaika stieg die Temperatur rapide an. Der Tag schien zu den heißesten des Sommers zu gehören. Newman zog sein Taschentuch hervor, wischte sich den Schweiß vom Nacken, von der Stirn, von den Handflächen.

»Alles in Ordnung«, sagte Gerda.

Falken hatte die Tür aufgeschlossen, war in das Wohnmobil gestiegen. Jetzt stand er wieder an der Tür und winkte ihnen zu. Newman warf einen Blick auf die Uhr. Fünf Minuten vor zwölf. Er stieg aus, und Gerda rief: »Nehmen Sie das bitte, Emil.«

Es war der mit einem Tuch zugedeckte Korb mit Essen, Kaffee und Mineralwasser, den Hildegard Radom für sie gepackt hatte. Er begriff, daß Gerda beide Hände für die in ihrem Anorak verborgene Uzi brauchte. Er verschloß den Tschaika, nachdem sie ausgestiegen war und auf das Wohnmobil zulief. Als er ihr folgte, kam ihm der Verkehrslärm noch ohrenbetäubender vor; Hitzeglast lag über den Feldern, und er hatte das Gefühl, noch mehr zu schwitzen, noch erschöpfter zu sein. Aber er mußte zusehen, daß er hellwach war, wenn er sich mit der Piper unterhielt. Ihm war klar, daß das Gespräch nicht einfach sein würde.

Das Innere des Wohnmobils war geräumiger, als er vermutet hatte. An jeder Längswand zog sich eine Sitzbank entlang, die als Bett benutzt werden konnte. Falken stellte gerade einen Falttisch dazwischen auf, während Gerda an dem auf den Tschaika hinausgehenden Fenster Wache hielt. Newman stand neben Gerda und fragte sich, warum er das Gefühl hatte, in eine Falle gegangen zu sein.

»Sie sitzen hier, wenn Sie sich mit der Piper unterhalten«, sagte Falken und deutete auf das Ende von einer der beiden Sitzbänke. »Dann sehen Sie die Uhr an der Wand hinter ihr. Lassen Sie sie nicht aus dem Auge.«

»Eine zeitliche Begrenzung?«

»Sie haben genau acht Minuten von dem Augenblick an, in dem Sie zu sprechen beginnen ...«

»Das ist doch lächerlich. Offenbar haben Sie nie jemanden interviewt. Man braucht Zeit, um den Gesprächspartner dazu zu bringen, daß er sich entspannt, Vertrauen gewinnt, bereit ist, sich mitzuteilen.«
»Acht Minuten. Es gibt ...«
»Ich weiß. Sicherheitsregeln, gegen die Sie nie verstoßen! Aber jetzt hören Sie ausnahmsweise einmal mir zu. Ich werde versuchen, es in acht Minuten zu schaffen. Aber wenn es länger dauert, dann dauert es eben länger.«
»Dieser Ort ist nicht sicher ...«
»Wer hat ihn denn ausgesucht?« fauchte Newman.
»Kein Ort ist sicher ...«
»Sie hätten einen Platz finden sollen, der mir mehr Zeit gelassen hätte. Schließlich sind wir lange genug in dem Schleusenwärterhäuschen geblieben.«
»Irgendwo mußten wir schlafen ...«
»Wir haben dort keineswegs geschlafen. Wir haben auf Radoms Hof geschlafen. Jetzt gibt es zwei Leute, die Ihnen sagen, was Sie zu tun haben. Gerda. Und mich. Was ist los?« fragte er Gerda, die das Fenster verlassen hatte und auf die hinteren Türen zusteuerte. In dem Wohnmobil war es erstaunlich still. Als Newman Falken nach dem Grund dafür fragte, hatte ihm der Deutsche erklärt, daß das Fahrzeug Thermopane-Scheiben hatte und gut isoliert war. »Die Winter sind hier sehr kalt«, bemerkte Falken. »Und dies ist die modernste Ausführung, die zu haben ist.«
Als Gerda die rechte Hintertür öffnete, war es mit der Stille vorbei. Dröhnender Verkehrslärm erfüllte das Innere. Gerda lauschte einen Moment, dann schloß sie die Tür wieder. Als sie sich umdrehte, hielt sie die Uzi schußbereit.
»Ich habe eine Polizeisirene gehört, einen Streifenwagen, der rasch näherkommt.«

SECHSUNDDREISSIG

»Weshalb wollten Sie mich sprechen, Hecht?« fragte Wolf den hochgewachsenen Mann vom Staatssicherheitsdienst. Er war froh, für eine halbe Stunde in seinem Büro allein zu sein; Lysenko war zum Essen gegangen.
»Wir haben drei Leute in einem Tschaika auf einer Landstraße ange-

halten. Mit einem Emil Clasen von der Grenztruppe ...« Hecht zögerte.
»Sprechen Sie weiter. Das interessiert mich.«
Wolf versuchte nie, seine Leute einzuschüchtern. Er verlangte viel von ihnen, behandelte sie aber immer höflich. Und es war allgemein bekannt, daß er alles tat, was in seiner Macht stand, wenn einer seiner Agenten im Westen verhaftet worden war und es darum ging, einen Austausch zu arrangieren, seinen Mann zu retten.
»Ich habe Martin nicht gesagt, daß ich Sie aufsuchen würde. Soviel ich weiß, gibt es Gerüchte über den Transport einer großen Menge Heroin.«
»Weiter«, ermutigte ihn Wolf, hütete sich aber, einen Kommentar abzugeben.
»Dieser Mann von der Grenztruppe war mit einem Sonderauftrag unterwegs. Ich habe mir seinen Ausweis angesehen. Er erwähnte Drogen. Ich fand, das sollten Sie erfahren.«
»Danke.« Wolf musterte seinen Besucher durch die eckigen, horngefaßten Gläser seiner Brille. »Aber bis jetzt haben Sie noch nichts Ungewöhnliches berichtet. Es gibt eine ganze Menge Grenzer mit Sonderaufträgen, die nach Drogenhändlern suchen.«
»Aber als sie davonfuhren, machte Clasen eine Bemerkung. Er sagte wortwörtlich: ›Wenn Sie einen blauen Lada sehen, der von einem Mann mit einer russischen Pelzmütze gefahren wird, halten Sie ihn nicht an.‹«
Wolf zog einen Notizblock zu sich heran, nahm einen Stift zur Hand.
»Sie sagten, drei Personen. Wer waren die anderen beiden?«
»Ein Mädchen, das er Gerda nannte, Ende Zwanzig, attraktiv, mit einem Kopftuch. Der Mann am Steuer war ungefähr vierzig, hochgewachsen, mager. Ich habe mir die Zulassungsnummer gemerkt ...«
Wolf notierte die Einzelheiten. Dann legte er den Stift hin, verschränkte die Arme und sah den Offizier an.
»Danke, daß Sie mir das mitgeteilt haben, Hecht. Kein Wort zu irgendjemandem sonst. Verstanden? Sie haben Initiative bewiesen. Ich werde es nicht vergessen.«
Er wartete, bis Hecht gegangen war. Nichts in seinem Gesicht verriet die Wut, die er empfand. Benutzten die Russen – Lysenko – eine seiner eigenen Einheiten für irgendeine geheime Operation, ohne ihn informiert zu haben? Das ließ er sich nicht gefallen. Es war der Hinweis auf den Mann mit der russischen Pelzmütze, der ihm zu denken gab. Er griff zum Telefon, wählte eine Hausnummer.

»Veranlassen Sie eine Schleppnetzfahndung. Nach einem Tschaika. Hier die näheren Angaben . . .«
Als er fertig war, rief er Hecht zurück, weil er etwas vergessen hatte. Er nahm Hecht mit an die Wandkarte und ließ sich von ihm die genaue Stelle zeigen, an der er den Tschaika angehalten hatte. Er dankte ihm, und als er wieder allein war, steckte er eine weitere Nadel in die Karte.

Falken hatte das Fenster geöffnet. Alle drei standen wie erstarrt da, hörten die immer lauter werdende, immer näher kommende Sirene. Newman hatte das Gefühl, die Spannung kaum noch ertragen zu können. Es ist die Hitze, erklärte er sich, als er spürte, wie ihm der Schweiß aus den Achselhöhlen rann. Trotz der Geräumigkeit des Wohnmobils kam er sich eingesperrt vor, fühlte sich von der Brücke bedrängt, die sich über ihren Köpfen herabsenkte. Vor dem Fenster ragten zwei massive Stützpfeiler aus Beton auf und verstärkten das Gefühl, in einer Falle zu sitzen, noch weiter. Falken sah auf die Uhr.
»Viel länger können wir hier nicht warten . . .«
»Wir warten, bis sie kommt«, fauchte Newman.
»Wann wir abfahren, bestimme ich . . .«
»Nicht in diesem Fall. Jetzt bin ich am Ball – ich muß mit dieser Karen Piper sprechen.«
»Wenn ich sage, wir fahren, dann fahren wir . . .«
»Haltet den Mund, alle beide«, fuhr Gerda dazwischen. »Hört auf, euch zu streiten wie zwei Schuljungen. Hört.«
Die Sirene war auf der Straße genau über ihnen, dann entfernte sie sich und wurde immer schwächer. Falken wischte sich mit dem Taschentuch den Schweiß von der Stirn. Dann blickte er wieder auf die Uhr, und Newman hätte ihn schlagen können.
»Da ist sie!« rief Gerda.
Newman warf einen Blick durch die Vorhänge. Was er sah, war fast unglaublich. Ein Motorradfahrer, völlig unkenntlich unter einem Sturzhelm, stoppte dicht neben dem Tschaika. Der Fahrer schwang sich von der Maschine, brachte den Ständer mit einem Tritt in die richtige Position, bockte die Maschine auf und nahm den Helm ab.
Es war eine Frau, Ende Sechzig, das dunkle Haar im Nacken zu einem Knoten geschlungen, gekleidet in eine Lederjacke und eine Hose, die in Lederstiefeln steckte. Falken öffnete eine der hinteren Türen, und sie eilte herbei und stieg gewandt ein. Dann schloß er die Tür wieder und drängte sie vorwärts. Newman hatte weisungsgemäß eine dunkle Brille aufgesetzt. Gerda trug ebenfalls eine Sonnenbrille und ihr

Kopftuch. »Wir können nicht riskieren, daß sie euch identifizieren kann«, hatte Falken gesagt. »Wenn sie von der Polizei aufgegriffen und verhört werden sollte, ist sie nicht imstande, eine genaue Beschreibung zu liefern. Mich kennt sie ohnehin ...«

Newman saß auf der Bank, vor sich die Uhr an der Wand, an der Falken Karen Piper untergebracht hatte, und musterte sie. Eine Habichtsnase, intelligente Augen, ein dünner Mund, ein fester Kiefer. Genau der Typ, der zur Oberschwester aufsteigt. Er spürte, daß auch sie ihn musterte. Er eröffnete das Gespräch.

»Sie sind Karen Piper?«

»Äh, ja ...«

Das kurze Zögern entging Newman nicht. Falken hatte alle erdenklichen Sicherheitsvorkehrungen getroffen und ihm nicht einmal ihren wirklichen Namen genannt. Wahrscheinlich auf ihren Wunsch. Sie lockerte ihr Haar, das der Helm zusammengedrückt hatte. Unter der Lederjacke sah er eine mit Spitze eingefaßte, hochgeschlossene Bluse, eine emaillierte Brosche mit dem Bild einer Dame in der Kleidung des neunzehnten Jahrhunderts. Auch Karen Piper hatte Fragen zu stellen, und ihre Augen waren fest auf die seinen gerichtet.

»Wo kommen Sie her? Das muß ich wissen, bevor ich spreche.«

Eine kehlige Stimme, die einst streng und befehlsgewohnt war.

»Aus Westdeutschland.«

»Wo da?«

»Das sage ich nicht.«

»Ihr Beruf?«

»Zeitungsreporter.«

»Bei welcher Zeitung?«

»*Der Spiegel.*«

»Oh.« Zum erstenmal war sie beeindruckt. Newman behielt die Uhr im Auge, ebenso Falken. Er riß das Gespräch an sich, bevor sie weitere Fragen stellen konnte.

»Ich habe nicht viel Zeit. Und Sie auch nicht. Je länger Sie hier bleiben, desto größer wird die Gefahr. Also zur Sache. Was können Sie mir über Dr. Berlin erzählen?«

»Er ist tot.«

»Nein, das ist er nicht. Er lebt in der Bundesrepublik. In der Nähe der Grenze, auf dem Priwall. In Travemünde.«

»Er ist vor mehr als zwanzig Jahren gestorben. Ihr Dr. Berlin ist ein Schwindler. Ich kann es beweisen.«

»Dann tun Sie es bitte«, forderte Newman sie auf.

»1963 arbeitete ich als Schwester am Institut für Tropenkrankheiten in Leipzig. Es war der 15. Dezember. Ich arbeitete in der Privatstation. Dorthin kamen nur hohe Tiere aus der Partei und von der Regierung. Ihr sogenannter Dr. Berlin wurde auf einer Trage hereingebracht. Sein Gesicht war völlig bandagiert . . .«

»Haben Sie das selbst gesehen?«

»Ich war dabei, als sie ihn aus der Ambulanz heraustrugen. Ich begleitete ihn auf die Station. Der diensthabende Arzt ließ nicht zu, daß ich seine Temperatur maß. Das war das erste, was mich argwöhnisch machte. Angeblich sollte er hohes Fieber haben. Später sah ich die Fieberkurve. Sie zeigte vier Grad über Normal. Ich wurde angewiesen, mich von der Station fernzuhalten. Eine andere Schwester sollte dort Dienst tun. Die Tochter eines Parteimitgliedes.«

Ihre Lippen kräuselten sich verächtlich. Sie blickte Newman weiterhin unverwandt an, während sie mit ihrem Bericht fortfuhr.

»Die damalige Oberschwester war ziemlich dämlich. Sie sollte drei Schwestern zum Dienst rund um die Uhr einteilen. Es gab einiges Durcheinander, und zwei Tage, nachdem der Patient eingetroffen war, teilte sie mich ein. Ich schaute durch das Beobachtungsfenster. Ich traute meinen Augen kaum. Der Patient wanderte in seinem Zimmer herum und rauchte eine Zigarette. Er hatte Stoppeln am Kinn, aber keinen Bart.«

»Und das war bezeichnend?«

»Er hatte schon in seiner Jugend einen schwarzen Bart getragen.«

»Wollen Sie damit sagen, daß Sie ihn schon länger kannten?«

»Schon in der Zeit, bevor er seine Missionsstation in Afrika gründete. Unsere Familien waren befreundet. Der Mann, den ich durch das Fenster hindurch sah, war nicht Dr. Berlin.«

»Ohne den Bart . . .« setzte Newman an.

»Ich kannte ihn schon, bevor er sich zum erstenmal einen Bart stehen ließ. Als er noch glatt rasiert war. Der Mann, den ich sah, war nicht Dr. Berlin«, wiederholte sie. »Er sah ihm ähnlich, ja. Und er rauchte englische Zigaretten . . .«

»Woher wissen Sie das?«

»Als eine der bevorzugten Schwestern . . .« wieder kräuselte sie verächtlich die Lippen. ». . . den Abfalleimer herausbrachte, erbot ich mich, ihn auszuleeren. Ich fand die Stummel von englischen Zigaretten. Und als er in seinem Zimmer herumwanderte, hatte ich den Eindruck, daß er wie ein Engländer aussah. Vielleicht auch wie ein Skandinavier.«

»Könnten Sie ihn genauer beschreiben?«

»Nach so vielen Jahren? Großer Gott, ich hatte Angst – die Sicherheitsvorkehrungen waren sehr streng. Nein. Ich kann mich nicht erinnern, wie er aussah. Ich habe ihn nur flüchtig gesehen. Aber immerhin deutlich genug, um zu wissen, daß es nicht Dr. Berlin war«, wiederholte sie mit fester Stimme.

»Sie sagten, es gab strenge Sicherheitsvorkehrungen. Wie sahen die aus?«

»Sie wurden von einem russischen Obersten überwacht. Er trug immer Zivil. Ein Mann von Mitte Vierzig. Er hieß Lysenko.«

»Woher wissen Sie das?«

»Der diensttuende Arzt nannte ihn den anderen Schwestern gegenüber immer nur den Obersten. Einmal nannte er ihn beim Namen. Nur einmal, aber er ist mir im Gedächtnis geblieben.«

»Können Sie ihn beschreiben?«

»Untersetzt, von massigem Körperbau. Ein brutal aussehender Mann. Er hatte buschige, stachelige Brauen. Sonst war er glatt rasiert.«

»Vorhin«, erinnerte Newman sie, »erwähnten Sie, daß es ein Durcheinander gab und Sie zum Dienst eingeteilt wurden. Da müssen Sie ihn doch aus aus der Nähe gesehen haben.«

»Nachdem ich ihn durchs Fenster beobachtet hatte, wußte ich nicht, was ich tun sollte. Ich ging für eine halbe Stunde in die Kantine. Als ich zurückkehrte, lag er im Bett, und sein Gesicht war wieder mit Bandagen verhüllt. Ich maß seine Temperatur. Normal. Der Kurve zufolge hatte er hohes Fieber. Ich fühlte seinen Puls. Normal. Ich maß seinen Blutdruck. Normal. Wer dieser sogenannte Patient auch sein mochte – ihm fehlte nicht das mindeste. Ich trug eine um vier Grad höhere Temperatur ein, damit es zu dem vorherigen Eintrag paßte. Als der Arzt bemerkte, daß ich Dienst tat, war er fassungslos. Er änderte den Dienstplan; dann nahm er mich mit in sein Privatbüro. Er erklärte, er hätte meinen Namen vom Dienstplan gestrichen, und ich dürfte nie ein Wort über diesen Irrtum verlauten lassen.«

»Weshalb war er so rücksichtsvoll?« fragte Newman skeptisch; wenn es Widersprüchliches gab, mußte er es herausfinden.

»Er hat einmal bei der Behandlung eines Patienten einen bösen Fehler gemacht. Ich war die einzige, die ihn bemerkte. Der Patient starb. Er wußte, daß es mir nicht entgangen war. Ich habe es nie erwähnt.«

»Eine Art sanfter Erpressung?«

»Nichts dergleichen!« Sie war empört. »Er war einfach ein netter Mann, der eine Schuld beglich.«
»Entschuldigen Sie«, versuchte Newman sie zu beruhigen. »Ein Mißverständnis. War das das letzte Mal, daß sie den falschen Dr. Berlin sahen?«
»Nein. Ich beobachte gern Vögel.« Sie warf einen Blick auf Falken. »Bei diesem Hobby hat mir mein Freund hier oft geholfen. Deshalb trage ich immer ein kleines Fernglas bei mir. Zwei Wochen nach seiner Ankunft sah ich den Patienten von weitem. Er ging im Park des Krankenhauses spazieren. Ich benutzte mein Fernglas. Er trug jetzt den schwarzen Bart und sah dem echten Dr. Berlin sehr ähnlich, aber ich wußte, daß er es nicht war. In der folgenden Nacht verschwand er, und ich habe ihn nie wiedergesehen.«
»Sie meinen, er verließ das Krankenhaus?« Er sah, wie Falkens Blick zur Uhr wanderte. Zehn Minuten. Er mußte zum Schluß kommen.
»Mitten in der Nacht. Wie es hieß, hatte er eine dringende Verabredung.« Sie schnaubte verächtlich. »Wann hätte es das je gegeben, daß ein Patient mitten in der Nacht abreist?«
»Warum erzählen Sie mir das alles?«
»Wegen dem, was sie meinem Sohn angetan haben.« Ihre Stimme klang energisch, ihre Augen funkelten empört. »Er ist ein guter Junge. Vielleicht ein wenig dickköpfig, aber sie haben sein Leben zerstört. Nur wegen einer Flasche Wodka, die sie in seinem Wagen fanden. Er warf dem Polizisten, der ihn angehalten hatte, ein paar Worte an den Kopf. Er stritt mit dem Richter. Aber jetzt klopft er Steine für den Neubau der Autobahn bei Plauen. Er war noch Lehrling, wollte Buchhalter werden ...«
»Das tut mir leid«, unterbrach Newman. »Das muß wirklich entsetzlich für Sie sein ...«
»Frau Piper«, sagte Falken leise. »Sie müssen jetzt fort. Ihre Sicherheit steht auf dem Spiel.«
»Jetzt schon?« Sie stand auf, folgte Falken zur Hintertür, drehte sich dann noch einmal zu Newman um. »Sie werden doch in Ihrem Artikel nicht erwähnen, daß ich als Schwester in diesem Institut gearbeitet habe? Dafür sorgen, daß man mich nicht identifizieren kann?«
Newman hatte einen Geistesblitz. »Seien sie unbesorgt. Ich werde meinen Informanten Dr. Z. nennen. Damit sind Sie vollkommen geschützt.«
Er bemerkte, daß Gerda ihren Anorak bei sich trug, den Essenskorb aber offenbar vergessen hatte. Er konnte ihn nirgends entdecken. Sie

schien zu spüren, was er sagen wollte, und schüttelte den Kopf. Nachdem sie das Wohnmobil verlassen hatten, verschloß Falken die hinteren Türen. Karen Piper eilte zu ihrem Motorrad. Sie setzte ihren Sturzhelm auf, während sie in den Tschaika einstiegen.

»Jetzt warten wir, bis sie fort ist«, sagte Falken. »Und ich habe mir eben auf dem Weg hierher den Knöchel verstaucht. Ich fürchte, Sie werden das Wohnmobil fahren müssen, Emil.«

»Das Wohnmobil?«

»Es wird Zeit, daß wir den Wagen wechseln. Wir hätten es schon früher tun sollen, aber die Gelegenheit ergab sich nicht. Ich lasse den Schlüssel hier im Zündschloß stecken. Dann sieht es aus, als wollten wir zurückkommen, wenn der Wagen entdeckt wird. Das ist auch der Grund, warum Gerda den Essenskorb nicht mitgebracht hat.«

Karen Piper startete ihre Maschine, warf keinen Blick mehr in ihre Richtung und fuhr die Ausfahrt hinauf zur Autobahn. Sie waren auf dem Rückweg zum Wohnmobil, wobei sich Falken auf Newman stützte, als sie die Sirenen hörten. Newman kam es vor, als näherten sie sich aus allen Richtungen gleichzeitig.

»Schnell!« keuchte Falken. »Sie werden alle Ausfahrten sperren.«

SIEBENUNDDREISSIG

Das Gefühl, von Beton umschlossen zu sein, verstärkte sich noch, als Newman auf das Wohnmobil zuging, aufgehalten von Falken, dessen Knöchel offensichtlich stark schmerzte. Unter den Brücken staute sich die Hitze, die Luftfeuchtigkeit. Und das Sirenengeheul war jetzt fast ohrenbetäubend.

Gerda war vorausgerannt, hatte die Fahrertür aufgeschlossen und anschließend die Türen am hinteren Ende des Wohnmobils. Sie verschwand im Innern und tauchte dann in der Fahrerkabine wieder auf.

»Mußte die Piper täuschen«, sagte Falken; seine Worte kamen stoßweise. »Sollte glauben, wir fahren mit dem Tschaika weiter ... Wenn sie sie erwischen, wenn sie beim Verhör zusammenbricht ... kann sie nicht erzählen, daß wir auf das Wohnmobil umgestiegen sind ...«

Newman half ihm den Tritt hinauf. Falken ließ sich auf eine der Sitzbänke fallen, Newman schloß die hinteren Türen und lief nach vorn. Gerda saß bereits auf dem Beifahrersitz, die Uzi in ihrem Anorak auf dem Schoß.

»Ich sage Ihnen, wie Sie fahren müssen«, sagte sie und reichte ihm den Zündschlüssel. Er steckte ihn ins Schloß und drehte ihn. Der Motor sprang sofort an. Der Benzinanzeiger stand auf »voll«. Er betätigte kurz die Gangschaltung, um sie in den Griff zu bekommen.
»Fertig. Wo geht es lang?«
»Bleiben Sie unter der Brücke und biegen Sie dann in die alte Bahnstrecke ein. Sobald wir in der Schlucht sind, können sie uns nicht mehr sehen.«
Er kurbelte das Fenster ein paar Zentimeter herunter und fuhr dann über das Ödland. Das Sirenengeheul hörte sich an, als versammelte sich eine Flotte von Polizeiwagen auf dem Straßenkreuz. Sie sagte ihm, wo er abbiegen mußte. Als sie die Bahnstrecke erreicht hatten, bot ihnen die Brücke keine Deckung mehr. Wenn jemand über die Brüstung schaute, mußte er sie sehen.
Die Strecke senkte sich stetig in die Schlucht, die Abhänge zu beiden Seiten wurden höher, an ihren Oberkanten war gelegentlich dichter Roggen zu sehen. Er beschleunigte. Falken hatte behauptet, die hölzernen Schwellen wären zu Staub zerfallen. Aber nicht alle. Newman mußte das Steuer fest umfassen, weil das Fahrzeug immer wieder über noch feste, unter hohem Unkraut verborgene Schwellen holperte.
»Kommen Sie zurecht?« fragte Gerda. »Fahren Sie in der Schlucht weiter ...«
»Habe ich etwa eine andere Wahl?«
»Ich gehe nach hinten und werfe einen Blick aus dem Fenster.«
»Viel Spaß.«
Newman war jetzt in einer völllig anderen Verfassung. Die Nervosität war verschwunden. Er war eiskalt. Jetzt gab es etwas zu tun, etwas, auf das er sich konzentrieren mußte. Vor ihm verschwand die Strecke hinter einer Kurve. Er gab mehr Gas. Wenn sie die Kurve hinter sich gebracht hatten, waren sie wahrscheinlich von dem Straßenkreuz aus nicht mehr zu sehen. Und das war genau der Grund, der Gerda bewogen hatte, hinten aus dem Fenster zu schauen.
Falken klammerte sich an der Lehne der Sitzbank fest, auf der er das Bein mit dem verstauchten Knöchel ausgestreckt hatte. Er wurde heftig durchgeschüttelt, aber er biß die Zähne zusammen und schaffte es sogar, Gerda anzulächeln, als sie an ihm vorbeilief.
Sie blickte durch das rechte Fenster hinaus. Vor sich sah sie die Strekke, und dort, wo sie endete, ragte die Betonmasse des Straßenkreuzes empor. Noch schaute niemand über die Brüstung. Schnell! Das

Wohnmobil schwankte von einer Seite zur anderen, schaukelte wie ein Schiff auf hoher See, strapazierte die Federn bis zum äußersten. Dann spürte sie, wie sich das Fahrzeug langsam drehte, der Biegung der Strecke folgend. Sie stand ganz still da, hielt sich an der Türklinke fest, starrte auf das Straßenkreuz. Nicht herübersehen! Bitte! Lieber Gott, laß sie nicht herübersehen ...
Das Fahrzeug setzte seine Fahrt in der Kurve fort. Das Straßenkreuz begann zu verschwinden. Dann war es außer Sicht. Sie stieß den angehaltenen Atem aus. Ihre Hand hatte die Klinke so fest umkrampft, daß sie Mühe hatte, die Finger von ihr zu lösen. Sie kehrte zu Falken zurück, der abermals lächelte. Sie sah, daß er starke Schmerzen hatte. Sie ließ sich neben ihm nieder, zog sanft seine Socke herunter. Der Knöchel war angeschwollen, verfärbte sich blau.
»Ich hole den Verbandkasten ...«
»Später. Geh zu Emil zurück. Er hält sich gut, aber ein bißchen moralische Unterstützung kann nicht schaden.«
»Bis bald.«
Sie ließ sich auf dem Beifahrersitz nieder. Newman hielt den Blick auf die vor ihm liegende Strecke gerichtet, die er ungefähr einen Kilometer weit übersehen konnte. Er stieß auf weitere noch intakte Schwellen, und das Fahrzeug schaukelte heftiger als zuvor.
»Fürs erste sind wir in Sicherheit«, sagte sie. »Jetzt kann uns niemand mehr sehen.«
»Ich würde gern langsamer fahren, sonst bricht die Kiste noch zusammen.«
»Gute Idee. Möchten Sie eine von unseren widerlichen DDR-Zigaretten? Ich kann das Päckchen aus Ihrer Tasche ziehen.«
»Nein, danke. Ich rauche nie, wenn ich fahre. Man kann im falschen Moment eine brennende Zigarette fallenlassen oder Rauch in die Augen bekommen. Nur Idioten und Süchtige rauchen beim Fahren. Sagen Sie, ist die Schlucht so tief, daß das Dach des Wagens nicht herausragt?«
»Ja, sie ist tief genug. Ich sagte doch, daß wir nicht mehr zu sehen sind, seit wir um die Kurve herum sind.«
»Und wohin fahren wir?«
»Immer noch nach Leipzig. Auf unserer Privattour. Der Eisenbahnstrecke.«
»Habt ihr sie schon einmal benutzt?«
»Einmal. Ich weiß also, was vor uns liegt und wo wir sie verlassen müssen – an einer Stelle, an der die Strecke früher eine Straße kreuz-

te. Aber bis dahin ist es noch ein ganzes Ende. Von dort aus kehren wir auf die Autobahn nach Leipzig zurück.«

»Aber«, protestierte er, »das ist doch genau entgegengesetzt zur Grenze. Wir fahren ja immer weiter nach Osten.«

»Sie denken an die Stelle, an der Sie hereinkamen – bei dem Wachtturm. Auf dieser Route kehren Sie nicht zurück ...«

»Aber mir wurde gesagt ...«

»Die Leute in Pullach können reichlich naiv sein. Falken hat schon manches Mal geflucht. Er hat noch nie einen Gast an der Stelle, an der er hereingekommen ist, wieder über die Grenze zurückgebracht. In unserer Welt lacht einem das Glück nicht zweimal. Es ist meine Aufgabe, dafür zu sorgen, daß Sie auf einer anderen Route zurückkehren können.«

»Über die Tschechoslowakei?«

»Nein.« Sie zögerte. »Wir geben einem Außenseiter nie Informationen im voraus. Sie verstehen?«

»Ich verstehe durchaus. Für den Fall, daß ich erwischt werde. Dann kann ich, wie die Piper, nicht viel verraten, wenn ich verhört werde.«

»Das System funktioniert. Es hilft uns zu überleben. Ich kann Ihnen sagen, daß Sie über die Ostsee ausreisen werden. Aber noch nicht, wie.«

»Die Ostsee! Da muß ich ja praktisch durch die ganze DDR fahren!«

»Anders geht es nicht. Und jetzt sollte ich mich um Falkens Knöchel kümmern. Bin bald zurück.« Sie lächelte, als er ihr einen Blick zuwarf. »Sie halten sich großartig. Und wir haben mehr Vertrauen zu Ihnen als zu den meisten Leuten, die man uns bisher geschickt hat.«

Newman war erleichtert und beunruhigt zugleich. Erleichtert, daß das Wohnmobil nicht aus der Schlucht herausragte, beunruhigt wegen der Route, auf der er die DDR verlassen sollte. Er wäre nie auf den Gedanken gekommen, daß sie versuchen könnten, ihn an der nördlichen Grenze hinüberzuschaffen. Das bedeutete, daß er eine lange Strecke zurücklegen mußte, bevor er auch nur in Sichtweite einer Möglichkeit kam, zu entkommen. Und er hatte inzwischen genügend Erfahrungen gesammelt, um zu wissen, wie gefährlich die Straßen waren. Streifenwagen, Straßensperren, wer weiß, was noch. Er verdrängte die Angst aus seinen Gedanken. Er mußte sich auf die Gegenwart konzentrieren. Dann blickte er wieder auf die vor ihm liegende Strecke und runzelte die Stirn.

Kaum einen Kilometer voraus überspannte eine alte, gewölbte Steinbrücke die Schlucht. Gerda hatte gesagt, sie hätten die Route schon früher benutzt, also war die Brücke für einen Wagen vermutlich breit genug. Früher waren regelmäßig Züge darunter hindurchgefahren. Aber das Wohnmobil war ein ungewöhnlich hohes Fahrzeug. Hatten sie beim vorigen Mal auch in einem Wohnmobil gesessen?
Er brachte den Wagen zum Halten, ließ aber den Motor laufen und ging ins Innere des Wohnmobils. Gerda war gerade damit fertig, Falkens Knöchel zu bandagieren, und zog sanft seine Socke hoch. Beide schauten überrascht auf.
»Was ist?« fragte Falken scharf.
»Vor uns liegt eine alte Straßenbrücke. Sind Sie mit einem Wohnmobil gefahren, als Sie die Strecke benutzt haben? Die Brücke sieht ziemlich niedrig aus.«
»Nein, wir hatten einen Personenwagen. Und dies war eine Schmalspurbahn, die Waggons waren kleiner als normal.«
»Dann können wir nur hoffen, daß wir durchkommen. Und da ich ohnehin angehalten habe, werde ich die Gelegenheit benutzen, die Böschung hinaufzuklettern und mich umzusehen ...«
»Ich komme mit«, sagte Gerda.
Sie benutzten die Hintertür, stiegen hinab in das knöcheltiefe Unkraut auf der alten Strecke. Gemeinsam kletterten sie die steile Böschung hinauf, bahnten sich ihren Weg zwischen Disteln und Gräsern. Hin und wieder stießen sie auf große, tiefe in die Böschung eingebettete Kalksteinbrocken. Als sie sich der Oberkante näherten, bewegten sie sich langsamer vorwärts und hoben dann vorsichtig ihre Köpfe über den bis an den Rand der Böschung heranwachsenden Roggen. An Gerdas Hals hing das Fernglas, das Falken sonst für seine Vogelbeobachtungen benutzte.
»Großer Gott, nein!« schrie sie leise.
»Ich sehe es«, erwiderte Newman knapp.
Hinter dem Roggenfeld stieg das Gelände zu einem Hügel an, ungefähr auf halber Höhe des Hügels führte eine Straße zu der Brücke. Auf dieser Straße fuhren zwei Streifenwagen, hielten auf die Brücke zu.
Gerda hob das Fernglas an die Augen, richtete es auf die Streifenwagen und stöhnte. Newman griff zu und zog das Fernglas sanft herunter auf ihre Brust.
»Die Linsen könnten die Sonne reflektieren, sie auf uns aufmerksam machen!«

»Emil! In jedem Wagen sitzen vier Mann. Das ist ungewöhnlich. Sie müssen nach jemandem suchen ...«
»Nach uns vermutlich. Wir müssen hinunter. Aber passen Sie auf Ihre Füße auf – ein verstauchter Knöchel reicht.«
Sie kletterten durch das Distelgewirr wieder hinunter und kamen rechtzeitig unten an. Gerda wäre fast gestolpert, aber Newman packte ihren Arm und hielt sie fest. Sie eilten in das Wohnmobil zurück, und Newman schlug die Tür hinter sich zu. Falken blickte auf und hob die Brauen.
»Schwierigkeiten?«
»Massenweise«, erklärte Newman. »Zwei Streifenwagen auf dem Weg zur Brücke, bis unters Dach vollgestopft mit Vopos. Acht, um genau zu sein. Ich muß zusehen, daß ich unter die Brücke komme, bevor sie uns entdecken können. Halten Sie sich gut fest. Wenn wir noch im Freien sind, müssen sie uns sehen, wenn sie die Brücke überqueren ...«
Er rannte in die Fahrerkabine und dankte Gott, daß er den Motor hatte laufen lassen. Gerda folgte und sackte auf den Sitz neben ihm, als er die Handbremse löste. Er preßte seinen Fuß aufs Gaspedal. Das Fahrzeug schoß vorwärts, fühlte sich an wie ein abhebendes Flugzeug, krachte über noch nicht zerfallene Schwellen. Gerda starrte mit verkrampftem Gesicht durch die Windschutzscheibe. Dann verließ sie ihn für einen Augenblick und kehrte mit der Uzi zurück.
»Es sind acht, haben Sie gesagt«, warnte er. »Und bestimmt bewaffnet. Unsere einzige Hoffnung ist, in Deckung zu gelangen ...«
»Wenn wir es schaffen«, erinnerte sie ihn und starrte wieder durch die Windschutzscheibe.
Und wenn der verdammte Kasten unter die Brücke paßt, dachte Newman. Und wenn die Brücke breit genug ist, daß kein Ende dieses verdammt großen Dinges für jedermann sichtbar herausragt.
Das Wohnmobil hüpfte, schwankte, schaukelte, aber Newman behielt den Fuß auf dem Gas. Die gewölbte Brücke schien noch unvorstellbar weit entfernt. Sie *kroch* förmlich auf sie zu. Der Himmel hinter der Brücke war pechschwarz; Gewitterwolken türmten sich auf. In der Fahrerkabine war es fast unerträglich heiß. Eine dünne Tür trennte sie vom eigentlichen Innenraum des Wohnmobils – wahrscheinlich, damit man bei Nachtfahrten ungestört schlafen konnte.
Newmans Hände am Steuer waren schweißnaß. Der rechte Vorderreifen prallte auf ein Hindernis, und das Steuer entglitt seinem Griff, das Wohnmobil schwenkte auf die Böschung zu. Im letzten Augen-

blick gelang es ihm, es wieder auf Kurs zu bringen. Er wischte erst die eine und dann die andere Hand an seiner Hose trocken. Gerda warf ihm einen Blick zu.
»Einer von diesen verdammten Steinbrocken. Muß von oben heruntergerollt sein. Hoffentlich kommen nicht noch mehr von der Sorte.«
»Sie schaffen es ...«
»Ich muß.«
Seine Augen waren unverwandt auf die steinerne Brücke gerichtet – die Stelle, an der einer der Polizisten aus dem Streifenwagen herunterblicken und das Wohnmobil entdecken konnte. Es sei denn, sie schafften es, vorher unter der Brücke zu verschwinden. Er spielte mit Würfeln, die er nicht sehen konnte. Die Streifenwagen waren sehr schnell gefahren.
Er riskierte es, noch etwas zu beschleunigen, und fast im gleichen Augenblick prallten die Räder auf weitere feste Schwellen. Er wurde hochgeschleudert, und Gerdas Schulter stieß gegen seine. Sie entschuldigte sich, ohne den Kopf zu wenden. Würden sie das verdammte Ding denn nie erreichen?
Hinter der Brücke türmten sich die Gewitterwolken immer höher. Vielleicht war es deshalb in der Fahrerkabine so unerträglich heiß. Jetzt konnte Newman erkennen, daß die Brüstung der Brücke kaum schenkelhoch war. In früheren Zeiten – als die Züge noch fuhren, mußten Schulkinder ihre Ellenbogen auf diese Brüstung gestützt und die unter der Brücke hindurchfahrenden Züge beobachtet haben. Die beiden Streifenwagen waren nicht in Sicht. Noch nicht. Sie konnten jede Sekunde ankommen. Aus der Schlucht gab es kein Entkommen. Und die Vopos würden über ihnen sein.
Er verstärkte den Druck auf das Gaspedal noch weiter. Endspurt. Jetzt konnte nichts mehr schiefgehen. Doch, es konnte schiefgehen. Der Brückenbogen sah aus, als wäre er für das Wohnmobil zu niedrig. Es würde eine Sache von Zentimetern sein. Vielleicht würde das Dach abreißen. Durch sein offenes Fenster glaubte er Sirenen zu hören. Auf einer einsamen Landstraße? Ja, weil sie kurvenreich war. Sirenen, die hinter einer Straßenbiegung unsichtbare Fahrzeuge warnten. Eindeutig Sirenen.
»Machen Sie die Tür auf!« wies er Gerda an.
Sie stieß die Tür auf, hielt sie offen.
»Festhalten, Falken! Nothalt!«
Er stieg so hart auf die Bremsen, daß er fast durch die Windschutz-

scheibe geflogen wäre. Sie waren unter der Brücke. Aus der grellen Sonne heraus. Plötzlich war es dunkel. Er versetzte Gerda einen Stoß gegen die Schulter.
»Springen Sie raus! Sehen Sie nach, ob der Kühler unter der Brücke ist. Ich sehe hinten nach ...«
Sie glitt hinaus, und er rannte durch das Innere nach hinten. Falken hielt sich mit beiden Händen krampfhaft an der Rückenlehne der Bank fest, sein Gesicht war angespannt. Newman öffnete die Hintertür, sprang auf den Tritt, hinunter auf die Strecke, blickte nach oben.
Der Abstand zwischen dem hinteren Ende des Wohnmobils und der Kante des bröckeligen Brückenbogens betrug mindestens einen Meter. Er lief zwischen dem Fahrzeug und der gewölbten Wand entlang. Gerda kam aus der entgegengesetzten Richtung auf ihn zu. Großer Gott, es ragte vorne heraus. Sie keuchte, als sie ihn erreicht hatte.
»Vorne ist es ganz drunter. Wie steht's hinten?«
»Auch ganz drunter. Hören Sie ...«
Das Sirenengeheul war verstummt. Sie hörten die Wagen kommen, die Fahrt verlangsamen. Um vorsichtig über den Buckel der Brücke zu fahren? Newman blickte zum Dach des Bogens hinauf. Die Streifenwagen hatten die Brücke erreicht, hielten an. Motoren wurden ausgeschaltet. Sie standen genau über ihnen.

ACHTUNDDREISSIG

»Ein Tschaika, sagen Sie? Unter dem Straßenkreuz? – Ja«, stimmte Wolf am Telefon zu, »sagen Sie Ihren Leuten, sie sollen warten, bis sie zurückkommen; aber sie sollen sich außer Sichtweite halten.«
Er legte den Hörer auf, erhob sich und trat an die Wandkarte. Er markierte das Straßenkreuz mit einer neuen Nadel und wandte sich dann an Lysenko.
»Ich weiß von Balkan, daß sich Tweed in London oft der gleichen Methode bedient – eine Karte verwendet, Stellen, an denen sich etwas ereignet hat, mit Nadeln kennzeichnet. In mancher Hinsicht sind wir uns sehr ähnlich. Merkwürdig ...«
»Würden Sie mir freundlicherweise sagen, was passiert ist?« sagte Lysenko.
»Erinnern Sie sich, daß einer meiner Leute, Hecht, hier an dieser Stelle drei Leute anhielt? In einem Tschaika? Ein Streifenwagen hat unter

diesem Straßenkreuz hier gerade den leeren Tschaika entdeckt. Sie sind nach wie vor unterwegs nach Leipzig – Sie brauchen nur einen Blick auf die Nadeln zu werfen.«

»Lassen Sie die Gegend durchsuchen«, schlug Lysenko vor.

»Nein, das könnte sie aufstören. Der Zündschlüssel steckt im Schloß. Ich rechne damit, daß sie zurückkommen – wenn es das gleiche Trio ist.«

»Ah, jetzt verstehe ich.« Lysenko grinste. »Zwei Männer und ein hübsches Mädchen, hat Hecht berichtet. Ich kenne die Gegend dort – ein Roggenfeld neben dem anderen.« Er lächelte lüstern. »Ein Mädchen mit zwei Männern ...«

Wolf lächelte nicht. Er war ein nüchterner Mann, und die Gedanken, denen Lysenko nachhing, die Art, wie er sich die Vorgänge im Roggenfeld vorstellte, gefielen ihm ganz und gar nicht.

»Ich beordere mehr Leute auf die Straßen von Leipzig«, entschied er. »Jeder, der irgendwie in Frage kommt, wird überprüft, und zwar gründlich. Wenn mit den drei Verdächtigen irgend etwas nicht stimmt, laufen sie in eine Falle.«

»Worauf gründet sich Ihr Verdacht?«

»Das Verschwinden von Schneider von der Grenztruppe. Sein Lastwagen wurde in dieser Senke neben der Straße entdeckt. Ich bin sicher, daß er getötet wurde. Und jetzt muß ich mich darum kümmern, daß die Waffen von den Skoda-Werken zur Verschiffung nach Kuba nach Rostock kommen.«

Newman drückte sich an die Steinmauer der Brücke. Gerda, die mit der Uzi neben ihm stand, tat das gleiche. In der Schlucht war es so still, daß sie die Stimmen über sich hören konnten. Einige Vopos waren ausgestiegen, um sich die Beine zu vertreten.

»Guter Platz zum Pinkeln«, meinte einer von ihnen. »Ich verschwinde mal unter der Brücke – für den Fall, daß jemand vorbeikommt.«

»Ich komme mit.« Eine zweite Stimme.

Newman warf einen Blick auf Gerda, dann erstarrte er. Er hörte das Geräusch von Füßen auf dem steinigen unkrautüberwucherten Abhang dicht neben der Brücke. Ein kleiner Felsbrocken löste sich, rollte herab und blieb mitten auf der Strecke liegen. Weitere lose Steine folgten. Er hörte jemanden fluchen.

»Ich glaube, das genügt, Günter, sonst brechen wir uns noch Hals oder Beine. Wer weiß, was für Brocken unter diesem Unkraut stecken.«

Das leise Plätschern von Wasser, das an die Brückenmauer spritzte,

dann ein paar Sekunden Stille, gefolgt vom Geräusch von Füßen, die vorsichtig den Rückweg auf die Brücke suchten. Newman blickte wieder auf Gerda, die erleichtert den Kopf schüttelte.
Jetzt hörten sie Stimmen von oben; offenbar lehnten die Männer an der Brüstung. Sie unterhielten sich mehrere Minuten, bevor der brennende Zigarettenstummel heruntergeworfen wurde und in einem Büschel knochentrockenen Grases landete. Dem ausgedörrten Zustand der Schlucht nach zu urteilen, hatte es seit Wochen nicht geregnet. Das Grasbüschel begann zu glimmen, geriet in Brand.
»Du Idiot, jetzt brennt es da unten. Mach zu, daß du hinunterkommst und das Feuer löschst. Im Fernsehen ist oft genug auf die Brandgefahr hingewiesen worden . . .«
Newman wußte, daß er sich blitzschnell entscheiden mußte. Ob jemand über die Brüstung herunterschaute? Mit einer Kopfbewegung wies er Gerda auf das Grasbüschel hin. Ganz vorsichtig, einen Fuß vor den anderen setzend, trat er vor und blickte, noch unter der Deckung des Brückenbogens, nach oben. Niemand schaute herunter. Er setzte den Fuß auf das brennende Gras, drückte fest zu, zog ihn zurück, glitt wieder unter den Brückenbogen. Dann wartete er, während ihm der Schweiß über die Stirn rann.
»Du brauchst nicht hinunter, Günter. Es ist schon ausgegangen. Aber paß in Zukunft besser auf . . .«
Der Rest seines Satzes ging in einem gewaltigen Donnerschlag unter. Es war plötzlich sehr dunkel. Einzelne große Regentropfen fielen, und dann setzte ein Wolkenbruch ein. Regen prasselte in die Schlucht, untermischt mit Hagel. Über ihnen wurden Wagentüren zugeschlagen. Die Hagelkörner hatten die Größe von Erbsen. Sie hörten, wie sie auf die Dächer der auf der Brücke geparkten Streifenwagen schlugen. Newman wich tiefer unter den Brückenbogen zurück. Über sich hörten sie das Geräusch von startenden Motoren, von davonfahrenden Wagen.
»Gerda, ich muß ein paar Worte mit Falken reden. Bleiben Sie hier? Für den Fall, daß noch irgendwelche Wagen kommen.«
»Reden Sie mit Falken.«
Newman stieg in die Fahrerkabine und ging ins Innere des Wohnmobils. Er setzte sich Falken gegenüber, erstattete ihm kurz Bericht. Es regnete so heftig, daß sie durch die Rückfenster nur eine Sicht von wenigen Metern hatten.
»Falken, noch ein paar Worte zu der Sache mit Dr. Berlin. Gut, er ist ein Schwindler. Diese Karen Piper hat mich überzeugt. Aber was

steckt wirklich dahinter? Wozu all diese Umstände, um ihn im Westen zu etablieren? Ich habe einen Freund beim britischen Geheimdienst. Ziemlich hoch oben. Und der muß alles wissen, was Sie mir mitteilen können.«
»Wir glauben, er ist Balkan. Das ist der Codename für den Mann, der das sowjetische Spionagenetz in der Bundesrepublik dirigiert. Wenn ich sowjetisch sage, meine ich natürlich stellvertretend. Seine Anweisungen kommen von Markus Wolf, aber die eigentlichen Drahtzieher sind die Russen.«
»Und woher in aller Welt wissen Sie das alles?«
Die Skepsis in Newmans Stimme war nicht zu überhören. Falken zögerte, brachte sein Bein in eine etwas bequemere Lage. Der Regen vor den Fenstern glich einer massiven Wand von Wasser.
»Mein Freund wird das einfach nicht glauben«, drängte Newman. »Nicht ohne Hintergrund-Details. Würden Sie es glauben, wenn Sie an seiner Stelle wären?«
»Nein. Aber was ich Ihnen jetzt sage, ist höchst vertraulich. Ich kenne einen hohen Offizier des Staatssicherheitsdienstes. Er will sich in den Westen absetzen, sobald sein Vater gestorben ist. Der Vater ist neunundachtzig. Er braucht meine Hilfe, um über die Grenze zu kommen, und deshalb läßt er mir Informationen zukommen. Er hat von Balkan gehört. Zufällig. Genügt das für Ihren Freund? Es muß genügen.«
»Ja, ich denke schon ...«
»Ich hatte vor, Ihnen später von Balkan zu erzählen – kurz bevor ich Sie mit Gerda allein lasse. Aber nicht von meiner Quelle.« Falken lächelte. »Ihr Reporter könnt einen Menschen zum Reden bringen. Aber das gehört wohl dazu.«
»Und wann beginnt meine Reise in die Freiheit? Bald, hoffe ich. In Ihrem Interesse ebenso wie in meinem. Sie haben auch ohne mich genug um die Ohren, und wir können nicht immer Glück haben ...«
Er brach ab, als Gerda die Tür öffnete, die die Fahrerkabine vom Innenraum trennte. Ihre Schuhe waren durchweicht. Sie zog sie aus, holte sich ein anderes Paar aus einem Schrank und trocknete sich notdürftig die Füße ab, bevor sie sie anzog.
»Emil, Sie sollten sich einmal ansehen, was passiert ist. Ich fürchte, wir stecken in der Klemme.«
Falken stützte sich auf einen Ellenbogen, öffnete die Klappe eines Schrankes über der Couch. Newman fragte, was er suchte.
»Einen Stock. Ich komme mit ...«

Newman fand den Stock, einen kräftigen Wanderstock mit runder Krücke. Falken nahm ihn, schwang die Beine auf den Boden und stand auf.

Vorsichtig belastete er den verstauchten Knöchel.

»Es geht. Die Bandage gibt dem Knöchel Halt. Sehen wir nach, was los ist.«

Newman folgte Gerda durch die Zwischentür, hielt sie für Falken auf und starrte dann durch die Windschutzscheibe hinaus. Die Schlucht hatte sich in einen Fluß verwandelt, die Strecke war überschwemmt. Wasser strömte die Abhänge herab – der Wasserspiegel hob sich zusehends. Auf der Oberfläche trieb von der Gewalt des Wassers losgerissenes Unkraut. Der Regenschleier war so dicht, daß ihre Sicht nur wenige Meter betrug.

»Ist dieses Wohnmobil ein Amphibienfahrzeug?« fragte Newman grimmig.

»Ich weiß nicht, ob wir es schaffen.« Falken dachte laut nach. »Das Chassis ist relativ hoch. Aber trotzdem. Die Gräben, in denen das Wasser früher abgeflossen ist, sind bestimmt längst zugewachsen.«

»Ich würde sagen, wir sollten gleich losfahren«, sagte Newman. »Es kann nur noch schlimmer werden.«

»Wir wollten gerade essen«, protestierte Gerda. »Ich habe Hunger.«

»Iß, schlaf und pinkle, wenn du kannst. Essen und Schlafen müssen warten. Ich schlage vor, wir erledigen das Dritte, solange wir unter der Brücke sind ...«

»Hinten im Wagen ist eine Toilette«, erklärte Gerda.

»Es ist besser, keinerlei Hinweise darauf zu hinterlassen, daß wir das Wohnmobil benutzt haben«, sagte Falken und öffnete eine Tür. »Nein, Emil, helfen Sie mir nicht. Ich muß lernen, mich allein zu bewegen. Gerda, du steigst auf der anderen Seite aus.«

Der Regen hörte sich an, als schlügen Dreschflegel auf den Boden. Die beiden Männer standen auf einem vorkragenden Sims unmittelbar über dem dahinrauschenden Wasser.

»Sie müssen fahren«, sagte Falken. »Gerda kann Sie dabei füttern – so schlagen wir zwei Fliegen mit einer Klappe. Die Gefahr ist, daß Wasser in den Motor eindringt ...«

»Ich weiß. Mit diesem Problem mußte ich schon einmal fertig werden.« Er warf einen Blick ins Freie. »Der einzige Vorteil ist, daß wir kaum zu sehen sind, solange es so gießt.«

»Zumal aus der Luft.«

»Aus der Luft?«
»Von einem von Wolfs Hubschraubern. Die können jetzt nicht aufsteigen. Der Regen könnte uns retten.«

Newman fuhr vorsichtig unter dem Brückenbogen hervor. Der Motor war erst beim sechsten Versuch angesprungen. Kein gutes Omen. Er hatte keine Sicht – die Scheibenwischer hatten den Kampf gegen den Wolkenbruch schon verloren, bevor sie in Aktion traten.
Als er die Brücke hinter sich gelassen hatte, konnte er gerade die Böschungen zu beiden Seiten erkennen; er versuchte, sich mitten zwischen ihnen zu halten. Es war die reinste Hölle. Dann spürte er, wie sich die Strecke senkte. Großer Gott! Sie fuhren in noch tieferes Wasser. Der Regen prasselte auf das Dach der Fahrerkabine, Wasser strömte über die Windschutzscheibe. Er prallte gegen etwas Unnachgiebiges. Wieder eine von diesen verdammten Schwellen. Hauptsache, er stieß nicht wieder gegen einen Felsbrocken. Der Tachometer zeigte zehn Stundenkilometer an. Der Motor gab gequälte Geräusche von sich. Newman beugte sich vor, traute seinen Augen kaum. Vor dem Wohnmobil schob sich eine Welle über die Wasseroberfläche, eine von der hohen Stoßstange des Fahrzeugs aufgeworfene Welle. Kein Wunder, daß der Motor protestierte. Gerda saß auf dem Beifahrersitz neben ihm, hielt ihm ein Käsebrot hin. Er war fürchterlich hungrig, aber er schüttelte den Kopf. »Jetzt nicht, danke. Ich brauche beide Hände zum Steuern.«
»Dann füttere ich Sie eben wie einen Bären im Zoo. Beißen Sie einfach ab.«
Sie hielt ihm das Brot dicht an den Mund. Er biß ein Stück ab und kaute. Auf diese Weise verzehrte er vier Scheiben Brot, und zwischendurch riskierte er es, eine Hand vom Steuer zu lösen, den Pappbecher mit heißem Kaffee entgegenzunehmen und zu trinken. Sie war so vernünftig, den Becher jeweils nur halb zu füllen. Danach fühlte er sich wie ein anderer Mensch.
Falken stand hinter ihnen, lehnte mit der Schulter am Türrahmen, stützte sich auf den Stock. Er schaute immer wieder auf die Uhr, beugte sich vor, suchte nach Landmarken. Er beobachtete den Kilometerzähler. Der Wolkenbruch dauerte unvermindert an. Newman warf einen Blick aus dem Türfenster. Das Fahrzeug schien zu schwimmen. Sie hatten eine ebene Wegstrecke erreicht. Der Motor begann zu husten. Es war Wasser eingedrungen. Das war's dann wohl, dachte er.
Er hielt das Steuer so fest umkrampft, daß seine Knöchel weiß waren.

Dann spürte er, wie sich der Winkel veränderte, die Strecke anstieg. Er behielt die gleiche Geschwindigkeit bei, widerstand der Versuchung, den Druck auf das Gaspedal zu verstärken. Der Motor hustete immer noch. Halt durch, nur noch ein paar Meter. Bitte!
»Jetzt ißt du, Falken«, sagte Gerda.
Auf ihrem Schoß lag ein Tuch und darauf ein Haufen Brote, die sie im Innern des Wagens zubereitet hatte. Sie hielt ihm eines hin.
»Du zuerst, Gerda ...«
»Nein! Die Köchin ißt als letzte. Nimm!«
Er nahm das Brot und trank von dem Kaffee, den sie ihm aus der Thermosflasche eingegossen hatte. Erst als er auch vier Scheiben Brot vertilgt hatte, begann sie selber zu essen. Der Regen prasselte immer noch hernieder, aber das Wohnmobil bewegte sich durch seichteres Wasser. Newman beschleunigte allmählich – um schneller voranzukommen, aber auch, um das Wasser aus dem Motor loszuwerden.
»Wie weit ist es noch bis zu der Stelle, an der die Strecke eine Straße kreuzt?«
»Ungefähr einen Kilometer, schätze ich«, sagte Falken. »Aber es ist nur eine Schätzung. Wenn wir bessere Sicht hätten, könnte ich Ihnen Genaueres sagen.«
»Es besteht nicht die Gefahr, daß wir daran vorbeifahren?«
»Nicht die mindeste. Die Schlucht geht zu Ende. Aber fahren Sie lieber nicht schneller.«
»Soll das ein Witz sein?«
Der Regen begann nachzulassen, die Sicht wurde etwas besser. Newman stellte fest, daß die Strecke allmählich anstieg. Die Abhänge der Schlucht wurden niedriger. Er aß noch ein Brot, trank mehr Kaffee. Iß, wenn du kannst. Gerda faltete das Tuch zusammen, nahm die Thermosflasche und kehrte ins Innere des Wohnmobils zurück. Newman benutzte die Gelegenheit für seine Frage.
»Wann übernimmt Gerda das Kommando?«
»In Leipzig. Es kann sein, daß ich euch schnell verlassen muß. Schauen Sie nicht so besorgt drein – mit dem Stock komme ich schon zurecht. Wenn wir die Straße erreicht haben, fahren Sie schnell. So schnell, daß Sie gerade noch unter der vorgeschriebenen Höchstgeschwindigkeit bleiben. Wir sind spät dran. Ihretwegen. Gerda muß Sie rechtzeitig dorthin bringen, wo das letzte Stadium Ihrer Reise beginnt.«
»Das letzte Stadium? Das scheint mir ein verdammt langes Stadium zu sein.«

»Das ist es auch. Und es könnte das schlimmste sein – das allerschlimmste. Sie werden sich keine Sekunde entspannen und die ganze Nacht nicht schlafen können. Werden Sie das durchstehen?«
»Habe ich eine andere Wahl?« fragte Newman.
»Natürlich nicht.«

NEUNUNDDREISSIG

Die nach Leipzig hineinführende Hauptverkehrsstraße war total verstopft. Das Wohnmobil kam nicht von der Stelle. Zu beiden Seiten ragten die mehrstöckigen Wohnblocks eines Vorortes auf. Newman legte die Arme aufs Steuer, versuchte, seine Ungeduld zu beherrschen.
Das Fahrzeug vor ihnen war ein Wartburg. Hinter ihnen versperrte ein großer Diesellaster die Sicht. Er war froh, daß es nicht umgekehrt war. Auf diese Weise konnte er wenigstens sehen, was vor ihm passierte, konnte beobachten, wie die Volkspolizisten versuchten, das Chaos in geordnete Bahnen zu lenken, indem sie Fahrzeuge in der Gegenrichtung weiterwinkten. Das hat mir gerade noch gefehlt, dachte Newman, als Falken in die Fahrerkabine kam und sich auf dem Beifahrersitz niederließ.
»Wir sind reichlich spät dran«, bemerkte Falken.
»Haben Sie eine Verabredung?«
»Nein, aber Sie und Gerda haben eine. Mit jemandem, der nicht warten kann. Ich werde froh sein, wenn Sie unterwegs sind. Uns ist es einerlei, wer Dr. Berlin das Handwerk legt – solange es überhaupt jemand tut. Dieses Schwein ist schuld daran, daß ich wertvolle Männer verloren habe.«
»Gibt es sonst noch Informationen, die ich für Sie weiterleiten kann?«
»Ja. Deshalb bin ich gekommen. Berichten Sie Peter Toll in Pullach, daß Markus Wolf unseren Funkcode geknackt hat. Deshalb senden wir nicht mehr. Sagen Sie ihm, er soll auf den Weimar-Schlüssel ausweichen. Wie die Stadt Weimar. Er weiß, was er zu tun hat.«
»Ich komme mir hier regelrecht eingesperrt vor – noch stärker als unter dem Straßenkreuz. Was ist, wenn ich kontrolliert werde?«
»Sie verschaffen sich freie Bahn, indem Sie bluffen. Schließlich haben Sie das schon mehrmals getan ...«
»Und wenn es mir nicht gelingt? Was passiert dann?«

»Es muß einfach gelingen. Sehen Sie sich doch um – Sie können nicht davonlaufen, sich verstecken. Es muß an dem Unwetter liegen – wahrscheinlich waren die Straßen streckenweise überschwemmt. Und jetzt hören Sie zu. Sie müssen hinaus, damit Sie die Informationen, die Sie bekommen haben, weiterleiten können. Denken Sie also nur an sich selbst. Wenn Gerda hier in Leipzig in Schwierigkeiten gerät und Sie entwischen können, dann tun Sie es. Keine Heldentaten. Dazu haben wir zuviel investiert.«

»Sie meinen, ich soll sie einfach in der Tinte sitzen lassen?«

»Sie überlassen es ihr, mit der Situation fertig zu werden. Darauf ist sie vorbereitet. Und jetzt gehe ich wieder nach hinten und lege mich mit einer Decke über den Beinen auf die Bank. Gerda kauert sich hinter Sie. Aus dreien wird einer ...«

»Ich verstehe nicht ...«

»Wir wurden an der Straßensperre angehalten, kurz bevor wir Radoms Hof erreichten. Die Vopos sahen zwei Männer und ein Mädchen. Dann wurden wir auf der Landstraße von den Leuten vom Stasi kontrolliert. Auch die sahen zwei Männer und ein Mädchen. Und wir wissen nicht, ob sie Meldung gemacht haben. Deshalb versuchen wir jetzt den Anschein zu erwecken, als wäre nur ein Mann unterwegs. Wenn sie kommen, dann vermutlich an die Fahrerseite – an Ihr Fenster. Tun Sie, was Sie können.« Bevor er Anstalten machte, sich zu erheben, schwieg Falken einen Augenblick. »Wenn der BND uns wirklich helfen will, dann sollte er Sie als Mitglied von Gruppe Fünf herüberschicken.«

Newman blieb allein zurück. Er schürzte die Lippen. Falken hatte ihm gerade das größte Kompliment gemacht, aber er hatte nicht viel Zeit, darüber nachzudenken. Ein Volkspolizist mit einem Bierbauch schritt die Linie der stehenden Fahrzeuge ab, schaute in jedes hinein.

Laßt dicke Männer um mich sein. Das Zitat schoß Newman durch den Kopf. Shakespeare. *Julius Caesar*? Er war sich nicht sicher. Er kurbelte das Fenster herunter. Der massige Volkspolizist zog sein Koppel hoch, blickte in die Fahrerkabine.

»Und wo wollen Sie hin?«

»Eigentlich Urlaub machen. Mit einer Freundin. Aber ich weiß nicht, ob sie kommen wird. Campen bei dem Wetter?«

»Das hängt von Ihnen ab, Genosse. Sorgen Sie dafür, daß sie Sie gern hat.« Die feisten Wangen des Volkspolizisten schaukelten vergnügt. »Sorgen Sie dafür, daß sie es hier drinnen schön warm hat. Nur ihr beide?«

»Wozu sollte ich ihre Mutter brauchen?«
Die Wangen schaukelten wieder. Wahrscheinlich, dachte Newman, war er der erste Fahrer, der sich nicht über den Stau aufregte.
»Wie lange dauert es noch, bis wir hier weiterkommen?« fragte Newman. »Ich weiß, Sie haben alle Hände voll zu tun. Aber wenn ich zu spät komme, ist ihre Mutter da, bevor wir abfahren können.«
»Das können wir nicht zulassen.«
Der Volkspolizist kehrte zu der Stelle zurück, an der der Verkehr dirigiert wurde. Er verschwand außer Sicht, aber zwei Minuten später wurde der Verkehr in der Gegenrichtung gestoppt, und die Fahrzeuge vor dem Wohnmobil begannen, sich in Bewegung zu setzen. Als er die Stelle erreichte, an der der dicke Volkspolizist stand, winkte Newman ihm dankend zu, und der Polizist erwiderte den Gruß mit vielsagendem Lächeln. Männer müssen zusammenhalten . . .

Welcher von ihnen ist Janus? fragte sich Tweed und ließ den Blick über die vier Sektorenchefs schweifen, die am Konferenztisch am Park Crescent saßen.
Harry Masterson, dessen Kinn schon wieder die ersten Anzeichen eines Fünf-Uhr-Schattens erkennen ließ, trommelte mit den Fingern leicht auf der polierten Tischplatte. Auf dem Gesicht von Hugh Grey, der rechts neben Tweed saß, lag der übliche eifrige Ausdruck. Erich Lindemann, links von ihm, wartete, vor sich einen Block und vier säuberlich arrangierte Farbstifte. Guy Dalby saß bewegungslos da und ließ Tweed nicht aus den Augen. Tweed räusperte sich.
»Meine Herren, ich habe Sie zu dieser frühen Stunde hergebeten, um Zeit zu sparen. Sie können bei der nächsten Gelegenheit in Ihre Hauptquartiere zurückkehren. Inzwischen sind Ihre Leute möglicherweise zu irgendwelchen Erkenntnissen über die Inaktivität der Gegenseite gelangt. Sie macht mir Sorgen, denn sie deutet auf eine größere Operation hin. Aber was für eine? Ich hoffe, Sie finden das schnell heraus. Ich habe das Gefühl, daß uns nicht viel Zeit bleibt.«
»Und was haben Sie vor?« fragte Dalby auf seine unumwundene, geschäftsmäßige Art. »Wo können wir Sie erreichen?«
»Ich gehe wieder nach Hamburg.« Tweed hielt inne, ließ den Blick über die vier Männer schweifen, forschte nach irgendeiner und sei es noch so schwachen Reaktion. »Innerhalb der nächsten achtundvierzig Stunden . . .«
»Vielleicht diesmal ein bißchen Rückendeckung? Unauffällig natürlich«, schlug Grey vor.

»Nein!« Tweeds Stimme klang entschieden. »Allein kann ich besser arbeiten. Was den Kontakt mit mir betrifft« – er wandte sich an Dalby – »rufen Sie Monica an. Sagen Sie ihr alles, was Sie sonst mir sagen würden. Ich halte sie auch auf dem laufenden.«
Masterson grinste, strich sich mit einer Hand das schwarze Haar zurück. »Ihnen fehlt wohl etwas, wenn Sie nicht unterwegs sind? Nervöse Füße – das ist Ihr Problem.«
»Besonders aus den mittleren Sektoren erwarte ich schnelle Resultate«, erwiderte Tweed kurz. »Das ist das eigentliche Hornissennest.« Sein Blick wanderte weiter. »Irgendein Kommentar, Erich?«
Lindemann machte sich mit einem seiner Stifte Notizen. Mit welchem? Tweed konnte es nicht erkennen. Lindemann legte den Stift hin, verschränkte die Arme.
»Nicht, daß ich wüßte.«
Typisch Lindemann, dachte Tweed. Knochentrocken. Kein Wunder, daß er den Spitznamen Professor erhalten hatte. Während alle warteten, nahm Tweed die Brille ab und putzte sie mit seinem Taschentuch, wobei er sich ganz bewußt Zeit ließ. Monica saß an einem Nebentisch und machte sich Notizen für das Protokoll, das sie später schreiben würde. Jetzt musterte auch sie Tweed mit einiger Verwunderung. Es war nicht seine Art, eine Konferenz in die Länge zu ziehen. Die meisten Versammlungen betrachtete er als reine Zeitverschwendung, als etwas, das man so schnell wie möglich hinter sich bringen mußte. Druck, dachte Tweed. Das war es, was nach den Worten von Dr. Generoso einen Mann, der ein Doppelleben führte, schließlich außer Fassung bringen müßte. Jetzt übte er diese Art von Druck aus. Das Schweigen wurde bedrückend. Jemand scharrte mit den Füßen. Er ließ den Blick wieder um den Tisch wandern.
Grey saß mit erwartungsvollem Lächeln da. Er rechnete damit, daß Tweed weitersprach. Masterson strich sich wieder über das glänzende Haar, während Tweed fortfuhr, seine Brille zu putzen. Dalby saß mit verschränkten Armen da und musterte seinen Chef, fast ohne sich zu rühren. Lindemann notierte wieder etwas auf seinem Block; diesmal erkannte Tweed, daß er einen grünen Stift benutzte. Nahm er für jeden Sektorenchef eine andere Farbe? Verrückte Idee. Tweed setzte seine Brille wieder auf, begann plötzlich wieder zu sprechen und beobachtete die Männer dabei genau.
»Dr. Berlin.« Eine weitere, bedeutungsschwere Pause. »Alle Informationen, die Sie über ihn bekommen können. Angeblich das Licht der Welt, der Schutzengel der Flüchtlinge, der Beschützer der Hilflo-

sen in aller Welt.« Seine Stimme klang ironisch. »Angeblich.« Er hob die Hand, um Grey zum Verstummen zu bringen, der bereits den Mund geöffnet hatte, begierig, sich dazu zu äußern. »Keine Kommentare, bitte. Sie sollen nur graben, und zwar in seiner Vergangenheit, so tief wie möglich.«

Tweed faltete die Hände auf dem Tisch, musterte einen der Männer nach dem anderen. Janus war hier, saß an diesem Tisch. Der Mann, der nach Osten und Westen zugleich blickte. Und möglicherweise ein Massenmörder war. Wenn ich nicht völlig auf dem Holzweg bin.

Nein, das bin ich ganz bestimmt nicht. Einer dieser Männer hat Fergusson in den Tod geschickt. Das steht fest. Und alle nahmen in Frankfurt an der Konferenz teil, die ich abhielt, nachdem ich sie befördert hatte. Und in derselben Nacht wurde das holländische Mädchen ermordet. Und sie waren alle auf dem Kontinent – genauer Aufenthaltsort unbekannt –, als Helena Anderson, die blonde Schwedin, auf dem Priwall abgeschlachtet wurde. Und ebenso verhielt es sich, als Iris Hansen, gleichfalls ein blondes Mädchen, in Travemünde ihr grausiges Ende fand.

Doch am verräterischsten war der ungelöste Mordfall Carole Langley in East Anglia in der Nacht des 14. Juli vor zwei Jahren. Die vier Männer, die er jetzt musterte, hatten alle an der Feier von Hugh Greys Geburtstag auf Hawkswood Farm teilgenommen. Entschieden zuviel der Zufälle. Ein unheimliches Gefühl beschlich ihn. Er mußte wieder an Dr. Generoso denken, der gesagt hatte, ein solcher Mensch könne über lange Zeit hinweg einen völlig normalen Eindruck machen.

Tweed erhob sich.

»Die Sitzung ist beendet.«

»Tweed kommt zurück ... fliegt nach Hamburg ... innerhalb der nächsten achtundvierzig Stunden ...«

Der Anrufer, der deutsch sprach, telefonierte von einer Zelle im Postamt in der Nähe des Leicester Square. In seiner Wohnung in Altona nahm Martin Vollmer den Anruf entgegen. Als er sich bedanken wollte, war die Verbindung bereits unterbrochen.

Vollmer legte den Hörer auf, wartete ein paar Sekunden, hob ihn wieder ab und wählte eine Nummer. Es läutete fünfmal, bevor sich das Mädchen meldete, das er angerufen hatte.

»Tweed kommt zurück ...«

Wieder begannen die Drähte zu summen. Immer die gleiche Botschaft, in genau die gleichen Worte gekleidet. Bis sie in der Kanzlei eines Anwalts in Westberlin eingetroffen war. Der Anwalt nahm den Anruf entgegen, legte den Hörer auf, teilte seiner Sekretärin mit, daß er fort müsse, und ging zu Fuß die kurze Strecke zum Checkpoint Charlie und weiter in den Ostteil der Stadt.

»Was ist passiert? Warum sehen Sie so zufrieden aus?« fragte Lysenko, als Wolf den Hörer auflegte. Er war gerade ins Zimmer gekommen.

»Tweed kommt zurück – wie ich es vorhergesagt habe. Nach Hamburg. Noch eine Vorhersage – er wird sofort nach Lübeck weiterreisen. Ich habe dafür gesorgt, daß Munzel informiert wird. Aber Sie sehen nicht so zufrieden aus ...«

»Der Zeitplan!« bellte Lysenko. »Er wird verdammt knapp. Wir haben ein größeres Unternehmen in Gang gebracht.«

»Was für ein Unternehmen? Oder geht mich das vielleicht nichts an?«

»Nein. Sie haben schon genug um die Ohren. Der Zeitplan! Wie oft muß man Sie eigentlich fragen? Das gefällt mir ganz und gar nicht. Tweed ist eine Gefahr.«

»Wahrscheinlich weiß ich mehr über Tweed als Sie«, stellte Wolf fest. »Und was den Zeitplan betrifft, so wird er dem Bericht Balkans zufolge in zwei Tagen in Hamburg erwartet.«

»Dann muß er schnellstens eliminiert werden ...«

»Ich habe schon eine Nachricht an Munzel übermitteln lassen, der in Lübeck auf sein Eintreffen wartet.«

»Wir können nicht sicher sein, daß er nach Lübeck zurückkehrt«, fauchte Lysenko.

»Für diesen Fall habe ich auch unseren Mann am Hamburger Flughafen instruiert. Tweed wird von dem Augenblick an beschattet, in dem er aus der Zollabfertigung herauskommt.«

»Munzel hat schon einmal versagt. Diesmal muß er es schaffen. Und zwar schnell.«

»Er wird sich der Sache annehmen, sobald er kann. Mehr als das kann ich nicht garantieren. Wieviel Zeit hat er?«

»Eine Woche. Höchstens zwei.«

»Dann können Sie heute nacht ruhig schlafen.«

In seinem Zimmer im Hotel International gegenüber dem Lübecker Hauptbahnhof lag Erwin Munzel noch im Bett; Lydia Fischer, das Mädchen, das er im Zug von Puttgarden kennengelernt hatte, stand schon unter der Dusche. Er war sehr zufrieden mit ihr – und nicht nur, weil sie ihm als Tarnung diente. Das Telefon läutete, und er griff sofort zum Hörer.

»Hier Vollmer . . .«

»Ich habe mich entschieden, meinen Urlaub auf Sylt zu verbringen«, sagte er.

»Hören Sie zu. Tweed kommt zurück. Trifft innerhalb der nächsten beiden Tage mit dem Flugzeug in Hamburg ein. Rufen Sie mich wie üblich um zwölf an. Nach Eintreffen des Kunden haben Sie drei Tage, um das Geschäft zum Abschluß zu bringen.«

»Ich arbeite nicht unter Zeitdruck . . .«

»Diesmal werden Sie es tun. Oder Ihren Job verlieren.«

Bevor Munzel protestieren konnte, hatte Vollmer bereits aufgelegt. Mehrere Minuten lag er da und starrte an die Decke. Als Lydia aus dem Badezimmer kam, ging er selbst hinein und duschte kurz. Dann zog er sich rasch an.

»Du wolltest doch einkaufen gehen?« sagte er zu Lydia. »Wie wär's, wenn du das jetzt tätest? Ich muß ein paar Anrufe erledigen.«

Er wartete, bis sie das Zimmer verlassen hatte, und packte dann einen Teil seiner Kleidung in einen Koffer, den er vor kurzem gekauft hatte. Dann verließ er das International, wanderte in strahlendem Sonnenschein am Mövenpick vorüber und über die Brücke in die Innenstadt.

Vor dem Eingang des Hotels Jensen blieb er stehen, blickte hinein, sah, daß nur ein Mädchen an der Rezeption war – nicht der Manager –, und ging hinein. Er nahm ein Zimmer und gab den ersten Namen an, der ihm einfiel. Hugo Schmidt aus Osnabrück. Er fuhr mit dem Fahrstuhl hinauf und schloß die Tür eines nach hinten hinausgehenden Zimmers auf.

Er brauchte nur wenige Minuten, um seine Kleidung im Schrank und in ein paar Schubladen zu verstauen und Zahnputz- und Waschzeug im Badezimmer zu deponieren. Dann fuhr er wieder hinunter und verließ das Hotel, den Zimmerschlüssel in der Tasche.

Er spekulierte darauf, daß Tweed, wenn er nach Lübeck zurückkehrte, wieder im Jensen absteigen würde. Die Engländer waren konservativ, hielten an ihren Gewohnheiten fest. Jetzt brauchte er nur noch zu warten, bis Vollmer ihm mitteilte, daß Tweed unterwegs war.

VIERZIG

Sie waren mitten in Leipzig, und Gerda saß neben Newman. Er brauchte sie, damit sie ihm den Weg wies. Es war acht Uhr abends, und er fuhr langsam durch die Gerberstraße. Vor ihnen ragte ein riesiges, scheibenähnliches Gebäude so hoch in den Himmel, daß er den Hals verrenken mußte, um zu seiner oberen Kante hinauf sehen zu können.

»Was ist das?« fragte er. »Das müssen ja dreißig Stockwerke sein.«

»Das Hotel Merkur. Das beste in der ganzen Gegend. Es hat drei Restaurants.«

Ihren Anweisungen folgend, fuhr er weiter. Falken lag auf einer der Sitzbänke im Innern des Wohnmobils. Sie erreichten eine Kreuzung gerade in dem Augenblick, in dem die Ampeln auf Rot umsprangen. Newman bremste. Hinter ihnen hörte er eine Tür zuschlagen.

»Was war das?« fragte Newman.

»Falken ist gerade gegangen. Sehen Sie, dort ist er...«

Der hochgewachsene Deutsche humpelte mit Hilfe seines Stockes auf dem Gehsteig an dem Wohnmobil vorüber. Ein paar Meter weiter blieb er stehen. Zwei Männer hatten ihm den Weg versperrt, redeten auf ihn ein.

»O Gott«, sagte Newman. »Polizei in Zivil.«

»Es sieht so aus«, erwiderte Gerda.

Falken hatte seinen Ausweis hervorgeholt und dabei so getan, als hätte er Mühe, mit Hilfe seines Stockes das Gleichgewicht zu wahren. Jetzt breitete er die Arme aus, ließ seine Hände flattern wie ein Vogel. Die beiden Männer lächelten. Nachdem sie seinen Ausweis geprüft hatten, gaben sie ihn zurück. Falken unterhielt sich weiter mit ihnen.

»Er lenkt ihre Aufmerksamkeit von uns ab«, sagte Gerda. Newman spürte die Anspannung in ihrer Stimme. »Wahrscheinlich hat er von der Graugans erzählt, als er die Arme ausbreitete. Er wartet darauf, daß wir weiterfahren können.«

Während er gestikulierte, hatte Falken kurz über seine Schulter zurückgeblickt. Newman wurde nervös. Warum sprangen die verdammten Ampeln nicht um? Sie schienen bei Rot eingerastet zu sein. Je länger Falken reden mußte, desto größer war die Gefahr, daß einer der beiden Polizisten die falsche Frage stellte.

»Geben Sie kein Gas, wenn die Ampel umspringt«, warnte Gerda, die seine Nervosität spürte. »Falken kommt schon zurecht...«

Endlich Grün. Gerdas Anweisungen folgend, bog Newman langsam nach links ab. Im Außenspiegel sah er Falken davonhumpeln, die beiden Polizisten entfernten sich in der entgegengesetzten Richtung. Newman kam sich seltsam verlassen vor. Falken, der Freund, mit dem er die letzten paar Tage verbracht hatte, war ebenso rasch wieder aus seinem Leben verschwunden, wie er darin aufgetaucht war. Wieder spürte Gerda seine Gefühle.

»Kein Abschied fürs Leben – nur bis zum nächsten Mal. Konzentrieren Sie sich aufs Fahren. Wir sind in Leipzig. Auf den Straßen wimmelt es von der Wolfsmeute.«

»Wolfsmeute?«

»Von Markus Wolfs Männern. Ich habe überall welche gesehen. Jetzt geradeaus weiter...«

Newman schluckte. Er hatte einen Klumpen in der Kehle. Falkens wegen. Lächerliche Sentimentalität. Er sollte lieber aufpassen, wohin er fuhr. Gerda legte sanft eine Hand auf seinen Arm. Sie hatte sehr kleine Hände.

»Hören Sie jetzt genau zu, Emil. Wir werden das Wohnmobil bald verlassen und einige Zeit in einem Lokal verbringen. Sie fahren heute nacht weg. Ein junger Mann namens Stahl nimmt Sie mit nach Rostock. Sie reisen in einem gepanzerten Laster, der Waffen geladen hat, die nach Kuba verschifft werden sollen. Wir nehmen an, daß sie für Nicaragua bestimmt sind. Es wird reichlich unbequem werden – Sie werden viele Stunden in dem Laster eingeschlossen sein.«

»Wer ist dieser Stahl?«

»Sie sollten es wissen – für den Fall, daß der Laster angehalten wird, aber das ist sehr unwahrscheinlich. Er ist Parteimitglied.«

»Soll das ein Witz sein?«

»Er ist Parteimitglied«, wiederholte sie. »Und deshalb ist er mit der Beförderung dieser wichtigen Fracht betraut worden. Wir kennen ihn, seit er Mitglied der FDJ war. Sehr intelligent. Er haßt das System, wollte in den Westen. Falken hat ihn überredet, den anderen Weg zu gehen – immer genau das Richtige zu tun, in der Hoffnung, daß er in die Partei aufgenommen würde. Es hat funktioniert. Mit diesem Laster bringt er Sie bis in die Nähe der Docks, und von dort kehren Sie über See in den Westen zurück.«

»Mit welchem Schiff? Und an welchen Ort?«

»Ich habe keine Ahnung. Noch etwas, das Sie nicht vergessen dürfen, wenn Sie mit ihm reden. Er kennt nur Falken und mich. Von Radom darf er nichts erfahren. Wir benutzen das Zellensystem – nach sowje-

tischem Vorbild. – Hier müssen Sie links abbiegen, den Einbahnstraßenschildern folgen.«
Newman hatte das Gefühl, auf der Fahrt in die Vororte einen großen Kreis zu beschreiben. Sie kamen an zahlreichen Geschäften vorüber. Viele trugen die Aufschrift HO – Handelsorganisation. Staatseigene Geschäfte. In einem Schaufenster fielen ihm Farbfernseher auf.
Die Fußgänger machten einen gut gekleideten, gut genährten Eindruck. Ein großer Unterschied gegenüber seinem Aufenthalt als Auslandskorrespondent in Ostberlin vor etlichen Jahren. Aber eines hatte sich nicht geändert. Die Männer und Frauen wirkten stumpf. Niemand schien das Leben zu genießen. Sie trabten mit ihren Kunststoff-Einkaufstaschen dahin, die so trist waren wie ihre Umgebung. Eine graue, trostlose Atmosphäre – sogar im Licht der untergehenden Sonne.
»Fahren Sie auf diesen Campingplatz«, wies ihn Gerda an. »Halten Sie unter den Bäumen dort drüben – abseits von den anderen. Und warten Sie, bis ich bezahlt habe.«
Er bog von der Straße auf einen asphaltierten Weg ab und fuhr dann ein Stück über grasbewachsenes Gelände. Er hatte kaum angehalten, als Gerda auch schon die Tür öffnete, heraussprang und verschwand.
Die Vorstadt hatte unvermittelt aufgehört. Der Campingplatz lag am Rande einer offenen Landschaft; Weideflächen erstreckten sich in die Ferne. Es waren nur sehr wenige Leute zu sehen. Er blickte auf die Uhr. Halb neun. Bald würde es dunkel sein. Wo würde er mit Stahl zusammentreffen?
Newman mußte eine Viertelstunde warten, bis Gerda zurückkehrte, in jeder Hand eine große Tüte mit Konservendosen, einem Laib Brot und Packungen mit Fruchtsaft. Er sah sich schnell um. Niemand in Sicht. Er öffnete die Tür und nahm ihr die Tüten ab. Sie stieg ein.
»Wir müssen uns beeilen«, sagte sie. »Verstauen Sie den Kram hier in den Schränken über dem Ausguß. Ich decke inzwischen den Tisch.«
»Wir essen hier?«
»Wir verschwinden, so schnell wir können. Aber wenn die Polizei hier auftaucht, wird sie denken, wir kämen zurück. Schließlich ist der Tisch gedeckt und Essen in den Schränken ...«
Er erinnerte sich an Falkens Anweisung. *Tun Sie, was Gerda sagt.* Während sie den Tisch deckte, verstaute er den Inhalt der Tüten. Sie fuhr mit ihrer Erklärung fort.
»Und möglicherweise hat uns jemand hier auf dem Platz gesehen.

Bevor wir verschwinden, ziehe ich einen der Vorhänge zurück. Dann sieht jeder, der hereinschaut, den gedeckten Tisch. Alles muß ganz normal aussehen.«
»Wir müssen bald etwas essen«, erklärte Newman. »Wenn wir können.«
»Das werden wir auch tun. Aber von hier müssen wir verschwinden. Haben Sie Ihr Rasierzeug bei sich, Emil?«
Er schlug leicht auf die Tasche seines Regenmantels, in der ein kleiner Beutel mit Rasierzeug, Seife und einem Kamm steckte. Sie öffnete die Schränke, die er vollgepackt hatte, und holte eine kleine Flasche Mineralwasser und einen zusammenfaltbaren Plastikbecher heraus.
»Stecken Sie das in die andere Tasche. Das Wasser ist zum Trinken und Rasieren. Sie werden stundenlang in dem Laster eingesperrt sein, aber morgen früh müssen Sie rasiert sein. Wenn Sie unrasiert sind, könnte man Sie für einen Rauschgiftsüchtigen halten. So, und jetzt verschwinden wir.«

Newman fiel auf, wie ordentlich der Campingplatz aussah. Keine auf dem kurzgemähten Gras herumliegenden Tüten, keine leeren Flaschen und Dosen. Nahe dem Ausgang begegnete ihnen ein Ehepaar mit zwei kleinen Kindern, die auf den Platz zurückkehrten. Gerda sagte »Guten Abend«, und dann wanderten sie den Gehsteig entlang.
Nachdem sie das Wohnmobil verlassen hatten, kam sich Newman seltsam nackt vor. Sie waren nur ein paar Stunden in ihrem Kokon gereist, aber er hatte sie vor einer feindlichen Welt geschützt. Jetzt, während sie Seite an Seite stadteinwärts gingen, kam er sich entsetzlich entblößt vor.
»Wo waren all die Leute vom Campingplatz?« fragte er.
»Ausgegangen, um zu tun, war wir jetzt auch tun werden. Etwas zu essen. Sie machen Ferien. Meistens bereiten die Frauen das Mittagessen zu, aber damit sie sich auch ein bißchen erholen können, führen die Männer sie oft zum Abendessen aus.«
»Haben wir genug Zeit? Ich denke an das Treffen mit Stahl ...«
»Ich habe es so eingerichtet, daß wir Zeit haben. Sie müssen etwas Warmes in den Magen bekommen, bevor Sie in diesen Laster steigen. Und wir treffen ihn, wenn es dunkel ist – draußen auf dem freien Land. So, hier können wir essen.«
Sie hatten ein modernes, zweigeschossiges Einkaufszentrum erreicht. Die Geschäfte waren geschlossen, aber das dazugehörende Restau-

rant im Nebenhaus hatte geöffnet. Sie gingen hinein; Gerda trug ihren Anorak mit der sorgfältig darin eingehüllten Uzi unter dem Arm.
Es war ein altes Lokal, offenbar aus der Zeit vor dem Zweiten Weltkrieg. Die Wände warten mit dunkler Eiche getäfelt, an der Decke zogen sich dicke Eichenbalken entlang. Gerda wählte eine Nische an einer Wand, und sie ließen sich einander gegenüber an dem schweren Tisch nieder.
Ein Kellner mit einer grünen Schürze nahm ihre Bestellung entgegen. Er würdigte Newman kaum eines Blickes, während Gerda für beide bestellte. Newman bekam ein schweres, dunkles Bier in einem großen Krug, Gerda ein Glas Weißwein. Newman war unbehaglich zumute – Falken war in Sekundenschnelle aus seinem Leben geglitten, und bald würde es »Leb wohl, Gerda« heißen . . . Der Gedanke behagte ihm gar nicht.
»Das Lokal scheint ziemlich alt zu sein«, bemerkte er.
Gerda strich sich mit der Hand über ihr kastanienbraunes Haar. »Leipzig und seine Vorstädte wurden während des Krieges stark zerstört. Dieses Lokal blieb verschont. Ein purer Zufall.«
Sie unterhielten sich leise, aber es waren nur wenige Gäste da, und keiner saß in ihrer Nähe. Ich weiß überhaupt nichts von ihr, dachte Newman, und ich darf nicht fragen. Wenn ich verhaftet werde, unter Druck gesetzt, darf ich nicht in der Lage sein, irgend etwas zu verraten, wodurch sie identifiziert werden könnte.
Sie aßen gedünsteten Fisch und Kartoffeln. Newman vertilgte eine riesige Portion, und Gerda nahm es beifällig zur Kenntnis.
»Zu verhungern braucht man hier nicht«, bemerkte er.
»Ich nehme an, Sie haben es nicht gehört – aber ich habe eine doppelte Portion für Sie bestellt. Damit Sie richtig satt sind, wenn Sie Ihre Reise antreten.«
»Wieviel Zeit haben wir noch?«
»Es reicht noch für einen Kaffee. Der Mokka ist gut hier. Dann müssen wir los.«
Sie hatte einen Blick auf die Uhr geworfen. Draußen war es inzwischen dunkel geworden, und die Laternen warfen ein bleiches Licht auf die menschenleeren Straßen. Sie tranken schweigend ihren Kaffee. Gerda musterte Newman wieder. Er fühlte sich jetzt viel besser und viel schlechter zugleich – er hätte dieses Mädchen nur zu gern besser kennengelernt.
»Was ist mit der Uzi?« flüsterte er, nachdem er gezahlt hatte.

»Ich lasse sie so bald wie möglich verschwinden. Es wäre gefährlich gewesen, sie im Wohnmobil zurückzulassen.«
Ihre Worte erwiesen sich als prophetisch. Als sie auf der gegenüberliegenden Straßenseite den Campingplatz passierten, sahen sie einen am Eingang geparkten Streifenwagen. Mit Taschenlampen ausgerüstete Volkspolizisten bewegten sich zwischen den abgestellten Fahrzeugen. Sie gingen weiter, sorgsam bemüht, nicht schneller zu laufen.
»Wir fahren mit Rädern zu der Stelle, an der wir Stahl treffen sollen«, erklärte ihm Gerda nach einem neuerlichen Blick auf die Uhr. »Und wir kommen rechtzeitig an.«
»Wo finden wir Fahrräder?«
»Das werden Sie bald sehen.«
Sie hängte sich bei ihm ein, und sie gingen weiter wie ein Paar, das sich schon lange kennt. Ein paar hundert Meter hinter dem Campingplatz tauchte an einer Seite der Straße ein Gebiet mit Kleingärten auf. Sie führte ihn einen Schlackenweg entlang, blieb vor einem Schuppen stehen, der vermutlich zur Aufbewahrung von Spaten, Harken und anderem Gartenwerkzeug diente.
Er hielt den Anorak mit der Uzi, während sie einen Schlüssel aus ihrer Handtasche holte, ihn in ein großes Vorhängeschloß steckte und umdrehte. Sie verschwand in dem Schuppen, tauchte mit einem Fahrrad auf, lehnte es an die Schuppenwand, verschwand wieder und schob das zweite heraus.
Die Luft war kühl geworden. Sie nahm Newman den Anorak ab, wikkelte die Uzi aus und steckte sie in ihre Satteltasche. Dann zog sie den Anorak über und schaute zu, wie Newman den Sattel höher stellte und die Bremsen testete. Er sah sie an.
»Von mir aus können wir . . .«
»Ich muß nur noch abschließen.«
Sie schob ihr Rad über den Schlackenweg und stieg erst auf, als sie die Straße erreicht hatten. Sie bog nach rechts ab, in die der Vorstadt und dem Campingplatz entgegengesetzte Richtung. Er fuhr neben ihr her, dann sagte er, sie sollte anhalten.
»Was ist?«
»Das Licht. Falken hat gesagt, die Polizei hielte Leute an, die ohne Licht fahren.«
»Sie haben recht. Ich muß mit meinen Gedanken auf dem Mond gewesen sein.«
Sie schalteten Vorder- und Rücklicht ein und fuhren weiter. Es war

kein Verkehr auf der Straße, aber sie mußten sehr vorsichtig fahren – nachdem es wochenlang nicht geregnet hatte, war der Straßenbelag nach dem Unwetter glitschig. Hinter den grasbewachsenen Banketten zogen sich beiderseits der Straße tiefe Gräben entlang, dahinter lagen Felder mit vereinzelten, im Dunkeln nur undeutlich zu erkennenden Baumgruppen. Der Himmel war ein Wolkenmeer, und es wehte ein kühler Wind.

»Jetzt möchte ich, daß wir einen Augenblick anhalten«, sagte Gerda.

Da sie im Restaurant die Toilette benutzt hatten, war Newman einen Moment verblüfft. Er sah zu, wie sie ihre Handtasche aus der Satteltasche holte, ihr ein Taschentuch entnahm, die Uzi herauszog und alle Fingerabdrücke abwischte. Dann trat sie auf das Bankett, benutzte ihr Taschentuch als Handschuh und warf die Maschinenpistole in den Graben. Sie klatschte aufs Wasser und war dann nach einem kurzen Gurgeln verschwunden. Sie fuhren weiter.

Kurz nachdem sie die Waffe losgeworden waren, erreichten sie eine Kreuzung, an der die Landstraße, die sie entlanggeradelt waren, auf eine Hauptverkehrsstraße traf. Gerda bog nach links auf die Hauptstraße ein; ungefähr hundert Meter von der Kreuzung entfernt lenkte sie ihr Rad aufs Bankett.

»Hier treffen wir Stahl. Er kommt aus dieser Richtung.«

Sie deutete dorthin, wo sie hergekommen waren, blickte auf die Uhr und holte dann ein kleines Fernglas aus ihrer Handtasche. Sie hob es an die Augen, stellte es ein und blickte damit die Straße entlang; das Fahrrad lehnte an ihrer Hüfte.

»Was soll das?« fragte Newman.

»Das ist ein Nachtglas. Ich kenne die Zulassungsnummer des Lasters, den Stahl fährt. Wenn er kommt, muß ich ihm mit einer kleinen Taschenlampe ein Zeichen geben. Bevor ich das tue, muß ich sicher sein, daß es sich um das richtige Fahrzeug handelt.«

»Alles bestens organisiert.« Newman zögerte. »Und hier müssen wir Lebewohl sagen?«

»Nein – auf Wiedersehen.«

»Ich möchte Ihnen danken für alles ...« setzte er an.

Sie legte ihm einen Zeigefinger auf den Mund. »Umgekehrt wäre es richtiger. Warum sagen wir nicht einfach, es war gut, daß wir uns kennengelernt haben? Daß wir ein gutes Team abgeben würden. Und wenn ein Personenwagen oder der falsche Laster kommt, könnten wir auffallen – also tun wir, als wären wir ein Liebespaar.«

»Dann sollten wir rasch üben.«

Er legte beide Fahrräder auf das Bankett, nahm sie in die Arme, legte eine Hand in ihr Genick und küßte sie voll auf die Lippen. Sie versteifte sich einen Moment, dann schlang sie die Arme um ihn und drückte ihre Brust an die seine. Sie erwiderte den Kuß leidenschaftlich, ihr ganzer Körper verschmolz mit dem seinen.

»Oh, verdammt«, sagte er, nachdem er einen Blick über ihre rechte Schulter geworfen hatte.

Sie gab ihn heftig atmend frei, schaute in die gleiche Richtung. Das Nachtglas baumelte an einem Riemen um ihr Handgelenk. In der Ferne näherten sich Scheinwerfer – wie zwei große Augen. Sie hob das Glas an die Augen. Newman drückte die Daumen. Das konnte nicht Stahl sein. Noch nicht.

»Er ist es«, sagte sie.

Newman sah sich um. Keine anderen Fahrzeuge in Sicht. Die Scheinwerfer kamen näher, und mit ihnen der große Laster. Gerda hob ihre Taschenlampe und ließ sie zweimal kurz, einmal lang aufblitzen. Der Lastwagen passierte die Kreuzung, verlangsamte die Fahrt, hielt neben ihnen an. Ein gewaltiges Vehikel. Die Fahrerkabine mit dem Laderaum verbunden. Der Fahrer ließ den Motor laufen, blickte aus dem Fenster, und Gerda rief ihm etwas zu, das Newman nicht verstand. Ein kräftig gebauter junger Mann mit dichtem braunem Haar stieg aus, und Gerda stellte sie einander rasch vor.

»Stahl, das ist Emil Clasen ...«

»Kommen Sie mit«, sagte Stahl zu Newman. Dann bemerkte er die auf dem Bankett liegenden Fahrräder. »Du brauchst jetzt nur noch eins«, sagte er zu Gerda. Er ergriff Newmans Rad, hob es über den Kopf und schleuderte es über den Graben hinweg. Es landete in einem Kornfeld, verschwand. »Hinten rein«, sagte er dann zu Newman. »Schnell.«

Mit einem Sicherheitsschlüssel öffnete er eine der beiden Türen an der Rückseite des Lasters, reichte Newman eine Taschenlampe, die er aus der Hosentasche gezogen hatte, und deutete in die dunkle Höhle. Newman wandte sich um und wollte Gerda noch etwas sagen, aber Stahl packte mit festem Griff seinen Arm und drängte ihn zum Einsteigen. Gerda drückte ihm das Nachtglas in die Hand. »Nehmen Sie das mit. Es könnte nützlich sein.«

»Ein Sitz für Sie am vorderen Ende«, erklärte Stahl. »Benutzen Sie die Taschenlampe, sonst riskieren Sie eine gebrochene Kniescheibe. Wir reden später. Hier sind wir Leipzig noch zu nahe. Die Bullaugen

in den Türen sind aus Panzerglas, durch das man nicht hineinsehen kann ...«
Die Tür schlug zu, und Newman befand sich im Stockdunkeln. Er hörte, wie Stahl die Tür verschloß, und schaltete die Taschenlampe ein. Vor den Bullaugen saßen runde Klappen, die ihn von der Außenwelt abschnitten. Er schob eine der Klappen hoch und schaltete die Taschenlampe wieder aus.
Gerda erschien auf ihrem Rad, auf der Rückfahrt nach Leipzig. Dann löste Stahl die Luftdruckbremsen, und der riesige Laster begann sich in Bewegung zu setzen. In den paar Minuten, in denen die Taschenlampe eingeschaltet gewesen war, hatte er an der Wand einen Halteriemen entdeckt. Er faßte ihn mit der linken Hand, beobachtete, wie Gerdas Rücklicht sich entfernte. Der Laster nahm Fahrt auf. Dann erstarrte er.
Ein sehr schnell fahrender Streifenwagen näherte sich der Kreuzung. Er glaubte nicht, daß die Polizisten gesehen hatten, daß der Laster angehalten hatte – bei dem Tempo mußten sie zu diesem Zeitpunkt noch weit entfernt gewesen sein. Er hob das Nachtglas an die Augen. Die Straße war gut und der Lastwagen so schwer, daß er kaum schwankte.
Der Streifenwagen bog an der Kreuzung auf die Hauptstraße ein, fuhr an der radelnden Gerda vorbei, stoppte, wendete vorschriftswidrig und hielt neben Gerda an. Zwei Volkspolizisten stiegen aus, forderten sie zum Anhalten auf. Dann wurde ihm klar, daß sie ihnen ihren Ausweis zeigte. Einer der Volkspolizisten schüttelte den Kopf, öffnete die hintere Tür des Streifenwagens, schob sie hinein und folgte ihr. Der andere Mann setzte sich hinters Steuer. Oh, Gott! Und ihr Fahrrad hatten die Mistkerle einfach auf dem Bankett liegenlassen. Er konnte nichts tun. Er saß in dem Laster gefangen. Der Streifenwagen fuhr Richtung Leipzig davon. Newman fühlte sich sterbenselend.

EINUNDVIERZIG

In dem fahrenden Laster ließ Newman den Strahl der Taschenlampe langsam umherwandern, um sich zu orientieren, bevor er nach dem Sitz am vorderen Ende suchte. In der Mitte war ein schmaler Gang, der bis zur Fahrerkabine führte. Zu beiden Seiten des Ganges waren schwere Holzkisten vom Boden bis zum Dach aufeinandergestapelt.

Sie erinnerten ihn an Munitionskisten. Am Ende jeder Kiste war ein Seilgriff von der Dicke einer Schiffstrosse angebracht. Die Kisten waren mit an den Wänden befestigten Lederriemen gesichert. Er suchte nach einem Aufdruck, der auf ihren Inhalt hinwies. Nichts.
Dann wanderte er vorsichtig den Gang entlang. Die Wände des Lasters gaben ihm ein Rätsel auf. Von außen hatte das Fahrzeug ausgesehen wie ein Kühlwagen. Er hatte auch irgendeine Aufschrift getragen, aber Stahl hatte ihn so schnell hineingescheucht, daß er sie nicht hatte lesen können.
Am vorderen Ende des Lasters war die Fahrerkabine vom Frachtraum abgetrennt. Im Licht seiner Taschenlampe sah er ein hölzernes Schiebefenster, durch das man wahrscheinlich in die Kabine gelangen konnte. Hinter den letzten Kisten, unmittelbar an die Kabine angrenzend, fand er einen kleinen freien Raum. Links war ein ledergepolsterter Sitz an den Boden geschraubt. Auf der anderen Seite stand ein Emailleeimer mit einem Deckel – vermutlich als Toilette gedacht.
Ohne seinen Regenmantel auszuziehen, ließ er sich auf den Sitz sinken, plötzlich völlig erschöpft. Seit sie Radoms Hof verlassen hatten, hatte er sich keinen Augenblick entspannen können. Zuerst das Wohnmobil unter dem Straßenkreuz. Die Konzentration auf das Gespräch mit Karen Piper. Ihre Flucht auf der alten Eisenbahnstrecke. Das Verstecken unter der Brücke mit den über ihnen parkenden Volkspolizisten. Dann das Unwetter, die Fahrt durch die überschwemmte Schlucht.
Aber was ihm jetzt den schwersten Schlag versetzte, war das Bild, wie Gerda von diesem verdammten Streifenwagen mitgenommen wurde. Würde sie es schaffen, sich herauszureden? Er hatte keine Ahnung. Wahrscheinlich würde er nie erfahren, wie es ihr ergangen war. Er schaltete die Taschenlampe aus, um die Batterie zu schonen, dann stand er auf und klopfte an das Fenster, um Stahl wissen zu lassen, wo er war. Es glitt einen Moment auf, und Stahl fragte über die Schulter:
»Bequem da drinnen?« Seine Stimme klang leicht ironisch.
»Alles in Ordnung.«
»Wir reden bald. Wenn ich gefahrlos anhalten kann. Es gibt ein paar Dinge, die Sie wissen müssen.«
Das Fenster glitt vor Newmans Nase zu. Er hatte einen flüchtigen Blick auf die Straße werfen können, die sich vor ihnen erstreckte. Im Licht der starken Scheinwerfer war kein anderes Fahrzeug zu entdekken gewesen, nur Bäume, die zum Teil die Straße säumten. Er behielt seinen Regenmantel an. Im Laderaum des Lasters war es kalt.

Er hatte nicht damit gerechnet, daß er schlafen würde, aber nachdem er sich wieder auf dem Sitz niedergelassen hatte, versank er in unruhigen Schlummer. Der Laster fuhr schneller, die gewaltigen Reifen trugen ihn weiter und weiter. Er hätte gern gewußt, in welche Richtung sie fuhren. Er blinzelte, öffnete die Augen. Der Laster hatte angehalten.

Stahl öffnete die hintere Tür, und Newman sprang auf die Straße hinunter. Da er sich ganz bewußt seinen Weg durch den Gang ertastet hatte, ohne die Taschenlampe einzuschalten, konnte er im Dunkeln gut sehen. Der Laster stand auf einem Parkplatz an einer Straße, die zu beiden Seiten von dichtem Tannenwald gesäumt war.
»Setzen Sie sich vorn auf den Beifahrersitz. Ich komme in einer halben Minute nach.«
Stahl verschloß die Tür, während Newman an der Seite des Lasters entlangging und dabei die steifen Beine streckte. Tiefe Stille lag über der Nacht, die Luft war frisch und belebend. Als er die Fahrerkabine erreicht hatte, sah Newman, daß der Laster so auf dem Kamm einer Anhöhe geparkt war, daß Stahl in beide Richtungen kilometerweit freie Sicht hatte. Nirgendwo waren Scheinwerfer zu sehen.
Er kletterte in die hohe Kabine und schloß die Tür; Stahl kam an seiner Seite herein und machte gleichfalls die Tür hinter sich zu. Er reichte Newman eine Thermosflasche und ein in Butterbrotpapier gewickeltes Päckchen.
»Kaffee und Brote, Genosse.«
Das »Genosse« verblüffte Newman einen Augenblick, dann wurde ihm klar, daß dies ein reiner Reflex von Stahl war. Schließlich war er Mitglied der Partei.
»Kaffee ist gut«, sagte Newman und schraubte den Deckel ab, der gleichzeitig als Becher diente. »Die Brote esse ich später.«
»Guter Gedanke. Wir haben fünf Minuten, dann muß ich weiter. Sie steigen wieder hinten ein. Haben Sie einen Ausweis? Lassen Sie sehen. Und wir parken hier, weil wir auf diese Weise schon von weitem sehen können, ob jemand kommt.« Er pfiff, als er Newmans Ausweis im Licht der Deckenbeleuchtung betrachtete.
»Stimmt etwas nicht?« fragte Newman.
Stahl zuckte die breiten Achseln und grinste. »Im Gegenteil. Etwas stimmt. Grenztruppe. Sonderauftrag. Könnte gar nicht besser sein. Wenn wir angehalten werden – und besonders, wenn wir in Rostock ankommen.«

»Warum?«
»Die meisten Leute im Westen wissen über den Minengürtel an der Grenze zwischen der DDR und dem Westen Bescheid. Aber daß es an der Ostsee ein ähnliches Sperrgebiet gibt, ist weniger bekannt. Minenfelder, Streifen, Hunde – alles, was dazugehört. Sie gehören zur Grenztruppe, also dürfen Sie hinein. Daß wir angehalten werden, ist nicht sehr wahrscheinlich«, fuhr er auf seine zuversichtliche Art fort, »wegen unserer Fracht. Wenn wir angehalten werden, sitzen Sie neben mir. Und Sie haben das Sagen. Sonderauftrag? Begleiter für das Zeug, das ich transportiere.«
»Und was ist das? Oder sollte ich nicht danach fragen?«
»Haben Sie den Eimer gefunden? Ihre Privattoilette? Nun, wenn Sie wieder hineingehen, öffnen Sie die Kiste hinter dem Eimer. Man hat vergessen, das Vorhängeschloß zu schließen. Waffen für Kuba, wie Sie vermutlich wissen. Von den Skoda-Werken in der Tschechoslowakei.« Er gab Newman den Ausweis zurück. »Falls nötig, zeigen Sie ihn vor. Wenn wir angehalten werden, müssen Sie eine Schau abziehen, daß die nicht mehr wissen, wo oben und unten ist. Danke.« Er nahm die Thermosflasche wieder an sich.
»Wann werden wir voraussichtlich in Rostock eintreffen?«
»In der Morgendämmerung. Ich fahre so, daß ich nicht durch die Städte hindurch muß. Mit ein bißchen Glück ist es noch dunkel, wenn wir ankommen, und damit leichter, Sie auf ein nach Westen gehendes Schiff zu schmuggeln. Wir machen später noch einmal halt, dann erzähle ich Ihnen mehr.«
»Ich hatte den Eindruck, daß dies ein gepanzertes Fahrzeug ist ...«
»Ist es auch.« Stahl grinste wieder, trank einen Schluck Kaffee. »Klopfen Sie mal an die Wand, wenn Sie wieder drinnen sind. Ein tolles Fahrzeug, das sich die Mistkerle da ausgedacht haben. Von außen sieht es aus wie ein Kühlwagen. Pure Tarnung. Es ist stark gepanzert.«
»Warum diese Heimlichtuerei?« fragte Newman. »Innerhalb der DDR?«
»Weil sie kein Risiko eingehen wollen. Im Westen wird nicht darüber gesprochen – aus naheliegenden Gründen –, aber es gibt hier eine Widerstandsbewegung. Klein, aber stark und gut bewaffnet. Sie wissen, daß Leute wie Falken das, womit Sie reisen, nur allzugern in die Hände bekämen. Deshalb sieht der Laster, den ich fahre, wie ein ganz gewöhnliches Fahrzeug aus.«

»Sie sagten vorhin, es wäre unwahrscheinlich, daß wir angehalten würden . . .«
»Die Polizeiposten entlang unserer Route haben meine Zulassungsnummer. Sie haben Weisung, daß es sich um eine Ladung für die Partei handelt, die durchzulassen ist. Aber an manchen Stellen werden wir angehalten«, warnte Stahl. »Ein paar Straßenabschnitte sind gebührenpflichtig. Ich zahle einfach und fahre dann weiter. Also machen Sie sich keine Sorgen, wenn ich anhalte und Sie Stimmen hören. Verhalten Sie sich nur still.«
»Danke für den Hinweis. Er erspart mir einige Aufregung.«
»Dieser Ausweis, den Sie mit sich herumtragen – darf ich fragen, ob Sie ihn schon benutzen mußten? Was Sie gesagt haben? Pure Neugierde. Es ist so langweilig, Stunde um Stunde hier zu sitzen.«
»Rauschgift. Daß ich hinter einem Ring von Rauschgifthändlern her bin.«
»Merkwürdig«, bemerkte Stahl, »daß Sie ausgerechnet von Rauschgift sprechen. Nach dem, was ich gehört habe.«
»Warum?«
Newman war nur beiläufig interessiert. Er trank den Rest seines Kaffees, dachte, daß es in der Fahrerkabine wesentlich wärmer war als hinten.
»Weil wir etwas gehört haben – etwas, das Sie vielleicht an den BND weiterleiten sollten, wenn Sie wieder drüben sind. Wir haben einen Mann am Leipziger Flughafen. Was er dort tut, sage ich nicht. Kürzlich ist eine Tupolew aus Moskau gelandet. Ziemlicher Aufstand wegen eines hohen Tiers. Ein General vom militärischen Geheimdienst der Russen. Er war stockbesoffen, als er ausstieg. Schaffte es kaum, die Gangway hinunterzukommen. Stieg in ein wartendes Auto und ließ sich davonfahren. Unser Mann ging an Bord. Raten Sie mal, was er dort fand?«
»Sagen Sie es mir.«
»Den Aktenkoffer dieses Generals. Nennen wir unseren Mann Karl – so heißt er natürlich nicht. Karl hatte einen Dietrich. Er benutzte ihn, schloß den Koffer auf, blätterte die darin liegenden Papiere durch. Eines davon – Karl kann Russisch – war eine Notiz über eine für England bestimmte Ladung Heroin. Fünfhundert Kilo . . .«
»Wieviel?« Newman war plötzlich hellwach. »Das ist ja unvorstellbar.«
»Das fanden wir auch. Dann sah Karl den Wagen zurückkommen. Er legte die Notiz wieder in den Koffer, verschloß ihn, schob ihn wieder

unter den Sitz und versteckte sich im Cockpit, bis sie ihn abgeholt hatten und verschwunden waren.«
»Irgendein Hinweis darauf, wie das Zeug transportiert werden soll?«
»Ja. Über See. An Bord eines polnischen Frachters, der *Wroclaw*. Er hat Anweisung, in Rostock anzulegen.«
»Und in welchem englischen Hafen soll es angelandet werden?«
»Das stand nicht darin. Vielleicht ist Karl auch nicht so weit gekommen. Aber ich glaube, wir sollten allmählich weiter. Komische Sache, das mit dem Aktenkoffer. Die Russkies sind nicht ganz so gescheit, wie sie die Welt gern glauben lassen möchten. Gott sei Dank. So, und bevor wir losfahren, gehe ich schnell noch pinkeln.«
»Ich komme mit. Übrigens, darf ich fragen, welche Route wir fahren?«
»Warum nicht? Magdeburg, Stendal, Tangermünde – dann genau nach Norden über Pritzwalk, durch die Seenplatte nach Güstrow und dann weiter nach Rostock.«
Es hörte sich an wie ein Sonntagsausflug nach Brighton. Als sie zusammen am Waldrand standen und sich erleichterten, versuchte Newman zu fassen, was Stahl ihm gerade erzählt hatte. Sie näherten sich dem hinteren Ende des Lastwagens, als er seine Frage formulierte.
»Glauben Sie wirklich, daß Karl sich nicht geirrt hat – fünfhundert Kilo?«
»Karl irrt sich nie.«

Am Park Crescent war es fast Mitternacht. Alle hatten längst das Gebäude verlassen – mit Ausnahme von Tweed, Monica und den beiden Männern, die in seinem Büro saßen. Ihretwegen hatte Tweed die späte Stunde gewählt.
»Ich nehme Sie zu meinem Schutz mit nach Hamburg«, eröffnete er das Gespräch. »Normalerweise käme ich nicht im Traum auf diesen Gedanken, wie Sie ja wissen.« Er hielt inne und hob die Hände zu einer resignierenden Geste. »Aber Mrs. Thatcher hat darauf bestanden. Als ich das letzte Mal hinübergeflogen bin, hatte ich Bob Newman mitgenommen – aber der ist verschwunden.«
»Ich habe den Eindruck, die Dame weiß, was sie tut«, bemerkte Harry Butler.
Tweed musterte die beiden Männer. Beide sprachen fließend Deutsch, was in diesem Fall wichtig war. Harry Butler war der Größere und

Massigere; außerdem der Ältere und Erfahrenere. Er hatte einen scharfen Blick, war kaum aus der Ruhe zu bringen und bewegte sich, als befände er sich in einem Minenfeld.
Pete Nield war dunkelhaarig, hatte flinke, dunkle Augen und war der rechte Mann für schwierige Situationen. Er war schlanker als Harry und achtete sehr auf seine Kleidung; jetzt trug er einen eleganten marineblauen Anzug mit einer Nelke im Knopfloch.
Von ihrer Persönlichkeit her waren die beiden Männer sehr verschieden, aber sie arbeiteten gut zusammen. Es gab einen berühmten Fall, bei dem sie einen Agenten von Markus Wolf eine Woche lang beschattet hatten, bevor er den Kontakt aufnahm, auf den sie warteten. Während dieser ganzen sieben Tage hatte der erfahrene deutsche Agent nicht einmal geahnt, daß er beschattet wurde.
»Irgendwelche Vorschläge, wie wir es anstellen?« fragte Tweed.
»Zuerst einmal«, begann Butler mit seiner entschiedenen Stimme, »freuen wir uns beide, daß wir mitarbeiten dürfen. Ian Fergusson wurde in Hamburg ermordet. Vielleicht haben wir Glück und erwischen den Typ, der ihn auf dem Gewissen hat.«
»Waffen«, sagte Nield. »Wir können keine mitnehmen. Ist es möglich, drüben welche zu bekommen?«
Das war eine typische Nield-Frage. Tweed warf einen Blick zu Butler hinüber, der zustimmend nickte.
»Ich denke, Kuhlmann wird uns etwas geben«, erwiderte Tweed.
»Kuhlmann?« sagte Nield. »Ein zäher Bursche. Ich habe ihn einmal kennengelernt. Er verschwendet nie ein Wort – geschweige denn Zeit. Steckt er mit drin?«
»Ja und nein. Darüber können wir später reden.«
»Die Methode.« Butler ergriff wieder das Wort. »Wir benutzen dasselbe Flugzeug wie Sie? Gut. Am sinnvollsten ist es, wenn wir getrennt reisen. Pete setzt sich auf der anderen Seite des Mittelgangs Ihnen gegenüber. Ich lasse mich weiter hinten nieder. Wie steht es mit der Ankunft in Hamburg?«
»Ich bleibe eine Nacht im Vier Jahreszeiten.« Tweed verzog leicht das Gesicht. »Kostet ein Vermögen, aber in diesem Fall spielen Spesen keine Rolle. Sie beide werden auch dort übernachten . . .«
»Aber getrennt ankommen«, erklärte Butler entschlossen. »Pete nimmt das erste Taxi, Sie das nächste. Ich fahre hinterher. Auf diese Weise stellen wir fest, ob wir verfolgt werden – ob *Sie* beschattet werden. Gibt es möglicherweise eine undichte Stelle? Wo durchgesickert sein könnte, daß Sie nach Deutschland fliegen?«

Tweed zögerte, warf einen Blick auf Monica. »Es gibt eine undichte Stelle. Ich weiß das. Aber diese Information ist absolut vertraulich.«
»Dann ist der Plan, den ich eben umrissen habe, gut«, stellte Butler fest. »Kein Risiko eingehen. Diesmal nicht.«

ZWEIUNDVIERZIG

Der Laster rollte in Richtung Rostock durch die Nacht. Newman legte das Päckchen mit den Broten auf seinen Sitz und richtete dann den Lichtstrahl seiner Taschenlampe auf die hinter dem Emailleeimer an der Wand stehende Holzkiste.
Das Vorhängeschloß war offen. Er nahm es ab und hob den schweren Kistendeckel hoch. Mit einer Hand stützte er sich an die Rückwand der Fahrerkabine und ließ das Licht der Lampe auf den Inhalt fallen – Reihe um Reihe säuberlich verpackte Skorpion-Maschinenpistolen. Eine dicke Fettschicht auf den beweglichen Teilen reflektierte das Licht. Und Stahl hatte gesagt, die anderen Kisten enthielten Munition – die Magazine für die Waffen. Er reiste mit einem Arsenal, das für einen kleinen Krieg ausreichte.
Er legte den Deckel wieder auf, hängte das Vorhängeschloß ein, ließ sich dann auf seinem Sitz nieder und öffnete das Päckchen. Dicke Scheiben Vollkornbrot mit Wurst dazwischen. Er begann heißhungrig zu essen.
Ein schmerzliches Gefühl überkam ihn, als er aus der Tasche seines Regenmantels die Flasche Mineralwasser herausholte, die Gerda ihm gegeben hatte. Er schraubte den Verschluß ab und trank gierig. Die unablässige Anspannung machte durstig. Alle möglichen Gedanken schossen ihm durch den Kopf, während der Laster seine Fahrt fortsetzte.
Gerda, die in den Streifenwagen gestoßen wurde, in der letzten Minute erwischt. Verdammtes Pech. Fünfhundert Kilo Heroin, die nach England geschafft werden sollten. Den Sowjets war in der Tat jedes Mittel recht, ihren stärksten Widersacher in Europa zu demoralisieren. Wie war der Name des polnischen Frachters gewesen? *Wroclaw* hieß er.
Newmans Nerven waren aufs äußerste gespannt. Er mußte aus der DDR heraus. Zurückkehren und Tweed über Dr. Berlin informieren, über das Heroin. Zwei ungeheuer wichtige Informationen. Er mußte

es einfach schaffen, von Rostock fortzukommen. Er aß alle Brote, die Stahl ihm gegeben hatte, und warf das Einwickelpapier in den Eimer.
Der Laster schwankte jetzt. Die Bewegung, die seelische Erschöpfung ließen ihn in tiefen Schlaf versinken. Irgendwann im Laufe der Nacht weckten ihn Stimmen. Der Laster stand. Er versteifte sich, war plötzlich hellwach. Dann hörte er Stahl einen Scherz machen. Natürlich, er zahlte Straßengebühr. Danach setzte sich der Laster wieder in Bewegung.
Newman rechnete nicht damit, daß er wieder einschlafen würde. Er war verkrampft, seine Glieder schmerzten vom Schlafen auf dem Sitz. Ich sollte lieber auf dem Gang hin- und herwandern, meine Muskeln auflockern, sagte er sich; doch bevor er aufstehen konnte, war er schon wieder eingeschlafen.
Dann wachte er plötzlich auf, stocksteif, und warf einen Blick auf das Leuchtzifferblatt seiner Uhr. Vier Uhr morgens. Vielleicht noch eine Stunde. Diesmal zwang er sich, wach zu werden. Er schaltete die Taschenlampe ein, wanderte durch den Gang bis zum hinteren Ende des Lasters, machte kehrt, wanderte zurück, machte wieder kehrt; er hielt sich im Gleichgewicht, indem er sich mit einer Hand gegen die aufgestapelten Kisten stützte.
Allmählich entkrampften sich seine Muskeln. Er betastete sein Kinn, fühlte die Stoppeln. Bevor sie nach Rostock kamen, mußte er sich rasieren. Aber das war nicht möglich, solange der Laster in Bewegung war. Plötzlich kam er sich eingesperrt vor. Als er wieder vorn angekommen war, klopfte er mit den Knöcheln seiner geballten Faust an die Wand über dem Eimer. Sie fühlte sich an wie massiver Stahl. Das Holzfenster glitt plötzlich zur Seite, und Stahl rief über die Schulter.
»Sind Sie wach, Emil?«
»Munter wie ein Fisch im Wasser. Ich muß mich rasieren ...«
»Gleich kommt der letzte Halt vor Rostock. In fünf oder zehn Minuten. Schlafen Sie nicht wieder ein.«
Die Öffnung schloß sich. Zuvor hatte Newman abermals einen Blick auf die Außenwelt erhaschen können. Es war noch immer stockfinster. Scheinwerfer, die ihnen entgegenkamen. Freies Land. Zur Rechten ein großer See, schwarzes Wasser, unbewegt wie Eis, Lichter von Laternen an einem Anleger, die sich in ihm spiegelten. Eine Art Jachthafen mit Booten, der ihn an Lübeck erinnerte. Diana Chadwick. Ann Grayle und ihre Schaluppe. Dr. Berlins zwei Kajütkreuzer. Wie

hießen sie noch? *Südwind* und *Nordsee*. Er blieb stehen, um nicht wieder einzuschlafen, und wartete. Auf den letzten Halt vor Rostock.

Der Anruf aus Moskau erreichte Lysenko kurz nach vier Uhr morgens. Er nahm ihn in der Wohnung entgegen, die man ihm zugewiesen hatte, ein paar hundert Meter von Markus Wolfs Leipziger Büro entfernt.

Lysenko war wütend. Er war gezwungen gewesen, in dieser Wohnung ein Scrambler-Telefon installieren zu lassen; seit Wolf dazu übergegangen war, auf einem Feldbett in seinem Büro zu schlafen, war er dort keine Minute mehr allein. Er erkannte die tiefe, entschlossene Stimme sofort.

»Der Versand der Fracht hat sich etwas verzögert. Ich wurde informiert, daß sie jetzt an ihrem Bestimmungsort erwartet wird.«

»Eine Verzögerung um zwei Wochen muß ohnehin einkalkuliert werden«, erklärte Lysenko.

»Ich weiß. Aber ich schlage vor, daß sie trotzdem wie vorgesehen umgeladen wird. Das ist sicherer.«

»Genau vor ihrer Nase«, stimmte Lysenko zu. »Ich habe bereits das Erforderliche veranlaßt. Und Balkan ist wieder auf dem Kontinent.«

»Das kommt also genau hin.« Gorbatschows Ton ließ seine Befriedigung erkennen. Trotzdem setzte er hinzu: »Aber wiegen Sie sich nicht in Sicherheit, bevor die Ware tatsächlich angelandet ist.«

Ein Klicken – die Verbindung war unterbrochen. Lysenko kehrte ins Badezimmer zurück, um sich fertig zu rasieren. Er empfand gleichfalls Befriedigung. Er war seine größte Sorge los. Balkan war wieder da ...

»Hätten Sie sie nicht beschatten lassen können?« fragte Monica Tweed, der im Begriff stand, in seine Wohnung in Chelsea zurückzukehren. »Die vier Sektorenchefs, meine ich – als sie gestern nach Europa zurückflogen.«

»Ich habe daran gedacht, es dann aber gelassen. Masterson, Grey, Lindemann und Dalby – sie alle sind Profis, und jeder hätte einen Schatten in kürzester Zeit entdeckt. Derjenige von ihnen, der Janus ist, wäre dann gewarnt gewesen. Das konnte ich nicht riskieren. Er muß so viel Spielraum haben, daß er sich selbst ans Messer liefern kann. Jedenfalls hoffe ich, daß er das tut.«

»Und Sie haben noch immer keinen Anhaltspunkt?« beharrte sie.

»Für die Identität von Janus, meine ich. Auch nachdem Sie Gelegenheit hatten, sich die Besuche, die Sie ihnen mit Diana abgestattet haben, noch einmal durch den Kopf gehen zu lassen?«

»Ich habe zu viele Anhaltspunkte.« Tweed lächelte kläglich. »Und mir geht der Gedanke nicht aus dem Kopf, daß der Schlüssel in der Methode liegt, mit deren Hilfe Janus die ungeheure Spannung eines Doppellebens abbaut. Diesen Punkt hat Dr. Generoso ausdrücklich hervorgehoben.«

»Und?«

»Gewöhnlich ist es der Alkohol. Er war es bei Philby. Grey trinkt – mit Maßen. Harry Masterson kann sich vollaufen lassen und weiß danach immer noch genau, was jemand gesagt hat. Lindemann ist Abstinenzler – aber ich habe in seinem Schrank mehrere Flaschen Scotch entdeckt. Bleibt Dalby, der ein Weinkenner ist. Wobei mir einfällt, daß ich in seiner Behausung keine einzige Flasche gesehen habe. Vermutlich verwahrt er sie hinter Schloß und Riegel ...«

»Ich erwähnte eben Diana. Ich habe ihr Ticket für ihren Flug morgen – nein, heute«, sagte sie nach einem Blick auf die Uhr. »Aber Sie haben Butler und Nield nichts davon gesagt, daß sie mitkommt.«

»Das wird eine hübsche Überraschung für sie.« Tweed warf gleichfalls einen Blick auf die Uhr. »Großer Gott, es ist ja schon vier. Tut mir leid – ich hätte Sie schon vor Stunden nach Hause schicken sollen.«

»Warum? Sie wissen, daß ich ohnehin nicht schlafen kann, wenn wir bis zum Hals in so einer Sache stecken. Aber Sie werden nicht viel Schlaf bekommen.«

»Ich brauche nicht mehr als ein Nickerchen. Und ich kann es kaum abwarten, wieder an die Arbeit zu gehen. Aber um Newman mache ich mir wirklich Sorgen. Was hat Peter Toll in Pullach zu berichten?«

»Nicht das allermindeste. Ich glaube, er wird allmählich auch nervös.«

»Er wird noch viel nervöser werden, wenn ich ihn zu fassen kriege.«

»Unser nächster Halt ist am Eingang zum Sperrbezirk«, sagte Stahl, »und dann kommen wir in den Rostocker Hafen. Dort haben wir ein Problem – ein Schiff zu finden, das Sie mitnimmt.«

Diese Bemerkung versetzte Newman einen Schlag. Der Laster parkte am Ufer eines kleinen Sees. Keine Menschen, keine Anleger, keine Boote. Es war noch immer dunkel. Vor ihnen erstreckte sich die Straße kilometerweit, und als er vom Laster heruntergesprungen war,

hatte Newman festgestellt, daß sie nach hinten gleichfalls weite Sicht hatten. Stahl hatte auch diesmal einen Platz zum Parken ausgesucht, an dem man rechtzeitig sah, wenn sich ein anderes Fahrzeug näherte.
Stahl saß am Steuer, rauchte eine Zigarette und wartete auf die Reaktion seines Passagiers. Newman konnte sich des Gedankens nicht erwehren, daß Falken den nächsten Schritt bestimmt geplant gehabt hätte. Jetzt mußte er selbst entscheiden, aber schließlich war Stahl wesentlich jünger als Falken.
»Haben Sie einen Vorschlag?« fragte er.
»Das naheliegendste wäre, daß Sie sich an Bord der *Wroclaw* schleichen.«
»Die, wie Sie sagten, Ihre Ladung Waffen nach Kuba befördern soll.«
»Der Kapitän ist Pole und heißt Anders. Er haßt die Deutschen. Er wurde in Breslau geboren, wie es früher hieß, als es noch zu Deutschland gehörte. Jetzt gehört es zu Polen und heißt Wroclaw, wie Anders' Schiff.«
»Reden Sie weiter.«
»Ich bin mit Anders befreundet. Er weiß, daß ich gegen das Regime bin, aber von meiner tatsächlichen Arbeit weiß er nichts. Er hat schon mehrfach Polen nach Schweden befördert. Aber alles hängt davon ab, was er von Ihnen hält – ob er bereit ist, Sie an Bord zu schmuggeln.«
»Was für ein Mann ist er? Beschreiben Sie ihn mit ein paar Worten.«
»Ein zäher Brocken. Trifft seine eigenen Entscheidungen. Und wenn er das einmal getan hat, bringt ihn nichts wieder davon ab.«
»Ich habe wenig Lust, nach Havanna zu reisen«, erklärte Newman. »Wie sieht die Alternative aus?«
»Ich setze Sie im Rostocker Hafen ab. Sie suchen sich Ihr Schiff selbst. Sie gehören zur Grenztruppe, und mit Ihrem Ausweis können Sie sich im Sperrgebiet ungehindert bewegen.«
»Und wie sah der ursprüngliche Plan aus? Der von Falken?«
Stahl tat schnelle, nervöse Züge an seiner Zigarette. Er weiß nicht weiter, dachte Newman. Ich hätte nicht mit so etwas wie einem Team Falken-Gerda rechnen dürfen. Das Problem ist ihm klar, seit ich in seinen Laster gestiegen bin. Den ganzen Weg von Leipzig bis hierher hat er versucht, sich eine Lösung einfallen zu lassen – und es ist nichts dabei herausgekommen.

»Da war ein Schiff, das aus Dänemark kommen sollte«, gab Stahl zu. »Kurz bevor ich das Depot verließ, habe ich meinen Kontaktmann in Rostock angerufen. Er berichtete, das dänische Schiff wäre wegen eines Motorschadens in Gedser liegengeblieben. Normalerweise verkehrt es regelmäßig zwischen Gedser und Warnemünde. Rostock liegt ein paar Kilometer flußaufwärts an der Warnow. Aber das liegt bei Ihnen, Clasen. Die Entscheidung kann ich Ihnen nicht abnehmen.«

Allerbesten Dank, dachte Newman. Setz mich mitten im Sperrgebiet ab und sieh zu, daß du mich so schnell wie möglich los wirst. Also muß ich von jetzt an die Dinge selbst in die Hand nehmen.

»Dieser Kapitän Anders. Wie verständige ich mich mit ihm? Ich kann kein Polnisch.«

»Das brauchen Sie auch nicht. Er spricht Deutsch. Das Problem ist nur, daß Sie Deutscher sind...«

Newman wurde zum erstenmal klar, daß sogar Stahl ihn für einen Deutschen hielt, und er beschloß, ihn bei diesem Glauben zu lassen. Er mußte zu einem Entschluß kommen.

»Können Sie dafür sorgen, daß ich mit diesem Anders ungestört ein paar Worte reden kann? Verläßlich, meine ich.«

»Das kann ich.« Stahl griff nach seinem Zigarettenpäckchen und zündete sich am Stummel der alten eine neue an. »Verläßlich. Und jetzt sollten Sie lieber auf Ihren Sitz zurückkehren.«

»Ich steige nicht wieder hinten ein. Ich bleibe hier – neben Ihnen. Die ganze restliche Strecke.«

»Das geht nicht. Offiziell fahre ich allein.«

»Wer weiß das – in Rostock?«

»Ja – niemand. Aber wenn sie in Leipzig anrufen?«

»Das werden sie nicht. Sie sagten, mit meinem Ausweis könnte ich mich im Sperrgebiet ungehindert bewegen. Sie haben Papiere für die Ladung, die Sie befördern?«

»Ja. Ich muß sie an den Hafentoren vorzeigen.«

»Geben Sie sie mir. Los, Stahl – keine Widerworte. Außerdem möchte ich, daß Sie nach hinten in den Laster gehen und mir eine Skorpion holen. Und ein Magazin dazu. Kommen Sie da dran?«

»Ja. Sie liegen unter den Pistolen in der Kiste gegenüber Ihrem Sitz. Aber das gefällt mir nicht. Sie wollen die Pistole doch nicht etwa benutzen?«

»Natürlich nicht! Ich brauche nur etwas zum Vorzeigen. Los jetzt. Sie sagten, wir müßten weiter. Also tun Sie, was ich gesagt habe.«

Von der Autorität eingeschüchtert, die so plötzlich von Newman ausging, verließ Stahl die Fahrerkabine und kehrte ein paar Minuten später mit der Waffe und dem Magazin zurück. Newman, der mit ihr vertraut war, schob das Magazin ein und schaute dann Stahl an.
»Überlassen Sie mir das Reden. Ihre Aufgabe ist es, den Laster zur *Wroclaw* zu bringen.« Er wartete, bis Stahl den Motor gestartet hatte und wieder auf die Straße zurückkehrte, bevor er seine letzte Ermahnung anbrachte.
»Und rauchen Sie nicht, wenn wir ankommen.«
Eine halbe Stunde später, als das erste graue Licht der Morgendämmerung den Himmel im Osten erhellte, verlangsamte Stahl die Fahrt. Vor ihnen zog sich eine Reihe roter Lichter quer über die Nebenstraße, in die sie eingebogen waren. Beiderseits von ihnen erstreckte sich ein hoher Maschendrahtzaun. Sie gelangten vor ein geschlossenes Tor, und aus einer Baracke zu ihrer Linken traten zwei bewaffnete Posten. Sie hatten den Sperrbezirk erreicht.

DREIUNDVIERZIG

Erwin Munzel hatte einen Wecker im Kopf, den er auf vier Uhr gestellt hatte. Er erwachte, war sofort hellwach und stieg vorsichtig aus dem Bett, um Lydia Fischer, seine Freundin, nicht zu stören.
Im Badezimmer wusch er sich hinter geschlossener Tür und zog sich an. Dann schrieb er ein paar Worte für Lydia auf einen der Hotelblocks. *Konnte nicht schlafen. Bin spazierengegangen. Warte mit dem Frühstück auf mich. Alles Liebe.* Er schob den Zettel unter ihre Nachttischlampe, nahm den Zimmerschlüssel von der Frisierkommode und ging hinunter in die Halle.
»Vier Stunden Schlaf reichen mir«, teilte er dem Nachtportier mit, während er die Eingangstür aufschloß. »Zum Frühstück bin ich wieder da.«
Nicht, daß es diesen alten Esel interessiert, dachte Munzel, als er nach rechts abbog und auf das Stadtzentrum zuwanderte. Es war kalt um diese frühe Morgenstunde, und er war froh, daß er eine dicke Cordhose und ein warmes Sportjackett angezogen hatte. Im Hauptbahnhof auf der gegenüberliegenden Straßenseite war kein Mensch zu sehen. Es war noch dunkel, und in der Ferne warfen die Straßenlaternen ein gespenstisches Licht auf das Holstentor; die alten Türme warfen bedrohliche Schatten.

Er überquerte die menschenleere Brücke über die Trave, wo eine frische Brise sein blondes Haar flattern ließ. Wie erwartet, war die Tür des Hotel Jensen, in dem er ein weiteres Zimmer gemietet hatte, noch verschlossen. Er drückte auf den Klingelknopf, und ein Mädchen öffnete vorsichtig die mit einer Kette gesicherte Tür. Dann erkannte sie ihn an seinem blonden Bart und ließ ihn ein.
»Zeit zum Schlafengehen, finden Sie nicht?«
Munzel bedachte sie mit seinem liebenswürdigsten Lächeln und fuhr dann mit dem Fahrstuhl hinauf in sein Zimmer, den Schlüssel, den er sich unten hatte geben lassen, in der Hand. Sobald er im Zimmer war, schloß er von innen ab. Dann begann er, sich schnell zu bewegen.
Zuerst streifte er die Schuhe ab, zerknitterte Laken und Kopfkissen, legte sich ins Bett, zog die Steppdecke über sich und wälzte sich mehrere Male von einer Seite auf die andere. Dann schlug er die Steppdekke zurück und stand wieder auf. Munzel war ein gründlicher Mann. Er wußte, daß ein Zimmermädchen feststellen konnte, ob jemand in einem Bett geschlafen hatte oder nicht.
Dann ging er ins Badezimmer, wo er seine zweite Garnitur Waschzeug auf dem Glasbord über dem Waschbecken deponiert hatte. Er putzte sich die Zähne und steckte die Bürste wieder ins Glas, nachdem er etwas Zahnpasta auf dem Bord verschmiert hatte. Dann drehte er den Wasserhahn wieder an, seifte seinen Rasierpinsel ein, fuhr damit über seine Handfläche, spülte ihn aus und legte ihn an einer anderen Stelle wieder auf das Bord.
Er ergriff eines der Handtücher, hielt es ein paar Sekunden unter den Wannenhahn, drückte es aus und hängte es auf. Er benutzte das Stück Seife, feuchtete es an, rieb damit kräftig auf dem Wannenboden herum und spülte anschließend die Wanne aus, indem er kurz das Wasser laufen ließ. Dann kehrte er ins Zimmer zurück, ließ sich neben einem Tisch mit einer Stehlampe nieder und las ein Taschenbuch.
Gleich nachdem der Frühstücksraum geöffnet worden war, ging er hinunter. Die kalte Nachtluft hatte ihm Appetit gemacht. Er aß drei Brötchen und trank drei Tassen Kaffee. Als ein Ehepaar den Raum betrat, ging er.
Mit dem Zimmerschlüssel in der Tasche ging er hinaus und stellte dabei fest, daß jetzt ein Mann an der Rezeption Dienst tat. Als er wieder beim International angekommen war, standen die Türen offen, und es war hell geworden. Ein klarer Himmel versprach einen weiteren heißen Tag.
Er kehrte in sein Zimmer zurück. Lydia war im Bad und rief, sie wäre

bald fertig. Er sagte ihr, sie brauchte sich nicht zu beeilen, und ließ sich in einen Sessel sinken. Alles sah jetzt so aus, als wäre er Gast in beiden Hotels. Vollmer hatte gesagt, Tweed würde zurückkommen. Am Mittag würde er wieder in Altona anrufen und sich nach dem neuesten Stand der Dinge erkundigen. Munzel war überzeugt, daß Tweed, wenn er zurückkehrte, wieder im Jensen wohnen würde. Und Erwin Munzel würde ihn erwarten.

Der Tag war noch nicht angebrochen, als Tweed mit seinem Koffer zum Park Crescent zurückkehrte. Als er den ersten Stock erreicht hatte, blieb er stehen. Unter der Tür seines Büros schien Licht hindurch. George, der unten Dienst tat, hatte nicht erwähnt, daß sich jemand im Gebäude aufhielt.

Er packte den Koffer in seiner Rechten fester, drückte sich dicht an die Wand und drehte mit der anderen Hand langsam den Türknopf. Dann stieß er die Tür auf und schwang gleichzeitig seinen Koffer zurück, bereit, ihn in den Raum zu schleudern. Monica, die hinter ihrem Schreibtisch saß, blickte erschrocken auf.

»Entschuldigung.« Tweed stieß den angehaltenen Atem aus. »George hat nichts davon gesagt, daß Sie noch hier sind. Und warum sind Sie noch hier?«

»Ich wußte, daß ich nicht hätte schlafen können, wenn ich nach Hause gegangen wäre. Deshalb habe ich oben ein Bad genommen. Ich dachte, Toll würde vielleicht aus Pullach anrufen und etwas Neues über Newman berichten. Ich habe das Telefon auf das Badezimmer umgeschaltet, während ich mich im Wasser aalte.«

Und das ist der wirkliche Grund, weshalb du hiergeblieben bist, dachte Tweed. Monica hatte eine Schwäche für Bob Newman. Er zog den Mantel aus und ließ sich hinter seinem Schreibtisch nieder.

»Das war aber ein mächtig kurzes Nickerchen«, bemerkte Monica.

»Eine Stunde. Das hat gereicht. Ich werde den Schlaf heute nacht im Vier Jahreszeiten nachholen. Die Maschine fliegt um 10.35 Uhr. Ich kann in dem Lokal um die Ecke frühstücken.«

»Flug LH 041«, bestätigte Monica aus dem Gedächtnis. »Ankunft in Hamburg 12.55 Ortszeit.« Sie spielte mit ihrem Bleistift. »Ich mache mir Gedanken wegen Diana Chadwick. Sie lassen sie nicht aus den Augen.«

»Ich sagte es bereits – sie könnte eine wichtige Zeugin sein.«

»In welcher Hinsicht?«

»Noch nicht. Ich bin mir noch nicht sicher, ob ich recht habe.«

»Ich habe mir über noch etwas Gedanken gemacht. Ich mag das Büro, wenn sonst niemand hier ist – dann habe ich Zeit zum Wiederkäuen. Sagen Sie jetzt bitte nicht, das täten alle Kühe.«
»Habe ich auch nur ein Wort gesagt?« Tweed warf in gespieltem Entsetzen die Hände hoch.
»Dr. Berlin. Warum sind Sie auf ihn zu sprechen gekommen, als Sie die vier Sektorenchefs hier hatten? Sie haben gesagt, daß Sie nach Hamburg zurückfliegen – obwohl Sie wissen, daß einer von ihnen Janus ist. Und dann erwähnen Sie gegen Ende der Sitzung Dr. Berlin. Ich kenne Sie. Wenn Sie wollen, daß den Leuten etwas im Gedächtnis bleibt, halten Sie es bis zum Schluß einer Sitzung oder eines Gesprächs zurück.«
»Um noch mehr Druck auf Janus auszuüben.«
»Ich tappe noch immer im dunkeln.«
»Und ich bin mir, wie zuvor, noch nicht sicher.« Tweed saß gerade aufgerichtet auf seinem Stuhl. »Monica, alle Fäden laufen zusammen. Ein Muster beginnt sich abzuzeichnen – noch undeutlich. Isolierte Tatsachen, die ich nicht miteinander in Verbindung gebracht habe, fügen sich allmählich zusammen. Und der Auslöser, der die ganze Geschichte auf den Höhepunkt und zur Detonation bringen wird – was schon sehr bald geschehen kann –, ist meine Rückkehr nach Hamburg.«
»Warum?«
»Ich bin jetzt überzeugt, daß die Russen eine sehr große Operation planen. Deshalb diese ominöse Stille – nicht nur an der deutsch-deutschen Grenze, sondern überall in Europa. Und um was es bei dieser Operation auch gehen mag – Janus steckt bis zum Hals mit drin.«
»Also könnte es sehr gefährlich werden. Nur gut, daß Sie die starken Männer mitnehmen.«
»Der Meinung bin ich auch.« Tweeds Miene verriet Tatendurst. »Und wenn dieser Höhepunkt kommt, gedenke ich zur Stelle zu sein.«

Am Steuer seines schwarzen Porsche fuhr Masterson durch die Nacht, als wären alle Teufel der Hölle hinter ihm her. Wien lag schon weit hinter ihm. Bei Salzburg hatte er die Grenze zur Bundesrepublik überquert und war dann auf der Autobahn geblieben.
Salzburg – München – Umgehung Augsburg – Umgehung Ulm – Umgehung Stuttgart – Karlsruhe – Mannheim – Frankfurt – und dann immer weiter nach Norden, über Hannover seinem eigentlichen Ziel entgegen. Hamburg.

Er näherte sich bereits Mannheim. Wenn er die ganze Nacht ohne Halt durchfuhr, würde er am Morgen in Hamburg sein. Er überholte große Laster, die durch die Nacht rollten und Wolken von Dieselqualm ausstießen.
Die Beleuchtung des Armaturenbretts ließ sein dunkles Haar glänzen. Sein Kinn war unrasiert, voll dunkler Stoppeln. Ein Mercedes kam auf gleiche Höhe mit ihm. Er warf einen Blick nach links. Am Steuer saß ein Mädchen, das ihm einen überlegenen Blick zuwarf, während sie ihn überholte. Er betätigte den Blinker, um anzuzeigen, daß er auf die Überholspur zurückkehren wollte.
Dann gab er Gas, fuhr so schnell, wie es der Wagen hergab, und überholte den Mercedes in dem Augenblick, in dem er ausscheren und den Laster überholen wollte. Dabei warf er einen Blick auf das Mädchen. Es sah wütend aus. Er grinste und behielt seine Höchstgeschwindigkeit bei, bis ihre Scheinwerfer hinter ihm verblaßten. Macho Masterson. Ihn hatte niemand zu überholen, am allerwenigsten so ein blondes Ding, das bestimmt bereitwillig die Beine breit machte, wenn es gerade in der richtigen Stimmung war.
Angefangen hatte es in dem Augenblick, in dem er sein Hauptquartier in Wien erreichte. Pat Lancing, sein Stellvertreter, hatte die Nachricht. Nur für Masterson bestimmt. Eine Telefonnummer. Und ein Wort. *Bohnenstange*. Er hatte die Tür seines Privatbüros hinter sich geschlossen, die Nummer gewählt. Sein wichtigster Agent, der hinter dem Eisernen Vorhang für ihn arbeitete. Sie nannten ihn Bohnenstange, weil er knochendürr war, sehr steif und immer kerzengerade aufgerichtet. Operationsgebiet DDR.
Womit er auf Hugh Greys Territorium übergriff. Die DDR war sein Infiltrationsgebiet, aber das scherte Harry keinen Deut. Hauptsache, er bekam Informationen. Das Telefongespräch war nur kurz gewesen. Eilig – würde sich Harry in dreißig Minuten vor dem Opernhaus mit ihm treffen? Harry hatte zugesagt, den Hörer auf die Gabel geknallt, das Gebäude verlassen; dann war er in den Audi gestiegen, der immer für ihn bereitstand.
Er war langsam den Opernring entlanggefahren, hatte Bohnenstange entdeckt, war an den Bordstein gefahren, und noch bevor er richtig Zeit gehabt hatte, die Tür zu öffnen, saß der Agent bereits neben ihm auf dem Beifahrersitz. Harry fuhr in gemächlichem Tempo um den ganzen Ring herum.
»Ich komme direkt aus der DDR«, hatte Bohnenstange gesagt. »Ich glaube, ich werde verfolgt . . .«

»Wunderbar. Das hat mir gerade noch gefehlt.«
Bohnenstange hatte kaum hingehört; er redete hastig darauf los. »Ich komme aus Leipzig, durch die Tschechoslowakei, bin bei Gmünd über die Grenze gegangen. Ich dachte, Sie sollten es möglichst schnell erfahren ...«
»Was erfahren?«
Der Agent trug einen zerknitterten braunen Regenmantel und eine Mütze. Ein äußerst unscheinbarer Mann, und dieser Tatsache hatte er zum Teil seine Erfolge zu verdanken. Er wirkte nicht intelligent genug, als daß man sich seinetwegen Gedanken gemacht hätte. Sein Gesicht schien noch knochiger als sonst, die dünne Nase länger, die Hundeaugen noch trauriger.
»Daß Dr. Berlin gerade in die Bundesrepublik zurückgekehrt ist – aus London.«
»Woher zum Teufel wissen Sie das?«
Harrys Technik im Umgang mit Agenten, die für Geld arbeiteten, war immer die gleiche. Ein aggressives Gebaren, und zwischendurch immer wieder kurz einmal ausfällig werden. Sie in die Defensive drängen. Wenn sie das Gefühl hatten, wichtig genommen zu werden, verlangten sie gleich mehr Geld.
»Ich habe es von einem Mann in Markus Wolfs Büro in Leipzig ...«
»Wolf sitzt in Ostberlin. Jedes Schulkind weiß das.«
»Er hat ein geheimes Hauptquartier in Leipzig. Mein Kontaktmann gehört dort zum Personal. Er hat ein Gespräch mit jemandem in Ostberlin mitgehört.«
»Und mit wem sprach dieser Jemand in Ostberlin?«
»Mit Markus Wolf selbst. Sie benutzen den Codenamen Balkan für Dr. Berlin.«
»Balkan? Dr. Berlin? Und dieses Durcheinander soll eine Information sein?«
»Mein Informant weiß über den Codenamen Bescheid. Er steht ziemlich weit oben in Wolfs Organisation. Ein Offizier des Geheimdienstes, wenn Sie es wissen müssen.«
»Ich muß alles wissen, wenn ich Ihnen auch nur ein Wort glauben soll.«
»Es hat mich das ganze Geld gekostet, das Sie mir gaben, um diese Information zu kaufen – daß Dr. Berlin jemand in London ist.«
»Das ganze Geld?« Mastersons Stimme klang ungläubig. »Damit hätten Sie monatelang auskommen müssen. Es war ein kleines Vermögen.«

»Was ich Ihnen gebe, ist ein kleines Vermögen wert«, beharrte Bohnenstange. »Jemand in London«, wiederholte er.
»Ich habe den Eindruck, Sie wollen mir einen Bären aufbinden«, fauchte Masterson.
»Prüfen Sie es in London nach. Aber seien Sie vorsichtig – Dr. Berlin könnte jemand in den oberen Rängen sein. Mein Informant behauptete jedenfalls, er wäre es ...«
»Dann nennen Sie mir den Namen.«
»Den wußte er nicht ...«
»Herr im Himmel! Sie werfen mit meinem Geld um sich, als wäre es Konfetti. Sie erwarten doch wohl nicht noch mehr?«
»Wenn ich zurückkehren und mehr herausfinden soll, brauche ich eine volle Brieftasche.«
»Nehmen Sie das.«
Masterson öffnete das Handschuhfach und reichte Bohnenstange einen mit Geldscheinen gefüllten Umschlag. Er fuhr weiter, während der Agent das Geld zählte. Dann steckte er den Umschlag in die Tasche und blickte noch trauriger drein als sonst.
»Es ist nicht, was ich erwartet habe ...«
»Mehr bekommen Sie nicht. Sonst noch etwas? Nein? Gut. Wo soll ich Sie absetzen?«
»Vor dem Opernhaus. Ich bin im Astoria abgestiegen – bis dorthin sind es nur ein paar Schritte. Ich möchte nicht länger auf der Straße sein, als unbedingt sein muß. Ich wurde beschattet.«
»Sie sagten es bereits. Schütteln Sie Ihren Schatten ab. Bis später.«
Er hatte Bohnenstange vor dem Opernhaus abgesetzt, war in sein Büro gefahren, hatte Lancing beauftragt, sich um alles zu kümmern, bis er zurück wäre. Sein Porsche stand in einiger Entfernung vom Büro in einer Garage – niemand von seinen Leuten wußte, daß es ihn gab.
An diese Ereignisse erinnerte sich Masterson, während er auf der Autobahn durch die Nacht raste. Er mußte am Morgen in Hamburg sein. Die Information, die Bohnenstange ihm verschafft hatte, war beunruhigend – für ihn persönlich. Er hätte fliegen können, aber er war darauf angewiesen, beweglich zu sein.

Hugh Grey flog direkt nach Frankfurt, nahm sich am Flughafen ein Taxi und ließ sich zu seinem Hauptquartier in einem Betonkasten in der Nähe des Hotels Intercontinental bringen, in dem er häufig Bundestagsabgeordnete aus Bonn bewirtete.

»Den Finger am Puls halten«, war einer seiner Lieblingsausdrükke.
Den Rest des Tages verbrachte er damit, die sauber getippten Berichte zu lesen, die sein Stellvertreter hatte anfertigen lassen. Wenn etwas schriftlich festgehalten war, konnte sich später niemand auf Mißverständnisse berufen. Grey war berüchtigt für den Gebrauch, den er von Akten machte.
Es war spät abends, als er Norman Powell, seinen Stellvertreter, kommen ließ und ihn anwies, das Kommando wieder zu übernehmen. »Ich muß mich um eine Sache kümmern, die sich gerade herausgestellt hat«, erklärte er. »Und Sie haben – aufs Ganze gesehen – ordentliche Arbeit geleistet. Machen Sie so weiter . . .«
Grey hatte Powell aus zwei Gründen zu seinem Stellvertreter gemacht. Einmal war er ein guter Verwaltungsmann und zum anderen ein Arbeitstier, das für seinen Posten keine Bedrohung darstellte.
Grey speiste gemächlich allein in der Rotisserie des Intercontinental und trank dazu eine halbe Flasche Chablis.
Nach dem Essen holte er seinen Dienst-Volvo aus einer nahegelegenen Tiefgarage und fuhr auf die Autobahn Richtung Norden. Natürlich ahnte er nicht, daß Masterson dieselbe Strecke fuhr und wie ein Irrer zwischen Mannheim und Frankfurt dahinraste. Grey schlug ein wesentlich vernünftigeres Tempo ein. Sein Ziel – Hamburg.

Wie nicht anders zu erwarten, bewegte sich Guy Dalby schneller als seine Kollegen. Er hätte von Gatwick direkt nach Belp, dem kleinen Flughafen vor den Toren Berns, fliegen können. Statt dessen flog er nach Genf. Bevor er London verließ, hatte er seinen Stellvertreter Joel Kent angerufen, der ihn am Flughafen Cointrin erwartete.
Sie aßen zusammen im Restaurant *Au Ciel,* aus dessen riesigen Panoramafenstern man freien Blick auf den nahegelegenen Schweizer Jura hatte. Dalby hörte zu, während Kent, Ende Dreißig und sehr intelligent, Bericht erstattete. Sie tranken einen Montrachet '83, den Dalby nach eingehendem Studium der Weinkarte ausgewählt hatte.
»Ich muß gleich wieder fort«, teilte Dalby Kent beim Kaffee mit. »Halten Sie die Dinge am Laufen . . .«
Dieser Auftrag überraschte Kent nicht im mindesten. Dalby war ein Mann, der es sich angelegen sein ließ, ständig Kontakt mit seinen Agenten zu halten, um von ihnen direkt zu erfahren, was sich tat. Nach dem Essen verschwand Kent und ließ Dalby allein im Restau-

rant zurück. Er hatte keine Ahnung, wo Dalby hinwollte, und er wäre auch nicht auf den Gedanken gekommen, ihn zu fragen. Dalby war ein Einzelgänger.

Erich Lindemann landete in Kastrup, dem Flughafen von Kopenhagen, wartete an der Gepäckausgabe, nahm seinen Koffer, ging durch die Paß- und Zollkontrolle und begab sich dann in das Restaurant in der Ausgangshalle. Er wählte einen an der Wand stehenden Tisch, bestellte Kaffee und trank ihn langsam.

Dabei ließ er den Eingang des Restaurants nicht aus den Augen, suchte den Raum nach einem vertrauten Gesicht ab. An Bord des in Heathrow gestarteten Flugzeugs war er einmal zur Toilette gegangen. Er war langsam den Mittelgang entlanggewandert, einen verträumten Ausdruck im Gesicht, und hatte jeden einzelnen Passagier gemustert. Sein fotografisches Gedächtnis hatte alle festgehalten. In Cambridge war er ein glänzender Student gewesen; er brauchte ein Schriftstück oder eine Buchseite nur einmal zu lesen, um alle relevanten Daten im Kopf zu haben.

Jetzt, während er seinen Kaffee trank, wollte er sich vergewissern, ob ihm einer der Passagiere gefolgt war. Niemand hatte es getan. Er hatte geargwöhnt, daß Tweed ihn beschatten ließ; das war offenbar nicht der Fall.

In eine alte graue Flanellhose und ein Sportjackett mit Lederflicken auf den Ärmeln gekleidet, kehrte er mit seinem Koffer in die Halle zurück, blieb stehen, blickte sich um wie ein Mann, der sich zu orientieren versucht. Dann ging er hinaus und stieg in ein Taxi.

»Hotel d'Angleterre, bitte«, sagte er auf Englisch so laut, daß seine präzise Stimme durch das offene Fenster drang, wo mehrere Leute mit Gepäck herumstanden und vermutlich auf den Flughafenbus warteten.

Ungefähr auf halbem Wege der fünfzehnminütigen Fahrt durch einen freundlichen Vorort mit hübschen Häusern, gepflegtem Rasen, Bäumen und Sträuchern klopfte er an die Trennscheibe. Der Fahrer schob sie zurück.

»Ich habe gerade festgestellt, daß meine Zeit knapp wird«, sagte Lindemann. »Setzen Sie mich am Raadhuspladsen ab.«

Er entlohnte den Fahrer auf dem geschäftigen Platz und ging die letzten paar Meter zu seinem Hauptquartier zu Fuß. Es lag in einem alten Gebäude; auf der Messingplatte im Treppenhaus stand *Export-Import-Service Nord.* In seinem Büro angekommen, stellte er den Koffer

an die Wand und saß hinter seinem Schreibtisch, als seine Stellvertreterin, Miss Browne, mit einem Stapel Akten hereinkam.
Miss Browne, eine ehemalige Verwaltungsbeamtin, war in den Fünfzigern, eine hochgewachsene, streng wirkende Frau mit grauem Haar und einer Adlernase. Sie verschwendeten keine Zeit auf eine Begrüßung. Lindemann lehnte sich zurück, verschränkte die Hände und hörte sich an, was sie zu berichten hatte.
»Irgend etwas Neues von Nils Omdal über Balkan?« fragte er dann.
»Kein Wort.«
»Dann fliege ich mit der nächsten Maschine nach Oslo.«
Lindemann ergriff seinen Koffer und warf noch einen Blick auf seinen Schreibtisch. Er war ein Muster an Ordentlichkeit. Die beiden Telefone, sein Rechenschieber, Notizblöcke und Federschale waren säuberlich ausgerichtet.
»Ein sehr zufriedenstellender Bericht«, erklärte er Miss Browne, die gleichfalls aufgestanden war. »Sorgen Sie dafür, daß alles weiterläuft, während ich fort bin. Wie lange das sein wird, weiß ich nicht ...«
»Irgendeine Möglichkeit, Kontakt mit Ihnen aufzunehmen?«
»Keine.«
Er überquerte den Raadhuspladsen, als wäre er auf der Suche nach einem Taxi, und streifte das Rathaus mit seinem steilen Dach und den alten Ziegeln mit einem wohlgefälligen Blick. Das war eines der vielen Dinge, die ihm an Kopenhagen gefielen. In der näheren Umgebung des Stadtzentrums gab es nur zwei Hochhäuser – das Hotel Royal und das Gebäude der SAS, an dem man auf der Fahrt von Kastrup in die Stadt vorbeikam.
Er ging an einem Taxistand vorbei und wanderte zu Fuß weiter, überquerte die breite Vesterbrogade und eilte dann in den Hauptbahnhof. Er hatte noch genügend Zeit, um den Expreß nach Rodby zu erreichen, der an Bord der Fähre die Ostsee überqueren und über Puttgarden und Lübeck nach Hamburg weiterfahren würde.

VIERUNDVIERZIG

Newman war sich vollauf bewußt, daß dies die gefährlichste Hürde war, die er nehmen mußte – die Einfahrt in den Sperrbezirk. Stahl hatte den Laster vor dem geschlossenen Maschendrahttor zum Stehen gebracht. »Nein!« flüsterte Newman. »Den Motor nicht abstellen!«

Die Warnleuchten tauchten die Kühlerhaube in ein rötliches Licht. Die beiden Posten kamen auf ihn zu, während er das Fenster herunterkurbelte. Er musterte sie, stellte fest, daß sie auf bleiernen Füßen gingen und die Maschinenpistolen schlaff in den Händen hielten. Ihre Gesichter wirkten hager vor Müdigkeit. Sie mußten die ganze Nacht Dienst getan haben und würden wahrscheinlich bald abgelöst werden. Das mochte von Vorteil sein.

Der Mann, der am dichtesten an die Fahrerkabine herankam, war mager und hochgewachsen, sein Kollege klein und untersetzt. Newman sprach kein Wort, als der Hochgewachsene an sein Fenster trat, sondern reichte ihm nur das Dokument, das er sich von Stahl hatte geben lassen, und blickte mit ausdruckslosem Gesicht auf die Uhr.

»Was ist das?« wollte der Posten wissen, der das Blatt Papier an sich genommen hatte.

»Lesen Sie. Sie können doch lesen, oder? Und wir sind spät dran. Wenn wir nicht rechtzeitig beim Schiff sind, dann helfe Ihnen Gott.«

»Reden Sie nicht in diesem Ton mit mir...«

»Ich sagte, lesen Sie! Sie können doch wohl eine Transportorder erkennen, wenn Sie sie vor sich sehen. Und vielleicht achten Sie auch auf den Briefkopf. Dann können wir vielleicht weiterfahren...«

»Wir sind über dieses Fahrzeug nicht informiert. Ich will sehen, was Sie geladen haben.«

»Kommt nicht in Frage! Lesen Sie gefälligst, was da steht!«

Der untersetzte Mann hatte sich zu seinem Kollegen gesellt und warf einen Blick auf das Blatt Papier, das der Magere im Licht der Scheinwerfer betrachtete. Newman hörte den Untersetzten flüstern: »Sei vorsichtig. Das kommt vom Stasi...«

»Ich verlange trotzdem, daß der Laster geöffnet wird«, beharrte der magere Mann.

Newman drückte auf den Griff seiner Tür und öffnete sie, blieb aber in der Kabine sitzen. Bei dem Geräusch blickten die beiden Männer auf. Newman deutete auf die Wachbaracke.

»Ich denke nicht daran, hier noch länger herumzuhängen. Gibt es da drin ein Telefon? Ich rufe den Genossen Wolf an. Er wird begeistert sein, wenn ich ihn aufwecke, da bin ich ganz sicher. Und ich brauche Ihre Namen. Die wird er bestimmt wissen wollen. Sehen Sie sich die Unterschrift an.«

»Tatsächlich«, hörte er den untersetzten Posten sagen, »das ist Wolfs Unterschrift. Ich sagte dir doch – sei vorsichtig...«

Newman nutzte seinen Vorteil aus, seine Stimme war hart und präzise. »Außerdem steht da«, zitierte er aus dem Gedächtnis, »daß dies eine plombierte Ladung ist, der freier und unbehinderter Zugang in den Rostocker Hafen zu gewähren ist. *Sie*« – eine kurze Pause – »behindern ihren Zugang.«
»Ich habe es gelesen.« Der magere Posten gab Newman das Dokument zurück, entdeckte die Skorpion, die Newman lässig so auf dem Schoß hielt, daß der Lauf in die der Tür abgewandte Richtung zeigte. »Was zum Teufel hat das zu bedeuten? Wer sind Sie?«
Wieder sprach Newman kein Wort. Er zog seinen Ausweis hervor, reichte ihn dem Posten, sah wieder auf die Uhr und warf dann mit dem Ausdruck eines Mannes, der am Ende seiner Geduld angelangt ist, einen Blick auf Stahl, auf dessen Stirn dicke Schweißtropfen standen.
»Wischen Sie sich die Stirn ab«, flüsterte er. »Mit dem Handrükken.«
»Grenztruppe«, sagte der magere Mann. »Mit einem Sonderauftrag. Warum haben Sie das nicht gleich gesagt?«
»Weil«, erklärte Newman mit schneidender Stimme, »die Transportorder deutlich genug ist und völlig ausreichen sollte. Und diese Waffe ist dazu da, die Ladung zu schützen. Ich habe Befehl, jeden zu erschießen, der versuchen sollte, den Laster zu betreten. Und nun machen Sie endlich das verdammte Tor auf.«
»Wir müssen uns vergewissern . . .« setzte der Posten an. Dann gab er Newman seinen Ausweis zurück und sagte zu seinem Kollegen: »Laß sie durch. – Wir tun nur unsere Pflicht, Genosse«, erklärte er, während das Tor automatisch nach innen aufschwang. Die drei roten Lichter bewegten sich auf gespenstische Weise mit dem Tor, und Newman wurde erst jetzt klar, daß sie an ihm befestigt waren.
»Fahren Sie zu, los«, fuhr er Stahl an.
Der Laster rollte an, beschleunigte. Im Außenspiegel sah Newman, wie sich hinter ihnen das Tor wieder schloß. Sie waren im Sperrbezirk.

Ungefähr drei Kilometer weiter erreichten Sie ein Wäldchen. Inzwischen war es heller geworden. Newman wies Stahl an, auf einem vor ihnen liegenden Parkplatz anzuhalten.
»Warum?«
»Damit ich mich rasieren kann. Ich habe das Gefühl, daß Kapitän Anders ein Mann ist, der auf das Äußere eines Menschen achtet. Und

Sie sollten sich auch rasieren. Ich gebe Ihnen mein Rasierzeug, wenn ich fertig bin.«

»Ich habe mein eigenes.«

»Dann benutzen Sie es.«

Newman öffnete den Beutel, der sein Rasierzeug enthielt, lehnte einen kleinen Spiegel an die Windschutzscheibe, schaltete die Deckenleuchte ein und rasierte sich, so gut es unter diesen Umständen möglich war. Er hatte Stahl aufgefordert, seinem Beispiel zu folgen, weil er hoffte, es würde seine Moral heben – offenbar hatte die Szene am Tor ihn ziemlich mitgenommen.

Frisch rasiert fuhren sie aus dem Wäldchen heraus. Bald darauf erkannte Newman im blassen Licht des sich aufhellenden Himmels die Silhouetten großer Kräne von der Art, wie sie in jedem Hafen zu finden sind.

Und es herrschte mehr Verkehr, Fahrzeuge und Fußgänger. Arbeiter auf dem Weg zur Frühschicht, Laster, die aus dem Hafengebiet kamen, schwer beladen mit Langholz aus Schweden. Und Tankwagen – zweifellos gefüllt mit Öl aus der Sowjetunion.

Ein seltsames Licht hing über den Docks. Die riesigen Kräne zeichneten sich vor dem Gleißen von Leuchtstoffröhren ab, in das sich das hereinbrechende Tageslicht mischte. Dann begann es zu regnen, ein heftiger Wolkenbruch. Stahl schaltete die Scheibenwischer ein; Wasser strömte über die Windschutzscheibe. Newman hatte nur noch verschwommene Sicht. Ohne die Skorpion loszulassen, nickte er ein – er konnte auf einmal die Augen nicht mehr offenhalten.

Er wachte auf, als Stahl seinen Arm schüttelte. Er blinzelte, hatte das Gefühl, viel frischer, viel wacher zu sein. Es regnete nach wie vor heftig, die Tropfen prasselten in einem stetigen Staccato auf das Dach der Fahrerkabine. Vor ihnen lagen die Hafentore.

»Ich überlasse Ihnen das Reden«, sagte Stahl.

Er brauchte nicht zu reden. Die Tore schwangen nach innen auf. Ein Mann in Ölzeug winkte den Laster durch. »Leipzig muß die Zulassungsnummer telefonisch durchgegeben haben«, sagte Stahl und fuhr weiter. Der Laster rumpelte über in Beton eingelassene Schienen. Es war Tag geworden, wenn das düstere Grau, das die Docks einhüllte, diesen Namen verdiente.

»Der Regen könnte Ihnen helfen«, meinte Stahl. »Die Leute werden alle mit eingezogenen Köpfen herumlaufen.«

Er hatte sich wieder gefangen. Sie passierten einen riesigen, auf Schienen fahrbaren Kran. Newman kurbelte sein Fenster ein Stück

herunter, blickte hoch. Am oberen Ende brannte ein Licht in der Kabine. Der für alle Häfen dieser Welt typische Geruch driftete durch das Fenster – eine Mischung aus Harz, Öl, Teer und der vom Meer hereinkommenden salzigen Luft.
»Lassen Sie die Skorpion hier«, fuhr Stahl fort. Er griff mit einer Hand unter seinen Sitz und zog ein Bündel hervor, das er Newman reichte. »Ölzeug. Das werden Sie brauchen. Ich muß mit dem Laster zum Umladen direkt zur *Wroclaw.* Ich schicke Kapitän Anders zu Ihnen. Das Weitere liegt bei Ihnen. Dort drüben ist ein Schuppen, in dem Sie vor dem Regen geschützt sind.«
»Wie schnell wird er kommen? Je länger ich hier herumhänge, desto größer ist das Risiko ...«
»Ich habe keine Ahnung. Das liegt bei ihm. Anders kann man nicht drängen.«
»Danke, daß Sie mich bis hierher gebracht haben«, sagte Newman, während er in das Ölzeug schlüpfte. Die Jacke hatte eine Kapuze, die er über den Kopf zog.
Der Laster rumpelte an großen Speichern vorbei, deren Dächer vor Nässe glänzten. Seeleute in Ölzeug und Gummistiefeln eilten durch das Licht der Scheinwerfer, die Stahl noch nicht ausgeschaltet hatte. Der Laster kroch voran. Eine Reihe von Schiffen, Bug an Heck verankert, Schornsteine, die in das trübe Licht aufragten, verrieten Newman, daß sie die Kais fast erreicht hatten. Stahl bestätigte es.
»Das da ist der Schuppen, an dem ich Sie verlasse. Warten Sie dort. Haben Sie hinten im Wagen auch nichts zurückgelassen?«
»Nichts. Darauf habe ich geachtet. Zusammengeknülltes Butterbrotpapier im Eimer. Das ist alles.«
»So, hier steigen Sie aus. Viel Glück. Sie werden es brauchen ...«
Nach diesen ermutigenden Abschiedsworten stieg Newman aus dem stehenden Laster aus und schlug die Tür hinter sich zu. Der Regen prasselte auf ihn herab, während der Laster um eine Ecke herum verschwand. Er zweifelte nicht daran, daß Stahl froh war, ihn los zu sein. Er stieß die Tür des flachen Schuppens auf, lauschte und trat dann ein; die Tür ließ er halb offen stehen.
Eine halbe Stunde später stand er immer noch – es gab keine Sitzgelegenheit –, als ein deutscher Matrose aus dem immer noch prasselnden Regen hereinkam. Er zog ein Päckchen Zigaretten aus der Tasche, bot es Newman an, der den Kopf schüttelte, und zündete sich eine an.
»Willst du auf ein Schiff, Kumpel?« fragte der Matrose.
»Ja.«

Er hoffte, daß der Mann bald wieder verschwinden würde. Anders konnte jeden Augenblick kommen. Der Matrose rauchte seine Zigarette, stapfte mit den Füßen. In seinen Stiefeln platschte Wasser.
»Nicht so schlimm, wie es aussieht«, bemerkte der Matrose. »Habe den Wetterbericht gehört. Draußen vor Warnemünde ist die See so glatt wie ein Kinderpopo. Kein Wind. Den ganzen Tag bedeckt. So, und jetzt muß ich los. Mein Bootsmann ist ein Mistkerl . . .«
Anders kam eine halbe Stunde später. Ein kleiner, kräftig gebauter Mann mit breiten Schultern in einer marineblauen Duffeljacke und mit einer Schirmmütze auf dem Kopf. Er nahm die Mütze ab und schüttelte vor der Tür das Wasser herunter. Ende Fünfzig, schätzte Newman. Ein kantiges, wettergegerbtes Gesicht, ein Kinn wie der Bug eines Eisbrechers, durchdringende blaue Augen. Er stand da wie ein Fels, die Hände in den Taschen seiner Jacke.
»Ich bin Anders. Wer sind Sie?«
»Emil Clasen. Ich brauche eine Passage auf der *Wroclaw*. Ich will in den Westen. An irgendeinen Ort, der Ihnen paßt.«
»Ich nehme Sie nicht mit.«

Newman war, als hätte man ihm einen Schlag ins Gesicht versetzt. Er hatte einen so weiten Weg zurückgelegt, nur um jetzt in letzter Minute zu scheitern, in der DDR hängenzubleiben. Newman erwiderte den Blick des Polen. Er mußte auf Anhieb das Richtige sagen. Eine zweite Chance würde er nicht haben. Aber was zum Teufel war das Richtige?
Dann fiel ihm ein, daß Stahl gesagt hatte, Anders könnte die Deutschen nicht leiden. Stahl hatte ihn für einen Deutschen gehalten. Er holte tief Luft. Er mußte alles aufs Spiel setzen.
»Ich bin kein Deutscher. Ich bin Engländer.«
»Halten Sie mich für blöd?«
»Ich sagte, ich bin Engländer, und das ist die reine Wahrheit. Ich muß unbedingt hier raus und in den Westen.«
Diese Worte sprach er in seiner Muttersprache. Anders musterte seine Kleidung, richtete den Blick wieder auf sein Gesicht. Sein Ausdruck verriet starken Zweifel.
»In Moskau gibt es Sprachlabors, in denen einem beigebracht wird, perfekt Englisch zu sprechen«, erwiderte er auf Deutsch. »Sie behaupten also, Sie wären Engländer? Ich kann nicht viel Zeit mit Ihnen vergeuden. Wo sind Sie geboren?«
»In Hampstead, London.«

»Das kenne ich. Ein Haus neben dem anderen. Kilometerweit von offenem Land entfernt.«
»Keineswegs. Da ist Hampstead Heath, wo man endlose Spaziergänge über Gras und zwischen Bäumen machen kann.«
»Wissen Sie, wo King's Lynn liegt?«
»In Norfolk. East Anglia.«
»Es liegt an der Küste. Ich bin dort vor Anker gegangen. An welchem Fluß liegt es?«
»An der Ouse. Und es liegt nicht an der Küste, sondern etliche Meilen landeinwärts. Man erreicht es über die Ouse. Völlig flaches Land.«
»Was sind Sie von Beruf?«
»Zeitungsreporter. Auslandskorrespondent. Ich bin wegen einer Story vor ein paar Tagen über die Grenze gekommen. Illegal.«
»Was sind Sie doch für ein hirnverbrannter Idiot!«
Da begriff Newman, daß Anders ihn akzeptiert hatte. Er versuchte, sich die Erleichterung nicht anmerken zu lassen. Anders zuckte die Achseln, warf einen Blick in den Regen hinaus und begann dann auf seine brüske Art zu sprechen.
»Ich habe alles vorbereitet – für den Fall, daß ich mich entscheiden sollte, Sie mitzunehmen. Wir gehen langsam an Bord. Niemand wird Sie ansprechen – nicht, wenn ich bei Ihnen bin. Ich stehe in dem Ruf, Leuten, die sich in meine Angelegenheiten mischen, die Eier abzureißen. Ich habe ein Kabelgatt auf Deck zurechtgemacht. Darin reisen Sie. Sie bleiben drin, bis ich Sie hole. Wenn Sie drin sind, packe ich etwas Schweres drauf. Das wird die Leute abhalten, hineinzuschauen. Es dauert noch eine Weile, bis wir in See gehen. Damit müssen Sie sich abfinden. Kommen Sie. Hat keinen Sinn, hier herumzuhängen. Und ich bin der einzige Mann an Bord, der weiß, daß Sie auf der *Wroclaw* sind. Verhalten Sie sich ganz still in dem Gatt.«
Für Anders, dachte Newman, war das eine beachtliche Rede. Er ging mit dem Polen an einem weiteren großen Speicher vorbei, durch dessen offene Türen er landwirtschaftliche Maschinen sah, leuchtend orangerot gestrichen und säuberlich in Reihen aufgestellt. Der Regen hatte nachgelassen – er war jetzt eher ein kräftiges Nieseln. Die geschlossene Wolkendecke über ihnen hatte die Farbe von geschmolzenem Blei.
Anders bewegte sich mit schweren, zielstrebigen Schritten, blickte starr geradeaus, sagte nichts. Als sie an dem Schuppen vorbei waren, sah Newman einen am Kai liegenden Frachter mit den polnischen

Farben am Schornstein und achtern einer hohen Brücke, von der ein kleiner Wald von Radarantennen aufragte.
Am Bug war ein riesiger Laderaum geöffnet, und das Stauen war in vollem Gange. Er erkannte die langen Holzkisten wieder, mit denen er die weite Reise von Leipzig nach Rostock gemacht hatte und die jetzt in Netzen an einem Kran hingen. Stahls Laster stand mit der Rückseite zum Kai und wurde von Männern entladen, die die Kisten im Freien stapelten. Ein anderes Team wuchtete sie in die riesigen Tragnetze. Die Waffen für Kuba gingen an Bord.
»Passen Sie auf, daß Sie nicht ausrutschen«, warnte Anders.
Es war die erste Bemerkung, die er machte, seit sie den Schuppen verlassen hatten. Am unteren Ende der Gangway – die an beiden Seiten mit einem Handlauf versehen war – stand ein stämmiger Matrose. Er grüßte, und Anders reagierte mit einem bloßen Nicken. Der Kapitän lief die Gangway hinauf wie ein Fünfjähriger; Newman folgte mit vorsichtigeren Schritten.
Er hielt sich mit der Rechten am Handlauf fest, dessen Oberfläche ebenso schlüpfrig war wie das Holz unter seinen Füßen. Anders wartete auf ihn und ging ihm dann Richtung Steuerbord, außer Sichtweite der Lademannschaft, voraus. Mittschiffs blieb er stehen, sah sich um, stellte fest, daß niemand in der Nähe war, und hob dann den Deckel eines riesigen, auf das Deck geschraubten Kastens. Das Kabelgatt.
»Hinein. Schnell!« knurrte er.
Newman schwang sich über die Seite und ließ sich in den Kasten fallen. Er landete auf etwas Weichem, das unter seinem Gewicht nachgab. Anders streckte eine große Hand aus, drückte seine Schultern nieder. Der mit Scharnieren angeschlagene Deckel klappte herunter, und Newman hockte im Dunkeln.
Er zog die Taschenlampe, die Stahl ihm gegeben hatte, aus seinem Ölzeug, schaltete sie ein und nahm seine neue Unterkunft in Augenschein. Der weiche Gegenstand, auf dem er gelandet war, war ein Schlauchboot mit einem kleinen Außenbordmotor.
Rums! Newman wäre beinahe aus der Haut gefahren. Dann begriff er, daß etwas Schweres auf dem Deckel gelandet war, irgendein Gegenstand, den Anders daraufgepackt hatte, um seine Leute davon abzuhalten, einen Blick in das Kabelgatt zu werfen. Dann setzte er seine Inspektion fort. Es gab eine Menge zu entdecken.
In dem Schlauchboot zusammengerollt lag ein langes, dickes Tau, in regelmäßigen Abständen geknotet. An einem Ende war es mit einem

Reffknoten an einem Metallring befestigt, der am Ende des Bootes dicht neben dem Außenbordmotor saß. Newman wußte nicht, was das zu bedeuten hatte, aber er fuhr mit seiner Inspektion fort.
Er öffnete zwei in polnisches Zeitungspapier eingeschlagene Päckchen; das eine enthielt eine Flasche Mineralwasser und eine Flasche Wodka, das andere einen Laib Brot, ein Stück Käse und ein Messer zum Brotschneiden.
In einer Innentasche des Bootes entdeckte er eine Taschenlampe, einen Marlspieker und, in Seidenpapier eingeschlagen, einen Kompaß.
»Ich habe alles vorbereitet«, hatte Anders gesagt. Ein methodischer Mann, dieser Kapitän Anders. Er erinnerte Newman an einen Kapitän der britischen Handelsmarine, den er einmal kennengelernt hatte. Die Männer, die Schiffe in aller Welt befehligten, waren alle vom gleichen Schlag, ungeachtet des politischen Systems, unter dem sie lebten. Sie waren entweder sehr gut oder sehr schlecht. Newman hatte den Eindruck, daß Anders ganz an der Spitze der ersten Kategorie stand.
Von dem Wodka trank Newman nur einen kleinen Schluck und spülte dann mit einer größeren Menge Mineralwasser nach. Sobald er das Wasser getrunken hatte, verfluchte er seine Torheit. Was war, wenn er dem unvermeidlichen Ruf der Natur Folge leisten mußte? Dann dachte er an Anders und setzte seine Suche fort. Er fand den Emaillekrug mit dem dicht schließenden Deckel unter dem Außenbordmotor. Jetzt brauchte er nur noch seine Zeit abzusitzen. Buchstäblich.

FÜNFUNDVIERZIG

Newman erwachte mit schmerzenden, verkrampften Gliedern und steifem Hals. Er lag wie ein Fötus zusammengekrümmt in dem Schlauchboot. Sein erster Gedanke war, daß die *Wroclaw* in Bewegung war, daß die Maschinen gleichmäßig vor sich hintuckerten. Die See mußte sehr ruhig sein – der Frachter schien über die Oberfläche hinwegzugleiten.
Sein zweiter Gedanke galt der Zeit. Er warf einen Blick auf die Leuchtzeiger seiner Armbanduhr. Sieben Uhr. Das konnte nicht sein. Er schaltete die neben seiner Hand liegende Taschenlampe ein. Es war sieben Uhr. Ihm fiel ein, daß er, bevor er in tiefen Schlaf versank, seine Uhr aufgezogen hatte. Da war es auch sieben Uhr gewesen. Er hatte zwölf Stunden geschlafen.

Das beunruhigte ihn – bis er feststellte, daß er Heißhunger hatte. Er schnitt Scheiben von dem Brotlaib ab und belegte sie mit Käse. Während er aß und zwischendurch einen Schluck Mineralwasser trank, versuchte er sich vorzustellen, wo sich die *Wroclaw* inzwischen befinden mochte. Es war unmöglich – er hatte keine Ahnung, wann sie Rostock verlassen hatte.

Sein nächstes Problem war die Entscheidung, ob er alles aufessen oder etwas in Reserve behalten sollte. Sein Instinkt riet ihm, seinen Appetit zu zügeln. Dann fiel ihm ein, was Falken gesagt hatte. Iß, schlaf und pinkle, wenn du kannst. Er verschlang das ganze Brot und den gesamten Käse, trank aber nur die Hälfte des Wassers. Den Wodka rührte er nicht an.

Obwohl er wenig Platz hatte, gelang es ihm, sich etwas zu bewegen; er streckte Arme und Beine, beugte die Finger. Dann kniete er sich hin, streckte die Arme aus und drückte gegen den Deckel des Kabelgatts. Er rührte sich nicht von der Stelle, war unverrückbar wie massiver Beton. Er kämpfte gegen das Gefühl des Eingesperrtseins und erinnerte sich, daß er während der Fahrt in Stahls Laster Ähnliches empfunden hatte, wenn auch in milderer Form. Gott, wie er sich darauf freute, wieder ins Freie zu kommen, sich wieder ungehindert bewegen zu können!

Der Frachter behielt seinen Kurs stetig bei, machte kaum vorstellbar ruhige Fahrt. Die Vorhersage des Matrosen, der im Rostocker Hafen in den Schuppen gekommen war, stimmte. *Glatt wie ein Kinderpopo.* Nach allem, was er gehört hatte, war das auf der Ostsee nur selten der Fall. Das heißt, wenn sie sich noch auf der Ostsee befanden. Hatte der Frachter einen nördlichen Kurs eingeschlagen, Kopenhagen passiert und das Kattegat zwischen Dänemark und Schweden erreicht?

Er hatte keine Möglichkeit, die gegenwärtige Position zu errechnen. Dazu fehlten ihm alle Daten. Die Zeit des Ablegens in Rostock. Die Geschwindigkeit des Frachters. Ein unbehagliches Gefühl beschlich ihn. Keine Ahnung, wo er sich befand. In diesem Kasten eingeschlossen.

Er bekämpfte einen Augenblick der Panik mit einem tiefen Atemzug. Und dann hörte er, wie jemand den schweren Gegenstand vom Deckel herunterhob.

Instinktiv tat er zweierlei. Er schaltete die Taschenlampe aus und griff nach dem Marlspieker, den Anders ihm, wie er jetzt begriff, als Waffe hingelegt hatte. Er hockte sich sprungbereit hin und blickte nach oben. Der Deckel wurde geöffnet.

Der Abendhimmel war ein leuchtendes Azurblau, und vor ihm hoben sich als Silhouette Anders' breite Schultern ab. Er ließ ein zusammengefaltetes Blatt Papier in den Kasten fallen und sprach schnell mit leiser Stimme.
»Das Schiff wird bald stoppen – für eine Umladung. Ich weiß nicht, um was es sich handelt – es hat irgendetwas mit den verdammten Russkis zu tun. Verhalten Sie sich ganz still. Ich habe mit meinem Maschinisten abgemacht, daß er einen Motorschaden vortäuscht, wenn sie mit ihren Angelegenheiten fertig sind. Dann verschwinden Sie. Ich komme wieder ...«
»Wo zum Teufel sind wir?«
»In der Lübecker Bucht. In DDR-Küstengewässer. Wenn ich wiederkomme, muß alles sehr schnell gehen. Stellen Sie sich darauf ein. Ich muß gehen ...«
Der Deckel klappte zu. Ganz leise. Newman wartete auf das *Rums* des schweren Gegenstandes. Nichts. Entweder hatte Anders vergessen, ihn wieder auf den Deckel zu packen, was unwahrscheinlich war, oder es war jemand aufgetaucht, und Anders wollte vermeiden, seine Aufmerksamkeit auf das Kabelgatt zu lenken.
Die Gefühle, die Newman empfand, waren sehr gemischt. Jetzt, da er wußte, daß er nicht mehr unentrinnbar in dem Kabelgatt festsaß, war das Gefühl des Eingesperrtseins verschwunden. Aber er hatte das Gefühl, in der Falle zu sitzen. Er zweifelte nicht daran, daß man ihn, wenn er entdeckt wurde, als Spion behandeln und erschießen würde.
Um sich von dieser neuen Angst abzulenken, schaltete er die Taschenlampe wieder ein und griff nach dem Blatt Papier, das Anders in das Kabelgatt hatte fallen lassen. Seine Handflächen waren feucht. Er wischte sie an seiner Hose ab und betrachtete das Blatt.
Es war ein Stück von einer Karte. Er war verwundert, verblüfft gewesen, als Anders ihm sagte, sie wären in der Lübecker Bucht. Geographie war immer seine starke Seite gewesen. Er war ganz sicher, daß die direkte Route von Rostock ins Kattegatt und dann quer über den Atlantik nach Kuba nördlich der Insel Fehmarn entlanggeführt hätte. Die Karte bestätigte das.
Statt dessen war die *Wroclaw,* nachdem sie von Rostock aus auf die Ostsee hinausgefahren war, zuerst auf West- und dann auf Südwestkurs gegangen – anstatt nach *Nord*westen – und war in die Lübecker Bucht gelangt. Warum? Hatte man vor, die Waffen insgeheim in der Bundesrepublik, in der Nähe von Lübeck, an Land zu schaffen? Das ergab keinen Sinn.

Nach seiner Uhr war es neun, als die ohnehin schon langsam fahrende *Wroclaw* die Geschwindigkeit noch weiter verringerte, um dann – genau um halb zehn – zu stoppen. Ohne die Vibration der Maschinen war es plötzlich sehr still. Dann hörte er Schritte, die an dem Kabelgatt vorbei über das Deck stampften. Stimmen in einiger Entfernung. Er blickte hoch und bemerkte an drei Seiten des Deckels einen schmalen Lichtstreifen. Deshalb war die Luft in dem Kasten frisch geblieben. Er drehte sich um und nahm eine Hockstellung ein.
Ganz vorsichtig hob er den Deckel an, nur drei oder vier Zentimeter. Fünf Matrosen standen mit dem Rücken zu ihm an der Reling und schauten hinaus auf die See. Jetzt, wo die *Wroclaw* keine Fahrt mehr machte, rollte sie ein wenig. Der Himmel war nicht mehr azurblau, sondern mit einer dichten, grauen Wolkendecke überzogen.
Das Rollen des Schiffes ermöglichte Newman ein paar flüchtige Blicke auf die See. Ein großer, weißer Kajütkreuzer, der ihm bekannt vorkam, hielt mit voller Kraft auf die *Wroclaw* zu, ein weißes Kielwasser hinter sich herziehend. Er war noch ungefähr eine halbe Meile entfernt. Newman benutzte die Fingerknöchel, um den schweren Deckel offenzuhalten.
Da das Schiff auch weiterhin sanft rollte, konnte Newman weitere Blicke auf den sich nähernden Kajütkreuzer werfen. Als er näher herangekommen war, ging er mit der Geschwindigkeit herunter. Hinter der Scheibe des Ruderhauses entdeckte Newman Kopf und Schultern des Mannes, der das Boot steuerte. Er trug eine Wollmütze, die Kopf und Hals bedeckte – eine Sturmhaube, die Newman an seine Zeit beim Sicherheitsdienst erinnerte. Er ließ den Deckel behutsam wieder sinken, setzte sich auf die Kante des Schlauchboots, das ihm ein Polster für seinen schmerzenden Rücken bot, und rieb sich die strapazierten Knöchel.
Bald darauf herrschte an Deck rege Aktivität. Schnell polternde Schritte. Laute Befehle. Da die Wände des Kabelgatts die Geräusche dämpften, war sich Newman seiner Sache nicht ganz sicher, glaubte aber, Russisch zu hören. Er wartete eine halbe Stunde, bevor er es riskierte, den Deckel wieder anzuheben. Er wunderte sich – der Kajütkreuzer war zwar ziemlich groß, aber er hätte unmöglich die Ladung an Bord nehmen können, die Stahl von Leipzig nach Rostock befördert hatte.
Der Kajütkreuzer hatte an der Seite der *Wroclaw* angelegt. Die Verladeaktion war in vollem Gange. Aber es waren nicht die Kisten mit den Maschinenpistolen, die auf den Kreuzer geschafft wurden. Newman

konnte sehen, daß Matrosen eine Kette bildeten und kleine Säcke von Hand zu Hand reichten.
Auf dem Kajütkreuzer standen weitere Matrosen, die die Säcke in Empfang nahmen, die ihnen von dem Frachter heruntergereicht wurden. Newman konnte zwar nicht ins Innere des Kreuzers sehen, hatte aber den Eindruck, daß die Säcke unter Deck gebracht wurden. Keine Spur von Anders. Keine Spur von dem Mann mit der Sturmhaube. Auch den Namen des Kajütkreuzers konnte er nicht sehen. Er ließ den Deckel vorsichtig sinken und setzte sich wieder hin. Was zum Teufel mochte da vor sich gehen?
Newman trank noch etwas Mineralwasser, rührte den Wodka aber nicht an. Er hatte wieder Angst. Einer dieser Matrosen konnte auf den Gedanken kommen, einen Blick in das Kabelgatt zu werfen. Das Leben war nun einmal so. Man entspannte sich, glaubte das Schlimmste hinter sich zu haben – und dabei stand einem das Schlimmste noch bevor. Einer dieser russischsprechenden Matrosen brauchte ihn nur zu entdecken, und schon war er tot. Er zitterte vor Kälte.
Die Ereignisse der letzten Tage liefen vor seinem geistigen Auge ab wie Filmausschnitte. Das Überschreiten der Grenze unter dem Wachtturm, nachdem er Peter Toll verlassen hatte. Die erste Begegnung mit Schneider in dem nebligen Wald. Das Radeln mit Falken – und Gerda hinter ihnen. Das Schleusenwärterhaus. Schneider, der hereinplatzte. Der Feuerstoß aus Gerdas Uzi ... die Straßensperre ... Radoms Hof ... das Straßenkreuz ... Karen Piper ... das Verstecken des Wohnmobils unter der Brücke ... die Fahrt durch die überschwemmte Schlucht ... der letzte Blick auf Falken, der die Männer vom Staatssicherheitsdienst ablenkte ... auf Gerda, die in den Streifenwagen gestoßen wurde. Nicht jetzt, lieber Gott. Nicht jetzt.
Er schaltete die Taschenlampe ein und studierte noch einmal die Karte. Ein Kreuz zeigte die Position der *Wroclaw* an – daneben stand der Name des Schiffes. Vermutlich die Position, an der es sich jetzt befand. Eine Linie verwies auf den Südwest-Kurs, den er einschlagen mußte.
Er hob den Blick von der Karte, weil er hörte, wie die Maschinen des Kajütkreuzers anliefen und das Geräusch dann schnell schwächer wurde. Auch das Trampeln der Füße hatte aufgehört, und es waren keine Stimmen mehr zu vernehmen. Er sah auf die Uhr. Halb elf.
Hastig verstaute er alles im Schlauchboot – einschließlich des Email-

lekrugs. Die zusammengefaltete Karte steckte er in seinen Gürtel. Er war gerade damit fertig, als der Deckel angehoben wurde. Er versteifte sich, blickte hoch. Es war Anders. Draußen war es Nacht.
»Es ist so weit«, sagte Anders.
»Ich bin bereit ...«
»Dann steigen Sie aus. An dieser Seite ...«

Niemand hielt sich an der Steuerbordseite des Decks auf. Die Lichter des Frachters an Bug und Heck sowie auf der Brücke leuchteten in der Dunkelheit. Anders zog das Schlauchboot heraus, wickelte das Tau auf, ließ das Boot am Rumpf heruntergleiten. Zuerst berührte der schwere Außenbordmotor das stille Wasser, dann schwamm das ganze Boot.
Newman war froh, daß er alles in den Taschen verstaut hatte, die sich an den Innenwänden des Bootes befanden. Das Schlauchboot tanzte neben dem Rumpf auf und ab, von Anders am Tauende gehalten.
»Sie haben die Karte verstanden?« fragte er.
»Durchaus. Und ich kenne Lübeck ...«
»Hören Sie genau zu. Ich habe vorn einen Ausguck postiert, aber nicht achtern. Sie haben das Paddel gefunden? Gut. Sie klettern an diesem Tau hinunter. Ich halte es, bis Sie im Boot sind, dann lasse ich es fallen. Rollen Sie es im Boot auf. Dann warten Sie – bis die *Wroclaw* sich in Bewegung setzt. Es ist gefährlich.« Seine Stimme klang grimmig. »Aber es ist die einzige Möglichkeit, wie Sie sich davonmachen können, ohne von einem Ausguck gesehen zu werden. In dem Augenblick, in dem sich das Schiff zu bewegen beginnt, stoßen Sie sich mit dem Paddel ab. Und dann paddeln Sie mit aller Kraft von uns fort. Die Gefahr ist, daß Sie in die Schrauben kommen. Wenn das passiert, werden Sie zu Hackfleisch. Der Außenborder würde Sie rechtzeitig in Sicherheit bringen – aber den können Sie erst starten, wenn wir weit genug fort sind. Man würde ihn hören. Alles verstanden?«
»Ja. Und nun sollte ich verschwinden ...«
»Sie sagten, Sie kennen Lübeck?«
»Ja ...«
»Dann können Sie es schaffen.«
Newman schwang sich über die Reling, ergriff das Tau, begann den Abstieg. Jetzt begriff er, warum Anders Knoten in das Tau gemacht hatte. Er packte das Tau über jedem Knoten. Ohne sie wäre er hin-

untergerutscht und hätte sich die Hände aufgescheuert. Er benutzte seine Beine wie ein Bergsteiger, stieß sich bei jeder Phase vom Schiffsrumpf ab. Nach den vielen Stunden, die er zuerst in dem Laster und dann in dem Kabelgatt eingesperrt verbracht hatte, waren seine Armmuskeln schwach geworden. Er hatte das Gefühl, jeden Moment loslassen zu müssen. Dann fiel ihm Anders ein, der sein volles Gewicht zu tragen hatte. Der Pole hatte die Kräfte eines Löwen. Wenn Anders durchhalten konnte, dann konnte er es auch.

Als er am wenigsten damit rechnete, landeten seine Füße im Schlauchboot, das heftig schaukelte. Er hielt inne, immer noch an das Tau geklammert, dann ließ er sich behutsam in dem Boot nieder. Dann blickte er auf – das erste Mal, seit er sich über die Reling geschwungen hatte. Anders, der gespürt hatte, daß der Zug auf das Tau aufgehört hatte, schaute herunter, ließ das Tau fallen und verschwand.

Newman holte das Tau ein, das ins Wasser gefallen war. Ein loses Tau war gefährlich; es war genau das, was sich in den Schiffsschrauben verfangen konnte. Er arbeitete schnell, rollte das Tau auf. Dann begann die nervenaufreibende Suche nach dem Paddel, dem einzigen Gegenstand, der ihm entgangen war, als er den Inhalt des Kabelgatts untersucht hatte. Er konnte es nicht finden. Anders mußte irgendein Signal mit einem Besatzungsmitglied auf der Brücke vereinbart haben – die Zeit war zu kurz, als daß er selbst dorthin zurückgekehrt sein konnte. Beängstigend schnell erwachten die Maschinen der *Wroclaw* wieder zum Leben, begannen mit zunehmender Kraft zu vibrieren. Wo zum Teufel war das verdammte Paddel?

Er fand es – Sekunden, bevor der Rumpf der *Wroclaw* an ihm vorbeizugleiten begann und die Schraube am Heck immer näher kam. Es war mit Riemen an der Steuerbordseite des Bootes befestigt. Er zog es heraus, packte den Griff und stieß sich mit aller Kraft vom Rumpf ab. Das Boot trieb ein Stück weit ab. Längst nicht weit genug. Er paddelte wie besessen, tauchte das Blatt in das jetzt von der Vorwärtsbewegung des Frachters aufgewühlte Wasser. Das Schlauchboot schaukelte auf den Wellen auf und ab. Er hatte das Gefühl, nicht weiter von dem Frachter entfernt zu sein als zuvor.

Jetzt konnte er sehen, wie die großen Schrauben ins Wasser schnitten, es wirbelnd aufpeitschten; er konnte trotz des Maschinengeräuschs hören, wie sie ein schäumendes Kielwasser in die Ostsee droschen. Der Sog! Wenn er nicht weit genug fort war, würde der von den sich drehenden Schrauben erzeugte Sog ihn zurückreißen, ihn gerade-

wegs in den Fleischwolf befördern, vor dem Anders ihn gewarnt hatte, ihn in Stücke zerhacken.
Er dachte an die blonden Mädchen, die in Travemünde einem Irren zum Opfer gefallen waren, den entsetzlichen Anblick, den sie nach Kuhlmanns Bericht geboten hatten. Verglichen mit dem, was mit ihm passieren würde, wenn diese Schrauben ihn erwischten, waren sie bloß angekratzt worden.
Der Rumpf glitt weiter vorbei. Er zwang seine müden Arme, unentwegt weiterzupaddeln. Qualvoll langsam schien sich das Schlauchboot von der *Wroclaw* zu entfernen. Qualvoll schnell kam das Heck näher, wurde das peitschende Tosen der Schrauben lauter. Er warf einen Blick über die Schulter.
Er befand sich auf gleicher Höhe mit dem Heck. Der Strudel wirbelte um das Boot herum. Er *fühlte,* wie die tückische Kraft des Sogs an dem Boot zerrte. Er paddelte wie ein Besessener in der aufgewühlten See. Das Boot schaukelte so heftig, daß er fast herausgestürzt wäre. Wasser schlug hinein. Er wußte nicht mehr, was geschah. Schnell warf er wieder einen Blick über die Schulter.
Das Heck der *Wroclaw* entfernte sich. Das Wasser war weniger aufgewühlt. Das Schiff lief mit voller Fahrt genau nach Norden, dem Fehmarnbelt entgegen. Newman hörte auf zu paddeln und sank erschöpft zusammen.

SECHSUNDVIERZIG

Seine erste Landmarke war das Leuchtfeuer auf dem Dach des Hotels Maritim in Travemünde. Die See war nach wie vor spiegelglatt, und er hielt mit voller Geschwindigkeit darauf zu.
»Gott sei Dank«, dachte er. »Nun schaffe ich das letzte Stück auch noch.«
Er hatte gewartet, bis er wieder so weit zu Kräften gekommen war, um den Außenbordmotor anzuwerfen. Beim dritten Versuch war er angesprungen. Mit dem Emaillekrug hatte er das Boot ausgeschöpft. Er war bis auf die Haut durchnäßt.
Die Lichter an der Küste kamen näher. Er hatte das Gefühl, fünf Jahre fortgewesen zu sein. Es war nach Mitternacht, und es waren keine anderen Schiffe mehr unterwegs. Er hatte die Ostsee ganz für sich allein, als er das Schlauchboot in die Fahrrinne steuerte, am Maritim und dem alten Ziegelsteinbau vorbei, der als Leuchtturm gedient hat-

te, bis das Feuer auf das Dach des vielgeschossigen Hotels verlegt worden war.
Von den Toten auferstanden. Das war sein Gefühl, als er tiefer in die Rinne hineinfuhr. Er sah die *Südwind* an ihrem Anleger und verschwendete keinen Gedanken an sie. Ihm war kalt, er fühlte sich sterbenselend und gleichzeitig ungeheuer erleichtert. Alles, was er jetzt brauchte, war ein heißes Bad und trockene Kleidung.
Später hatte er keine Ahnung, weshalb er es getan hatte, aber er brachte das Schlauchboot an einen bestimmten Anleger; die Geschwindigkeit hatte er stark gedrosselt. Mitternacht war vorüber, aber an Deck der Schaluppe brannte noch Licht. Er schaltete den Motor ab, die Schubkraft reichte aus, das Boot die letzten paar Meter voranzutreiben.
Ann Grayle erschien auf Deck, ein Glas in der Hand. Sie trug eine weiße Hose und eine Bluse. Der Himmel hatte sich inzwischen aufgeklärt, und es war eine milde Nacht. Sie stand sehr steif aufgerichtet da und starrte auf ihn hinunter.
»Großer Gott! Das ist ja Bob Newman. Sie sind ja völlig durchnäßt. Kommen Sie an Bord, damit wir Sie wieder in Ordnung bringen. Ben!« rief sie. »Setzen Sie den Kessel auf. Heißen Kaffee.« Sie starrte wieder auf Newman. »Was ihr Reporter nicht alles anstellt, nur wegen einer Story ...«

Lysenko rief am nächsten Morgen in Moskau an. Wieder benutzte er das Telefon in seiner Wohnung, damit Markus Wolf nicht mithören konnte. Gorbatschow meldete sich sofort.
»Die Fracht wurde gestern abend programmgemäß umgeladen. Balkan kam gerade rechtzeitig aus London zurück, um sie zu übernehmen ...«
»Keine Namen am Telefon«, sagte Gorbatschow. »Sie haben gerade zwei genannt. Passen Sie auf.«
Lysenko fluchte innerlich. Er hatte sich das Wort London entschlüpfen lassen. Er mußte unbedingt vorsichtiger sein.
»Es wird eine Verzögerung von zwei bis drei Wochen geben«, fuhr er fort. »Das heißt, bevor sie an ihren endgültigen Bestimmungsort gebracht wird. In der Zwischenzeit ist die Fracht sicher verstaut.«
»Irgend etwas Neues über Tweed?« erkundigte sich Gorbatschow.
»Seine Ankunft steht unmittelbar bevor.«
»Das Problem muß gelöst werden. Und zwar schnell. Halten Sie mich auf dem laufenden.«

Die Verbindung war unterbrochen. Lysenko hieb den Hörer auf die Gabel, rieb sich das unrasierte Kinn, starrte auf das zerwühlte Bett. Helene, das deutsche Mädchen, das er kennengelernt hatte, war gut gewesen – sehr gut. Man mußte die Zeit ausnutzen, in der die Ehefrau weit fort war. Aber ein Mädchen im Bett und Wodka schienen sich nicht mehr so recht zu vertragen. Vielleicht wurde er dafür zu alt; deshalb der dumme Ausrutscher am Telefon. Als er ins Badezimmer ging, beschloß er, Schluß zu machen – nicht mit Helene, sondern nur mit Helene und Wodka gleichzeitig.

Tweed traf zusammen mit Diana in Hamburg ein, Flug LH 041. Vor ihm ging Pete Nield durch die Paßkontrolle. Harry Butler hielt sich hinter ihnen, ließ den Blick über die anderen Passagiere schweifen. Wer, fragte er sich, war Tweeds elegante blonde Begleiterin?
Der alte Fuchs hatte nichts von ihr verlauten lassen. Und nach dem zu urteilen, was Butler während des Fluges beobachtet hatte, kannten sie einander recht gut. Immerhin, es war eine gute Tarnung – ein Paar erregte weniger Aufmerksamkeit als ein Mann, der allein einem Flugzeug entstieg.
Als Tweed mit Diana ins Freie trat, stieg Nield gerade in ein Taxi. Ein Mann in einem schäbigen Regenmantel stand an einem Bücherkiosk, tat, als läse er ein Taschenbuch, beobachtete sie. Dann schob Martin Vollmer das Buch wieder in den Drehständer und eilte hinter ihnen her.
Butler, dem nie etwas entging, war gerade aus der Zollabfertigung herausgekommen und hatte Vollmer beobachtet. Er folgte ihm. Tweed half Diana beim Einsteigen in den Fond des Taxis, stieg dann selbst ein und sagte zum Fahrer: »Hotel Vier Jahreszeiten, bitte.«
Butler beobachtete, wie Vollmer das nächste Taxi in der Reihe bestieg. Drinnen gab der Deutsche seine Anweisung: »Folgen Sie diesem Taxi vor uns. Verlieren Sie es nicht. Der Mann schuldet mir Geld.«
»Dabei wird es auch bleiben. Das ist immer so. Aber ganz wie Sie wollen.«
Die Fahrzeugkolonne setzte sich Richtung Innenstadt in Bewegung. Zuerst Nield. Dann Tweed und Diana. Ihnen folgte das Taxi mit Vollmer. Und Butler bildete, über zwei Wagen von ihm getrennt, die Nachhut. Die Anweisungen, die er seinem Fahrer zusammen mit einem Zehnmarkschein gegeben hatte, waren eindeutig gewesen.
»Das ist Ihr Trinkgeld«, sagte er auf Deutsch. »Das Fahrgeld geht extra. Dieses Taxi, in das der magere Mann mit dem braunen Regen-

mantel eingestiegen ist. Hängen Sie sich daran. Ich will wissen, wo er hinfährt.«
Die Kolonne fuhr an der Außenalster entlang, überquerte die Kennedy-Brücke und bog dann in den Neuen Jungfernstieg ein. Die kleinen Passagierschiffe glitten über das glatte Wasser der Binnenalster. Ein paar Wolken schienen reglos an dem sonst blauen Himmel zu hängen, und die Sonne schien.
Als Tweeds Taxi vor dem Hotel hielt, war Nield bereits in der Halle. Etwa hundert Meter dahinter beobachtete Butler, daß Vollmers Taxi die Fahrt verlangsamte und der Fahrgast durch das Fenster beobachtete, wie Tweed und Diana im Hotel verschwanden. Dann beschleunigte Vollmers Taxi wieder, und Butler lehnte sich in seinem Sitz zurück. Früher oder später würde er herausfinden, wo der braune Regenmantel hinwollte.

An der Rezeption trug Tweed sich und Diana unter ihren richtigen Namen ein. Die beiden Zimmer, die Monica vorbestellt hatte, waren bereit. Froh darüber, wieder da zu sein, nahm er sich die Zeit, ihr die prachtvolle Halle und den Speisesaal zu zeigen.
»Herrlich«, schwärmte sie. »Einfach hinreißend.«
»Vielleicht das beste Hotel in ganz Deutschland.« Er führte sie zum Fahrstuhl. Dann senkte er die Stimme.
»Ich muß ein paar Anrufe erledigen. Können Sie noch ein wenig auf das Essen warten?«
»Ich muß auspacken. Ich warte in meinem Zimmer, bis Sie mich abholen ...«
Tweed hatte um das gleiche Zimmer gebeten, das er bei seinem letzten Aufenthalt in Hamburg, als er die Leiche Ian Fergussons identifizierte, bewohnt hatte – Nummer 412. Er gab dem Träger, der seinen Koffer heraufgebracht hatte, ein Trinkgeld; als er wieder allein war, trat er für einen Moment ans Fenster, um die Aussicht zu genießen. Die Bäume unter ihm waren noch dicht belaubt, und hinter ihnen erstreckte sich das stille Wasser der Binnenalster.
Es war noch immer Urlaubszeit. Am Anleger der Alsterschiffe drängten sich Menschen, gar nicht weit von der Stelle entfernt, an der die Polizei in den frühen Morgenstunden Fergusson an der Schleuse im Wasser treibend entdeckt hatte. Am Eisstand stand eine Schlange. Er mußte an den armen Ian Fergusson denken. Dann schüttelte er den Kopf, trat ans Telefon, ließ sich Nields Zimmernummer geben, rief Nield an und bat ihn, zu ihm zu kommen.

Tweed stand mitten im Zimmer, als Nield erschien. In dem Augenblick, in dem er eintrat, wußte Nield, daß sich etwas tun würde. Tweed stand aufrecht da, seine Stimme war hart, entschlossen.
»Wir reisen nach dem Abendessen wieder ab. Und zwar mit dem Zug nach Lübeck. Wenn Sie zu Mittag gegessen haben, nehmen Sie ein Taxi zum Hauptbahnhof und besorgen vier Erste-Klasse-Fahrkarten nach Lübeck.«
»Das kommt aber plötzlich ...«
»Ich gedenke den Gegner zu überraschen, indem ich mich schneller bewege, als er vermutet. Wenn Sie die Fahrkarten haben, rufen Sie im Hotel Jensen in Lübeck an und buchen Sie drei Zimmer. Für mich, für Harry und eines auf den Namen Diana Chadwick. Dann rufen Sie das Mövenpick in Lübeck an und bestellen dort ein Zimmer für sich. Sie sind Rückendeckung und bleiben außer Sicht.«
»Sonst noch etwas?«
»Im Augenblick nicht.«
»Dann gehe ich hinunter und sehe zu, daß ich etwas in den Magen bekomme.«
Kurz nachdem Nield das Zimmer verlassen hatte, läutete das Telefon. Tweed nahm den Hörer ab.
»Wer ist da?« fragte er.
»Harry. Harry Butler. Ich habe ihn aufgespürt. In Altona.«
»Kommen Sie so schnell wie möglich hierher zurück.«

Munzel hatte von Lübeck aus um die übliche Zeit – zwölf Uhr – bei Vollmer in Altona angerufen. Er hörte das Freizeichen, aber niemand meldete sich. Leise fluchend verließ er den Bahnhof und kehrte über die Straße zum International zurück. Natürlich hatte er keine Ahnung, daß Vollmer gerade am Hamburger Flughafen stand und die aus London ankommenden Passagiere beobachtete. Der Mann, dem diese Aufgabe normalerweise zufiel, lag mit einer Erkältung im Bett.
Munzel führte Lydia zum Mittagessen ins Mövenpick. Er hatte das Gefühl, eine andere Umgebung, anderes Essen würde ihm guttun. Sie aßen gegrillte Seezunge und unterhielten sich dabei angeregt; Munzel hatte keine Ahnung, daß er von Sue Templeton beobachtet wurde, die zusammen mit ihrem Freund Ted Smith Kuhlmann gezeigt hatte, wo Munzel sein Motorrad in die Trave geworfen hatte.
»Ich würde den Mann auch wiedererkennen, wenn er sich einen Bart hätte stehen lassen«, hatte sie im Scherz zu ihrem englischen Freund gesagt.

Jetzt, da sie mit Ted beim Essen saß, wanderte ihr Blick immer wieder quer durch den Raum zu dem Mann mit dem blonden Bart und dem blonden Haar. Sie war sich ihrer Sache nicht sicher. Sie erwähnte ihn Ted gegenüber nicht, der ohnehin nur eines im Kopf hatte – den Nachmittag mit einer gemeinsamen Stunde im Bett zu beginnen.

Nachdem Ted die Rechnung abgezeichnet hatte, blieb sie noch eine Weile beim Kaffee sitzen. Dann griff sie plötzlich nach ihrer Umhängetasche.

»Ich glaube, ich gehe noch einmal zu dem Laden, in dem ich das Kleid gesehen habe . . . «

»Und ich gehe nach oben und ziehe meinen Pyjama an . . . «

»Und da wirst du noch drinstecken, wenn ich wiederkomme. Bis bald.«

Sie folgte Munzel und dem Mädchen, das mit ihm gegessen hatte. Sie war sich immer noch nicht sicher. Ihr Spaziergang war kürzer, als sie gedacht hatte. Sie sah die beiden ins International gehen, blieb einen Moment stehen, um ihren Lippenstift zu überprüfen, folgte ihnen dann in die Halle, trat an die Rezeption und bedachte den Portier mit ihrem wärmsten Lächeln.

»Der Mann mit dem blonden Bart, der eben mit einem Mädchen hereingekommen ist – wohnt er bei Ihnen? Er sieht genauso aus wie jemand, den ich in New York kennengelernt habe.«

»Ja, er wohnt hier.«

Der Portier war diskret – er nannte seinen Namen nicht. Sue bedankte sich und kehrte ins Mövenpick zurück. Fünf Minuten später trat Munzel aus dem Fahrstuhl und ging zum Bahnhof hinüber. Wieder wählte er Vollmers Nummer. Diesmal meldete Vollmer sich sofort.

»Tweed ist in Hamburg eingetroffen. Hatte eine blonde Frau bei sich. Wohnt im gleichen Hotel wie beim vorigen Mal – im Vier Jahreszeiten. Rufen Sie mich morgen wieder an. Übliche Zeit.«

Munzel verließ die Telefonzelle mit einem Gefühl grenzenloser Befriedigung. Er war ganz sicher, daß Tweed innerhalb der nächsten paar Tage in Lübeck auftauchen würde. Er konnte also in Ruhe überlegen, was zu bewerkstelligen war.

Tweed aß mit Diana im Speisesaal zu Mittag. Er hätte zwar lieber im Grillroom gegessen, aber der war geschlossen. Sie hatten sich beide für *paillard de veau* und eine Gemüseplatte entschieden, über die Diana ins Schwärmen geriet.

»Ich habe noch nie so wundervolles Gemüse gegessen, Tweedy. Und diese Auswahl – Broccoli, Prinzeßbohnen, Mangold und der herrlichste Blumenkohl. Dieses Hotel ist großartig.«
»Ja, es ist eine Klasse für sich.«
Tweed sah sich um. Das einzige, was ihn irritierte, waren die Cherubim. Auf Simsen rund um den Speisesaal ruhten Plastiken von nackten, sehr rundlichen Cherubim. Er hätte gut und gern darauf verzichten können, beim Essen diese dicklichen, nackten Gestalten vor Augen zu haben.
»Wie lange bleiben wir hier?« fragte Diana beim Dessert, einem großen Eisbecher.
»Schwer zu sagen.«
Nach dem Essen machten sie die Runde durch das weitläufige Erdgeschoß. An den Wänden hingen Bildteppiche mit berittenen Jägern. Diana war von allem begeistert, und das, dachte Tweed, war eine der vielen Eigenschaften, die ihren besonderen Reiz ausmachten. Er sagte, er müsse noch ein paar Anrufe erledigen, und sie erwiderte, sie würde sich in ihrem Zimmer ausruhen, bis er sie abholte.
Harry Butler saß in der Halle an einem Fenster und las eine deutsche Zeitung. Er trug nach wie vor eine graue Hose, ein Sportjackett, ein weißes Hemd und eine gemusterte Krawatte. Tweed fuhr im Fahrstuhl mit Diana nach oben, ließ sie in ihrem Stockwerk aussteigen und fuhr weiter in seines. Dann ging er die Treppe hinab bis zum untersten Absatz und gab Butler ein Zeichen, zu ihm heraufzukommen.
In Zimmer 412 ließ sich Butler in einen Sessel sinken. Tweed saß hinter dem Schreibtisch und hörte sich an, was Butler zu berichten hatte.
»Sie wurden verfolgt«, informierte er Tweed. »Er sah Sie hier ankommen, dann fuhr er mit demselben Taxi weiter zu einem Wohnblock in der Nähe des Bahnhofs Altona. Hier ist die Adresse. Wohnung 28.« Er riß ein Blatt Papier von seinem Notizblock ab und reichte es Tweed.
»Wie haben Sie die Wohnung herausgefunden?«
»Er benutzte den Fahrstuhl. Ich beobachtete die Anzeigentafel, stellte fest, in welchem Stockwerk der Fahrstuhl hielt, rannte die Treppe hinauf. Kam gerade noch rechtzeitig, um zu sehen, wie er in Wohnung 28 verschwand.«
»Könnte er Sie gesehen haben?«
»Ausgeschlossen.«
»Vielleicht haben wir mit ihm den Anfang der Leitung, über die Nach-

richten von hier in die DDR gelangen. Fürs erste kümmern wir uns nicht weiter um ihn.«

»Er weiß, wer Sie sind«, erinnerte ihn Butler. »Das könnte gefährlich sein.«

»Daran zweifle ich nicht. Aber das ist meine Strategie. Heute abend fahren wir nach Lübeck. Nach dem Abendessen. Ich möchte dort sein, bevor man mich erwartet ...«

»Das könnte sogar noch gefährlicher sein«, beharrte Butler. »Für Sie. Als Sie das letzte Mal in Lübeck waren, wurden Sie angegriffen. Diesmal könnten sie ihr Ziel erreichen.«

»Es ist Ihre Aufgabe – und die von Nield –, dafür zu sorgen, daß sie es nicht schaffen. Mir geht es darum, den Druck auf Lysenko zu verstärken. Ich bin überzeugt, er hat irgendeine große Sache vor – und deshalb will er mich vorher aus dem Weg räumen. Aus irgendeinem Grund glaubt er, ich könnte herausfinden, was er vorhat. Ich habe es nicht herausgefunden. Noch nicht. Aber ich glaube, daß es irgendwie mit Lübeck zu tun hat. Und deshalb werde ich dort einen heillosen Wirbel veranstalten. Irgend jemand auf der anderen Seite wird einen Fehler machen – und wenn das geschieht, will ich an Ort und Stelle sein.«

»Es ist Ihre Haut ...«

»Und meine eigene Entscheidung. Und Sie haben noch eine andere Aufgabe. Die Dame, die mit mir gekommen ist – sie heißt Diana Chadwick. Ihre Aufgabe besteht darin, sie zu beschützen. Sie könnte eine wichtige Zeugin sein. Fragen Sie mich nicht, wofür. So weit bin ich noch nicht. Ich glaube, es reicht viele Jahre in die Vergangenheit zurück. Sie brauchen nur aufzupassen, daß Diana nichts passiert. Und sie weiß nicht, daß Sie und Nield existieren.«

»Ihre Verschwiegenheit läßt mich vermuten, daß Sie nicht wissen, wem Sie trauen können ...«

»Ich kann niemandem trauen.« Tweeds Stimme wurde geschäftsmäßig. »Geben Sie mir Ihren Block.«

Tweed zog ein Stück steife Plastikfolie aus seiner Brieftasche, schob es unter das oberste Blatt, schrieb ein paar Worte und gab Butler dann den Block zurück.

»Das ist das Hotel, in dem wir in Lübeck wohnen und in dem ein Zimmer für Sie gebucht ist. Wenn wir angekommen sind – wir reisen natürlich getrennt –, verläßt Nield als erster den Zug. Er wohnt im Hotel Mövenpick, nur ein paar hundert Meter vom Bahnhof entfernt. Sie und ich nehmen getrennte Taxis zum Jensen; wir tun so, als wären wir uns völlig fremd. Ich fahre mit Diana zusammen. Und ich lasse Sie bei der ersten passenden Gelegenheit ihre Zimmernummer wissen. Noch irgendwelche Fragen? Wenn nicht, lasse ich vom Zimmerservice Kaffee bringen. Wenn der Kellner kommt, verschwinden Sie im Badezimmer.«

»Keine Fragen«, erklärte Butler kurz.

Er musterte Tweed. Er kannte ihn seit langem. Jedesmal kam ein Zeitpunkt wie dieser. Zuerst war da das Warten – die Zeit, während der Tweed die Lage peilte, behutsam vorging, mit dem Hintergrund verschmolz, sich seinen Weg ertastete. Und dann trat, ohne jede Vorwarnung, die große Veränderung ein.

Tweed ging zur Offensive über, bediente sich aller ihm zu Gebote stehenden Mittel, um den Gegner auszuräuchern, ging Risiken ein, bot sich sogar selbst als Zielscheibe an – und genau das tat er jetzt. Butler fiel noch eine weitere Veränderung auf. Tweeds Tonfall, wenn er von Diana sprach. Er hatte ihn noch nie auf diese Weise von einem weiblichen Wesen sprechen hören – nicht, seit seine Frau ausgerechnet mit einem griechischen Tankerkönig durchgebrannt war. Seine Überlegungen fanden ein jähes Ende, als Tweed ihm Dianas Zimmernummer mitteilte und dann auf die Uhr sah.

»Nur noch ein paar Stunden – und dann nach Lübeck ...«

Als Munzel vom Bahnhof ein zweites Mal bei Vollmer anrief, faßte er sich kurz. Vollmer schätzte es nicht, wenn er zu oft angerufen wurde.

»Ich brauche jemanden, der hier den Hauptbahnhof überwacht – mir im International Meldung macht, wenn Tweed ankommt. Haben Sie das? Ich bin jetzt im International ...«

»Haben Sie mir schon mitgeteilt.« Vollmers Stimme klang ungeduldig. »Vor morgen kann ich niemanden hinschicken. Das muß reichen ...«

»Ich habe mich als Claus Kramer eingetragen ...«

»Notiert. Und rufen Sie nicht öfter an, als unbedingt sein muß. Ich habe zu tun. Morgen ...«

Ein Klicken. Vollmer hatte aufgelegt. Scheißkerl. Als Munzel die Telefonzelle verließ, zupfte er wütend an seinem Bart.

SIEBENUNDVIERZIG

Es war 18.17 Uhr, als Tweed und Diana in Lübeck den Zug verließen. Tweed hatte es sich plötzlich anders überlegt und beschlossen, Hamburg schon mit einem früheren Zug zu verlassen. Butler sah ihnen nach, als sie die Bahnsteigstufen hinaufstiegen. Nield war bereits oben angekommen und verschwand aus ihrem Blickfeld; er ging zu Fuß zum Mövenpick.

Butler folgte ihnen langsam, um ihnen Zeit zu lassen, ein Taxi zu finden. Er hatte das Gefühl, daß Tweed es kaum erwarten konnte, wieder in Lübeck zu sein. Plötzlich war alles brandeilig. Als er die Bahnhofshalle erreicht hatte, sah er sie in ein Taxi steigen.

Er wartete, bis ihr Taxi abgefahren war, bevor er selbst in eines einstieg. Es war noch heller Tag. Feriengäste kehrten zum Abendessen gemächlich in ihre Hotels zurück. Die Atmosphäre war warm und feucht. Offenbar war der Tag in Lübeck sehr heiß gewesen.

»Es ist fast, als käme man wieder nach Hause«, sagte Diana zu Tweed und schmiegte sich im Taxi an ihn. »Ann Grayle wird Augen machen, wenn sie mich sieht. Darauf freue ich mich schon.«

»Ich dachte, Sie mögen sie nicht.«

»Es ist eine Art Haßliebe zwischen uns.« Sie lächelte verschmitzt. »Sie haßt mich, ich mag sie.«

Der Manager des Jensen hatte sie begrüßt, Tweed hatte sie eingetragen und war gerade im Begriff, auf den Fahrstuhlknopf zu drücken, als Harry Butler mit seinem Koffer erschien. Tweed ignorierte ihn, sagte aber vernehmlich zu Diana: »Sie haben Zimmer 307, ich 303 – Sie haben es also nicht weit, wenn Sie bei mir hereinschauen wollen. Und wir wollen sehen, daß wir so bald wie möglich essen – ich bin halb verhungert.«

Fünfzehn Minuten später betrat Butler den großen, langgestreckten Speisesaal. Der Raum war gut besucht, und es herrschte die heitere Atmosphäre von Leuten, die es sich schmecken lassen. Er erhielt einen Tisch an den Fenstern am Ende des Raums mit Blick auf die Straße und den Fluß dahinter. Tweed und Diana saßen an einem Tisch an der Wand und unterhielten sich angeregt. Ein paar Minuten später registrierte er beiläufig einen hochgewachsenen, massigen Mann mit blondem Bart und Haar, der in Begleitung einer reizvollen Brünetten den Speisesaal betrat. Sie erhielten einen Tisch am entgegengesetzten Ende des Raums neben dem Buffet und der Bar.

An Bord der Schaluppe in Travemünde schlief Newman zwölf Stunden. Ann Grayle hatte Ben aufgetragen, trockene Kleidung herbeizuschaffen, hatte darauf bestanden, daß er duschte, und als er in einen Bademantel gehüllt wieder zum Vorschein kam, hatte sie ihn an einen bereits gedeckten Tisch gesetzt und ihm einen großen Teller dampfend heiße Spargelsuppe vorgesetzt.
»Sie kommt aus der Dose, aber Sie sehen aus, als brauchten Sie schnell etwas, das Sie von innen aufwärmt«, erklärte sie. »Und hier ist ein Glas Whisky. Pur. Entspricht das den Wünschen Seiner Lordschaft?«
Später war er in einen viel zu großen Pyjama geschlüpft, den Ben mitgebracht hatte. Ann Grayle hatte keine Fragen gestellt; Diskretion war für sie als ehemalige Diplomatengattin selbstverständlich. Nach dem Essen hatte sie ihn in eine Kabine geführt, wo er sofort in die Koje sank. Er konnte kaum noch die Augen offenhalten.
Ann Grayle hatte sich mit einem Glas in der Hand für einen Augenblick auf dem Rand der Koje niedergelassen, einen mutwilligen Ausdruck in den Augen.
»Ich glaube, es ist besser, wenn Sie heute nacht allein schlafen. Sie machen nicht den Eindruck, als wären Sie noch zu irgendwelchen körperlichen Aktivitäten imstande ...«
Das war das letzte, was er hörte, bevor er wieder aufwachte. Durch das Bullauge über seinem Kopf fiel helles Licht herein. Er schaute auf die Uhr, rechnete damit, daß sie stehengeblieben war. Jemand hatte sie aufgezogen, während er schlief. Großer Gott! Es war Mittag.
Er führte Ann Grayle zu einem ausgedehnten Essen in ein Lokal am Strand. Wieder stellte sie keine Fragen. Und was Newman betraf, so genoß er es, die Anspannung los zu sein, nicht mehr in jedem Menschen eine mögliche Gefahr sehen zu müssen. Ann Grayle erzählte von ihrem früheren Leben in Kenia und erwähnte auch Dr. Berlin.
»Ich mochte ihn schon damals nicht. Diese Wohltäter der Menschheit öden mich an.«
Es war früher Nachmittag, als sie zusammen am Wasser entlangwanderten. Newman deutete auf die *Südwind*. Sie sah verlassen aus. Er erkundigte sich, ob sie irgendwelche Aktivität an Bord bemerkt hätte.
»Nein, aber ich war ein paar Tage zum Einkaufen in Hamburg, deshalb weiß ich es nicht. Das einzige, was auffällt, ist die Abwesenheit der reizenden Diana. Sie muß einen Mann gefunden haben, dem sie die Zeit vertreibt ...«

Kurz nach sechs verließ er die Schaluppe und rief von einer öffentlichen Telefonzelle aus am Park Crescent an. Monica meldete sich, und nachdem er ihr seinen Namen gesagt hatte, hörte er die Erleichterung in ihrer Stimme.
»Wo sind Sie, Bob? Ist alles in Ordnung?«
»In Lübeck. Ich bin okay. Ich muß dringend mit Tweed sprechen.«
»Ich weiß nicht, wo er ist.« Sie hielt einen Moment inne. »Von wo rufen Sie an?«
»Aus einer öffentlichen Telefonzelle, die gerade am Wege lag.«
»Er ist drüben. Nach Hamburg geflogen. Heute mittag. Er wollte im Vier Jahreszeiten absteigen, aber als ich ihn vor einer Stunde anzurufen versuchte, sagte man mir, er wäre abgereist. Keine Nachsendeadresse – und er hat nicht einmal eine Nacht dort geschlafen.«
»Ich melde mich wieder, Monica. Jetzt muß ich weiter . . .«
»Seien Sie vorsichtig.«
»Danke, aber jetzt ist das nicht mehr so wichtig.«
Newman legte den Hörer auf, holte eine Zigarette hervor, zündete sie an und dachte nach. Heute mittag in Hamburg angekommen. Eine unvorhergesehene Abreise. Der zweite Besuch in Deutschland. Tweed würde tatendurstig sein, sich schnell bewegen. War er allein? Der Gedanke beunruhigte Newman. Dann kam ihm eine Idee. Er schaute ins Telefonbuch, fand die Nummer des Jensen, wählte. Er erkannte die Stimme des Managers.
»Wohnt ein Mr. Tweed aus London bei Ihnen?«
»Ja, er ist gerade angekommen. Sie wollten ihn sprechen? Er ist im Speisesaal. Ich sah ihn vor ein paar Minuten hineingehen. Möchten Sie ihn gleich sprechen? Warten Sie bitte einen Moment.«
Es schien eine Ewigkeit zu dauern, bis Tweed sich meldete. In Wirklichkeit waren es nur dreißig Sekunden. Newman hatte auf die Uhr gesehen.
»Wer ist da?« fragte Tweed vorsichtig.
»Newman . . .«
»Gott sei Dank! Von wo rufen Sie an?«
»Aus einer öffentlichen Telefonzelle in Travemünde. Kann ich gleich herüberkommen? Mit einem Taxi kann ich in einer Viertelstunde da sein. Sind Sie allein?«
»Nein, Diana ist bei mir . . .«
»Sie wissen, was ich meine.«
»Die Antwort auf Ihre Frage lautet nein.«

»Freut mich, das zu hören. Buchen Sie ein Zimmer für mich, wenn es geht. Ich mache mich gleich auf den Weg ...«

»Wir haben gerade mit dem Essen angefangen. Lassen Sie sich Zeit. Sind Sie mit heiler Haut davongekommen?« Die Besorgnis war deutlich herauszuhören.

»Durch ein Wunder – mehrere – ja. Bis bald.«

Als er zur Schaluppe zurückkehrte, um Ann Grayle zu sagen, daß er nach Lübeck mußte, kam Newman am Polizeirevier vorüber, einem alten Gebäude an der Ecke Vorderreihe und Sankt-Lorenz-Straße. Newmans Blick fiel auf ein Plakat, und er blieb einen Moment stehen. Es war eine Reproduktion des Phantombildes von Kurt Franck. Die Ränder des Plakats hatten sich aufgerollt; daneben hingen neuere, mit denen andere Missetäter gesucht wurden. Er starrte einen Moment darauf, bevor er weitereilte.

»Wenn wir uns je wieder begegnen sollten, werde ich dich erkennen«, sagte er zu sich selber.

Munzel konnte sein Glück kaum fassen. Er hatte, Lydia gegenübersitzend, seinen Blick durch den Speisesaal schweifen lassen, und dort, am anderen Ende des Raums, saß Tweed. Mit einer Blondine.

Während Lydia die Speisekarte studierte, lief sein Gehirn auf Hochtouren. Er sah sich wieder um. Der Raum war dicht besetzt. Ein paar Gäste hatten schon reichlich getrunken. Kellner eilten hin und her. Die ideale Atmosphäre für das, was er vorhatte. Lydia blickte von der Speisekarte auf.

»Woran denkst du?«

»Mir ist gerade eingefallen, daß ich einem wichtigen Kunden versprochen habe, ihn heute abend noch anzurufen. Ich habe mein Notizbuch mit seiner Nummer im International vergessen. Hast du etwas dagegen, wenn ich schnell hinüberfahre? Ich bin in einer Viertelstunde zurück. Halt dich inzwischen an den Beaujolais. Okay?«

»Einen Kunden zu Hause anrufen? Wird ihm das recht sein?«

»Es wird ihm nicht recht sein, wenn ich es nicht tue. Er steckt den ganzen Tag in seiner Fabrik. Eine Viertelstunde. Nicht länger ...«

Munzel verließ den Speisesaal. Draußen hatte er wieder Glück. Ein Taxi setzte gerade weitere Gäste vor dem Jensen ab. Er stieg ein. »Hauptbahnhof«, wies er den Fahrer an. Auf diese Weise würde es keine Verbindung zwischen ihm und dem International geben – falls die Polizei hinterher Nachforschungen anstellte.

»Mr. Tweed?« Der Kellner wirkte nervös. »Da ist ein Herr draußen, der Sie sprechen möchte. Er wollte nicht in den Speisesaal kommen.«

»Entschuldigen Sie mich bitte, Diana? Ich glaube nicht, daß es lange dauert.«

»Natürlich.« Sie schwenkte ihre Zigarettenspitze. »Ich sage Bescheid, daß sie den Hauptgang erst servieren, wenn Sie wieder da sind.«

Tweed wunderte sich. Für Newman war es zu früh – und er wäre direkt in den Speisesaal gekommen. Er ging in die Halle. Dicht neben der Tür zur Straße stand ein untersetzter Mann und rauchte eine Zigarre. Kuhlmann. Der Mann vom BKA deutete auf die Straße.

»Machen wir einen kurzen Spaziergang. Wände haben Ohren, heißt es – obwohl ich noch nie gesehen habe, daß ihnen welche wuchsen.«

»Aber wirklich nur einen kurzen. Ich bin gerade beim Essen.«

Kuhlmann führte ihn schweigend an den Gästen vorüber, die an den Tischen auf dem Gehsteig saßen. Drinnen im Speisesaal stand Harry Butler auf, sagte dem Kellner, er käme gleich zurück, sah Diana allein am Tisch sitzen, überlegte es sich anders und setzte sich wieder.

»Woher wußten Sie, daß ich hier bin?« fragte Tweed.

»Der Manager rief mich an. Machen Sie ihm deshalb keine Vorwürfe. Ich hatte vermutet, daß Sie wieder im Jensen absteigen würden, wenn Sie zurückkämen, und um seinen Anruf gebeten. Keine Spur von Kurt Franck. Seit ungefähr zwei Wochen vom Angesicht der Erde verschwunden. Jetzt, da Sie zurück sind, habe ich meine Leute angewiesen, wieder nach ihm Ausschau zu halten.«

»Danke. Und Dr. Berlin?«

»Immer noch abwesend. Wollen Sie etwa sagen, daß er jetzt, da Sie zurück sind, wieder auftauchen wird?« erkundigte sich Kuhlmann.

»Genau das will ich sagen. Vielleicht ist er noch nicht da, aber er wird bestimmt bald kommen.«

»Sind Sie wohl nicht willens, sich eingehender dazu zu äußern?« vermutete Kuhlmann.

»Nein. Bin ich nicht. Hat es noch weitere dieser gräßlichen Morde gegeben?«

»Nein.« Kuhlmann blieb auf dem menschenleeren Gehsteig stehen, um seine Zigarre wieder anzuzünden. »Sie verschwinden. Franck verschwindet. Dr. Berlin verschwindet. Keine Morde mehr.«

»Sie sind wohl nicht willens, sich eingehender dazu zu äußern?« erkundigte sich Tweed.

»Nur die Feststellung eines Polizisten. Wenn Sie mich brauchen – ich bin im hiesigen Polizeirevier. Possehlstraße 4. Ich schreibe es Ihnen auf.« Er tat es, riß das Blatt von seinem Notizblock ab und gab es Tweed. »Wenn ich dort nicht bin, versuchen Sie es in Lübeck-Süd.«
»Es kann sein, daß ich wieder ein sicheres Telefon brauche ...«
»Kommen Sie nach Lübeck-Süd. Es steht Ihnen immer zur Verfügung.«
»Und wenn Sie nichts dagegen haben, würde ich jetzt gern weiteressen.«
»Ich wollte Sie nur wissen lassen, daß ich in der Nähe bin.« Nachdem sie kehrtgemacht hatten, schwieg Kuhlmann einen Augenblick. »Ich habe gerade auf etwas gewettet.«
»Und worauf?«
»Daß jetzt, da Sie zurück sind, die friedliche Zeit zu Ende ist und ich jederzeit damit rechnen muß, daß etwas passiert. Guten Appetit.«

Munzel machte die Tür seines Zimmers im International hinter sich zu und verschloß sie von innen. Dann holte er einen Schlüsselbund aus der Tasche und öffnete eine kleine Metallkassette, die er aus seinem Rucksack gezogen hatte. Sie war innen mit Wildleder ausgeschlagen und in zahlreiche kleine Fächer unterteilt, in denen jeweils ein Kunststoffbehälter steckte. Er holte ein Röhrchen heraus, das gelbe Kapseln enthielt.
Er nahm das Röhrchen in eine Hand, schob den Deckel herunter, kippte das Röhrchen, ließ eine Kapsel in seine Hand fallen, verschloß es wieder. Kinderspiel. Er beförderte die Kapsel wieder in das Röhrchen. Meskalin. Ein Halluzinogen. Eine Kapsel, und man schwebte durch den Weltraum.
Er verließ das Hotel, fuhr vom Hauptbahnhof mit einem Taxi zum Jensen zurück und ließ sich Lydia gegenüber nieder, kurz nachdem Tweed an seinen Tisch zurückgekehrt war.
»Dieser Weißwein ist ein Gedicht«, begrüßte ihn Diana. »Möchten Sie auch?«
»Ich habe das Gefühl, etwas zu brauchen, das mich ein bißchen aufmuntert. Fragt sich nur, ob ich es hier bekomme.« Er winkte dem Kellner. »Ich hätte gern einen Drink – einen Margharita.«
»Den Namen habe ich noch nie gehört.«
»Es ist eine Mischung aus Tequila und Fruchtsaft. Fragen Sie den Barkeeper zumindest danach. Ich schreibe es Ihnen auf.« Er schrieb

das Wort auf ein Blatt seines Notizblocks, riß es ab und gab es dem Kellner.
»Das wird Sie bestimmt aufmuntern.« Diana warf ihm unter halbgeschlossenen Lidern einen vielsagenden Blick zu. »Es könnte ein interessanter Abend werden.« Sie trank noch etwas Wein. »Ich habe jetzt schon einen kleinen Schwips.« Dann setzte sie hinzu: »Aber Sie sehen aus, als wären Sie mit Ihren Gedanken ganz woanders.«
»Ich hatte nicht damit gerechnet, den Mann zu sehen, der mich sprechen wollte – jedenfalls nicht so schnell. Aber es macht nichts – er ist wieder fort.«
»Sehen Sie mal, was da kommt.«
»Ihr Margharita«, sagte der Kellner. »Wir haben einen neuen Barkeeper. Einen Italiener. Er wußte sofort Bescheid. Zum Wohl. Es dauert noch ein paar Minuten, bis der Hauptgang kommt ...«
»Wir haben keine Eile«, sagte Tweed.
»Und es ist ein richtiger Margharita«, sagte Diana nach einem Blick auf seinen Drink. »Der Rand hat eine Salzkruste, wie es sich gehört.«
Tweed nippte, dann nahm er einen größeren Schluck. Er setzte das Glas ab und nickte befriedigt. »Es kann durchaus sein, daß Sie mich ins Bett bringen müssen.«
»Was mir ein Vergnügen wäre.«
Am anderen Ende des Raums unterhielt sich Munzel mit Lydia und beobachtete dabei Tweeds Tisch. Er hatte gesehen, wie der Drink gebracht wurde. Leute, die ihre Mahlzeit beendet hatten, verließen den Speisesaal, andere, die am Eingang gewartet hatten, besetzten die freigewordenen Tische. Es herrschte einige Unruhe. Er beugte sich vor und flüsterte Lydia etwas zu.
»Siehst du den Mann dort hinten? Neben ihm sitzt eine Blondine.«
»Den mit der Brille?«
»Ja. Ich will ihm eins auswischen. Er hat mich einmal bei einem Geschäft übers Ohr gehauen. Er gibt damit an, daß er noch nie betrunken war.«
»Scheint ein fader Typ zu sein ...«
Lydia hatte einen leichten Schwips, war aber noch völlig klar im Kopf. Sie trank noch einen kleinen Schluck, während Munzel mit seiner Erklärung fortfuhr.
»Das ist er. Und ich möchte, daß du etwas für mich tust. Es ist bloß ein Spaß.« Unter dem Tisch holte er das Röhrchen aus der Tasche, hebelte den Deckel ab, ließ eine Kapsel in seine Hand fallen, drückte

den Deckel wieder darauf. »Laß es niemanden sehen. Streck die Hand aus, wenn ich es sage. Ich lasse eine Kapsel hineinfallen. Tu so, als drückten wir uns die Hände, aber zerquetsche sie nicht.«
»Was ist in der Kapsel?«
»Etwas ganz Harmloses – aber er wird schlingern wie ein Schiff im Sturm. Du tust, als wolltest du auf die Toilette gehen. Wenn du an seinem Tisch vorbeikommst, mußt du für Ablenkung sorgen, dann läßt du dies in seinen Drink fallen...«
»Du brauchst mir nichts weiter zu sagen«, unterbrach ihn Lydia. »Ich habe mal an einer Bar gearbeitet – das gehörte zu meiner Ausbildung. Das wird ein Mordsspaß. Von mir aus kann es losgehen.«
Sie streckte die Hand über den Tisch, drehte die Handfläche nach oben, und er legte locker die seine darauf. Sie zog die Hand mit der Kapsel zurück, erhob sich und schob sich langsam durch eine Gruppe von Neuankömmlingen. Neben Tweeds Tisch stolperte sie, streckte die Hand aus, um nicht zu fallen, und warf dabei Dianas halbvolles Weinglas um.
»Oh, das tut mir leid«, sagte sie. Sie schwankte, tat so, als wollte sie nach dem umgeworfenen Glas greifen. Tweed blickte zu ihr auf. Ihre Hand glitt über seinen Margharita, ließ die Kapsel hineinfallen, stellte Dianas Glas auf. Dabei murmelte sie entschuldigende Worte. Der Wein hatte sich auf die Tischdecke ergossen, aber nicht auf Dianas Kleid.
Lydia richtete sich mühsam auf, wanderte langsam auf die Toilettentür zu, anscheinend sehr unsicher auf den Beinen. Ein Kellner eilte mit einer Serviette herbei und tupfte die Tischdecke ab.
»Ungeschickte Gans«, sagte Diana. »Weiß offenbar nicht, wann sie genug gehabt hat.«
»Hat Ihr Kleid etwas abbekommen?« erkundigte sich Tweed. »Nein? Gut. Sie sehen hinreißend aus.«
»Danke, edler Herr.«
Der Kellner füllte ihr Glas wieder. Sie strahlte vor Vergnügen, als Tweed sie anschaute. Sie trug ein Abendkleid aus schwarzem Samt mit schmalen Trägern. Im weichen Licht der Wandlampen kamen ihre wunderbar geformten Schultern voll zur Geltung. Dazu trug sie Jett-Ohrringe, ihr Lippenstift war blaßrot, ihr Nagellack hellrosa. Sie sah aus, wie die Frauen in den dreißiger Jahren ausgesehen hatten. Tweed erhob sein Glas, nahm kleine Schlucke von seinem Margharita.
»Und ich habe mir die Nägel geschnitten«, sagte sie und streckte dabei eine Hand aus.

»Warum?«
»Weil ich tippen lerne. Mit Klauen kann man nicht maschineschreiben. Ich komme ganz gut voran. Stenografie kann ich jetzt – deutsche und englische. Das war kein Problem. Aber das Tippen ist langweilig – so mechanisch ...«
Am anderen Ende des Raums hatte Munzel den Kellner herbeigewinkt und ihm einen Hundertmarkschein gegeben. »Es kann sein, daß ich schnell fort muß – eine wichtige Verabredung. Das sollte reichen.«
»Sie bekommen noch eine Menge wieder heraus ...«
»Behalten Sie zehn Prozent als Trinkgeld. Den Rest hole ich mir morgen ab.«
Tweed trank einen weiteren Schluck, setzte das Glas ab und blinzelte. Er nahm die Brille ab, putzte die Gläser mit einer Ecke seines Taschentuchs, setzte sie wieder auf, blinzelte abermals.
»Stimmt etwas nicht?« fragte Diana.
»Entschuldigen Sie mich. Ich bin gleich zurück. Alles in Ordnung ...«
Er verließ den Speisesaal, so schnell er konnte. Butler sah ihn gehen, stellte fest, daß Diana allein war, und blieb auf seinem Stuhl sitzen. Tweed bahnte sich seinen Weg durch die auf freie Tische wartende Menge, ging zum Fahrstuhl, drückte auf den Knopf. Sein Kopf fühlte sich merkwürdig an. Der kleine Fahrstuhl bewegte sich aufwärts. Er blinzelte wieder. Die Wände schienen auf ihn einzudrängen. Er trat hinaus, eilte zu seinem Zimmer, den Schlüssel in der Hand. Er hatte Mühe, ihn ins Schloß zu stecken, drehte ihn um, zog ihn automatisch wieder heraus, machte die Tür zu und verschloß sie von innen. Als er die Hand zurückzog, zerrten seine Finger den Schlüssel heraus, und er fiel auf den Boden.
Er schaltete das Licht ein. Das Zimmer schien voller Rauch zu sein. Und durch den Rauch trieb etwas auf ihn zu, etwas, das in der Luft zu schweben schien. Ein nackter Cherub, ein boshaftes Grinsen auf dem gräßlichen kleinen Gesicht, eine pummelige Hand, die sich Tweed entgegenstreckte. Himmel! Er war gedopt worden! Dieses verdammte Mädchen hatte etwas in sein Glas fallen lassen. Er taumelte zum Badezimmer, und der Cherub schwebte rückwärts, winkte ihn heran.
Unten in der Halle bat Munzel das Mädchen an der Rezeption, ihm eine Schachtel Zigaretten zu besorgen. Sie hatte Bedenken, ihren Posten zu verlassen, bis er ihr ein großzügiges Trinkgeld gab. In dem

Augenblick, in dem sie sich auf den Weg zur Bar gemacht hatte, griff er den Kasten mit den Anmeldeformularen und blätterte sie rasch durch. *Tweed. Zimmer 303.*
Als das Mädchen zurückkam, bedankte er sich, bezahlte die Zigaretten, drückte auf den Knopf des Fahrstuhls. In der Kabine zog er, sowie sich die Türen geschlossen hatten, sein Schlüsselbund heraus, fand den Dietrich. Das war Munzel, der Profi, dachte er selbstzufrieden. Meister im Improvisieren – im Improvisieren von Unfällen.

ACHTUNDVIERZIG

Tweed hatte Halluzinationen. Auf dem gekachelten Badezimmerfußboden wimmelte es von nackten Cherubim, die zu ihm aufstarrten, mit ihren gräßlichen kleinen Händen durch den Rauch nach ihm griffen. *Wasser*! Er mußte Wasser trinken – bevor die halluzinogene Droge seinen ganzen Blutkreislauf vergiftet hatte. Er packte das Glas, warf dabei die Seife auf den Boden, füllte das Glas, leerte es, füllte es wieder, trank mehr.
Frische Luft! Die Atmosphäre war erstickend. Schweiß rann ihm von der Stirn. Er taumelte auf das zweiflüglige Fenster zu, rutschte auf der Seife aus, konnte sich gerade noch an der Fensterbank festhalten. Er riß beide Flügel auf. Neun Meter unter der senkrecht abfallenden Mauer befand sich ein gefliester Innenhof. Lieber weg vom Fenster – es war gefährlich.
Er stolperte zum Wasserhahn zurück, füllte das Glas, trank noch mehr Wasser. Etwas berührte seine Schulter. Er fuhr herum. Einer dieser in der Luft schwebenden Cherubim. Speisesaal, Vier Jahreszeiten. Dann war die Assoziation abgerissen. Aus dem Nebel tauchte ein Reiter in Jagdkleidung auf. Das Pferd stieg, prallte auf ihn herab. Er spürte nichts. Ein Schädel kam aus dem Nebel, der Schädel von Harry Masterson, widerwärtig grinsend. Er streckte die Hand aus, schob ihn von sich, seine Hand spürte nichts, *wischte durch den Schädel hindurch*. Er wandte sich ab, ergriff das Glas, füllte es wieder. Beim Trinken sah er in den Spiegel, Herr im Himmel!
Hugh Greys Porträt, ein Kopf ohne Körper, starrte ihm irre lachend aus dem Spiegel entgegen. Mit zitternden Händen füllte er abermals das Glas. Er hatte einen lichten Moment. Die verdammten Gemälde, die Masterson ihm in seinem Cottage in Sussex gezeigt hatte. Einen Augenblick später war die Erinnerung wieder ausgelöscht. Er trank

noch mehr Wasser. Es rann an seinem Jackett herunter. In sich hinein mußte er es schütten.
Jetzt schwebte sein eigener Kopf. Sehen konnte er es nicht – er spürte nur, wie er von seinem Hals forttrieb. Ein gräßliches Gefühl. Er füllte das Glas, trank gierig. Aus dem Spiegel starrte ihm Guy Dalbys Kopf entgegen, die Haartolle in der Stirn, ein bösartiges Grinsen auf dem schwebenden Gesicht. Tweeds Linke streckte sich dem Spiegel entgegen. Das Bild wich zurück, verschwand.
Er spürte, wie sich seine Füße vom Boden lösten, als würde er von jemandem hochgehoben. Jetzt schwebte er selbst, wie einer dieser Astronauten, die er im Fernsehen gesehen hatte. Tweed hieb das Glas, das er in der Hand hielt, hart auf die Ablage des Waschbeckens. Er hörte, spürte, wie es aufprallte. Wieder klärte sich sein Kopf.
Die Atmosphäre schien erträglicher geworden zu sein. Durch das offene Fenster kam frische Luft. Ein logischer Gedanke. Er spürte, daß sein Verstand auf einem Drahtseil balancierte – auf dem schmalen Grat zwischen Klarheit und Halluzination. Ein weiterer logischer Gedanke. Er trank noch drei Gläser Wasser. Etwas berührte seine linke Hand. Er schaute darauf. Ein Cherub mit einem Riesenkopf starrte zu ihm empor, berührte ihn mit seiner Hand. Oh, nein . . .
Er starrte auf die widerwärtige Gestalt herab. Je länger er sie anstarrte, desto mehr verschwamm die Vision, dann verschwand sie. Er trat zurück, rutschte auf der Seife aus. Wieder konnte er sich halten, indem er mit der Linken den Rand des Waschbeckens packte. Muß von dem offenen Fenster fortbleiben – und dem Abgrund dahinter.
Er füllte gerade das Glas, als er wieder in den Spiegel sah. Im ersten Schrecken ließ er das Wasser weiterlaufen, es füllte das Glas und quoll über den Rand. Er hatte keine Zeit gehabt, das Badezimmerlicht einzuschalten. Die einzige Beleuchtung war das Licht, das aus dem Schlafzimmer hereinfiel. Hinter ihm ragte eine Gestalt auf. In dem schwachen Licht sah er sie nur undeutlich, aber es war das Gesicht von Kurt Franck. Das Gesicht bewegte sich, etwas mehr Licht fiel darauf. Er hatte sich einen Bart wachsen lassen. Tweed packte das Glas fester und fuhr herum. Das war keine Halluzination. Das war Wirklichkeit.

Munzel war aus dem Fahrstuhl auf einen menschenleeren Korridor getreten. Er warf einen Blick auf die Zimmernummern, fand 303 am Ende des Ganges, drückte leise die Klinke nieder. Die Tür war verschlossen. Er steckte seinen Dietrich ins Schloß und spürte, wie der Riegel zurückglitt.

Er kam in ein Schlafzimmer. Das Licht brannte. Aus dem Badezimmer hörte er das Geräusch laufenden Wassers. Er drehte sich um, wollte die Tür wieder verschließen. Kein Schlüssel. Mit dem Dietrich zu arbeiten, war zu riskant. Er mußte schnell verschwinden können. Er trat in das halbdunkle Badezimmer.
Tweed stand da und starrte in den Spiegel über dem Waschbecken. Munzel bemerkte die Seifenspuren auf dem Boden, die in dem schwachen Licht glänzten, das offene Fenster dahinter. Die ideale Szenerie. In Badezimmern passieren so viele Unfälle. Er trat hinter Tweed. Ihre Augen begegneten sich im Spiegel. Tweed fuhr herum und schleuderte Munzel das Wasser aus dem vollen Glas ins Gesicht. Einen Augenblick lang konnte der Deutsche nichts sehen. In diesem Augenblick hieb Tweed den dicken Sockel des Glases auf Munzels breiten Nasenrücken. Wieder waren seine Augen voll Wasser – diesmal vor Schmerzen –, aber Tweed hatte nicht sehr viel Kraft in den Hieb legen können.

»Bob! Wie schön, Sie zu sehen . . .« Diana hatte sich gerade die Handtasche unter den Arm geklemmt und war im Begriff aufzustehen, als Newman den Speisesaal betrat. »Tweed ist hier«, fuhr sie fort. »Ich wollte gerade nachsehen, wie es ihm geht . . .«
»Warum?«
»Er fühlte sich ganz plötzlich nicht wohl. Er ist in sein Zimmer gegangen. Aber er ist schon eine ganze Weile weg. Und kurz nachdem er gegangen war, sah ich, wie ein großer blonder Deutscher von seinem Tisch aufstand und den Speisesaal verließ. Er schien es sehr eilig zu haben . . .«
»Tweeds Zimmernummer?«
»Drei-Null-Drei . . .«
»Warten Sie hier.«
Newman, der sich an das gemächliche Tempo des Fahrstuhls erinnerte, stürmte die Treppe hinauf. 303? Das war das Zimmer, in dem Tweed auch beim vorigen Mal gewohnt hatte. Er wußte genau, wo es lag. Er erreichte den dritten Stock, rannte den Gang entlang, drückte die Klinke nieder, stieß leise die Tür auf und lehnte sie hinter sich an. Die Geräusche kamen aus dem Badezimmer. Er rannte zur offenen Tür. Tweed rang mit Franck, der seine mächtigen Arme um Tweeds Taille geschlungen hatte, ihn vom Boden hob.
Newman erfaßte die Szene auf einen Blick. Die verschmierte Seife auf dem Fußboden, das offene Fenster dahinter. Er ballte die Rechte zur

Faust, riß den Ellenbogen zurück, versetzte dem Deutschen einen Schlag in die Nieren. Franck ließ Tweed los, knickte ein, richtete sich wieder auf und versuchte, sich umzudrehen. Er rutschte auf dem Fußboden aus, schlitterte quer durch das Badezimmer; seine Hände landeten auf der Fensterbank. Er wollte sich wieder umdrehen, doch seine Füße glitten unter ihm weg. Danach hing er bäuchlings auf der Fensterbank, und seine Beine waren lang ausgestreckt.
Er krümmte sich, riß das linke Hosenbein hoch, zog das Messer mit der breiten Klinge aus der an sein Bein geschnallten Scheide. Doch das kostete ihn einige Sekunden. Newman hatte inzwischen das Badezimmer durchquert, einen Bogen um die Seifenspuren gemacht. Er bückte sich, packte Franck bei den Knöcheln, hob sie hoch und schob mit aller Kraft.
Der Deutsche schoß aus dem Fenster, verschwand. Sie hörten seinen langgezogenen Schrei, der plötzlich abbrach, unmittelbar gefolgt von einem leisen, gräßlichen Aufprallgeräusch. Newman schaute aus dem Fenster. Franck lag mit ausgestreckten Gliedmaßen tief drunten im Innenhof. Er erinnerte Newman an die Kreidezeichnung, mit der die Polizei die Umrisse einer gefundenen Leiche markiert.
»Hat es jemand gesehen?« fragte Tweed.
»Ich glaube nicht.«
»Kein ...« Tweed hatte Mühe zu sprechen. »... Aufsehen.«
Er tastete nach seiner Brieftasche, bekam sie heraus, ließ sie fallen. Newman hob sie auf, während Tweed ins Schlafzimmer wankte und sich aufs Bett sinken ließ.
»Kuhlmann anrufen. Polizeirevier. Possehlstraße 4. Oder so ähnlich. Blatt Papier. In meiner Brieftasche. Sagen, was passiert ist. Kein Aufsehen ...«
Newman suchte die Nummer heraus, wählte und wurde sofort mit Kuhlmann verbunden. Das Gespräch war kurz. Newman legte den Hörer auf und trat zu Tweed, der, mit einem Kissen hinter dem Kopf, an die Wand gelehnt dasaß.
»Er ist in fünf Minuten hier. Ich laufe nur rasch hinunter und sorge dafür, daß Diana nicht heraufkommt. Als ich in den Speisesaal kam, war sie gerade im Aufbruch. – Brauchen Sie jetzt noch etwas?«
»Ja, geben Sie mir ein Glas Wasser, Bob.«

Kuhlmann brachte nur einen weiteren Mann mit, einen Dr. Rimek, der darauf bestand, Tweed zu untersuchen, während sich Kuhlmann und Newman im Badezimmer aufhielten. Rimek, ein vergnügt ausse-

hender Mann in den Sechzigern, war mager, ging leicht vornübergebeugt und trug einen Kneifer.
Tweed beschränkte sich auf eine Beschreibung seiner Halluzinationen, und Dr. Rimek hörte zu und nickte gelegentlich. Dann maß er Tweeds Blutdruck und benutzte sein Stethoskop. Er richtete sich auf und grunzte.
»Wie lautet das Urteil?« fragte Tweed auf Deutsch.
»Offenbar sind Sie zäh wie Hosenleder. Und Sie haben genau das Richtige getan – literweise Wasser getrunken. Ich würde sagen, es war Meskalin oder etwas ähnliches, womit Sie betäubt wurden.« Er blickte auf, als Newman ins Zimmer kam. »Wenn dieser Drink – wie hieß er noch?«
»Margharita«, sagte Tweed.
»Wenn dieser Drink noch auf Ihrem Tisch im Speisesaal steht, hätte ich das Glas gern für eine Analyse ...«
»Ich habe es mit heraufgebracht.« Newman öffnete den Kleiderschrank und holte ein Glas mit salzverkrustetem Rand vom obersten Bord. »Hier ist es.«
»Großartig.« Rimek zog einen Kunststoffbehälter mit breiter Öffnung aus seiner Tasche, steckte das Glas hinein und schraubte den Deckel auf. »Morgen weiß ich Genaueres ...«
»Telefonieren Sie mir das Ergebnis durch«, rief Kuhlmann aus dem Badezimmer. »Ich nehme an, er wird es überleben? Gut. Und, Doktor, kein Wort über diese Angelegenheit zu irgend jemandem.«
Bevor er ging, nahm Rimek noch eine Blutprobe. An der Tür blieb er stehen und sah Tweed an. »Zwei Tage absolute Ruhe. Sie brauchen nicht im Bett zu bleiben, nur im Hotel. Vielleicht morgen nachmittag ein kurzer Spaziergang. Nicht mehr als zweihundert Meter. Übermorgen dasselbe. Und zwei Tage keinen Alkohol. So, und jetzt verschwinde ich.«
Kuhlmann wartete, bis Rimek gegangen war, dann zündete er seine Zigarre an und begann zu reden.
»Bevor ich das Aufräumkommando kommen lasse – Fingerabdruckexperten, Fotografen, Techniker und so weiter –, müssen wir unsere Geschichte abstimmen. Newman hat mir erzählt, was passiert ist. Und jetzt erzähle ich es Ihnen. Ich hoffe, Sie sind inzwischen wieder genügend beieinander?«
»Reden Sie.«
»In Anbetracht dessen, wer und was Sie sind, wollen Sie keine Publicity. Newman kam an, kurz nachdem Sie heraufgekommen waren.«

Kuhlmann stieß seine Zigarre in Tweeds Richtung, um seinen Worten Nachdruck zu verleihen. »*Sie* waren überhaupt nicht oben. Sie waren im Speisesaal. Sie gaben Newman Ihren Zimmerschlüssel, weil er sich ein Taschentuch ausleihen wollte. Er kommt herauf, die Tür steht offen, Franck hat das Zimmer durchwühlt. Ziehen Sie nachher eine Schublade heraus und verstreuen Sie den Inhalt auf dem Boden. Es kommt zu einem Kampf im Badezimmer – wo Franck gerade die Toilette benutzen will. Franck zieht ein Messer. Das ist mit ihm hinuntergeflogen. Sie haben die Badezimmerfenster offengelassen – es ist eine warme Nacht. Franck ist auf der Seife ausgeglitten und aus dem Fenster gestürzt. Das wär's. So einfach wie möglich. Der Chef der hiesigen Polizei ist ein guter Freund – ich sorge dafür, daß er Sie in Ruhe läßt. Und jetzt rufe ich in der Possehlstraße an.«
»Wie können Sie Aufsehen vermeiden?« fragte Tweed. »Jemand muß Franck gehört haben – er hat geschrien, als er stürzte ...«
»Es ist erstaunlich, wie gut es den Leuten gelingt, dergleichen nicht zu hören. Der Manager weiß es. Ich habe ihn informiert, bevor ich heraufkam. Er hält den Mund. Hotelgäste werden nicht gern mit gewaltsamem Tod konfrontiert. Ich war mit ihm im Innenhof. Unter Ihrem Fenster ist eine Tür, die Sie von hier aus nicht sehen können. Er hat sie abgeschlossen, und ich habe den Schlüssel.«
»Dann sollte ich lieber von hier verschwinden«, sagte Tweed.
»Unbedingt. Gehen Sie in Newmans Zimmer ...«
»Ich glaube, ich schaffe es bis in den Speisesaal. Dort wartet eine Bekannte auf mich.«
»Noch besser. Allmählich bekommen Sie wieder Farbe.«
Während Kuhlmann telefonierte, deutete Tweed auf eine Schublade. Newman zog sie heraus, kippte sie um. Hemden, Socken und Taschentücher ergossen sich auf den Fußboden. Newman hob eines der mit Tweeds Initialen bestickten Taschentücher auf.
»Dies«, sagte er, »ist das Taschentuch, das ich mir ausgeliehen habe. Ich gebe Ihnen meines – für den Fall, daß irgendein Übereifriger mich durchsucht.«
»Geben Sie mir bitte ein paar Papiertücher aus dem Kasten im Badezimmer«, sagte Tweed. Er setzte seine Füße auf den Boden, prüfte, ob er genügend Kraft hatte, und stand dann langsam auf.
Newman holte die Papiertücher und reichte ihm eines, das er zusammengeknüllt hatte. »Mein Taschentuch steckt da drin. Wenn es Ihnen nichts ausmacht, es zu behalten.«
Tweed steckte es in seine Jackentasche und benutzte die anderen Tü-

cher dazu, das verschüttete Wasser von seinem Jackett abzutupfen. Diana würde sofort merken, daß sein Jackett feucht war, und fragen, wie das passiert wäre. Er tat vorsichtig ein paar Schritte, dann bewegte er sich energischer. Das Hämmern in seinem Kopf hatte aufgehört.

Kuhlmann legte den Hörer auf, erklärte, das Team würde in zehn Minuten eintreffen, es würde also Zeit, daß er verschwände. Er selbst würde am folgenden Tag wiederkommen, dann könne man sich weiter unterhalten.

»Es wird schwierig sein, Franck hinauszuschmuggeln«, sagte Tweed.

»Oh, sie werden ihn zusammenkratzen und die Reste wegkarren.«

NEUNUNDVIERZIG

Tweed saß die halbe Nacht in Newmans Zimmer und hörte sich schweigend an, was Newman von seinen Erlebnissen in der DDR zu erzählen hatte. Vorher war er in den Speisesaal hinuntergegangen, hatte Diana versichert, es sei nur eine Magenverstimmung gewesen. Deshalb hätte er auch nichts essen mögen, aber er hätte Kaffee getrunken, und der hätte bewirkt, daß sein Kopf wieder klar geworden sei.

Er hatte sie dann zu ihrem Zimmer begleitet. Als sich die Tür schloß und er sich umdrehte, sah er Harry Butler, der in der Nähe des Fahrstuhls in einem Sessel saß und die *Lübecker Nachrichten* las. Er hatte ihm zugenickt und war dann in Newmans Zimmer gegangen.

»Also alles in allem«, bemerkte er, als Newman mit seinem Bericht fertig war, »nicht gerade eine angenehme Reise . . .«

»Aber wir wissen jetzt, daß Dr. Berlin ein Schwindler ist. Das herauszufinden, war die Reise wert.«

»Ich hatte es vermutet. Aber zwischen Vermuten und Wissen besteht ein erheblicher Unterschied. Lysenko muß seinen Mann schon vor vielen Jahren ausgewählt und geschult haben. Diese Planung auf so lange Sicht ist geradezu unheimlich. Bob – all dies darf nicht bekannt werden.«

»Sie meinen, wir lassen Kuhlmann gegenüber nichts verlauten?«

»Auf keinen Fall. Und auch kein Wort zu Peter Toll, diesem Halunken, der Sie hinübergeschickt hat. Die ganze Geschichte muß unter uns bleiben.«

»Warum?«

Tweed beugte sich vor, trank noch etwas von dem Kaffee, den der Zimmerservice heraufgebracht hatte. »Weil uns, wenn ich mich nicht irre und wenn Janus das ist, was ich vermute, der größte Skandal bevorsteht, den London je erlebt hat. Für die Presse wäre das ein gefundenes Fressen. Ich taste mich voran, mache einen Schritt nach dem anderen; aber wie ich das Problem lösen soll, wenn ich mich *nicht* irre, weiß Gott allein. Janus ist nicht nur Lysenkos Mann in London – er ist möglicherweise auch ein Massenmörder.«

»Janus? Sie haben den Namen zweimal genannt . . .«

»Das ist das Codewort, auf das Monica und ich für das faule Ei in meiner eigenen Kiste gekommen sind. Janus, der Mann, der in zwei Richtungen schaut – nach Osten und Westen gleichzeitig.«

Tweed warf einen Blick auf die Uhr. Drei Uhr morgens. Er stand auf, stellte fest, daß seine Beine wieder normal reagierten, ging in Newmans Badezimmer und schaute hinunter in den Innenhof. Dort bewegten sich Männer in Zivil. Kriminalpolizei. Die Leiche war mit einer Plane zugedeckt. Durch die Tür unterhalb seines eigenen Zimmers kamen weitere Männer mit einer Tragbahre. Tweed schloß leise das Fenster.

»Sie bringen Franck weg«, sagte er und setzte sich wieder. »Mitten in der Nacht. Kein Mensch im Hotel wird etwas davon merken. Kuhlmann war sehr entgegenkommend – er hält den Vorfall geheim, und genau das möchte ich.«

»Damit Leipzig nichts erfährt? Damit sie dort denken, Franck sei nach wie vor damit beschäftigt, Sie aus dem Weg zu räumen?«

»Genau das. Außerdem ist Pete Nield mit herübergekommen. Wie ich erwartet hatte, folgte mir jemand vom Flughafen aus. Butler hängte sich an ihn und stellte fest, daß er in Altona wohnt. Ich habe die Adresse in meiner Brieftasche. Morgen früh gebe ich sie Kuhlmann. Er findet vielleicht einen Weg, den Mann unschädlich zu machen. Es ist durchaus möglich, daß er das wichtigste Glied in dem System der Nachrichtenübermittlung darstellt, das Lysenko zwischen hier und der DDR aufgebaut haben muß.«

»Ich sah Butler im Speisesaal, als ich ankam. Sie haben also die schwere Artillerie mitgebracht.«

»Ich halte es für möglich, daß wir sie brauchen. Wenn mich nicht alles täuscht, nähern wir uns dem Höhepunkt dieser Geschichte . . .«

»Die ich immer noch nicht ganz verstehe«, sagte Newman. »Janus ist der Verräter unter Ihren Leuten am Park Crescent. Balkan ist der Dirigent von Markus Wolfs Agentennetz in der Bundesrepublik . . .«

»Lysenko hat es ganz bewußt kompliziert, aber ich bin überzeugt, daß es im Grunde teuflisch einfach ist. Meines Erachtens sind Janus und Balkan ein und dieselbe Person. Ein Geniestreich unseres russischen Freundes.«
»Aber das würde bedeuten, daß derselbe Mann – Janus in London, Balkan hier – sowohl unser Netz als auch ihres in der Hand hat. Theoretisch müßte er gegen sich selbst kämpfen ...«
»Aber nur theoretisch«, erklärte Tweed. »Er befindet sich in der einzigartigen Position, meine Agenten so einsetzen zu können, wie es ihm in den Kram paßt. Damit war Lysenko ein noch nie dagewesener Coup gelungen.«
»*War?*«
»Ich werde Janus ausfindig machen und ihn vernichten – und das wird auch für Lysenko das Ende sein.«
Auf Tweeds Gesicht lag ein grimmiger Ausdruck, als er wieder aufstand und ins Badezimmer ging. Er warf einen Blick aus dem Fenster, dann kam er zurück.
»Jetzt kann ich wieder in mein eigenes Zimmer und ein paar Stunden schlafen. Sie sind fort und haben ihn mitgenommen. Morgen früh reden wir darüber, wie wir weiter vorgehen.«

Tweed war gerade mit dem Frühstücken fertig, als Newman erschien und sich am Tisch niederließ. Diana steckte eine Zigarette in ihre Spitze.
»Sie hätten das Frühstück sehen sollen, das er vertilgt hat«, sagte sie. »Fünf Brötchen, Unmengen Butter, tonnenweise Marmelade. Magenbeschwerden scheint er nicht mehr zu haben.«
»Ich hatte einen regelrechten Heißhunger«, gab Tweed zu. »Aber jetzt bin ich ein neuer Mensch. Und zu frischen Taten bereit. – Wo sind Sie gewesen?« fragte er Newman.
»Ich habe einen Wagen gemietet, weil ich mit so etwas rechnete. Einen Audi. Wenn wir irgendwohin wollen, fahren wir. Keine Fußmärsche.«
»Ist etwas mit Tweed?« fragte Diana.
»Bob bestand gestern abend darauf, einen Arzt zu rufen«, erwiderte Tweed schnell. »Er stellte eine leichte Lebensmittelvergiftung fest und wollte mir verbieten, an den nächsten beiden Tagen mehr als zweihundert Meter zu laufen. Offenbar hat Bob ernstgenommen, was er sagte.«
»Das sollte er auch«, versicherte Diana nachdrücklich. »Als Sie ge-

stern abend endlich wieder in den Speisesaal herunterkamen, sahen Sie wirklich nicht gut aus. Und Sie konnten nichts essen. Übrigens – wenn Sie heute vormittag etwas anderes vorhaben, könnte ich einkaufen gehen und etwas von meinem unehrenhaft erworbenen Geld ausgeben ...«
Diese Bemerkung veranlaßte Tweed zu einem raschen Aufblicken, doch dann schalt er sich selbst für diesen Fehler, als sie auf sein Verhalten reagierte.
»Ich habe nur Spaß gemacht. Sie sahen plötzlich so streng aus ...«
»Wahrscheinlich nur, weil ich nicht genug Schlaf bekommen habe. Ja, gehen Sie einkaufen, amüsieren Sie sich. Am Nachmittag fahren wir nach Travemünde ...«
»Kann ich mitkommen?« fragte sie eifrig. »Ich habe ein paar Sachen, die ich brauche, auf der *Südwind* gelassen – und ich möchte unbedingt Ann Grayles Gesicht sehen, wenn ich ihr erzähle, daß ich in London war. Darf ich ihr das erzählen?«
»Warum nicht?«
Tweed und Newman standen auf, und Tweed warf einen Blick auf Butler, der sich mit seinem Kaffee Zeit ließ. Er trug ein am Hals offenes blaues Hemd, eine zimtfarbene Hose und eine große Sonnenbrille. Selbst Tweed hatte einige Mühe, ihn zu erkennen; Diana würde ihn bestimmt nicht bemerken, wenn er ihr folgte.
»Wo wollen wir hin?« fragte Newman, nachdem er sich am Steuer des Audi niedergelassen hatte.
»Polizeidirektion Lübeck-Süd. Kuhlmann hat angerufen, bevor ich zum Frühstück herunterkam. Er hat Neuigkeiten. Aber vorher machen wir beim Mövenpick Station. Sie fahren am Holstentor vorbei, dann sage ich Ihnen, wie es weitergeht. Ich muß mit Pete Nield sprechen. Er soll Butler helfen, Diana im Auge zu behalten.«

»Dr. Berlin ist wieder im Lande. Ich sagte Ihnen doch, daß ich Neuigkeiten hätte«, verkündete Kuhlmann befriedigt. »Aber das ist nur die Einleitung.«
In Lübeck-Süd hatte Kuhlmann sie mit dem Fahrstuhl in den Raum gebracht, in dem Tweed bei seinem vorigen Aufenthalt in Lübeck mehrfach das Scrambler-Telefon benutzt hatte. Newman und Tweed saßen am Tisch und tranken Kaffee aus der Kantine. Kuhlmann war stehengeblieben, schwenkte seine Zigarre und wollte fortfahren, aber Tweed unterbrach ihn.
»Wo ist Dr. Berlin jetzt? Wann ist er gekommen?«

»In seinem Haus auf dem Priwall. Tore geschlossen, Wachen aufgestellt. Hunde auf dem Grundstück. Er traf gestern abend um halb zwölf ein, in seinem schwarzen Mercedes. Der Fährmann wurde eigens für ihn aus dem Bett geholt – er ist ein einflußreicher Mann.«
»Irgendeine Chance für eine zweite Durchsuchung seines Hauses – wenn mir daran liegen sollte?« fragte Tweed.
»Überhaupt keine. Ich habe deshalb schon einen gewaltigen Rüffel bezogen. Der Doktor hat Rückhalt in Bonn. Er ist mit Oskar Graf von Krull, dem Bankier, befreundet. Jetzt kann ich das Haus nicht einmal mehr ständig beobachten lassen. Es sei denn« – er paffte an seiner Zigarre – »ich hätte hieb- und stichfeste Beweise für ein Verbrechen. Hieb- und stichfeste.«
»Nicht so wichtig. Ist es Ihnen gelungen, dafür zu sorgen, daß die Geschichte mit Franck nicht publik wird?«
»Ja, das ist es. Er kommt aus dem Osten. All seine Papiere waren echt – bis auf den Führerschein. Dem Computer zufolge ist der echte Besitzer vor einem halben Jahr bei einem Unfall ums Leben gekommen. Und Peter Toll vom BND ist auf dem Weg hierher. Er kommt mit dem Flugzeug aus München.«
»Ich möchte ihn sprechen. Sobald er eingetroffen ist«, erklärte Tweed.
Das Telefon läutete. Kuhlmann hörte zu, sprach ein paar Worte, legte den Hörer auf. Dann wandte er sich an Newman.
»Man möchte jetzt Ihre Aussage in Sachen Franck aufnehmen. Zimmer 10, im Erdgeschoß. Finden Sie hinunter?«
»Gewiß . . .«
»Halten Sie sich mit Ihrer Aussage an das, was wir gestern abend besprochen haben. Kein Wort mehr.«
Er wartete, bis er mit Tweed allein war. »Ich weiß nicht, wo Newman gewesen ist . . .« – er hielt inne, aber Tweed schwieg – ». . . aber er ist ein anderer Mensch geworden. Irgend etwas ist mit ihm geschehen.«
»Er ist härter geworden«, pflichtete Tweed ihm bei. »Früher hätte er Franck nur k. o. geschlagen. Er hat keine Sekunde gezögert, ihn aus dem Fenster zu stoßen . . .«
»Obwohl er genau wußte, daß er nicht lebend in dem Innenhof landen würde. Aber Franck hat ein Messer gezogen – und da ist noch etwas, was ich Ihnen sagen wollte. Vertraulich.«
»Natürlich.«
»Franck hat dieses blonde Mädchen ermordet. Das Messer entspricht genau der Mordwaffe. Wir haben unseren Irren . . .«

»Sind Sie sicher?« Tweed runzelte überrascht die Stirn.
»Ich bin immer sicher. Die Pathologen überprüfen es gerade. Stimmt etwas nicht?«
»Ich hatte eine Theorie, und die ist gerade durchs Fenster geschossen – genau wie Franck.«
»Und was haben Sie als nächstes vor?«
»Ich denke, ich fahre wieder nach Travemünde hinaus und stelle noch ein paar Fragen. Diese Jachtleute, die zwischen dem Mittelmeer und der Ostsee pendeln, interessieren mich ...«
Das Telefon läutete wieder. Kuhlmann hörte zu, sagte, man möchte ihn heraufschicken. »Peter Toll ist da«, erklärte er Tweed. »Ich lasse Sie mit ihm allein.«

Toll gab sich munter und selbstsicher, rückte seine Brille zurecht, als er sich Tweed gegenüber niederließ, der seinen Blick mit nichtssagendem Ausdruck erwiderte. Dann fiel Tweed über ihn her und machte ihm schwere Vorwürfe, weil er einen Engländer, eine Privatperson, über die Grenze geschickt hatte.
»Er ist freiwillig gegangen«, protestierte Toll. »Und wo ist mein Mann, Walter Pröhl? Ich habe unten schon mit Newman gesprochen. Er hat eine überaus wichtige Information mitgebracht – über einen geänderten Code. Und er macht sich große Sorgen, was mit einem Mädchen namens Gerda passiert ist. Es kann Monate dauern, bis wir das erfahren. Ich werde später noch ausführlicher mit ihm reden ...«
»Das werden Sie nicht. Newman ist hinter dem Eisernen Vorhang durch die Hölle gegangen. Mehrere Male wäre er beinahe gefaßt worden.«
»Das tut mir leid. In Zukunft werde ich mich zuerst mit Ihnen absprechen. Übrigens wußte ich nicht, daß er Ihr Angestellter ist«, entschuldigte er sich.
»Das ist er nicht. Und ich habe in London angerufen – Pröhl kann nach Deutschland zurückfliegen.« Tweed stand auf. »Ich denke, im Laufe der Zeit werden wir gut zusammenarbeiten. Lassen wir's fürs erste dabei bewenden.«
Er war kaum eine Minute allein, als Kuhlmann zurückkehrte, sich setzte und die Beine übereinanderschlug.
»Ich habe gewartet, bis er fort war.«
»Und woher wußten Sie, *daß* er fort war?«
»Unter dem Teppich vor der Tür liegt eine Kontaktmatte. Wenn je-

mand darauftritt, leuchtet in einem anderen Zimmer ein Licht auf.«
»Nettes Häuschen, das Sie hier haben«, bemerkte Tweed. »Aber sie sprachen von Franck.«
»Er hatte einen Bart. Und langes Haar. Aber die Hauptsache ist der Bart.«
»Ich verstehe nicht recht...«
»Er erklärt etwas, was ich mir vorher nicht erklären konnte. Warum ging Franck für mehr als zwei Wochen in Deckung? Jetzt weiß ich es – er mußte sich verstecken, während er sich einen Bart wachsen ließ.«
»Sagen Sie das noch einmal.«
»Ich dachte, ich hätte mich deutlich ausgedrückt.« Kuhlmann schien pikiert, dann schüttelte er den Kopf. »Natürlich, Sie leiden noch unter den Nachwirkungen des Meskalins – es war Meskalin. Dr. Rimek hat es analysiert und mich heute morgen angerufen.«
Er nahm die Zigarre aus dem Mund und sprach langsam, jedes Wort bewußt betonend. »Ich sagte, warum ging Franck für mehr als zwei Wochen in Deckung? Er mußte sich verstecken, während er sich einen Bart wachsen ließ.«
»Ich bin ein Idiot – daß ich nicht früher darauf gekommen bin...«
»Daß Sie worauf gekommen sind?«
»Warten Sie! Sie sagten, Dr. Berlin ist wieder da – hat Ihr Mann ihn in seinem Mercedes deutlich gesehen?«
»Nein. Das habe ich überprüft. Vor den Scheiben hängen bernsteinfarbene Vorhänge. Sie waren zugezogen. Der Wagen wurde von einem Chauffeur gefahren. Mein Mann sah nur einen vagen Umriß im Fond, einen Mann, der eine Brille mit gefärbten Gläsern trug – eine von der Art, die Dr. Berlin trägt...«
»Also«, drängte Tweed, »konnte er den Passagier im Fond nicht klar und deutlich sehen?«
»Nein.«
»Das dachte ich mir.« Tweeds Stimme verriet höchste Befriedigung. »Und ich prophezeie Ihnen, daß wir Dr. Berlin während der nächsten zehn bis vierzehn Tage nicht zu Gesicht bekommen werden.«
»Sie sind wohl nicht willens, sich dazu eingehender zu äußern? Nein? Das kann ich mir denken. Übrigens werden Sie von jetzt ab auf sich allein gestellt sein. Ich muß zurück nach Wiesbaden. Ich war nur hier, um den Mörder dieser blonden Mädchen aufzuspüren. Dank Newman ist der Fall erledigt.«

FÜNFZIG

»Fünfhundert Kilo Heroin«, sagte Tweed zu Newman, als sie in Travemünde die Strandpromenade entlangwanderten. »Das wäre eine Katastrophe – fast schlimmer als ein paar Atombomben. Könnte man diese Menge an Bord eines Schiffes wie der *Südwind* unterbringen?«

»Ja, wenn man jeden Winkel vollstopft. Das ist natürlich ein bißchen übertrieben, aber es ließe sich ohne weiteres machen.«

»Glauben Sie, daß das Kajütboot, das Sie von der *Wroclaw* aus sahen, die *Südwind* war?«

In einiger Entfernung bahnte sich Diana in einem kirschroten Kleid ihren Weg durch die Menge, unterwegs zu dem Boot, das Tweed erwähnt hatte. Hinter ihr ging Harry Butler, dessen blaues Hemd jetzt von einem leichten weißen Pullover verdeckt wurde. Pete Nield befand sich auf der anderen Straßenseite.

Butler und Nield waren Newmans Mietwagen in einem gleichfalls gemieteten Fiat von Lübeck nach Travemünde gefolgt. Newman reagierte mit einem Achselzucken auf Tweeds Frage.

»Um diese Jahreszeit wimmelt es in dieser Gegend von Kajütkreuzern. Er hätte von irgendeinem der Jachthäfen hier kommen können – von hier, aus Kiel oder aus Flensburg. Und fragen Sie mich nicht, ob ich den Mann identifizieren kann, der mit seinem Boot an dem Frachter festmachte. Ich kann es nicht.«

»Mangel an Beweisen«, knurrte Tweed. »Und nun fährt Kuhlmann nach Wiesbaden zurück – obwohl ich glaube, daß er sich irrt. Ich sehe Ann Grayle. Unterhalten wir uns ein bißchen mit ihr.«

Wie gewöhnlich war Ann Grayle sehr elegant. Sie trug einen cremefarbenen Leinenpullover mit V-Ausschnitt, einen marineblauen Faltenrock, flache Pumps und eine Perlenkette. Mit einem Glas in der Hand hieß sie sie an Bord willkommen.

»Wie geht es Ihnen, Bob? Alles wieder in Ordnung?« Sie musterte Tweed mit einem kühlen Lächeln. »Und der Schadensermittler ist auch wieder da – mit der reizenden Diana. Setzen Sie sich irgendwo – und möchten Sie einen Drink? Es ist ein Punsch. Aber ich warne Sie – er ist nicht von schlechten Eltern.«

»Nicht für mich«, sagte Tweed schnell. »Vielleicht ein Glas Orangensaft.«

»Ich riskiere den Punsch«, sagte Newman.

»Ben! Ein Glas Punsch, einen Orangensaft.«

Der Kopf von Ben Tolliver tauchte aus dem Niedergang auf und verschwand dann wieder, nachdem er seine Neugier befriedigt und gesehen hatte, wer an Bord gekommen war. Sie behandelt ihn wie einen Dienstboten, dachte Tweed. Ann Grayle ließ sich in einem Deckstuhl nieder und schlug die wohlgeformten Beine übereinander.

»Auf diesem alten Kahn herrscht ein Betrieb wie am Piccadilly Circus. Ich wette, Bob hat Ihnen nicht erzählt, daß er die vorletzte Nacht hier an Bord verbracht hat.«

»Wirklich?« Tweed täuschte Unwissenheit vor. »Ich bin sicher, daß es ihm an nichts gemangelt hat.«

»Das ist eine ziemlich zweideutige Bemerkung. Wie am Piccadilly Circus, sagte ich. In der Nacht, in der Bob an Bord kam, hatte ich einen höchst merkwürdigen Besucher – keine halbe Stunde, bevor er kam.«

»Wer war das?« erkundigte sich Tweed.

»Ich weiß es nicht. Er behauptete, er hieße Andrews, aber das glaube ich nicht. Hat mir einen Mordsschrecken eingejagt. All diese Verbände.«

»Verbände?« fragte Newman.

»Ja, wie jemand, der gerade aus dem Krankenhaus kommt. Sein ganzes Gesicht war damit bedeckt – bis auf die Augen und einen Schlitz für den Mund. Erklärte, er wäre Reporter, wollte mich über Dr. Berlin ausfragen. Jedenfalls scheint sich einiges zu tun. Der große Dr. Berlin ist wieder da. Wahrscheinlich meditiert er in seinem verschlossenen Arbeitszimmer.«

»Was tut er?« fragte Tweed.

»Wußten Sie das nicht?« Sie brach ab, als Ben mit den Drinks auf einem silbernen Tablett erschien. »Ben, dieses Tablett müßte wieder einmal geputzt werden.«

»Dann haben Sie ja etwas zu tun – wenn Sie sich dazu aufraffen können.«

Sie funkelte Ben an, der die Drinks servierte und dann wieder verschwand. Tweed hatte ihn gemustert, während er die Gläser herumreichte. Das rötliche Gesicht, die blaugeäderte Nase des Gewohnheitstrinkers. Whisky vermutlich. Die Tropen, die Art, wie man dort lebte »in der guten alten Zeit«, verleiteten zum Whiskytrinken.

»Wie ich schon sagte«, fuhr Ann Grayle fort, »jedesmal, wenn er von einer seiner geheimnisvollen Reisen zurückkehrt, schließt sich Dr. Berlin in seinem Arbeitszimmer ein und meditiert. Das hat nichts mit diesem Guru-Unsinn zu tun, der vor einiger Zeit so groß in Mode war. Er will einfach allein sein. Wie die Garbo, nehme ich an.«

»Woher wissen Sie das?« erkundigte sich Tweed.

»Er hat einen seiner Angestellten entlassen. Einen Mann, der trank wie der sprichwörtliche Fisch. Und der hat Ben eines Abends in einem Lokal davon erzählt. Kurz darauf ist er verschwunden. Wurde von keinem Menschen mehr gesehen.« Sie hob die Brauen, trank einen Schluck von ihrem Punsch. »Höchst merkwürdig, dieses Verschwinden, behaupteten einige Leute.«

»Und was ist mit diesem Fremden mit den Verbänden im Gesicht? War er wirklich Engländer?«

»Da bin ich ganz sicher. Nach seiner Stimme. Sagte, er hätte einen Verkehrsunfall gehabt. Nur oberflächliche Verletzungen, aber praktisch am ganzen Körper. Ich hätte ihn von Bord schicken können – aber ich tat, als holte ich mir ein Taschentuch, und ließ dabei die Schublade offen, in der mein Revolver liegt. Außerdem war Ben an Bord, brachte irgendetwas am Ruder in Ordnung. Unter der Koje, auf der ich saß, ist ein Alarmknopf. Ich war also nicht sonderlich beunruhigt. Und ich fand ihn interessant – seine Fragen über Dr. Berlin.«

»Was waren das für Fragen?«

»Ob er auf den Priwall zurückgekehrt wäre. Ob ich ihn kenne. Als ich sagte, nein, außer vor zwanzig Jahren in Kenia, wollte er Näheres über seinen Zeitplan wissen. Wieviel Zeit er hier verbrächte. Wie lange er jeweils fortbliebe. *Wann* er fort wäre. Schließlich erklärte ich ihm, ich wäre die Witwe eines Diplomaten, kein wanderndes Lexikon. Kurz darauf verschwand er, hinkte über die Laufplanke an Land.«

»Er hinkte? Können Sie ihn beschreiben?«

»Allmählich reicht es. Nein, ich kann ihn nicht beschreiben. Er behauptete, das helle Licht täte seinen Augen weh, also schwächte ich es mit dem Dimmer ab. Ungefähr Bobs Größe und Figur, würde ich sagen. Er trug einen dieser losen Duffelcoats, deshalb ist es schwer zu sagen. Es war übrigens derselbe Abend, an dem der fremde Kajütkreuzer hier anlegte.«

»Der fremde?«

»Ich hatte ihn noch nie gesehen. Er machte neben der *Südwind* fest, ein paar Minuten, bevor dieser angebliche Andrews wie ein Geist aus der Flasche hier auftauchte.«

»Ist der Kreuzer noch da?« fragte Newman.
»Nein. Er muß schon in der Nacht wieder ausgelaufen sein. Am Morgen war er verschwunden. Die *Nocturne*.«
Tweed, der gerade sein Glas zum Mund führen wollte, erstarrte. Er runzelte die Stirn, versuchte sich zu erinnern, wo er den Namen schon einmal gehört hatte. Sie mißdeutete seinen Ausdruck.
»Ich weiß, was ich sage. Ich wollte gerade nach unten gehen, als ich sah, wie der Kreuzer anlegte. Ich benutzte mein Nachtglas, um den Namen am Rumpf zu lesen. *Nocturne*, wie ich bereits sagte. Als Versicherungsmann«, fuhr sie fort, »wissen Sie vermutlich nur über Statistik Bescheid. Chopin hat Nocturnes komponiert.«
»Ich habe schon von Chopin gehört . . .«
»Gut für Sie. Oh, wen haben wir denn da? Welche Ehre. Wie geht es Ihnen, liebste Diana? Möchten Sie einen Drink? Da sagen Sie doch nie nein.«
»Sie sehen phantastisch aus«, sagte Diana, als sie an Bord gekommen war.
»Ich alte Scharteke?«
»Ich meine die Verpackung, nicht den Inhalt . . .«
»Wirklich?« Ann Grayle setzte ihr Glas bedächtig auf den Tisch, erhob sich langsam mit eisigem Gesicht. Auch Tweed stand auf und starrte Diana an. Ann Grayle öffnete den Mund, schloß ihn wieder und musterte Diana, bevor sie sprach.
»Was ist passiert? Sie zittern ja.«
»Es tut mir furchtbar leid. Das war eine unverzeihliche Taktlosigkeit . . .«
»Ist etwas passiert?« fragte Tweed.
Diana verkrampfte die Hände, holte tief Luft. Sie sah zuerst Tweed an, dann Newman. Sie lockerte die Hände und verschränkte die Arme vor der Brust, als ränge sie um Beherrschung.
»Könnten Sie beide mit auf die *Südwind* kommen? Es ist tatsächlich etwas passiert.«

»Während wir in England waren, ist jemand an Bord gewesen. Meine Sachen sind durchsucht worden. Jetzt muß ich alles waschen – der Gedanke, daß ein Einbrecher in meiner Wäsche herumwühlt . . .«
»Es gibt keinerlei Anzeichen für einen Einbruch«, bemerkte Newman.
»Ja, aber eine Frau spürt, wenn jemand ihre Sachen angefaßt hat. Sie haben versucht, es zu vertuschen, aber ich weiß es. Vieles liegt nicht

mehr so, wie ich es hingelegt hatte. Und noch etwas Merkwürdiges – an den Schränken, die ich nicht benutze – und das sind die meisten –, wurden neue Schlösser angebracht.«
»Zeigen Sie mir ein Beispiel«, sagte Tweed.
»Dieser Schrank, dieser – und dieser...«
Die Schlösser sahen in der Tat neu aus, und es waren Sicherheitsschlösser – nicht das, was man in einem Kajütkreuzer erwartet. Tweed sah sich in der Kajüte um. Der Stauraum war beträchtlich. Und mit einem Dietrich ließen sich diese Schlösser nicht öffnen. Er warf einen Blick auf Newman, der gerade die Kapazität der Schränke mit den neuen Sicherheitsschlössern abzuschätzen versuchte.
»Und alle Schubladen mit Ihren Sachen waren verschlossen?«
»Nein, keine einzige. Sie lassen sich nicht verschließen. Und jetzt packe ich meinen Kram zusammen.« Sie hob einen Koffer von einem Bord, legte ihn auf einen Tisch, schlug den Deckel auf. Dann begann sie, ihre Kleider aus einer Schublade zu holen und in den Koffer zu packen. »Ich ziehe hier aus. Kann ich im Jensen wohnen? Ich bezahle mein Zimmer. Sie haben gerade genug für mich ausgegeben...«
Ihre Hände zitterten wieder. Tweed legte ihr einen Arm um die Taille, zwang sie, sich auf der Kante einer Koje niederzulassen.
»Sie brauchen einen Drink. Wo finde ich ihn?«
»In diesem Schrank dort.« Sie deutete darauf. »Kognak, bitte. Nur einen kleinen Schluck.«
Newman fand die Flasche und die Gläser, schenkte ihr etwas ein und reichte ihr das Glas. Sie nahm mehrere kleine Schlucke, dann setzte sie das Glas ab.
»Danke. Ihnen beiden.«
»Weshalb sind Sie eigentlich so aufgeregt?« fragte Tweed und ließ sich neben ihr nieder. »Ist es nur der Einbruch? Wie ein gewöhnlicher Einbruch sieht es nicht aus.«
»Es sind die neuen Schlösser. Ich muß hier heraus – fort von Travemünde. Er muß zurückgekommen sein.«
»Dr. Berlin?«
»Es ist sein Schiff.«
»Wie steht es mit Geld?« fragte Tweed und wechselte damit das Thema.
»Im Augenblick habe ich genug. Und bald werde ich mir meinen Lebensunterhalt selbst verdienen. Ich habe in London ein paar Stellenvermittlungen angerufen. Ich war erstaunt, wieviel eine fähige Sekretärin verdient. Es wird Zeit, daß ich auf eigenen Füßen stehe. Jetzt

geht es wieder. Lassen Sie mich weiter packen. Ich habe das Gefühl, etwas tun zu müssen ...«

Tweed stand auf, bat Newman, bei ihr zu bleiben, und ging dann über die Laufplanke ans Ufer. Butler lehnte mit einer Kamera an einem Laternenpfahl und machte Schnappschüsse. Tweed blieb neben ihm stehen, putzte seine Brille. Seine Lippen bewegten sich kaum.

»Kritische Situation. Diana muß Tag und Nacht bewacht werden. Sie könnte in Lebensgefahr sein. Die Gefahr ist wesentlich größer geworden. Sagen Sie Nield Bescheid. Sprecht euch ab – einer hält Wache, der andere hat frei. Damit ihr beide zum Schlafen kommt.«

»Verstanden.«

Butler hatte seine Kamera erhoben und fotografierte einen großen weißen Passagierdampfer, der eben in die Fahrrinne steuerte. Tweed wollte gerade zur *Südwind* zurückkehren, als ein uniformierter Polizist auf ihn zugelaufen kam. Tweed glaubte, ihn schon in Lübeck-Süd gesehen zu haben.

»Mr. Tweed?«

»Ja?«

»Hauptkommissar Kuhlmann ist am Telefon. Er möchte Sie dringend sprechen. Können Sie mit ins Revier kommen?«

In dem kleinen Polizeirevier an der Vorderreihe wurde Tweed in ein winziges Zimmer geführt. Er hob den neben dem Apparat liegenden Hörer auf, ohne sich hinzusetzen, und schaute aus dem Fenster.

»Hier Tweed. Woher wußten Sie, daß ich hier bin?«

»Ließ Sie beschatten. Von einem Mann auf einem Motorrad. Aber das spielt keine Rolle. Kurt Franck ist nicht der Mörder dieser blonden Mädchen.«

»Das dachte ich mir. Woher wissen Sie es?«

»Aus dem Bericht des Pathologen, der das Messer untersucht hat. Es ist der Waffe, die verwendet wurde, sehr ähnlich, aber mit ihr identisch ist es nicht. Sie haben es unter dem Mikroskop untersucht. In der Klinge ist eine winzige Scharte – so klein, daß man sie mit bloßen Augen kaum erkennen kann. In dieser Scharte hätten Spuren von getrocknetem Blut, Haut, Fleisch und dergleichen zurückbleiben müssen, auch wenn das Messer noch so sorgfältig gesäubert wurde. Da war überhaupt nichts. Und die Rundung der Schneide paßt auch nicht genau.«

»Womit ich wieder bei meiner Theorie angelangt wäre ...«

»Der Theorie, von der Sie mir nichts verraten wollen?« fauchte Kuhlmann.

»Weil ich noch nicht weiß, ob sie stimmt. Inzwischen sind neue Komplikationen aufgetreten. Und ich nehme an, wenn ich Sie bäte, eines von Dr. Berlins Booten, die *Südwind*, zu durchsuchen – sie auseinanderzunehmen –, würden Sie einen Kilometer weit zurückspringen?«
»Zehn Kilometer. Wenn ich nicht ebenfalls Freunde in Bonn hätte, hätte ich nach der Haussuchung in Pension gehen können. Meine Aufgabe ist es, den Massenmörder zu finden. Und zwar so schnell wie möglich.«
»Glauben Sie, daß Ihnen das gelingen wird?«
»Wer Jack the Ripper war, hat man nie herausgefunden.«

Zehn Tage vergingen. Newman hatte den Eindruck, daß sich Tweed in einer passiven Phase befand. Dieser Ansicht waren auch Butler und Nield, wenn sie sich über ihren Chef unterhielten.
»Er wartet darauf, daß sich etwas tut«, sagte Butler, der Tweed gut kannte. »Und wenn es dann so weit ist, können wir uns auf einiges gefaßt machen.«
Tweeds Anregung folgend, verbrachte Diana sehr viel Zeit in ihrem Zimmer im Jensen; sie vervollkommnete ihre Kurzschrift und übte auf einer Schreibmaschine, die sie gemietet hatte. Von Travemünde hielt sie sich fern.
Butler und Nield wechselten mit ihrer Überwachung ab. Wenn sie einen kurzen Spaziergang durch die Stadt machte, war einer von ihnen stets in ihrer Nähe. Auf Tweeds Bitte hin hatte Kuhlmann jedem von ihnen eine Walther Automatik und einen befristeten Waffenschein ausgehändigt.
Und Tweeds scheinbar passive Phase war in Wirklichkeit eine recht aktive. Er rief in London an und veranlaßte, daß ein Sea King-Hubschrauber nach Lübeck geflogen wurde. Außerdem interessierte er sich sehr für den kleinen, ungefähr sechzehn Kilometer südlich von Lübeck gelegenen Flugplatz Blankensee.
Butler, der einen Flugschein für Hubschrauber hatte, fuhr Tweed zum Flugplatz. Ein Schild mit der Aufschrift *Lübeck-Blankensee* verwies sie auf eine nach rechts abbiegende, von Bäumen und Feldern gesäumte Straße.
Dann tauchte zu ihrer Linken der Flugplatz auf; er war größer, als Tweed erwartet hatte. Er lag sehr einsam. Das Abfertigungsgebäude war ein modernes, eingeschossiges Bauwerk mit der großen Aufschrift FLUGHAFEN LÜBECK.

»Niemand zu sehen«, stellte Newman fest, als sie hineingingen. Die Eingangshalle war mit kleinen Kieselsteinen gepflastert. Zu ihrer Rechten lag ein leeres, offenbar geschlossenes Restaurant. Tweed trat an einen Wegweiser und warf einen Blick darauf.

»Polizei – Zimmer 4«, las er vor.

In Zimmer 4 saß ein Polizist in Hemdsärmeln mit zwei Männern in Fliegermontur beim Kaffee. Tweed stellte sich vor, der Polizist überprüfte seinen Ausweis und ließ sie dann allein.

»Sie kennen diese beiden Herren«, sagte Tweed zu Newman. »Sie haben uns voriges Jahr von der schwedischen Insel Ornö zum Flughafen Arlanda gebracht. Bill Casey, Pilot, und Tom Wilson, sein Copilot, Navigator und Funker.«

Casey, ein gutmütiger Mann Anfang Dreißig mit sandfarbenem Haar, reichte Newman die Hand. »Wenn Tweed damit zu tun hat«, sagte er, »gehe ich jede Wette ein, daß es auch diesmal wieder eine haarige Angelegenheit ist.« Wilson, ungefähr ebenso alt und dunkelhaarig, war zurückhaltender und nickte nur.

»So«, sagte Tweed munter, »kommen wir gleich zur Sache. Sie haben eine Sea King bekommen?«

»Sie steht draußen«, bestätigte Casey. »Sie zu bekommen war ein schweres Stück Arbeit. Ich mußte eine Unmenge Papiere unterschreiben, aber jetzt steht sie Ihnen zur Verfügung. Und der Lotse hier hat mir seine Karte geliehen.«

Er breitete sie auf dem Tisch aus. Newman war überrascht, ein wie großes Gebiet sie umfaßte, nicht nur die gesamte Ostsee, sondern auch das Skagerrak und Oslo.

»Genau das, was wir brauchen.« Tweed kam in Fahrt, stellte Newman fest. Es gab etwas zu tun. Tweed holte mehrere Polaroid-Aufnahmen aus der Tasche, legte sie nebeneinander auf die Karte. »Diese Aufnahmen wurden vor ein paar Tagen von einem Kollegen in Travemünde gemacht. Er tat, als wäre er ein Tourist, der alles mögliche fotografiert. Dieser Kajütkreuzer ist die *Südwind*. Glauben Sie, daß Sie ihn aus der Luft erkennen können, wenn er auf die Ostsee ausläuft?«

»Wenn ich die Fotos behalten kann, ja. Wilson wird ihn mit einem starken Fernglas rasch entdecken, auch in größerer Entfernung.«

»Gut. Ich möchte nicht, daß der Mann am Ruder merkt, daß Sie sich für ihn interessieren. Dann sind da noch zwei weitere, sehr ähnliche Boote, nach denen Sie Ausschau halten müssen. Die *Nordsee* und die *Nocturne*.«

»Moment, ich schreibe mir die Namen auf.« Casey tat es. »Wie weit sollen wir sie verfolgen? Schließlich können wir uns nur an eins anhängen, wenn sie verschiedene Kurse einschlagen.«

»Nur eins wird nach Westen halten, zuerst nordwärts durch den Öresund zwischen Dänemark und Schweden, dann ins Kattegatt und Skagerrak. Wenn das passiert, muß ich seinen endgültigen Bestimmungsort wissen.«

»Damit rechnen Sie?« erkundigte sich Casey.

»Ich wette meine ganze Karriere darauf. Natürlich wird noch eine Menge anderer Boote da sein, die an der Küste entlangschippern. Ich möchte, daß Sie von den drei Booten, die ich Ihnen genannt habe, dasjenige verfolgen, das auf große Fahrt geht. Funken Sie Ihre Berichte regelmäßig an die Polizeidirektion Lübeck-Süd. Auf diesem Zettel hier stehen Rufzeichen und Wellenlänge. Ihre Meldungen richten Sie an Kuhlmann – der Name steht hier. Sie können doch Deutsch, Casey?«

»Meine zweite Sprache ...«

»Senden Sie auf Deutsch. Das ist wichtig – für den Fall, daß die andere Seite mithört. Sie melden sich als Walter Drei.«

»Wir haben ein Nachtsichtgerät mitgebracht, wie Sie es wünschten. Wie sollen wir es einrichten, Tag und Nacht auf Posten zu sein?«

»Indem ihr die Maschine abwechselnd fliegt.«

»Ich sagte dir doch, es würde haarig werden«, sagte Casey zu Wilson. Dann sah er Tweed an. »Sie haben die Stellen, an denen die *Südwind* und die *Nordsee* liegen, mit Kreuzen markiert. Was ist mit der *Nocturne?*«

»Sie ist verschwunden. Ich halte es für möglich, daß sie wieder auftaucht.«

»Ist Ihnen klar, daß wir ziemlich auffallen werden?« fragte Casey.

»Das sollen Sie auch. Zusätzlicher Druck auf den Mann, hinter dem ich her bin. Die Sea King hat dänische Kennzeichen?«

»Wie Sie es angeordnet hatten.«

»Also werden die Leute – eingeschlossen die jenseits der Grenze – denken, es handelte sich um irgendein NATO-Manöver. Sie werden sich bald an Ihre Flüge gewöhnt haben und Sie kaum noch zur Kenntnis nehmen. Aber passen Sie um Gottes willen auf, daß Sie sich nicht über die Grenze verirren.«

»Der Gedanke ist mir auch schon gekommen«, erwiderte Casey. »Und ich denke, jetzt sollten wir allmählich starten ...«

»Druck?« erkundigte sich Newman, als sie wieder auf der Rückfahrt waren. »Auf Dr. Berlin?«
»So viel wie irgend möglich. Fahren Sie nach Travemünde – ich will mich eine Weile dort aufhalten, mich unter die Jachtleute mischen. Die Nachricht wird den Priwall sehr schnell erreichen.«
»Und ich weiche nicht von Ihrer Seite. Butler und Nield sind vollauf damit beschäftigt, Diana zu bewachen. Sie sind hinter den fünfhundert Kilo Heroin her, stimmt's? Das dachte ich mir. Aber was veranlaßt Sie zu der Annahme, daß es nicht schon nach England unterwegs ist?«
»Eine Bemerkung, die Kuhlmann am Morgen nach Francks Angriff auf mich machte.«
»Und was das für eine Bemerkung war, wollen Sie mir natürlich nicht verraten?«
»Natürlich nicht.«

EINUNDFÜNFZIG

»Ich habe es mir anders überlegt«, sagte Tweed, als sie sich der Abzweigung nach Travemünde näherten. »Wir fahren zuerst nach Lübeck-Süd. Ich möchte mich bei Kuhlmann bedanken – er hat mir die Erlaubnis verschafft, den Flugplatz und die Funkeinrichtungen zu benutzen. Danach fahren wir weiter nach Travemünde.«
Kuhlmann führte sie in den kleinen Raum mit dem Scrambler-Telefon. Als sie miteinander am Tisch saßen, deutete Tweed auf den Apparat.
»Für den Fall, daß ich das Telefon dringend brauche und Sie gerade nicht hier sind – könnten Sie veranlassen, daß ich hier heraufkommen kann?«
»Aber gern.«
Tweed informierte ihn über die Sea King, die jetzt vom Flugplatz Lübeck aus operierte. Kuhlmann versprach, dafür zu sorgen, daß alle von dem Hubschrauber eingehenden Meldungen sofort an Tweed weitergeleitet würden. Der Deutsche war bei weitem nicht so aggressiv und energiegeladen wie sonst. Tweed spürte, daß ihm etwas zu schaffen machte, ignorierte es jedoch.
»Noch etwas, bevor wir gehen«, bemerkte er. »Ich finde, die Leute müßten gewarnt werden, daß sich der Mörder noch auf freiem Fuß befindet ...«

»Das ist es ja, was mir auf der Seele liegt. Genau das wollte ich veranlassen. Es wurde abgelehnt.«
»Von wem?«
»Von der Landesregierung.« Er sah Newman an. »Wie Sie wissen, hat jedes Bundesland seine eigene Regierung. Ich habe in Kiel angerufen. Kiel hat in Lübeck angerufen und verfügt, daß nichts unternommen wird. Ich darf nicht einmal neue Fahndungsplakate anschlagen lassen – die von Franck wurden natürlich entfernt. Schleswig-Holstein ist eines der ärmsten Bundesländer und auf Touristen angewiesen; und die will man nicht mit der Warnung vor einem Massenmörder verschrecken. Sie sagen, der Bericht des Pathologen wäre nicht überzeugend.«
»Also warten wir auf den nächsten Mord?« sagte Tweed grimmig.
»Ich bin am Ende meines Lateins.«
»Ich nicht.« Tweed erhob sich. »Und jetzt müssen wir weiter.«
»Übrigens«, sagte Kuhlmann, als er sie zum Fahrstuhl begleitete, »hätten wir Franck auch erwischt, wenn er nicht versucht hätte, Sie umzubringen. Sue Templeton, ein amerikanisches Mädchen, das mir vor ein paar Wochen schon geholfen hat, setzte sich am nächsten Morgen mit mir in Verbindung. Sie hatte gesehen, wie er ins International ging. Er hatte dort auch ein Zimmer. Nettes Mädchen, blitzgescheit und schnell von Entschluß.«
»Macht sie hier Ferien?« bemerkte Tweed, nur um etwas zu sagen.
»Ja. Sie ist immer noch da. Verbringt die meiste Zeit mit ihrem englischen Freund draußen in Travemünde.«

In den nächsten paar Tagen kam Tweed Newman vor wie eine Spinne, die ihr Netz gesponnen hat und nicht daran zweifelt, daß sich die Fliege früher oder später darin verfangen wird. Er wanderte in Travemünde auf der Strandpromenade herum, verbrachte etliche Zeit mit Ann Grayle auf ihrer Schaluppe.
Oft sahen sie die Sea King, die ziemlich niedrig flog, einmal sogar direkt über Dr. Berlins Haus auf dem Priwall. Ann Grayle machte eine Bemerkung über den Hubschrauber, dann nahm sie ihn kaum noch zur Kenntnis, wenn er über sie hinwegflog.
Auf Tweeds Vorschlag hin wartete Newman einen günstigen Moment ab und lud dann Ben Tolliver ein, ein Glas mit ihm zu trinken. Tolliver hatte das Angebot sofort angenommen, und die beiden Männer unterhielten sich angeregt miteinander.
»Diana Chadwick?« Ben ging auf eine Frage ein, die Newman gestellt

hatte. »Sie ließ die Zügel ein bißchen schießen in der guten alten Zeit, aber daß sie mit jedem ins Bett gegangen wäre, kann man eigentlich nicht sagen. Das Problem war, daß sie und Ann auf denselben Mann scharf waren. Die Welt, in der wir damals lebten, war nun einmal so. Diana machte das Rennen. Und das nimmt Ann Grayle nicht so einfach hin . . .

»Ich war Farmer«, fuhr er fort, nachdem er einen Schluck von seinem Scotch genommen hatte. »Einer der wenigen, die Erfolg hatten. Dr. Berlin war schon damals ein merkwürdiger Mann. Hielt sich die meiste Zeit in dem Hospital auf, das er im Busch für die Eingeborenen gebaut hatte. Ich habe immer gesagt, er hätte sich diesen schwarzen Bart nur stehen lassen, um sich seiner Rolle anzupassen. Hielt sich für einen zweiten Dr. Schweitzer. Eines Nachts ist er dann verschwunden. Wir dachten, ein wildes Tier hätte ihn erwischt – man fand blutige Kleidungsstücke. Und dann hörten wir, daß er in Leipzig aufgetaucht wäre. An Frauen war er nicht interessiert.«

»Aber Diana kannte ihn doch wohl recht gut?«

»Sie war die einzige, die in seine Nähe kommen durfte. Half als Pflegerin aus, holte medizinischen Nachschub aus Nairobi. Sie kann mit Männern umgehen. Ich meine das im nettesten Sinn.«

»Und jetzt gibt es keine Kontakte mehr? Zwischen Berlin und den anderen alten Kenianern?«

»Es gab in Kenia kaum welche, und hier gibt es überhaupt keine – von Diana einmal abgesehen. Sie kennen sich schon seit mehr als zwanzig Jahren. So, und jetzt muß ich wohl zurück und sehen, ob Ann etwas braucht. Sie kommandiert gern – das haben Sie wohl schon bemerkt. Aber ich mag sie.«

Es passierte, als sie aus dem Lokal kamen, das der Stelle, an der die Fähre zum Priwall verkehrte, fast genau gegenüberlag. Tweed beobachtete die Fähre, und jetzt stand er ganz still da, ungefähr hundert Meter vom Anleger entfernt, den Blick unverwandt auf das näherkommende Fahrzeug gerichtet.

»Hol mich der Teufel!« rief Tolliver. »Das sieht ja aus, als wäre Dr. Berlin aus dem Winterschlaf erwacht . . .«

Am Bug der Fähre, die jetzt anlegte, stand ein schwarzer Mercedes, dessen polierte Karosserie in der Sonne funkelte. Ein livrierter Chauffeur saß am Steuer, auf dem Rücksitz ein einzelner Passagier. Als die Rampe heruntergelassen wurde, stand Tweed allein am Straßenrand, die Hände in den Jackentaschen. Der Wagen rollte über die Rampe, bog in seine Richtung ein. Newman rannte los.

Anfangs bewegte sich der Mercedes nur langsam. Im Laufen bemerkte Newman, wie sich die Gestalt im Fond hinter den bernsteinfarbenen Vorhängen vorbeugte, als erteilte sie eine Anweisung. Der Wagen änderte die Richtung, beschleunigte plötzlich, raste direkt auf Tweed zu.

»Aufpassen!« schrie Newman.

Tweed blieb unbeweglich wie eine Statue stehen und starrte die undeutliche Silhouette des Mannes auf dem Rücksitz unverwandt an. Leute blieben stehen, drehten sich um, verfolgten entsetzt das Geschehen. Der Mercedes raste vorwärts. Die Zeit schien stillzustehen. Auch Tweed stand still, die Hände nach wie vor in den Jackentaschen, sehr aufrecht, mit leicht auseinandergesetzten Füßen. O Gott, nein! Newman rannte weiter.

In der allerletzten Sekunde wich der Mercedes aus. Tweed spürte die Gewalt des Luftstroms, der ihm die Hose um die Beine flattern ließ. Die atemlose Stille endete. Die Leute setzten sich wieder in Bewegung, redeten, warfen über die Schulter Blicke auf Tweed, den Newman jetzt erreicht hatte.

»Haben Sie den Verstand verloren?« keuchte er.

»Er zerbricht.« Tweeds Stimme verriet grenzenlose Befriedigung. »Endlich zerbricht er.«

»Was zum Teufel soll das bedeuten?«

»Ich glaube, es ist besser, wenn Sie mehr von dieser Sache wissen – für den Fall, daß mir etwas zustößt.« Er blickte zu Caseys Hubschrauber auf, der gerade über sie hinwegflog. »Das hat wahrscheinlich geholfen. Und nun fahren wir aufs Land hinaus und machen einen Spaziergang, an irgendeiner Stelle, wo uns niemand belauschen kann. Zum Glück sind Sie auf Herz und Nieren überprüft worden und haben die Geheimhaltungsvorschriften unterschrieben. Im Grunde«, fuhr er fort, als sie zu der Stelle gingen, an der Newman den Audi geparkt hatte, »sind Sie sogar der einzige Mensch, dem ich vertrauen kann.«

Sie wanderten die Landstraße entlang, die zum Flugplatz Blankensee führte. Die Sonne strahlte vom Himmel, und Newman trug sein Jackett über dem Arm.

»Sie könnten mit Butler und Nield reden«, meinte er.

Tweed schüttelte den Kopf. »Ich weiß einfach nicht, wie ich dieses Problem lösen soll – es ist das schwerwiegendste, mit dem ich jemals zu tun hatte. Analysieren wir es Schritt für Schritt. Balkan ist der

Codename für den Mann, der Lysenkos Agentennetz in der Bundesrepublik dirigiert.«
»Das habe ich begriffen ...«
»Janus ist der Name, den ich Lysenkos Mann in meinem eigenen Apparat in London gegeben habe. Einer von den vieren – Grey, Dalby, Lindemann oder Masterson. Ist so weit alles klar?«
»Vollkommen.«
»Janus und Balkan sind ein und dieselbe Person. Ein Geniestreich von Lysenko. Er muß Janus schon vor vielen Jahren eingeschleust haben. Und vor sechs Monaten habe ich ihn – wer immer es sein mag – zu einem der vier europäischen Sektorenchefs befördert. Das war ein schwerer Fehler, für den ich verantwortlich bin.«
»Wie hätten Sie das ahnen können?«
»Das spielt keine Rolle.« Tweeds Stimme war barsch. »Ich habe es getan. Aber es kommt noch schlimmer. Ich bin jetzt überzeugt, daß Janus-Balkan auch Dr. Berlin ist ...«
»Wie in aller Welt sind Sie darauf gekommen?«
»Durch zwei zufällige Bemerkungen – die eine von Diana, die andere von Kuhlmann. Als wir Dr. Berlins Party besuchten, haben wir uns aus der Ferne angestarrt, als er auf der Terrasse saß. Diana sagte, vielleicht wollte er – Berlin – *mich* sehen.«
»Aber weshalb hätte ihm daran liegen sollen?«
»Arroganz, übersteigerte Selbstsicherheit, die an Irrsinn grenzt. Er war ganz sicher, daß ich seine Verkleidung nicht durchschauen würde.«
»Seine Verkleidung?« fragte Newman und wischte sich den Schweiß von der Stirn.
»Der Bart, die dunkle Brille – vor allem der Bart.«
»Was ist damit?«
»Jetzt kommen wir zu der Bemerkung, die Kuhlmann machte, nachdem Franck aus meinem Badezimmerfenster gestürzt war. Er sagte, jetzt wäre ihm klar, warum Kurt Franck für gut zwei Wochen verschwunden gewesen wäre. Das mußte er – *er wartete darauf, daß sein Bart wuchs.*«
»Und?«
»Ebenso verhält es sich bei dem sogenannten Dr. Berlin. Dank Ihrem haarsträubenden Ausflug in die DDR wissen wir, daß er ein Schwindler ist. Und Sie haben mir erzählt, daß Falken sagte, er hoffte, jemand würde Berlin das Handwerk legen, weil er eine ganze Reihe von Falkens Agenten verraten hat.«

»Aber der Bart ...«
»Wir wissen von Ann Grayle und aus eigener Erfahrung, daß sich Dr. Berlin jedesmal, wenn er wieder auftaucht, in seinem Haus auf dem Priwall in sein Arbeitszimmer zurückzieht und sich ungefähr zwei Wochen nicht sehen läßt. Das ist die Zeit, in der er sich diesen Bart wachsen läßt. An jenem Nachmittag, bei der Party, habe ich, ohne es zu ahnen, einen meiner eigenen Sektorenchefs gemustert – und ich weiß noch immer nicht, welcher von den vieren es ist.«
»Wenn Sie recht haben, dann stehen Sie wirklich vor einem Problem. Wenn Sie ihn identifizieren, und die Presse erfährt es, dann reißt sie den Geheimdienst in Fetzen.«
»Es ist sogar noch schlimmer, Bob.«
»Ich dachte, wir hätten alle Tiefen ausgelotet.«
»Ich habe Ihnen vor einiger Zeit schon von meinem Besuch bei Dr. Generoso erzählt. Er sprach von dem ungeheuren Druck, unter dem ein Mann arbeitet, der ein Doppelleben führt. Philby flüchtete in den Alkohol. Generoso gab zu, daß eine Möglichkeit, diesen Druck abzubauen, in extremen Fällen auch sadistische Morde sein könnten – die Morde an diesen blonden Mädchen. Begreifen Sie jetzt, womit ich es zu tun habe?«
»Ja. Eine verteufelte Situation. Wenn Dr. Berlin zugleich einer Ihrer Sektorenchefs und der Massenmörder ist – und wenn man ihm die Morde nachweisen kann –, dann gibt es einen Skandal, wie ihn London noch nie erlebt hat. Lassen Sie uns zum Wagen zurückgehen – ich schwitze wie ein Schwein, und das nicht nur von der Hitze. Ist das der Grund, warum Sie Kuhlmann gegenüber so zurückhaltend waren? Weil Sie nicht wollen, daß er den Fall löst?«
»Ich weiß einfach nicht, wie ich ihn anpacken soll. Noch nicht«, gab Tweed zu. »Und dann haben wir noch eine weitere Komplikation. Lysenko hat seine Kühnheit auf die Spitze getrieben. Ich bin sicher, daß er Berlin beauftragt hat, diese gewaltige Ladung Heroin so bald wie möglich nach England zu bringen. Wir müssen irgendwie verhindern, daß er dieses Gift ins Land schafft. Und ein Mann von der Drogenfahndung in London hat mich darauf hingewiesen, daß es in allernächster Zeit erwartet wird.«
»Deshalb die Sea King? Damit sie Berlins Schiff verfolgt, wenn es sich auf den Weg nach England macht?«
»Ja, unter anderem. Und um Druck auszuüben. Alles hängt vom Druck ab. Deshalb sagte ich vorhin in Travemünde, als der Mercedes auf mich zuraste, er wäre am Zerbrechen. Ich nehme an, er befahl

dem Chauffeur, mich zu überfahren, und überlegte es sich dann anders. Für einen Augenblick regierte die andere Seite seiner Persönlichkeit.«
»Weshalb sollte er es sich anders überlegen?«
»Nun, das liegt doch auf der Hand. Er wäre verhaftet worden, Kuhlmann hätte ihn verhört, er wäre wegen Totschlags angeklagt worden – wenn nicht sogar wegen Mordes. Seine wahre Identität wäre ans Licht gekommen.«
»Also warten wir weiter, üben noch mehr Druck aus?«
»Nicht mehr lange, glaube ich – nach dem, was heute passiert ist. Und ich vermute, daß das Heroin in East Anglia an Land gebracht werden soll, vielleicht in King's Lynn. Ich finde es bezeichnend, daß Ihr polnischer Kapitän Anders diese beiden Namen erwähnt hat. Vielleicht wollte er Ihnen einen Hinweis geben.«
»East Anglia? Das würde doch bedeuten, daß Hugh Grey Janus ist. Wohnt er nicht in der Nähe von King's Lynn?«
»Ja, in einem Haus, das Hawkswood Farm heißt. Aber das sieht Ihnen gar nicht ähnlich, Bob – einen Mann aufgrund so dürftigen Beweismaterials zu beschuldigen.«
»Dürftig?«
»Ja! *Alle vier* kennen die Gegend gut. Sie alle halten sich von Zeit zu Zeit in Wisbech auf. Wir haben dort ein Haus, in dem wir Leute verhören. Sie wissen das. Und *alle vier* waren am 14. Juli vor zwei Jahren bei einer Party in Hawskwood Farm. In dieser Nacht – in den frühen Morgenstunden, kurz nachdem die Gäste abgefahren waren – wurde ein Mädchen namens Carole Langley brutal hingeschlachtet und vergewaltigt. Eine Blondine.«
»Das ist in der Tat ein Hinweis«, bemerkte Newman ingrimmig. »Ich vermute, der Fall wurde nie gelöst?«
»Sie vermuten richtig.«
»Weshalb fragen Sie dann nicht Monica, wo sich die vier Männer jetzt aufhalten?«
»Genau deshalb fahren wir nun nach Lübeck-Süd.«
»Eines ist mir noch nicht klar«, sagte Newman, als er sich hinters Steuer setzte. »Wer war der Mann mit dem verbundenen Gesicht, der Ann Grayle über Dr. Berlin ausgefragt hat?«
»Ich habe keine Ahnung. Wir müssen uns beeilen. Ich habe das Gefühl, daß sich die Lage rapide zuspitzt.«

»Haben Sie eine Zigarette für mich, Bob?« fragte Tweed.
Newman ließ sich seine Überraschung nicht anmerken, hielt ihm das Päckchen hin, zündete die Zigarette für Tweed an, der das Rauchen schon vor Jahren aufgegeben hatte. Hier zeigte sich der Druck, unter dem Tweed selbst stand, als sie in Lübeck-Süd in dem kleinen Zimmer saßen.
Tweed hatte mit Monica gesprochen, ihr die Nummer gegeben und gesagt, er würde auf ihre Antwort warten. Er paffte an der Zigarette wie jemand, der das Rauchen nicht gewohnt ist. Der Raum war stickig und lag heiß in der Nachmittagssonne; die Anspannung der beiden Männer, die schweigend dasaßen und warteten, wurde davon nicht geringer.
Als das Telefon läutete, fuhr Newman zusammen. Tweed drückte die halb gerauchte Zigarette aus, nahm den Hörer ab.
»Ja, Monica, hier ist Tweed. Hatten Sie Glück? Offenbar sind Sie überall gleich durchgekommen. Wie sind die Resultate?« Er hörte ungefähr eine Minute lang zu. »Ich verstehe«, sagte er. »Nein, kein Grund zur Aufregung. Ja, Bob geht es gut. Bis später.«
»Keine Spur von ihnen«, erklärte er.
»Das verstehe ich nicht. Ihre Stellvertreter wissen doch bestimmt, wo sie sind.«
»Nein. Nicht im Fall von Lindemann, Grey, Dalby oder Masterson.« Tweed lehnte sich auf seinem Stuhl zurück, verschränkte die Hände. »Dafür bin ich verantwortlich – ich habe vor sechs Monaten ein neues System eingeführt. Davor mußte jeder Sektorenchef erreichbar sein, wenn er aus London verlangt wurde. Ich hatte den Eindruck, daß dieses System sie an ihren Schreibtisch fesselte, jede Initiative im Keim erstickte. Jetzt können sie verschwinden, ohne ihre Stellvertreter wissen zu lassen, wo sie sich aufhalten. Sie rufen in ihrem Hauptquartier an und informieren sich über den Stand der Dinge – aber sie brauchen nicht anzugeben, wo sie sind. Alle vier sind unterwegs.«
»Also könnte jeder von ihnen in diesem Augenblick in Dr. Berlins Haus auf dem Priwall sitzen – und sich einen Bart wachsen lassen.«
»So ist es.«
Tweed blickte auf, als die Tür geöffnet wurde und Kuhlmann hereinkam. Er setzte sich zu ihnen an den Tisch.
»Habe zwei Nächte nicht geschlafen. Die Sache macht mir allmählich zu schaffen. Ich habe mich um die Adresse in Altona gekümmert, die Sie mir gegeben haben, Tweed. Die Wohnung gehört einem Martin Vollmer. Wir haben sein Telefon angezapft.«

»Irgendwelche Ergebnisse?«
»Ja. Er ruft eine Nummer in Flensburg an. Ich habe veranlaßt, daß die Leitung in Flensburg auch angezapft wird. Heidi Dreyer – das Mädchen, dem die Nummer in Flensburg gehört – ruft jemanden in Kiel an. Es ist eine ziemlich komplizierte Route. Ich habe die Leitung zu dem Flensburger Haus unterbrechen lassen. Auf diese Weise kann das Mädchen nicht argwöhnisch werden. Alle Telefone im Haus funktionieren nicht. Damit habe ich ihr Nachrichtensystem unterbrochen. Wie Sie es wollten, Tweed. Aber ich kann das nicht länger als drei Tage so lassen.«
»Das dürfte genügen. Danke.«
»Sie rechnen mit etwas?« fragte Kuhlmann.
»Jeden Augenblick«, sagte Tweed.

22.30 Uhr. Travemünde-Strand. Balkan war unterwegs.
Die Luft am Strand war noch mild. Sue Templeton warf einen Blick auf die Uhr. Ted mußte bald mit dem Wein zurückkommen. Sie streckte die langen Beine aus, grub die nackten Füße in den Sand. Die letzte Woche in Europa wollte sie genießen. Sie trug ein einfaches, gepunktetes Baumwollkleid. Der Strand war verlassen um diese Zeit, aber sie mochte die friedliche Atmosphäre, das leise Plätschern des Wassers.
Sie hörte das Geräusch von Füßen, die durch den Sand schlurften, versteifte sich, griff nach ihrer Handtasche und schob sie unter sich. Wer immer es sein mochte, er näherte sich ihr von hinten. Sie drehte sich um. Daß es nicht Ted war, wußte sie. Er rannte immer.
Sie sprang auf, die Handtasche in der Hand. Die Gestalt war nur eine Silhouette in dem Licht, das vom Hotel Maritim und den Laternen an der Promenade herüberschien. Kaum zu erkennen. Sie beschattete die Augen mit der linken Hand. Dann verengten sich ihre Augen. Sie zog den nackten rechten Fuß zurück, grub ihn tief in den Sand und schleuderte dem Neuankömmling eine Ladung ins Gesicht.
Sie wäre fast entkommen, aber eine Hand packte ihren Arm, ein Bein legte sich um ihre Knöchel, und sie stürzte rücklings zu Boden. Hingestreckt starrte sie hoch und öffnete den Mund, um zu schreien, so laut sie konnte. Eine Hand verschloß ihr den Mund, eine andere schwang ein Messer mit breiter Klinge, ein Körper warf sich auf sie. Sie wehrte sich, zerkratzte sein Gesicht, versuchte, ihm mit dem Knie einen Stoß in die Hoden zu versetzen. Das erhobene Knie fiel leblos herunter. Er hatte ihr von Ohr zu Ohr die Kehle durchgeschnitten. Er

schwang das Messer abermals, stieß es zwischen ihre Brüste, zog es blindwütig abwärts. Blut sickerte in den Sand.

Zehn Minuten später rannte Ted Smith, ihr englischer Freund, über den Strand, eine Flasche Wein in der Hand. Er blieb wie angewurzelt stehen, starrte hinunter.

»O mein Gott! Nein! Nein . . . !«

Dritter Teil

Der Janus-Mann

ZWEIUNDFÜNFZIG

Newman und Tweed ließen sich zusammen mit Diana ein gemächliches, spätes Abendessen schmecken. Der Speisesaal war voll besetzt; Harry Butler saß allein an einem Fenstertisch. Offenbar war er mit dem Nachtdienst an der Reihe, dachte Tweed. Nield war vermutlich im Mövenpick und holte Schlaf nach.
Er überließ Newman und Diana das Reden. Sie waren mit dem Nachtisch fertig, als Diana ihre Hand auf die von Tweed legte und Newman zublinzelte.
»Er ist in Trance verfallen. Das kommt öfter vor . . .«
»Stören Sie ihn nicht«, ermahnte Newman sie. »Er denkt nach, und das ist ein mühsames Geschäft.«
Ein paar Minuten später kam der Kellner an ihren Tisch und teilte Tweed mit, ein Herr Kuhlmann sei am Telefon. Tweed entschuldigte sich, ging in die Halle hinaus und sagte, er würde das Gespräch in seinem Zimmer entgegennehmen. Auf dem Weg hinauf warf er einen Blick auf die Uhr. Es war Mitternacht.
»Sind Sie das, Tweed? Jeden Augenblick, haben Sie gesagt. Sie hatten verdammt recht. Sind Sie Hellseher?«
Kuhlmanns Stimme klang erregt, was Tweed überraschte. Sonst war der Deutsche immer so kühl und gelassen.
»Was ist passiert?«
»Wieder ein Mord. Draußen am Strand von Travemünde. Fast an der gleichen Stelle, an der Iris Hansen, das dänische Mädchen, hingeschlachtet wurde. Aber diesmal kommt noch etwas anderes hinzu.«
Er hielt inne, und Tweed hätte schwören können, daß er schluckte.
»Sprechen Sie weiter. Ich höre.«
»Diesmal war es ein amerikanisches Mädchen. Sue Templeton. Ich kannte sie. Wieder eine Blondine. Natürlich. Sie hat mir bei der Suche nach Franck geholfen. Und ich habe sie kaum wiedererkannt. Diesmal hat der Irre sich selbst übertroffen.«
»Wissen Sie, wann es passiert ist?«
Tweeds Stimme klang fest, sogar beiläufig, aber innerlich war ihm

sehr elend zumute. Druck. Das hatte Dr. Generoso gesagt. Unter Druck wird er zerbrechen. Und ich habe ihn unter Druck gesetzt...

»Gegen halb elf. Wie? Nein – keine Spur von dem Killer. Warten Sie, Tweed. Ich bekomme gerade einen Funkspruch.« Kurze Pause. »Er ist für Sie – von Walter Drei. Er lautet: Kajütkreuzer *Nordsee* ausgelaufen. Kurs Nord. Wir folgen. Walter Drei.«

»Dann muß ich gleich los.«

»In Lübeck wird von nichts anderem die Rede sein als von diesem neuen Mord«, warnte Tweed. »Der englische Freund des Opfers, der die Leiche fand, ist ins Maritim gerannt und hat es in der Halle herausgeschrien. Und ich muß zurück an den Strand.«

Im Speisesaal blieb Tweed einen Moment stehen. Ein Kellner unterhielt sich mit einigen Gästen, die an einem Tisch in der Nähe des Eingangs saßen. Er fing ein paar Gesprächsfetzen auf.

»Ein amerikanisches Mädchen... in Stücke gefetzt... vergewaltigt... draußen am Strand...«

Tweed kehrte in seiner normalen Gangart an seinen Tisch zurück. Diana saß starr da, ihre Rechte umkrampfte die Serviette. Auch Newmans Gesicht wirkte betroffen, als er Tweed ansah.

»Haben Sie gehört? Draußen in Travemünde?«

»Das ist so grauenhaft«, brach es aus Diana heraus. »Wieder so ein armes blondes Mädchen...«

Tweed legte ihr einen Arm um die Schulter, warf einen Blick zu Butlers Tisch hinüber. »Sie sollten zu Bett gehen«, schlug er vor.

Er stellte fest, daß Butler aufstand, als er sie aus dem Speisesaal herausbegleitete, dicht gefolgt von Newman. Schweigend fuhren sie mit dem Fahrstuhl hinauf. Diana schloß ihre Tür auf, sagte Gute Nacht, machte sie hinter sich zu. Tweed faßte Newman am Arm.

»Wir müssen uns beeilen. Jetzt passiert alles auf einmal. Laufen Sie hinüber ins Mövenpick. Wecken Sie Pete Nield. Falls es sein muß, treten Sie die Tür ein. Er soll sich anziehen, seinen Koffer packen, seine Rechnung bezahlen und in zehn Minuten hier sein. Sie packen gleichfalls Ihren Koffer. Ich gehe hinauf und packe meinen. Ich bezahle Ihre Rechnung. In einer Viertelstunde muß alles erledigt sein. Und jetzt muß ich ein paar Worte mit Butler reden...«

»Wo wollen wir hin?«

»Nach Travemünde. Sie müssen fahren wie der Teufel. Wir dürfen keine Minute verlieren. Bis gleich.«

Er winkte Butler heran, der gerade aus dem Fahrstuhl trat, nahm ihn mit in sein Zimmer und schloß die Tür. Um diese Nachtstunde schafften sie die Fahrt nach Travemünde in Rekordzeit. Auf Tweeds Anweisung hatte Newman den Audi in der Nähe des Polizeireviers geparkt. Flankiert von Newman und Nield gab Tweed seine Erklärungen ab, während sie die Strandpromenade entlangeilten.

»Nield, Sie sind als Funker ausgebildet worden. Sind Sie eingerostet?«

»Kaum. Ich betätige mich in meiner Freizeit als Amateurfunker. Wenn ich Freizeit habe. Warum?«

»Können Sie mit einem ganz neuen Funkgerät an Bord eines Kajütkreuzers umgehen?«

»Ich werde es versuchen.«

»Wo wollen wir hin?« erkundigte sich Newman.

»Zur *Südwind*. Ich habe Ihnen gesagt, welche Nachricht mir Kuhlmann übermittelt hat. Wir verfolgen die *Nordsee* mit der *Südwind*. Ich hoffe, einer von Ihnen ist imstande, in der Nacht zu navigieren.«

»Ich werde es versuchen«, sagte Newman. »Was ist mit der Sea King?«

»Casey versucht, der *Nordsee* auf der Spur zu bleiben. Ich bin ziemlich sicher, daß Dr. Berlin am Ruder steht und daß er auf das Skagerrak zusteuert. Höchstwahrscheinlich ist er nach England unterwegs und hat die Riesenladung Heroin an Bord. Diesmal hat Lysenko mehr abgebissen, als er kauen kann. Das kommt vor. Ein Mann ist zu lange auf seinem Posten und denkt, er kann sich alles leisten. Aber ich muß zugeben – Balkan zu benutzen – ist ein geschickter Schachzug.«

»Wer ist Balkan?« fragte Nield.

»Hier ist der Anleger«, sagte Tweed, ohne auf die Frage einzugehen.

»Trinkwasser haben wir.« Newman trug einen großen Plastikkanister, den sich Tweed vom Manager des Jensen hatte geben lassen.

Tweed eilte ihnen voraus über den Bohlenbelag des Anlegers. Er war gerade im Begriff, die Laufplanke zur *Südwind* zu überqueren, als Newman den Kanister absetzte und seinen Arm ergriff.

»Lassen Sie mich erst hineinschauen. Ich bin bewaffnet.«

»Sie haben die Luger doch nicht etwa auf Ihre jüngste Reise mitgenommen?«

»Natürlich nicht. Ich gab sie Toll. Er deponierte sie in einem Bankschließfach und hinterlegte den Schlüssel und einen Brief in einem versiegelten Umschlag im Mövenpick. Ich habe sie vor ein paar Tagen abgeholt.«

Newman öffnete sein Jackett, ließ sein Hüftholster sehen. Ein Profi hatte ihm einmal gesagt, er solle nie ein Schulterholster verwenden. »Dauert eine halbe Stunde, bis man das Ding draußen hat«, hatte er erklärt. Newman zog die Luger heraus, nahm die Taschenlampe in die Hand, die Stahl ihm gegeben hatte, und ging an Bord des unbeleuchteten Kreuzers.
Tweed sah sich um. Die Strandpromenade war verlassen. Durch die Bullaugen von einigen der im Jachthafen liegenden Boote, darunter Ann Grayles Schaluppe, fiel Licht. Die Nacht war windstill, die Luft war stickig, der Himmel übersät mit riesigen Sternen. Nield folgte seinem Blick nach oben.
»Eine klare Nacht – ideal zum Funken. Übrigens bin ich auch bewaffnet.« Er zog eine Walther Automatik. »Mit den besten Empfehlungen von Kuhlmann. Harry hat auch eine.« Er warf einen Blick auf die *Südwind*. Newman war wieder aufgetaucht.
»Kommt an Bord«, rief er. »Alles in Ordnung.«
»Sie gehen an Bord«, wies Tweed Nield an und reichte ihm seinen Koffer. »Trefft alle Vorbereitungen zum sofortigen Ablegen. Ich muß noch einmal zum Polizeirevier und einen Anruf erledigen. Bin in fünf Minuten wieder da.«
Er bekam schnell Verbindung mit Monica. Sie schien erleichtert, seine Stimme zu hören. Sie hält die Stellung die ganze Nacht hindurch, dachte Tweed.
»Ich bin so froh, daß Sie sich melden, Tweed. Eben hat Butler angerufen, vom Lübecker Hauptbahnhof. Die Nachricht, die ich weitergeben soll, lautet: ›Diana hat Flucht ergriffen. Fährt mit dem Nachtexpreß nach Kopenhagen. Ankunft dort 6.45 Uhr. Hinterlasse etwaige Nachrichten im Hotel Royal. Butler.‹« Monica hielt kurz inne. »Er schien es sehr eilig zu haben. Ein ereignisreicher Tag, wie Churchill zu sagen pflegte?«
»Ein sehr ereignisreicher ...«
»Ich schlafe hier. Viel Glück.«
Kopenhagen? Warum Kopenhagen? fragte sich Tweed, als er zur *Südwind* zurückeilte. Und warum war sie in Panik geraten? Die Maschinen tuckerten bereits, als er an Bord kam und das Ruderhaus betrat.
»Wir können jederzeit auslaufen«, berichtete Newman. »Das wird eine ziemliche Jagd werden. Berlin kommt genau so schnell voran wie wir. Wollen Sie ein Glas Wasser?«
»Ja, bitte.«
Tweed zog die Packung Dramamin aus der Tasche, die er immer bei

sich trug, steckte eine der gelben Tabletten in den Mund und spülte sie mit Wasser hinunter. Nield, der sich mit dem Funkgerät vertraut machte, sah belustigt zu.

»Die See ist so glatt wie der sprichwörtliche Kinderpopo.«

»Mir wird schon flau, wenn ich nur sehe, wie Wasser in einem Glas auf dem Tisch schwappt.« Tweed zückte seinen Kugelschreiber und schrieb etwas auf einen auf dem Kartentisch liegenden Block. »Hier ist das Rufzeichen – Wellenlänge und was Sie sonst brauchen. Casey meldet sich von Bord der Sea King, und zwar als Walter Drei. Nun, können Sie mit dem Ding umgehen?«

»Soll das ein Witz sein? Geben Sie mir ein paar Minuten, dann weiß ich mit allem Bescheid.« Er nahm den Zettel, den Tweed vom Block abgerissen hatte. »Und was erzähle ich diesem Casey, wenn wir Verbindung haben?«

»Alles. Daß wir die *Nordsee* verfolgen. Daß wir regelmäßige Informationen über Position und Kurs des Bootes brauchen.« Tweed warf einen kurzen Blick auf die Karte, die Newman auf dem Tisch ausgebreitet hatte. »Wo haben Sie die her?«

»Unter dem Tisch liegt ein ganzer Stapel aufgerollter Karten. Dieses Boot ist so ausgestattet, daß es praktisch überall hinfahren kann. Und die Treibstofftanks sind voll, wie ich bereits sagte.«

»Wie lange brauchen wir bis Kopenhagen?«

»Am Morgen sind wir da.«

»Das heißt«, überlegte Tweed, »wenn er die östliche Route durch den Öresund nimmt. Er könnte aber auch nach Westen halten und zwischen Fünen und Seeland durch den Großen Belt fahren . . .«

»Das werden wir von Casey erfahren – wenn ich Verbindung mit ihm bekomme«, sagte Nield.

»Sind wir so weit?« fragte Newman. »Dann machen Sie die Leinen los, Pete.«

»Ich helfe mit«, sagte Tweed.

»Ihnen wird flau werden«, meinte Nield, als er vor ihm über die Laufplanke ging.

Nield wartete am Heck, während Tweed das Bugtau vom Poller löste; dann sprang er an Bord und zerrte die Laufplanke aufs Deck. Nield war überrascht, wieviel Kraft sein Chef hatte. Er löste das Hecktau, warf es an Bord und sprang hinterher auf die bereits vom Anleger abdriftende *Südwind*. Newman verstärkte allmählich die Maschinenkraft, das Boot glitt in die Fahrrinne und ging auf Nordkurs – Richtung Kopenhagen.

Tweed saß in der großen Kajüte auf der Kante einer Koje und fühlte sich sehr elend. Er schaute immer wieder auf die Uhr. Es dauerte eine halbe Stunde, bis das Dramamin seine Wirkung tat. Nield erschien an der Tür.
»Ich habe Walter Drei erreicht. Die *Nordsee* steuert auf den Öresund zu. Also Kopenhagen.«
Tweed schüttelte den Kopf. »Ich vermute eher, daß sie weiterfahren wird ins Kattegat. Kann Newman dieses Ding nicht auf einem ruhigeren Kurs halten?«
»Genau das tut er. Die See ist ganz still. Eine hübsche Nacht für unsere Reise...«
»Halten Sie den Mund!« sagte Tweed.
Als Nield gegangen war, schloß er die Augen, aber nur für einen Augenblick. Er hatte das Gefühl, als würde das Schlingern noch stärker. Wieder warf er einen Blick auf die beiden neuen Schlösser, die jetzt aufgebrochen waren; Hammer und Meißel lagen neben ihm auf der Koje. Er zwang sich zum Aufstehen, trat an eine der großen Schubladen, zog sie auf. Leer. Dann öffnete er die zweite. Gleichfalls leer. Er holte tief Luft und schleppte sich die Stufen zur Brücke hinauf, die verglast und überdacht war. Newman stand am Ruder, während Nield mit seinem Kopfhörer vor dem Funkgerät saß.
»Ziemlich rauh, nicht wahr?« stellte er fest.
»Rauh?« Newman schaute ihn fassungslos an. »Ein bißchen kabbelig, mehr nicht. Wir sind auf der offenen See. Und Casey möchte wissen, ob er sich mit dem Hafenmeister in Kopenhagen in Verbindung setzen und veranlassen soll, daß die *Nordsee* festgehalten und durchsucht wird.«
»Nein! Auf gar keinen Fall. Wir müssen ihr bis zum bitteren Ende auf der Spur bleiben und feststellen, wohin sie unterwegs ist.«
Tweed hielt sich an der funkelnden Messingstange fest, die innen um die Brücke herumlief. Allmählich ließ die Übelkeit nach. Das Dramamin tat seine Wirkung. Alle vier Stunden eine, erinnerte er sich. Die einzige Möglichkeit, diese fürchterliche Fahrt zu überstehen.
Der Bug hob und senkte sich sanft, hob und senkte sich. Tweed kam sich vor wie ein überflüssiges Stück Fracht. Ihm war alles andere als wohl beim Gedanken an die Zeit, die er auf diesem schaukelnden Kahn würde verbringen müssen. Er hatte keine Ahnung, wie lange sie schon unterwegs waren, widerstand aber der Versuchung, auf die Uhr zu schauen. Newman hob ein starkes Nachtglas vor die Augen und suchte den westlichen Horizont ab. Da die Brücke nur schwach erhellt

war, hatten seine Augen keine Mühe, die Dunkelheit zu durchdringen. Er reichte Tweed das Glas.
»Dort drüben. Der Fehmarnbelt. Sie können die Lichter der Eisenbahnfähre erkennen, die gerade von Puttgarden nach Rodby unterwegs ist.«
Nach einigem Suchen entdeckte Tweed die Lichter. Die Fähre brachte den Nachtexpreß nach Kopenhagen, und ihn überkam ein seltsames Gefühl bei dem Gedanken, daß Diana an Bord war. Gott sei Dank war Butler ihre überstürzte Abreise nicht entgangen – was bedeutete, daß er gleichfalls an Bord war. In seiner Nachricht an Monica hatte es geheißen, daß sie um 6.45 Uhr in Kopenhagen sein würden. Lange vor der *Südwind*. Sobald der Expreß von der Fähre heruntergerollt war, würde er durch die Nacht brausen. Dann spürte er, daß sie ihren Kurs änderten, senkte das Glas, sah auf den Kompaß. Nord zu Nordost. Er warf einen Blick zum Heck und stellte fest, daß ihr Kielwasser einen weiten Bogen beschrieb.
»Was passiert jetzt?«
»Sehen Sie dort hinüber – der Leuchtturm von Gedser. Wenn wir unseren jetzigen Kurs beibehielten, würden wir auf die dänische Küste auflaufen. Werfen Sie einen Blick auf die Karte.«
Sie liefen jetzt mit voller Kraft. Das war Tweed klargeworden, als er gesehen hatte, wie das Kielwasser aufschäumte, ein heller Streifen auf der schwarzen See. Er stöhnte innerlich, als er sich die Karte ansah. Sie hatten erst ungefähr ein Viertel der Strecke bis Kopenhagen hinter sich gebracht.
»Ich denke, ich haue mich eine Weile aufs Ohr«, sagte Nield und erhob sich von dem lederbezogenen Stuhl vor dem Funkgerät. »Man soll immer pennen, wenn man kann. Wecken Sie mich, wenn Casey sich meldet ...«
Pennen, wenn man kann. Das erinnerte Newman an Falkens Maxime. Wo mochte er jetzt sein? Wo mochte Gerda sein? Er verdrängte die Gedanken, konzentrierte sich aufs Ruder. Newman und Tweed waren zum erstenmal allein, seit sie an Bord der *Südwind* gegangen waren.
»Ist das legal?« fragte Newman. »Daß wir die *Südwind* gekapert haben?«
»Das bezweifle ich. Ist das Schmuggeln von Heroin – fünfhundert Kilo Gift – legal?«
»Das ist ein Argument. Was tun wir, wenn – falls – wir Dr. Berlin einholen?«

»Wenn ich recht habe, muß er für immer verschwinden.«
»Deshalb haben Sie sich vergewissert, daß ich die Luger habe?«
»Wie wir vorgehen, entscheiden wir, wenn es so weit ist. Wir können uns den Skandal nicht leisten. England kann ihn sich nicht leisten. Ein Sektorenchef des SIS als Massenmörder. Undenkbar, Bob. Ich weiß nur noch nicht, wie wir es bewerkstelligen sollen.«
»Und deshalb wollten Sie nicht, daß Casey den Hafenmeister von Kopenhagen bittet, die *Nordsee* festzuhalten?«
»Es gefällt mir ebensowenig wie Ihnen, Bob. Aber es ist die einzige Möglichkeit.«

Sie befanden sich vor der Ostküste der Insel Seeland – auf der Kopenhagen liegt –, als Tweed hoch am Himmel die Positionslichter der näherkommenden Sea King entdeckte. Er warf einen Blick auf das Funkgerät, ging nach achtern in die Kajüte und schüttelte Nield, der auf einer der Kojen lag.
»Die Sea King meldet sich...«
Nield war sofort hellwach, schwang die Beine aus der Koje und lief den Niedergang hinauf. Als Tweed die Brücke erreichte, saß er bereits mit dem Kopfhörer vor dem Gerät. Er hörte zu, notierte etwas auf seinem Block, bestätigte, nahm den Kopfhörer ab, trat an den Kartentisch und zeichnete ein Kreuz ein.
»Die *Nordsee* ist jetzt hier. Ganz nahe an der Einfahrt zum Öresund.«
»Rufen Sie Casey«, sagte Tweed scharf. »Er soll den Kreuzer in der nächsten Stunde ganz genau beobachten.«
»Was ist los?« fragte Newman und drehte das Ruder um ein paar Grad. »Und ich habe mich gefragt, warum wir nicht wie Diana und Butler mit dem Nachtexpreß nach Kopenhagen gefahren sind? Dann wären wir so frühzeitig dagewesen, daß wir Zeit genug gehabt hätten, ein Boot zu chartern und auf Dr. Berlins Eintreffen zu warten.«
»Wegen der Nachricht, die Nield gerade durchgibt. Es kann immer noch sein, daß die *Nordsee* nach Osten steuert und dann nordwärts in den schwedischen – oder sogar den finnischen – Archipel. Dort könnte sie sogar einen Hubschrauber abhängen, der sie verfolgt. Erinnern Sie sich an diese Gegend? Tausende von Inseln, ein regelrechtes Labyrinth.«
»Weshalb sollte er dorthin fahren?«
»Vielleicht, um die Fracht auf ein anderes Boot umzuladen. Das ist schon einmal passiert – Sie haben es auf der *Wroclaw* gesehen.«

»Auf was für ein Boot?«
»Vielleicht auf einen weiteren Kajütkreuzer wie diesen, wie die *Nordsee*. Auf die *Nocturne*.«
»Sie haben einen Grund für diese Vermutung?«
»Ja. Mir ist gerade klargeworden, wer der Mann mit den Verbänden im Gesicht ist, der Mann, der bei Ann Grayle auftauchte.«

DREIUNDFÜNFZIG

»Die Fracht ist unterwegs. Ich habe gerade einen Funkspruch erhalten, daß alles planmäßig verläuft«, berichtete Lysenko aus seiner Wohnung in Leipzig.
»Einen Funkspruch von wem?« fragte Gorbatschow in Moskau.
»Von dem Kapitän, der die Fracht nach Rostock brachte. Sie wird ihren Bestimmungsort innerhalb der nächsten zweiundsiebzig Stunden erreichen.«
»Irgendwelche Probleme?«
Lysenko hielt einen Augenblick inne. »Nein. Alles planmäßig.«
»Sie haben gezögert, bevor Sie das sagten.«
Verdammt, dachte Lysenko. Dem entgeht nichts. Er brachte ein Niesen zustande. »Tut mir leid. Ich glaube, ich habe mich erkältet.«
»Halten Sie mich auf dem laufenden. Es ist erst vorbei, wenn die Fracht angelandet ist ...«
Die Verbindung wurde unterbrochen. Er scheint nie zu schlafen, dachte Lysenko, er hat ein unglaubliches Stehvermögen. Dann eilte er die Treppe hinunter auf die dunkle Straße zu seinem Wagen. In dem Gebäude, in dem Markus Wolf saß, zeigte er der Wache am Eingang seinen Ausweis und fuhr dann mit dem Fahrstuhl nach oben. Dort fand er einen Mann, der gleichfalls keinen Schlaf zu brauchen schien. Wolf, der hinter seinem Schreibtisch saß, musterte ihn ernsthaft durch die kantigen Gläser seiner Hornbrille.
»Ein Problem, Lysenko. Wir haben keine Verbindung mehr mit Westdeutschland. Als ich Ihnen zuerst darüber berichtete, glaubte ich, es wäre eine technische Panne.«
»Das kann immer noch der Fall sein. Im Westen funktioniert auch nicht alles so reibungslos, wie immer behauptet wird.«
»Nein. Etwas stimmt nicht. Dafür dauert die Unterbrechung schon zu lange. Ich mache mir Sorgen. Ich befürchte Schwierigkeiten.«
»Warum?«

»Kein Wort von Munzel. Und was ist mit Tweed? Mir ist nicht wohl in meiner Haut, wenn ich nicht weiß, wo er steckt und was er tut.«

»Er kann überhaupt nichts tun.«

»Vielleicht muß ich Sie in nicht allzuferner Zukunft an diese Behauptung erinnern«, konterte Wolf.

Es war heller Tag. Die *Südwind* lief mit voller Kraft in den Hafen von Kopenhagen ein. Stunden zuvor hatte Casey mitgeteilt, daß die *Nordsee* ihren nördlichen Kurs beibehalten hatte und durch den Öresund auf das Kattegat zusteuerte.

Im Laufe der Nacht hatte Tweed das Ruder übernommen – einmal, um selbst etwas zu tun zu haben, und zum andern, damit Newman eine Weile schlafen konnte. Als er Newman ablöste, hatte er ihn wegen der aufgebrochenen Schubladen in der Kajüte gefragt.

»Das habe ich getan, während Sie vom Polizeirevier aus mit Monica telefonierten. Fand eine Werkzeugkiste, nahm mir auf gut Glück zwei Schubladen vor und brach sie mit dem Meißel auf. Nichts gefunden.«

»Was hofften Sie zu finden?«

»Das Heroin. Schien logisch. Das Boot, das die Ladung von der *Wroclaw* übernahm, hätte die *Südwind* sein können. Was glauben Sie, warum Berlin neue Schlösser hat anbringen lassen?«

»Ein Bluff. Er ist ein gerissener Hund. Er hoffte, daß wir denken würden, was Sie dachten, und daß wir vielleicht Zeit damit vergeuden würden, auf seine Rückkehr zu warten. Aber ich kann mir einfach nicht erklären, warum Dianas Panik in dem Augenblick begann, in dem sie die neuen Schlösser entdeckte.«

»Fragen Sie sie – wenn Sie sie jemals wiedersehen.« Er bemerkte den Ausdruck auf Tweeds Gesicht. »Entschuldigung, das war wohl nicht sehr taktvoll.«

Als sie sich Kopenhagen näherten, tauchte Newman wieder auf und übernahm das Ruder. Vom Wasser aus gesehen hatte Kopenhagen sich im Laufe der Zeit kaum verändert – abgesehen von zwei Hochhäusern, die ihre Umgebung mit zahlreichen Stockwerken überragten. Tweed blieb auf der Brücke und lotste Newman in den Hafen, den er gut kannte.

In der Nacht auf der Ostsee waren sie kaum anderen Schiffen begegnet. Jetzt wimmelte es unter bedecktem Himmel von Fahrzeugen – Jachten, die in der leichten Brise kreuzten, kleinen Motorbooten, die

über das kabbelige Wasser tuckerten. Newman steuerte geschickt zwischen ihnen hindurch.
Nield saß mit dem Kopfhörer vor dem Funkgerät und notierte eine Meldung. Er bestätigte, drehte sich mit seinem Stuhl herum und gab sie an Tweed weiter.
»Casey ist zum Auftanken in Kastrup gelandet und dann wieder gestartet. Er hat Schwierigkeiten, der *Nordsee* auf der Spur zu bleiben – zu viele Pötte, die in diesem Teil der Welt herumschwimmen . . .«
»Er hat sie doch nicht etwa aus den Augen verloren?« Tweeds Stimme klang bestürzt.
»Nein. Gott weiß, wo sie hinwill. Sie hält weiter nördlichen Kurs. Sieht fast wie Oslo aus. Sie fährt vor der Westküste Schwedens, hält sich zwischen den regulär verkehrenden Schiffen. Sie ist jetzt auf der Höhe von Göteborg.«
»Rufen Sie Casey«, sagte Tweed. »Er soll sie so genau wie möglich beobachten.« Er studierte die Karte. »Sie hat jetzt den Punkt erreicht, wo sie nach Westen ins Skagerrak und in die Nordsee einschwenken müßte. Verlangen Sie eine weitere Meldung innerhalb von fünfzehn Minuten.«
Newman hatte die Geschwindigkeit stark gedrosselt. Sie sahen das Tragflügelboot, das regelmäßig zwischen Kopenhagen und Malmö verkehrte und für die Strecke nur eine halbe Stunde brauchte. Auf den großen Tragflügeln schwebend und mit dem Bug oberhalb der Wasseroberfläche schien es über die See zu gleiten. Tweed lotste Newman weiter, der jetzt die Maschine so weit gedrosselt hatte, daß sie sich fast nur noch im Schrittempo vorwärtsbewegten.
»Was haben wir als nächstes vor?« erkundigte sich Newman.
»Ich muß in Kopenhagen zweierlei erledigen. Mit einem Taxi ins Royal fahren und feststellen, ob Butler dort eine Nachricht für mich hinterlassen hat. Und dann fahren wir in Lindemanns Büro am Raadhuspladsen und versuchen herauszubekommen, wo er steckt. Von dort aus kann ich auch Monica anrufen.«
»Und danach?«
»Das kann ich Ihnen beim besten Willen noch nicht sagen.«
Nield empfing eine weitere Meldung von der Sea King, während Newman die *Südwind* an einigen graugestrichenen Kriegsschiffen vorbeisteuerte. Sie waren jetzt mitten in Kopenhagen, und ein Stück voraus endete die Fahrrinne, in der sie sich befanden.
»Halten Sie nach Steuerbord«, wies Tweed Newman an. »Von dort gehen die Schiffe nach Oslo ab.«

Newman drehte das Ruder, durchquerte die Fahrrinne, hielt auf das Ufer zu, an dem hinter einer breiten Promenade alte Speicher aufragten. Eine riesige Fontäne sprudelte wie eine sich öffnende Blüte. Männer und Frauen in Regenmänteln bewegten sich unter dem grauen Himmel. Hinter der Fontäne ragte ein prachtvoller Palast auf. Tweed deutete darauf.

»Schloß Amalienborg. Ein Prachtbau . . .«

Nield nahm den Kopfhörer ab, reichte Tweed die Nachricht, stand auf und reckte Arme und Beine.

»Casey meldet, daß sich die *Nordsee* jetzt ein gutes Stück nördlich von Göteborg befindet. Fährt mit voller Kraft, behält ihren nördlichen Kurs bei, hält sich dicht an der schwedischen Küste.«

»Dann sieht es nach Oslo aus«, sagte Tweed.

Vor dem Hotel Royal wies Tweed den Taxifahrer an, zu warten, und ging mit Newman hinein, während Nield im Taxi sitzen blieb. Seit seinem letzten Besuch hatte sich einiges verändert. Die Rezeption in der riesigen Halle bestand jetzt aus einer Reihe von runden, um eine Mittelsäule herum angeordneten Tischen. Auf jedem Tisch stand ein Computer, dahinter saß ein Mädchen. Er entschied sich für eine Brünette, sagte, er vermutete, daß eine Nachricht für ihn vorläge, nannte seinen Namen und wartete dann, während sich das Mädchen hinter eine Glaswand begab.

»Amerikanische Rezeptionstechnik«, erklärte er Newman und deutete mit der Hand auf die Tische. »Wenn man ein Zimmer bestellt hat, tippt das Mädchen den Namen ein, und alles erscheint auf dem Bildschirm. Moderne Zeiten.«

»Und Sie geben dem alten System den Vorzug? Ein langer Tresen wie im Vier Jahreszeiten?«

»Es ist menschlicher. Eines Tages werden wir alle zu Maschinen . . .«

Er brach ab, als das Mädchen mit einem Umschlag zurückkam. Sie bat ihn, sich auszuweisen, und er reichte ihr seinen Paß. Als sie ihm den Umschlag ausgehändigt hatte, ging er zu einem Sessel, setzte sich, riß ihn auf, zog ein zusammengefaltetes Blatt heraus, las die eilig hingekritzelte Nachricht und reichte dann Newman das Blatt.

»Gut, daß wir unsere Koffer mitgebracht haben.«

Diana mit Taxi vom Bahnhof zum Flughafen Kastrup. Kaufte einfaches Ticket nach Oslo. Wahrscheinlich Grand Hotel. Folge ihr. 7.30 Uhr. Harry.

»Weshalb ist das gut?« fragte Newman, nachdem er die Nachricht gelesen hatte.
»Weil wir uns schnell bewegen müssen. Ab nach Oslo.«
»Es sieht fast so aus, als wollte Diana Dr. Berlin dort treffen.«
»Und als hätte ich mich in ihr getäuscht. Wir fliegen nach Oslo. Der Nonstopflug dauert nur fünfundfünfzig Minuten, und den ganzen Tag fliegt eine Maschine nach der anderen.«
»Was ist mit der *Südwind?* Und mit Casey, der sich irgendwo da oben am Himmel herumtreibt?«
»Die *Südwind* lassen wir hier liegen. Nield kann mit dem Taxi zurückfahren, mit Casey Verbindung aufnehmen, ihm mitteilen, was wir vorhaben, und ihm Anweisung geben, in Fornebu – das ist der Flughafen von Oslo – zu landen und dort auf uns zu warten.«
»Ich war noch nie in Oslo.«
»Dann steht Ihnen etwas bevor. Und jetzt zu Erich Lindemann. Wir nehmen ein anderes Taxi. Es kommt auf jede Minute an.«

»Irgend jemand«, sagte Newman, als sie in einem Taxi saßen, das sie zum Raadhuspladsen bringen sollte, »wird sich die *Südwind* unter den Nagel reißen.« Seine Stimme klang neidisch. »Ein phantastisches Boot. Hervorragend ausgerüstet. Dieses Funkgerät, eine erstklassige Leuchtpistole – und haben Sie die am Heck vertäuten Benzinfässer gesehen?«
»Ja.«
»Das bedeutet, daß sie auf der *Nordsee* vermutlich auch vorhanden sind. Es sind Schwesterboote. Dr. Berlin kann mit ihnen praktisch an jeden Ort Westeuropas gelangen.«
»Der Gedanke war mir auch schon gekommen.«
Tweed schwieg, bis das Taxi sie vor dem Eingang zu Lindemanns Hauptquartier absetzte. Es war eine kurze Fahrt gewesen. Er gab dem Fahrer ein großzügiges Trinkgeld, warf einen Blick auf das Schild an der Wand. *Export-Import-Service Nord.* Er eilte die ausgetretenen Stufen hinauf, klopfte an die Tür.
Sie wurde von einer hochgewachsenen, streng wirkenden, mageren Frau Ende Fünfzig geöffnet. Sie schien nicht sehr erfreut, ihn zu sehen.
»Mr. Tweed. Mit Ihnen habe ich nicht gerechnet.«
»Also ist mein Besuch eine freudige Überraschung. Dies ist Bob Newman. Miss Browne.«
»Mit einem ›e‹ am Ende«, informierte sie Newman und sah dabei

noch weniger erfreut aus. »Aber ich denke, Sie sollten lieber hereinkommen.«
»Ein Zimmer, in dem wir ungestört reden können«, sagte Tweed. »Und wo ist Lindemann?«
»Das weiß ich nicht. Aber ich würde das *inner sanctum* vorschlagen.«
Das inner sanctum. Tweed wand sich innerlich. Sie war wirklich das Paradebeispiel einer älteren Verwaltungsbeamtin. Sie führte ihn in einen nüchternen und übertrieben aufgeräumten Raum. Auf Lindemanns Schreibtisch befand sich nichts außer zwei Telefonen. Tweed ging um den Schreibtisch herum, ließ sich auf Lindemanns Stuhl nieder. Er merkte, daß ihr das nicht gefiel. Da die Zeit drängte, entschloß er sich zur Direktheit.
»Wie lange ist er schon fort? Ich bin in Eile. Ich brauche Antworten ohne alle Umschweife. Bitte, setzen Sie sich.«
»Normalerweise verlange ich eine schriftliche Vollmacht, bevor ich irgendwelche Auskünfte über Mr. Lindemann gebe...«
»Ich frage nur noch einmal, Miss Browne, danach sitzen Sie in der ersten Maschine nach London. Wie lange ist er schon fort?«
»Seit drei bis vier Wochen. Er ist gleich wieder abgereist, nachdem er von seinem einwöchigen Urlaub zurückgekehrt war.«
»Wohin?«
»Das hat er nicht gesagt. Wenn er fort ist, trage ich die Verantwortung.«
»Also müssen Sie doch eine Möglichkeit haben, mit ihm in Verbindung zu treten?« Tweed war überzeugt, daß sie etwas verheimlichte. Dann kam ihm eine Gedanke. »Oder hat er mit Ihnen Verbindung aufgenommen? Ich muß das wissen.«
»Ja. Er hat erst gestern angerufen. Wollte wissen, ob sich irgend etwas getan hätte. Ich sagte nein – im Augenblick scheint alles ruhig zu sein.«
»Von wo hat er angerufen? Sagen Sie jetzt nicht, Sie wüßten es nicht. Sie sind schließlich schon lange hier und kennen Skandinavien gut. Ich bin sicher, Sie müssen wissen, von wo aus er anrief.«
Miss Browne bewegte nervös die langen, knochigen Finger, verschränkte sie auf dem Schoß. Sie versuchte, einen Entschluß zu fassen. Tweed starrte sie schweigend an, begann mit den Fingern langsam auf der Schreibtischplatte zu trommeln.
»Er sagte nicht, wo er war, aber ich konnte im Hintergrund Stimmen hören. Ich kenne inzwischen die Sprachen. Es klang wie Norwegisch.

Wenn er in Oslo ist, wohnt er im Grand Hotel. Darf ich fragen – werden Sie mich entlassen?«
»Jetzt nicht mehr. Und ich möchte telefonieren. Kann ich diesen Apparat benutzen?«
»Ich gebe Ihnen eine Leitung.«
Nachdem sie das Zimmer verlassen hatte, wählte er Monicas Nummer. Sie schien erfreut, mit ihm reden zu können. »Sie scheinen hellsehen zu können«, sagte sie. »Vor knapp fünf Minuten rief Kuhlmann an. Sie möchten zurückrufen; ich gebe Ihnen die Nummer. Immer noch ein ereignisreicher Tag?«
»Ja, und deshalb muß ich jetzt weiter. Ich melde mich wieder.«
Er wählte die Nummer, die er sich gemerkt hatte. Es war die von Lübeck-Süd. Kuhlmann meldete sich sofort. Seine Stimme klang grimmig und erschöpft. Schlafmangel.
»Tweed, der Pathologe hat untersucht, was von Sue Templeton noch übrig war. Er fand eine Menge Haut unter den Nägeln ihrer rechten Hand. Das arme Mädchen hat versucht, sich zu wehren. Aber das Entscheidende ist, daß der Mörder einen gewaltigen Kratzer haben muß – wahrscheinlich im Gesicht. Ich fand, das sollten Sie wissen. Kommen Sie weiter?«
»Danke. Und ja. Und deshalb bin ich in Eile.«
»Okay.« Kuhlmann hielt einen Augenblick inne. »Jagen Sie dem Schweinehund an meiner Stelle eine Kugel in den Kopf.«

»Gleich können Sie auf das Neunte Weltwunder herabblicken«, sagte Tweed zu Newman. »Der Anflug auf den Oslofjord. Es lohnt sich.«
Sie flogen in einer Höhe von zehntausend Metern an Bord der DC-9 *Orvar Viking*. Am Flughafen Kastrup hatten sie gefrühstückt und dann gerade noch die Maschine erreicht. Kurz nach dem Start hatte sich die Wolkendecke aufgelöst, die über Kopenhagen gehangen hatte. Sie flogen an der Westküste Schwedens entlang.
Tweed hatte Newman – und Nield, der hinter ihnen saß – auf Skagens Horn hingewiesen, die Nordspitze Dänemarks, die ins Skagerrak hineinragte, eine flache, klauenförmige Halbinsel, die aus dieser Höhe kahl und öde wirkte. Newman schaute aus dem Fenster, als die Maschine zum Landeanflug ansetzte.
Der Pilot hatte verkündet, die Luft wäre ungewöhnlich klar und die Sicht so gut wie selten. Auf der azurblauen See tief unter ihnen konnte Newman winzige Fleckchen Weiß erkennen – das Kielwasser

unsichtbarer Schiffe auf dem Weg nach Norden. Ob eines davon die *Nordsee* war? Dann beugte er sich näher zum Fenster.

Es war sein erster Blick auf Norwegen. Die südlichste der Inseln, die am Eingang des gewaltigen Fjords lagen, kam in Sicht. Newman schaute fasziniert hinunter. Die Inseln glichen zerklüfteten Teilen eines Puzzles, die willkürlich auf einen riesigen Tisch aus blauem Eis geworfen worden waren.

Die Maschine senkte sich weiter. Die Inseln, zum Teil dicht bewaldet, wurden größer. Zwischen ihnen bahnten sich Schiffe auf der Fahrt nach Oslo ihren Weg nach Norden. Auf einigen Inseln waren jetzt Häuser zu erkennen. Newman hatte noch nie so viele Inseln so dicht beieinander gesehen.

Die Maschine flog weiter, ging immer tiefer, folgte dem Verlauf des Fjords. Plötzlich steckten sie in einer Nebelbank. Inzwischen flogen sie sehr tief. Newman schaute weiter aus dem Fenster, und als sie aus dem Nebel herauskamen, erstarrte er. Unter ihnen erhoben sich die Kuppen zahlreicher Berge, Kette um Kette. Damit hatte er nicht gerechnet.

Die Maschine beschrieb eine große Kurve, geriet abermals in den Nebel und tauchte unvermutet wieder daraus auf. Die mit dichtem Wald bedeckten Berge schienen direkt vor ihnen zu sein. Die Maschine stieg unvermittelt, dann senkte sie sich wieder und flog über Wasser. Wir werden im Teich landen, dachte Newman. Die Räder setzten auf. Der Flughafen lag direkt am Ufer des Fjords. Newman stieß erleichtert den angehaltenen Atem aus.

»Phantastisch«, schwärmte Tweed.

»Verdammt phantastisch«, pflichtete Newman ihm bei.

Als sie die Ausgangshalle erreicht hatten, vergeudete Tweed keine Zeit. Er fragte nach dem Sicherheitschef und wurde mit Newman in ein kleines Büro mit grünen Aktenschränken geführt. Ein untersetzter, kräftiger Norweger in blaßblauem Hemd und marineblauer Hose saß hinter seinem Schreibtisch und erhob sich, als sie eintraten.

»Ich bin Iversen, Sicherheitsdienst. Wer sind Sie?«

»Tweed. Sonderdezernat. Aus London.« Er warf einen Ausweis auf Iversens Schreibtisch. »Ich muß dringend mit Hauptmann Georg Palmer vom norwegischen Geheimdienst sprechen. Er ist draußen in der Nähe von Røa, in der Huseby-Gardekaserne.«

Tweed holte sein Notizbuch aus der Tasche, während Iversen den Ausweis prüfte und zurückgab. »Hier ist die Telefonnummer«, sagte

Tweed. »Darf ich?« Er schrieb die Nummer auf einen auf dem Tisch liegenden Block.
»Ich rede zuerst mit ihm«, sagte Iversen, nahm den Hörer ab, wählte die Nummer, sprach erst Norwegisch und wechselte dann zu Englisch über. »Ja, Ihre Beschreibung trifft genau zu. Ich übergebe.« Er hielt Tweed den Hörer hin. »Ich kann Sie allein lassen ...«
»Nicht nötig, danke.« Dann sprach Tweed in die Muschel: »Ich bin in Fornebu, wie Sie jetzt wissen. Gerade angekommen. Ich muß Sie sprechen, Georg. Nein, kommen Sie nicht nach Fornebu. Können wir uns im Grand Hotel treffen? In ein paar Stunden? Ich muß vorher noch einiges klären. Ja, ich freue mich, wieder hier zu sein und Sie zu sehen. Bis später.«
Er dankte Iversen und kehrte in die Halle zurück, wo Nield auf sie wartete. Nield deutete auf den Westteil des Flughafens.
»Ich habe Casey gefunden. Er steht auf dem Landeplatz der Polizeihubschrauber.« Er befingerte seinen kleinen schwarzen Bart. »Ich meine, Sie sollten mit ihm sprechen. Wir können zu Fuß gehen. Das Laufen wird Ihnen gut tun.«
Tweed blinzelte, als sie in den strahlenden Sonnenschein hinaustraten. Newman atmete tief ein. Die Luft war frisch, belebend. Er warf einen Blick auf die hinter Oslo aufragenden Berge. Die Luft war kristallklar und ließ die bewaldeten Berge näher erscheinen, als sie in Wirklichkeit waren.
»Mir gefällt es hier«, sagte er.
»Das Tempo ist hier langsamer«, sagte Tweed, während sie auf die Sea King zugingen, die sie jetzt sehen konnten. »Diese Stadt ist einmalig in Europa. Irgendwie hat man das Gefühl, in den dreißiger Jahren zu leben. Äußerst angenehm. Nun, Casey, wie ist die Lage?«
»Die *Nordsee* nähert sich dem Eingang zum Oslofjord. Ungefähr achtzig Seemeilen südlich der ersten Insel.«
»Wie lange ist das her?«
»Ungefähr eine Stunde. Wir sind hier gelandet und haben aufgetankt – wir sind für einen langen Flug gerüstet, falls es erforderlich werden sollte ...«
»Das liegt durchaus im Bereich des Möglichen«, pflichtete ihm Tweed bei.
»Dann sind wir wieder gestartet, den Fjord hinunter und über das Skagerrak geflogen. Um uns zu vergewissern, daß sie ihren Kurs nicht geändert hat.«
»Was sie immer noch tun könnte«, warf sein Copilot Wilson ein.

»Süd-Südwest würde sie in die Nordsee bringen. Sie hat übrigens die Geschwindigkeit stark gedrosselt. Zum erstenmal, seit wir uns in Lübeck an sie gehängt haben.«

Das war eine beachtliche Rede für Wilson. Und der Gedanke war nicht von der Hand zu weisen, dachte Tweed.

»Was meinen Sie – hat man auf der *Nordsee* gemerkt, daß Sie sie verfolgen?«

»Ganz bestimmt. Nicht in der Nacht – aber vor der schwedischen Küste war so viel Verkehr, daß wir näher herangehen mußten. Es waren etliche Hubschrauber unterwegs, aber nur eine Sea King. Unsere.«

»Können Sie hier warten, während wir nach Oslo hineinfahren? Haben Sie schon gegessen?«

»Ohne weiteres«, erwiderte Casey. Er schaute zum Himmel empor. »In ein paar Stunden wird es dunkel. Vielleicht ist es das, worauf er wartet. Wir haben im Restaurant gegessen, ganz vorzüglich: Erledigen Sie, was Sie zu erledigen haben. Wir können warten. Und Sie können jederzeit den Flughafen anrufen – man weiß, wo wir uns aufhalten.«

Sie fuhren mit einem Taxi nach Oslo hinein. Newman schaute interessiert aus dem Fenster. Die Straße lief am oberen Ende des Fjords entlang, und sein Blick fiel auf Jachthäfen, in denen Boot neben Boot lag, und auf das tiefblaue Wasser dahinter. Als sie beim Grand Hotel an der Karl Johans Gate angekommen waren, ergriff Tweed seinen Koffer und eilte hinein.

Newman bezahlte das Taxi und blieb dann mit Nield noch einen Moment stehen, um die Atmosphäre in sich aufzunehmen. Tweed hatte recht. Hier ging es gemächlicher zu. Von der Hektik von London und New York war hier nichts zu spüren.

Die Karl Johans Gate erstreckte sich nach Westen. In der Ferne stand auf einer kleinen Anhöhe ein elegantes ockerfarbenes und blaßgraues Gebäude, das Königliche Schloß. Jenseits eines kleinen Parks rumpelte auf einer anderen Straße eine alte Straßenbahn, cremefarben und grau gestrichen, durch die Stadt. Die Norweger schlenderten dahin, machten anderen Leuten Platz. Ja, diese Stadt gefällt mir, dachte Newman.

Drinnen sprach Tweed mit dem Empfangschef.

»Wir brauchen drei Zimmer mit Bad. Ist das möglich? Gut. Außerdem wüßte ich gern die Zimmernummer meines Freundes Erich Lindemann.«

»Mr. Lindemann ist nicht hier. Er steigt immer bei uns ab, wenn er in Oslo ist ...«
»Sie meinen, er ist heute abgereist?«
»Nein, er ist seit zwei Monaten nicht mehr hiergewesen.«
So viel zu Miss Browne und ihrer Kenntnis der skandinavischen Sprachen, dachte Tweed. Ich wette, sie spricht nicht eine von ihnen. Aber Lindemann beherrscht sie natürlich alle und legt keinen Wert darauf, daß seine Assistentin versteht, was er am Telefon sagt.
»Und noch jemand sollte hier wohnen. Miss Diana Chadwick.«
»Ja, Miss Chadwick wohnt hier.« Der Empfangschef warf einen Blick über die Schulter. »Zimmer 736. Aber sie ist ausgegangen – ihr Schlüssel hängt am Haken.«
»Wenn sie zurückkommt, erwähnen Sie bitte nicht, daß ich nach ihr gefragt habe. Ich möchte sie überraschen.«
Newman und Nield kamen herein und füllten ihre Anmeldeformulare aus. Im Fahrstuhl forderte Tweed sie auf, ihre Koffer nicht auszupacken, damit sie, falls erforderlich, sofort abreisen konnten. Er hatte gerade seinen Koffer in seinem Zimmer abgesetzt, als das Telefon läutete. Ein Hauptmann Palmer wollte ihn sprechen.
»Schicken Sie ihn bitte herauf. Und lassen Sie vom Zimmerkellner zwei Kannen Kaffee bringen.«
Palmer war ein hochgewachsener, schlanker, drahtig wirkender Norweger, Anfang Dreißig. Er trug einen schlichten grauen Anzug, hatte dichtes, sandfarbenes Haar und dunkle, wachsame Augen, in denen ein Anflug von Humor lag. Er reichte Tweed die Hand, setzte sich und schlug die Beine übereinander.
»Wir haben uns lange nicht gesehen, Tweed. Aber ich habe den Eindruck, daß dies ein dringender Fall ist, also kommen wir gleich zur Sache. Womit kann ich Ihnen helfen?«
»Ein großer Kajütkreuzer nähert sich der Einfahrt zum Fjord. Weiß mit Messingaufputz. Die *Nordsee*. Ich habe sie von einer Sea King verfolgen lassen, die jetzt in Fornebu wartet. Wenn ich den Hubschrauber wieder losschicken würde, könnte das den Mann an Bord davon abhalten, auf sein eigentliches Ziel zuzusteuern.«
»Und das ist?«
»Ich habe noch keine Ahnung. Wäre es möglich, daß Sie veranlassen, daß mindestens ein Polizeiboot von Sandvika die *Nordsee* im Auge behält? Sie scheint nach Oslo unterwegs zu sein, aber ich muß es wissen, wenn sie ihren Kurs ändert. Und jedes Aufsehen muß unbedingt vermieden werden.«

Palmer schüttelte den Kopf. »Kein Polizeiboot. Die überwachen den Fjord in der Nähe von Oslo. Was wir brauchen, ist die Küstenwache. Sie operiert weiter draußen. Ich kann gleich von hier aus anrufen. In einer halben Stunde sollte ein Boot Ihren Kajütkreuzer gesichtet haben. Aber eine genauere Beschreibung der *Nordsee* würde uns helfen.«

»Ich verstehe nicht viel von Kajütbooten ...«

Tweed rief Newman in seinem Zimmer an, bat ihn, herüberzukommen, und als er eingetroffen war, erklärte er ihm, um was es ging. Während sich die beiden Männer unterhielten, rief er in der Rezeption an und fragte, ob Diana zurückgekehrt wäre. Sie war noch nicht wiedergekommen. Dann übernahm Palmer das Telefon, wählte und sprach einige Sätze in schnellem Norwegisch. Er legte den Hörer auf.

»Ein Schiff der Küstenwache läuft gleich aus. Der Kommandant erstattet mir persönlich über Funk Bericht, und ich rufe Sie an, wenn sich irgend etwas tut.«

»Soweit ich weiß, müssen Sie über alle Zwischenfälle Bericht erstatten«, bemerkte Tweed.

»So ist es.« Palmer reichte Tweed die Hand und ging zur Tür; doch bevor er hinausging, drehte er sich noch einmal um. »Aber andererseits habe ich manchmal ganz erstaunliche Erinnerungslücken.«

Die nächsten paar Stunden – in denen Tweed auf Dianas Rückkehr ins Hotel wartete – standen sie alle unter starker Anspannung. Die Nacht brach herein, und Tweed verfügte, daß sie in Schichten aßen. Während er mit Newman und Butler beim Essen saß, hielt sich Nield in der Halle auf. Die Anweisungen, die Tweed ihm erteilte, waren eindeutig und überraschten die anderen.

»Es ist möglich, daß sie ihren Koffer bereits gepackt hat und zu verschwinden versucht, wenn sie erfährt, daß ich hier bin. Wenn nötig, halten Sie sie mit Gewalt in ihrem Zimmer fest und rufen mich dann über die Rezeption an.«

Sie aßen in dem zum Hotel gehörigen Grand Café, einem großen und ziemlich altmodischen Lokal mit Blick auf die Straße. Newman sah sich um, betrachtete fasziniert die anderen Gäste. Manche von ihnen saßen schon seit mehr als einer Stunde da. Er machte eine Bemerkung darüber zu Tweed, der leise mit den Fingern auf den Tisch trommelte.

»Ja«, pflichtete Tweed ihm bei, »es ist so, wie es vor dem Krieg in

England gewesen sein soll. Die Leute – die Einheimischen – kommen her und sitzen dann stundenlang da und unterhalten sich. Es gehört zu ihrer Art zu leben.«
»Und Sie machen sich Sorgen. Wegen Diana?«
»Wegen Diana, ja. Es ist schon so spät. Außerdem habe ich noch nichts von Palmer gehört. Ich habe das Gefühl, daß etwas schiefgelaufen ist.«
»Das ist in diesem Stadium einer Partie schon öfter passiert.«
»Zugegeben. Aber diese spezielle Partie ist die gefährlichste, die ich jemals gespielt habe.«

Sie waren gerade im Begriff, das Grand Café zu verlasssen, als Nield an der Tür erschien und Butler ein Zeichen gab, der aufstand und zu ihm ging. Sie sprachen ein paar Worte miteinander, dann verschwand Nield in Richtung Halle, und Butler kehrte an ihren Tisch zurück.
»Sie hat gerade ihren Schlüssel geholt und ist mit dem Fahrstuhl nach oben gefahren.«
»Dann sollte ich ihr gleich einen Besuch abstatten.« Tweeds Stimme klang grimmig, und auf seinem Gesicht lag ein erbarmungsloser Ausdruck, den Butler noch nie an ihm bemerkt hatte. Er sah Butler an. »Ich werde alles aus ihr herausholen, was sie weiß. Sie und Pete kommen besser mit. Sie bleiben vor der Tür – für den Fall, daß sie zu flüchten versucht. Wenn sie es tut, haltet sie fest.«
Er ging vom Restaurant aus direkt zu den Fahrstühlen, drückte auf einen Knopf und betrat wortlos die Kabine. Während der Fahrstuhl aufwärts glitt, tauschten Nield und Butler hinter seinem Rücken einen Blick.
Tweed trat aus dem Fahrstuhl, warf einen Blick auf den Wegweiser, hielt sich links, bog dann abermals nach links und dann nach rechts ab. Er klopfte an die Tür von Zimmer 736. Diana öffnete. Sie trug einen weißen Pullover und einen kirschroten Rock.
»Tweed! Wie in aller Welt haben Sie ...«
»Wir müssen reden.« Er schob sie ins Zimmer zurück, schloß die Tür. »Sie müssen reden – mit der Wahrheit herausrücken. Zum erstenmal. Setzen Sie sich.«
»Wenn man mich höflich bittet ...«
»Setzen Sie sich! Frage Nummer eins. Seit wann kennen Sie Dr. Berlin?«
Sie ließ sich auf der Bettkante nieder, schlug die Beine übereinander

und musterte ihn durch ihre Wimpern hindurch. Tweed blieb mit hinter dem Rücken verschränkten Händen stehen.
»Seit über zwanzig Jahren. Das wissen Sie doch . . .«
»Den *wirklichen* Dr. Berlin meine ich. Beeilen Sie sich. Ich habe nicht viel Zeit.«
»Ich weiß nicht, was Sie meinen.«
»Weshalb hatten Sie so eine Heidenangst, als Sie feststellten, daß die Schlösser auf der *Südwind* ausgewechselt worden waren?«
»Ich wußte, daß es eine Warnung war.« Ihre Stimme hatte sich verändert. Sie hielt ein spitzenbesetztes Taschentuch in der Hand, an dem sie jetzt zu zupfen begann. »Zuerst dachte ich, ich käme nicht an meine Sachen heran – bis ich dann feststellte, daß meine Schubladen ausgelassen worden waren.«
»Vor wem hatten Sie Angst?«
»Vor demjenigen, der die Schlösser ausgewechselt hatte . . .«
»Wie sind Sie in all den Jahren, seit Sie Kenia verlassen haben, zu Geld gekommen?«
»Sie glauben, ich hätte mit Männern geschlafen, nicht wahr, Tweed?«
»Nein. Also – wer hat Ihnen Geld gegeben?«
»Er. Er hat mir ein regelmäßiges Taschengeld gezahlt.« Ein nachdrücklicher Ton kam in ihre Stimme. »Ich habe nie mit ihm geschlafen. Kein einziges Mal.«
»Das glaube ich. Aber womit haben Sie das Taschengeld verdient?«
»Ich habe Angst. Entsetzliche Angst.«
»Warum«, fragte Tweed in unverändert barschem Ton, »haben Sie sich aus dem Staub gemacht? Erst mit dem Nachtexpreß nach Kopenhagen, dann mit dem Flugzeug hierher?«
»Weil ich so entsetzliche Angst hatte – nachdem ich gehört hatte, daß das amerikanische Mädchen am Strand ermordet worden war. Ich wußte, daß er es gewesen sein mußte. Ich glaubte, ich würde die nächste sein. Ich bin blond. Ich habe eine Freundin, die in Oslo arbeitet. Wir haben zusammen gegessen. Und Oslo schien mir weit genug von Lübeck entfernt. Ich bin in Panik geraten. Ich will ein neues Leben anfangen. Ich habe es satt, eine ausgehaltene Frau zu sein – obwohl ich die Dienste, um derentwillen eine Frau normalerweise ausgehalten wird, nie geleistet habe.«
»Also weshalb hat Dr. Berlin Sie dann ausgehalten? Als Zeugin? Als den einzigen Menschen, der ihm Glaubwürdigkeit verlieh? Den einzigen Menschen, der behaupten konnte, er wäre derselbe Mann wie

der Dr. Berlin in Kenia? Muß ich Ihnen denn jedes Wort aus den Zähnen ziehen?«

»Nein, jetzt nicht mehr. Sie haben recht. Ich war seine Zeugin. Als wir vor vielen Jahren das erste Mal aus dem Mittelmeer nach Lübeck kamen, sah er mich. Ich habe keine Ahnung, woher er wußte, wer ich war. Vielleicht von einem Foto. Vielleicht hatte ihm auch jemand erzählt, daß ich Dr. Berlin in Kenia gut gekannt hatte. Ich stand ohne einen Pfennig Geld da . . .«

Jetzt, nachdem Tweed den Damm gebrochen hatte, strömte es aus ihr heraus. Er blieb weiterhin stehen, zeigte keinerlei Mitgefühl, weil er damit vielleicht riskiert hätte, daß ihr Wortschwall abbrach.

»Er lud mich in sein Haus auf dem Priwall ein. Ich freute mich darüber – bis ich ihn in seinem Arbeitszimmer sah. Ich wußte sofort: das war nicht der Mann, den ich in Kenia gekannt hatte. Er gab zu, daß er es nicht war. Dann machte er mir einen Vorschlag.«

»Weiter! Hören Sie jetzt nicht auf.«

»Sie sind gemein. Also gut.« Sie saß sehr steif da, während sie weitersprach. »Ich hatte nur sehr wenig Geld – Ken, mein Mann, hat mir nichts hinterlassen, als er auf der Jagd im Busch ums Leben kann. Es war kein Geheimnis – daß ich kein Geld hatte. Er bot mir ein großzügig bemessenes monatliches Taschengeld an. Dafür sollte ich den Leuten erzählen, er wäre der Dr. Berlin, den ich in Kenia gekannt hatte. Wie Sie sagten – er brauchte eine Zeugin. Ich nahm an.«

»Und was bezweckte er Ihrer Meinung nach damit?«

»Oh, er hat mir eine Geschichte erzählt – daß er der Halbbruder des eigentlichen Dr. Berlin wäre, daß er sein wohltätiges Werk fortsetzen wollte, daß ihm das am besten gelänge, wenn er vom Ruf seines Bruders profitieren könnte. Gelder für Flüchtlinge auftreiben und dergleichen.«

»Sie haben ihm geglaubt?«

»Keinen Augenblick.« Sie zerriß das Spitzentaschentuch. »Und er wußte es, aber es kümmerte ihn nicht. Er ließ eine Bemerkung fallen, die darauf hindeutete, daß er in irgendwelche Schmuggelgeschäfte verwickelt war. Ich dachte, was macht das schon? Ich brauchte das Geld.«

»Einen Moment.« Tweed zog ein Dokument aus seiner Brusttasche. »Lesen Sie das. Es sind die Geheimhaltungsvorschriften.«

»Warum?«

»Lesen Sie es.« Tweed ging zur Tür und bat Butler und Nield, einen Augenblick hereinzukommen – als Zeugen, wie er ihnen erklärte, für das Unterschreiben der Geheimhaltungsvorschriften durch Miss Diana Chadwick. Sobald sie das Dokument unterschrieben hatte, verließen die beiden Männer das Zimmer wieder.

»Und mittlerweile«, sagte Tweed, »müssen Sie wissen, daß Dr. Berlin nicht nur ein Schwindler, sondern nicht einmal Deutscher ist. Er ist Engländer.«

»Ja.«

»Erzählen Sie mir alles, was Sie wissen, über sein wirkliches Aussehen – ohne den Bart, den er sich jedesmal nach seiner Rückkehr nach Lübeck wachsen läßt, während er vorgibt, zu meditieren oder was sonst immer. Seine Gewohnheiten.«

»Er sammelt edle Weine ...«

»Was?« Der Ausruf entschlüpfte Tweed unwillkürlich.

»Ich sagte, er sammelt edle Weine. Er hat sogar ein Dutzend Flaschen Chateau d'Yquem in seinem Keller. Behauptet, es wäre eine gute Kapitalanlage. Und einmal konnte ich kurz nach seiner Ankunft, ohne den Bart, einen flüchtigen Blick auf ihn werfen. Eine Haarsträhne hing ihm in die Stirn. So ähnlich wie bei Hitler.«

»Eine Welle?«

»Ja.«

»Also.« Tweed musterte sie hart. »Als wir in Englnad waren, habe ich Sie mitgenommen, als ich vier Männer in ihren Häusern besuchte. Ich habe sehr genau auf Ihre Reaktionen geachtet, als Sie mit ihnen zusammentrafen – und auf die Reaktionen der Männer. Ich konnte nichts entdecken, was einen von ihnen verraten hätte. Einer von ihnen ist Dr. Berlin ...«

»Wirklich?«

»Ja, wirklich.« Tweeds Stimme war sarkastisch. »Gerade deshalb habe ich Sie ja mitgenommen. Und versuchen Sie nicht, es zu leugnen. Bevor wir meinen ersten Verdächtigen besuchten, habe ich einen Blick in Ihre Handtasche geworfen. Zweihundertfünfzig Pfund ...«

»Wie überaus galant.«

Tweed tat zwei Schritte vorwärts, baute sich vor ihr auf. »Was sind Sie doch für eine Närrin! Wir haben es mit einem Massenmörder zu tun, und Sie sind die einzige Zeugin, die mit dem Finger auf ihn zeigen kann. Was glauben Sie, wieviel Ihr Leben noch wert ist? Nachdem wir alle vier Männer besucht hatten, steckten weitere vierhundert Pfund in Ihrer Handtasche. Jeder von ihnen hatte Gelegenheit, Ihnen das Geld zuzustecken, ohne daß ich es sah.«

»Was hat meine Unterschrift auf dem Dokument zu bedeuten?« fragte sie ruhig.
»Daß nichts von diesem Gespräch an eine dritte Person weitergegeben werden darf. Wenn das geschieht, können Sie angeklagt und zu einer Gefängnisstrafe verurteilt werden.«
»Reizend. Wenn ich mir vorstelle, daß ich Sie einmal sehr gern hatte...«
»Sie wollen doch nach London zurückkehren, oder? Ein neues Leben beginnen, sich Ihren Lebensunterhalt selbst verdienen? Das können Sie tun – wenn diese entsetzliche Sache aus der Welt geschafft ist. Sie wissen, wer Dr. Berlin in Wirklichkeit ist, nicht wahr?«
»Ja.«
»Wer ist es also?«
Ohne Tweed anzusehen, mit ganz leiser Stimme, sagte sie es ihm.

VIERUNDFÜNFZIG

Von seinem eigenen Zimmer aus bat Tweed Newman, sofort zu ihm zu kommen. Er hatte kaum den Hörer aufgelegt, als das Telefon läutete. Es war Hauptmann Palmer vom norwegischen Geheimdienst, ein sehr kleinlauter Palmer.
»Es ist eine Schmach und Schande, Tweed. Und es tut mir leid, daß ich nicht früher anrufen konnte.«
»Was ist schiefgegangen, Georg?«
»Wir haben die *Nordsee* verloren. Nein – das stimmt eigentlich nicht. Die Küstenwache hat den Kajütkreuzer überhaupt nicht gefunden. Sie hat ein riesiges Gebiet abgesucht – sogar noch nach Einbruch der Dunkelheit. Was werden Sie jetzt von uns denken?«
»Das ändert nichts an der guten Meinung, die ich von Ihnen habe. Und es spielt jetzt auch keine Rolle mehr. Ich weiß, wohin das Boot unterwegs ist. Tut mir leid, daß die Küstenwache so viel Zeit vergeuden mußte.«
»Können wir morgen abend zusammen essen?«
»Ja, wenn ich das nächste Mal hier bin. Ich reise gleich ab. Vielen Dank.«
Newman trat ein, als er die Verbindung unterbrach. Er wartete ein paar Sekunden, dann wählte er die Nummer vom Park Crescent. Noch während er Monica sehr präzise Anweisungen erteilte, bemerkte er, daß Newman, der am Fenster stand, ihm ein Zeichen gab. Er

sagte Monica, daß Newman sie noch sprechen wollte, und holte dann sein Rasierzeug aus dem Badezimmer; deshalb hörte er nicht, was Newman mit Monica besprach.
»Wir reisen sofort ab«, sagte er, als er aus dem Badezimmer kam und Newman den Hörer aufgelegt hatte. »Sind Sie fertig? Gut. Butler und Nield begleiten Diana. Sie sollen in der Halle auf uns warten. Wir bezahlen unsere Rechnung und machen uns auf den Weg.«
»Wohin?«
»Nach Fornebu.«

In der Pilotenkanzel der Sea King brannte Licht, und Tweed beugte sich mit Casey über die Karte. Newman schaute ihm über die Schulter, während Butler und Nield sich um Diana kümmerten und sie auf ihrem Platz in der Passagierkabine unterbrachten.
»Was meinen Sie – können Sie die *Nordsee* in der Nacht ausmachen?« fragte Tweed.
»Nur wenn wir eine ungefähre Ahnung haben, wo wir suchen müssen. Wir sind mit den modernsten Nachtsichtgeräten ausgerüstet – deshalb hat die RAF auch einen solchen Aufstand gemacht, als ich mir die Maschine ausborgen wollte. Sie müssen bis zur höchsten Ebene vorgedrungen sein«, scherzte Casey.
Tweed hütete sich, zu bestätigen, daß dies tatsächlich der Fall war. Er nahm den blauen Stift, den Casey in der Hand hielt, und machte ein Kreuz auf die Karte.
»Das ist der Flugplatz, auf dem Sie landen. Richten Sie es nach Möglichkeit so ein, daß wir kurz vor Tagesanbruch da sind.« Er machte ein weiteres Kreuz. »Und das ist der Punkt, auf den die *Nordsee* zusteuert. Sie wissen, wo sie am späten Nachmittag war. Welchen Kurs würden Sie einschlagen?«
Er gab Casey den Stift zurück, der die Karte ein paar Augenblicke betrachtete und dann einen Kurs einzeichnete. Dann richtete er sich auf und zuckte mit den breiten Schultern.
»So ungefähr könnten wir fliegen. Und wir brauchen wesentlich weniger Zeit als ein Kajütkreuzer.«
»Umso besser. Ich muß unbedingt vor ihm da sein.«
»Und«, fuhr Casey fort, »daß wir bei Tagesanbruch landen, ist überhaupt kein Problem. Falls erforderlich, kann ich in Esbjerg an der dänischen Westküste heruntergehen und einige Zeit mit dem Auftanken vertrödeln. Wir werden sehen. Können wir starten?«
»Sobald Sie so weit sind.«

Tweed saß neben Newman, zwei Reihen hinter Diana, neben der Butler saß. Er fuhr auf, begriff, daß er geschlafen hatte, rieb sich die Augen und schaute überrascht aus dem Fenster. Es begann gerade zu dämmern. Die Sea King flog bemerkenswert ruhig. Tweed setzte seinen Kopfhörer auf, damit er sich mit Newman unterhalten konnte, der seinen trug.

»Es kann nicht mehr weit sein. Sollten wir nicht zu Casey hinaufgehen?«

»Ich war vor kurzem oben. Noch ungefähr zwanzig Minuten. Was ist zwischen Ihnen und Diana vorgefallen? Sie hat sich nicht ein einziges Mal umgeschaut.«

»Ich sagte es Ihnen – ich habe aus ihr herausgeholt, was sie weiß. Und das hat ihr natürlich nicht gefallen. Sie wird es mir nicht verzeihen. Gehört alles zum Job.«

»Schade. Sie beide sahen aus, als ob . . .«

»Lassen wir das. Wilson winkt. Wir sollten hinaufgehen.«

Er nahm den Kopfhörer ab und folgte Newman. Die Vibration der Rotoren dröhnte in seinen Ohren, bebte unter seinen Füßen. Der Ausblick von der Pilotenkanzel war grandios. Die Nordsee sah aus wie eine Glasscheibe, eine dunkelpurpurne Glasscheibe. Voraus beschrieb die Küste von Norfolk einen großen Bogen und buchtete sich zum Wash.

»Noch zehn Minuten bis zum Flugplatz Langham«, informierte ihn Casey. »Aber das ist nicht der Grund, weshalb ich Sie gerufen habe. Da unten ist ein Kajütkreuzer, auf den Ihre Beschreibung genau zutrifft.«

»Das kann nicht sein. Er kann unmöglich jetzt schon hier sein.«

»Er trägt allerdings einen anderen Namen.« Casey übergab Wilson das Steuer und reichte Tweed ein großes, sehr leistungsfähiges Fernglas. »Sehen Sie selbst.«

Tweed blickte durch die Linsen hindurch auf den weißen Kajütkreuzer, der auf The Wash zusteuerte. Dann reichte er Newman das Glas und stöhnte leise. »Dieser gerissene Hund. Er hat uns zum Narren gehalten. Er war überhaupt nicht an Bord der *Nordsee*. Einer seiner Männer stand am Ruder – wahrscheinlich dieser Ganove, der in seinem Haus den Sicherheitschef spielte. Er hatte irgendwo noch ein Boot liegen, ein *drittes* Boot. Er muß Caseys Hubschrauber bei seinen Flügen über Travemünde gesehen und Lunte gerochen haben. Ich vermute, daß er Travemünde schon Stunden früher verlassen hat. Es kann nicht anders sein – sonst wäre er jetzt noch nicht hier.«

»Es kann sein, daß wir zu spät kommen«, bemerkte Newman.
»Ich muß fahren wie der Teufel«, entgegnete Tweed. »Ich hoffe nur, daß Monica das Ihre getan hat.«
»Ist das eine Art Privatflugplatz in Langham?« fragte Casey.
»Ja. Im Krieg gehörte er der RAF. Ich habe gehört, daß Prinz Philip ihn gelegentlich benutzt, wenn er nach Sandringham will. Ich kenne den Platz. Er ist ein bißchen verwahrlost.«
»Sie kehren jetzt besser auf Ihre Plätze zurück«, sagte Casey. »Und ich übernehme wieder«, sagte er zu Wilson.
»Wird sich der Mann auf dem Boot unsertwegen Gedanken machen?« fragte Tweed.
»Das bezweifle ich. Ich habe gerade zwei andere Hubschrauber gesehen. Sie versorgen die Ölbohrinseln und gehören hier in die Landschaft.«
Tweed saß rastlos auf seinem Platz, schaute aus dem Fenster. Er erhaschte einen Blick auf den Kajütkreuzer, der direkt in The Wash hineinsteuerte und ein weißes Kielwasser hinter sich herzog. Das Purpur verwandelte sich in Blau. Der Hubschrauber neigte sich zur Seite, und er verlor das Boot aus den Augen.
»Was wollten Sie von Monica, als Sie im Grand Hotel mit ihr sprachen?« erkundigte er sich.
»Nicht viel. Sie sollte mir nur etwas besorgen. Es war eine lange Jagd«, bemerkte Newman.
»Die uns im Kreis zurückgeführt hat nach East Anglia.«
Sie waren jetzt über der Küste. Die Maschine verlor an Höhe und vollführte eine rasche Wendung. Tweed verschränkte die Hände, um sie ruhig zu halten. Die Sea King ging senkrecht herunter. Der Boden vor dem Fenster kam ihnen entgegen. Newman beugte sich über Tweed und schaute hinaus.
Vernachlässigt. Diese Bezeichnung traf auf den Flugplatz Langham ganz offensichtlich zu. Er sah Gras, das durch Risse im Beton der Landebahn gewachsen war. Die Maschine landete, die Rotoren begannen, sich langsamer zu drehen.
Tweed stieg als erster aus. Newman folgte ihm und war überrascht von der Größe des Flugplatzes. Er lag mitten in der offenen Landschaft. Als die Rotoren zum Stillstand gekommen waren, hörte er von fern hinter einer Hecke ein anderes Geräusch. Ein kollerndes Geräusch. Vermutlich gab es in der Nähe eine Truthahnfarm.
»Wir sind nicht weit von Blakeney«, rief Casey herunter. »Hübsches kleines Städtchen.«

»Danke für den Flug.«
Newman lief hinter Tweed her, der auf eine Gruppe von drei am Rande des Flugplatzes geparkten Wagen zueilte. Ein Ford Cortina, ein Volvo, ein Fiat. Als Tweed herangekommen war, stieg Monica aus dem Cortina. Von der See kam ein scharfer und frischer Wind, und sie trug ein Kopftuch und einen Kamelhaarmantel.
»Der Cortina gehört Ihnen. Der Schlüssel steckt«, erklärte sie Tweed. »Alles in Ordnung?«
»Ja. Bringen Sie Diana nach London. Setzen Sie sie in Newmans Wohnung ab.« Er drehte sich zu Newman um, der inzwischen herangekommen war. »Das habe ich vergessen. Diana hat Ihre Wohnung benutzt. Ich hoffe, Sie haben nichts dagegen?«
»Ich werde eine gesalzene Miete verlangen.«
»Den Rest muß ich allein erledigen, Bob. Wer braucht den Volvo?« fragte er Monica.
»Bob bat mich darum, als er von Oslo aus mit mir sprach. Die anderen beiden Wagen haben der Wachmann Monty und George, unser Pförtner, gefahren. Sie warten an einer Kreuzung in der Nähe. Ich dachte, Sie würden vielleicht nicht wollen, daß sie Sie sehen.«
»Ich muß los.« Tweed setzte sich hinter das Steuer des Cortina. »Wozu der Volvo, Bob?«
»Für mich. Vielleicht habe ich die Nase voll und mache Urlaub.«
Auf seinem Gesicht lag ein seltsames Lächeln, als er Tweed zum Abschied zuwinkte und sich dann dem Volvo zuwendete. Monica öffnete die hintere Tür und zeigte ihm die beiden auf dem Boden stehenden Benzinkanister. Damit sie nicht umkippen konnten, hatte sie Schaumgummi dazwischen gestopft.
»Wie Sie es haben wollten. Sie sind beide fast voll. Obwohl ich mir nicht vorstellen kann, wozu Sie sie brauchen – schließlich gibt es überall Tankstellen ...«
Tweed fuhr auf einer Landstraße, der B 1388, nach Little Walsingham, bog auf die B 1105 ein, fuhr bei Fakenham auf die A 148 nach King's Lynn. Er drückte den Fuß aufs Gaspedal und versuchte auszurechnen, wie lange es dauern würde, bis der Kajütkreuzer den Anleger erreicht hatte. Es würde ein sehr knappes Rennen werden.
Auf seinem Gesicht lag ein entschlossener Ausdruck. Er wußte, wenn er darüber nachdachte, würde er merken, daß er sehr erschöpft war. Die frische Brise, die durchs Fenster hereinwehte, munterte ihn auf. Wie zum Teufel soll ich es bloß anstellen? fragte er sich immer wieder. Auf der Straße war kaum Verkehr. Er hatte die Welt fast für sich

allein. Er überholte einen großen Möbelwagen. Smithers aus Edmonton. Der Möbelwagen gab ihm zu denken.
Kurz vor King's Lynn bog er auf eine Seitenstraße ab, um die Einbahnstraßen der Stadt zu vermeiden. Südlich von ihr überquerte er die Brücke über die träge dahinfließende Ouse. Vor ihm erstreckte sich die flache Landschaft um The Wash. Am Horizont hing ein dünner Nebelschleier. Jetzt befand er sich auf der A 17 und hielt aufmerksam Ausschau nach der Abzweigung, die nach Hawkswood Farm führte, dem einsamen Haus nahe der Küste.
In der Nähe von Sutton Bridge verließ er die A 17 und bog in Richtung Gedney Drove End ab. Es war eine Nebenstraße, die auf einem Damm durch die umliegende Landschaft führte und offenbar erst kürzlich neu geteert worden war. Dann machte er einen Augenblick halt, griff nach dem Wasserbehälter, den Monica in einer der Taschen an der Rückseite der Vordersitze verstaut hatte, öffnete ihn und trank gierig. Sein Mund war trocken – trocken vor Angst. Durch das Fenster drang das schwache Wispern des auf den Feldern im Wind schwankenden Grases.
Er verschloß den Behälter, steckte ihn wieder in die Tasche und fuhr weiter. So weit er sehen konnte, regte sich nichts. Kein menschliches Wesen, kein anderes Fahrzeug. In der Ferne sah er das langgestreckte, eingeschossige Gebäude von Hawkswood Farm. Auch hier regte sich nichts. Kein Rauch aus dem Schornstein. Kein auf der Auffahrt parkender Wagen.
An der Stelle, wo der zum Deich führende Weg abzweigte, brachte Tweed den Wagen zum Stehen. Er schaltete den Motor ab, steckte die Schlüssel in die Tasche, stieg aus und eilte mit raschen Schritten auf das Farmhaus zu. Seine Hosenbeine flatterten im Wind. Irgendwo weit hinter sich hörte er das Schnurren eines Automotors. Er achtete nicht weiter darauf, sondern konzentrierte seine ganze Aufmerksamkeit auf das Farmhaus.
Er öffnete behutsam die Pforte, damit sie nicht quietschte. Die Gummisohlen seiner Schuhe machten kein Geräusch, als er den Weg entlangging. Er versuchte, die Haustür zu öffnen. Verschlossen. Er holte seine Scheckkarte heraus, schob das steife Kunststoffblatt zwischen Türpfosten und Schloß, hörte es klicken.
Er drehte abermals behutsam den Türknopf, stieß langsam die Tür auf, lauschte, tat ein paar Schritte ins Wohnzimmer, blieb stehen. Auf einem Beistelltisch stand ein großer, schwerer Glasmörser mit einem Stößel. Aus der halbgeschlossenen Küchentür kam das Geräusch lau-

fenden Wassers. Er machte vorsichtig ein paar Schritte und blickte durch den Schlitz zwischen Türkante und Pfosten. Der Anblick, der sich ihm bot, war so makaber, daß er blinzeln mußte.
Vor dem Ausguß stand, mit dem Rücken zu Tweed, ein Mann und rasierte sich. Er hatte die rechte Hälfte seines schwarzen Bartes entfernt und eine lange Kratzwunde freigelegt, die von Sue Templeton stammen mußte. Er war gerade im Begriff, die andere Seite einzuseifen. Er drehte den Wasserhahn zu, hob seinen Rasierpinsel und hielt dann inne. Tweed hatte keine Ahnung, was ihn aufgeschreckt hatte. Er ließ den Pinsel fallen, griff in eine offene Schublade, packte ein Messer mit breiter Klinge und fuhr herum. Er hatte zwei oder drei Schritte aufs Wohnzimmer zu gemacht, als Tweed den schweren Glasstößel ergriff und dann zu rennen begann.
Er rannte zur Haustür hinaus, den Weg entlang, und bog dann auf der Straße in die Richtung ein, in der er seinen Wagen geparkt hatte. Hinter ihm trommelten Füße auf die Straße. Tweed rannte, so schnell er konnte, den Stößel in der Hand wie den Stab eines Stafettenläufers. Sein Verfolger verringerte den Abstand. Er wurde noch schneller. Die frische Luft, die er in die Lungen zog, half ihm dabei. Er erreichte den Weg, der zum Deich führte, bog ein. Neben seinem Cortina parkte ein Volvo. Er rannte den Weg entlang.
Der gefährliche Abschnitt kam, als er das Ende des Weges erreicht hatte, die kleine Anhöhe erklomm und an der anderen Seite wieder herunterlief. Dann rannte er den schmalen Pfad entlang, der zu dem wie eine erstarrte grüne Woge in der Ferne aufragenden Deich führte. Tweed erhaschte nur einen flüchtigen Blick darauf. Er war diesen Weg schon einmal gegangen, kannte das Risiko. Hinter sich hörte er das stetige Stampfen anderer Füße. Er hielt den Kopf gesenkt, achtete darauf, wo er hintrat, vermied die harten Grasbüschel, die ihn in Sekundenschnelle stürzen lassen konnten. Wenn das geschah, würde er nie wieder auf die Füße kommen.
Er geriet außer Atem. Mit geschlossenem Mund vermied er die gefährlichen Grasbüschel. Dann gewann er frische Kraft und wurde noch etwas schneller. Ihm war bewußt, daß sich der Abstand zwischen ihm und dem Mann hinter ihm ständig verringerte. Schweiß rann ihm über die Stirn, näßte seine Achselhöhlen. Er erreichte das untere Ende des großen Deichs.
Er stürmte die landeinwärts gelegene Seite empor, gelangte auf den Damm, glitt die andere Seite hinunter. Vor ihm, hinter der Marsch und den Prielen, erstreckte sich die riesige Wasserfläche des Wash. Er

erhaschte einen Blick auf einen Kajütkreuzer, der an dem mit neuem Holz verstärkten Anleger festgemacht hatte. Er war jetzt dem Gebiet, an das er sich erinnerte, sehr nahe, den sandigen Stellen, dem giftgrünen Gras, das auf dem Schlamm zu schwimmen schien. Schwer atmend blieb er stehen und drehte sich um.

Ein Mann kam an der Außenseite des Deichs herabgestürmt, das todbringende Messer in der rechten Hand. Noch immer ein makabrer Anblick mit dem halben schwarzen Bart in der linken Gesichtshälfte. Hugh Grey blieb mit wild funkelnden Augen stehen.

Er bewegte sich auf Tweed zu, erwartete, daß er kehrtmachte und davonzulaufen versuchte. Tweed tat das Unerwartete. Er trat nahe an ihn heran und hieb den Stößel mit aller Kraft auf das Gelenk der Hand, die das Messer hielt. Grey ließ es fallen, schaute überrascht drein, und in diesem Augenblick der Unentschlossenheit handelte Tweed abermals. Grey stand mit dem Rücken zu einer der sumpfigen Stellen. Tweed hob beide Fäuste und rammte sie in Greys Solarplexus. Wieder der überraschte Ausdruck. Grey stolperte ein paar Schritte zurück, stürzte und landete rücklings auf der Oberfläche des Morastes. Er versuchte, sich aufzusetzen. Seine Füße und Beine begannen zuerst einzusinken und verschwanden rasch. Der Schlamm saugte ihn tiefer ein. Er ragte nur noch zur Hälfte, von der Taille aufwärts heraus.

Er geriet in Panik, legte beide Hände flach auf den Schlamm, versuchte, dem Sog, der ihn in die Tiefe zerrte, Widerstand entgegenzusetzen. Er kreischte Obszönitäten, dann bettelte er um Hilfe. Tweed stand da, ohne sich zu bewegen, schweigend, schwer atmend. Die Hände verschwanden. Grey versuchte, sie herauszuziehen, konnte es nicht. Der Schlamm hielte seine Unterarme umschlossen. Er gab einen seltsamen, blökenden Laut von sich, völlig unverständlich. Nur sein Hals und sein Kopf schauten noch heraus. Er starrte Tweed an. Er öffnete den Mund, und eine Ladung Schlamm drang ein. Dann verschwand auch der Kopf. Kurze Zeit markierten Blasen und kleine Wellen die Stelle, an der er versunken war, dann war die Oberfläche des Schlamms so glatt wie zuvor.

Tweed hob das Messer auf, warf es in den Morast. Es landete auf der Spitze und war Sekunden später verschwunden. Dann schaute Tweed zu dem Kajütkreuzer hinüber und sah, daß Newman auf dem Deck stand und ihn beobachtete.

Tweed und Newman lagen an der landeinwärts gelegenen Stelle des Deichs und blickten über den Kamm hinweg auf den Kajütkreuzer. Newman hatte die Haltetaue gelöst, und das Boot trieb mit der ablaufenden Flut langsam vom Anleger fort.

»Also war es Hugh Grey«, sagte Newman.

»Ja. Diana hat es mir gesagt. Wie sind Sie hergekommen?«

»Ich dachte, Sie könnten ein bißchen Hilfe brauchen. Ich bin die Küstenstraße A 149 entlanggefahren. Am Flugplatz sah ich, wie Sie auf die Nebenstraße einbogen, und da habe ich zugesehen, daß ich auch herkam.« In der rechten Hand hielt er eine Leuchtpistole. Dann streckte er den Zeigefinger seiner Linken aus. »Kosten Sie mal.«

»Heroin...«

»Und dieses Boot ist bis zum letzten Winkel damit gefüllt. Ein Tischler hat sogar spezielle Behälter eingearbeitet, damit sie alles unterbringen konnten. Es ist unter den Decksplanken. Überall. Und das Boot ist ebenso ausgestattet wie die *Südwind*«, setzte er hinzu und schwenkte die Leuchtpistole. »Haben Sie seinen Namen gesehen?«

»Die *Seebeck*. Dr. Berlin – Hugh Grey – hatte tatsächlich irgendwo ein drittes Boot versteckt. Was haben Sie vor?«

»Ich habe ein paar von den Ölfässern ausgeleert – wie die *Südwind* hatte sie reichliche Treibstoffvorräte. Ich habe das Zeug in den Niedergang und die Hauptkajüte gekippt. Alles ist damit getränkt. Und sehen Sie die beiden Benzinkanister, die auf dem Gatt dort stehen? Einer davon ist halb leer – ich habe das Benzin ausgegossen. Das ist der Auslöser für meine kleine Atombombe. Fünfhundert Kilo. Sogar in der Drogenfahndung könnte es Männer geben, die für das Geld, das dieses Zeug einbrächte, ihre Seele verkaufen würden. Ich wünschte mir, daß Lysenko das sehen könnte. Nehmen Sie um Gottes willen den Kopf herunter.«

Eine starke Strömung hatte die *Seebeck* erfaßt, die jetzt schneller abdriftete und mindestens zehn Meter von der Küste entfernt war. Newman zielte mit der Leuchtpistole sorgfältig auf die Benzinkanister. Dann drückte er ab.

Anfangs passierte nicht viel. Es war nur ein Zischen zu hören. Dann brach der Vesuv aus. Ein Donnerschlag hallte über The Wash. Der Bug des Bootes schoß himmelwärts, zog einen Feuerschweif hinter sich her wie eine Rakete beim Start von Cap Canaveral. Er zerbarst in tausend Stücke. Dann kam die eigentliche Explosion. Tweed vermutete, daß die Flammen das in der Kajüte verschüttete Treiböl erreicht hatten. Die *Seebeck* brach in der Mitte auseinander, unzählige Feuer-

bälle wurden seewärts herausgeschleudert. Eine schwarze Rauchsäule stieg steil empor. Die Überreste des Hecks knisterten, Flammen breiteten sich auf ihm aus. Eine dritte Explosion. Das Heck schoß im Winkel von etwa fünfundvierzig Grad empor, zerbarst in der Luft. Bruchstücke fielen ins Wasser, zischten, verschwanden. Kurze Zeit hatte die See an der Stelle, bis zu der die *Seebeck* gedriftet war, regelrecht gekocht, dann beruhigte sie sich wieder.
Plötzlich herrschte Stille. Möwen segelten landeinwärts. Von dem Kajütkreuzer war nichts übriggeblieben.
»Grey ist mit in die Luft gegangen«, sagte Newman. »Wir sahen ihn unmittelbar vor der Explosion an Deck stehen. Technische Panne. Sie werden nicht genug Überreste finden, um feststellen zu können, was wirklich passiert ist. Und ich habe die Szene mit Grey beobachtet. Ich hatte meine Luger in der Hand. Nur für den Notfall. Sie haben ihn absichtlich hierher gelockt.«
Es war eine Feststellung. Tweed nickte, erhob sich langsam und wischte den Schmutz von seinem Anzug. »Das ist die Version, an die wir uns halten werden«, stimmte er zu. »Und ja, ich habe ihn absichtlich hierher gelockt. Ein Massenmörder, ein Verräter. Er mußte verschwinden. Der Skandal hätte unermeßlichen Schaden angerichtet. Wir haben unsere Arbeit getan.«
»Ja, ich glaube, das haben wir.«
»Jetzt müssen wir noch zum Farmhaus zurückfahren, uns vergewissern, daß keine Spuren von dem Bart zurückbleiben, den er sich in der Küche halb abrasiert hatte. Sein Problem war, daß er ihn nicht schon in Lübeck abrasieren konnte; unterwegs hatte er keine Zeit dazu, weil er ständig am Ruder dieses Kreuzers stand. Er muß ein unwahrscheinliches Stehvermögen gehabt haben – das Stehvermögen eines Irren. Außerdem sollten wir wohl die Polizei benachrichtigen.«

Nachspiel

Als Harry Masterson hereinkam, war Tweed allein in seinem Büro. Er bedeutete seinem Besucher mit einer Handbewegung, auf dem Stuhl vor seinem Schreibtisch Platz zu nehmen, und musterte ihn dann. Es war der unbezähmbare Harry Masterson, der das Schweigen brach.

»Ich habe von der Tragödie oben in Norfolk gehört. Armer alter Hugh. Kann es eine Zeitbombe gewesen sein?«

»Das werden wir nie erfahren. Die Experten von der Polizei sind am Ende ihres Lateins. Es gibt nicht genug Überreste, und deshalb können sie nicht herausfinden, was passiert ist. Berufsrisiko. Aber ich wollte Sie etwas fragen. Was haben Sie sich dabei gedacht, als Sie mit verbundenem Kopf in Lübeck herumwanderten und einen Haufen törichter Fragen stellten?«

»Ich hatte einen heißen Tip – von einem meiner besten Informanten in der DDR –, daß Dr. Berlin jemand war, der eine hohe Position in London bekleidete. Deshalb bin ich aufgekreuzt, um der Sache auf den Grund zu gehen.«

»Und was ist mit der *Nocturne?* Sie wurde von einer sehr verläßlichen Zeugin im Jachthafen von Travemünde gesehen.«

»Jetzt sitze ich in der Tinte. Besser, ich gebe alles zu. Ein Freund hat sie von Chichester nach Lübeck gebracht. Ich brauchte einen Ort, an dem ich unterkriechen konnte. Ein Hotel war mir zu riskant. Ich fuhr damit von einem Ostseehafen zum anderen, während ich versuchte, etwas über diesen Berlin herauszubekommen.«

»Das Boot muß Sie ein Vermögen gekostet haben.«

»Das hat es. Das Problem ist nur, daß mir das niemand geglaubt hätte. Erinnern Sie sich daran, daß ich einmal in Monte Carlo Urlaub gemacht habe? Eines Abends ging ich ins Casino, nur so zum Spaß. Gewann ein Vermögen – vermutlich, weil ich es überhaupt nicht darauf angelegt hatte. Ich steckte meinen Gewinn in die Tasche und kaufte davon die *Nocturne* – und einen Porsche. Seither bin ich nicht wieder in einem Casino gewesen. Einmal reicht. Man soll sein Glück nicht strapazieren.«

»Sie waren auf fremdem Boden, Harry.«
»Ich weiß. Aber bei unserer letzten Sitzung haben Sie sehr nachdrücklich darauf hingewiesen, daß Sie Informationen über Dr. Berlin haben wollten. Und wenn Sie etwas haben wollen, müssen Sie damit rechnen, daß Sie es bekommen. Wenn das eine Entschuldigung ist.«
»Sie waren schon immer scharf auf Deutschland, nicht wahr?«
»Ich kann die Rumänen und Bulgaren nicht ausstehen.«
»Ich lasse es mir durch den Kopf gehen. Und jetzt wartet Bob Newman auf mich.«
Tweed stand am Fenster, als Newman eintrat. Er machte einen matten Eindruck, als er sich umdrehte und seinem Besucher einen Stuhl anbot. Newman zündete sich eine Zigarette an und musterte ihn.
»Diana hat eine Wohnung gefunden. Und außerdem einen Job. Sie vergeudet nicht viel Zeit.«
»Übermitteln Sie ihr meine Glückwünsche, wenn Sie sie sehen.«
»Kein guter Gedanke.« Newman hielt inne. »Sie will Sie nicht wiedersehen. Ich habe argumentiert, aber es nützte nichts. Heute abend esse ich mit ihr bei Waltons. Und ich habe bei der Polizei meine Aussage über die Geschichte in Norfolk zu Protokoll gegeben. Sie waren gar nicht glücklich darüber. Wie Sie vorschlugen, habe ich gesagt, sie sollten sich an Sie wenden, und da waren sie still. Der Fall ist erledigt.«
»Machen Sie sich um Diana keine Sorgen. Sie muß einen neuen Anfang machen. Außerdem bin ich Ihnen sehr dankbar ...«
»Unsinn. Vielleicht erweisen sich die Erfahrungen, die ich in der DDR gemacht habe, eines Tages noch als sehr nützlich. Und das mit Diana tut mir leid. Ich dachte, vielleicht wären Sie beide ...«
»Vergessen Sie es. Ich bin sehr müde ...«
»Und das wird Kuhlmann wohl zurückhaben wollen.« Newman legte die Luger auf den Schreibtisch. »Die Munition habe ich beseitigt. Was ist mit Dr. Berlin – das deutsche Ende?«
»Darum kümmert sich Kuhlmann. Ich hatte ein langes Telefongespräch mit ihm. Er verbreitet das Gerücht, Berlin wäre nach Leipzig zurückgekehrt. Schluß der Geschichte.«
»Also dann bis später ...«
Nachdem Newman gegangen war, betrat Monica das Büro. Tweed saß an seinem Schreibtisch und schrieb einen Brief. Als sie eine Akte hinlegte, fiel ihr Blick auf einen Satz.
»Großer Gott! Was machen Sie da?«

»Schreibe mein Entlassungsgesuch. Ich habe einen schweren Fehler begangen – als ich mich für Hugh Grey entschied.«
»Aber das ist doch begraben ...« Sie hielt inne. »Entschuldigung, der Ausdruck ist wohl nicht ganz passend. Sie haben das Problem brillant gelöst.«
»Und ich habe es geschaffen.«
»Ich habe mit Paula Grey gesprochen, wie Sie es wünschten. Sie ist in meiner Wohnung. Ich habe ihr gesagt, Sie hielten in Hawkswood Farm eine wichtige Besprechung ab. Sie ist offensichtlich gern gekommen. Gestern abend, als wir beim Tee saßen, rückte sie mit der Sprache heraus. Erzählte mir, daß sie Hugh nach dieser Geburtstagsparty vor zwei Jahren fortfahren sah. Später fand sie Blutflecken auf seinem Hemd. Deshalb hat sie ihn von Portman, diesem Privatdetektiv, beschatten lassen. Hatten Sie Grey im Verdacht?«
»Ja, er war mein Hauptverdächtiger. Kleinigkeiten. Wir alle sind Gewohnheitsmenschen. Mir fiel auf, daß die Landschaft um Travemünde der von East Anglia sehr ähnlich ist, und ich glaube, daß Grey sich deshalb für diesen Ort als Basis entschied, weil er ihn an seine heimatlichen Gefilde erinnerte. Später – nachdem mir Newman von der riesigen Ladung Heroin erzählt hatte – fiel mir der verstärkte Anleger an der Küste des Wash wieder ein. Aber der entscheidende Punkt war das *Fehlen* von etwas. Grey wußte, daß er von Portman beschattet wurde, und hat mir nie Meldung davon gemacht, was seine normale Reaktion gewesen wäre – wenn es sich um die andere Seite gehandelt hätte. Er *wagte* es nicht – es hätte dazu führen können, daß Grey selbst scharf überwacht worden wäre.«
»Und was ist mit der gespenstischen Episode, als Diana ihn in seinem Haus auf dem Priwall überraschte? Als sie ihn sah, bevor er sich seinen Bart hatte wachsen lassen und ihm eine Haarsträhne ins Gesicht fiel?«
»Ich vermute, daß ihm nur Sekunden blieben – aber er hatte schnelle Reflexe. Er kämmte sich das Haar in die Stirn – und wenn sie seine Beschreibung je an die falsche Person weitergeben würde, lag der Gedanke an Guy Dalby nahe. Hugh mußte schon ein überaus gerissener Schurke sein, um zu erreichen, was er erreicht hat.«
Er schrieb seinen Brief fertig, überlas ihn, legte ihn dann auf seinen Schreibtisch und lehnte sich in seinem Stuhl zurück. Monica beugte sich vor, ergriff das Blatt, faltete es zusammen und steckte es in ihre Handtasche.
»Ich habe noch nicht unterschrieben. Was wollen Sie damit?«

»Es überschlafen.«
»Das hatte ich auch vor.«
»Eine Woche lang. Wenn Sie es sich nach Ablauf einer Woche nicht anders überlegt haben, gebe ich Ihnen den Brief zurück.«
»Ich bleibe bei meiner Meinung . . .«
»Natürlich«, erwiderte sie. »Und heute gehe ich ausnahmsweise einmal früh nach Hause.«
Tweed blieb allein zurück, saß an seinem Schreibtisch, starrte auf die Wandkarte und die Grenze zwischen zwei Welten – Ost und West.

Inhalt